westermann

Autoren: Monika Nelles, Dirk Overbeck, Markus Schajek, Christian Schmidt

Herausgeber: Andreas Blank, Helge Meyer

Unter Mitarbeit von: Andreas Blank, Nick Brown, Helge Meyer, Udo Müller-Stefer

Industriekaufleute

2. Ausbildungsjahr – nach Lernfeldern

3. Auflage

Bestellnummer 04761

Zusatzmaterialien zu „Industriekaufleute, 2. Ausbildungsjahr – nach Lernfeldern"

Für Lehrerinnen und Lehrer:

Lösungen: 978-3-427-04763-6
Lösungen Download: 978-3-427-04762-9
Lösungen zum Arbeitsbuch: 978-3-427-04771-1
Lösungen zum Arbeitsbuch Download: 978-3-427-04770-4

inkl. E-Book

BiBox Einzellizenz für Lehrer/-innen: 978-3-427-04764-3
BiBox Kollegiumslizenz für Lehrer/-innen (Dauerlizenz): 978-3-427-04765-0

Für Schülerinnen und Schüler:

inkl. E-Book

Arbeitsbuch**:** 978-3-427-04769-8

BiBox Einzellizenz für Schüler/-innen (1 Schuljahr): 978-3-427-04767-4

Verzeichnis der Gesetzesabkürzungen

AktG	Aktiengesetz	**HGB**	Handelsgesetzbuch
AO	Abgabenordnung	**JArbSchG**	Jugendarbeitsschutzgesetz
ArbSichG	Arbeitssicherheitsgesetz	**KSchG**	Kündigungsschutzgesetz
ArbStättV	Arbeitsstättenverordnung	**KStG**	Körperschaftsteuergesetz
ASchO	Allgemeine Schulordnung	**MarkenG**	Markengesetz
BBiG	Berufsbildungsgesetz	**MaschSchG**	Maschinenschutzgesetz
BetrVG	Betriebsverfassungsgesetz	**MitbestG**	Mitbestimmungsgesetz
BGB	Bürgerliches Gesetzbuch	**MontanMG**	Montan-Mitbestimmungsgesetz
EStG	Einkommensteuergesetz	**MuSchG**	Mutterschutzgesetz
GewO	Gewerbeordnung	**PatG**	Patentgesetz
GewStG	Gewerbesteuergesetz	**SigG**	Signaturgesetz
GG	Grundgesetz	**StGB**	Strafgesetzbuch
GGV	Gefahrgutverordnung	**UStG**	Umsatzsteuergesetz
GmbHG	GmbH-Gesetz		

westermann GRUPPE

© 2021 Bildungsverlag EINS GmbH, Köln, www.westermann.de

Das Werk und seine Teile sind urheberrechtlich geschützt. Jede Nutzung in anderen als den gesetzlich zugelassenen bzw. vertraglich zugestandenen Fällen bedarf der vorherigen schriftlichen Einwilligung des Verlages. Nähere Informationen zur vertraglich gestatteten Anzahl von Kopien finden Sie auf www.schulbuchkopie.de.

Für Verweise (Links) auf Internet-Adressen gilt folgender Haftungshinweis: Trotz sorgfältiger inhaltlicher Kontrolle wird die Haftung für die Inhalte der externen Seiten ausgeschlossen. Für den Inhalt dieser externen Seiten sind ausschließlich deren Betreiber verantwortlich. Sollten Sie daher auf kostenpflichtige, illegale oder anstößige Inhalte treffen, so bedauern wir dies ausdrücklich und bitten Sie, uns umgehend per E-Mail davon in Kenntnis zu setzen, damit beim Nachdruck der Verweis gelöscht wird.

Druck und Bindung: Westermann Druck GmbH, Braunschweig

ISBN 978-3-427-04761-2

Vorwort

Liebe Schülerinnen und Schüler,
liebe Kolleginnen und Kollegen,

mit der dreibändigen Lehrbuchreihe „Industriekaufleute" haben wir uns die Zielsetzungen des bundeseinheitlichen Rahmenlehrplans für die Ausbildung zur Industriekauffrau/zum Industriekaufmann zu eigen gemacht und die dort geforderte **Lernfeld-, Handlungs- und Geschäftsprozessorientierung** konsequent umgesetzt.

Ein problemorientiertes und zunehmend selbstgesteuertes Lernen wird durch die jedem Kapitel voranstehenden Ausgangssituationen, die unterschiedliche fachliche Aspekte problematisieren, ebenso erreicht wie durch die zahlreichen **Übungsaufgaben**. Am Ende eines jeden Lernfeldes sorgen **Wiederholungs- und Prüfungsaufgaben** dafür, dass eine gezielte Vorbereitung auf Klausuren und die Abschlussprüfung erleichtert wird.

Aufgrund der Verschiedenheit der Ausbildungsbetriebe haben wir die Lehrbuchreihe an einem **Modellunternehmen**, der Sommerfeld Bürosysteme GmbH, ausgerichtet. Zahlreiche **Beispiele, Praxistipps** und **Internet-Links** ergänzen und erweitern die Arbeit mit dem Modellunternehmen und ermöglichen, dass die Entscheidungen, die innerhalb der Sommerfeld Bürosysteme GmbH zu treffen sind, mit denen der jeweiligen Ausbildungsbetriebe verglichen und Unterschiede sowie Gemeinsamkeiten herausgearbeitet werden können.

Immer dort, wo Sie das Web-Symbol sehen, können Sie auf der Webseite des Verlags (www.westermann.de) ergänzende Informationen abrufen (beachten Sie hierzu auch die Anzeige auf der Umschlaginnenseite). Darüber hinaus finden Sie dort noch einmal das Kapitel „**Methoden: Zielgerichtet und effektiv lernen und arbeiten**" sowie eine ausführliche **Unternehmensvorstellung**.

Als sinnvolle Ergänzung ist zu jedem Jahrgangsband der Lehrbuchreihe ein Arbeitsbuch erhältlich. Die nach Lernfeldern strukturierten Arbeitsbücher enthalten Lernsituationen zu jedem Themenbereich, welche die Umsetzung eines problem- und handlungsorientierten Unterrichts erleichtern und selbstständiges schülerorientiertes Arbeiten ermöglichen. Zusätzlich finden Sie im Arbeitsbuch ergänzende Übungen und zu jedem Lernfeld ein umfangreiches Kapitel mit Aufgaben zur Prüfungsvorbereitung. Hinweise auf die Lernsituationen der Arbeitsbücher finden Sie im vorliegenden Lehrbuch passgenau dort, wo Sie im Unterricht eingesetzt werden können.

Legende der verwendeten Symbole:

Verweis auf ein Lernfeld in der jeweiligen Lernfeldfarbe → LF 6

Verweis auf das Arbeitsbuch mit Angabe der Lernsituation → LS 1

Im vorliegenden **Band 2** sind enthalten:

Lernfeld 6: Beschaffungsprozesse planen, steuern und kontrollieren
Lernfeld 7: Personalwirtschaftliche Aufgaben wahrnehmen
Lernfeld 8: Jahresabschluss analysieren und bewerten
Lernfeld 9: Das Unternehmen im gesamt- und weltwirtschaftlichen Zusammenhang einordnen

Wir wünschen Ihnen viel Spaß und viel Erfolg bei der Nutzung dieses Lehrbuches!

Das Autorenteam

Inhaltsverzeichnis

Lernfeld 6:
Beschaffungsprozesse planen, steuern und kontrollieren

1	Aufgaben und Ziele der Materialwirtschaft im gesamtbetrieblichen Zusammenhang kennen und die Beschaffung organisieren.............	15
2	Materialauswahl, Einsatzmöglichkeiten und Umweltverträglichkeit verschiedener Materialien berücksichtigen	22
3	**Materialien beschaffen**	29
3.1	Bedarfsermittlung und Disposition..................................	29
3.1.1	Beschaffungsplanung und Bedarfsermittlung.......................	29
3.1.2	Mengen-, Zeit-, Kostenplanung und Beschaffungsstrategien	40
3.2	Bestelldurchführung...	53
3.2.1	Beschaffungsmarktforschung, Angebotsvergleich und Liefererauswahl	53
3.2.2	Bezugspreisermittlung...	64
3.2.3	Anfrage, Angebot und Verhandlungstechniken........................	70
3.2.4	Kommunikation im Rahmen der Beschaffung in der Fremdsprache Englisch	78
3.2.5	Inhalte des Angebots..	89
3.2.6	Zustandekommen, Erfüllung und besonders Arten von Kaufverträgen.....	102
3.2.7	Allgemeine Geschäftsbedingungen..................................	110
3.3	Bestellabwicklung..	116
3.3.1	Vertragsabschluss und Bestellung...................................	116
3.3.2	Annahme, Kontrolle und Erfassung der Materialien beim Materialeingang .	123
3.3.3	Störungen bei der Erfüllung des Kaufvertrages......................	128
3.3.3.1	Nicht-rechtzeitig-Lieferung (Lieferungsverzug)......................	128
3.3.3.2	Schlechtleistung (Mängelrüge).....................................	133
4	Industriebetriebstypische Formen des Zahlungsverkehrs bearbeiten ...	140
5	Materialeinkäufe in der Finanzbuchhaltung erfassen	145
5.1	Sofortrabatte und Anschaffungsnebenkosten erfassen und buchen	145
5.2	Rücksendungen an Lieferer und Gutschriften von Lieferern in der Buchhaltung erfassen................................	151
5.3	Liefererrechnungen abzüglich Skonto ausgleichen und buchen	162
6	**Bestände planen und kontrollieren**	172
6.1	Funktionen der Materiallagerung und Lagerarten	172
6.2	Lagerorganisation und Sicherheit im Lager	176
6.3	Lagergröße und Gestaltung der Lagerräume, Lagerausstattung und -technik..	186
6.4	Wirtschaftlichkeit der Lagerhaltung................................	191
7	**Beschaffungscontrolling durchführen**	202

Lernfeld 7:
Personalwirtschaftliche Aufgaben wahrnehmen

1	**Personal beschaffen**	**214**
1.1	Personalbedarf ermitteln	214
1.2	Personal beschaffen und auswählen	221
1.3	Arbeitsvertrag schließen	232
1.4	Personal leasen	238
1.5	Vollmachten erteilen	241
2	**Personal einsetzen und verwalten**	**247**
2.1	Personaleinsatz planen	247
2.2	Personal unter Beachtung von Tarifvertrag und Betriebsvereinbarung verwalten	249
3	**Personal führen, entwickeln und beurteilen**	**260**
3.1	Mit professioneller Kommunikation Mitarbeiter führen	260
3.2	Mit Personalentwicklungsmaßnahmen Mitarbeiter fördern und fordern	270
3.3	Personal beurteilen	283
4	**Personal entlohnen**	**287**
4.1	Arbeitswertstudien	287
4.2	Entgeltformen und Personalkosten	292
4.3	Entgeltabrechnungen und -buchungen	304
4.3.1	Grundlagen der Lohn- und Gehaltsabrechnung	304
4.3.2	Ermittlung der steuerlichen Abzüge	307
4.3.3	Abzüge für die Sozialversicherung	316
4.3.4	Verdienstabrechnung sowie Lohn- und Gehaltsbuchungen	329
4.4	Steuerarten und Steuerverfahren	337
5	**Personal freisetzen**	**343**
6	**Personalcontrolling durchführen**	**351**

Lernfeld 8:
Jahresabschluss analysieren und bewerten

1	**Vorarbeiten für den Jahresabschluss durchführen**	**364**
1.1	Posten der Rechnungsabgrenzung bestimmen und in der Buchhaltung erfassen	364
1.2	Sonstige Verbindlichkeiten und sonstige Forderungen erfassen	370
1.3	Rückstellungen bilden	376
2	**Die Ziele und die Bestandteile des Jahresabschlusses darstellen**	**383**
3	**Nationale Bewertungsgrundsätze und -vorschriften umsetzen**	**407**
3.1	Bewertungsprobleme und Bewertungsgrundsätze	407
3.2	Bewertung des Vermögens	412
3.3	Bewertung der Schulden	429

4	**Den Jahresabschluss aus Sicht verschiedener Adressaten mithilfe von Kennziffern analysieren**	**432**
4.1	Bilanzanalyse und -interpretation	432
4.2	Die Gewinn-und-Verlust-Rechnung einer Kapitalgesellschaft in Verbindung mit dem Anhang analysieren	451
4.3	Den Lagebericht auswerten und präsentieren	461
4.4	Umweltbeanspruchungen und ihre Darstellung im Jahresabschluss	466

Lernfeld 9:
Das Unternehmen im gesamt- und weltwirtschaftlichen Zusammenhang einordnen

1	**Die Beziehungen und Abhängigkeiten der Wirtschaftssubjekte erklären**	**480**
1.1	Grundlagen des Wirtschaftens	480
1.1.1	Bedürfnis, Bedarf, Nachfrage	480
1.1.2	Güterarten und das ökonomische Prinzip	484
1.1.3	Produktionsfaktoren im Wirtschaftsprozess	491
1.1.4	Arbeitsteilung	498
1.2	Der Wirtschaftskreislauf	502
1.3	Entstehung, Verwendung und Verteilung des Bruttoinlandsproduktes	510
2	**Den ordnungspolitischen Rahmen der Unternehmen erkunden**	**520**
2.1	Gesellschaftsordnung, Modelle der Wirtschaftsordnung und soziale Marktwirtschaft als Grundlage der Ordnungspolitik	520
2.2	Markt und Preis	526
2.3	Staatliche Eingriffe in den Markt	549
2.4	Wettbewerbspolitik als zentrale Aufgabe der Ordnungspolitik in der sozialen Marktwirtschaft	555
3	**Die Strukturpolitik beschreiben**	**567**
3.1	Wirtschaftsstruktur und Standortfaktoren	567
3.2	Ziele, Zielkonflikte und Bereiche der Strukturpolitik	572

Sachwortverzeichnis **588**

Bildquellenverzeichnis **594**

Ein Unternehmen stellt sich vor

Sommerfeld Bürosysteme GmbH

Die Sommerfeld Bürosysteme GmbH ist eine Gesellschaft mit beschränkter Haftung, die zu den Kapitalgesellschaften zählt. Sie ist im Handelsregister Abteilung B des Amtsgerichtes Essen unter der Nummer 564-0541 eingetragen mit dem Namen, unter dem sie ihre Geschäfte betreibt (Firma): **Sommerfeld Bürosysteme GmbH**.

Die Gesellschaft hat ein Stammkapital von 4 000 000,00 €, davon wurden gezeichnet von folgenden Gesellschaftern, die zugleich an der Geschäftsführung beteiligt sind:

Gesellschafter	spezieller Aufgabenbereich	Geschäftsanteil
Claudia Farthmann	Produktion und Beschaffung	1 000 000,00 €
Lambert Feld	Allgemeine Verwaltung	1 500 000,00 €
Hartmut Sommer	Vertrieb und Marketing	1 500 000,00 €

Standort

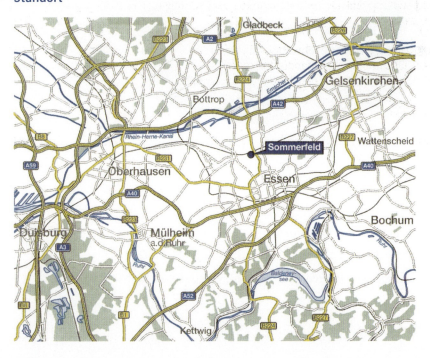

Produktionsstätte und Büroräume der Sommerfeld Bürosysteme GmbH liegen in Essen, in der Gladbecker Straße 85–91.
Über die Steeler Straße ist das Autobahndreieck Essen-Ost mit den Autobahnen A 430 und A 52 und über die Gladbecker Straße die A 42 in wenigen Minuten zu erreichen. Der Güterbahnhof Essen-Nord befindet sich in unmittelbarer Nähe.

Arbeitnehmerinnen und Arbeitnehmer können mit den Bus- und S-Bahn-Linien 7, 8 und 20 bis fast vor die Werkstore fahren. Auf dem Werksgelände befinden sich nur wenige Parkplätze für Mitarbeiter, da die Geschäftsleitung über die Ausgabe von Jobtickets für die öffentlichen Verkehrsmittel ihre Mitarbeiter zu umweltbewusstem Verhalten anhalten möchte.

Zweck der Unternehmung (Sachziel)

Zweck oder Sachziel der Sommerfeld Bürosysteme GmbH ist die Herstellung und der Vertrieb von vier Büro- und Einrichtungsprogrammen, die unter folgenden Produktgruppen im Katalog angeboten werden:

Produktgruppen und ihre Umsatzanteile am Absatzprogramm

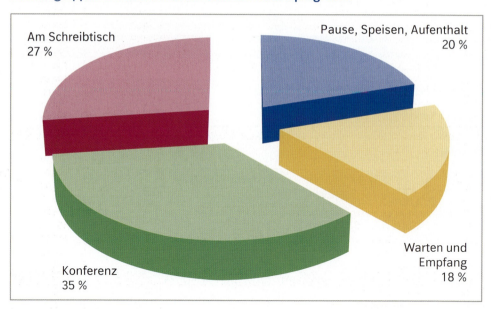

Konkurrenzbetriebe

Schäfer & Co. KG, Büroeinrichtungssysteme	Kaarster Weg 124–126, 40547 Düsseldorf
Feld OHG, Büromöbel, Büromaschinen	Treuburger Straße 26–30, 28779 Bremen
Otto Rompf GmbH, Büromöbel	Badstraße 63, 06132 Halle
ABE Aktuell Büro-Einrichtungen KG	Billrothstraße 82, 90482 Nürnberg

Das Produktionsprogramm (Auszug)

Katalog-seite	Produktbezeichnung	Bestell-Nr.	Listenver-kaufspreis, netto/€[1]
Produktgruppe 1: Warten und Empfang			
3	Tubis Hockerbank ungepolstert Gestell eloxiert	764/10	2 050,00
4	Tubis Polsterbank Gestell eloxiert	763/62	2 895,00
6	Basis Polsterbank mit Ablageplatten, Kegelfuß	772/9	2 839,50
7	Basis Polstersessel, Tragarm verchromt	771/0	1 182,00
9	Programm 840 Tisch Esche furniert	844/1	503,50
10	Programm 840 Verbindungsplatte Esche furniert	846/1	175,00
12	Cubis Polstersessel Gestell eloxiert	831/5	1 109,00
13	Cubis Tisch Gestell eloxiert	830/10	465,00
14	Cana Polsterbank Liege	890/6	2 754,00
15	Ceno Stapler Besucherstuhl	900/1	170,00
16	Stapelstuhl Piano	301/03	160,00
Produktgruppe 2: Am Schreibtisch			
17	FS-Linie Drehstuhl	211/44	421,00
18	FS-Linie Besprechungs-/Besucherstuhl	211/64	416,50
19	FS-Linie Freischwinger	212/55	336,50
20	Picto Besucherstuhl	203/3	403,00
21	Picto Drehstuhl ohne Armlehnen	205/3	443,00
23	Picto Drehstuhl mit Armlehnen	206/8	638,00
24	Picto Freischwinger	207/3	293,50
26	Modus Drehsessel	283/7	989,50
27	Modus Besprechungs-/Besucherstuhl	281/7	942,50
28	Modus Freischwinger	277/7	375,00
29	Quickship Sitz 2 Stehstuhlstütze	201/1	268,00
30	Conrack Regalsystem	204/2	220,00
Produktgruppe 3: Konferenz			
32	Confair Armlehnstuhl stapelbar	444/4	316,00
33	Confair Schreibpult stapelbar	444/1	235,50
34	Confair Flipchart faltbar (Handelsware)	442/1	362,00
35	Confair Pinnwand (Handelsware)	443/1	345,50
36	Contas Systemtisch dreieckig	530/10	415,00
37	Contas Systemtisch quadratisch	530/11	476,50
38	Contas Systemtisch rechteckig	530/15	561,50
39	Versal Sessel stapelbar	251/4	517,50
40	Linus Sessel	373/3	428,50
41	Logon Systemtisch	380/2	310,00
Produktgruppe 4: Pause, Speisen, Aufenthalt			
45	Kendo Stehsitz	332/3	252,50
46	Kendo Stuhl stapelbar	333/3	252,50
47	Kendo Tisch quadratisch	330/11	545,50
49	Kendo Tisch rechteckig	330/15	633,00
50	Avera Hocker	401/3	178,50
51	Avera Armlehnstuhl	404/5	347,00
53	Avera Tisch quadratisch	400/4	446,50
54	ConsulTable Tisch rund	400/2	423,50
55	Konzentra Besprechungs- und Besucherstuhl	430/2	260,00

Nach Möglichkeit sollen bei der Herstellung der Produkte umweltverträgliche Materialien und Produktionsverfahren bevorzugt werden.

---

[1] Verkaufspreise für den Fachhandel, gültig ab 1. Januar, unverbindlich empfohlene Einzelverkaufspreise ohne Umsatzsteuer.

Einleitung

Organigramm der Sommerfeld Bürosysteme GmbH

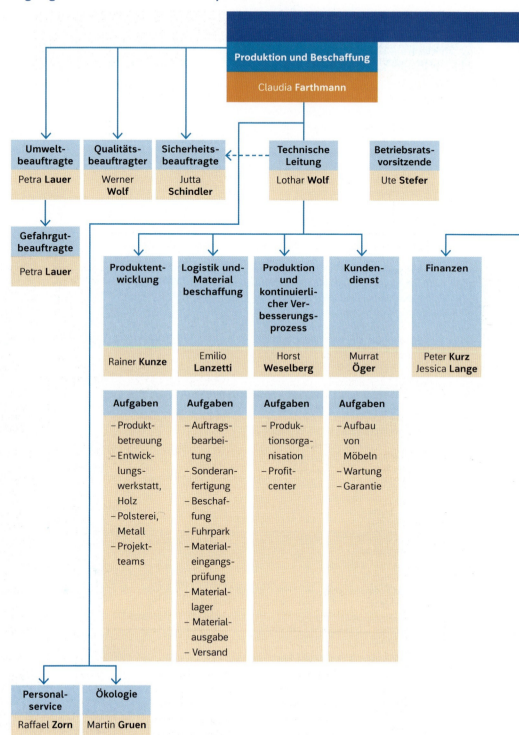

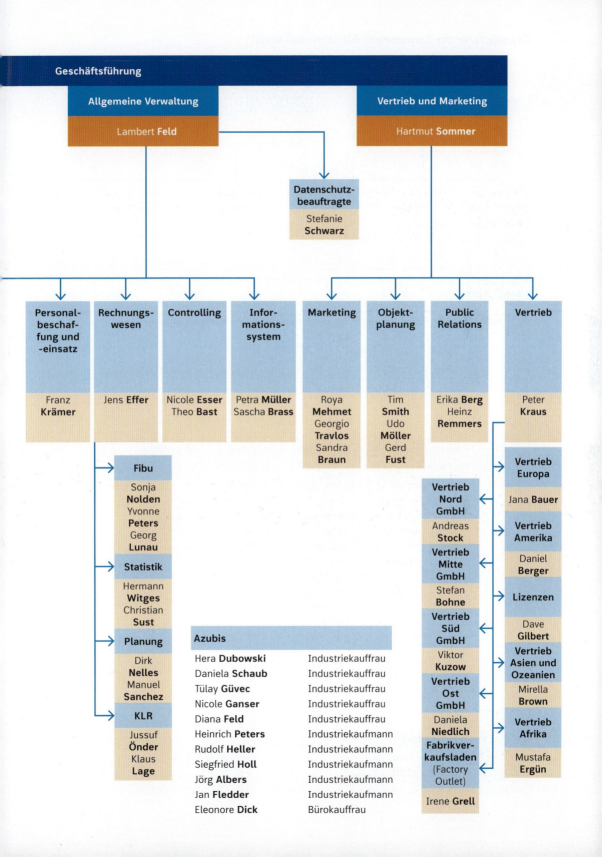

Hauptlieferer der Sommerfeld Bürosysteme GmbH

Die im Produktionsprozess eingesetzten Roh-, Hilfs- und Betriebsstoffe werden fast ausnahmslos von Herstellern des Inlandes bezogen:

Firma	Lieferer-Nr. Kreditoren-Nr.	Adresse	Ansprechpartner	Tel./Fax E-Mail Internet	Kreditinstitut IBAN/BIC	Produkte	Lieferbedingungen	Zahlungsbedingungen	Umsatz lfd. Jahr in €
Farbenwerke Wilhelm Weil AG	44001 K70001	Grünstr. 98 51371 Leverkusen	Frau Gentgen	0214 655621 0214 655629 info@farbenwerke.de www.farbenwerke.de	SEB Leverkusen DE12370100110674563870 ESSEDE5F372	Lacke, Grundierung, Härter, Beize, Lösemittel, Kleber, Beschichtungsmittel	Auftragswert bis 1 000,00 €: 50,00 €, über 1 000,00 €: 42,00 € Fracht Verpackungspauschale: 30,00 €	Ziel: 20 Tage Skonto: 7 Tage/2%	290 000,00
Wellpappe GmbH & Co KG Alfred Weigelt	44002 K70002	Wollfstr. 90 22525 Hamburg	Herr Öztürk	040 1122330 040 1122339 info@wellpappe.de www.wellpappe.de	Commerzbank Hamburg DE41200400000387304811 COBADEHHXXX	Produktverpackungen, Transportverpackungen	bis 100 kg: 31,00 €, bis 250 kg: 60,00 €, bis 500 kg: 100,00 €, bis 1 000 kg: 175 kg, über 1 000 kg nach Vereinbarung	Ziel: 20 Tage Skonto: 7 Tage/2%	120 000,00
Metallwerke Bauer & Söhne OHG	44003 K70003	Baststr. 188 44265 Dortmund	Herr Siebert	0231 6683550 0231 668357 info@metallwerke.de www.metallwerke.de	Postbank Dortmund DE86440100460324066506 PBNKDEFF440	Stahlrohrgestelle, Augussteile, Alupressprofile, Schrauben	Lieferpauschale: 40,00 €	Ziel: 50 Tage Skonto: 14 Tage/2%	5 420 000,00
Jansen BV. Chemiewerke	44004 K70004	Jan de Verwerstraat 10 NL-5900 AV Venlo	Frau de Mol	04780 866350 04780 866401 info@jansen.chemiewerke.nl www.jansen.chemiewerke.nl	Crédit Lyonnais Bank Nederland NL94270100600092233723 CRLYNLFFXXX	Kunststoffteile aller Art, Silikon, Öle, Gasfedern, Gasgeneratoren	4 % vom Warenwert, maximal 200,00 €	Ziel: 30 Tage Skonto: -	1 330 000,00
Latex AG, Herstellung von Gummiwaren	44005 K70005	Neckarstr. 89-121 12053 Berlin	Frau Demming	030 445546 030 445548 info@latex-berlin.de www.latex-berlin.de	Berliner Sparkasse DE64100500000098453223 BELADEBEXXX	Naturkautschuk, synthetischer Kautschuk, Rollen, Räder	unfrei, Fracht: 100,00 € pauschal, Rollgeld 40,00 €, Verpackungspauschale 80,00 €	Ziel: 60 Tage Skonto: 14 Tage/3%	2 150 000,00
Heinrich Schulte. K.	44006 K70006	Fabrikstr. 24-30 04129 Leipzig	Frau Asbach	0341 554645 0341 554849 info@schulte-steine.de www.schulte-steine.de	Deutsche Bank Leipzig DE85860700000091111723 DEUTDE8LXXX	Glasplatten, Marmorteile, Kunststeine	bis Auftragswert 1 000,00 €: 50,00 € sonst frei Haus	Ziel: 30 Tage Skonto: 10 Tage/2%	1 500 000,00
Andreas Schneider Holzwerke KG	44007 K70007	Palzstr. 16 59073 Hamm	Frau Sydow	02381 417118 02381 985410 info@schneider-holzwerke.de www.schneider-holzwerke.de	Volksbank Hamm DE26410601200098789723 GENODEM1HMN	Massivholzteile, Sperrholzplatten, Span- und Tischlerplatten	ab Bestellwert von 2 000,00 € frei Haus, sonst 3 % vom Warenwert, mindestens jedoch 60,00 €	Ziel: 14 Tage Skonto: -	3 200 000,00
Wollux GmbH Peter Findeisen	44008 K70008	Zinckestr. 19 39122 Magdeburg	Herr Kern	0391 334231 0391 334232 info@wollux.de www.wollux.de	Commerzbank Magdeburg DE54810400000674563870 COBADEFF810	Bezugs- und Polstermaterialien und Zubehör für Möbel	frei Haus	Ziel: 30 Tage Skonto: 10 Tage/3%	800 000,00
Primus GmbH Großhandel für Bürobedarf	44009 K70009	Koloniestr. 2-4 47057 Duisburg	Herr Winkler	0203 4453690 0203 4453698 info@primusbueroeinrichtung.de www.primusbueroeinrichtung.de	Sparkasse Duisburg DE12350500000360058796 DUISDE33XXX	Bürobedarf aller Art	ab Auftragswert 500,00 € porto- und frachtfrei	Ziel: 30 Tage Skonto: 10 Tage/2%	220 000,00

Hauptkunden der Sommerfeld Bürosysteme GmbH (Auszug)

Die wichtigsten Kunden der Sommerfeld Bürosysteme GmbH sind Großunternehmen aus den verschiedensten Wirtschaftszweigen (Versicherungsunternehmen, Kreditinstitute, Industrieunternehmen, Krankenhäuser usw.) sowie Unternehmen des Bürofachgroß- und -einzelhandels.

Firma	Kunden-Nr.	Adresse	Ansprechpartner	Tel./Fax, E-Mail, Internet	Kreditinstitut, IBAN/BIC	Umsatz lfd. Jahr in €	Offene Rechnungen	Rabattsätze
Deutsche Versicherung AG	D 24001	Am Brunnen 18-22 45133 Essen	Herr Baum	0201 667531 0201 6675380201 info@deutsche.versicherung.de www.deutsche.versicherung.de	Volksbank Ruhr Mitte DE14422600010111222870 GENODEM1GBU	7 500 000,00	0	25
Deutsche Bank AG Frankfurt	D24002	Taunusstr. 16-34 60329 Frankfurt am Main	Frau Jansen	069 443228 069 443217 info@deutsche.bank.frankfurt.de www.deutsche.bank.frankfurt.de	Deutsche Bank Frankfurt DE48500700240043978623 DEUTDEBFRA	2 259 000,00	1	15
Bürofachhandel Karl Schneider GmbH	D 24003	Brunostr. 45 45889 Gelsenkirchen	Herr Schneider	0209 56499 0209 54490 info@schneider.buerohandel.de www.schneider.buerohandel.de	Postbank Dortmund DE76440100460432056204 PBNKDEFF440	1 550 000,00	1	15
Krankenhaus Einrichtungs-GmbH Leipzig	D 24004	Dachstr. 30-40 04329 Leipzig	Frau Straub	0341 556476 0341 556448 info@krankenhauseinrichtung.de www.krankenhauseinrichtung.de	Commerzbank Leipzig DE93860400000089366223 COBADEFF860	105 000,00	1	5
Flughafen Köln/Bonn GmbH	D 24005	Waldstraße 247 51147 Köln	Frau Simon	0221 89438 0221 89444 info@flughafen.koeln.bonn.de www.flughafen.koeln.bonn.de	Deutsche Bank Köln DE28370700660674563870 DEUTDEDKXXX	2 400 000,00	2	15
Bürofachhandel Martina van den Bosch BV	D 24006	Vinckenhofstraat 45 NL 5900 EB Venlo	Frau van den Bosch	0031 77 341769 0031 77 341764 info@bosch.buerohandel.nl www.bosch-buerohandel.nl	Fortis Bank Nederland NL59301002006566 3120 FORTNLFFXXX	1 450 000,00	0	15
Bürobedarfsgroßhandel Thomas Peters e. K.	D 24007	Cäcilienstr. 86 46147 Oberhausen	Frau Brieger	0208 111360 0208 111345 info@peters.buerobedarf.de www.peters.buerobedarf.de	Commerzbank Oberhausen DE02365404600006789763 COBADEFF365	75 000 000,00	3	25
Bürofachhandel Ergoline GmbH	D 24008	Maxstr. 121 13347 Berlin	Herr Bolle	030 3382708 030 3387308 info@ergoline.buerohandel.de www.ergoline.buerohandel.de	Postbank Berlin DE17100100100306543720 PBNKDEFF100	9 000 000,00	0	30
Büroeinrichtung Fachhandel Enrico Zamani	D 24009	Poststr. 17 CH 3000 Bern 8	Herr Zamani	0041 31 8967348 0041 31 8967342 info@zamani.bueroeinrichtung.ch www.zamani-bueroeinrichtung.ch	Postbank Bern CH6510020010076653 9882 GEBACH33XXX	1 700 000,00	0	15
Raumkultur Peter Nicolai e. K.	D 24010	Erlenstr. 38 22529 Hamburg	Herr Sehrer	040 1938465 040 1938470 info@nicolai.raumkultur.de www.nicolai.raumkultur.de	Hanseatic Bank DE11201207000738402382 HSTBDEHHXXX	2 600 000,00	0	15
Ergonomische Büromöbel Müller GmbH	D 24011	Brodstr. 24 81829 München	Frau Mauser	089 3875432 089 3875440 info@mueller.bueromoebel.de www.mueller.bueromoebel.de	Deutsche Bank München DE06700700100192038752 DEUTDEMMXXX	240 000,00	0	5

Steuer-, USt-Identifikationsnummer, Betriebs-Nr. für Sozialversicherung, Handelsregistereintragung, Geschäftsjahr 1. Januar d. J. – 31. Dezember d. J.

Finanzamt: Essen-NordOst; Steuer-Nr. 110/1202/0189; USt-IdNr. DE129666846

Betriebs-Nr. für die Sozialversicherung: 77865759

Handelsregistereintragung: Amtsgericht Essen HR B 564-0541

Die Verbände

Gemäß § 1 IHK-Gesetz ist die Sommerfeld Bürosysteme GmbH Zwangsmitglied der Industrie- und Handelskammer Essen. Als mittelständischer Handwerksbetrieb ist sie ebenfalls Mitglied der Handwerkskammer. Das Unternehmen ist im Landesverband Holzindustrie und Kunststoffverarbeitung Nordrhein e. V. organisiert, die organisierten Arbeitnehmer sind Mitglied in der IG Metall.

Betriebsrat, Jugend- und Auszubildendenvertretung

Vorsitzende des Betriebsrates der Sommerfeld Bürosysteme GmbH ist Ute Stefer, ihre Stellvertreterin Jessica Lange. Darüber hinaus gehören dem Betriebsrat die Mitarbeiterinnen und Mitarbeiter Roya Mehmet, Dave Gilbert und Raffael Zorn an. Jugend- und Auszubildendenvertreterin ist Diana Feld, Stellvertreter ist Siegfried Holl.

Sicherheits-, Umwelt-, Qualitäts- und Datenschutzbeauftragte der Sommerfeld Bürosysteme GmbH

Sicherheitsbeauftragte: Jutta Schindler
Qualitätsbeauftragter: Werner Wolf
Umweltbeauftragte: Petra Lauer
Datenschutzbeauftragte: Stefanie Schwarz

Daniela Schaub
Auszubildende bei der Sommerfeld Bürosysteme GmbH
2. Ausbildungsjahr

Rudolf Heller
Auszubildender bei der Sommerfeld Bürosysteme GmbH
2. Ausbildungsjahr

Beschaffungsprozesse planen, steuern und kontrollieren

Lernfeld 6

1 Aufgaben und Ziele der Materialwirtschaft im gesamtbetrieblichen Zusammenhang kennen und die Beschaffung organisieren

In der Sommerfeld Bürosysteme GmbH findet eine Konferenz aller Abteilungsleiter mit der Geschäftsführung statt. Hierzu sind auch die Auszubildenden zur Industriekauffrau/zum Industriekaufmann, Daniela Schaub und Rudolf Heller, eingeladen. Thema der Konferenz ist: „Beschaffung und Lagerung von Materialien und Möglichkeiten der Kostenminimierung". Die Geschäftsführerin für den Bereich „Produktion und Beschaffung", Claudia Farthmann, eröffnet die Konferenz mit einem

kleinen Vortrag über die Aufgaben und Ziele der Materialwirtschaft. Sie beendet ihren Vortrag mit den Worten: „Wir müssen es schaffen, weiterhin konkurrenzfähig zu bleiben und unsere Beschaffungs- und Lagerkosten verringern, ohne dass unsere Produktions- und Lieferbereitschaft beeinträchtigt wird. Nur dann werden wir weiterhin auf dem Markt erfolgreich sein." Lambert Feld, der Geschäftsführer „Allgemeine Verwaltung", ergänzt die Ausführungen von Frau Farthmann: „Wir sollten hierbei auch einmal grundsätzlich darüber diskutieren, ob die Organisationsstruktur unserer Produktions- und Beschaffungsabteilung noch zeitgemäß ist."

Arbeitsaufträge

- *Erläutern Sie mithilfe der SQ3R-Methode die Aufgaben und Ziele des Beschaffungsprozesses.*   → LF 1
- *Beschreiben Sie die Schnittstellen der Materialwirtschaft zu anderen Funktionsbereichen in einem Industriebetrieb.*
- *Verschaffen Sie sich einen Überblick über die Möglichkeiten der Organisation von Beschaffungsabteilungen.*

Aufgaben des Beschaffungsprozesses

LS 1

Industriebetriebe haben die Aufgabe, Produkte herzustellen, die von anderen Unternehmen oder von den Endverbrauchern benötigt werden. Dies geschieht in der Weise, dass betriebliche Produktionsfaktoren (Werkstoffe, Personal, Maschinen, Gebäude usw.) beschafft werden, um mit diesen in einem Produktionsprozess marktfähige Produkte oder Dienstleistungen zu erstellen. Beim Beschaffungsprozess der Produktionsfaktoren werden die Instrumente des Beschaffungsmarketings eingesetzt.

→ LF 10

→ **LF 3** Unter den **Produktionsfaktoren** nehmen die Werkstoffe (Roh-, Hilfs-, Betriebsstoffe, Fremdbauteile, vgl. S. 23) eine wesentliche Rolle ein, deren Beschaffung, Lagerung, Ausgabe einschließlich Verwaltung als **Materialwirtschaft** bezeichnet wird. Auf der einen Seite haben die Materialkosten einen wesentlichen Einfluss auf die gesamten Herstellkosten (im Durchschnitt 50 % der Selbstkosten), auf der anderen Seite ist die ordnungsgemäße Bereitstellung der Werkstoffe eine wesentliche Voraussetzung für die Leistungserstellung und somit auch für die Lieferbereitschaft der Industriebetriebe. Die wesentliche Bedeutung der Materialwirtschaft äußert sich schon darin, dass in der Aufbauorganisation der meisten Industrieunternehmen ein eigener Funktionsbereich Materialwirtschaft existiert.

Beispiel: In der Sommerfeld Bürosysteme GmbH gibt es für die Materialwirtschaft eine eigene Abteilung „Logistik und Materialbeschaffung", wobei diese Abteilung der „Beschaffung und Produktion" untergeordnet ist.

Die **Hauptaufgabe der Materialwirtschaft** besteht also in der Versorgung des Betriebes mit Werkstoffen, fremdbezogenen Fertigteilen, Handelswaren und sonstigem Zubehör
- zum günstigsten Preis,
- in der erforderlichen Art und Qualität,
- bei dem geeignetsten Lieferer,
- in der richtigen Menge,
- am richtigen Ort,
- in der richtigen Zeit.

Neben der Beschaffung der Werkstoffe und sonstigen Materialien (vgl. S. 23 f.) spielen deren Lagerung (vgl. S. 172 ff.), deren reibungslose Bereitstellung am Arbeitsplatz (Materiallogistik), die Entsorgung der dabei anfallenden Abfälle und die zukünftige Rücknahme verbrauchter Produkte (vgl. S. 27 f.) eine immer größere Rolle.

Aus den obigen Forderungen an die Materialwirtschaft ergeben sich folgende **Teilprozesse der Materialwirtschaft**:

Teilprozesse der Materialwirtschaft	Beispiele aus Sommerfeld Bürosysteme GmbH
Planung der Beschaffung	Planung des Materialbedarfs in Zusammenarbeit mit der Fertigungsplanung und -steuerung; Beschaffungsmarktforschung; Mengen-, Zeit-, Qualitätsplanung der zu beschaffenden Materialien; Lieferanten- und Transportauswahl, Planung der Lagerkapazität usw. (vgl. S. 186 f.)
Durchführung der Beschaffung	Logistische Abwicklung der Beschaffung von der Bestellung bis zur Materialanlieferung (vgl. S. 116 ff.) an die Fertigungsstellen
Kontrollaufgaben	Terminüberwachung; Prüfung, Einlagerung und Pflege des Materials; Bearbeitung von Reklamationsansprüchen usw. (vgl. S. 123 ff.), Erfassung aller Lagerein- und -ausgänge; Überwachung der Lagerbewegungen einschließlich Bestandskontrolle mit dem Ziel, Durchlaufzeiten zu verkürzen und Lagerbestände zu vermindern (Materiallogistik), Inventur usw. (vgl. S. 191 ff.)
Sonstige Aufgaben	Bewertung der Materialbestände; Sammlung, Entsorgung, Verwertung oder Verkauf von Produktionsrückständen und Verpackungsmaterialien, Erstellung von Statistiken und ABC-Analysen (vgl. S. 205 f.)

Ziele des Beschaffungsprozesses in der Materialwirtschaft

Zur ordnungsgemäßen Erfüllung ihrer Aufgaben verfolgt die Materialwirtschaft folgende allgemeine Ziele:

- Minimierung der Beschaffungskosten

  Beispiele: Minimierung der Bestellkosten und Bezugs-/Einstandspreise

- Minimierung der Lagerhaltungskosten

  Beispiele: Minimierung der Zinskosten für das in den Materialbeständen gebundene Kapital, Minimierung der Lagerpersonalkosten, Minimierung der Lagerrisiken und -raumkosten

- Minimierung der Fehlmengenkosten

  Beispiele: Minimierung der Kosten aufgrund mangelnder Lieferbereitschaft oder der Kosten, die dem Unternehmen dadurch entstehen, dass die Produktion wegen fehlenden Materials ruht.

Diese allgemeinen Ziele stehen allerdings zueinander in Konkurrenz.

Beispiel: In der Sommerfeld Bürosysteme GmbH stehen folgende Ziele der Beschaffung zueinander in Konkurrenz:

Die Materialwirtschaft kann diesen **Zielkonflikt** dadurch lösen, dass die richtigen Bestellmengen gefunden werden, bei denen sowohl die Lieferbereitschaft gewährleistet ist, als auch die Beschaffungskosten so niedrig wie möglich sind.

Besondere Bedeutung gewinnen zunehmend die **speziellen Ziele der Materialwirtschaft**:

Spezielle Ziele der Materialwirtschaft	
Qualitätssicherung	Die Qualität der in der Produktion eingesetzten Materialien ist ausschlaggebend für die Güte des herzustellenden Produktes.
Kostensenkung	Beschaffungsalternativen sind auf ihre Kosten zu untersuchen.
Lieferbereitschaft	Lagerhaltung muss sich sowohl an Finanzierungsmöglichkeiten als auch an der Versorgungssicherheit für Produktion und Absatz orientieren.

Spezielle Ziele der Materialwirtschaft	
Gesundheitsschutz	Es sollten möglichst ungefährliche und umweltverträgliche Materialien eingesetzt werden.
Umweltschutz	Bei der Beschaffung der Materialien sollten die Recyclingfähigkeit und Entsorgung der Abfälle und Energieeinsparmöglichkeiten bei der Lagerung und Verarbeitung in der Fertigung berücksichtigt werden.

Schnittstellen der Materialwirtschaft zu anderen Funktionsbereichen

Die Materialwirtschaft in einem Industrieunternehmen hat zahlreiche Verbindungen, d. h. Schnittstellen, zu anderen Funktionsbereichen im Betrieb.

→ LF 10 **Schnittstelle zur Absatzwirtschaft**
Die Absatzwirtschaft erstellt auf der Grundlage des vorhandenen Produkt- und Absatzprogramms und der Marktforschungsergebnisse **Absatzpläne für zukünftige Perioden**. Hieraus leitet sich der langfristige Materialbedarf ab, der wiederum die Basis für die Beschaffungsplanung ist.

→ LF 5
→ LF 10
→ LF 5

Bei Unternehmen mit **Massenfertigung** werden auf der Grundlage der Absatzzahlen vergangener Perioden Absatzpläne erstellt. Zusätzlich werden Marktforschungsergebnisse berücksichtigt, um künftige Entwicklungen zu berücksichtigen. Bei Unternehmen mit **Auftragsfertigung** erhält die Materialwirtschaft von der Absatzwirtschaft immer dann eine Bedarfsmeldung, wenn ein Auftragseingang erfolgt ist und festgestellt wird, dass für die Abwicklung des Kundenauftrags nicht genügend Material vorhanden ist.

→ LF 5 **Schnittstelle zur Produktionswirtschaft**
Die Produktionswirtschaft hat ein großes Interesse daran, dass die **Fertigungsmaterialien** immer **rechtzeitig und fehlerfrei** am Arbeitsplatz zur Verfügung stehen. Die Materialwirtschaft trägt somit eine hohe Verantwortung für einen reibungslosen Produktionsablauf, da Qualitätsmängel und Lieferungsverzögerungen zu nachhaltigen Störungen führen können. Computergesteuerte Produktions-Planungs-Systeme (PPS) halten die entsprechenden Informationen bereit, die den termingerechten Materialfluss auslösen. Die Arbeitsvorbereitung in einem Industrieunternehmen muss oft entscheiden, ob Teile selbst gefertigt oder besser fremdbezogen werden. In diesem Fall muss die Materialwirtschaft Daten über Beschaffungsmöglichkeiten und -kosten liefern. Ferner muss die Materialwirtschaft in Zusammenarbeit mit der Forschungs- und Konstruktionsabteilung nach neuen Fremdbauteilen und Rohstoffen suchen.

Beispiel: Die Logistik- und Beschaffungsabteilung der Sommerfeld Bürosysteme GmbH überprüft in Zusammenarbeit mit der Abteilung Produktentwicklung, ob die Sitzschalen der Bürostühle statt aus Holz auch aus recyceltem Kunststoff herzustellen sind.

→ LF 11 **Schnittstellen zur Finanzwirtschaft**
Die Finanzierung der Materialbeschaffung und der Lagerhaltung muss zwischen der Materialwirtschaft und der Finanzwirtschaft abgestimmt werden. Dabei ist abzustimmen, **welche finanziellen Mittel insgesamt für die zu beschaffenden Materialien und zur Finanzierung der Lagerbestände bereitzustellen sind**. Die durch die Materialbeschaffung ausgelösten Zahlungsvorgänge werden dabei vom Rechnungswesen abgewickelt. Die Finanzwirtschaft wird auf niedrige Lagerbestände und geringe Kapitalbindung drängen.

Schnittstellen zur Personalwirtschaft → LF 7

Die Personalplanung, -beschaffung, -betreuung (Aus- und Weiterbildung der Mitarbeiter) und -entlohnung muss zwischen der Materialwirtschaft und der Personalwirtschaft abgestimmt werden. Dabei ist abzustimmen, welcher Personalbedarf insgesamt für die Beschaffungsaufgaben besteht und welche **Personalbeschaffungswege** beschritten werden. Ferner ist abzustimmen, welche Anforderungen an diese Mitarbeiter zu stellen sind und wie Mitarbeiter auf neue Anforderungen und Kenntnisse vorbereitet werden können. Die Personalwirtschaft wird auf einen niedrigen Personalbestand und somit niedrige Personalkosten drängen. → LF 7

Aufbauorganisation der Materialwirtschaft → LS 1

Der Einkauf von Materialien kann nach folgenden Gesichtspunkten organisiert werden:

Zentrale oder dezentrale Beschaffung
Die **zentrale Beschaffung** wird von einer Organisationseinheit durchgeführt. Sie ist vorwiegend bei kleineren und mittleren Unternehmen vorzufinden.

Beispiel: Die Sommerfeld Bürosysteme GmbH unterhält für die Beschaffung aller erforderlichen Materialien die Einkaufsabteilung „Logistik und Materialbeschaffung" (vgl. Organigramm S. 10 f.).

Bei der **dezentralen Beschaffung** plant und disponiert jeder Bedarfsträger eigenverantwortlich, d.h., die Aufgaben der Beschaffung werden von mehreren Organisationseinheiten vorgenommen. Mit zunehmender Betriebsgröße gewinnt die dezentrale Beschaffung von Materialien an Bedeutung.

Beispiele:
- Bei den Metallwerken Bauer & Söhne OHG, einem Lieferer der Sommerfeld Bürosysteme GmbH, ist die Unternehmensleitung unterteilt in die kaufmännische und die technische Leitung. Der kaufmännischen Leitung ist die Materialbeschaffung und die Materialverwaltung untergeordnet, der technischen Leitung die Materiallagerung.
- Die Farbenwerke Wilhelm Weil AG, Lieferer der Sommerfeld Bürosysteme GmbH, haben mehrere Zweigwerke. Jedes Zweigwerk unterhält seine eigene Beschaffungsabteilung.

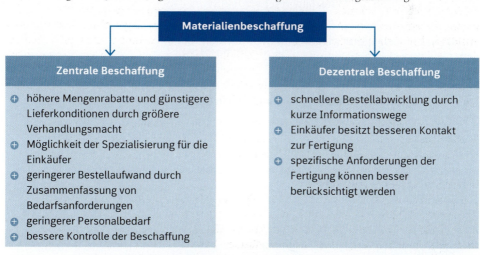

Materialienbeschaffung

Zentrale Beschaffung	Dezentrale Beschaffung
⊕ höhere Mengenrabatte und günstigere Lieferkonditionen durch größere Verhandlungsmacht ⊕ Möglichkeit der Spezialisierung für die Einkäufer ⊕ geringerer Bestellaufwand durch Zusammenfassung von Bedarfsanforderungen ⊕ geringerer Personalbedarf ⊕ bessere Kontrolle der Beschaffung	⊕ schnellere Bestellabwicklung durch kurze Informationswege ⊕ Einkäufer besitzt besseren Kontakt zur Fertigung ⊕ spezifische Anforderungen der Fertigung können besser berücksichtigt werden

Die Vorteile der zentralen Beschaffung sind die Nachteile der dezentralen Beschaffung und umgekehrt.

Beschaffung nach Materialgruppen (Objektprinzip) oder nach Tätigkeiten (Verrichtungs- oder Funktionsprinzip)

Beim **Objektprinzip** wird die Beschaffung nach Materialgruppen gegliedert. Dies ist besonders bei Großunternehmen der Fall, die sehr viele Materialien benötigen, oder bei Unternehmen, die hochwertige und technisch komplizierte Produkte fertigen. In diesem Fall werden Einkäufer mit spezifischen Produkt- und Marktkenntnissen eingesetzt.

Beispiel: Die Metallwerke Bauer & Söhne OHG, ein Lieferer der Sommerfeld Bürosysteme GmbH, hat für die Beschaffung von Rohstahl, Aluminium (Rohstoffe), der Lacke, Produktverpackungen (Hilfsstoffe) und der Schmierfette und Schleifmittel (Betriebsstoffe) je eine eigene Beschaffungsabteilung. In jeder dieser Abteilungen erfolgt die Angebots- und Bestellungsbearbeitung, die Material- und die Rechnungsprüfung.

Beim **Verrichtungs-** oder **Funktionsprinzip** werden gleichartige Tätigkeiten für verschiedene Materialien in einer Abteilung oder Stelle zusammengefasst.

Beispiel: Die Sommerfeld Bürosysteme GmbH hat ihre Beschaffungsabteilung folgendermaßen gegliedert:

Nach einer Untersuchung des Verbandes der Deutschen Industrie wurde festgestellt, dass bei vielen Industriebetrieben die Gliederung der Beschaffungsabteilung nach Materialgruppen (Objektprinzip) bevorzugt wird, da in diesem Fall die spezifischen Produkt- und Marktkenntnisse der Produktspezialisten genutzt werden können.

Ablauforganisation der Materialwirtschaft

In der Ablauforganisation wird der Ablauf einer Arbeit geregelt, es wird bestimmt, wie eine Tätigkeit ausgeführt werden muss.

Beispiele: Wie soll bei Reklamationen verfahren werden? Wie werden eingegangene Materialien geprüft? Wie werden Materialien bestellt?

Hierzu gibt es **Arbeits- und Verfahrensanweisungen**, in die die Mitarbeiter eingearbeitet werden müssen. Ferner müssen sie die Möglichkeit haben, nachzufragen oder selbst nachzulesen, wenn sie es wünschen. Die Ablauforganisation legt ferner fest, welche Arbeitsmittel bei bestimmten Tätigkeiten eingesetzt werden.

Beispiele: Einsatz von bestimmten Vordrucken bei der Materialannahme, Materialbestellung usw.

In der Ablauforganisation werden auch die Kontrollen der Arbeiten festgelegt. Die betrieblichen Tätigkeiten müssen überwacht werden, damit bei Störungen sofort mit entsprechenden Maßnahmen reagiert werden kann und der Arbeitsablauf dadurch gesichert wird.

Beispiel: für ablauforganisatorische Regelungen (Auszug aus der Arbeitsanweisung der Sommerfeld Bürosysteme GmbH für die Materialeingangskontrolle): „Der Mitarbeiter in der Materialannahme übernimmt vom Spediteur (Fahrer) die Materialien und prüft die richtige Empfangsadresse auf den Begleitpapieren. Ist der Empfänger nicht korrekt (Irrläufer, falsche Lagerstätte o. Ä.), so wird der

Leiter der Materialannahme eingeschaltet, der dann zu entscheiden hat. Die Angaben auf den Materialbegleitpapieren (Lieferschein, Frachtbrief) werden mit der Sendung verglichen (Stückzahl usw.)..."(vgl. S. 123 f.).

Zusammenfassung

Aufgaben und Ziele der Materialwirtschaft im gesamtbetrieblichen Zusammenhang kennen und die Beschaffung organisieren

- Zum **Beschaffungsprozess** zählen alle mit der Beschaffung, Lagerung, Bereitstellung und Entsorgung von Materialien verbundenen Aufgaben.

- **Hauptaufgabe der Materialwirtschaft** ist es, das Unternehmen mit Werkstoffen in der richtigen Art, Qualität, Menge, zum richtigen Preis, am richtigen Ort und zur richtigen Zeit unter Beachtung des Wirtschaftlichkeitsprinzips zu versorgen.

- Die **Teilaufgaben der Materialwirtschaft** gliedern sich in Planung und Durchführung der Beschaffung, Kontrollaufgaben und sonstige Aufgaben.

- Zu den **Zielen des Beschaffungsprozesses** zählen die Minimierung der Beschaffungs-, der Lagerhaltungs- und Fehlmengenkosten. Diese Ziele stehen in einem permanenten Zielkonflikt zueinander.

- Zunehmende Bedeutung gewinnen die **speziellen Ziele der Materialwirtschaft**: Qualitätssicherung, Kostensenkung, Lieferbereitschaft, Gesundheits- und Umweltschutz, wobei diese Ziele sich ebenfalls in einem Zielkonflikt miteinander befinden können.

- Die Materialwirtschaft hat viele **Schnittstellen zur Absatz-, Produktions-, Finanz- und Personalwirtschaft**, wobei sich auch hier zwischen den einzelnen Funktionen Zielkonflikte ergeben können.

- Der Materialeinkauf kann organisiert werden
    - als **zentraler oder dezentraler Einkauf,**
    - nach **Materialgruppen (Objektprinzip) oder nach Tätigkeiten (Verrichtungs- oder Funktionsprinzip).**

- Die **Ablauforganisation** regelt die Ausführung der Arbeiten, den Einsatz von Arbeitsmitteln und die Überwachung der Arbeiten. Für die Mitarbeiter werden Arbeitsanweisungen erstellt.

Aufgaben

1. Erstellen Sie zum Thema „Aufgaben und Ziele des Beschaffungsprozesses in einem Industrieunternehmen" ein Referat. Benutzen Sie zum Vortrag geeignete Medien, die Ihren Vortrag unterstützen.

2. Beschreiben Sie einige Zielkonflikte zwischen Zielen der Beschaffung und den Zielen anderer Abteilungen im Industrieunternehmen.

3. Bearbeiten Sie anhand Ihres Ausbildungsbetriebes folgende Fragen und Aufgaben:
    a) Welche Abteilungen sind mit materialwirtschaftlichen Aufgaben befasst?
    b) Gibt es untergeordnete Abteilungen und welche Aufgaben haben diese?
    c) Führen Sie eine Befragung von leitenden Mitarbeitern in der Beschaffung durch, welche Berührungspunkte es mit anderen Abteilungen gibt und welche Informationen ausgetauscht werden.
    d) Erstellen Sie ein Organigramm, in dem besonders die Beschaffungsabteilung dargestellt wird.

4. Die innere Organisation des Einkaufs kann funktionsbezogen (Verrichtungsprinzip) oder objektbezogen (Objektprinzip) gegliedert sein.

   a) Erläutern Sie die beiden Organisationsformen des Einkaufs.
   b) Begründen Sie, warum sich ein Industrieunternehmen für eine Kombination beider Organisationsformen entscheidet.

5. „Dem speziellen Ziel der Materialwirtschaft Umwelt- und Gesundheitsschutz kommt eine immer größer werdende Bedeutung zu." Erläutern Sie diese Aussage an selbst gewählten Beispielen aus der Sommerfeld Bürosysteme GmbH und Ihren Ausbildungsbetrieben.

6. Erstellen Sie eine Folie, die zum Einsatz in einer Besprechung in Ihrem Unternehmen geeignet ist, zum Thema „Möglichkeiten zur Verbesserung der Zusammenarbeit zwischen der Beschaffungsabteilung einer Industrieunternehmung und ihren Lieferern".

2 Materialauswahl, Einsatzmöglichkeiten und Umweltverträglichkeit verschiedener Materialien berücksichtigen

In der Sommerfeld Bürosysteme GmbH findet eine erneute Besprechung der Geschäftsleitung mit den Abteilungsleitern statt, bei der Daniela Schaub das Protokoll führt. Frau Farthmann erklärt den Anwesenden:

„Ich habe Sie heute zusammengerufen, da ich Ihnen eine sehr erfreuliche Mitteilung zu machen habe. Unser Drehstuhl ‚Picto' wurde von der Fachpresse als der ‚Öko-Stuhl' des Jahres 2020 bezeichnet, da er aus wenigen, ökologisch unbedenklichen, reinen und gekennzeichneten Werkstoffen besteht, die zu 95 % recycelt werden können. Zudem haben wir bei diesem Stuhl auf geschweißte oder geklebte Verbindungen gänzlich verzichtet. Seit der Produkteinführung im Jahre 2019 rückte Picto mit einem Produktionsanteil von 15 % auf Platz zwei im Sommerfeld-Programm. Lassen Sie uns auf diesem Wege weitermachen und überprüfen, ob wir auch unsere anderen Produkte durch den Einsatz umweltverträglicherer Materialien verbessern können. Somit tragen wir dem gestiegenen Umweltbewusstsein Rechnung, was uns letztendlich über die erhöhte Akzeptanz bei den Kunden zugutekommt."

Arbeitsaufträge

→ LF 1

- Erläutern Sie mithilfe eines Exzerptes die Bedeutung und Einsatzmöglichkeiten der verschiedenen Materialien in einem Industriebetrieb.

- Begründen Sie, warum der Einsatz umweltverträglicher Materialien für Industriebetriebe von Vorteil sein kann.

Materialauswahl und Einsatzmöglichkeiten verschiedener Materialien

LS 2

Die Materialwirtschaft hat aufgrund des Beschaffungsplans, der anhand des Absatzplans aufgestellt wird, folgende **Beschaffungsobjekte** (Materialien) zu beschaffen und bereitzustellen:

Einsatzfaktoren	Merkmale	Kennzeichnung	Beispiele für einen Schreibtischstuhl der Sommerfeld Bürosysteme GmbH
W E R K S T O F F E	Rohstoffe	Sie bilden den Hauptbestandteil des Fertigerzeugnisses.	Holz, Stoffbezüge, Leder
	Hilfsstoffe	Sie gehen als Nebenbestandteil in das Fertigerzeugnis ein und spielen wert- und mengenmäßig nur eine untergeordnete Rolle.	Farbe, Leim, Schrauben
	Betriebsstoffe	Sie sind kein Bestandteil des Fertigerzeugnisses, werden aber für den Fertigungsprozess benötigt.	Energie, Schmierstoffe für Maschinen, Schleifpapier, Verpackungsmaterial
	Zulieferteile/ Fremdbauteile	Sie werden von anderen Herstellern bezogen, werden nicht bearbeitet, sondern gehen durch Montage in das Fertigerzeugnis ein.	Stahlrohre für das Sitzgestell
Handelswaren		Sie werden von fremden Unternehmen bezogen und ohne Veränderung weiterverkauft. Sie ergänzen das Absatzprogramm.	Regalsystem Danebro, Papierkörbe für das Büro

→ LF 3

Materialien (vgl. S. 29 f.) sind alle naturgegebenen und bereits verarbeiteten Gegenstände, die im Produktionsprozess verarbeitet, bearbeitet oder eingebaut werden. Materialien sollten eine Reihe von Anforderungen erfüllen.

Beispiele: Die Materialien des Drehhockers „Allegro" der Sommerfeld Bürosysteme GmbH sollten folgende Anforderungen erfüllen:

- Sie sollen langlebig sein.
- Bauteile sollen leicht austauschbar sein.
- Sie sollen umweltfreundlich sein, d. h., sie sollen recycelbar (wiederverwendbar oder wiederverwertbar) sein.
- Einzelteile sollen verringert werden, die Gestaltung und das Formen der Werkstücke sollen auf Wunsch der Fertigung so einfach wie möglich sein.

Die Produktionsabteilung hat die Aufgabe, anhand der Unterlagen der Konstruktion und Entwicklung, Zeichnungen und Stücklisten die Auswahl der Materialien festzulegen, da dies eine technische Aufgabe ist. Die Beschaffungsabteilung hat danach die erforderlichen Materialien zu besorgen, wobei sie wirtschaftlichen Zwängen unterliegt.

Beispiel: Ob z. B. die Sitzschale des Drehhockers „Allegro" bei der Sommerfeld Bürosysteme GmbH aus Holz, Kunststoff oder Metall gefertigt wird, ist zunächst ein technisches Problem. Aus Kosten- oder auch Umweltschutzgründen kann die technisch bessere Lösung unterbleiben.

Bei der **Materialauswahl** müssen ferner die Kosten (vgl. S. 48 f.), die **Qualität** (vgl. S. 57 f.), Umweltgesichtspunkte (vgl. S. 27 f.) und die **Marktentwicklung** der zu beschaffenden Materialien berücksichtigt werden. Bei der Marktentwicklung müssen neben den saisonalen und konjunkturellen Schwankungen auch andere Veränderungen, wie z. B. die Verknappung von Rohstoffen oder Wechselkursveränderungen, beobachtet werden.

Umweltverträglichkeit verschiedener Materialien

> *Gefahrstoffe*
> Zu den Gefahrstoffen zählen alle Stoffe und Gegenstände, von denen bei Unfällen oder bei unsachgemäßer Behandlung Gefahren für Menschen, Tiere, Sachen und Umwelt ausgehen können, da sie z. B. explosiv, leicht entzündbar, giftig, radioaktiv, ätzend, krebserregend usw. sind.

Beispiele: Farben, Klebstoffe, Reinigungs-, Löse-, Schädlingsbekämpfungsmittel, Asbest, Benzol

Die **Gefahrstoffverordnung 2010 (GefStoffV 2010)** hat folgendes Ziel:

> **§ 1 GefStoffV – Zielsetzung und Anwendungsbereich** (1) Ziel dieser Verordnung ist es, den Menschen und die Umwelt vor stoffbedingten Schädigungen zu schützen durch
> 1. Regelungen zur Einstufung, Kennzeichnung und Verpackung gefährlicher Stoffe und Zubereitungen,
> 2. Maßnahmen zum Schutz der Beschäftigten und anderer Personen bei Tätigkeiten mit Gefahrstoffen und
> 3. Beschränkungen für das Herstellen und Verwenden bestimmter gefährlicher Stoffe, Zubereitungen und Erzeugnisse.
> [...]

Nach § 19 des Gesetzes zum Schutz vor gefährlichen Stoffen (Chemikaliengesetz – ChemG) teilen sich die Gefahrstoffe in

- **gefährliche Stoffe** (alle Stoffe und Gemische, die explosionsgefährdend, brandfördernd, extrem entzündbar, leicht entzündbar und entzündbar giftig, gesundheitsschädlich, ätzend, reizend, sensibilisierend, krebserzeugend, fortpflanzungsgefährdend, erbgutverändernd oder umweltschädlich sind),

- **Stoffe, die Krankheitserreger übertragen können,**

- **Stoffe, aus denen bei Herstellung oder Verwendung gefährliche Stoffe entstehen oder freigesetzt werden können,**

- **explosionsfähige Stoffe.**

Da es durch den unsachgemäßen Umgang mit Gefahrstoffen oder Missachtung der Sicherungsvorschriften bei der Lagerung zu Unfällen, die Menschen, Tiere, Luft, Wasser oder Böden gefährden können, kommen kann, hat der Gesetzgeber die Gefahrstoffverordnung erlassen, die Vorkehrungen treffen soll, um einen Missbrauch von Gefahrstoffen zu verhindern. Der Umgang mit Gefahrstoffen unterliegt strengen nationalen und internationalen Regelungen und behördlicher Überwachung. Verstöße gegen diese Vorschriften werden streng geahndet.

Beispiel: Nach der Gefahrgutverordnung – Straße – müssen Transportfahrzeuge durch Warntafeln gekennzeichnet sein. Der Fahrzeugführer muss für den Fall eines Unfalls schriftliche Weisungen mitführen, wie im Falle eines Unfalls verfahren werden soll.

Gefährliche Stoffe sind laut GHS-Verordnung in **neun Klassen** eingeteilt, die weitgehend den Gefahrgutklassen der ADR (Europäisches Übereinkommen über die internationale Beförderung gefährlicher Güter auf der Straße) bzw. der Gefahrgutverordnung Straße, Eisenbahn und Binnenschifffahrt (GGVSEB) entsprechen. Sie sind besonders zu kennzeichnen:

Gefahrgutklasse	Gefahrstoff
1	explosive Stoffe
2	verdichtete, verflüssigte Gase
3	entzündbare Flüssigkeiten
4	entzündbare, feste Stoffe
5	oxidierend, entzündend wirkende Stoffe
6	giftige, ansteckungsgefährdende Stoffe
7	radioaktive Stoffe
8	ätzende Stoffe
9	verschiedene Gefahrstoffe

Die diversen Gefahrgutverordnungen schreiben vor, dass gefährliche Stoffe sicher verpackt und besonders gekennzeichnet werden müssen. Nach der GHS-Verordnung **(Globally Harmonised System of Classification and Labeling of Chemicals)** gibt es folgende international vereinheitlichte Gefahrenkennzeichen:

Beispiel: Gefahrenkennzeichen nach der GHS-Verordnung

Angaben zur Bezeichnung des Stoffes, Hinweise auf besondere Gefahren, Gefahrensymbol und Gefahrenbezeichnung, Sicherheitsratschläge und Name und Anschrift des Herstellers, Einführers oder Vertreibers, Hinweise zur schadlosen Beseitigung sind verbindlich vorgeschrieben. Ausführliche Informationen zu alter und neuer Kennzeichnung, Einstufungsverfahren sowie Abstufungen bei denselben Zeichen finden Sie auf den Webseite des Umweltbundesamtes unter www.umweltbundesamt.de.

Beispiel: Die Sommerfeld GmbH verwendet in der Fertigung Terpentin zur Verdünnung von Farben.

Ferner muss jedes Unternehmen, das gefährliche Güter versendet, verpackt oder befördert, einen **Gefahrgutbeauftragten** bestellen. Dieser Beauftragte soll den ordnungsgemäßen Umgang mit Gefahrgütern überwachen. Hierzu muss er seine Sachkunde durch eine spezielle Schulung bei der IHK und regelmäßige Fortbildungsmaßnahmen erwerben.

Beispiel: Die Sommerfeld GmbH hat Petra Lauer zu ihrer Gefahrgutbeauftragten ernannt.

Zu den Aufgaben des Gefahrgutbeauftragten im Einzelnen sowie zu seiner Bestellung siehe www.frankfurt-main.ihk.de.

> **PRAXISTIPP!**
>
> *Die Fortbildung als Gefahrgutbeauftragte/-r, z. B. bei der IHK Ihrer Region, ist eine attraktive Möglichkeit der Weiterbildung direkt nach Ihrem Ausbildungsabschluss.*

Für **arbeitsplatzbezogene Maßnahmen** sind die **maximale Arbeitsplatzkonzentration**, die ein Gefahrstoff in der Luft haben darf, und der **biologische Arbeitsplatztoleranzwert**, den ein Stoff im Körper maximal haben darf, zu berücksichtigen. Diese Werte werden durch das Bundesministerium für Arbeit und Soziales festgelegt.

Zu Arbeitsschutzvorschriften, Erste Hilfe, Brandschutz u. v. m. siehe www.arbeitssicherheit.de

Umweltschutz bei der Materialauswahl

Der Umweltschutz wird bei der Beschaffung von Materialien immer mehr als unternehmerisches Ziel zu einem integrierten **Bestandteil der Unternehmensphilosophie**. Die Erde gibt Rohmaterialien nur in beschränkten Mengen her. Werden mehr Materialien verbraucht, als die Erde jährlich wachsen lässt, werden die Ressourcen der Erde bald verbraucht sein. Die Umweltpolitik eines Industrieunternehmens sollte von der Produktentwicklung über Zuliefererunternehmen, Handelspartner, ökologisches Controlling der Produktionsprozesse, Verpackung und Transport bis hin zu Reparaturleistungen, Wiederverwendung, Weiterverwertung und fachgerechter Entsorgung reichen. Somit kommt schon der Beschaffung von Materialien eine entscheidende Bedeutung in der Unternehmensumweltpolitik zu. Unternehmen, die ökologische Ziele bei der Beschaffung in den Vordergrund stellen, orientieren sich am **Prinzip der Nachhaltigkeit**. Dieses Prinzip bedeutet, dass alle unternehmerischen Entscheidungen so ausgerichtet sein müssen, dass sie auch langfristig im Einklang mit der Umwelt stehen.

→ LF 10

Beispiel: In der Sommerfeld Bürosysteme GmbH werden folgende ökologischen Gesichtspunkte bei der Beschaffung von Materialien angewandt:
– Mit der Wollux GmbH wurden innovative Materialien entwickelt, die auf Biopolymeren (Pflanzenöle, Stärkederivate) basieren und mit Naturfasern (Flachs, Hanf) verstärkt werden, mit dem Ziel, in Teilbereichen erdölbasierende Kunststoffe zu ersetzen.
– Die Sommerfeld Bürosysteme GmbH hat durch Einsatz von Leichtbauplatten mit Plattenkernen aus Sandwich-Pappwaben, die aus recyceltem Papier gefertigt werden, eine 30%ige Massen- und Gewichtsreduktion erreicht.
– Die Sommerfeld Bürosysteme GmbH setzt Aluminium mit einem 50%igen Anteil von Recycling-Aluminium für statisch beanspruchte und dennoch leichte Bauteile wie Sitzträger, Tischbeine oder Fußkreuze ein.
– Die Sommerfeld Bürosysteme GmbH ersetzt bei einigen Sitzmöbeln das aus Erdöl hergestellte Polstermaterial Polyurethan durch Gummikokos, ein Material, das auf Fasern basiert, die bei der Kokosnussernte anfallen und mit der Latexmilch des Gummibaums verklebt werden.

Grundsätzlich sollte somit eine **schonende Nutzung der Umweltressourcen (= dauerhafte, nachhaltige Entwicklung**, Grundsatz der Nachhaltigkeit) im Vordergrund stehen. Als nachhaltig werden Materialien und Produkte dann bezeichnet, wenn

- **erneuerbare Rohstoffe** nur in dem Umfang verbraucht werden, wie sie nachwachsen,

    Beispiel: Es wird nur so viel Holz geschlagen, wie gleichzeitig angepflanzt wird.

- **nicht erneuerbare Rohstoffe** nur abgebaut werden, wenn sichergestellt ist, dass für nachfolgende Generationen kein Mangel entsteht,

    Beispiele: Rohöl, Erze

- durch konsequentes Recycling und eine umweltgerechte Entsorgung nicht mehr benötigter Produkte und Verpackungen ein Rohstoffkreislauf, eine sogenannte Kreislaufwirtschaft, entsteht,

→ LF 10

- sie in ihrer Nutzungsphase möglichst umweltverträglich sind.

Zusammenfassung

Materialauswahl, Einsatzmöglichkeiten und Umweltverträglichkeit verschiedener Materialien berücksichtigen

- *Materialien* sind Gegenstände, die verarbeitet, bearbeitet, eingebaut werden oder für das Funktionieren der eingesetzten Betriebsmittel erforderlich sind.
- *Rohstoffe* werden Hauptbestandteile des Produkts, Hilfsstoffe werden Nebenbestandteil des Produkts.
- *Betriebsstoffe* gehen nicht in das Produkt ein, sind aber für den Produktionsprozess notwendig.
- *Zulieferteile/Fremdbauteile* sind fremdbezogene Fertigteile, weil die eigene Produktion wirtschaftlich nicht sinnvoll ist.
- *Handelswaren* werden eingekauft und ergänzen das Absatzprogramm der selbst hergestellten Produkte.
- Alle Güter, von denen beim Lagern, Verpacken, Verladen und Transportieren Gefahren für Menschen, Tiere, Sachen und Umwelt ausgehen können, bezeichnet man als *Gefahrstoffe*. Der Umgang mit Gefahrstoffen ist in der Gefahrstoffverordnung geregelt.
- *Sparsamer und umweltbewusster Umgang mit Materialien* lässt sich durch Recycling erreichen, d. h. Rückführung stofflicher und energetischer Rückstände in den Produktionsprozess durch Verwendung und Verwertung von Werkstoffen.
- Die *Materialentsorgung* umfasst neben der Entsorgung von Abfällen alle Möglichkeiten des Recyclings, wobei die *Abfallvermeidung und Abfallverminderung* die beiden wesentlichen Ziele der Entsorgung in einem Industriebetrieb sein sollten.
- *Grundsatz der Nachhaltigkeit:* Treffen unternehmerischer Entscheidungen im Einklang mit der Umwelt.
- *Wesentliche Gesetze,* die den Umweltschutz regeln: Kreislaufwirtschaftsgesetz (KreislWG), Abfallbeseitigungsgesetz, Bundes-Immissionsschutzgesetz, Verpackungsverordnung, Gefahrgutverordnungen, Chemikalienschutzgesetz.

Aufgaben

1. Erläutern Sie die Bedeutung und Einsatzmöglichkeiten verschiedener Materialien
   a) anhand von Beispielen aus der Sommerfeld Bürosysteme GmbH,
   b) anhand von Beispielen aus Ihrem Ausbildungsbetrieb.

2. Erklären Sie den Begriff Gefahrstoff und untersuchen Sie, welche Gefahrstoffe in Ihrem Ausbildungsbetrieb eingesetzt werden.

3. Beschreiben Sie einige Möglichkeiten, wie ein sparsamer und umweltbewusster Umgang mit Werkstoffen in einem Industriebetrieb erreicht werden kann.

4. Überprüfen Sie, ob es in Ihrem Ausbildungsbetrieb Möglichkeiten für den sparsameren Umgang mit Materialien gibt.

5. Unterscheiden Sie die Einzelteile eines Bürostuhls in Roh- und Hilfsstoffe. Untersuchen Sie zudem, welche Betriebsstoffe bei der Produktion eingesetzt werden können.

6. Petra Lauer, die Gefahrstoffbeauftragte der Sommerfeld GmbH, beobachtet bei einem Rundgang durch die Fertigungshalle, wie ein gewerblicher Mitarbeiter aus einem Terpentinkanister Flüssigkeit in eine leere Limonadenflasche füllt und diese ins Regal stellt.

a) Erläutern Sie, wie sich Petra Lauer verhalten soll.
b) Nennen Sie Gründe, warum der Gesetzgeber für bestimmte Unternehmen einen Gefahrstoffbeauftragten vorschreibt.
c) Überprüfen Sie, ob es in Ihrem Ausbildungsbetrieb einen Gefahrstoffbeauftragten gibt. Falls ja, befragen Sie ihn nach seinem Tätigkeitsfeld. Stellen Sie Ihre Ergebnisse Ihren Mitschülern vor.

3 Materialien beschaffen

3.1 Bedarfsermittlung und Disposition

3.1.1 Beschaffungsplanung und Bedarfsermittlung

Folgender Auszug aus einem Protokoll der Sommerfeld Bürosysteme GmbH liegt vor: „Nach der Auszeichnung der Sommerfeld Bürosysteme GmbH für den Drehstuhl ‚Picto' als Öko-Stuhl des Jahres 2020 hat die Geschäftsleitung beschlossen, die Produktgruppe 4 ‚Pause, Speise, Aufenthalt' um stapelbare Systemtische zu erweitern, wobei insbesondere auch bei diesen Tischen auf die vollständige Recyclingfähigkeit zu achten ist." Roya Mehmet, die Leiterin der Marketingabteilung, und Emilio Lanzetti, der Leiter der Logistik- und Materialbeschaffungsabteilung, werden damit beauftragt, den Bedarf an Materialien für diese Systemtische zu ermitteln. Daniela Schaub arbeitet aktuell in dieser Abteilung.

Arbeitsaufträge

- Überprüfen Sie, wie die Abteilungsleiter den Bedarf an Materialien ermitteln können.
- Erläutern Sie die Bedeutung der ABC-Analyse und der XYZ-Analyse.

Informationsbedarf

In Industrieunternehmen spielt die Beschaffung von Materialien insbesondere in materialintensiven Betrieben eine große Rolle. Infolgedessen sollte der Materialbedarf an Werkstoffen und Handelswaren, der für einen bestimmten Termin und eine bestimmte Periode benötigt wird, möglichst genau ermittelt werden, um ein vorgegebenes

Fertigungsprogramm oder bestimmte Aufträge erledigen zu können. Hierzu benötigt die Beschaffungsabteilung für ihre Planungen Informationen über die zu beschaffenden **Materialien (Bedarfsinformationen)** und über die möglichen **Lieferer (Angebotsinformationen)**.

Bedarfsinformationen		
Informationen über die Materialien werden benötigt für	**Fragen**	**Erläuterungen**
Bedarfsplanung	Was und wie viel wird benötigt?	Hierbei sind Qualität, Ausführung, Größe, Farbe, Einsatzmengen der Materialien in einer Periode zu berücksichtigen. Hierzu muss der geplante Absatz bekannt sein.
Mengenplanung (vgl. S. 40 ff.)	Welche Menge soll von jedem Material beschafft werden?	Die verfügbare Lagerkapazität sowie die optimale Bestellmenge müssen berücksichtigt werden. Es wird auch geklärt, in welcher Abfolge (nach-)bestellt werden soll.
Zeitplanung (vgl. S. 43 ff.)	Wann sollen die zu beschaffenden Materialien zur Verfügung stehen?	Entscheidend ist, wann die Materialien in der Produktion benötigt werden. Hiervon hängt ab, wann bestellt wird. Zu beachten sind die Lagerfähigkeit der Materialien, die Liefer- und Transportzeiten sowie Preisentwicklungen auf dem Beschaffungsmarkt.
Preisplanung (vgl. S. 48 f.)	Zu welchem Preis soll (kann) beschafft werden?	Nicht immer ist der Lieferer mit dem niedrigsten Preis auch der günstigste. Alle übrigen Gesichtspunkte (Konditionen, Zuverlässigkeit, Liefertermin usw.) müssen in die Entscheidung einbezogen werden.

Angebotsinformationen		
Informationen über die Lieferer werden benötigt für	**Fragen**	**Erläuterungen**
Ermittlung der Bezugsquellen (vgl. S. 54 ff.)	Bei welchen Lieferern kann beschafft werden?	Im Rahmen der Beschaffungsmarktforschung sind geeignete Lieferer ausfindig zu machen.
Auswahl der Lieferer (vgl. S. 56 ff.)	Bei welchem Lieferer soll beschafft werden?	Hier sind u. a. Preise, Konditionen, Zuverlässigkeit der Lieferer zu vergleichen.

Bedarfsplanung

Die Bedarfsplanung legt die für die Fertigung benötigten Materialien nach Art, Qualität, Menge und Zeitraum fest. Die Menge an Material, die zu einem bestimmten Zeitpunkt oder für eine bestimmte Periode benötigt wird, wird **Bedarf** genannt. Der Bedarf an

Materialien hängt vom Fertigungsprogramm des Industriebetriebes ab. Die genaue Bedarfsermittlung ist aus folgenden Gründen erforderlich:

- Wird eine **zu geringe Materialmenge** beschafft, können die Produktion gestört sowie Absatzmöglichkeiten und die Erfüllung der Absatztermine beeinträchtigt werden.
- Wird eine **zu große Materialmenge** beschafft, wäre die Kapitalbindung (Zins- und Lagerkosten) unnötig hoch.

Das Vorgehen bei der Bedarfsermittlung ist davon abhängig, ob bereits genaue Daten (Aufträge, Pläne) vorliegen oder nicht. Wenn keine konkreten Kundenaufträge vorliegen, ist die Bedarfsermittlung in erster Linie Aufgabe der Verkaufs-/Marketingabteilung. Grundlage der Bedarfsermittlung ist dann der Absatzplan des Unternehmens. Hierbei wird festgelegt, wie viele und welche Produkte in den Planperioden (Monat, Quartal, Jahr) herzustellen sind. Er basiert auf den Entscheidungen des Absatzmarketings (vgl. S. 18). → LF 10

Beispiel: Absatzplan für das 2. Quartal 20(0) der Sommerfeld Bürosysteme GmbH, Produktgruppe: Am Schreibtisch

Produkt	Geplanter Absatz in Stück	Auf Lager (Stück)	Zu produzieren (Stück)
Picto Besucherstuhl	2 500	200	2 300
Picto Drehstuhl	3 500	500	3 000
usw.			

Aus dem Absatzplan lässt sich ableiten, welche Materialien (Art und Menge) beschafft werden müssen, um das Absatzziel zu erreichen. Für jedes Produkt ist aus der **Stückliste** zu entnehmen, aus welchen Einzelteilen es besteht. Die hierzu erforderlichen Roh-, Hilfs, Betriebsstoffe und Fertigteile (Bedarfsmeldeschein) sind in einem **Beschaffungsplan** zu erfassen. → LF 5

Beispiel: Wenn im 2. Quartal 3 000 Drehstühle des Modells „Picto Besucherstuhl" zu produzieren sind, müssen hierzu die erforderlichen Roh-, Hilfs- und Betriebsstoffe rechtzeitig beschafft werden.

Beschaffungsplan für das 2. Quartal, Produkt: „Picto Besucherstuhl"

Beschaffungsmaterial	für 1 Produkt	für 3 000 Produkte
Stahlrohr	0,6 m	1 800 m
Gasfeder	1	3 000 Stück
Stoffpolster	etwa 0,6 m^2	1 800 m^2
Schrauben gemäß Stückliste	4 Stück	12 000 Stück
usw.		

Aus den Beschaffungsplänen für einzelne Produkte oder Produktgruppen ist der gesamte Bedarf an Materialien abzuleiten, der für die jeweilige Planungsperiode entsteht. Die Beschaffungspläne sind Grundlage für die Finanzbedarfspläne. Hierin wird festgelegt, welcher Finanzmittelbedarf für die Planungsperiode entsteht. So wird sichergestellt, dass zum Beschaffungstermin die erforderlichen Mittel zur Bezahlung bereitstehen.

Klassifizierung der Materialien nach Wertigkeit

LS 3.I

Es ist aufgrund der Vielzahl der Materialien nicht zweckmäßig, den Bedarf aller Materialien genau zu ermitteln. Daher sind Schwerpunkte zu setzen und die Aktivitäten auf die Materialien zu konzentrieren, die einen hohen Anteil am Gesamtlagerwert haben oder deren Verbrauch bestimmten Schwankungen unterliegt. Instrumente zur Klassifizierung der Materialien sind die ABC-Analyse und die XYZ-Analyse.

ABC-Analyse

Ein **Verfahren, Schwerpunkte der zu beschaffenden Materialien** zu erkennen, ist die ABC-Analyse. Hier werden die Materialien hinsichtlich ihres Wertanteils am Gesamtbeschaffungswert in drei Gruppen (A-, B-, C-Gruppe) eingeteilt.

- Die Materialien der **A-Gruppe** haben einen Anteil von etwa 65 bis 80 % des Gesamtwertes.
- Die Materialien der **B-Gruppe** haben einen Anteil von etwa 15 bis 20 % des Gesamtwertes.
- Die Materialien der **C-Gruppe** haben einen Anteil von etwa 5 bis 10 % des Gesamtwertes.

Beispiel: Die Sommerfeld GmbH benötigt für die Herstellung des Stapelstuhls „Piano" zehn verschiedene Materialien. Von allen Materialien sind der Bezugs-/Einstandspreis je Stück/Einheit und die Beschaffungsmenge bekannt. Daraus lässt sich der Beschaffungswert berechnen. Diese Beschaffungswerte werden in eine Rangfolge gebracht. Das Material mit dem höchsten Beschaffungswert erhält die Rangziffer 1 usw. Danach können die Werte kumuliert werden, d.h., die einzelnen Beschaffungswerte werden addiert.

Artikel Nr.	Materialbezeichnung	Einstands-/ Bezugspreis in €	Beschaffungsmenge in Stück	Beschaffungswert in €	Beschaffungswert in %	Kumulierte Werte in €	Kumulierte Werte in %	Rang	Gruppe
500	Sitzschale	5,00	4 000	20 000,00	29,35	20 000,00	29,35	1	A
610	Gleiter	2,20	6 000	13 200,00	19,37	33 200,00	48,72	2	A
212	Hinterfuß	4,00	3 000	12 000,00	17,61	45 200,00	66,33	3	A
211	Vorderfuß	4,00	3 000	12 000,00	17,61	57 200,00	83,94	4	A
750	Bezug	5,00	620	3 100,00	4,55	60 300,00	88,49	5	B
310	Hinterzarge	3,00	1 000	3 000,00	4,40	63 300,00	92,89	6	B
305	Vorderzarge	3,00	1 000	3 000,00	4,40	66 300,00	97,29	7	B
701	Polstervlies	3,00	330	990,00	1,45	67 290,00	98,74	8	C
300	Rücken	5,00	150	750,00	1,10	68 040,00	99,84	9	C
612	Stopfen	0,40	280	112,00	0,16	68 152,00	100,00	10	C
	Summen			68 152,00	100,00				

Aus dieser Tabelle kann z. B. abgeleitet werden, dass die vier Materialien mit dem höchsten Beschaffungswert bereits 83,94 % des gesamten Beschaffungswertes ausmachen; dies sind eindeutig A-Materialien. Die B-Materialien sind die Materialien mit den Rängen 5 bis 7, sie vereinigen 13,35 % des Beschaffungswertes auf sich. Die C-Materialien mit den Rängen 8 bis 10 sind lediglich mit 2,71 % vertreten.

Hierdurch wird eine **Grundlage für eine wirtschaftliche Unterscheidung von Materialien** gelegt. Nur diejenigen Materialien, die einen hohen Wertanteil haben, also die A-Materialien, rechtfertigen genaue und aufwendige Planungs- und Organisationsarbeiten, weil bereits eine geringfügige prozentuale Verbesserung, z. B. ein geringerer Bezugs-/Einstandspreis, ein deutlicher wirtschaftlicher Erfolg sein kann. Bei den B-Materialien muss im Einzelfall entschieden werden, ob ein hoher Auswertungsaufwand gerechtfertigt ist. Bei den C-Materialien sind einfache und kostengünstige Kontrollen ausreichend.

Auswerten einer ABC-Analyse
Wenn bekannt ist, welche Materialien den höchsten, zweithöchsten usw. Anteil am gesamten Beschaffungswert haben, so können die Aktivitäten des Beschaffungsmarketings sich hierauf konzentrieren. Hieraus lassen sich die nachfolgenden Grundsätze ableiten:

A-Materialien	- besonders intensive Marktanalysen bei der Beschaffung - eingehende Untersuchungen von Preisen und Konditionen - genaue Bestellmengenplanung (optimale Bestellmenge) - auf geringe Lagerbestände achten - sorgfältige Lagerkostenkontrolle - strenge Lagerkontrollen - langfristige Verträge mit Lieferern (JIT, Abrufaufträge)
B-Materialien	- Hier ist im Einzelfall zu entscheiden, welche Maßnahmen im Beschaffungsmarketing und in der Lagerorganisation zu treffen sind. Meist wird ein Mittelweg zwischen A-Materialien und C-Materialien beschritten. - nur Sparmaßnahmen, die wenig kosten, umsetzen
C-Materialien	- einfache und kostengünstige Verfahren der Marktanalyse - höhere Bestände zur Vermeidung von Bestellkosten - einfache Bestandskontrollen - Beschaffung in größeren Intervallen

Eine ABC-Analyse hilft, Schwächen des Beschaffungsmarketings und der Lagerwirtschaft aufzudecken.

Beispiel: Bei der Sommerfeld Bürosysteme GmbH gehören Stahlrohre aufgrund einer ABC-Analyse hinsichtlich des Beschaffungswertes zu der A-Gruppe. Um Lagerkosten zu sparen, wurden in Gesprächen mit den Lieferern die Lieferbedingungen verändert. Künftig werden nur noch kleinere Mengen, jedoch mit häufigeren Lieferterminen geliefert.

XYZ-Analyse
Mit der ABC-Analyse können Aussagen über den Stellenwert eines Materials in Bezug auf Werte oder Mengen gemacht werden. Zur genauen Beschaffungsplanung des Materials sind aber auch **Aussagen über die Vorhersagegenauigkeit des Verbrauchs** von Bedeutung. Diese Aussagen können mithilfe der XYZ-Analyse gewonnen werden. Diese Analyse teilt die Materialien in drei Klassen ein:

- **X-Teile**: Der **Verbrauch** dieser Materialien ist **konstant**, es kommen nur gelegentliche Schwankungen vor, somit ist die Vorhersagegenauigkeit relativ hoch.
- **Y-Teile**: Diese Materialien unterliegen in ihrem **Verbrauch stärkeren Schwankungen** (z. B. durch saisonale Gegebenheiten), somit ist eine mittlere Vorhersagegenauigkeit gegeben.
- **Z-Teile**: Der **Verbrauch** dieser Materialien verläuft völlig **unregelmäßig**, somit ist die Vorhersagegenauigkeit niedrig.

Beispiel: Der Verbrauch von Stahlrohrgestellen kann in der Sommerfeld Bürosysteme GmbH sehr genau vorhergesagt werden, da dieser Verbrauch relativ konstant ist. Der Verbrauch an Polster- und Bezugsmaterialien kann aber nicht genau vorhergesagt werden, da er aufgrund unterschiedlicher Kundenwünsche bestimmten Schwankungen unterliegt.

Die Ergebnisse der XYZ-Analyse (Vorhersagegenauigkeit der Verbrauchsmengen) können mit den Ergebnissen der ABC-Analyse (Wertigkeit von Materialien) kombiniert werden:

Vorhersage-genauigkeit \ Wertigkeit	A	B	C
X	Hoher Verbrauchswert/ Hohe Vorhersage-genauigkeit	Mittlerer Verbrauchswert/Hohe Vorhersage-genauigkeit	Niedriger Verbrauchswert/Hohe Vorhersage-genauigkeit
Y	Hoher Verbrauchswert/ Mittlere Vorhersage-genauigkeit	Mittlerer Verbrauchswert/Mittlere Vorhersage-genauigkeit	Niedriger Verbrauchswert/Mittlere Vorhersage-genauigkeit
Z	Hoher Verbrauchswert/ Niedrige Vorhersage-genauigkeit	Mittlerer Verbrauchswert/Niedrige Vorhersage-genauigkeit	Niedriger Verbrauchswert/Niedrige Vorhersage-genauigkeit

Als **Ergebnis dieser Übersicht** kann festgehalten werden:

- Die AX-, AY-, BX-Materialien erfordern eine hohe Aufmerksamkeit, für diese Materialien kann eventuell eine Just-in-time-Anlieferung (fertigungssynchrone Beschaffung, vgl. S. 47 f.) infrage kommen, weil sie einen mittleren bis hohen Verbrauchswert und eine mittlere bis hohe Vorhersagegenauigkeit haben.

- Die CX-, BY-, AZ-Materialien erfordern eine mittlere Aufmerksamkeit, die Beschaffung erfolgt auf Vorrat und wird gelagert (**Vorratsbeschaffung**) oder im Bedarfsfall bei Vorliegen eines Auftrages (**Einzelbeschaffung**), weil einerseits der mittlere bis hohe Verbrauchswert einiger Materialien völlig unregelmäßig verläuft und andererseits der Verbrauchswert einiger Materialien genau und anderer Materialien nur ungenau vorhergesagt werden kann.

- Die BZ-, CZ-, CY-Materialien erfordern nur eine niedrige Aufmerksamkeit, die Beschaffung erfolgt auf Vorrat oder bei Bedarf.

Verfahren der Materialbedarfsermittlung

LS 3.II

In der Praxis werden die Methoden der Materialbedarfsermittlung und -planung in die auftragsorientierte und die verbrauchsorientierte Bedarfsermittlung unterteilt.

Auftragsorientierte (programmgesteuerte) Bedarfsermittlung

Typisch für das programmgesteuerte Verfahren ist die Bestimmung des Materialbedarfs nach den Mengen und Terminen **konkreter Kundenaufträge oder Produktionspläne**. Hierzu müssen folgende Informationen vorliegen:

- das geplante Produktionsprogramm, aus dem der Primärbedarf an Erzeugnissen zu ersehen ist
- Informationen über die mengenmäßige Zusammensetzung der Produkte (Stückliste)
- die Beschaffungszeiten der Materialien und die Durchlaufzeiten für ihre Verarbeitung
- die verfügbaren Lagerbestände

> verfügbarer Lagerbestand = tatsächlicher Lagerbestand – Sicherheitsbestand – Reservierungen + offene Bestellungen/Fertigungsaufträge

Die programmorientierte Bedarfsermittlung ist sehr genau, gestaltet sich jedoch aufwendig. Sie wird daher für A-Materialien und teilweise auch für B-Materialien verwendet.

Bruttobedarfsrechnung

Um den Bruttobedarf an Materialien zu ermitteln, wird zuerst der Bedarf an Fertigerzeugnissen und Handelswaren aufgrund kurz- oder langfristiger Produktionspläne festgelegt **(Primärbedarf)**. Danach wird von der Fertigungsvorbereitung der Bruttobedarf an den einzelnen Materialien **(Sekundärbedarf)** zur Fertigung des Primärbedarfs ermittelt und anschließend der Bruttobedarf an Hilfs-, Betriebsstoffen und Verschleißwerkzeugen **(Tertiärbedarf)**. Als Hilfsmittel hierzu werden die Stücklisten der zu erstellenden Produkte herangezogen.

Beispiel: Auszug der Stückliste der Sommerfeld Bürosysteme GmbH für den Drehhocker „Allegro"

Pos.	Menge	Einheit	Benennung	Pos.	Menge	Einheit	Benennung
1	1	Stck.	Fußkreuz	5	1	Stck.	Sitzschale
2	1	Stck.	Gasfeder	6	1	Stck.	Lager
3	4	Stck.	Gleiter	7	4	Stck.	Schrauben M8
4	2	Stck.	Schutzrohr				

Primärbedarf: 2 000 Drehhocker, somit ergibt sich zur Herstellung der 2 000 Drehhocker folgender **Sekundärbedarf**:

Sekundärbedarf: 2 000 Fußkreuze   2 000 Gasfedern   8 000 Gleiter
4 000 Schutzrohre   2 000 Sitzschalen   2 000 Lager
8 000 Schrauben M8

Da es aus Erfahrung bei manchen Teilen vermehrt zu Ausschuss kommt oder Ersatzteile benötigt werden, wird häufig noch ein Zusatzbedarf berücksichtigt. Addiert man diesen zum Sekundärbedarf hinzu, erhält man den Bruttosekundärbedarf.

Nettobedarfsrechnung

Um nun zu ermitteln, welche Mengen der Materialien tatsächlich eingekauft werden müssen (Nettosekundärbedarf), werden vom Bruttosekundärbedarf die verfügbaren Lagerbestände (siehe Formel auf S. 35) der jeweiligen Periode abgezogen. Als Hilfsmittel hierzu werden die Bestandsdateien der Materialien herangezogen.

Beispiel: Unter Berücksichtigung der verfügbaren Bestände zu Beginn der 38. KW sowie vorliegender Reservierungen und Rückstände für die laufende Woche, die zu einer Aktualisierung des verfügbaren Lagerbestands führen, ergibt sich für den Drehhocker „Allegro" folgende Nettobedarfsrechnung für die 38. KW:

	Fußkreuz	Gasfeder	Gleiter	Schutzrohr	Sitzschale	Lager	Schrauben M8
Sekundärbedarf	2 000	2 000	8 000	4 000	2 000	2 000	8 000
+ Zusatzbedarf	0	10	0	0	0	20	0
Bruttosekundärbedarf	2 000	2 010	8 000	4 000	2 000	2 020	8 000
verfügbare Lagerbestände Beginn 38. KW	1 000	500	6 000	3 000	2 500	300	10 000
− Reservierung für andere Aufträge	0	100	100	0	200	0	2 000
+ Bestellrückstände od. Fertigungsrückstände	0	1 000	2 000	500	0	1 500	0
verfügbarer Lagerbestand 38. KW	1 000	1 400	7 900	3 500	2 300	1 800	8 000
= Nettosekundärbedarf für die 38. KW	1 000	610	100	500	0	220	0

Die Berechnung ohne das Ausweisen des aktualisierten verfügbaren Lagerbestandes

> Bruttosekundärbedarf − verfügbarer Lagerbestand zu Beginn + Reservierungen − Rückstände

führt ebenfalls zum Nettosekundärbedarf.

> Nicht alles, was für die Produktion benötigt wird, muss auch eingekauft werden, da häufig Lagerbestände verfügbar sind.

Verbrauchsorientierte Bedarfsermittlung

Bei der verbrauchsorientierten Bedarfsermittlung bezieht man sich auf die Verbrauchsmengen der Vergangenheit. Dieses Verfahren ist mit Unsicherheit behaftet, da sich die Vergangenheitswerte nicht immer auf die Zukunft übertragen lassen, gestaltet sich dafür aber weniger aufwendig. Dieses Verfahren eignet sich daher insbesondere für geringwertige CY-Materialien sowie für Betriebs- und Hilfsstoffe. Folgende Methoden der verbrauchsorientierten Bedarfsermittlung lassen sich unterscheiden:

Methode	Erläuterungen	Beispiele
Methode der Durchschnittswerte	Aus Vergangenheitswerten wird der durchschnittliche Monatsverbrauch ermittelt und für die kommenden Perioden hochgerechnet.	Der Materialbedarf der Sommerfeld Bürosysteme GmbH für das bezogene Fertigteil „Gasfeder" betrug im letzten Jahr je Quartal 2 000, 3 000, 2 400 und 3 200 Stück. Der Durchschnittsverbrauch betrug somit 2 650 Stück. Bei einer geplanten Absatzsteigerung von 4 % wird der Materialbedarf pro Quartal auf 2 756 Stück festgelegt.
Trendberechnungen	Bei einem in der Tendenz, von Schwankungen abgesehen, steigenden oder fallenden Bedarf wird ein **trendkorrigierter gewogener Durchschnitt** errechnet. Die einzelnen Perioden werden in der Form gewichtet, dass entsprechend dem Trend den jüngeren Perioden ein größeres Gewicht beigemessen wird als den älteren Perioden.	Der Materialbedarf der Sommerfeld Bürosysteme GmbH für das bezogene Fertigteil „Fußkreuz" betrug in den letzten Monaten: Juli 3 000 (6 %) Oktober 6 000 (18 %) August 5 000 (9 %) November 7 000 (25 %) September 4 000 (12 %) Dezember 8 500 (30 %) Nun wird die Summe des gewichteten Materialbedarfs der sechs Monate durch die Summe der Gewichtungen dividiert. Für den Monat Januar ergibt sich folgender Vorhersagewert: $$v = \frac{(3\,000 \cdot 6) + (5\,000 \cdot 9) + (4\,000 \cdot 12) + (6\,000 \cdot 18) + (7\,000 \cdot 25) + (8\,500 \cdot 30)}{6 + 9 + 12 + 18 + 25 + 30}$$ v = 6 490 Stück

> **PRAXISTIPP!**
>
> *Die verschiedenen Verfahren zur Brutto- und Nettobedarfsermittlung erfolgen bei entsprechender Software zur Produktionsplanung, z. B. SAP, zum Teil vollautomatisch.*

> *Zusammenfassung*
>
> **Beschaffungsplanung und Bedarfsermittlung**
>
> - *Die Beschaffungsabteilung benötigt für ihre Planungen **Informationen** über die zu beschaffenden Materialien und über mögliche Lieferer.*
> - *Die **Bedarfsplanung** legt die für die Fertigung benötigten Materialien nach Art, Qualität, Menge und Zeitraum fest.*
> - *Die Menge an Material, die zu einem bestimmten Zeitpunkt oder für eine bestimmte Periode benötigt wird, nennt man **Bedarf**.*

- Mithilfe der **ABC-Analyse** werden die wertmäßig wichtigsten Materialgruppen festgestellt, mithilfe der **XYZ-Analyse** wird die Vorhersagegenauigkeit des Verbrauchs ermittelt. Durch die Kombination der ABC-Analyse mit der XYZ-Analyse wird die Bedarfsermittlung verbessert.
- Die **ABC-Analyse** ist ein Verfahren, um Schwerpunkte bei der Beschaffung von Materialien zu bilden. Analysiert werden Verbrauchsmengen, Verbrauchswerte usw. Hierbei werden die Materialien in A-, B- und C-Materialien eingeteilt.
    - A-Gruppe: Anteil = 70–80 %, Materialien mit besonders hohem Kontrollbedarf
    - B-Gruppe: Anteil = 15–20 %, Materialien mit mittlerem Kontrollbedarf
    - C-Gruppe: Anteil = 5–10 %, Materialien mit geringem Kontrollbedarf
- **Auftragsorientierte Bedarfsermittlung:** Liegen bereits konkrete Kundenaufträge oder Produktionspläne vor, kann der Materialbedarf (insbesondere A- und B-Materialien) mithilfe von **Bedarfsrechnungen (Brutto- und Nettosekundärbedarfsrechnung)** ermittelt werden. Während bei der **Bruttosekundärbedarfsrechnung** der **für die Produktion** notwendige Sekundärbedarf an Materialien mithilfe von Stücklisten ermittelt und dann um den Zusatzbedarf ergänzt wird wird, werden bei **der Nettobedarfsrechnung** die verfügbaren Lagerbestände, Reservierungen für andere Aufträge und Bestellrückstände an Materialien berücksichtigt, um den Bedarf **für die Beschaffung** zu ermitteln.
- **Verbrauchsorientierte Bedarfsermittlung:** Der Bedarf an Materialien (insbesondere CY-Materialien) wird aufgrund der Verbrauchsmengen der Vergangenheit ermittelt. **Methoden:** Methode der Durchschnittswerte, Trendberechnungen.

Aufgaben

1. Erläutern Sie, welche Informationen ein Industriebetrieb zur Ermittlung seines Bedarfes an Materialien benötigt.

2. Die ABC-Analyse soll in der Sommerfeld Bürosysteme GmbH als Entscheidungshilfe für die Bedarfsermittlung eingesetzt werden. Es liegen folgende Informationen vor:

Material	Jahresbedarf in Stück	Wert je Stück in €	Material	Jahresbedarf in Stück	Wert je Stück in €
Gasfeder	24 000	9,00	Polstervlies	3 500	3,00
Gleiter	11 000	2,20	Sitzschale	20 000	5,00
Schutzrohr	14 000	9,00	Eichenplatte	9 000	70,00
Fußkreuz	1 500	15,80	Messingscharnier	5 500	3,00
Schrauben M8	52 000	0,20	Buchenplatte	6 000	59,00

a) Begründen Sie die Notwendigkeit einer ABC-Analyse bei der Beschaffung von Materialien.
b) Erstellen Sie eine ABC-Analyse und werten Sie diese tabellarisch und grafisch aus.
c) Entscheiden und begründen Sie für jedes Material, ob eine genaue Bedarfsermittlung oder eine weniger genaue Bedarfsermittlung/Schätzung erforderlich ist.

3. Nachfolgende Erzeugnisstruktur der Sommerfeld Bürosysteme GmbH für den Stapelstuhl „Piano" liegt vor:

Erzeugnisstruktur für den Stapelstuhl „Piano"

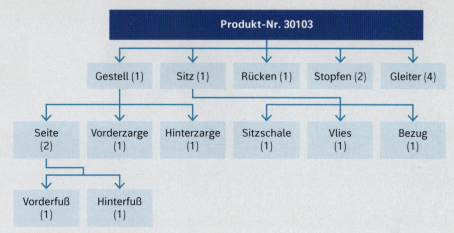

Legende: Bezeichnung (Menge)

Ermitteln Sie den Sekundärbedarf für die Herstellung von 2 000 Stapelstühlen.

4. Ermitteln Sie anhand der Stückliste auf S. 35 f. den Nettosekundärbedarf für die Herstellung von 5 000 Drehhockern unter der Bedingung, dass alle Angaben der Bestandsdateien von S. 36 wie angegeben gelten.

5. Unterscheiden Sie im Rahmen der Beschaffung von Materialien Primär-, Sekundär- und Tertiärbedarf.

6. Die Sommerfeld Bürosysteme GmbH plant den Verbrauch von Schrauben M6. Als Berechnungsgrundlage werden die letzten sechs Monate herangezogen. Folgende Daten liegen vor:

| Juli | 6 000 | September | 8 000 | November | 8 800 |
| August | 7 000 | Oktober | 6 800 | Dezember | 9 000 |

a) Berechnen Sie für den Monat Januar den voraussichtlichen Bedarf an Schrauben M6 mithilfe der Methode der Durchschnittswerte.

b) Ermitteln Sie den Materialbedarf an Schrauben M6 für Januar mithilfe des trendkorrigierten gewogenen Durchschnitts, wenn folgende Gewichtung zugrunde gelegt wird: Juli 6 %, August 8 %, September 15 %, Oktober 18 %, November 23 %, Dezember 30 %.

3.1.2 Mengen-, Zeit-, Kostenplanung und Beschaffungsstrategien

Roya Mehmet, die Leiterin der Marketingabteilung der Sommerfeld Bürosysteme GmbH, hat ihren Bericht für die Absatzprognose der neu entwickelten stapelbaren Systemtische der Geschäftsleitung vorgelegt. Sie schätzt einen Absatz dieser Tische in Höhe von 20 000 Stück im nächsten Geschäftsjahr. Emilio Lanzetti, der Leiter der Logistik- und Beschaffungsabteilung, soll die notwendigen Materialien hierfür beschaffen. Seit Tagen grübelt Herr Lanzetti über einem Problem. Pro Tag unterschreibt er durchschnittlich 25 Bestellungen. Bei jeder Bestellung muss er kostbare Zeit opfern, um die Bestellmengen und Preise zu kontrollieren. Für jede Prüfung braucht er etwa drei Minuten. Daniela Schaub schlägt ihm vor: „Herr Lanzetti, fast jede Woche bestellen wir Kleinteile wie Schrauben, Gasfedern usw. Wir könnten doch einfach mal den Bedarf für ein Jahr bestellen und auf Lager nehmen, dann hätten Sie auch mehr Zeit für wichtigere Dinge. Wir müssten dann höchstens noch 200 Bestellungen pro Jahr für alle Materialien bearbeiten."

Arbeitsaufträge

- Erläutern Sie den Zusammenhang zwischen Bestellmenge und Lagerkosten und machen Sie Vorschläge zur Ermittlung der optimalen Bestellmenge. Präsentieren Sie Ihre Ergebnisse in einer geeigneten Weise.
- Erläutern Sie das Bestellpunkt- und das Bestellrhythmusverfahren.
- Überprüfen Sie, welche Bedeutung die Festlegung von Preisobergrenzen bei der Beschaffung von Materialien hat.

Die Planung der Beschaffung von Materialien muss sich am festzustellenden Bedarf der Fertigungsplanung orientieren. Hierbei sind drei Leitfragen zu berücksichtigen:

- Welche Menge ist zu beschaffen (**Mengenplanung**)?
- Wann ist diese Menge zu beschaffen (**Zeitplanung**)?
- Zu welchem Preis ist diese Menge zu beschaffen (**Preisplanung**)?

Mengenplanung

Die Mengenplanung für die zu beschaffenden Materialien ist vom Produktionsplan und Absatzplan abhängig. Aus dem Produktions- und Absatzplan ist die Menge der erforderlichen Materialien ersichtlich. Diese Gesamtmenge eines zu einem bestimmten Zeitpunkt oder innerhalb einer bestimmten Periode zu beschaffenden Materials ist die **Bedarfsmenge**. Diese ist nicht automatisch identisch mit der **Bestellmenge**.

durchschnittlichen Lagerkosten berücksichtigt er, dass durchschnittlich nur die Hälfte der Bestellmenge auf Lager liegt. Um Zeit zu sparen, bedient er sich der Hilfe eines Computers und einer Tabellenkalkulationssoftware.

Optimale Bestellmenge und -häufigkeit Kosten für eine Bestellung in €: 75,00, Jahresbedarf in Stück: 120 000, Lagerkosten je Stück in €: 0,04

Anzahl der Bestellungen	Bestellmenge in Stück	Ø Lagerbestand in Stück	Lagerkosten in €	Bestellkosten in €	Gesamtkosten in €
1	120 000	60 000	2 400,00	75,00	2 475,00
2	60 000	30 000	1 200,00	150,00	1 350,00
3	40 000	20 000	800,00	225,00	1 025,00
4	30 000	15 000	600,00	300,00	900,00
5	24 000	12 000	480,00	375,00	855,00
6	20 000	10 000	400,00	450,00	850,00
7	17 143	8 572	342,86	525,00	867,86
8	15 000	7 500	300,00	600,00	900,00
9	13 333	6 667	266,67	675,00	941,67
10	12 000	6 000	240,00	750,00	990,00
11	10 909	5 455	218,18	825,00	1 043,18
12	10 000	5 000	200,00	900,00	1 100,00

Das Minimum der Gesamtkosten ergibt sich bei sechs Bestellungen pro Jahr, d. h., Herr Lanzetti sollte alle zwei Monate **20 000 Scharniere** (= optimale Bestellmenge) bestellen.

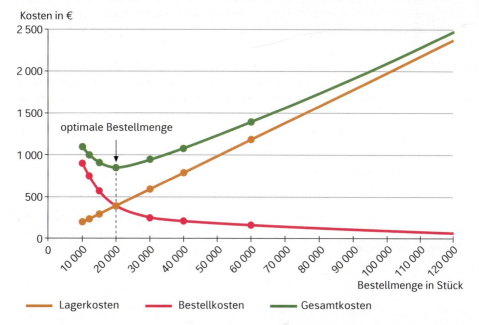

Bei jeder Bestellung muss entschieden werden, wie viel und wie oft bestellt werden soll. Je **größer die Bestellmengen** sind, desto mehr Kapital wird gebunden und desto höhere Lagerkosten werden verursacht. Andererseits ermöglichen große Bestellungen das Ausnutzen von Preis- und Kostenvorteilen.

Beispiele:
- Bei größeren Bestellmengen sind oft Mengenrabatte zu erhalten.
- Größere Bestellmengen verringern Transportkosten, da nicht so häufig angeliefert werden muss (ökologischer Aspekt).

Kleinere Bestellmengen binden wenig Kapital und führen zu niedrigen Lagerkosten. Sie verursachen aber höhere Beschaffungskosten.

Beschaffungskosten

Unter Bestellkosten oder Beschaffungskosten werden alle Sach- und Personalkosten verstanden, die durch eine Bestellung oder Beschaffung von Materialien verursacht werden. Hierzu zählen Kosten für Anfragen, Angebotsvergleiche, Vertragsverhandlungen usw. Diese Kosten können nicht immer einem einzelnen Produkt zugerechnet werden. Hier sind Erfahrungs- und Schätzwerte die Basis.

Beispiel: Bei der Farbenwerke Wilhelm Weil AG, einem Zulieferer der Sommerfeld Bürosysteme GmbH, sind zwei Einkäufer beschäftigt. Sie bearbeiten in einem Jahr 3 000 Bestellungen. Die beiden Mitarbeiter verursachen jährlich 70 000,00 € Personalkosten. An Sachkosten (Büromiete, -material usw.) entstehen weitere 6 000,00 €. Die 3 000 Bestellungen kosten daher in einem Jahr 76 000,00 €. Somit verursacht eine Bestellung durchschnittliche Kosten von etwa 25,33 €.

Diese Berechnung ist sehr grob und kann das Prinzip der **Kostenermittlung für Bestellungen** nur oberflächlich erklären, denn der Arbeitsaufwand bei der Materialprüfung im Lager und in der Produktion muss ebenfalls berücksichtigt werden. Ferner entstehen im Rechnungswesen bei jeder Bestellung Arbeiten (Buchung der Verbindlichkeiten, Veranlassen der Bezahlung usw.), die ebenfalls Kosten verursachen, jedoch nicht von dem Bestellwert abhängig sind **(bestellfixe Kosten)**.

Beispiel: Das Schreiben einer Bestellung, die Buchung einer Verbindlichkeit, die Überweisung des Rechungsbetrages an den Lieferer kosten im Durchschnitt immer gleich viel, egal ob eine Bestellung über 15 000,00 € oder 1,50 € ausgeführt wird.

Optimale Bestellmenge (Mengendisposition)

LS 3.III

Beschaffungskosten und Lagerkosten entwickeln sich gegenläufig. Je häufiger nachbestellt wird, desto geringer sind der Lagerbestand und die Lagerkosten. Je seltener nachbestellt wird, desto geringer sind die Beschaffungskosten. Die Bestellmenge, bei der die Summe beider Kostenarten (Beschaffungskosten und Lagerkosten) am geringsten ist (Minimum der Kosten), heißt **optimale Bestellmenge**. Hieraus lässt sich die **optimale Bestellhäufigkeit** ableiten.

Beispiel: Bei der Sommerfeld Bürosysteme GmbH werden in der Produktion pro Jahr etwa 120 000 Messingscharniere verbraucht. Je Scharnier entstehen an Lagerkosten etwa 0,04 €. Jede Bestellung verursacht 75,00 € Kosten. Der Einkäufer Emilio Lanzetti könnte einerseits den gesamten Jahresbedarf auf einmal bestellen und auf Lager nehmen. Er könnte auch kleinere Mengen bestellen (im Extremfall täglich). Um die Summe beider Kosten bei unterschiedlichen Bestellhäufigkeiten zu bestimmen, erstellt er eine Tabelle. Er berechnet für jede Anzahl von Bestellungen die Bestellkosten, die Lagerkosten und die Summe der Kosten. Bei den

Auch wenn es hier aufgrund des Maßstabs der Grafik so aussieht: Die optimale Anzahl der Bestellungen liegt **nicht** beim Schnittpunkt von Bestell- und Lagerkostenkurve (siehe auch tabellarische Lösung), sondern beim Minimum der Gesamtkostenkurve. In der Praxis kann die optimale Bestellmenge aus folgenden Gründen häufig nicht verwirklicht werden:

- Der Lieferer schreibt Mindestabnahmemengen vor.

  Beispiel: Scharniere werden nur bei einer Mindestabnahme von 30 000 Stück geliefert.

- Die Materialien werden nur in festen Verpackungseinheiten geliefert.

  Beispiel: Leim wird in 30-kg-Fässern geliefert.

- Die Materialien sind nur beschränkt lagerfähig.

  Beispiel: Lebensmittel für die Betriebskantine

- Die Materialien unterliegen starken Preisschwankungen.

  Beispiel: Furnierhölzer werden eingekauft und gelagert, wenn der Marktpreis niedrig ist.

Häufig ist es nicht wirtschaftlich, für jedes Beschaffungsgut die optimale Bestellmenge zu berechnen, selbst wenn Computerhilfe in Anspruch genommen werden kann. Der Arbeitsaufwand steht oft in keinem wirtschaftlichen Verhältnis zur möglichen Kosteneinsparung.

Beispiel: In der Produktion wird bei der Sommerfeld Bürosysteme GmbH Schleifpapier verwendet. Dieses Verbrauchsmaterial ist preiswert und wird je nach Bedarf unter Ausnutzung von Mengenrabatt eingekauft. Der Aufwand, die optimale Bestellmenge zu ermitteln, würde den Kostenvorteil des Mengenrabattes aufzehren.

Beschaffungsstrategien bei der Zeitplanung

Bestellzeitpunkt

Der Zeitpunkt für die Bestellung hängt von vielen Faktoren ab. Grundlage für die Entscheidung über den Bestellzeitpunkt ist der Termin, zu dem das Material in der Fertigung zur Verfügung stehen muss. Von diesem Termin muss rückwärts gerechnet werden. Zu berücksichtigen sind:

- **Bestelldauer innerhalb des Unternehmens** (die Zeit vom Feststellen des Bedarfs in der Fertigung oder dem Lager bis zur Bedarfsmeldung in der Beschaffungsabteilung, Zeit für Angebotseinholung und -auswertung, Schreiben und Versand der Bestellung)
- **Bearbeitung der Bestellung beim Lieferer** (Zeit für Beförderung der Bestellung, Auftragsprüfung und -planung, ggf. Produktion, Verpacken)
- **Materialannahme und -prüfung** (beim Besteller)
- **Zeit für den innerbetrieblichen Transport des Materials bis zur Fertigung**

Ferner ist bei der Festlegung des Bestellzeitpunktes die Lagerfähigkeit der Materialien zu berücksichtigen. Außerdem muss beim Eintreffen der Materialien genügend freie Lagerkapazität vorhanden sein.

Beschaffungsstrategien
Es lassen sich folgende Beschaffungsstrategien von Materialien unterscheiden:

Beschaffungsstrategien	Merkmale	Vorteile
Einzelbeschaffung nach einem Kundenauftrag (= **auftragsorientierte Beschaffung**)	Materialien werden erst bei Vorliegen eines Kundenauftrages beschafft. Die Lagerung hat keine oder nur geringe Bedeutung.	⊕ Es befindet sich weniger Material auf Lager. ⊕ Die Lagerkosten werden minimiert. ⊕ Unternehmen hat eine bessere Übersicht sowie Kontrolle über die vorhandenen Materialien. ⊕ Die Beschaffung ist flexibel.
Vorratsbeschaffung (= **verbrauchsorientierte Beschaffung**)	Es besteht keine Übereinstimmung zwischen den Beschaffungsmengen und den Verbrauchsmengen. Die beschafften Materialien werden erst einmal auf das Lager genommen.	⊕ Für die Fertigung sind immer genügend Materialien vorrätig. ⊕ Bestellkosten vermindern sich, da nicht so oft bestellt wird. ⊕ Die Transportkosten verringern sich. ⊕ Preisvorteile können ausgenutzt werden.
Fertigungssynchrone Beschaffung/JIT	Die Lieferung der Materialien erfolgt zum Zeitpunkt der Fertigung ohne vorherige Lagerung direkt ans Fließband. Dies erfordert eine ständige Lieferbereitschaft des Lieferers.	⊕ Die Lagerkosten verringern sich. ⊕ Das Lagerrisiko verringert sich. ⊕ Die Kapitalbindungskosten verringern sich.

LS 3.IV

Bestellverfahren bei Vorratsbeschaffung (= verbrauchsorientierte Beschaffung)
Wenn die Beschaffung der Materialien zeitlich vor dem Bedarf erfolgt, liegt eine Vorratsbeschaffung (verbrauchsorientierte Disposition) vor. Für die Festlegung des Bestellzeitpunktes stehen zwei Verfahren zur Verfügung:

Bestellpunktverfahren
Bei diesem Verfahren werden die Materialien aufgrund einer **vorgegebenen Meldemenge** bestellt, d.h., der Lagerbestand wird automatisch nach jeder Entnahme überprüft und bei Erreichung eines festgelegten **Meldebestandes** gibt das Lager eine Bedarfsmeldung an den Einkauf. Durch das Produktionsplanungs- und -steuerungssystem (PPS-System) wird der Bestellvorgang automatisch bei Erreichen des Meldebestandes ausgelöst. Der **Mindestbestand** (eiserner Bestand, eiserne Reserve) wird aus Sicherheitsgründen für die einzelnen Materialien festgelegt und soll möglichst nie angegriffen werden. Er soll die Produktionsbereitschaft sichern, wenn durch unvorhergesehene Ereignisse der Vorrat nicht ausreicht, um die Produktion fortzuführen. Somit gilt für die Ermittlung des Meldebestandes folgende Formel:

→ LF 5

Meldebestand = (Tagesverbrauch · Beschaffungs- oder Lieferzeit) + Mindestbestand

Höchstbestand = Min.bestand + optimale Bestellmenge

Beispiel: Von dem Material Gasfeder werden in der Sommerfeld Bürosysteme GmbH täglich 200 Stück verbraucht. Die Beschaffungszeit beträgt 8 Tage, der Mindestbestand 1 000 Stück. Der Höchstbestand beträgt 3 600 Stück. Wie hoch ist der Meldebestand?

Lösung: Meldebestand = (Tagesverbrauch · Beschaffungszeit) + Mindestbestand

Meldebestand = (200 · 8) + 1 000   Meldebestand = **2 600 Stück**

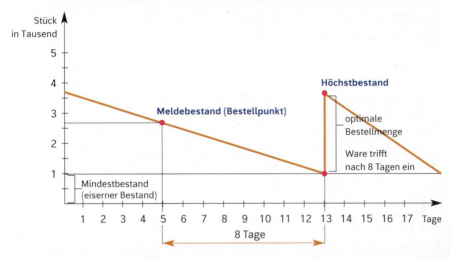

Der Meldebestand setzt sich aus dem Bedarf in der Beschaffungszeit und dem Mindestbestand (eiserner Bestand) zusammen. Wird der Meldebestand von 2 600 Stück erreicht, wird das Material bestellt. Das Material trifft nach acht Tagen mit Erreichen des Mindestbestandes ein. An diesem Tag wird durch die Lieferung der Höchstbestand des Materials erreicht.

Der Bestellpunkt	
wird erhöht, wenn ...	wird herabgesetzt, wenn ...
▪ der Bedarf steigt, ▪ die Beschaffungszeit sich verlängert. ▪ *Mindestbestand steigt*	▪ der Bedarf sinkt, ▪ die Beschaffungszeit sich verkürzt. ▪ *Min. bedarf gesenkt wird*

Neben den genannten Gründen können weitere Gründe für den Zeitpunkt der Bestellung von Bedeutung sein:

- Kurzfristige Preiserhöhungen werden erwartet,
- bestimmte Sondertermine müssen berücksichtigt werden.

Beispiele: Messetermine, Erntezeitpunkte bei Obst, Gemüse, Wein

Vorteile des Bestellpunktverfahrens	Nachteile des Bestellpunktverfahrens
⊕ Niedrige Mindestbestände sind aufgrund ständiger Bestandskontrolle möglich. ⊕ Somit können niedrigere Lagerkosten erreicht werden. ⊕ Ständige Bestandskontrolle reduziert Auftreten von Fehlmengen.	⊖ Rabatte durch Sammelbestellungen können unter Umständen nicht genutzt werden. ⊖ Häufigere Bestellungen bei steigendem Bedarf führen evtl. zu höheren Transportkosten. ⊖ Es werden nur die Artikel mit Lagerbewegungen erfasst.

+ *schnellere Reaktion auf Veränderungen*

+ *weniger Kosten*   − *Orientierung an Verbrauch der letzten Monate*

Bestellrhythmusverfahren

Bei diesem Verfahren (Bestellung zu bestimmten, vorher festgelegten Terminen) wiederholen sich die festen Liefertermine periodisch. Die periodische Festlegung der Termine kann mithilfe der vorher zu ermittelnden optimalen Bestellmenge vorgenommen werden. Dieses Verfahren ist dann besonders geeignet, wenn ein gleichbleibender Bedarf vorliegt.

Beispiel: Für die Schrauben M8 bei der Sommerfeld Bürosysteme GmbH beträgt der Jahresbedarf 120 000 Stück, der Mindestbestand 5 000 Stück und die optimale Bestellmenge 30 000 Stück. Somit ergeben sich pro Jahr vier Bestellungen (120 000 : 30 000 = 4), der zeitliche Abstand zwischen den Bestellungen beträgt für dieses Material drei Monate.

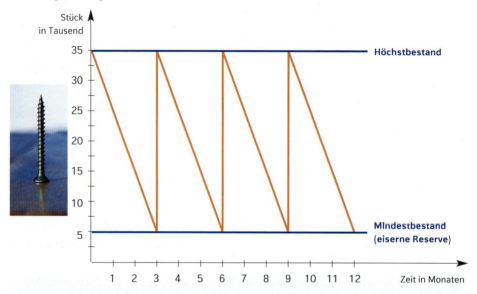

Vorteile des Bestellrhythmusverfahrens	Nachteile des Bestellrhythmusverfahrens
⊕ Vereinfachung des Bestell- und Bestandsüberwachungssystems	⊖ Bei rückläufigem Bedarf entstehen Überbestände. ⊖ Bei steigendem Bedarf reichen die Vorratsmengen nicht aus. Folge: Produktions- und Absatzstörungen

→ LF 5

In bestimmten Unternehmen sind die Beschaffungstermine von Materialien vom Herstellungsprozess (z.B. Serienfertigung) oder von Lieferanten abhängig. Die Beschaffungszeit liegt dann nicht mehr frei im Ermessen des Disponenten. Bei dieser Variante des Bestellrhythmusverfahrens wird der **Lagerbestand in festen Zeitabständen** (z.B. wöchentlich oder monatlich) **überprüft**. Wird hierbei festgestellt, dass ein Bedarf vorhanden ist, wird entsprechend diesem Bedarf bestellt. In diesen Fällen bestimmen technische oder organisatorische Vorgaben die Bestelltermine.

Fertigungssynchrone Beschaffung („Just-in-time-Lieferung", vgl. S. 33, 198)
Die Minimierung der Lagervorräte und Lagerkosten ist heute oft Bestandteil eines Lagerlogistik-Systems, das unter dem Namen Just in time (Jit) bekannt wurde.

Just in time (gerade zur rechten Zeit) bedeutet, dass Materialien genau zu dem Zeitpunkt bereitgestellt werden sollen, an dem der Bedarf in der Produktion danach besteht. Die einzelnen Materialien werden erst dann geliefert, wenn sie in der Produktion benötigt werden. Somit liegen zwischen der Lieferung und dem Einbau der Materialien nur wenige Stunden. Dieses erfordert aber, genaue Lieferzeitpunkte mit dem Lieferer zu vereinbaren, die exakt eingehalten werden müssen. Somit können Materialien täglich oder sogar mehrmals täglich angeliefert werden. Für den Fall eines Lieferungsverzuges werden in der Regel hohe Konventionalstrafen vereinbart.

Der Käufer wälzt bei diesem Verfahren das Lagerrisiko (Zins-, Lagerkosten) auf den Lieferer ab. Die fertigungssynchrone Beschaffung setzt eine starke Marktstellung des Käufers und eine relative Abhängigkeit des Lieferers voraus.

Voraussetzungen der Just-in-time-Belieferung
Um die Just-in-time-Belieferung einführen zu können, sind folgende **Voraussetzungen** erforderlich:

- ständige Produktions- und Lieferbereitschaft der beteiligten Lieferanten,
- eine genaue Abstimmung der Produktions- und Lieferpläne zwischen Lieferer, Spediteur (Frachtführer) und Abnehmer,
- der Einsatz moderner Kommunikationstechniken, die den überbetrieblichen Datenaustausch mittels aufeinander abgestimmter Netzwerke ermöglichen,
- der permanente Informationsaustausch zwischen allen am Just-in-time-Konzept beteiligten Betrieben,
- DV-gestützte Auftragsbearbeitung und Lagerorganisation,
- feste Kooperationsverträge zwischen allen Beteiligten, in denen die Mengen, die Termine, aber auch die Konventionalstrafen bei Vertragsbruch enthalten sind,
- ein flexibles Transportsystem, das einen ununterbrochenen Materialfluss ermöglicht.

Ablauf der Just-in-time-Belieferung
Die Lagerhaltung ist quasi überflüssig, weil die **Anlieferung direkt an die Produktionsstelle** erfolgt. Es wird sehr viel Zeit gespart, weil sowohl die Wege der Materialien durch den Betrieb erheblich verkürzt werden als auch die Durchlaufzeiten der Erzeugnisse durch die genaue Planung und Abstimmung des Fertigungsablaufs, die für JIT erforderlich sind.

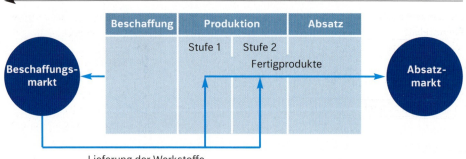

Organisation der Leistungserstellung in der Sommerfeld Bürosysteme GmbH nach Einführung des Jit-Systems

Folgen der Just-in-time-Belieferung

Durch die Einführung der Jit-Belieferung werden die **betriebswirtschaftlichen Kosten der Lagerhaltung** für ein Industrieunternehmen durch die Reduzierung der Lagerbestände und der Lagerdauer von Materialien deutlich verringert; somit entfallen Kapitalbindungskosten und innerbetriebliche Transportwege werden minimiert, ferner entfällt das Lagerrisiko durch Verderb und Schwund. Dem stehen als wesentliche **Nachteile** im Falle eines Lieferungsverzuges **Produktions- und Absatzstörungen**, eine starke Zunahme der Fahrten und Leerfahrten (rollende Lager) und eine damit verbundene **Belastung der Umwelt** durch Schadstoffemissionen, Energieverbrauch, Lärmbelästigung und Landschaftsverbrauch durch Straßenbau und somit eine **Zunahme der volkswirtschaftlichen Kosten** gegenüber. Die Einrichtung von Güterverkehrszentren und die Verlagerung der Transporte auf Schienen- und Wasserwege können diese Nachteile nur zum Teil ausgleichen.

Preisplanung

Bezugskalkulation

Materialien und Handelswaren sollten so preisgünstig wie möglich eingekauft werden (vgl. S. 56 ff.). Folglich hat die Beschaffungsabteilung die Aufgabe,

- den günstigsten Einkaufszeitpunkt zu ermitteln,
- die optimale Bestellmenge festzulegen,
- Skonto auszunutzen und
- auf günstige Lieferungs- und Zahlungsbedingungen zu achten.

Insbesondere beim Vorliegen von Einkaufsbudgets sind für das Beschaffungsmaterial **Preisobergrenzen** festzulegen. Diese Preisobergrenzen dienen als Orientierungshilfe für den Preiswiderstand in den Verhandlungen mit den Lieferern. Die Einkaufsabteilung ist daran gebunden und versucht, die gewünschten Preise bei den Lieferern durchzusetzen. Der für den Einkauf entscheidende Preis ist der **Bezugs- oder Einstandspreis**. Er wird durch die Bezugskalkulation (vgl. S. 56) ermittelt.

Beispiel: Die Sommerfeld Bürosysteme GmbH ermittelt für das Material Fußkreuz für einen Bürostuhl folgenden Bezugs-/Einstandspreis:

Rechenweg:				Erläuterungen:
Listeneinkaufspreis		100 %	20,00 €	Ausgangspunkt der Bezugskalkulation
– Liefererrabatt		20 %	– 4,00 €	Preisabschlag, z. B. Mengenrabatt
= Zieleinkaufspreis	100 %	80 %	16,00 €	
– Skonto		2 %	– 0,32 €	Nachlass für vorzeitige Zahlung
= Bareinkaufspreis	98 %	100 %	15,68 €	
+ Bezugskosten			+ 0,12 €	z. B. Verpackungs-, Transportkosten
= Bezugs-/Einstandspreis			15,80 €	Preis beinhaltet alle Kosten des Materials bis zum Eingang im Betrieb

Wertanalyse

Produkte sollten so hergestellt werden, dass sie funktionsfähig und umweltfreundlich sind. Jeder Käufer eines Produktes erwartet einen bestimmten Nutzen von diesem Produkt. Unnötige oder überflüssige Funktionen eines Produktes verteuern dieses Produkt nur. Das **Ziel einer Wertanalyse** ist es, solche unnötigen Funktionen eines Produktes herauszufinden. Damit wird eine Kostensenkung dieser Produkte ermöglicht, ohne dass der Nutzen dieses Produktes für den Käufer beeinträchtigt wird. Die Konstruktionsabteilung eines Industrieunternehmens sollte deshalb von Anfang an mit der Absatz-, Fertigungs- und Beschaffungsabteilung zusammenarbeiten, um die am besten geeigneten, kostengünstigsten und umweltfreundlichsten Materialien zu beschaffen. Eine Wertanalyse kann helfen, solche Materialien zu finden.

Vor der Durchführung einer Wertanalyse sind die **Untersuchungsobjekte auszuwählen, Arbeitsgruppen oder -teams zu bilden und Ablaufpläne zur Durchführung der Wertanalyse aufzustellen**. Die Wertanalyse ist nur sinnvoll bei Erzeugnissen oder Materialien, die einen hohen Absatz oder einen hohen Materialwert haben. Hierzu kann wieder die ABC-Analyse eingesetzt werden.

Folgende **Ablaufschritte nach der DIN 69910 sind bei einer Wertanalyse** vorzunehmen:

Ablaufschritte	Erläuterungen	Beispiel aus der Sommerfeld Bürosysteme GmbH
Ermittlung des Istzustands	Beschreibung des Untersuchungsobjektes, Ermittlung der Funktionskosten	Stehstuhlstütze „Stitz 2", bisherige Herstellkosten 112,00 €
Prüfung des Istzustands	Prüfung der Funktionserfüllung und der Funktionskosten	Testbericht Verbraucherzeitschrift: Stitz gut, aber zu teuer
Ermittlung von Lösungen	Suchen nach denkbaren Lösungen durch den Einsatz von Kreativitätstechniken wie Brainstorming (Ideen wird freier Lauf gelassen, Kritikverbot), Brainwriting (schriftliches Brainstorming), Gruppenarbeiten usw.	Vorschlag eines Konstruktionsmitarbeiters, ein teures Material gegen ein preiswertes, gleichwertiges auszutauschen

→ LF 1

Ablaufschritte	Erläuterungen	Beispiel aus der Sommerfeld Bürosysteme GmbH
Prüfung der Lösungsvorschläge	Prüfung der sachlichen Durchführbarkeit und der Wirtschaftlichkeit dieser Maßnahme	Suche nach geeigneten Lieferern, Kostenvergleich der Materialien
Auswahl und Verwirklichung der günstigsten Lösung	Für die empfohlene Lösung erfolgt eine Musterfertigung und eine Kalkulation.	Vorschlag an die Unternehmensleitung und Erstellung eines Prototypen „Stitz 3"

Beispiel: Ein Werkstoff in der Sommerfeld Bürosysteme GmbH kann die zusätzlichen Eigenschaften A (8 Punkte), B (4 Punkte) und C (12 Punkte) aufweisen:

Alternative Werkstoffe		1	2	3	4
Unbedingt erforderliche Eigenschaften vorhanden		ja	ja	ja	ja
Zusätzliche Eigenschaften bewertet in Punkten	A	8	8	nein	8
	B	nein	4	4	nein
	C	12	12	nein	12
Summe der Punkte		20	24	4	20
Kosten in EUR je Stück		12,00	14,00	15,00	13,00

Wenn das zu produzierende Produkt höchsten Ansprüchen genügen soll, ist der Werkstoff 2 zu verwenden, bei gehobenem Anspruch sollte Werkstoff 1 verwendet werden, da er die niedrigsten Kosten verursacht.

→ LF 5

Eine Wertanalyse kann bereits in der Planungs- und Entwicklungsphase des Produktes („**value engineering**") oder erst am Fertigprodukt („**value analysis**") durchgeführt werden.

Zusammenfassung

Mengen-, Zeit-, Kostenplanung und Beschaffungsstrategien

- *Größere Bestellmengen* binden viel Kapital und verursachen hohe Lagerkosten, kleinere Bestellmengen verursachen höhere Beschaffungskosten. Beschaffungs- und Lagerkosten entwickeln sich gegenläufig.
- Die **optimale Bestellmenge** liegt dort, wo die Summe aus Beschaffungs- und Lagerkosten (Gesamtkosten) ein Minimum ergibt.
- Die **optimale Bestellhäufigkeit** liegt bei diesem Minimum der Gesamtkosten.
- Der **Bestellzeitpunkt** hängt davon ab, wann die bestellten Materialien in der Produktion benötigt werden. Zu beachten sind:
  - Bestelldauer im Betrieb (= Zeit von der Bedarfsfeststellung bis zur Bestellung)
  - Bearbeitungs- und Produktionszeit beim Lieferer
  - Lieferzeit und die Zeit für die Materialienprüfung bei der Anlieferung
  - Zeit für den innerbetrieblichen Transport

- Der Bestand, bei dessen Erreichen das Lager meldet, dass bestellt werden muss, wird **Meldebestand** genannt.
  Meldebestand = Mindestbestand + (Beschaffungszeit · Tagesverbrauch)
- Wird die Bestellung bei Erreichen des Meldebestandes ausgelöst, spricht man vom **Bestellpunktverfahren (Vorratsbeschaffung)**.
- Wird die Bestellung in bestimmten Zeitabständen (d. h. unabhängig vom aktuellen Bestand) ausgelöst, spricht man vom **Bestellrhythmusverfahren (Vorratsbeschaffung)**.
- Bei der **fertigungssynchronen Beschaffung (Just-in-time-Belieferung)** erfolgt der Eingang der Materialien zum Zeitpunkt des Bedarfs.
- Ursache des Ausbaus der Just-in-time-Belieferung ist die Notwendigkeit der Reduzierung der Lagerkosten durch den zunehmenden **Kostendruck** in Industrieunternehmen.
- **Voraussetzungen** der Just-in-time-Belieferung sind:
  - ständige Produktions- und Lieferbereitschaft der beteiligten Betriebe
  - genaue Abstimmung der Produktions- und Lieferpläne
  - Einsatz moderner Kommunikationstechniken
  - permanenter Informationsaustausch
  - DV-gestützte Auftragsbearbeitung und Lagerorganisation
  - feste Kooperationsverträge zwischen allen Beteiligten
  - flexibles Transportsystem
- **Folgen der Just-in-time-Belieferung** sind eine Verlagerung der Lager auf die Straße und damit verbunden ökologische Belastungen.
- Materialien sind unter Beachtung von **Preisobergrenzen** zu einem möglichst preisgünstigen Bezugs-/Einstandspreis einzukaufen.
- Mithilfe der **Wertanalyse** sollen die bestgeeigneten, kostengünstigsten und umweltfreundlichsten Materialien für Produkte herausgefunden werden.
- **Arbeitsschritte der Wertanalyse:**
  1. Ermittlung des Istzustandes
  2. Prüfung des Istzustandes
  3. Ermittlung von Lösungen
  4. Prüfung der Lösungsvorschläge
  5. Auswahl und Verwirklichung der günstigsten Lösung

Aufgaben

1. Erläutern Sie die Aussage: „Beschaffungskosten und Lagerkosten entwickeln sich gegenläufig".

2. Von einem Material werden jährlich 10 000 Stück benötigt. Je Stück fallen 0,25 € Lagerkosten an, jede Bestellung verursacht 50,00 € Beschaffungskosten. Bestimmen Sie die optimale Bestellmenge und die optimale Bestellhäufigkeit. Erstellen Sie hierzu eine Tabelle und berechnen Sie die einzelnen Kosten für 1, 2, 3, ... 12 Bestellungen.

3. Erstellen Sie mithilfe eines Tabellenkalkulationsprogramms eine Entscheidungshilfe für die Ermittlung der optimalen Bestellmenge (vgl. Aufgabe 2).

4. Der Listeneinkaufspreis eines Artikels beträgt 60,00 €. Der Lieferer gewährt bei Abnahme von 200 Stück 20 % Rabatt und 2 % Skonto. Die Bezugskosten betragen je Stück 0,30 €. Ermitteln Sie den Bezugs-/Einstandspreis je Stück und insgesamt, wenn von diesem Artikel 1 000 Stück bestellt werden.

5. In der Sommerfeld Bürosysteme GmbH beträgt der Tagesverbrauch für einen Artikel 140 Stück, die Beschaffungszeit beträgt 14 Werktage und der Mindestbestand 420 Stück.
    a) Ermitteln Sie den Meldebestand.
    b) Begründen Sie die Notwendigkeit eines Mindestbestandes.
    c) Stellen Sie den Zusammenhang grafisch dar.
    d) Erläutern Sie die Vor- und Nachteile des Bestellpunktverfahrens.
    e) Begründen Sie die Veränderung des Meldebestandes, wenn
        1. der Tagesverbrauch sich auf 200 Stück erhöht,
        2. die Beschaffungszeit sich bei einem Tagesverbrauch von 140 Stück auf sieben Tage verkürzt.

6. Unterscheiden Sie Bestellpunkt-, Bestellrhythmusverfahren und fertigungssynchrone Beschaffung (Just-in-time-Belieferung) und stellen Sie deren Unterschiede in einer Übersicht dar.

7. Erläutern Sie die Zielsetzung einer Wertanalyse und ihre Ablaufschritte.

8. Im Rahmen einer Wertanalyse vergleicht die Sommerfeld Bürosysteme GmbH die Stoffbezüge A bis D für einen neuen Bürostuhl mit folgenden Einzelergebnissen:
Stoffbezug C erreicht als einziger Bezug bei der optischen Gestaltung nicht die als unverzichtbar angesehenen Designanforderungen. Bei den zusätzlichen Eigenschaften erreichten die Stoffbezüge folgende Punkte von max. 20 Punkten (in der Reihenfolge A bis D):

	A	B	C	D
Farbbeständigkeit	5	13	19	14
Abriebfestigkeit	11	11	15	8
Umweltverträglichkeit	9	15	17	8
Pflegeleichtigkeit	13	12	19	14
Einstandspreis je Bezug	59,35 €	72,64 €	58,60 €	75,88 €

Stellen Sie die Einzelergebnisse in einer vollständigen Tabelle nach dem Muster auf S. 50 gegenüber und machen Sie abschließend einen begründeten Vorschlag, für welchen Werkstoff sich die Sommerfeld Bürosysteme GmbH entscheiden sollte.

9. Stellen Sie den Ablauf einer Just-in-time-Belieferung anhand eines Beispiels dar und erläutern Sie die Auswirkungen der Just-in-time-Belieferung für die Umwelt.

10. In einem Industrieunternehmen, das durchgehend an 360 Tagen im Jahr arbeitet, liegen für die Materialdisposition die folgenden Angaben vor: Jahresbedarf 40 320 Stück, Bezugs-/Einstandspreis 1,00 €/Stück, Bestellkosten 100,00 € je Bestellung, Lagerhaltungskostensatz 20 %. Ermitteln Sie
    a) die optimale Bestellmenge in Stück,
    b) den Bestellrhythmus in Tagen zur Erhaltung der optimalen Bestellmenge,
    c) den Tagesverbrauch in Stück,
    d) den Meldebestand in Stück, wenn ein Mindestbestand für drei Tage und eine Wiederbeschaffungszeit von fünf Tagen unterstellt wird.

3.2 Bestelldurchführung

3.2.1 Beschaffungsmarktforschung, Angebotsvergleich und Liefererauswahl

„Wir haben schon seit 25 Jahren bei den Metallwerken Bauer & Söhne OHG eingekauft. Selbst wenn Sie meinen, wir könnten ein paar Cent sparen, wir können doch nicht einfach den Lieferer wechseln!", sagt Herr Lanzetti, Leiter der Materialbeschaffung, zu Daniela Schaub. „Okay, Herr Lanzetti, wegen ein paar Cent würde ich ja auch nicht wechseln wollen, aber die Preise bei den Metallwerken Bauer & Söhne OHG sind in den letzten Jahren enorm gestiegen. Außerdem hatten wir mehrfach Reklamationen und Lieferzeitüberschreitungen."

„Na gut", sagt Herr Lanzetti, „dann erstellen Sie mir bitte eine komplette Liste aller Beschaffungskriterien, damit wir die Leistungsfähigkeit der Metallwerke Bauer & Söhne OHG einmal messen können." „Mist", denkt sich Daniela, „ich wollte eigentlich nur Geld sparen und jetzt halst der Chef mir gleich wieder Arbeit für eine halbe Woche auf. Was soll eigentlich alles in die Kriterienliste aufgenommen werden, und wie sollen die Kriterien messbar gemacht werden?"

Arbeitsaufträge

- Erstellen Sie in einer Gruppenarbeit eine Liste von Entscheidungskriterien für die Auswahl von Lieferern.
- Erläutern Sie die Informationsquellen der Beschaffungsmarktforschung.

Beschaffungsmarktforschung

→ 🗎 LS 4.I/II

Die Materialbeschaffung beginnt damit, den Beschaffungsmarkt für das erforderliche Material zu erkunden, mögliche Lieferer auszuwählen und Kontakt mit ihnen aufzunehmen. Hierzu werden Angebote eingeholt, geprüft und miteinander verglichen, um den günstigsten Lieferer zu ermitteln (**Angebotsvergleich**). Alle Entscheidungen des Güterbeschaffungsmarketings stützen sich auf Informationen, die im Rahmen der Beschaffungsmarktforschung gewonnen werden müssen. Hierbei werden Daten des Beschaffungsmarktes erhoben und ausgewertet. Wenn ein Unternehmen mit der **Sekundärerhebung** (bereits vorhandene Daten) nicht die erforderlichen Daten erhält, kann es mit der **Primärerhebung** neue Daten beschaffen.

→ LF 10

Beispiele:
- Erfassen von Preisentwicklungen bei verschiedenen Roh-, Hilfs-, Betriebsstoffen und Handelswaren
- Beobachtung des Marktes, um Neuheiten bei Materialien zu erkennen
- Erfassen und Bewerten des Marktverhaltens von Lieferern

Untersuchungsobjekte der Beschaffungsmarktforschung

Es lassen sich folgende **Untersuchungsobjekte** der Beschaffungsmarktforschung unterscheiden:

- **Informationen über das Beschaffungsmaterial**: Hierzu zählen
    - die Materialzusammensetzung,
    - die Erfüllung gängiger Qualitätsanforderungen (Gütezeichen, ISO-Normen usw.),
    - das Produktionsverfahren, nach dem es hergestellt wird,
    - das Vorhandensein von Substitutionsmaterialien (Ersatzmaterialien),
    - chemische und physikalische Eigenschaften des Materials,
    - ökologische Gesichtspunkte (z. B. Recyclingfähigkeit) des Materials.

- **Informationen über den Beschaffungsmarkt**: Hierzu zählen
    - die verfügbaren Angebotsmengen,
    - die angebotenen Qualitäten der einzelnen Anbieter,
    - die Preisentwicklung der Materialien,
    - die Nachfragemengen nach diesem Material,
    - die geografische Verteilung des Angebots (Inland, Ausland).

- **Informationen über Lieferer**: Hierzu zählen
    - allgemeine Unternehmensdaten (Standort, Unternehmensgröße, Produktionskapazität, Termintreue),
    - Lieferkonditionen (Lieferungs- und Zahlungsbedingungen, Garantie, Kulanz, Service),
    - Beschaffungspreise und Qualität der Materialien.

- **Informationen über die Preise der Materialien**: Hierzu zählen
    - die Feststellung des momentanen Preises verschiedener Lieferer,
    - die Vorhersage zukünftiger Preise.

Informationsquellen

→ LF 10   Wie im Rahmen der Absatzmarktforschung werden interne und externe Informationsquellen genutzt.

> *Interne Quellen:*
> *Informationen über eigene Lieferer werden meist computergestützt gesammelt und ausgewertet. In einer **Liefererdatei** oder **Angebotsdatei** werden Name, Anschrift, Liefersortiment, Preise und Konditionen von Lieferern und die Einhaltung ökologischer Vorgaben erfasst. Diese Bezugsquelleninformationen können bei Bedarf zur Entscheidungsfindung herangezogen werden.*
>
> *Materialdatenbank:*
> *Hier sind alle Materialien des Industriebetriebs mit Materialnummer, bekannten Lieferern usw. gespeichert.*

Beispiel: Auszug aus der Rohstoffdatei der Sommerfeld Bürosysteme GmbH

Materialdatei – Hilfsstoffe									
Artikel-Nr./Material-Nr. Artikel-/Materialbezeichnung				22088 Schrauben M8					
Lieferer-Nr.	Firma	Listeneinkaufspreis je 1 000 St. in €	Rabatt in %	Zieleinkaufspreis in €	Skonto in %	Bareinkaufspreis in €	Lieferzeit in Tagen	Beanstandungen	
44003	Metallwerke Bauer & Söhne OHG	87,60	5	83,22	2	81,56	4	Keine	
44023	Metall AG	79,80	7,5	73,82	2,5	71,97	2	Keine	

> **Externe Quellen:**
> Sie müssen genutzt werden, wenn der Informationsbedarf nicht durch interne Quellen gedeckt werden kann, z. B. bei der Suche nach Bezugsquellen für Materialien, die bisher noch nicht im Produktionsprozess benötigt wurden.

Beispiele:
- Auswerten von Anzeigen in Fachzeitschriften
- Besuch von Messen und Ausstellungen
- Gespräche mit Handelsvertretern oder Reisenden
- Informationen von Banken, Geschäftsfreunden, Fachverbänden, Industrie- und Handelskammern
- Branchenadressbücher, Messekataloge
- ABC der Deutschen Wirtschaft
- Datenbanken im Internet
- Gelbe Seiten der Telekom

Eine besondere Stellung bei externen Informationsquellen nehmen **Datenbanken** ein. Zunehmend lösen sie herkömmliche Printmedien wie Adressbücher ab. Ein Interessent für bestimmte Lieferer oder Produkte kann jederzeit über das Internet auf diese Datensammlungen direkt zugreifen **(Online-Recherche)**. Er kann diese Datenrecherche aber auch bei Banken oder speziellen Datenbankbetreibern (Informationsbroker) gegen Honorar in Auftrag geben **(Offline-Recherche)**. Alle Informationsquellen müssen sorgfältig ausgewertet werden. Sind Bezugsquellen bekannt, können gezielt Angebote, Materialproben, Muster usw. angefordert werden.

Angebotsvergleich und Liefererbewertung

Entscheidungskriterien

Bei der Auswahl der Lieferer sind Kriterien festzulegen, nach denen die einzelnen Lieferer zu beurteilen sind. Die Informationen hierzu entstammen eigenen Erfahrungen und Recherchen sowie Auskünften der Lieferer selbst. Alle erhobenen Informationen über Lieferer sollten in einer betriebsinternen Liefererdatenbank gespeichert und aktualisiert werden, damit sie für spätere Beschaffungsentscheidungen zur Verfügung stehen.

- **Listeneinkaufs-** bzw. **Katalogpreis** des Beschaffungsmaterials. Er wird meist je Einheit des Materials angegeben (Stück, kg, Meter, Dutzend usw.)

    Beispiel: ein Karton Holzschrauben 12 mm, verzinkt (4 000 Stück), Listenpreis 38,00 €

- **Bezugskosten**
    - Kosten des Transportes vom Lieferer zum Abnehmer

        Beispiele: Bahn- oder Postfracht, Entgelt für Speditionen, private Beförderungsdienste, Porto

    - **Transportversicherung**: Häufig werden bei Transporten von Materialien Versicherungen gegen Diebstahl, Bruch, Beschädigung usw. abgeschlossen.
    - **Verpackung**: Für den Transport der Materialien werden z. T. besondere Verpackungen zum Schutz gegen äußere Einwirkungen benötigt.
    - **Zölle**: Sie fallen bei Importen an.

- **Preisnachlässe** (Rabatte, vgl. S. 41)
    - Mengenrabatte: Bei Bestellungen ab einer bestimmten Menge oder ab einem bestimmten Wert gewähren Lieferer Rabatte.
    - Skonto: Dies ist ein Nachlass auf den Rechnungsbetrag für vorzeitige Bezahlung (vgl. S. 61 f.).

Die aufgezählten Kriterien fließen in einen **Bezugspreisvergleich** (Angebotsvergleich) ein.

Beispiel: Für Schrauben liegen der Sommerfeld Bürosysteme GmbH Angebote von vier Lieferern vor, Metallwerke Bauer & Söhne, Metall AG, Schraub-GmbH, Tools Ltd. Manchester.

Kalkulationsschema	Metallwerke Bauer & Söhne		Metall AG		Schraub-GmbH		Tools Ltd.	
	%	€	%	€	%	€	%	€
Listeneinkaufspreis je 10 000 Stück		876,00		798,00		845,00		920,00
– Rabatt	5,00	43,80	7,50	59,85	10,00	84,50	6,00	55,20
= Zieleinkaufspreis		832,20		738,15		760,50		864,80
– Skonto	2,00	16,64	2,50	18,45	2,00	15,21	0,00	0,00
= Bareinkaufspreis		815,56		719,70		745,29		864,80
+ Bezugskosten je 10 000 St.		56,00		110,00		92,00		95,00
= Bezugs-/Einstandspreis		871,56		829,70		837,29		959,80

Den niedrigsten Bezugs-/Einstandspreis für 10 000 Schrauben bietet die Metall AG mit 829,70 €.

- **Mindestbestellmengen:** Manche Lieferer fordern die Abnahme von Mindestbestellmengen bzw. Mengen in bestimmten Verpackungseinheiten.

    Beispiele: Abnahme mindestens 2 000 Stück; Abnahme nur in Einheiten zu 100 kg.

- **Zahlungsbedingungen** (vgl. S. 93 f.)

    Beispiele: Zielkauf, Ratenkauf, Hilfen bei der Finanzierung

- **Lieferfristen, Bestellfristen**

    Beispiele: Lieferung sofort; Lieferung drei Monate nach Auftragseingang; Bestellungen nur zum Monatsende möglich.

- **Qualität und Ausstattung des Produkts:** Hierbei geht es um die **Beurteilung des Lieferers hinsichtlich bestimmter vorgegebener Qualitätsstandards** bzw. um Möglichkeiten, seine Produkte in verschiedenen Varianten zu liefern.

    Beispiel: Die Sommerfeld Bürosysteme GmbH benötigt Umleimer ohne Lösungsmittel, massives Eichenholz mit einer Mindeststärke von 8 cm usw.

- **Umweltschutz:** Die Umweltfreundlichkeit des Produktes oder Materials selbst kann auch mit der Qualität zusammengefasst werden (siehe vorheriges Beispiel). Im Sinne der Nachhaltigkeit lohnt es sich jedoch, den Umweltschutzaspekt als eigenes Kriterium aufzuführen und zu bewerten.

    Beispiele: Nähe des Lieferers und Umweltfreundlichkeit seiner Transportmittel, Zertifizierung des Lieferers im Rahmen eines Öko-Audits, Umweltschutzimage des Lieferers

- **Zuverlässigkeit des Lieferers:** Hier sind die Anzahl und Art der bisherigen Reklamationen beim Lieferer zu berücksichtigen und sein Verhalten beim Abwickeln der Reklamationen zu beurteilen.

- **Lieferbedingungen**

    Beispiele: Lieferung in Teilmengen, Lieferung auf Abruf

- **Service des Lieferers**

    Beispiele: Ersatzteilgarantie, Beratungen, Installationen, Handbücher, Rücknahme von Verpackungsmaterial

- **Flexibilität des Lieferers:** Die Fähigkeit eines Lieferers, flexibel auf die Wünsche seiner Kunden einzugehen, ist ein entscheidendes Auswahlkriterium. Hier ist zu beurteilen, ob er bereit ist, Sonderausstattungen für Bauteile zu liefern, Sonderkonditionen zu bieten bzw. auf spezielle Bedürfnisse seiner Kunden einzugehen.

    Beispiel: Spanplatten werden in genormten Stärken produziert, z. B. 19 mm. Die Sommerfeld Bürosysteme GmbH benötigt jedoch Spanplatten, die von der Norm abweichen, nämlich 20 mm. Nur die Andreas Schneider Holzwerke KG war zu dieser Sonderanfertigung in der Lage.

Gewichtung der Kriterien (Nutzwertanalyse)
Sämtliche Entscheidungskriterien müssen für jeden Lieferer erfasst und in eine Übersicht gebracht werden.

LS 4

Beispiel:

Kriterien	Metallwerke Bauer & Söhne	Metall AG	Schraub-GmbH	Tools Ltd.
Bezugs-/Einstandspreis (€)	871,56	829,70	837,29	959,80
Zahlungsbedingungen	30 Tage Ziel	60 Tage Ziel	20 Tage Ziel	12 Tage Ziel
Lieferfristen	20 Tage	10 Tage	3 Tage	30 Tage
Qualität und Umweltschutz	befriedigend	gut	gut	sehr gut
Zuverlässigkeit	befriedigend	sehr gut	gut	befriedigend
Service	gut	befriedigend	gut	gut
Mindestabnahmemenge (St.)	20 000 p. a.	keine	keine	50 000
Übernahme Lieferrisiko	Besteller	Lieferer	Lieferer	Besteller
Verpackungsentsorgung	Besteller	Lieferer	Lieferer	Besteller

Aus dieser Aufstellung ist noch keine endgültige Beschaffungsentscheidung ableitbar, da die Kriterien für eine Auswahlentscheidung nicht gleich wichtig sind.

Die einzelnen **Bewertungskriterien** sind gemäß ihrer Bedeutung im Einzelfall zu **gewichten**. So kann es in einigen Fällen sein, dass der Bezugs-/Einstandspreis im Vergleich zu der Qualität weniger wichtig ist, in anderen Fällen kann der Bezugs-/Einstandspreis das wichtigste Kriterium sein. Eine Gewichtung kann dadurch erfolgen, dass jedem Kriterium ein bestimmter prozentualer Anteil an der Gesamtbedeutung zugeordnet wird. Dieser Anteil gibt die Punktzahl an, die je Kriterium auf die einzelnen Lieferer zu verteilen ist. Durch diese Punktvergabe können die Leistungen der Lieferer gemessen und verglichen werden.

Beispiel: Die höchste Punktzahl erreicht der Lieferer Metall AG, die niedrigste Tools Ltd. Folglich ist die Metall AG als Lieferer auszuwählen.

> **PRAXISTIPP!**
>
> *Die Entscheidung für einen Anbieter endet notwendigerweise hier. Insbesondere bei A-Gütern lohnt es sich, mit den Ergebnissen erneut Verhandlungen aufzunehmen, um eine Verbesserung des ursprünglichen Angebots zu erreichen. Zu den Verhandlungstechniken vgl. S. 73 ff.*

Kriterien	Bedeutung in %	Metallwerke Bauer & Söhne	Metall AG	Schraub-GmbH	Tools Ltd.
Bezugs-/Einstandspreis	20	2	10	8	0
Zahlungsbedingungen	10	3	6	1	0
Lieferfristen	10	2	3	5	0
Qualität und Umweltschutz	25	3	6	6	10
Zuverlässigkeit	10	1	6	2	1
Service	5	1,5	0,5	1,5	1,5
Mindestabnahmemenge	5	1	2	2	0
Übernahme Lieferrisiko	5	0	2,5	2,5	0
Verpackungsentsorgung	10	0	5	5	0
Summe	**100**	**13,5**	**41,0**	**33,0**	**12,5**

Beispiel: Die Gewichtung kann alternativ auch durch Punkte erfolgen, die Leistungen der Lieferer können auch durch Noten (z. B. „gut" bzw. 2,0) oder Prozentzahlen gemessen werden (z. B. 80 % Leistung in Bezug auf Qualität).

Lieferantenauswahlstrategien

Multiple und globale Beschaffung (Global Sourcing)
Durch das Zusammenwachsen der internationalen Märkte kann heutzutage aus einer Vielzahl von Lieferern nicht nur im Inland ausgewählt werden. Durch das Internet ist es möglich, Materialien und Fertigprodukte aus der ganzen Welt innerhalb kurzer Zeit zu beziehen **(Global Sourcing)**.

Gründe für Global Sourcing sind Kostenreduktion aufgrund niedriger Lohnkosten im Ausland und/oder nationale Lieferengpässe. Allerdings tauchen auch Probleme wie erhöhtes Qualitätsrisiko, erhöhtes Ausfallrisiko und Währungsrisiko auf.

Einquellenbeschaffung (Single Sourcing)
Um die Beschaffungskosten zu reduzieren, wird eine bestimmte Materialgruppe oft nur bei einem leistungsstarken Lieferer gekauft (auch Auftragsbündelung genannt). Diese Zusammenarbeit kann auf weitere Bereiche ausgedehnt werden.

Beispiele: Forschung und Entwicklung, Qualitätssicherung, Automobilindustrie: Für Außenspiegel gibt es in Deutschland nur einen Lieferer.

Hierbei spielt das Vertrauen zwischen Lieferer und Kunde eine große Bedeutung, um eine solch enge Zusammenarbeit einzugehen. Hier wird eine langfristig ausgestaltete Zusammenarbeit angestrebt. In Kaufverträgen werden nicht nur die technischen Eigenschaften der Materialien vereinbart, sondern auch Qualitätsstandards beschrieben.

Beispiel: Vereinbarung über die Verwendung umweltgerechter, wiederverwendbarer Verpackungen

Modulare Beschaffung (Modular Sourcing)
Bei dieser Strategie erfolgt die Komplettvergabe von sogenannten Systemen oder Modulen an einen Zulieferer (Outsourcing). Dies ist z. B. bei besonders technisch komplexen Einbauteilen und Baugruppen der Fall. Hierdurch kann die Montage im eigenen Werk erleichtert und die Durchlaufzeit verringert werden.

Beispiele: Reifen, Cockpit und Motorblock in der Automobil-, Festplatte und Prozessor in der Computerindustrie

Hierbei geht die Entwicklung in Richtung **Systemlieferant**, der in räumlicher Nähe oder sogar auf dem Gelände des zu beliefernden Herstellers angesiedelt wird.

Verbundbeschaffung
Bei dieser Beschaffung gehen mehrere Hersteller vertraglich eine **Einkaufskooperation** ein. Durch diesen Zusammenschluss erlangen sie mehr Marktmacht gegenüber den Lieferanten und können dadurch Preiszugeständnisse und günstigere Einkaufsbedingungen erzielen.

Electronic Commerce (E-Commerce, E-Business)
Diese Beschaffungsart ermöglicht es Unternehmen und deren Kunden, viele Geschäftsprozesse umfassend und digital über private und öffentliche Netze **(Internet)** abzuwickeln. Hierbei beinhaltet der E-Commerce die elektronische Beschaffung von Materialien bis zur elektronischen Bezahlung dieser Materialien. Somit beschleunigt der E-Commerce die Abwicklung von Geschäftsprozessen und gestaltet sie effizienter, wodurch sich eine Senkung der Kosten für alle Beteiligten ergibt. Ferner können alle Beteiligten auf

→ LF 10 Marktveränderungen schneller und flexibler reagieren. E-Commerce ist daher mittlerweile nicht nur im Beschaffungsbereich ein wichtiger Wettbewerbsfaktor für Industrieunternehmen, sondern lässt sich auch für den Absatz der Erzeugnisse nutzen.

Die **E-Commerce-Geschäftsmodelle** zeigen eine breite Vielfalt. Sie entwickeln sich ständig weiter und es entstehen völlig neue Modelle.

Beispiele:

E-Procurement	elektronisches Beschaffungssystem für Unternehmen mit elektronischen Ausschreibungen (auch von Behörden) sowie Ausschreibungskooperationen, elektronischen Verhandlungen und Vertragsabschlüssen
E-Auction	virtuelle Versteigerungen im WWW, bietet Käufern günstige Einkaufsmöglichkeiten und Verkäufern zusätzlichen Vertriebskanal (z. B. für Überbestände)

Um eine kostengünstige Beschaffung von Werkstoffen (Roh-, Hilfs-, Betriebsstoffen, Handelswaren) zu erreichen, vereinbaren Unternehmen mit ihren Mitbewerbern, im Internet einen **gemeinsamen Handelsplatz** einzurichten und zu nutzen.

Beispiele:
- In der Automobilindustrie in Deutschland entstand über eine solche Vereinbarung ein elektronischer Megamarktplatz für die Zulieferbetriebe der Automobilhersteller.
- Die Sommerfeld Bürosysteme GmbH hat mit ihren Lieferern für Spanplatten, Sperrholz und Furnierholz eine Vereinbarung getroffen, bei Bedarf über das Internet eine Ausschreibung zu machen, an der alle betroffenen Lieferer teilnehmen können.

Bestimmte Softwareunternehmen bieten hierzu entsprechende Portale an, die von den Unternehmen genutzt werden können. Diese Marktplätze im Internet (**Onlinemarktplätze**) verschaffen den Unternehmen die Möglichkeit, wegen der schnellen Reaktionsmöglichkeit kurzfristige Bestellungen vorzunehmen, da eine weitgehende Preistransparenz vorliegt. Somit erübrigen sich viele Arbeitsschritte, die beim bisherigen Beschaffungsvorgang erforderlich waren.

Finanzierung von Materialien

→ LF 11 Die **Finanzierung** von einzukaufenden Materialien kann durch eigene Mittel, durch den Lieferer (Lieferanten- und Wechselkredit) oder durch Kredite der Bank erfolgen (Kontokorrentkredit).

Finanzierung mit eigenen Mitteln
Sind in einem Industriebetrieb liquide Mittel vorhanden, können diese zur Finanzierung von zu beschaffenden Materialien eingesetzt werden. Hierbei ist darauf zu achten, dass noch genügend flüssige Mittel für andere zu tätigende Ausgaben vorhanden bleiben.

Kontokorrentkredit
Hat ein Unternehmen die Möglichkeit, **sein Konto bei einem Kreditinstitut bis zur Höhe eines vereinbarten Betrages (= Kreditlimit) in Anspruch zu nehmen**, d.h., das Unternehmen kann sein Betriebskonto bis zu diesem Betrag überziehen, liegt ein Kontokorrentkredit vor. Für das Unternehmen fallen **folgende Kosten** an:

- Für den in Anspruch genommenen Kredit müssen **Zinsen (Sollzinsen)** bezahlt werden.
- Da das Kreditinstitut das Kapital für das Unternehmen bereithält, kann es dieses Kapital nicht für andere Zwecke verwenden. Deshalb verlangt das Kreditinstitut auch für den nicht in Anspruch genommenen Kredit eine **Kreditprovision (Bereitstellungsentgelt)**.
- Für die Kontoführung wird **Umsatzprovision** berechnet.
- Wenn das Unternehmen das Kreditlimit überschreitet, berechnet das Kreditinstitut zusätzlich zu den Sollzinsen **Überziehungsprovision**. Dies ist ein Zinssatz, der zusätzlich zu den Sollzinsen erhoben wird. Dieser weitergehende Überziehungskredit ist eine freiwillige Leistung der Bank und kann daher verweigert werden.

Sollte das Kontokorrentkonto ein Guthaben aufweisen, hat das Unternehmen Anspruch auf Habenzinsen. Der Ausgleich eines in Anspruch genommenen Kontokorrentkredits erfolgt durch Zahlungseingänge auf das Konto, z. B. Überweisungen von Kunden, Bareinzahlungen.

Beispiel: Die Sommerfeld Bürosysteme GmbH unterhält bei der Deutschen Bank ein Kontokorrentkonto. Im Monat Januar hat die Sommerfeld Bürosysteme GmbH den Kontokorrentkredit für 10 Tage über 50 000,00 € und für die letzten 20 Tage über 60 000,00 € in Anspruch genommen. Es wurden 130 Überweisungen an Lieferer getätigt. Das Kreditlimit beträgt 80 000,00 €, Sollzinsen 8 %, Habenzinsen 0,5 %, pro Buchung 0,15 € Buchungsentgelt (Umsatzprovision), das Bereitstellungsentgelt (Kreditprovision) beträgt 3 % vom nicht in Anspruch genommenen Kredit. Die Deutsche Bank führt zum Monatsende folgende Abrechnung durch:

Sollzinsen	50 000,00 € für 10 Tage	=	111,11 €
	60 000,00 € für 20 Tage	=	266,67 €
Umsatzprovision	130 · 0,15 €	=	19,50 €
Kreditprovision vom nicht in Anspruch	30 000,00 € für 10 Tage	=	25,00 €
genommenen Kredit	20 000,00 € für 20 Tage	=	33,33 €
Insgesamt			455,61 €

Das Kontokorrentkonto der Sommerfeld Bürosysteme GmbH wird mit 455,61 € belastet.

Bei Unternehmen ist diese Kreditform wegen der **folgenden Vorteile** sehr beliebt:

- Stetige Anpassung an den jeweiligen Finanzbedarf des Kreditnehmers, der Kontokorrentkredit stellt somit einen Puffer für die kurzfristige Finanzierung dar.
- Bequeme Inanspruchnahme, da nach der Kontokorrentvereinbarung keine besonderen Anträge an das Kreditinstitut gestellt werden müssen.

Lieferantenkredit

Beim Lieferantenkredit räumt der Lieferer seinen Kunden für gelieferte Materialien ein **Zahlungsziel** ein. Das bedeutet, dass der Kunde seine Schuld erst zu einem späteren Zeitpunkt bezahlen muss (vgl. S. 93).

Beispiel: Zahlungsbedingung eines Lieferers: „Zahlbar innerhalb von 40 Tagen netto Kasse oder innerhalb von 10 Tagen unter Abzug von 2 % Skonto."

Für viele kleine, mit wenig Kapital ausgestattete Unternehmen stellt der Lieferantenkredit eine wesentliche Finanzierungsform dar, insbesondere, wenn der Betrieb nicht über die notwendigen Sicherheiten für entsprechende Bankkredite verfügt. Die Lieferer verlangen aber meistens eine Absicherung des Kredites in der Form, dass sie die **Ware nur unter Eigentumsvorbehalt liefern** (vgl. S. 105).

Im Rahmen der Debitorenverwaltung werden in Unternehmen zunehmend Computerprogramme eingesetzt, um die optimale Ausnutzung gegebener Zahlungsziele vornehmen zu können.

PRAXISTIPP!

Ein Unternehmen sollte immer bemüht sein, Skonto auszunutzen, da die Inanspruchnahme des Zahlungsziels zu den teuersten Krediten gehört.

Zusammenfassung

Beschaffungsmarktforschung, Angebotsvergleich und Liefererauswahl

- ***Untersuchungsobjekte*** *der Beschaffungsmarktforschung:*

  Beschaffungsmaterial   Lieferer
  Beschaffungsmarkt   Preise der Materialien

- *Die Beschaffungsmarktforschung bedient sich **interner** (Lieferer-, Angebots-, Materialdatei) und **externer Informationsquellen** (Fachzeitschriften, Messen, Datenbanken im Internet).*

- *Der Beschaffungs- oder **Bezugs-/Einstandspreis** eines Produktes ergibt sich durch folgendes Schema:*

-    *Listeneinkaufspreis*
  – Rabatt
  _____
  = Zieleinkaufspreis

  – Skonto
  _____
  = Bareinkaufspreis

  + Bezugskosten
  _____
  = Bezugs-/Einstandspreis

- *Bei der **Auswahl von Lieferern** sind folgende **Kriterien** zu untersuchen:*

  - *Listeneinkaufspreis*
  - *Preisnachlässe*
  - *Zahlungsbedingungen*
  - *Lieferbedingungen*
  - *Flexibilität des Lieferers*

  - *Bezugskosten*
  - *Mindestbestellmengen*
  - *Qualität, Ausstattung des Produkts*
  - *Zuverlässigkeit des Lieferers*

- *Eine **Bewertung der Lieferer** erfolgt über ein Schema, in dem alle Beschaffungskriterien aufgelistet und in ihrer Bedeutung gewichtet sind. Bei jedem Lieferer und jedem Kriterium werden entsprechende Punkte u. Ä. vergeben (Nutzwertanalyse).*

- *Materialien können mit **eigenen oder fremden Mitteln** finanziert werden.*

Aufgaben

1. Bestimmen Sie den Bezugs-/Einstandspreis für eine Gasfeder aus folgendem Angebot: Listeneinkaufspreis 8,00 €, Rabatt 10 %, Skonto 2 %, Bezugskosten 5 % vom Zieleinkaufspreis.

2. Innerhalb der Materialwirtschaft hat die Beschaffungsabteilung in der Sommerfeld Bürosysteme GmbH einen hohen Stellenwert.

    a) Erläutern Sie das Ziel der Beschaffungsmarktforschung.
    b) Nennen Sie je zwei Informationsquellen der direkten und indirekten Informationsgewinnung.
    c) Erläutern Sie drei Inhaltspunkte, die ein Marktforschungsbericht enthalten sollte.
    d) Erläutern Sie einen Grund, der die Sommerfeld Bürosysteme GmbH veranlassen könnte, die Beschaffungsmarktforschung selbst durchzuführen.

3. Erkunden Sie in Ihrem Ausbildungsbetrieb, welche inner- und außerbetrieblichen Informationsquellen über Ihre Lieferanten genutzt werden.

4. Führen Sie einen Bezugspreisvergleich durch:

Lieferer	A	B	C	D
Listeneinkaufspreis je 100 Stück in €	76,00	98,00	85,00	92,00
– Rabatt in %	15	22	18	25
– Skonto in %	2	2,5	2	0
+ Bezugskosten je 100 Stück in €	10,00	12,00	15,90	8,50

5. a) Diskutieren Sie die Gewichtung der einzelnen Beschaffungskriterien in der Tabelle auf S. 58.
   b) Können diese Gewichtungen für allgemein verbindlich erklärt werden? Begründen Sie Ihre Antwort.
   c) Finden Sie weitere Kriterien für die Auswahl von Lieferern.

6. a) Führen Sie mithilfe der folgenden Tabelle eine Nutzwertanalyse für die Lieferer A, B und C durch und treffen Sie anhand Ihrer Ergebnisse eine Entscheidung im Sinne der Sommerfeld Bürosysteme GmbH.

Kriterien	Bedeutung in Punkten (max. 20 Punkte)	Lieferer A erreichte Punkte von max. 20	Lieferer B erreichte Punkte von max. 20	Lieferer C erreichte Punkte von max. 20
Bezugs-/Einstandspreis	20	18	08	15
Qualität	15	09	15	10
Design	20	09	11	12
Zuverlässigkeit	10	20	15	08
Lieferzeit	05	07	20	08
Summe				

b) Nennen Sie fünf weitere Beschaffungskriterien, die die Sommerfeld Bürosysteme GmbH bei ihrer Entscheidung einbeziehen könnte.

7. Die Sommerfeld Bürosysteme GmbH bezieht von einem Großhändler Rohstoffe im Wert von 34 200,00 €. Die Zahlungsbedingung lautet: „40 Tage netto Kasse, bei Zahlung innerhalb von 14 Tagen 3 % Skonto." Für einen Kontokorrentkredit der Hausbank wären 14 % effektiver Jahreszins zu entrichten. Die Sommerfeld Bürosysteme GmbH möchte den Skonto in Anspruch nehmen, muss dafür aber einen Kontokorrentkredit in Anspruch nehmen.

   a) Ermitteln Sie den Überweisungsbetrag nach Abzug von Skonto.
   b) Ermitteln Sie die Zinsen für den in Anspruch genommenen Kontokorrentkredit.
   c) Ermitteln Sie den Finanzierungsgewinn, wenn der Skonto unter Inanspruchnahme des Kontokorrentkredites ausgenutzt wird.
   d) Ermitteln Sie den Effektivzinssatz für den Skonto.

8. a) Erkundigen Sie sich bei Kreditinstituten nach den Konditionen für einen Kontokorrentkredit. Vergleichen Sie die Konditionen der Kreditinstitute miteinander.
   b) Suchen Sie nach Begründungen dafür, dass die Zinssätze bei den einzelnen Kreditinstituten unterschiedlich sind.

3.2.2 Bezugspreisermittlung

Der Leiter der Abteilung „Logistik und Beschaffung" legt der Auszubildenden Daniela Schaub nachstehendes Angebot mit folgendem Hinweis vor: „Prüfen Sie, ob der angebotene Bezugspreis unter unserem bisherigen Bezugspreis von 88,00 € liegt!"

```
Angebot

Sehr geehrter Herr Lanzetti,

wir danken Ihnen für Ihre Anfrage vom 2. Mai 20(0)

Gern unterbreiten wir Ihnen ein Angebot über die gewünschten Schreinerplatten
2 000 · 4 000 · 30 mm, 8-schichtig, geeignet für höchste Belastungen,
Bestellnummer 8000, zu folgenden Staffelpreisen:

Mindestabnahme    50 Stück   90,00 €/Stück
Abnahme ab       500 Stück   10 % Rabatt
Abnahme ab     2 000 Stück   15 % Rabatt

Die Preise zuzüglich 19 % Umsatzsteuer gelten ab Werk Hamm.

Die Lieferung erfolgt auf Wunsch mit unseren Spezialfahrzeugen an Ihr Lager in Essen
gegen ein Frachtentgelt von 8,00 €/Stück.

Unsere Rechnungen sind 30 Tage nach Rechnungsdatum netto Kasse oder binnen
10 Tagen abzüglich 2 % Skonto zu begleichen. Erfüllungsort und Gerichtsstand ist Hamm.

Unser Angebot ist gültig bis zum 30.06. .., die Lieferung erfolgt binnen 14 Tagen nach
Auftragseingang.

Wir würden uns freuen, Ihren Auftrag zu erhalten. Für den Fall der Auftragserteilung
sichern wir Ihnen eine gewissenhafte Ausführung Ihrer Bestellung zu.

Mit freundlichen Grüßen

Andreas Schneider Holzwerke KG
Palzstraße 16, 59073 Hamm
```

Arbeitsaufträge

- Erläutern Sie die einzelnen Bedingungen dieses Angebotes.

- Ermitteln Sie den Bezugs-/Einstandspreis unter Berücksichtigung einer werkseigenen Lieferung und bei Zahlung unter Abzug von Skonto bei einer Abnahme von 2.500 Schreinerplatten.

- Nennen Sie mindestens fünf andere Gesichtspunkte, die außer dem Preis in die Entscheidung für einen Lieferer einbezogen werden sollten.

Kalkulation des Bezugs-/Einstandspreises im Rahmen der Materialwirtschaft

Vor dem Einkauf von Werkstoffen oder Handelswaren führen Industrieunternehmen Angebotsvergleiche durch, um den günstigsten Lieferer herauszufinden. Dabei werden unterschiedliche rechnerische Konditionen, wie Rabatt, Skonto, Bezugskosten, in die Berechnung des vergleichbaren **Bezugs-** oder **Einstandspreises** einbezogen.

Im Rahmen der Bezugskalkulation sind neben diesen wertbezogenen noch eventuell gewichts- und mengenbezogene Abzüge, wie Tara, Schwund, Bruch, zu berücksichtigen, weil der Bezugs-/Einstandspreis der tatsächlich erhaltenen Werkstoffe oder Handelswaren berechnet werden soll.

```
   Bruttomenge/-gewicht
 - Tara (Gewicht der Verpackung)
 = Nettomenge/-gewicht
 - Schwund, Bruch (Gutgewicht)
 = berechnete Nettomenge/-gewicht
```

Einfache Bezugskalkulation

Wird nur ein Werkstoff/eine Handelsware bezogen, werden alle Bezugskosten diesem Werkstoff/dieser Handelsware zugerechnet. Die Berechnung des Bezugs-/Einstandspreises erfolgt nach folgendem Schema:

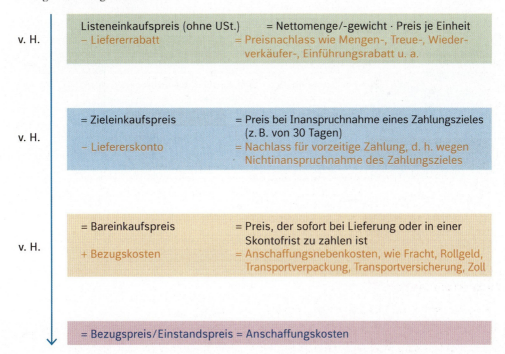

Beispiel: Die Sommerfeld Bürosysteme GmbH bezieht Lacke zum Listeneinkaufspreis von 7,50 €/l in 40 100-l-Fässern mit einem Bruttogewicht von 4 720 kg. Jedes Fass hat ein Leergewicht von 18 kg. Für Schwund berücksichtigt der Lieferer 2% des Warennettogewichts. Außerdem gewährt er 10% Mengenrabatt und 2% Skonto. Für Fracht berechnet er 35,00 € je 100 kg.
Berechnen Sie den Bezugs-/Einstandspreis der gesamten Lieferung und je kg Lack.

Lösung

Bruttogewicht	4 720 kg
– Tara (40 · 18)	720 kg
= Nettogewicht	4 000 kg
– 2 % Gutgewicht (Schwund)	80 kg
= Berechnetes Nettogewicht	3 920 kg

Listeneinkaufspreis: 3 920 · 7,50	= 29 400,00 €
– 10 % Liefererrabatt	2 940,00 €
Zieleinkaufspreis	26 460,00 €
– 2 % Liefererskonto	529,20 €
Bareinkaufspreis	25 930,80 €
+ Bezugskosten: 47,20 · 35	1 652,00 €
Bezugs-/Einstandspreis der Lieferung	27 582,80 €
Bezugs-/Einstandspreis je kg Lack: 27 582,80 : 3 920 =	7,04 €

Zusammengesetzte Bezugskalkulation

Beim Bezug von Werkstoffen und Handelswaren fallen häufig Anschaffungsnebenkosten an, die die Bezugs-/Einstandspreise erhöhen. Werden nun unterschiedliche Werkstoffe oder Handelswaren in einer Sendung geliefert, müssen diese Anschaffungsnebenkosten anteilig zugerechnet werden. Nach der Verteilungsgrundlage sind diese Anschaffungsnebenkosten zu unterscheiden:

Gewichtsspesen	Verteilungsgrundlage bilden die anteiligen **Bruttogewichte** von einzelnen Werkstoffen oder Handelswaren an einer Sendung. **Beispiele:** Fracht, Rollgeld, Be- und Entladekosten
Wertspesen	Verteilungsgrundlage bilden die anteiligen **Zieleinkaufswerte** (Rechnungsbetrag) einzelner Werkstoffe oder Handelswaren an einer Sendung. **Beispiele:** Transportversicherung, Handelsvertreterprovision, Wertzölle

Beispiel: Die Sommerfeld Bürosysteme GmbH bezieht in einer Sendung der Farbenwerke Wilhelm Weil AG, Leverkusen, zwei Spezriallacke:

Sorte	Brutto	Tara	Preis in €/kg
I	3 000 kg	3 %	8,60 € je kg
II	2 000 kg	3 %	6,45 € je kg

Für Fracht werden 398,00 € und für Transportversicherung 152,55 € gezahlt. Wie viel EUR beträgt der Bezugs-/Einstandspreis in EUR je kg jeder Sorte?

3 Materialien beschaffen

Lösung Verteilung der Gewichts- und Wertspesen

Sorte	Gewichtsspesen			Wertspesen		
	Bruttogewicht in kg	Anteile	Anteil in € insgesamt	Zieleinkaufspreis in €	Anteile	Anteil in € insgesamt
I	3 000	3	238,80	25 026,00	2	101,70
II	2 000	2	159,20	12 513,00	1	50,85
	5 000	5 =	398,00	37 539,00	3 =	152,55
		1 =	79,60		1 =	50,85

Berechnung der Bezugs-/Einstandspreise je kg

	Sorte I in €	Sorte II in €
Zieleinkaufspreis	25 026,00	12 513,00
+ Gewichtsspesen	238,80	159,20
+ Wertspesen	101,70	50,85
Bezugs-/Einstandspreis (insgesamt)	25 366,50	12 723,05
Bezugs-/Einstandspreis je kg	$\frac{25\,366,50}{2\,910} = 8,72\ €$	$\frac{12\,723,05}{1\,940} = 6,56\ €$

PRAXISTIPP!

Die Aufteilung der Gewichts- und Wertspesen können Sie auch durch Prozentrechnen/Dreisatz lösen:
5 000 kg entspricht 100 %
3 000 kg entspricht x.
Anschließend nehmen Sie die gesamten Gewichtsspesen mit dem errechneten Prozentsatz mal.

Zusammenfassung

Bezugspreisermittlung

- **Einfache Bezugskalkulation**
  Berechnen Sie

  1. das berechnete Nettogewicht, indem Sie vom Bruttogewicht Tara (Verpackung) und Gutgewicht abziehen,
  2. den Listeneinkaufspreis: Nettogewicht · Listeneinkaufspreis je Einheit,
  3. den Liefererrabatt vom Listeneinkaufspreis,
  4. den Zieleinkaufspreis durch Abzug des Rabattes vom Listeneinkaufspreis,
  5. den Liefererskonto vom Zieleinkaufspreis,
  6. den Bareinkaufspreis durch Abzug des Skontos vom Zieleinkaufspreis,
  7. die Bezugskosten,
  8. den Bezugs-/Einstandspreis der Lieferung durch Addition der Bezugskosten zum Bareinkaufspreis,
  9. den Bezugs-/Einstandspreis je Einheit: $\frac{\text{Bezugs-/Einstandspreis der Sendung}}{\text{Berechnetes Nettogewicht}}$

	A	B	C	D	E	F	G
1	Bezugskalkulation (Angebotsvergleich): 10-kg-Eimer Speziallack						
2	Beim Angebotsvergleich werden die Daten verschiedener Lieferer verglichen, um das preisgünstigste						
3	Angebot zu ermitteln.						
4		Farbenwerke Wilhelm Weil AG		Lacke AG		Farben Kremer GmbH	
5	Kalkulationsschema						
6		%	€	%	€	%	€
7	Listenpreis		200,00		194,00		215,00
8	– Lieferrabatt	15,0	30,00	10,0	19,40	25,0	53,75
9	= Zieleinkaufspreis		170,00		174,60		161,25
10	– Lieferskonto	2,0	3,40	2,0	3,49	0,0	0,00
11	= Bareinkaufspreis		166,60		171,11		161,25
12	+ Bezugskosten		2,00		0,00		5,00
13	= Bezugs-/Einstandspreis		168,60		171,11		166,25
14							
15	Der Block B7:C13 wurde mit Eingaben und Formeln erstellt und anschließend auf die Blocks D7:E13 bzw.						
16	F7:G13 kopiert. Bei Bedarf sind weitere Lieferer durch Kopieren in zusätzlichen Spalten zu berücksichtigen.						
17	Eingaben in C7, E7, G7, B8, D8, F8, B10, D10, F10, C12, E12, G12.						
18	Ausgabe in C8 durch die Formel =C7*B8/100, in C9 durch die Formel =C7-C8, in C10 durch die Formel = C9*B10/100						
19	Ausgabe in C11 durch die Formel =C9-C10, in C13 durch die Formel =C11+C12						

- ***Zusammengesetzte Bezugskalkulation***

  1. Richten Sie zur Verteilung von Gewichts- und Wertspesen eine besondere Verteilungstabelle ein.

  2. Ermitteln Sie
     a) aus den Bruttogewichten den Verteilungsschlüssel für die Verteilung der Gewichtsspesen,
     b) aus den Rechnungs- oder Zieleinkaufswerten den Verteilungsschlüssel für die Verteilung der Wertspesen.

  3. Führen Sie die Verteilung der Gewichts- und Wertspesen durch.

  4. Ermitteln Sie den Bezugs-/Einstandspreis jeder bezogenen Werkstoff- oder Warenart insgesamt.

  5. Ermitteln Sie den Bezugs-/Einstandspreis je Einheit jeder bezogenen Werkstoff- oder Warenart.

Aufgaben

1. Nach Abzug von 2,5 % Skonto wird eine Rechnung eines Warenlieferers durch Banküberweisung beglichen. Der Überweisungsbetrag beträgt 20 631,00 €.
   Errechnen Sie den Rechnungsbetrag.

2. Die Sommerfeld Bürosysteme GmbH bezieht Schreinerplatten ab Werk zum Listeneinkaufspreis von 180,00 €. Der Lieferer bietet bei einer Abnahme ab 1 000 Stück 4 %, bei einer Abnahme ab 5 000 Stück 10 % Rabatt an. Bei Zahlung binnen acht Tagen nach Rechnungsdatum gewährt er 2,5 % Skonto. Pro Palette à 50 Platten berechnet er für Fracht und Verpackung 151,00 € und ein Leihentgelt von 20,00 €. Bei Rücksendung der Paletten wird das Leihentgelt zu 75 % gutgeschrieben.

   a) Ermitteln Sie den Bezugs-/Einstandspreis je Schreinerplatte bei einer Abnahmemenge von 4 000 Stück.
   b) Mit welchem Rechnungsbetrag muss die Sommerfeld Bürosysteme GmbH bei der Bestellung von 4 000 Stück rechnen, wenn 19 % Umsatzsteuer zu berücksichtigen sind?
   c) Ab welcher Bedarfsmenge ist es wirtschaftlich empfehlenswert, 5 000 Stück zu bestellen?

3. Das Nettogewicht einer Sendung beträgt 3.375 kg, die Tara 6 ¼ % des Bruttogewichts. Die Deutsche Bahn AG stellt 0,08 € je kg Bruttogewicht in Rechnung. Für die Kosten für An- und Zufuhr berechnet die Bahn jeweils 20,00 €.

   a) Wie viel kg Gewicht legt die Deutsche Bahn AG bei der Frachtberechnung zugrunde?
   b) Wie viel EUR beträgt die Fracht?
   c) Wie viel EUR betragen die gesamten Transportkosten?

4. An den Lieferer einer Maschine werden zum Ausgleich der Eingangsrechnung einschließlich 19 % USt innerhalb der Skontofrist 85 715,70 € überwiesen.
   Ermitteln Sie:

   a) den Rechnungsbetrag bei einem Skontosatz von 2 %,
   b) den Listeneinkaufspreis der Maschine bei einem Liefererrabatt von 12,5 %.

5. Auf den Listeneinkaufspreis von 2 400,00 € gewährt ein Lieferer 12,5 % Rabatt und 2,5 % Skonto. Er berechnet 2 % vom Bareinkaufspreis für die Warenzustellung. Berechnen Sie den Bezugs-/Einstandspreis.

6. Ein Industrieunternehmen kauft Rohstoffe zum Listeneinkaufspreis von 180 000,00 € ein. Gemäß Angebot werden 12 ½ % Rabatt für ein Auftragsvolumen über 100 000,00 € gewährt. Die Zahlungsbedingungen lauten: „2 ½ % Skonto binnen 8 Tagen oder netto binnen 30 Tagen". Die Rohstoffe unterliegen der 19 %igen Umsatzsteuer.
   Ermitteln Sie:

   a) den Zieleinkaufspreis,
   b) den Rechnungsbetrag laut Eingangsrechnung,
   c) den Überweisungsbetrag an den Lieferer bei Inanspruchnahme des Skontos.

7. Auf den Listeneinkaufspreis von 4 800,00 € gewährt ein Lieferer 10 % Rabatt und 2 % Skonto. Er berechnet 142,00 € für die Warenzustellung. Berechnen Sie den Bezugs-/Einstandspreis.

8. An einen Lieferer werden zum Ausgleich der Eingangsrechnung über 10 Personalcomputer einschließlich 19 % USt innerhalb der Skontofrist 17 143,14 € überwiesen.
   Ermitteln Sie:

   a) den Rechnungsbetrag bei einem Skontosatz von 2 %,
   b) den Listeneinkaufspreis eines Computers bei einem Liefererrabatt von 12,5 %.

9. Beim Bezug einer Ware zum Listeneinkaufspreis von 9 600,00 € gewährt der Lieferer 12,5 % Rabatt und 2,5 % Skonto. An Bezugskosten entstehen netto 310,00 €.

   a) Wie viel EUR beträgt der Zieleinkaufspreis?
   b) Wie viel EUR beträgt der Bareinkaufspreis?
   c) Wie viel EUR beträgt der Bezugs-/Einstandspreis?

10. Einem Industrieunternehmen liegen für eine gleichwertige Ware, von der 6 000 Stück benötigt werden, zwei Angebote vor:

Angebot A:	Listeneinkaufspreis je Stück	5,00 €
	Rabatt 5 %, Skonto 3 %	
	Bezugskosten je 1.000 Stück	93,60 €
Angebot B:	Listeneinkaufspreis je Stück	4,95 €
	Skonto 3 %	
	Lieferung frei Haus	

Ermitteln Sie den Bezugs-/Einstandspreis für den Gesamtbedarf

a) für Angebot A,
b) für Angebot B.

11. Beim Einkauf von zwei Warensorten fallen 717,50 € Fracht und 372,75 € Transportversicherung an.
Verteilen Sie Fracht und Transportversicherung auf die zwei Warensorten und ermitteln Sie den Anschaffungswert beider Warensorten.

	Gewicht	Wert in €
Sorte I	369 kg	4 428,00
Sorte II	533 kg	8 528,00

12. Die Schneider Bauwaren OHG bezieht in einer Warensendung:
Ware I, brutto 3 500 kg, Tara 4 %, zu 700,00 € je 100 kg netto
Ware II, brutto 1 500 kg, Tara 4 %, zu 900,00 € je 100 kg netto
Der Lieferer gewährt 25 % Sonderrabatt und 2,5 % Skonto. Die Gewichtsspesen betragen 250,00 € und die Wertspesen 266,00 €. Über wie viel EUR lautet der Bezugs-/Einstandspreis für ein kg jeder Ware?

3.2.3 Anfrage, Angebot und Verhandlungstechniken

Die Sommerfeld Bürosysteme GmbH holt im Rahmen des Beschaffungsmarketings von verschiedenen Unternehmen schriftliche Angebote für Schlösser für die Herstellung von Schreibtischen ein. U. a. erhält sie ein Angebot der Wollux GmbH. Unter dem Angebot dieses Unternehmens steht u. a.: „Lieferung solange der Vorrat reicht." Daniela Schaub bestellt einen Tag nach Erhalt des Angebots 2 000 Schlösser. Nach einer Woche erhält sie von der Wollux GmbH folgende Nachricht: „Leider müssen wir ihnen mitteilen, dass unser gesamter Lagerbestand an Schlössern bereits verkauft worden ist." Daniela Schaub ruft empört bei der Wollux GmbH an und verlangt die Lieferung der bestellten Materialien.

Arbeitsaufträge

- Stellen Sie fest, welche rechtliche Bedeutung ein Angebot für den Anbietenden hat.
- Überprüfen Sie, ob die Sommerfeld Bürosysteme GmbH Anspruch auf Lieferung der bestellten Materialien hat.
- Erläutern Sie, welche Vorbereitungen für eine Vertragsverhandlung mit einem Lieferer erforderlich sind.

Anfrage

Bevor ein Kunde einen Kaufvertrag mit einem Lieferer abschließt, informiert er sich über **Preis**, **Qualität**, **Mengeneinheiten** usw. eines oder mehrerer Artikel. Diese Anfrage ist für Kunden und Lieferer **unverbindlich**, d. h. ohne rechtliche Wirkung.

Die Anfrage ist **formfrei**. Sie kann schriftlich, mündlich, telefonisch oder fernschriftlich (Telefax, Internet) erfolgen. Käufer und Verkäufer sind nicht verpflichtet, aufgrund einer Anfrage einen Kaufvertrag abzuschließen.

Allgemeine Anfrage
Wenn ein Kunde in seiner Anfrage nur um einen Katalog, eine Preisliste, ein Waren- oder Materialienmuster oder um einen Vertreterbesuch bittet, so spricht man von einer allgemeinen Anfrage.

Bestimmte Anfrage
Ein Kunde will vom Verkäufer konkrete Angaben über bestimmte Produkte und Konditionen (Liefer- und Zahlungsbedingungen) erhalten, so z. B. Angaben über Güte (Qualität und Beschaffenheit) der Produkte, Mindestabnahmemengen, Preis, Lieferzeit.

Angebot

Ein **Angebot** ist eine an eine **bestimmte Person gerichtete Willenserklärung**, mit der der Anbietende zu erkennen gibt, dass er bestimmte Produkte zu bestimmten Bedingungen liefern will. Das Angebot unterliegt ebenso wie die Anfrage **keinen Formvorschriften**. Es kann mündlich, schriftlich, telefonisch oder fernschriftlich abgegeben werden. Zur Vermeidung von Irrtümern sollte immer die Schriftform gewählt werden. Durch den **elektronischen Datenaustausch (EDI = Electronic Data Interchange)** von Computer zu Computer können Anfragen, Angebote, Bestellungen, Lieferscheine, Rechnungen zwischen Kunden, Lieferanten, Geldinstituten usw. über Online-Netze und das Internet schnell und rationell abgewickelt werden (vgl. S. 143 ff.).

Ein Angebot ist nur dann **rechtsverbindlich**, wenn es **an eine bestimmte Person gerichtet ist (§ 145 BGB)**. Das **Ausstellen von Waren** in Schaufenstern, Automaten, Verkaufsräumen, ebenso das Anpreisen von Waren in Prospekten, Katalogen, Postwurfsendungen, im Internet und Anzeigen in Zeitungen sind im rechtlichen Sinne kein Angebot, sondern eine an die Allgemeinheit gerichtete **Anpreisung**. Diese beinhalten lediglich die Aufforderung an den Kunden, selbst einen Antrag an den Verkäufer zu richten.

Bindung an das Angebot
Grundsätzlich sind alle Angebote verbindlich. Will der Verkäufer die Bindung des Angebots einschränken oder ausschließen, so nimmt er in sein Angebot sogenannte **Freizeichnungsklauseln** auf:

Freizeichnungsklauseln	verbindlich	unverbindlich
Solange Vorrat reicht	Preis, Lieferzeit	Menge
Freibleibend	–	alles
Ohne Gewähr, ohne Obligo	–	alles
Preise freibleibend	Lieferzeit, Menge	Preis
Lieferzeit freibleibend	Preis, Menge	Lieferzeit

Beinhaltet ein **schriftliches Angebot** keine Freizeichnungsklauseln, so ist der Anbietende so lange an sein Angebot gebunden, **wie er unter verkehrsüblichen Umständen mit einer Antwort rechnen kann**, d.h., der Kunde muss auf dem gleichen oder einem schnelleren Weg antworten. Zu berücksichtigen sind hierbei die Beförderungsdauer des Angebots, eine angemessene Überlegungsfrist des Kunden und die Beförderungsdauer der Bestellung.

Beispiele:
- Angebot per Brief: zweimal Postweg in 4 Tagen (vom Anbieter zum Empfänger und zurück), 1 Tag Bearbeitung, Gültigkeitsdauer höchstens 5 Tage
- Angebot per Telefax: 1 Tag

Bei einem **mündlichen Angebot** ist der Anbietende **während des Verkaufsgesprächs** an sein Angebot gebunden. Nach Beendigung des Gesprächs ist das mündliche Angebot erloschen. Angebote während eines Telefongespräches gelten ebenfalls nur für die Dauer des Gesprächs.

Der Lieferer ist nicht mehr an sein Angebot gebunden, wenn

- **das Angebot vom Kunden abgeändert wurde**,

  Beispiel: Statt zu 3,00 €/Stück bestellt der Kunde zu 2,80 €/Stück.

- **das Angebot vom Lieferer rechtzeitig widerrufen wurde**; der Widerruf muss aber spätestens gleichzeitig mit dem Angebot beim Kunden eintreffen,

  Beispiel: Ein Angebot wurde brieflich an den Kunden gesandt; nach einem Tag will der Verkäufer aufgrund eines Irrtums widerrufen, es empfiehlt sich ein Widerruf per Telefon oder Telefax, damit der Widerruf spätestens mit dem Brief eintrifft.

- **zu spät vom Kunden bestellt wurde**,

  Beispiel: Ein Kunde bestellt nach einem brieflichen Angebot ohne Fristsetzung erst nach drei Wochen.

- **der Kunde das Angebot ablehnt.**

Zusendung unbestellter Ware
Erhält ein **Kaufmann** unbestellte Waren eines Lieferers (zweiseitiger Handelskauf), dann liegt ein Angebot des Lieferers vor. Es ist zu überprüfen, ob bereits zwischen dem Lieferer und dem Käufer Geschäftsbeziehungen bestehen.

- Unterhält ein Kaufmann mit einem Lieferer bisher noch **keine Geschäftsbeziehungen**, dann gilt sein **Schweigen** bei Zusendung unbestellter Ware als **Ablehnung des Angebots**. Der Kaufmann ist nur verpflichtet, die unbestellte Ware eine angemessene Zeit aufzubewahren, nicht aber, sie zurückzuschicken.

- Sendet ein Lieferer einem Kaufmann, mit dem er **bereits Geschäftsbeziehungen** pflegt, unbestellte Waren zu, und war das Zusenden unbestellter Ware bisher üblich (Handelsbrauch) zwischen den Vertragspartnern, dann gilt das **Stillschweigen** des Kaufmanns als **Annahme des Angebots**. Will der Kaufmann das Angebot nicht annehmen, so ist er verpflichtet, dem Lieferer **unverzüglich** eine Nachricht zukommen zu lassen (§ 362 HGB).

Beispiel: Die Sommerfeld Bürosysteme GmbH erhält von der Wollux GmbH, die seit vielen Jahren die Sommerfeld Bürosysteme GmbH beliefert, einen Sonderposten Messingbeschläge zugesandt, ohne dass dieser bestellt worden war. Unterlässt es die Sommerfeld Bürosysteme GmbH, dem Lieferer unverzüglich Nachricht darüber zu geben, dass sie die Materiallieferung nicht haben möchte, dann muss die Sommerfeld Bürosysteme GmbH die Waren behalten und bezahlen.

Wenn ein Verkäufer einer **Privatperson** (einseitiger Handelskauf) unbestellte Ware zusendet, gilt das **Schweigen** der Privatperson als **Ablehnung**. Die Privatperson ist weder zur Aufbewahrung der Waren noch zu deren Rücksendung verpflichtet. Wurde die unbestellte Ware als Nachnahme versandt, und nimmt die Privatperson diese an, kommt ein Kaufvertrag zustande.

> *PRAXISTIPP!*
>
> *Die Zusendung unbestellter Ware an einen Privatmann verstößt gegen das Gesetz gegen den unlauteren Wettbewerb (UWG).*

Beispiel: Eine Buchversandhandlung sendet Hera Dubowski unbestellt ein Buch zum Vorzugspreis von 25,00 €. Hera ist nicht verpflichtet, das Buch zu bezahlen. Sie muss das Buch auch nicht zurücksenden oder aufbewahren. Sie darf es lesen, darin Notizen machen oder es wegwerfen.

Verhandlungstechniken

> Ob eine Verhandlung erfolgreich war, hängt von der Tragfähigkeit ihrer Ergebnisse ab, d. h., dass beide Parteien langfristig mit der Lösung leben können. Viele Verhandlungen scheitern darüber hinaus schon im Vorfeld an einer nicht ausreichenden Vorbereitung.
> Vgl. www.business-wissen.de/artikel/verhandlungsfuehrung-vertraege-aushandeln-im-b2b-bereich/, Stand 11.07.2016

Eine kommunikative Verhandlung mit dem Lieferer im Rahmen der Beschaffung hat die Aufgabe, einen Vertrag abzuschließen oder eine andere bindende Vereinbarung zu treffen. Voraussetzung für jede Kommunikation im Rahmen des Einkaufs ist, dass sich **Sender und Empfänger** verstehen. Neben der **verbalen Kommunikation (Sprache)** spielt die **nonverbale Kommunikation durch Körpersprache**, Kleidung und Umgangsformen eine wichtige Rolle für den Erfolg einer Verhandlung.

Die Sprache ist bei der Verhandlung ein wichtiges Werkzeug. **Gesprächsfördernd** wirken aktives Zuhören, Zustimmen, Nachfragen und Denkanstöße. Reizworte, Befehle, Vorwürfe oder das Dämpfen von Erwartungen des Gesprächspartners sind dagegen eher gesprächsstörend.

Verhandlungsgespräche sollten störungsfrei, im Dialog und gesprächspartnerorientiert durchgeführt werden. Da alle Menschen nicht nur mit Worten kommunizieren, spielt die **nonverbale Kommunikation** oft eine ebenso wichtige Rolle für den Ausgang eines Gesprächs wie die gesprochenen bzw. geschriebenen Worte.

Beispiel: Emilio Lanzetti, Abteilungsleiter Logistik und Materialbeschaffung, erzählt seinem Kollegen, Franz Krämer, von seinem Besuch bei einem Hersteller für Stahlrohre: „Der Verkäufer wirkte am Telefon ja ganz nett. Seine Stimme wirkte durch Sprechtempo, Lautstärke und Stimmhöhe sehr sympathisch und angenehm. Aber als ich bei diesem Unternehmen ankam, begrüßte mich ein ungepflegter Mann mit starrem Gesichtsausdruck, der mich von oben herab ansah. Ich glaube, der hat mich während des gesamten Gesprächs nicht einmal richtig angeschaut. Ständig hat er seinen Kopf hin und her bewegt oder er saß in sich zusammengefallen auf seinem Stuhl. Insgesamt hatte ich nicht den Eindruck, dass er an einer Geschäftsbeziehung interessiert war."

Verhandlungsvorbereitungen

Verhandlungen werden in sehr unterschiedlichen Formen geführt, je nachdem, in welchem Kontext sie stattfinden. Entscheidend für die Verhandlungsvorbereitungen sind die thematische und personelle Vorbereitung sowie die Vorbereitung der äußeren Bedingungen.

Thematische Vorbereitung

Sie bedeutet, dass sich die Verhandlungspartner mit der Sachlage (Materialien, die gekauft werden sollen, Vertragsinhalt) auseinandersetzen. Die Verhandlungspartner müssen die Probleme kennen, die Argumente des anderen gedanklich einbeziehen, eigene Argumente sammeln und sich über die eigene Zielsetzung im Klaren sein. Weiterhin sind die erforderlichen Unterlagen bereitzuhalten.

Beispiele: Produktbeschreibungen, Vertragsinhalte, DIN-Normen

Je nach Phase können Verhandlungen für die **Vorbereitungsphase** (Erst-, Folgegespräche) und nach dem **Inhalt** (Abschluss-, Kontaktgespräche) unterschieden werden.

Personelle Vorbereitung

Hier ist zu klären, wer die Verhandlungspartner sind. Insbesondere Gesichtspunkte wie Namen, Anzahl der Verhandlungspartner, Stellung und Vollmacht in der Organisation (Kompetenz), Branchenkenntnisse, Charakter sind hierbei von Bedeutung.

Beispiel: In der Regel verhandelt ein Einkäufer der Sommerfeld Bürosysteme GmbH mit einer Person oder mehreren Personen aus einem Lieferunternehmen (= Einkäufer-Verkäufer-Gespräche).

Vorbereitung der äußeren Bedingungen

Hierzu zählen die Festlegung von Zeitpunkt und Dauer als auch von Ort und Raum der Verhandlung. Aus physiologischen Gründen (geistige Frische, Belastbarkeit) sollte der Zeitpunkt einer Verhandlung besser im Laufe des Vormittags liegen. Die Dauer der Verhandlung sollte bekannt sein und nicht länger als zwei Stunden betragen. Die Verhandlungen können bei beiden Vertragspartnern oder an einem neutralen Ort (Hotel, Restaurant) stattfinden.

Beispiel: Persönliche Verhandlungen werden von der Sommerfeld Bürosysteme GmbH überwiegend im eigenen Unternehmen und auf Messen durchgeführt. Je nach Ort ergeben sich unterschiedliche Ausgangssituationen für eine Verhandlung.

Verhandlungsablauf

Zur Vorbereitung auf Verhandlungen empfiehlt es sich, den Verhandlungsprozess in verschiedene **Phasen** zu unterteilen:

Phase der Verhandlung	Inhalt der Phase

Eröffnungsphase	Sie besteht aus der **Aufwärmphase** und der **Verhandlungseinleitung**. Die Aufwärmphase hat den Zweck, eine freundliche Atmosphäre zu schaffen.
	Beispiel: „Hatten Sie eine problemlose Fahrt?" „Hätten Sie gerne Kaffee, Tee oder ein anderes Getränk?"
	Herr Lanzetti, der Abteilungsleiter Logistik und Materialbeschaffung bei der Sommerfeld Bürosysteme GmbH, versucht durch Kleidung, Gesten, den Gesichtsausdruck und sein Sprechverhalten einen positiven ersten Eindruck zu vermitteln und zu erhalten.
	
	Die Verhandlungseinleitung kann auf verschiedene Weise erfolgen.
	- Eine Frage steht am Anfang.
	  Beispiel: „Haben Sie unsere Prospekte und Preislisten erhalten?"
	- Es folgt zuerst eine Information
	  Beispiel: „Wir benötigen für unseren Bürodrehstuhl ein Fußgestell als Fertigteil."
	- Den Anfang bildet eine Demonstration.
	  Beispiel: „Wir haben unser altes Fußgestell mitgebracht."
	
	Selbstverständlich sind noch weitere Verhandlungseinleitungen möglich und denkbar.

Verhandlungsphase	Sie besteht aus der **Grundlagenbearbeitung** und **Argumenten**. **Grundlagenbearbeitung:** Sie hat die Aufgabe, dem Verhandlungspartner das Anliegen vorzustellen und zu erläutern, wobei Details nach und nach erläutert werden können. Beispiel: „Wir sind auf der Suche nach 100 % recycelbaren Fußgestellen für unsere Bürodrehstühle, wobei wir von unserem Lieferer erwarten, dass er die alten Fußgestelle der von den Kunden nicht mehr nutzbaren Drehstühle zurücknimmt und recycelt." **Argumente:** Mit Argumenten versucht man den Verhandlungspartner von der Vorteilhaftigkeit eines Vertragsabschlusses zu überzeugen. Je nach Lieferer kann man eher taktisch, plausibel, rational oder moralisch argumentieren. Beispiel: „Langfristig würde Ihnen ein Vertragsabschluss enorme Umsatzsteigerungen bringen, zudem kommen wir unserer ökologischen Verpflichtung gegenüber der Umwelt als Unternehmer nach."
Abschlussphase	Der Idealfall bei einer Abschlussphase ist dann erreicht, wenn sich beide Verhandlungspartner als Gewinner fühlen. Es ist empfehlenswert, alle Punkte, über die man sich verständigt hat, schriftlich festzuhalten. Dieses kann am besten in Form eines Protokolls erfolgen, das von beiden Seiten unterschrieben wird. Somit kann es nachträglich nicht zu Unstimmigkeiten kommen. Beispiel: In der Regel arbeitet Herr Lanzetti mit der Zusammenfassungstechnik, d. h., er fasst nochmals alle im Laufe des Gesprächs als besonders wichtig erscheinenden Aspekte zusammen und „bringt sie auf den Punkt". Der Lieferer muss nur noch zustimmen.

Erfolg versprechende Verhandlungsstrategien

Einige Vorgehensweisen haben sich als Erfolg versprechend erwiesen.

PRAXISTIPP!

- Am Anfang einer Verhandlung sollten nur unstrittige Punkte vorgetragen werden, somit entsteht eine positive Gesprächsatmosphäre.

- Jeder Vorschlag, der gemacht wird, sollte gut begründet sein. Insbesondere sind die Vorteile, die dem Vertragspartner aus einem möglichen Vertragsabschluss entstehen, herauszustellen.

- Jeder Vorschlag und jede Idee des Verhandlungspartners ist ernst zu nehmen. Insbesondere direkt abgelehnte Vorschläge des Verhandlungspartners können eine negative Stimmung erzeugen.

- Sobald es um Preise, Zahlungs- und Lieferungsbedingungen geht, kann die Taktik der **Maximal-** oder der **Minimalforderung** angewandt werden. Mit der Maximalforderung hat man einen großen Spielraum, da man auf dem einen oder anderen Gebiet nachgeben kann, sodass sich der Verhandlungspartner auch als Gewinner fühlen kann. Mit der Minimalforderung wird deutlich gemacht, dass nach unten kein Spielraum mehr besteht.
  Beispiel: Herr Lanzetti besteht darauf, dass die zu liefernden Materialien zu 100 % recycelbar sein müssen, über Preise, Lieferbedingungen und andere Sachverhalte kann noch verhandelt werden.

- Macht ein Verhandlungspartner einen Rückzug, ist der Verhandlungspartner sehr umsichtig zu behandeln, damit er keinen Gesichtsverlust erleidet.

- Werden Zwischenzusammenfassungen formuliert, ist der Gesamtabschluss leichter zu formulieren.

Zusammenfassung

Anfrage, Angebot und Verhandlungstechniken

- Durch eine **Anfrage** kann sich ein Kunde Informationsmaterial über bestimmte Waren beschaffen.
  - Bei der **unbestimmten Anfrage** bittet der Kunde um einen Katalog, einen Vertreterbesuch, eine Preisliste oder ein Muster.
  - Bei der **bestimmten Anfrage** will der Kunde konkrete Informationen zu bestimmten Artikeln, z. B. Menge, Preise, Liefer- und Zahlungsbedingungen, Lieferzeit usw.
  - Jede **Anfrage** ist **formfrei und rechtlich unverbindlich**.

- Ein **Angebot** ist eine verbindliche Willenserklärung, Waren zu den angegebenen Bedingungen zu verkaufen. Anpreisungen sind rechtlich unverbindlich.

	Angebot	Anpreisung
Zielgruppe	eine bestimmte Person	die Allgemeinheit
Form	schriftlich mündlich	Katalog, Prospekte, Postwurfsendung, Zeitungsanzeige, Schaufenster
Rechtliche Bedeutung	Antrag	Aufforderung zur Abgabe eines Angebotes
Rechtsfolge	verbindlich	unverbindlich

- **Mündliche und telefonische Angebote** sind verbindlich, solange das Gespräch dauert (= Angebote unter Anwesenden).
- **Schriftliche Angebote** sind so lange verbindlich, wie der Anbieter unter verkehrsüblichen Umständen mit einer Antwort rechnen kann (= Angebote unter Abwesenden).
- Durch **Freizeichnungsklauseln** werden Angebote ganz oder teilweise unverbindlich.
- Bei **Zusendung unbestellter Ware** gilt Schweigen als Ablehnung. Ausnahme: Der Empfänger ist Kaufmann und steht mit dem Absender in ständiger Geschäftsbeziehung.
- **Verhandlungen** zwischen einem Verkäufer und einem Käufer verlaufen je nach Produkt bzw. Leistung, Anzahl und Stellung der Verhandlungspartner sowie Ort und Situation der Verhandlung völlig unterschiedlich.
- Grundsätzlich können bei Verhandlungen die **Eröffnungs-, Verhandlungs- und Abschlussphase** unterschieden werden.

Aufgaben

1. Die Sommerfeld Bürosysteme GmbH erhält von einem Lieferer ein Angebot über Messingbeschläge per Fax. Vom zuständigen Einkäufer werden 1 000 Beschläge in Übereinstimmung mit den Angebotsbedingungen bestellt. Die Bestellung erfolgt per Brief. Überprüfen Sie, ob der Lieferer an sein Angebot gebunden ist.

2. Die Sommerfeld Bürosysteme GmbH erhält von einem Kunden eine schriftliche Anfrage bezüglich der Neueinrichtung eines Büroraumes für zehn Angestellte. Der Kunde äußert in seinem Schreiben konkrete Vorstellungen über die Anzahl der erforderlichen Schreibtische, Drehstühle usw. Außerdem bittet er um einen Vertreterbesuch.

   a) Um welche Art der Anfrage handelt es sich?
   b) Geben Sie an, ob die Anfrage für den Kunden eine rechtliche Bedeutung hat.
   c) Welche Inhaltspunkte sollte das Antwortschreiben der Sommerfeld Bürosysteme GmbH haben?
   d) Schreiben Sie für die Sommerfeld Bürosysteme GmbH das Angebot an den Kunden.

3. Ein Lieferer möchte einen gesamten Warenposten möglichst schnell verkaufen. Deshalb bietet er seinen gesamten Lagerbestand dieses Warenpostens vier verschiedenen Kunden gleichzeitig an. Überprüfen Sie, ob der Lieferer liefern muss, wenn alle vier Kunden jeweils den gesamten Warenposten rechtzeitig bestellen.

4. Beschreiben Sie anhand von Beispielen, wie lange ein Lieferer an sein schriftliches Angebot gebunden ist.

5. Erläutern Sie folgende Freizeichnungsklauseln:

   a) solange Vorrat reicht c) ohne Obligo
   b) Preis freibleibend d) freibleibend

6. Erstellen Sie ein Rollenspiel, indem Sie Rollen für einen Einkäufer und einen Verkäufer für Rohstoffe entwerfen. Nehmen Sie das Rollenspiel mithilfe einer Digitalkamera auf. Werten Sie das Rollenspiel aus.

7. Informieren Sie sich im Internet über Regeln, wie man Verhandlungen erfolgreich führt, und erstellen Sie eine entsprechende Checkliste. Siehe z. B. https://www.business-wissen.de/artikel/richtig-verhandeln-10-tipps-wie-sie-erfolgreich-verhandeln/.

3.2.4 Kommunikation im Rahmen der Beschaffung in der Fremdsprache Englisch

Nach einer Besprechung, die den ganzen Vormittag andauerte, ruft Emilio Lanzetti, der Gruppenleiter Logistik und Materialbeschaffung bei der Sommerfeld Bürosysteme GmbH, seine E-Mails ab. Er öffnet eine Mitteilung eines Geschäftspartners aus Singapur und ist verärgert.

An: Emilio.Lanzetti@sommerfeld.de
Gesendet: Donnerstag, 9. Februar 20(0), 15:32
Von: ChengW@ecc.dodi.sg
Betreff: Enquiry

Dear Mr Lanzetti,

I am writing to you, as we yesterday received an email from your department, which unfortunately didn't have a name on it. Someone just enquired for parts of an office swivel chair without giving us some more necessary information. Please check for the details and let me know by return.

Best regards,
Cheng/Singapore Office/Euro Centra Company Ltd.

Emilio Lanzetti ruft Rudolf Heller zu sich. „Rudolf, ich habe Sie gestern gebeten, die Anfrage unseres Kunden DODI für Aktionsware nach Singapur weiterzuleiten. Falls Sie es noch nicht wissen: DODI als Discounter ist einer unserer Großkunden, zu dem wir ausgezeichnete Beziehungen pflegen. Sie haben gestern nicht besonders sorgfältig gearbeitet. Also, schreiben Sie anhand der Anfrage von DODI eine neue E-Mail nach Singapur – aber dieses Mal komplett!"

Rudolf ist zerknirscht. „O.K., mach ich, tut mir leid. Ich könnte aber doch auch anrufen, das ginge ja schneller." „Das können Sie ja mal versuchen, Rudolf", lacht Herr Lanzetti und verlässt das Büro. Rudolf schaut ihm irritiert nach, dann wirft er einen Blick auf die Anfrage von DODI:

15 000 Bürodrehstühle mit höhenverstellbaren Armlehnen, mittlere Qualität, Verkauf unter der Marke „King", Bezug schwarz, Liefertermin spätestens Ende Juli. Er klärt mit dem Lager die vorhandenen Bestände. Zu beschaffen sind noch: 6 500 Sitzschalen, 13 000 Armlehnen und 6 000 Bezüge. Dann macht er sich an die Arbeit.

Arbeitsaufträge

- Erläutern Sie auf Englisch, warum Emilio Lanzetti verärgert ist.
- Beurteilen Sie auf Englisch den Vorschlag von Rudolf, in Singapur anzurufen.
- Erstellen Sie eine E-Mail-Anfrage für die Bürostühle in englischer Sprache.
- Entwerfen Sie in englischer Sprache den Verlauf eines Telefongesprächs zwischen Rudolf und Mr. Cheng.

Eine Anfrage (enquiry) in der Fremdsprache Englisch erstellen

Industrieunternehmen greifen in der Regel beim Einkauf auf bekannte Geschäftspartner zurück, mit denen sie regelmäßig zusammenarbeiten. Die Beschaffung eines Artikels, der über die bestehenden Kontakte nicht erhältlich ist, erfordert die Recherche nach geeigneten Lieferanten über verschiedene Informationswege.

Beispiel: Mögliche Bezugsquellen für neue Lieferanten sind z. B. Banken, die Handelskammer (chamber of commerce), Geschäftspartner (business partners), Messen (trade fairs), Botschaften und Konsulate (embassies and consulates), Anzeigen in Fachzeitschriften (advertisements in trade journals/magazines) und natürlich das Internet.

Allgemeine und spezielle Anfrage

Je nachdem, welche Informationen bei der Beschaffung benötigt werden, unterscheidet man **allgemeine (general)** und **spezielle (specific)** Anfragen (vgl. S. 71). Allgemeine Anfragen werden häufig bei einem ersten Geschäftskontakt versandt, mit zunehmender Geschäftsverbindung findet ein Wechsel zu speziellen Anfragen statt, was auch gilt, wenn klare Vorstellungen über den zu beschaffenden Artikel bestehen. Mögliche Inhalte der beiden Anfrageformen sind:

General enquiry	What products do you offer?	<ul><li>catalogue, sales material</li><li>samples</li><li>price list</li><li>representative</li><li>terms of payment and delivery</li></ul>
	Welche Artikel bieten Sie an?	<ul><li>Katalog, Verkaufsunterlagen</li><li>Muster</li><li>Preisliste</li><li>Vertreter</li><li>Zahlungs- und Lieferungsbedingungen</li></ul>
Specific enquiry	information about a particular product or service	<ul><li>technical data (i. e. size, colour, weight)</li><li>date of delivery</li><li>price and discounts</li><li>terms of payment and delivery</li></ul>
	Informationen über eine(n) besondere(n) Artikel/ Dienstleistung	<ul><li>technische Daten (z. B. Größe, Farbe, Gewicht)</li><li>Lieferdatum</li><li>Preise und Nachlässe</li><li>Zahlungs- und Lieferungsbedingungen</li></ul>

> **PRAXISTIPP!**
>
> Achten Sie auf die richtige englische Schreibweise des deutschen Wortes „Katalog": „catalogue"!

Um den Beschaffungsprozess zu beschleunigen, werden Anfragen zunehmend per E-Mail verschickt. Der herkömmliche Briefversand per Post wird im Englischen mittlerweile als „snail-mail" bezeichnet (snail = Schnecke).

→ LF 10 Wenn Sie eine Anfrage erstellen, greifen Sie auf die **Empfehlungen zum Layout** eines Geschäftsbriefes in englischer Sprache zurück, die **auch für E-Mails gelten**, selbst wenn diese häufig weniger formell sind und die Gestaltung bestimmter Bereiche, z. B. Adressfeld, Datum, Betreff und Anlagen, durch die entsprechende E-Mail-Software vorgegeben ist. Der Zusammenhang zwischen „salutation" und „complimentary close" bleibt bestehen und das erste Wort des Mailtextes beginnt stets mit einem Großbuchstaben.

Enquiry – the letter plan

LF 10 Bei einer Anfrage können Sie nicht, wie z. B. bei einem Angebot, auf einen Brief in englischer Sprache reagieren. Da Ihnen diese Vorlage für Ihre Antwort fehlt, ist es wichtig, einen allgemeinen „letter plan" zur Strukturierung Ihrer Anfrage zu erstellen. Bei der Planung Ihres Briefes verfahren Sie wie folgt:

Enquiry letter plan/body of the letter	
Opening	1. Inform about your source of address.
	2. Describe your own company.
Giving particulars	3. Say what you need: • information • offer for services or goods
	4. Ask for: • sample • brochure, catalogue • representative
	5. Ask for information about: • prices and discounts • INCOTERMS® 2020[1] • terms of payment • time of delivery
Closing	6. Give references about your company.
	7. Close your letter in a polite way.

Der aufgeführte „letter plan" ist umfassend. Je nach Bedarf und Stand der Geschäftsbeziehung sollten Sie die Inhalte Ihrer Anfrage entsprechend anpassen.

Beispiel: Bei einer bestehenden Geschäftsverbindung ist es nicht mehr notwendig, dass Sie Angaben über das eigene Unternehmen machen, auf Referenzen von Geschäftspartnern verweisen oder darüber informieren, aus welcher Quelle Sie die Adresse des Empfängers haben.

Phrases used when writing enquiries

Verwenden Sie die folgenden Redewendungen, um Ihren „**letter plan**" in eine sprachlich und inhaltlich einwandfreie Anfrage umzusetzen.

---

[1] Quelle: Internationale Handelskammer ICC – International Chamber of Commerce; www.iccgermany.de

Opening

Beziehen Sie sich auf Ihre Informationsquelle für die Adresse oder den Namen des Empfängers und stellen Sie bei einem ersten Geschäftskontakt kurz Ihr Unternehmen vor (letter plan 1, 2).

→ LF 10

We refer to your	advertisement for (product)		in the latest issue of (magazine). in the (newspaper/magazine) dated/of…
We have been given We have obtained	your address/name	by	the Munich chamber of commerce. our mutual business partners (name of a company). the British consulate in Berlin.
We have visited your website and are particularly interested in the sturdy plastic cases that you offer.			
Wir beziehen uns auf Ihre	Anzeige für (Artikel)		in der letzten Ausgabe der (Zeitschrift). in der (Zeitung/Zeitschrift) datiert/vom …
Wir haben Ihre(n) Adresse/Namen von	der IHK in München unseren gemeinsamen Geschäftspartnern (Unternehmen) dem britischen Konsulat in Berlin		erhalten.
Wir haben Ihre Internetseite/Homepage besucht und interessieren uns besonders für die stabilen Plastikkoffer, die Sie anbieten.			

We are a(n)	growing/leading manufacturer of expanding importer of	office furnishing systems. DIY products. impact drills. covers/seat shells for our chairs.
We are looking for new supplies of		
Wir sind ein	wachsender/führender Hersteller für expandierender Importeur für	Büromöbelsysteme. Heimwerkerartikel. Schlagbohrmaschinen. Bezugsstoffe/Sitzschalen für unsere Stühle.
Wir suchen neue Lieferanten für		

Giving particulars

Teilen Sie dem Empfänger die Einzelheiten Ihrer Anfrage mit (letter plan 3, 4, 5).

→ LF 10

We would be thankful/grateful	if you could	quote us	your	lowest prices for 1 500 office swivel chairs with height adjustable armrests.	
		send us		current latest	catalogue. price list.
Please let us have			information about your	terms of business. terms of payment and delivery. discounts. earliest delivery date.	
			some samples of your (product).		
Could you please arrange for your representative's/agent's visit?					

Wir wären Ihnen dankbar/verbunden,	wenn Sie uns Ihre(n)	niedrigsten Preis für 1 500 Bürodrehstühle mit höhenverstellbaren Armlehnen mitteilen/anbieten könnten.			
			aktuelle(n) neueste(n)	Katalog Preisliste	zusenden könnten.
Bitte lassen Sie uns	Informationen über Ihre(n)	Geschäftsbedingungen Zahlungs- und Lieferungsbedingungen Nachlässe frühesten Liefertermin			zukommen.
	einige Muster des/von (Artikel)				
Könnten Sie bitte den Besuch Ihres Vertreters/Agenten arrangieren?					

Closing

→ LF 10 Beenden Sie Ihre Anfrage höflich mit einem Ausblick auf zukünftige Geschäftsbeziehungen. Bei Bedarf verweisen Sie auf Referenzen anderer Unternehmen (letter plan 6, 7).

Should you require references, please contact ...			
We	look forward to	receiving your quotation/offer	soon. in the near future. as soon as possible.
	hope to	hear from you	
Sollten Sie Referenzen benötigen, wenden Sie sich bitte an ...			
Wir	freuen uns darauf	Ihr Angebot	bald in naher Zukunft so bald wie möglich	zu erhalten.
	hoffen		bald in naher Zukunft so bald wie möglich	von Ihnen zu hören.

Telefonieren in der Fremdsprache Englisch

Im Rahmen der Globalisierung werden geschäftliche Telefonate zunehmend auf Englisch geführt. Doch selbst für Menschen, die Englisch gut beherrschen, stellen solche Gespräche oftmals eine schwierige Situation dar. Häufig nimmt man unvorbereitet den Hörer ab, der Gesprächspartner besitzt möglicherweise einen starken Akzent, technische Störungen beeinträchtigen die Sprachqualität und das Fehlen jeglicher körpersprachlicher Signale, wie Gestik und Mimik, kann die Kommunikation in erheblicher Weise beeinträchtigen.

Um diese Nachteile auszugleichen, ist es hilfreich, typische Redewendungen und Gesprächsabläufe zu trainieren, die Sie dabei unterstützen, erfolgreich englische Telefonate zu führen.

PRAXISTIPP!

Lächeln Sie am Telefon, dann lächelt auch Ihre Stimme! Ihr Tonfall verändert sich, Sie wirken entspannt, klingen freundlicher und werden besser verstanden.

Giving your name

Sie haben verschiedene Möglichkeiten, sich am Telefon zu melden. Diese unterscheiden sich ein wenig, je nachdem ob Sie selbst anrufen oder ein Gespräch entgegennehmen. Oft erkennen Sie auch im Telefondisplay, ob Sie einen Anruf aus dem Ausland erhalten. Sie sollten sich darauf einstellen und sich auf Englisch melden.

You call	My name is Paul Frenzel from (company) ... This is Elmar Wächter (speaking) from (company) ... I'm Jörn Friese from (company), good morning. It's Karin here ... (only use your first name if you know someone)
You are being called	Paul Frenzel speaking. Wächter here. 256453, Jörn Friese.

PRAXISTIPP!
"Here speaks ..." oder "Here is ..." sind Übertragungen rein deutscher Formulierungen ins Englische. Verwenden Sie diese **auf keinen Fall**!

Communication problems

Beim Telefonieren beeinträchtigen häufig Störungen die Kommunikation. Ursache kann eine schlechte Verbindungsqualität sein, Ihr Gesprächspartner spricht undeutlich, zu leise, zu schnell oder Sie haben seine Äußerung einfach nicht verstanden. Reagieren Sie, besonders, wenn es sich um Zahlen und Namen handelt, mit den folgenden Formulierungen.

I'm sorry, but I didn't catch that, could you repeat it, please? Sorry, but this is a really bad line. Sorry, can you speak up a little bit, please?	Could you please speak more slowly, Mr Cheng? Sorry, could you spell that for me? Sorry, I didn't understand that. Let me repeat that to you, just to make sure. Let me spell that to you. Could you please confirm that by email?

Connecting/Taking a message

You call	Could I please speak to Ms/Mr ... Could you please tell Mr/Ms ... that I called and have him call me back when he comes in? I'd like to leave a message. Could you take a message for me?
You are being called	Please hold the line. I'll see if Mr/Ms ... is in the office. Hold on please, I'll put you through. I'm sorry, he/she is not available/in at the moment. Can I take a message? I'm afraid Ms/Mr ... is not here/in today. Would you like to leave a message?

Active telephoning

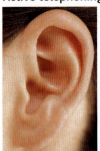

„Am Telefon müssen die Ohren sehen!" Daher sollten Sie sicherstellen, dass sowohl Sie als auch Ihr Gesprächspartner wichtige Inhalte richtig verstanden haben. Eine hilfreiche Methode ist „**aktives Zuhören**". Typische Beispiele für solche **Zuhörsignale** sind „aha", „richtig" oder eine Wiederholung dessen, was Ihr Gesprächspartner gesagt hat. Sie zeigen dadurch Ihre Aufmerksamkeit und stellen eine angenehme Gesprächsatmosphäre her.

Signals							
right	got that	go ahead/on	got you	I see	yeah	yes	OK

Echoing	Getting things clear
A: "The goods need to be delivered by the beginning of May." B: "By the beginning of May, OK."	A: "We need delivery by 13 October." B: "Sorry, did you say 30 or 13 October?"
Reading back 1	**Reading back 2** (Ask your partner to read back!)
A: "My name is Gretzky." B: "Let me just read that back to you. So it's G-R-E-T-Z-K-Y."	A: "My number is 0049221435623. Could you just read that back to me?"

PRAXISTIPP!

Bevor Sie Telefonate nach Übersee führen, informieren Sie sich über die dortigen Bürozeiten, siehe z. B. Abbildung unten oder unter www.weltzeit.de.

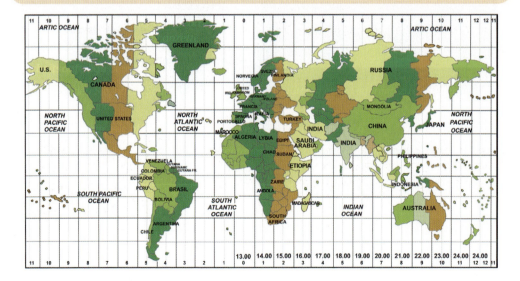

Persönliche Kontakte in der Fremdsprache Englisch gestalten

Ein persönlicher Kontakt zu ausländischen Geschäftspartnern wird häufig auf Messen hergestellt. Hierbei hängt ein erfolgreicher Abschluss oftmals davon ab, ob Sie neben den rein geschäftlichen Themen auch den sogenannten „Small Talk" beherrschen.

Beispiel: In Großbritannien und auch anderen Ländern ist es üblich, zu Beginn und am Ende einer Verhandlung oder eines Treffens „Small Talk" zu machen. Deutsche nehmen sich oft keine Zeit für dieses „Socializing" und wollen direkt zum Kern des Geschäftes vordringen. Damit erwecken sie den Eindruck, dass sie kein Interesse an ihren Gesprächspartnern haben, und wirken unhöflich.

Introducing yourself and others

Es ist üblich, dass Sie sich mit Vor- und Nachnamen vorstellen. Passen Sie sich an, wenn Sie mit dem Vornamen angesprochen werden. Letzteres findet nicht nur in englischsprachigen Ländern statt, sondern kommt auch in den Niederlanden oder Skandinavien häufig vor.

At a stand at a trade fair	
More informal	**More formal**
A: "Good morning, Mr. Myers. I'm Hinnerk Brader with Golfballs Ltd." B: "Hello, Mr. Brader. Very pleased to meet you." A: "Please, call me Hinnerk." B: "Well, I'm Don."	A: "How do you do? I'm Rudolf Heller representing Sommerfeld Bürosysteme GmbH in/from Germany." B: "How do you do, Mr. Heller? I'm Nigel Watson with Galaxy Chair Design. Pleased to meet you."
A: "Don, I'd like you to meet my colleague, Iris Eckle." C: "Hello, Don, pleased to meet you." B: "Hello, Iris, nice to meet you, too."	A: "Pleased to meet you, too, Mr. Watson. Let me introduce you to my supervisor (Vorgesetzter), Mr. Emilio Lanzetti."

> **PRAXISTIPP!**
>
> You **only** say "How do you do" or "Pleased to meet you" (formal speech), when you meet someone **for the first time**. When you meet the person again, you should say "How are you" or "Nice to see/meet you again."

Making small talk

A: "Can I offer you something to drink?" B: "Thanks, a cup of coffee would be fine." A: "Milk and sugar?"	A: "What part of Great Britain do you come from?" B: "I'm from Inverness, Scotland." A: "That's great. I spent my holiday there last year."
A: "How was your flight?" B: "It was fine, although we were a bit delayed." A: "Oh, that's too bad. What hotel are you staying in?"	A: "How do you like the weather in Germany?" B: "Does it always rain this much?" A: "Well, you get used to it."

Talking business

A: "We could grant you a further discount of 6 % on the impact drills." B: "Well, for 6 000 pieces, I would expect something closer to 10 %." A: "That may be possible, but I'll have to discuss it with my boss."	A: "We need the goods by the end of July at the latest." B: "If we had one more week to deliver, it would make things easier for us." A: "I'm afraid that would be too late for our customer."
A (after having talked to his boss): "Good news. We can allow you 8 %." B: "Thank you. Do you think you could confirm that in writing?" A: "Yes, sure."	A: "Well, in my view all the details have been seen to, except the length of the powercord (Stromkabel). We need 2.5 metres for the German market instead of the 2 metres you offered." B: "No problem, but that will cost an additional 0.50 € per unit." A: "OK, that's all right with me."

PRAXISTIPP!

Das Wort **„bis"** bereitet Deutschen regelmäßig Schwierigkeiten in der korrekten englischen Anwendung, da es je nach Sinnzusammenhang entweder mit **"by"** oder **"until"** übersetzt werden muss. Wenn Sie unsicher sind, versuchen Sie Folgendes: Setzen Sie statt „bis" die Formulierung „die ganze Zeit bis" ein. Ist der Satz dann noch richtig bzw. sinnvoll, müssen Sie im Englischen "until" verwenden, macht der Satz keinen Sinn mehr, wählen Sie "by".

Beispiele
"Please, type this letter **bis?** tomorrow." „die ganze Zeit bis"   nicht sinnvoll   also **"by"**.
"Normally we have to work **bis?** 5 pm."   „die ganze Zeit bis"   sinnvoll   also **"until"**.

Zusammenfassung

Kommunikation im Rahmen der Beschaffung in der Fremdsprache Englisch

- Man unterscheidet allgemeine *(general)* und spezielle *(specific)* Anfragen (enquiries).

- Mögliche **Inhalte allgemeiner Anfragen** sind: Informationen über das Sortiment *(product range)*, Katalog *(catalogue)*, Verkaufsunterlagen *(sales literature)*, Muster *(samples)*, Preisliste *(price list)*, Vertreter *(representative)*.

- Mögliche **Inhalte spezieller Anfragen** sind: Informationen über eine(n) besondere(n) Artikel/Dienstleistung *(particular product or service)*, technische Daten *(technical data)*, Lieferdatum *(date of delivery)*, Preise und Nachlässe *(prices and discounts)*, Zahlungs- und Lieferungsbedingungen *(terms of payment and delivery)*.

- Für **E-Mails** gilt das gleiche Layout wie bei einem herkömmlichen Brief per *„snail-mail"*, abgesehen von den Bereichen, die durch die Software vorgegeben sind (Adressfeld, Datum, Betreff, Anlagen).

- Die Erstellung einer Anfrage orientiert sich an einem *„letter plan"* mit den Bereichen *„Opening"*, *„Giving Particulars"* und *„Closing"*. Danach werden die Inhalte abhängig von den jeweiligen Anforderungen mithilfe **standardisierter Redewendungen (phrases)** konkretisiert.

- Telefonieren auf Englisch wird durch das Training bestimmter Redewendungen oder Gesprächsabläufe erleichtert. Diese beziehen sich auf die Bereiche *„giving your name"*, *„communication problems"*, *„connecting/taking a message"* und *„active telephoning"*.

- Die Gestaltung persönlicher Kontakte zu ausländischen Geschäftspartnern erfordert viel Fingerspitzengefühl. Dies setzt voraus, dass Sie die Redewendungen zu *„introducing yourself and others"*, *„making small talk"* und *„talking business"* beherrschen.

Aufgaben

1. Sie arbeiten für den bekannten Schmuckhersteller SchmuckWeldt GmbH, Edbert Straße 79, 45981 Essen, Tel.: 0201 3968001, Website: www.schmuckweldt.de. Ihr Unternehmen sucht nach neuen Lieferanten für Edelstahldraht (stainless steel wire). In der aktuellen Ausgabe der Fachzeitschrift „Modern Trend" haben Sie eine Anzeige der „Designer Piercings Ltd – 23 Brolly Street, York YO1 7EP, United Kingdom, Ansprechpartnerin Ivana Trumpee" gelesen. Erstellen Sie eine Anfrage, in der Sie einen Katalog, eine Preisliste, einige Muster der Drähte und den Besuch eines Vertreters anfordern.

2. Ihr Unternehmen Büroperfekt GmbH, Königsplatz 73, 53332 Bornheim, E-Mail: buero perfekt@t-online.de, sucht für die Herstellung eines Falttisches (folding table) einen Lieferanten für Aluminiumprofile (aluminium profiles). Sie besuchen die Homepage von Chingsung, einem Anbieter aus Korea, und informieren sich.
Sie senden eine Anfrage als E-Mail, in der Sie den Ansprechpartner Chung-Ho um Preisangaben, mögliche Nachlässe und die Lieferungs- und Zahlungsbedingungen bitten. Sie fordern Muster an. Lieferung soll so schnell wie möglich erfolgen. Empfänger: Chingsung, 75 Hua-Zing, Hannam-Dong, Seoul, Yongsan-ku, South Korea, E-Mail: Chingsun@chingsun.co.kr.

3. Sie erhalten in Ihrem Ausbildungsunternehmen einen Anruf aus den USA. Übernehmen Sie mit einem Partner die beiden Gesprächsrollen (Namen nach Wahl). Ersetzen Sie die deutschen Anmerkungen durch geeignete wörtliche Rede in englischer Sprache und führen Sie das Telefongespräch vor. Danach wechseln Sie die Rollen.

Receiver	1) Ihr Display zeigt, dass der Anruf aus den USA kommt. Melden Sie sich entsprechend.
Caller	2) Hello, this is Mr/Ms_____. Could I please speak to Mr Horst Flöttmann?
Receiver	3) Herr Flöttmann ist nicht im Hause. Bieten Sie an, eine Nachricht aufzunehmen.
Caller	4) Yes. Please tell Mr Flöttmann that Mr/Ms____ called.
Receiver	5) Sie haben den Namen nicht verstanden und bitten darum, ihn zu buchstabieren.
Caller	6) Of course ... (Name nach Wahl)
Receiver	7) Sie haben den Namen mitgeschrieben und überprüfen, ob er richtig ist.
Caller	8) That's right and my phone number is ... (Nummer nach Wahl)
Receiver	9) Der Anrufer war zu schnell. Reagieren Sie entsprechend.
Caller	10) No problem, my phone number again is ... (Nummer nach Wahl)
Receiver	11) Überprüfen Sie, ob Sie die Nummer richtig verstanden haben.
Caller	12) That's correct. Please tell Mr Flöttmann to call me back when he has time.
Receiver	13) Sie sichern das zu.
Caller	14) Thanks for your help Mr/Ms _____. Goodbye.
Receiver	15) Sie verabschieden sich.

4. Sie befinden sich auf einer Messe. Der Stand eines britischen Unternehmens weckt Ihr Interesse und Sie beschließen, Informationen über die ausgestellten Artikel einzuholen. Übernehmen Sie mit Ihrem Partner die Rollen von Rudolf und Paul. Ersetzen Sie die deutschen Anmerkungen durch wörtliche Rede in englischer Sprache und spielen Sie das Gespräch. Danach wechseln Sie die Rollen. Variante: Ersetzen Sie die deutschen Angaben zur Sommerfeld Bürosysteme GmbH durch Angaben zu Ihrem Ausbildungsunternehmen.

1	Sie stellen sich vor. Sie sind Rudolf Heller von der Sommerfeld Bürosysteme GmbH aus Deutschland.
2	Good morning, Mr Heller. I'm Paul Little with Modern Office Ltd. How do you do?
3	Sie reagieren entsprechend und freuen sich, Paul kennenzulernen.
4	Pleased to meet you, too, Mr Heller. What can I do for you?
5	Stellen Sie Ihr Unternehmen als Hersteller für Büroausstattung vor. Sie suchen neue Lieferanten, weil Sie Ihr Sortiment erweitern möchten.
6	That sounds good for us, please let me show you some of our most interesting products.
7	Ihr Vorgesetzter Emilio Lanzetti kommt auf Sie zu. Stellen Sie ihn Paul Little vor.

3.2.5 Inhalte des Angebots

Nachdem die Wollux GmbH der Sommerfeld Bürosysteme GmbH mitgeteilt hat, dass sie die Schlösser liefern kann, hat die Wollux GmbH mit der Sommerfeld Bürosysteme GmbH einen Kaufvertrag über eine Lieferung abgeschlossen. Der Lieferer verspricht die bestellte Ware am nächsten Tag zu liefern, ohne dass dieses schriftlich festgehalten wird. Ebenfalls wurden keine vertraglichen Vereinbarungen bezüglich der Transport- und Verpackungskosten getroffen. Da der für die Auslieferung zuständige Fahrer erkrankt, kann die Ware erst eine Woche später ausgeliefert werden. Rudolf Heller wird von Herrn Lanzetti beauftragt, bei der Wollux GmbH anzurufen und auf sofortige Lieferung zu bestehen.

Arbeitsaufträge

- Stellen Sie fest, ob die Sommerfeld Bürosysteme GmbH die sofortige Lieferung der Ware verlangen kann.
- Überprüfen Sie, wer die Transport- und Verpackungskosten zu tragen hat.
- Geben Sie an, welcher Ort bei Streitigkeiten bezüglich der Transport- und Verpackungskosten der Gerichtsstand ist.

Es gibt keine gesetzlichen Vorschriften über den **Inhalt des Angebots**. Das Angebot sollte jedoch alle wesentlichen Bestimmungen enthalten, die zur reibungslosen Erfüllung des Kaufvertrages erforderlich sind.

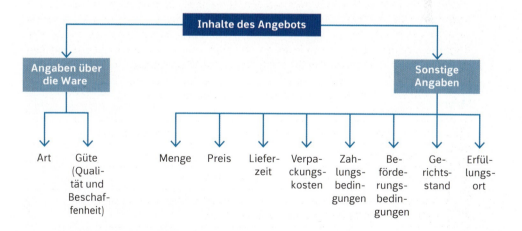

Um nicht alle Inhaltspunkte immer wieder neu aushandeln zu müssen, verwenden die Lieferer oft vorgedruckte „**Allgemeine Geschäftsbedingungen**" **(AGB)**. Wenn weder in den AGB noch im Kaufvertrag Regelungen zu bestimmten Einzelheiten getroffen worden sind, gelten die Bestimmungen des BGB (§ 433 ff.) und HGB (§ 343, 373 ff.).

Dem Angebot kommt in der kaufmännischen Praxis eine besondere Bedeutung zu. Für den Käufer bildet es eine wichtige Grundlage für seine Einkaufsentscheidung. Für den Verkäufer bietet das Angebot die Möglichkeit, die Leistungen seines Unternehmens positiv darzustellen. Somit kann der Verkäufer durch die Vorgabe seiner Konditionen aktive Marktgestaltung betreiben, wodurch Präferenzen gegenüber Mitbewerbern erzeugt werden können.

Art der Ware

Die **Art der Ware** wird durch **handelsübliche Bezeichnungen** festgelegt.

Beispiele: Ceno Stapler Besucherstuhl, Linus Sessel, Kendo Tisch, Weißwein Müller Thurgau Knurrberg, Hi-Fi-Receiver Sany 2001, Seminarmarker Primus 270 Boardmarker.

Güte der Ware
Gesetzliche Regelung: Sind **im Angebot des Lieferers keine Angaben** über die Güte der Ware gemacht worden, so ist bei Lieferung die **Ware in mittlerer Güte** zu liefern (§ 243 BGB).

Die **Güte (Qualität und Beschaffenheit) einer Ware wird bestimmt durch**

- **Muster und Proben,**

    Beispiele: Stoffbezüge, Tapeten, Papier (Muster), Wein, Waschmittel (Proben)

- **Güteklassen zur Angabe von Warenqualitäten**, die Auskunft geben über die **Handelsklassen** (I. Wahl, II. Wahl, DIN-Normen, Auslese), über **Typen** (Weizenmehl Type 405) und **Standards** (Faserlänge von Baumwolle),

→ LF 10
- **Marken**, die von Herstellern zur Abhebung von anderen Herstellern verwendet werden,

    Beispiele: Ford, Levi's, Maggi, Sommerfeld Bürosysteme

→ LF 10
- **Gütezeichen** zur Angabe von Warenqualitäten,

    Beispiele: echtes Leder, reine Schurwolle

- **Herkunft der Ware**, die durch das Anbaugebiet oder Herstellungsland gekennzeichnet ist,

    Beispiele: Wein von der Mosel, Holz aus Finnland

- **Jahrgang der Ware**,

    Beispiele: Antiquitäten, Whiskey, Wein

- **Zusammensetzung der Ware**.

    Beispiele: Bestandteile bei Farben und Lacken, Fettanteile in Käse und Wurst, Silbergehalt bei Essbestecken.

Menge der Ware

Gesetzliche Regelung: Enthält das Angebot keine Mengenangabe, die sich auf einen bestimmten Preis bezieht, dann gilt es für jede handelsübliche Menge.

Die Menge einer Ware wird in **gesetzlichen Maßeinheiten** (m, m², l, hl, kg), **in Stückzahlen oder in handelsüblichen Mengeneinheiten** (Stück, Dutzend, Sack, Fass, Kiste, Karton, Ballen, Ries) angegeben. Im Außenhandel sind auch andere Maß- und Mengeneinheiten gebräuchlich.

Preis der Ware

Der Preis einer Ware bezieht sich entweder auf eine **handelsübliche Mengeneinheit oder eine bestimmte Gesamtmenge**. Von entscheidender Bedeutung für die Beurteilung der Vorteilhaftigkeit eines Angebotspreises ist die Berücksichtigung der **Preisnachlässe**.

→ LF 10

Beispiel: Die Sommerfeld Bürosysteme GmbH hat in ihren AGB folgende Regelung getroffen: „**6. Preise**: Die Preise gelten ab Werk, bei Frachtanlieferung frei Station Empfänger, bei Anlieferung mit Lastzug frei Ort des Empfängers. Bei Direktlieferung bis zum Endabnehmer berechnen wir bei einem Rechnungswert bis 5 000,00 € netto eine Frachtkostenbeteiligung in Höhe von 3 % des Netto-Rechnungswertes, mindestens jedoch 25,00 €; bei Postversand die Selbstkosten."

Lieferzeit

Gesetzliche Regelung
Ist im Kaufvertrag keine Regelung über den Zeitpunkt der Lieferung vereinbart worden, so **kann der Käufer sofortige Lieferung** verlangen und der Verkäufer kann sie sofort bewirken (§ 271 BGB). Diese gesetzliche Regelung wird als Tages- oder Sofortkauf bezeichnet.

Vertragliche Regelung
Durch eine kundengerechte Gestaltung der Lieferzeit können Kaufentscheidungen von Abnehmern günstig beeinflusst werden.

Beispiel: Die Sommerfeld Bürosysteme GmbH hat in ihren AGB folgende Regelung zur Lieferzeit: „**5. Lieferzeit** wird gerechnet vom Tage der Auftragsbestätigung bzw. restlosen Klarstellung des Auftrages bis zur Absendung der Ware vom Werk."

- **Beim Terminkauf** (vgl. S. 128) **erfolgt die Lieferung innerhalb einer bestimmten Frist** (z. B. Lieferung innerhalb von 90 Tagen) oder zu einem bestimmten Zeitpunkt (Termin).

    Beispiele: Lieferung am 15.03.20(0), Lieferung bis 30.06.20(0)

- **Beim Fixkauf** (vgl. S. 131) **erfolgt die Lieferung zu einem kalendermäßig festgelegten Zeitpunkt**, wobei zusätzlich die Klauseln „fest", „fix", „genau", „exakt" angegeben werden müssen.

    Beispiel: Lieferung am 15.03.20(0) fix

- Beim **Kauf auf Abruf** wird der Zeitpunkt der Lieferung bei Abschluss des Kaufvertrages nicht festgelegt, er ist in das Ermessen des Käufers gestellt. Bei Bedarf ruft der Käufer die Ware ab, die als Ganzes oder in Teilmengen geliefert werden kann. Hieraus ergeben sich für den Käufer folgende **Vorteile**:
  - geringere Lagerkosten,
  - Lieferung frischer Waren,
  - Ausnutzung von Rabatt durch den Kauf einer großen Menge.

  Beispiel: Die Sommerfeld Bürosysteme GmbH hat mit der Metallwerke Bauer & Söhne OHG einen Kaufvertrag über 12 Tonnen fünfeckige lackierte Stahlrohre abgeschlossen. Durch die große Bestellung konnte ein Mengenrabatt von 20 % in Anspruch genommen werden. Da die Lagerkapazität bei der Sommerfeld Bürosysteme GmbH momentan erschöpft ist, wird mit der Metallwerke Bauer & Söhne OHG vereinbart, dass die Stahlrohre in Teilmengen abgerufen werden können.

- Bei **Rahmenverträgen** werden für einen bestimmten Zeitraum Vereinbarungen getroffen über die Produktqualität, die Lieferungs- und Zahlungsbedingungen sowie eventuell über den Preis. Nicht festgelegt werden im Rahmenvertrag die genaue Abnahmemenge und die Liefertermine für die Teillieferungen.

Verpackungskosten

Gesetzliche Regelung

Ist über die Berechnung der Verpackungskosten zwischen dem Verkäufer und dem Käufer nichts vereinbart worden, **trägt der Käufer die Kosten der Versandverpackung** (§ 448 BGB, § 380 HGB). Das **Gewicht der Versandverpackung** wird als **Tara** (= Verpackungsgewicht) bezeichnet. Man unterscheidet zwischen **tatsächlicher Tara** (wirkliches Gewicht der Verpackung) und **handelsüblicher Tara** (= Prozenttara). Als handelsübliche Tara wird je nach Ware ein bestimmter Prozentsatz des Bruttogewichts festgesetzt. Zieht man vom Bruttogewicht Tara ab, erhält man das Nettogewicht:

Bruttogewicht	(Ware und Verpackung = Rohgewicht oder Gesamtgewicht)
− **Tara**	(Verpackungsgewicht)
= **Nettogewicht**	(Reingewicht der Ware)

Vertragliche Regelung:

- **Reingewicht einschließlich Verpackung**: Die Verpackungskosten sind im Preis enthalten, die **Verpackung wird nicht berechnet**. Der Verkäufer trägt die Verpackungskosten.

  Beispiele: Elektrogeräte, Fotokopierpapier

- **Reingewicht ausschließlich Verpackung**: Die **Verpackungskosten werden zusätzlich berechnet gesetzliche Regelung**, der Käufer trägt die Verpackungskosten. Die Verpackung kann
    - **Eigentum des Käufers** werden oder
    - vom Lieferer dem Käufer leihweise oder gegen Entgelt überlassen werden. Bei Rückgabe schreibt der Lieferer die Verpackungskosten ganz oder teilweise gut (**Leihverpackung**).

    Beispiele: Holzpaletten, faltbare Alubehälter (Collico), Getränkekästen

- **Rohgewicht einschließlich Verpackung (brutto für netto = bfn = b/n)**: Die Verpackung wird wie Ware berechnet, die Verpackung geht in das Eigentum des Käufers über, der Käufer zahlt die Verpackung.

    Beispiele: Obst und Gemüse in Kisten und Kartons, Schrauben und Nägel in Kartons

Zahlungsbedingungen

Gesetzliche Regelung: Geldschulden sind Bringschulden

(§ 270 f. BGB), d.h., der Käufer trägt die Kosten (z.B. Überweisungsentgelte) und die Gefahr der Geldübermittlung bis zum Verkäufer. Entscheidend für den Zeitpunkt der Erfüllung bei Überweisung ist der Zahlungseingang auf dem Konto des Gläubigers. Ferner sieht die gesetzliche Regelung **sofortige Bezahlung der Ware bei Lieferung** vor (§ 433 II BGB).

Beispiele: Ware gegen Geld, Zug um Zug, netto Kasse, gegen bar, sofort

Vertragliche Regelung

- Bei einer **Vorauszahlung** verlangt der Lieferer bei neuen oder schlecht zahlenden Kunden einen Teil des Rechnungsbetrages oder den gesamten Rechnungsbetrag im Voraus.

    Beispiele: Zahlung im Voraus, Lieferung gegen Vorkasse, Zahlung bei Vertragsabschluss/Bestellung

- Bei einer **Zahlung mit Zahlungsziel** (Ziel- oder Kreditkauf) gewährt der Lieferer dem Käufer einen kurzfristigen Kredit. Aus Sicherheitsgründen liefert der Verkäufer die Waren i.d.R. unter **Eigentumsvorbehalt** (vgl. S. 105 f.), d.h., durch die Vereinbarung des Eigentumsvorbehalts im Kaufvertrag **bleibt der Verkäufer bis zur vollständigen Bezahlung** des Kaufpreises Eigentümer der Ware. Somit kann der Verkäufer bei Nichtzahlung des Käufers die Ware jederzeit wieder in seinen Besitz zurückführen. Der **Käufer** wird zunächst **nur Besitzer**. Der Eigentumsvorbehalt muss ausdrücklich im Kaufvertrag vereinbart werden, es genügt nicht, dass er bei der Lieferung auf dem Lieferschein vermerkt wird.

    Beispiel: Die Sommerfeld Bürosysteme GmbH hat in ihren AGB folgende Regelungen getroffen:

    > 9. **Zahlungsbedingungen**: Rechnungen sind innerhalb von 30 Tagen zu begleichen. Bei Zahlung innerhalb von 10 Tagen gewähren wir 2% Skonto.
    >
    > 10. **Eigentumsvorbehalt**: Die Ware bleibt unser Eigentum, bis der Käufer sämtliche Forderungen bezahlt hat.

Beförderungsbedingungen

Gesetzliche Regelung

Warenschulden sind Holschulden (BGB § 447 I), danach trägt der Käufer beim Versendungskauf alle entstehenden Beförderungskosten ab der Versandstation. Die Kosten bis zur Versandstation (z. B. Bahnhof oder Poststelle des Verkäufers) und die Wiege- und Messkosten bei der Verladung trägt der Verkäufer. Diese Regelung gilt immer, wenn es sich um einen **Versendungskauf** handelt, d. h., Käufer und Verkäufer haben ihren Geschäftssitz an unterschiedlichen Orten.

Je nach Versandart können unterschiedliche Versandkosten anfallen:

- erstes **Rollgeld** für die Anfuhr (Transportkosten vom Betrieb des Verkäufers bis zur Versandstation)
- **Wiege- und Verladekosten**
- **Fracht** (Transportkosten von der Versandstation bis zur Empfangsstation)
- zweites **Rollgeld** für die Zufuhr (Transportkosten von der Empfangsstation bis zum Geschäfts-, Wohnsitz des Käufers)

Beispiel: Die Sommerfeld Bürosysteme GmbH hat in ihren AGB folgende Regelung zu den Beförderungsbedingungen vorgegeben:

> 3. **Lieferung** erfolgt ab Werk auf Rechnung und Gefahr des Käufers. Bei Anlieferung durch werkseigenes Fahrzeug erfolgt die Lieferung frei Haus (d. h. erste „verschlossene Tür"). Transport- und Bruchversicherung wird sichtbar berechnet.

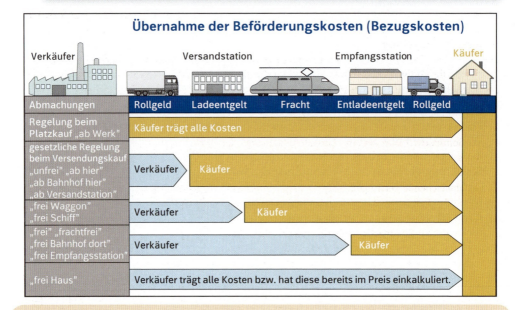

PRAXISTIPP!

Achten Sie auf den kleinen Unterschied zwischen „ab Werk" und der gesetzlichen Regelung!

> **PRAXISTIPP!**
>
> Sie können sich die verschiedenen Regelungen leichter merken, wenn Sie sich klar machen, dass sie aus Sicht des Käufers formuliert sind: „Frei Schiff" bedeutet, dass für den Käufer keine Kosten über den Preis hinaus anfallen, bis die Ware sich auf dem Schiff befindet. Er muss jedoch danach die weiteren Kosten übernehmen. Letztendlich sollen die Regelungen Klarheit schaffen, welche Leistungen bereits im Preis enthalten sind.

Beim **Platzkauf** (Käufer und Verkäufer wohnen am selben Ort) trägt der Käufer alle Kosten, da alle Kosten im Angebotspreis enthalten sind. Die Vertragspartner können die gesetzliche Regelung durch **vertragliche Regelungen** abändern, diese müssen aber im Kaufvertrag vereinbart werden. Unabhängig von der vertraglichen Regelung wird der Verkäufer die anteiligen Beförderungskosten, die er übernimmt, in seine Verkaufspreise einkalkulieren, sodass der Käufer über den Listeneinkaufspreis in jedem Fall die vom Verkäufer übernommenen Beförderungskosten trägt. Die vertragliche Regelung der Beförderungskosten ist demnach auch eine Maßnahme im Rahmen der Preispolitik.

Beispiel: Die Sommerfeld Bürosysteme GmbH hat in ihren AGB folgende Regelung getroffen:

> 3. **Lieferung**: Wir liefern porto- und frachtfrei im Bundesgebiet ab einem Auftragswert von 5 000,00 € zuzüglich Mehrwertsteuer.

Erfüllungsort

Es ist der Ort, an dem die Vertragspartner ihre Leistungen zu erfüllen haben (§ 269 BGB).

Gesetzliche Regelung
Der **Erfüllungsort für die Warenlieferung** ist der **Wohn- oder Geschäftssitz des Verkäufers**. Die Gefahr, dass Ware durch Beschädigung, Verderb, Verlust oder Vernichtung beeinträchtigt wird, geht am Erfüllungsort auf den Käufer über. Somit bestimmt der Erfüllungsort den **Gefahrenübergang**.

Beispiel: Bei der Auslieferung einer Ladung Kopierpapier an die Sommerfeld Bürosysteme GmbH verunglückt der Lkw des Spediteurs ohne Verschulden des Lkw-Fahrers, wobei das Kopierpapier zerstört wird. Es war keine vom Gesetz abweichende vertragliche Regelung getroffen worden, d.h., der Erfüllungsort ist der Geschäftssitz des Verkäufers. Obwohl die Ware nicht geliefert wird, kann der Lieferer von der Sommerfeld Bürosysteme GmbH trotzdem die Zahlung des Kaufpreises verlangen. Das Transportrisiko kann jedoch durch eine Transportversicherung abgedeckt werden.

Liegt bei der Warenlieferung an den Käufer bei Beschädigung oder Verlust einer Ware ein Verschulden des Verkäufers oder des Frachtführers vor, so hat der Schuldige den Schaden zu tragen (**Verschuldensprinzip**). Ein Verschulden liegt vor, wenn der Verkäufer oder sein Erfüllungsgehilfe vorsätzlich oder fahrlässig gehandelt hat.

Beispiel: Eine Warenlieferung wurde wegen mangelhafter Verpackung beschädigt.

Darüber hinaus gelten für den Gefahrenübergang folgende Bestimmungen:

- **Der Käufer holt die Ware ab**: Mit der Übergabe der Ware an den Käufer oder seinen Erfüllungsgehilfen geht die Gefahr auf den Käufer über.

  Beispiel: In den allgemeinen Geschäftsbedingungen der Sommerfeld Bürosysteme GmbH steht: „3. Lieferung erfolgt ab Werk auf Rechnung und Gefahr des Käufers."

- **Die Ware wird auf Verlangen des Käufers versandt (Versendungskauf, Schickschuld)**: Die Gefahr geht mit der Auslieferung an den Frachtführer auf den Käufer über.

- **Beim Platzkauf**, d.h., Käufer und Verkäufer haben ihren Geschäftssitz am selben Wohnort, geht die Gefahr mit der Übergabe der verkauften Waren an den Käufer über.

- Bei Lieferung mit werkseigenem Lkw **(Werkverkehr)** geht die Gefahr mit der Übergabe der Ware an den Käufer über.

Der **Erfüllungsort für die Zahlung** ist der **Wohnsitz des Käufers**, da der Käufer an diesem Ort das Geld bereitzustellen bzw. zugunsten des Gläubigers aufzugeben hat. Da Geldschulden **Bringschulden** sind, hat der Käufer auf seine Gefahr und Kosten das Geld an den Wohn- oder Geschäftssitz des Verkäufers zu schicken.

> *PRAXISTIPP!*
>
> *Im Rahmen europäischer Richtlinien und aktueller Rechtsprechung ist für die Rechtzeitigkeit einer Überweisung jedoch der Zeitpunkt des Zahlungseingangs beim Gläubiger (Gutschrift auf Konto) maßgeblich. Die Überweisung muss also rechtzeitig vor Ablauf der Frist veranlasst werden.*

Beispiel: Der Käufer lässt dem Lieferer das Geld durch seine Bank überweisen, dem Lieferer geht das Geld aber nicht zu. Der Lieferer kann weiterhin auf Zahlung bestehen, der Käufer kann aber die Bank haftbar machen.

Vertragliche Regelung
Im Kaufvertrag kann zwischen dem Käufer und dem Verkäufer ein vom Gesetz abweichender Erfüllungsort vereinbart werden. Dieser kann der Ort des Käufers, des Verkäufers oder ein anderer Ort sein.

Gilt für den Kauf ein **natürlicher Erfüllungsort** (z. B. Lieferung von Heizöl), geschieht die Erfüllung der Verpflichtung durch Übergabe der an diesen Ort gebrachten Waren an den Kunden **(Bringschuld)**. Der Verkäufer trägt dabei Gefahr und Kosten bis zur Übergabe am Erfüllungsort.

Beispiel: Die Sommerfeld Bürosysteme GmbH hat in ihren AGB folgende Regelung getroffen:

> 12. **Erfüllungsort/Gerichtsstand**: Der Erfüllungsort für Lieferung und Zahlung und der Gerichtsstand ist in jedem Fall Essen.

Gerichtsstand

Gesetzliche Regelung

Bei Streitigkeiten zwischen dem Käufer und dem Verkäufer ist das Gericht zuständig, in dessen Bereich der Erfüllungsort liegt. Da der Erfüllungsort der Wohn- oder Geschäftssitz des Schuldners ist, befindet sich der **Gerichtsstand** grundsätzlich an dem für den Wohn- bzw. Geschäftssitz des für den jeweiligen Schuldner zuständigen Amts- bzw. Landgericht (Amtsgericht bis zu 5 000,00 € Streitwert, Landgericht bei über 5 000,00 € Streitwert).

- **Das für den Sitz des Verkäufers** zuständige Gericht ist der Gerichtsstand für Streitigkeiten aus der Lieferung **(Warenschuld)**.
- **Das für den Sitz des Käufers** zuständige Gericht ist der Gerichtsstand für Streitigkeiten um die Bezahlung **(Geldschuld)**.

Beispiel: Die Flughafen Köln/Bonn GmbH in Köln erhält von der Sommerfeld Bürosysteme GmbH, Essen, eine Warenlieferung. Der gesetzliche Gerichtsstand für Streitigkeiten aus der Lieferung ist Essen, für die Streitigkeiten um die Zahlung Köln.

Vertragliche Regelung

Abweichungen von der gesetzlichen Regelung sind **nur beim zweiseitigen Handelskauf (beide Vertragspartner sind Kaufleute) möglich** (§ 29 ZPO). In der Praxis wird meistens der Geschäftssitz des Lieferers als Gerichtsstand für beide Vertragspartner vereinbart, weil der Lieferer seine allgemeinen Geschäftsbedingungen als Vertragsgrundlage heranzieht und diese sehen meistens den Geschäftssitz des Lieferers als Gerichtsstand vor.

In den allgemeinen Geschäftsbedingungen werden die Erfüllungsorte oft abweichend von den gesetzlichen Regelungen festgelegt:

Holschulden	Der Erfüllungsort ist beim Schuldner, er muss die Ware bereitstellen, Gläubiger muss Waren abholen.
Schickschulden	Der Erfüllungsort ist beim Schuldner, dieser muss die Waren an den Gläubiger abschicken.
Bringschulden	Der Erfüllungsort ist beim Gläubiger oder an einem anderen Ort, Schuldner muss die Leistung dem Gläubiger an den Erfüllungsort bringen.

Incoterms® 2020 (Lieferungsbedingungen im Außenhandel)[1]

Die Incoterms® 2020 (International Commercial Terms, Fassung 2020, hrsg. von Internationale Handelskammer, Paris) sind Klauseln, die bestimmte **Rechte und Pflichten der Kaufvertragspartner bei der Lieferung von Waren** eindeutig festlegen. Sie finden vor allem im Außenhandel Anwendung, können aber auch für Lieferungen im Inland vereinbart werden. Als Handelsbrauch sind sie kein Gesetz, sondern eine Empfehlung der Internationalen Industrie- und Handelskammer Paris an die Vertragspartner. Deshalb muss ihre Geltung ausdrücklich **im Vertrag vereinbart** werden.

→ **LF 10**

Liefer- und Abnahmebedingungen werden bei Außenhandelsgeschäften sehr unterschiedlich gestaltet. Aus diesem Grund gibt es **11 Incoterms® 2020**, die auf die verschiedenen Möglichkeiten von Lieferbedingungen zugeschnitten sind.

Weiterführende Informationen rund um die einzelnen Incoterms® 2020 Klauseln sowie eine deutsch-englische Version finden Sie unter www.iccgermany.de.

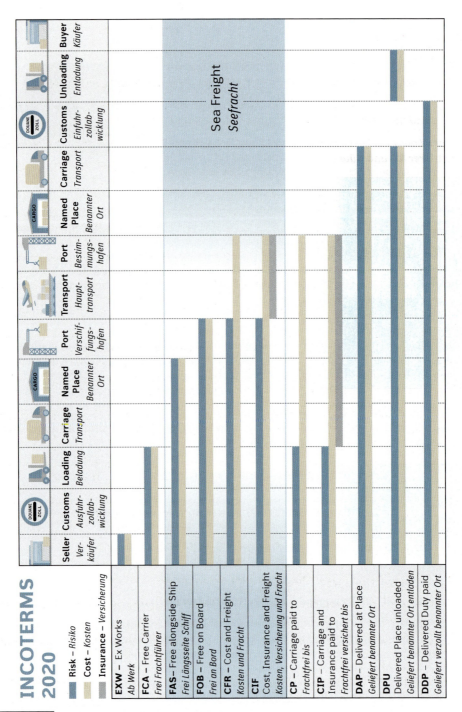

Zusammenfassung

Inhalte des Angebots

- Es gibt **keine konkreten gesetzlichen Vorschriften über den Inhalt** eines Angebotes.
- Ist im Angebot eine bestimmte Einzelheit nicht angegeben, dann gelten die **Vorschriften des BGB und des HGB**.
- Enthält das Angebot keine Angaben über die Art und Güte der Ware, muss der Verkäufer **Waren mittlerer Art und Güte liefern**.

Angaben über die Ware	Art	wird bestimmt durch handelsübliche Bezeichnungen
	Güte	wird bestimmt durch Muster und Proben, Güteklassen, Marken und Gütezeichen sowie durch Herkunft, Zusammensetzung und Jahrgang der Ware
Sonstige Angaben	Menge	wird angegeben in gesetzlichen Maßeinheiten, in Stückzahlen oder in handelsüblichen Bezeichnungen
	Preis	bezieht sich auf eine handelsübliche Mengeneinheit oder auf eine bestimmte Gesamtmenge

- Vertraglich kann im Angebot ein **Terminkauf** *(Lieferung innerhalb einer bestimmten Frist oder zu einem bestimmten Zeitpunkt)* oder ein **Fixkauf** *(Lieferung zu einem genau festgelegten Zeitpunkt mit dem Zusatz „fest", „fix")* vereinbart werden.

Geldschulden	... sind **Bringschulden**, d.h., der Käufer muss auf seine Kosten das Geld an den Lieferer schicken.
Warenschulden	... sind **Holschulden**, d.h., der Käufer trägt alle entstehenden Beförderungskosten ab der Versandstation (Klauseln: unfrei, ab hier, ab Bahnhof hier = **gesetzliche Regelung**)

- Bei den **vertraglichen Lieferklauseln** sind zu unterscheiden
  - **Klauseln, nach denen der Verkäufer alle Beförderungskosten trägt** *(Klauseln: frei Haus, frei Keller, frei Lager)*, da er sie bereits einkalkuliert hat,
  - **Klauseln, nach denen der Käufer alle Beförderungskosten trägt** *(ab Werk, ab Lager, ab Fabrik)*,
  - **Klauseln, bei denen der Käufer das 2. Rollgeld**, der Verkäufer das 1. Rollgeld und die Fracht *(Klauseln, frei dort, frei Bahnhof dort, frachtfrei)* **zahlt**.

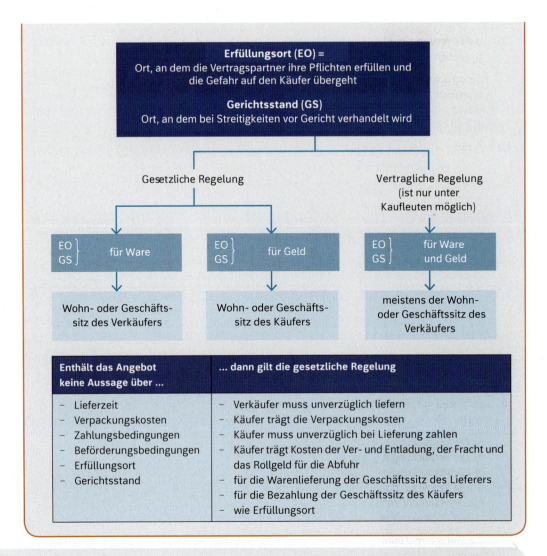

Aufgaben

1. Geben Sie die gesetzlichen Regelungen für den Fall an, dass im Angebot keine Angaben zu der angebotenen Menge und der Güte der Ware gemacht wurden.

2. Beschreiben Sie, worin der Unterschied zwischen einem Fix- und einem Terminkauf besteht.

3. Erläutern Sie die Aussagen: „Geldschulden sind Schickschulden" und „Warenschulden sind Holschulden".

4. Erläutern Sie die Klausel „Zug um Zug".

5. Die Lieferungsbedingung lautet „frachtfrei". Die Fracht beträgt 40,00 €, die Hausfracht für die An- und Abfuhr je 10,00 €. Ermitteln Sie, wie viel EUR der Käufer für den Transport bezahlen muss.

6. Erklären Sie, warum bei der Bestellung von Spezialmaschinen der Käufer eine Anzahlung leisten muss.

7. Die Lieferung einer Ware an einen Kunden erfolgt durch die Deutsche Bahn AG. An Kosten entstehen:

Hausfracht (Rollgeld) am Ort des Käufers	10,00 €	Entladekosten	10,00 €
Hausfracht (Rollgeld) am Ort des Lieferers	10,00 €	Verladekosten	10,00 €
Fracht	180,00 €		

   Welchen Kostenanteil hat der Käufer bei Vereinbarung nachfolgender Lieferungsbedingungen jeweils zu übernehmen?

   a) frei Waggon
   b) frachtfrei
   c) ab Bahnhof hier
   d) ab hier
   e) frei Bahnhof dort

8. Erläutern Sie, welche Bedeutung der Erfüllungsort hat.

9. Geben Sie an, was man unter Gerichtsstand versteht und wo sich der Gerichtsstand

   a) für Warenschulden,   b) für Geldschulden befindet.

10. Begründen Sie, warum ein Lieferer bei einem Zielverkauf meistens einen Kauf unter Eigentumsvorbehalt vereinbart.

11. Beschreiben Sie die Vorteile des Käufers aus dem

    a) Kauf auf Abruf,   b) Spezifikationskauf.

12. Sie finden in einem Angebot eines Verkäufers die Angabe „brutto für netto". Wie werden die Kosten für die Verpackung berechnet?

    a) Die Verpackung bleibt unberechnet.
    b) Die Verpackung wird wie Ware berechnet.
    c) Die Verpackung muss zurückgesandt werden, ein Abnutzungsentgelt wird berechnet.
    d) Die Verpackung wird leihweise überlassen.
    e) Der Verkäufer zahlt die Kosten der Verpackung.
    f) Die Verpackung wird gesondert in Rechnung gestellt.

13. Die Sommerfeld Bürosysteme GmbH überlegt, welche Konditionen sie in folgenden Situationen mit nachfolgenden Kunden vereinbaren soll:

    a) Die Otto Schmal & Söhne KG, ein neuer, unbekannter Kunde, bestellt Waren für 92 000,00 €.
    b) Die Müller GmbH tätigt eine Bestellung über 345 000,00 €.
    c) Der Bürofachhandel Ergoline GmbH hat in diesem Geschäftsjahr noch vier offene Posten. Der Kunde tätigt eine neue Bestellung über 46 000,00 €.
    d) Ein neuer Kunde tätigt eine Bestellung über 345,00 €.
    Begründen Sie unter Zuhilfenahme der AGB der Sommerfeld Bürosysteme GmbH, welche Vereinbarungen die Sommerfeld Bürosysteme GmbH mit diesen Kunden treffen sollte.

14. Beschaffen Sie sich die Lieferungs- und Zahlungsbedingungen Ihrer Ausbildungsbetriebe.

    a) Stellen Sie diese Ihren Mitschülern in einer geeigneten Weise vor.
    b) Vergleichen Sie die Lieferungs- und Zahlungsbedingungen Ihrer Ausbildungsbetriebe und suchen Sie nach Gründen für die unterschiedlichen Bedingungen.

3.2.6 Zustandekommen, Erfüllung und besondere Arten von Kaufverträgen

Der Auszubildende der Sommerfeld Bürosysteme GmbH, Jörg Albers, hat zum ersten Mal vollkommen selbstständig einen Angebotsvergleich über eine größere Position Kopierpapier vorgenommen und darf die Bestellung beim günstigsten Lieferanten selbst durchgeben. Er ruft bei der Primus GmbH an und bestellt 25 Kartons zu jeweils 5 000 Blatt für 495,00 €. Herr Winkler von der Primus GmbH sagt noch am Telefon die Lieferung Ende der nächsten Woche zu. Der Auszubildende ist erleichtert, dass er alles so schnell und reibungslos erledigt hat. Am nächsten Tag trifft ein verspätetes Angebot der Copyfast GmbH ein, das Jörg Albers daher noch nicht beim Angebotsvergleich berücksichtigen konnte. Die Copyfast GmbH bietet die gleiche Menge und Qualität für 390,00 € an. Jörg Albers bittet seine Kollegin Daniela Schaub, die Bestellung bei der Primus GmbH unverzüglich rückgängig zu machen, um das bessere Angebot annehmen zu können.

Arbeitsaufträge

- *Erläutern Sie anhand von selbst gewählten Beispielen, wie ein Kaufvertrag zustande kommt.*
- *Überprüfen Sie, ob Daniela Schaub die Bestellung rückgängig machen kann.*
- *Erstellen Sie eine Übersicht zu den verschiedenen Arten von Kaufverträgen.*

Zustandekommen des Kaufvertrages

LS 5

Der **Kaufvertrag** (§ 433 ff. BGB) des Verkäufers mit dem Käufer kommt durch **zwei übereinstimmende Willenserklärungen** zustande. Dabei kann die Initiative zum Abschluss des Kaufvertrages **(Antrag)** sowohl vom Verkäufer als auch vom Käufer ausgehen. Die Zustimmung zum Kaufvertrag erfolgt durch die **Annahme** des Käufers bzw. des Verkäufers. Die nachfolgend aufgeführten Möglichkeiten des Zustandekommens eines Kaufvertrages sind denkbar.

Der Verkäufer macht den Antrag:

Der Kaufvertrag kommt zustande, wenn die **Bestellung (Annahme) des Käufers** inhaltlich mit dem **Angebot (Antrag) des Verkäufers** übereinstimmt.

Der Käufer macht den Antrag:

Der Kaufvertrag kommt zustande, wenn der Verkäufer **(Annahme)** die Bestellung des Käufers **(Antrag)** annimmt.

Verpflichtungs- und Erfüllungsgeschäft

Aus dem Kaufvertrag entstehen für die Vertragsparteien Pflichten und Rechte. Mit dem Vertragsabschluss **(Verpflichtungsgeschäft)** verpflichten sich die Vertragsparteien, den Vertrag zu erfüllen **(Erfüllungsgeschäft)**. Die Pflichten des Verkäufers entsprechen den Rechten des Käufers und umgekehrt.

Pflichten des Verkäufers	<ul><li>Übergabe und Übereignung der mangelfreien Ware zur rechten Zeit und am rechten Ort</li><li>Annahme des Kaufpreises</li></ul>
Pflichten des Käufers	<ul><li>Annahme der ordnungsgemäß gelieferten Ware</li><li>rechtzeitige Zahlung des vereinbarten Kaufpreises</li></ul>

Die Vertragspartner können den Kaufvertrag erfüllen, indem sie ihren jeweiligen Verpflichtungen nachkommen. Zeitlich können zwischen dem Abschluss **(Verpflichtungsgeschäft)** und der Erfüllung **(Erfüllungsgeschäft)** des Kaufvertrages oft mehrere Wochen oder Monate liegen.

Beispiel: Die Sommerfeld Bürosysteme GmbH bestellt bei der Metallwerke Bauer & Söhne OHG Stahlrohrgestelle, die erst in acht Wochen lieferbar sind. Nach acht Wochen liefern die Metallwerke die bestellten Stahlrohrgestelle, die Sommerfeld Bürosysteme GmbH zahlt bei Lieferung. Die **Verpflichtung** beider Vertragspartner entstand beim Abschluss des Kaufvertrages. Der Vertrag wurde von der Metallwerke Bauer & Söhne OHG durch die rechtzeitige, mangelfreie Lieferung und die Annahme des Kaufpreises, von der Sommerfeld Bürosysteme GmbH durch die Annahme der bestellten Stahlrohrgestelle und die rechtzeitige Bezahlung **erfüllt**.

Besondere Arten von Kaufverträgen

Durch unterschiedliche Vereinbarungen zwischen Verkäufer und Käufer ergeben sich verschiedene Arten von Kaufverträgen.

Unterscheidung nach der rechtlichen Stellung der Vertragspartner

Bürgerlicher Kauf
Wenn zwei Privatpersonen einen Kaufvertrag abschließen, spricht man von einem bürgerlichen Kauf. Es gilt das BGB.

Beispiel: Die Auszubildende Hera Dubowski verkauft ihrer Freundin Nadine einen gebrauchten Walkman.

Handelskauf
Wenn ein Vertragspartner Kaufmann und das Geschäft für ihn ein Handelsgeschäft ist, liegt ein einseitiger Handelskauf vor. Für den Kaufmann gilt zusätzlich zum BGB auch das HGB. Für den Privatmann gelten nur die Bestimmungen des BGB.

Beispiel: Die Auszubildende Hera Dubowski kauft im Fabrikverkaufsladen der Sommerfeld Bürosysteme GmbH einen Massivholzschreibtisch.

Wenn beide Vertragspartner Kaufleute sind und im Rahmen ihres Handelsgewerbes Kaufverträge abschließen, liegt ein **zweiseitiger Handelskauf** vor. Es gelten die Bestimmungen des BGB und des HGB.

Beispiel: Die Sommerfeld Bürosysteme GmbH bestellt bei der Farbenwerke Wilhelm Weil AG 200 kg Klebstoff.

Unterscheidung nach der Festlegung der Warenart und -güte

Stückkauf

→ LF 1   Die Kaufgegenstände sind **nicht vertretbare Sachen**. Die Ware kann bei Verlust oder Zerstörung nicht durch eine andere Ware ersetzt werden, da sie entweder ein Einzelstück ist oder durch Gebrauch bestimmte Eigenschaften bekommen hat. Es handelt sich bei der Ware um ein Unikat.

Beispiele: Kunstwerke, Sonderanfertigung eines Schreibtisches, gebrauchte Gegenstände

Gattungskauf

→ LF 1   Die Kaufgegenstände sind **vertretbare Sachen**, die nach allgemeinen Gattungsmerkmalen bestimmbar sind (z. B. Größe, Farbe, Zahl, Gewicht usw.). Von der Ware sind noch weitere gleichartige Stücke vorhanden, die untereinander austauschbar sind.

Beispiele: Spanplatten, Schlösser für Schubladen, Farben

Kauf auf Probe

Der Käufer hat ein Rückgaberecht innerhalb einer vereinbarten Frist. Überschreitet der Käufer diese Frist, ist ein Kaufvertrag zwischen dem Verkäufer und dem Käufer zustande gekommen.

Beispiel: Die Sommerfeld Bürosysteme GmbH darf 14 Tage lang einen Verpackungsautomaten eines Herstellers ausprobieren. Bei Nichtgefallen kann sie die Maschine innerhalb der Frist zurückgeben.

> **PRAXISTIPP!**
>
> *Schweigen bedeutet hier nach Ablauf von 14 Tagen die Annahme des Vertrages.*

Kauf nach Probe (Muster)

Der Käufer kann die Ware anhand eines Musters oder einer Probe testen. Wenn dem Käufer die Probe oder das Muster gefällt, bestellt der Käufer. Die dann vom Verkäufer gelieferte Ware muss mit dem Muster oder der Probe übereinstimmen, da die Eigenschaften durch die Probe oder das Muster zugesichert sind.

Beispiel: Die Sommerfeld Bürosysteme GmbH erhält von ihrem Textilhersteller Bezugsstoffe für Bürostühle geliefert, die den von den Reisenden vorgelegten Mustern entsprechen sollen.

Kauf zur Probe
Der Käufer kauft eine kleine Menge, um die Ware zu testen. Sagt die Ware dem Käufer zu, wird er eine größere Menge kaufen. Es ergeben sich keine besonderen rechtlichen Folgen.

Beispiel: Die Sommerfeld Bürosysteme GmbH kauft bei einem Lackhersteller eine kleine Menge schadstofffreie Holzlasur für die Fertigung, um sie auszuprobieren.

Spezifikationskauf (Bestimmungskauf)
Bei Vertragsabschluss legen Lieferer und Käufer nur die Menge und die Warenart der Gattungsware fest. Der Käufer kann innerhalb einer festgelegten Frist die zu liefernden Waren nach Farbe, Form oder Maß bestimmen. Versäumt der Käufer eine Bestimmung der Ware innerhalb der Frist, kann der Verkäufer dem Käufer eine Nachfrist setzen und nach Ablauf dieser Frist die genaue Bestimmung der Ware selbst vornehmen. Für den Käufer hat der Bestimmungskauf den Vorteil, dass er zukünftige Entwicklungen (z. B. Mode, Nachfrageveränderungen) abwarten kann.

Beispiel: Die Sommerfeld Bürosysteme GmbH behält sich bei der Bestellung von textilen Bezugsstoffen für Bürostühle vor, die Farben zu einem späteren Zeitpunkt zu bestimmen.

Ramschkauf (Kauf in Bausch und Bogen oder Kauf en bloc)
Der Käufer kauft einen bestimmten Warenposten zu einem Pauschalbetrag, ohne dass für die einzelnen Waren eine bestimmte Qualität zugesichert wird.

Beispiel: Aus einem Insolvenzverfahren wird der gesamte Holzbestand eines Sägewerks von der Sommerfeld Bürosysteme GmbH ersteigert. Qualitätsmängel können anschließend nicht beanstandet werden.

Kauf nach Sicht
Der Käufer kann die Waren vor Vertragsabschluss besichtigen und mögliche Mängel feststellen. Nach Kaufvertragsabschluss können keine Mängel mehr geltend gemacht werden.

Beispiele:
- Vor einer Versteigerung können alle Gegenstände, die versteigert werden sollen, besichtigt werden. Wenn sich nach der Versteigerung ein Mangel herausstellt, kann der Käufer diesen nicht mehr geltend machen.
- Wenn ein gebrauchter Pkw bei einem bürgerlichen Kauf veräußert wird, wird meistens die Klausel „Kauf nach Sicht" oder „gekauft wie gesehen" vereinbart.

Unterscheidung nach dem Zeitpunkt der Eigentumsübertragung
Je nach Vereinbarung hinsichtlich des **Übergangs des Eigentums vom Verkäufer** auf den Käufer lassen sich folgende Sonderformen von Kaufverträgen unterscheiden:

Kauf unter Eigentumsvorbehalt
In der kaufmännischen Praxis sichert der Lieferant einer Ware, der seinen Abnehmern ein Zahlungsziel gewährt, **seine** Forderung durch einen Eigentumsvorbehalt ab (§ 448 BGB).

Durch die Vereinbarung des Eigentumsvorbehalts im Kaufvertrag bleibt der Verkäufer bis zur vollständigen Bezahlung des Kaufpreises Eigentümer der Ware. Der Käufer wird zunächst nur Besitzer. Der Eigentumsvorbehalt muss ausdrücklich im Kaufvertrag vereinbart werden, es genügt nicht, dass er bei der Lieferung auf dem Lieferschein vermerkt wird. Der Eigentumsvorbehalt kann sowohl beim einseitigen als auch beim zweiseitigen Handelskauf (vgl. S. 104 f.) vereinbart werden.

- **Einfacher Eigentumsvorbehalt**: Im Kaufvertrag wird folgende Klausel aufgenommen: „Die Ware bleibt bis zur vollständigen Bezahlung mein/unser Eigentum." Man spricht in diesem Fall vom einfachen Eigentumsvorbehalt. Bei Lieferung unter Eigentumsvorbehalt hat der Verkäufer das Recht, bei nicht rechtzeitiger Bezahlung oder bei Nichtzahlung vom Kaufvertrag zurückzutreten und die Herausgabe der Ware zu verlangen.

    Der **Eigentumsvorbehalt erlischt** in dem Moment, in dem der Käufer den Kaufpreis vollständig bezahlt hat.

    Der einfache Eigentumsvorbehalt hat für den Verkäufer **folgende Vorteile**:

    - Herausgabe der Ware, falls der Käufer seinen Zahlungsverpflichtungen nicht nachkommt,
    - sollte der Käufer ein Insolvenzverfahren anmelden, kann der Verkäufer die Ware aus der Insolvenzmasse aussondern lassen,
    - sollte die Ware beim Käufer durch einen Vollstreckungsbeamten gepfändet werden, kann der Verkäufer die Freigabe der Ware verlangen (Drittwiderspruchsklage gegen den pfändenden Gläubiger).

    Der einfache Eigentumsvorbehalt hat **folgende Nachteile**:

    - Die Ware kann an einen gutgläubigen Dritten weiterverkauft werden.

        Beispiel: Ein Büromöbeleinzelhändler verkauft unter Eigentumsvorbehalt gelieferte Waren an seine Kunden weiter. Der Kunde wird Eigentümer der Ware, da er die Waren gutgläubig erworben hat.

    - Die Ware kann verarbeitet, verbraucht, vernichtet oder mit einer unbeweglichen Sache fest verbunden werden.

        Beispiele:
        - Eine Kfz-Werkstatt schweißt an den Pkw eines Kunden den vom Hersteller unter Eigentumsvorbehalt gelieferten Kotflügel an. Der Kunde wird Eigentümer des Kotflügels (**Verarbeitung**).
        - Ein Gemüsegroßhändler beliefert die Kantine eines Betriebes mit Gemüse und Kartoffeln unter Eigentumsvorbehalt. Nach einer Woche ist die gesamte Lieferung verbraucht (**Verbrauch**).
        - Ein Unternehmen hat von einem Kfz-Händler einen Pkw unter Eigentumsvorbehalt gekauft. Nach vier Tagen wird der Pkw durch Verschulden eines Mitarbeiters des Unternehmens bei einem Unfall zerstört (**Vernichtung**). Um sich vor diesem Fall zu schützen, verlangt der Verkäufer vom Käufer den Abschluss einer Vollkaskoversicherung. Im Schadensfall erhält der Verkäufer Ersatz von der Versicherung.
        - Ein Baustoffhändler liefert einem Privatmann, der ein Haus baut, Steine. Die Steine werden in der Außenwand des Rohbaus vermauert (**Verbindung mit einer unbeweglichen Sache**).

In all diesen Fällen erlischt der einfache Eigentumsvorbehalt.

- **Verlängerter Eigentumsvorbehalt**: Um sich vor den genannten Nachteilen zu schützen, vereinbart der Lieferer mit seinen Kunden den verlängerten Eigentumsvorbehalt, d. h., die beim Weiterverkauf entstehenden Forderungen werden an den Lieferer abgetreten, bei Verarbeitung erwirbt der Lieferer Miteigentum an der hergestellten Sache.

    Beispiel: Die Bürofachhandel Ergoline GmbH verkauft von der Sommerfeld Bürosysteme GmbH unter Eigentumsvorbehalt gelieferte Ware an ihre Kunden weiter. Die Bürofachhandel Ergoline GmbH hat ihre Kaufpreisforderung gegen ihre Kunden im Voraus an die Sommerfeld Bürosysteme GmbH abgetreten.

- **Der erweiterte Eigentumsvorbehalt**: Eine dritte Form des Eigentumsvorbehalts stellt der erweiterte Eigentumsvorbehalt dar. Er liegt dann vor, wenn der Lieferer nicht nur die Forderung aus einer Warenlieferung absichert, sondern wenn sämtliche Lieferungen an einen Käufer durch den Eigentumsvorbehalt gesichert werden. Das Eigentum geht erst mit der Begleichung aller Forderungen des Verkäufers an den Käufer über.

    Beispiel: Die Sommerfeld Bürosysteme GmbH hat der Bürofachhandel Ergoline GmbH im Laufe des letzten Jahres sieben unterschiedliche Warenlieferungen zukommen lassen. Das Eigentum aller Lieferungen geht erst dann auf die Bürofachhandel Ergoline GmbH über, wenn alle sieben Lieferungen vollständig bezahlt sind.

Kommissionskauf

Beim Kommissionsgeschäft schließt ein Unternehmen (Kommissionär) mit seinem Lieferer (Kommittent) einen **Kommissionsvertrag** ab, wobei der **Kommittent** Eigentümer der Ware bleibt (§ 383 HGB). Der **Kommissionär** wird Besitzer der gelieferten Ware. Er verkauft die Kommissionsware in seinem Namen. Die verkaufte Ware rechnet der Kommissionär mit dem Lieferer ab **(Verkauf in eigenem Namen für fremde Rechnung)**. Nicht verkaufte Ware gibt der Kommissionär an den Kommittenten zurück.

Zusammenfassung

Zustandekommen, Erfüllung und besondere Arten von Kaufverträgen

- Der **Kaufvertrag** kommt **durch übereinstimmende Willenserklärungen** von zwei oder mehr Personen zustande **(Antrag und Annahme)**.

- *Verpflichtungs- und Erfüllungsgeschäft*
  Der **Kaufvertrag** besteht aus dem **Verpflichtungs- und Erfüllungsgeschäft**.

Verkäufer verpflichtet sich	Käufer verpflichtet sich
– rechtzeitig und mangelfrei zu liefern	– die ordnungsgemäß gelieferte Ware anzunehmen
– dem Käufer das Eigentum an der Ware zu verschaffen	– den Kaufpreis rechtzeitig zu zahlen

- Beide **Vertragspartner** müssen ihre **Pflichten** erfüllen.
- **Nach der rechtlichen Stellung der Vertragspartner** unterscheidet man bürgerlichen Kauf, einseitigen und zweiseitigen Handelskauf.
- Kaufverträge **nach Art und Güte der Ware**

Kauf auf Probe	Kaufvertrag wird abgeschlossen, Kunde hat innerhalb Frist **Rückgaberecht**
Kauf zur Probe	Kunde **kauft** kleine Menge
Kauf nach Probe	Kunde erhält **kostenlose** Probe und kauft Ware aufgrund der vorliegenden Probe
Stückkauf	nicht vertretbare Waren
Gattungskauf	vertretbare Waren

- Beim **Kauf auf Abruf** wird die Ware auf Anweisung des Käufers ganz oder in Teilmengen später geliefert.
- Beim **Kommissionskauf** wird der Käufer nur Besitzer der Ware. Er verkauft sie im Auftrag des Lieferers und kann die nicht verkaufte Ware an den Lieferer zurückgeben. Die Bezahlung der Ware erfolgt erst nach ihrem Verkauf an die Kunden.
- Beim **Spezifikationskauf (Bestimmungskauf)** kauft der Käufer eine bestimmte Menge eines Artikels. Die genaue Spezifikation (Bestimmung), z. B. Farbe, Form, Größe usw., teilt er dem Lieferer innerhalb einer bestimmten Frist mit.
- Beim **Ramschkauf (Kauf in Bausch und Bogen oder Kauf en bloc)** kauft der Käufer einen gesamten Warenposten, ohne dass für die einzelnen Stücke eine bestimmte Qualität zugesichert ist.
- Beim **Kauf nach Sicht** kann der Käufer die Ware vorher besichtigen und etwaige Mängel feststellen.
- Beim **Kauf unter Eigentumsvorbehalt** bleibt der Verkäufer bis zur vollständigen Bezahlung durch den Käufer Eigentümer der Ware.
  - Beim **verlängerten Eigentumsvorbehalt** werden die beim Weiterverkauf entstehenden Forderungen vom Käufer an den Lieferer abgetreten.
  - Beim **erweiterten Eigentumsvorhalt** geht das Eigentum an der Waren erst mit der Begleichung aller Forderungen des Verkäufers an den Käufer über.

Aufgaben

1. Erläutern Sie, wodurch sich Verpflichtungs- und Erfüllungsgeschäft unterscheiden.
2. Erklären Sie anhand von drei Beispielen, wie Verpflichtungs- und Erfüllungsgeschäft zeitlich auseinanderfallen können.

3. Welche Aussage über den Kaufvertrag ist richtig?

   a) Die Eigentumsübertragung ist immer mit der Übergabe der Sache verbunden.
   b) Die Eigentumsübertragung an beweglichen Sachen erfolgt in der Regel durch Einigung und Übergabe.
   c) Beim Kaufvertrag geht die Initiative zum Abschluss des Vertrages immer vom Verkäufer aus.
   d) Der Kaufvertrag kommt schon durch den Antrag des Käufers an den Verkäufer zustande.
   e) Beim Kaufvertrag über gestohlene Waren kann der Käufer das Eigentum gutgläubig erwerben.

4. Beschreiben Sie, wodurch sich Stück- und Gattungskauf unterscheiden.

5. Ordnen Sie die jeweilige Kaufvertragsart zu.

   a) Ein Großhändler kauft von einem Industriebetrieb 300 m Stoff zum Preis von 12,00 € je lfd. m. Vor dem Liefertermin teilt er dem Hersteller mit, in welchem Muster er den Stoff haben möchte.
   b) Ein Kaffeeröster bestellt drei Tonnen Kaffee entsprechend der Warenprobe, die ihm der Kaffeeimporteur mit dem Angebot zugesandt hatte.
   c) Einem Unternehmer werden von einem Computerhersteller drei Personalcomputer übergeben, damit er testen kann, welcher ihm am besten zusagt. Nach zwei Wochen entscheidet sich der Unternehmer für einen und lässt die zwei anderen wieder abholen.
   d) Ein Großhändler kauft bei einem Winzer auf einer Weinmesse kleinere Mengen verschiedener Weine und gibt dem Winzer zu verstehen, dass er, wenn die Weine sich bei ihm gut verkaufen, mehr bestellen wird.

6. Erläutern Sie an je einem Beispiel, wodurch ein bürgerlicher Kauf, ein einseitiger und zweiseitiger Handelskauf gekennzeichnet sind.

7. Beschreiben Sie die Vorteile eines Käufers aus dem

   a) Kauf auf Abruf,
   b) Kauf auf Probe,
   c) Spezifikationskauf,
   d) Kauf zur Probe.

8. Geben Sie Beispiele für die Fälle an, in denen der einfache Eigentumsvorbehalt erlischt.

9. Häufig unterhalten insbesondere Rohstofflieferanten für regelmäßig zu liefernde Rohstoffe wie z. B. Kunststoffgranulat ein sogenanntes Konsignationslager in der Nähe oder auf dem Grundstück ihrer Kunden.

   a) Informieren Sie sich mithilfe einer Suchmaschine im Internet über die Vorteile dieser Art von Lager für den Rohstofflieferanten sowie für den einkaufenden Industriebetrieb.
   b) Fragen Sie in Ihrem Ausbildungsbetrieb nach, ob und für welche Materialien ein Konsignationslager besteht.
   c) Klären Sie mithilfe des Internets, welche Art von Vertrag dem Konsignationslager zugrunde liegt.

3.2.7 Allgemeine Geschäftsbedingungen

Die Sommerfeld Bürosysteme GmbH schließt schriftlich mit der Primus GmbH einen Vertrag über 20 Standardregale ab, die auf Wunsch des Kunden Deutsche Versicherung AG zusammen mit verschiedenen Konferenzsystemmöbeln der Sommerfeld Bürosysteme GmbH in deren Geschäftsräumen montiert und aufgestellt werden sollen. Mündlich verspricht der Ansprechpartner bei der Primus GmbH, Herr Winkler, dass die Standardregale in 14 Tagen geliefert werden. Tatsächlich können die Regale wegen des Ausfalls einer Langlochbohrmaschine erst in sechs Wochen geliefert werden. Als die Sommerfeld Bürosysteme GmbH nach Ablauf von vier Wochen vom Vertrag zurücktreten will, weist Herr Winkler auf die Allgemeinen Geschäftsbedingungen (AGB) der Primus GmbH hin, in denen u. a. zu lesen ist:

> **VI. 2–3** Vom Verkäufer nicht zu vertretende Störungen im Geschäftsbetrieb [...] verlängern die Lieferzeit entsprechend [...]. Zum Rücktritt ist der Käufer nur berechtigt, wenn er in diesen Fällen nach Ablauf der vereinbarten Lieferfrist die Lieferung schriftlich anmahnt und diese dann innerhalb von sechs Wochen nach Eingang des Mahnschreibens des Käufers beim Verkäufer nicht an den Käufer erfolgt.

Die Sommerfeld Bürosysteme GmbH war auf die AGB ausdrücklich hingewiesen worden und hatte sie mit dem Kaufvertrag zusammen unterschrieben.

Arbeitsaufträge

- Überprüfen Sie, welche Auswirkungen persönliche Absprachen in einem Kaufvertrag haben.
- Stellen Sie fest, ob die Sommerfeld Bürosysteme GmbH vom Kaufvertrag zurücktreten kann.

Im Geschäftsleben wird täglich eine Vielzahl von Verträgen abgeschlossen. Zur Vereinfachung bedient man sich **vorgedruckter Vertragsformulare**. Die in diesen vorgedruckten Verträgen aufgeführten Bedingungen, das sogenannte **„Kleingedruckte"**, bezeichnet man als **allgemeine Geschäftsbedingungen (AGB)**.

Die Bestimmungen der AGB können vom BGB abweichen. Hieraus ergibt sich ein **Interessenkonflikt** zwischen den **Interessen des Verkäufers** (Zeit-, Kostenersparnis und Besserstellung, als es das BGB vorsieht) und den **Interessen des Käufers**. Um zu verhindern, dass der Käufer unangemessen benachteiligt wird, hat der Gesetzgeber im BGB die Gestaltung rechtsgeschäftlicher Schuldverhältnisse durch allgemeine Geschäftsbedingungen (§ 305 ff. BGB) erlassen. Die meisten Bestimmungen zu den AGB im BGB gelten für einseitige Handelsgeschäfte, einige auch für zweiseitige Handelsgeschäfte:

Wirksamkeit von Klauseln bei ein- und zweiseitigen Handelsgeschäften

Überraschende Klauseln (§ 305c BGB)
Enthalten die AGB überraschende Klauseln, mit denen der Käufer nicht zu rechnen braucht, sind diese unwirksam.

Beispiel: In den AGB der „Bürogeräte GmbH" ist eine Klausel enthalten, dass der Käufer eines Faxgerätes in den ersten zwei Jahren verpflichtet ist, das Faxpapier bei der Bürogeräte GmbH zu kaufen. Diese Klausel ist so überraschend, dass sie nicht Bestandteil des Vertrages wird.

Vorrang von persönlichen Absprachen (§ 305b BGB)
Persönliche Absprachen zwischen dem Verkäufer und dem Käufer haben Vorrang vor den AGB.

Beispiel: Als Liefertermin für Büromöbel wurde zwischen dem Verkäufer und dem Käufer schriftlich der 01.10. vereinbart. In den AGB steht jedoch, dass Liefertermine grundsätzlich unverbindlich sind. Als Liefertermin gilt trotzdem der 01.10., da persönliche Absprachen Vorrang vor den AGB haben.

Rechtsfolgen bei Unwirksamkeit der AGB (§ 306 BGB)
Sind einzelne Teile der AGB unwirksam, so bleibt der Vertrag bestehen. Der Inhalt des Vertrages richtet sich dann nach den gesetzlichen Vorschriften. Diese sind meistens die Bestimmungen des BGB.

Generalklausel und Klauselverbote (§ 308 f. BGB)
Bestimmungen in den AGB sind unwirksam, wenn sie den Vertragspartner entgegen dem Gebot von Treu und Glauben unangemessen benachteiligen.

Beispiel: Ein Möbelhersteller liefert eine Ledergarnitur nicht wie vereinbart in Schwarz, sondern in Braun. In den AGB steht: „Modelländerungen vorbehalten." Der Kunde muss aber nur Änderungen hinnehmen, die technisch unvermeidbar oder völlig belanglos sind, so können z.B. Lederbezüge nicht immer in völlig gleichem Farbton hergestellt werden. Eine Ledergarnitur, die in Schwarz bestellt wurde, kann folglich nicht in Braun geliefert werden. Der Verkäufer verstößt gegen das Gebot von Treu und Glauben.

Wirksamkeit von Klauseln bei einseitigen Handelsgeschäften

Einbeziehung in den Vertrag (§ 305 BGB)
Die AGB werden nur dann Bestandteil des Vertrages, wenn der Käufer

- vor Vertragsabschluss ausdrücklich auf die AGB hingewiesen wird, dieses kann durch einen deutlich sichtbaren Aushang am Orte des Vertragsabschlusses (Geschäftsräume des Unternehmens) oder durch einen persönlichen Hinweis des Verkäufers geschehen,
- vom Inhalt der AGB Kenntnis nehmen kann,
- sein Einverständnis zu den AGB gegeben hat.

Beispiel: Rudolf Heller, Auszubildender der Sommerfeld Bürosysteme GmbH, verkauft einem Kunden im Fabrikverkaufsladen einen Schreibtischstuhl „Picto". Rudolf hatte den Kunden nicht auf die AGB hingewiesen. Diese sind auf der Rückseite des Lieferscheins aufgedruckt. Bringt der Kunde den Schreibtischstuhl aufgrund eines Materialfehlers zurück, dann gelten die Bestimmungen des BGB.

Allgemeine Geschäftsbedingungen der Sommerfeld Bürosysteme GmbH

(Im folgenden Text Sommerfeld genannt)

1. **Lieferungsangebote** sind nur bei unverzüglicher Bestellung als Vertragsangebote anzusehen, andernfalls freibleibend. An Abbildungen, Zeichnungen, Skizzen, Kollektionen und sonstigen Unterlagen behält sich der Lieferer Eigentum und Urheberrecht vor, sie sind auf Wunsch zurückzusenden.

2. **Auftragserteilung.** An uns gerichtete Aufträge gelten erst dann als angenommen, wenn die Annahme von uns schriftlich bestätigt wurde. Der Kaufvertrag kommt zu unseren allgemeinen Lieferungs- und Zahlungsbedingungen zustande.
Nachträgliche Auftragsänderungen können nur dann berücksichtigt werden, wenn sie im Bereich unserer Möglichkeiten liegen und von uns schriftlich bestätigt sind. Für solche Fälle behalten wir uns einen Preisaufschlag vor.

3. **Lieferung** erfolgt ab Werk auf Rechnung und Gefahr des Käufers. Bei Anlieferung durch werkseigenes Fahrzeug erfolgt die Lieferung frei Haus (d. h. erste „verschlossene Tür"). Transport- und Bruchversicherung wird sichtbar berechnet.
Wir liefern porto- und frachtfrei im Bundesgebiet ab einem Auftragswert von 5 000,00 € zuzüglich Mehrwertsteuer.

4. **Konstruktionsänderungen, Farbabweichungen.** Geringfügige Abweichungen in den Maßen, in der Form und Farbe sind uns gestattet und berechtigen den Käufer nicht zu Beanstandungen. Wir liefern Oberflächenfarbtöne nach unseren jeweils geltenden Farbkarten.

5. **Lieferzeit** wird gerechnet vom Tage der Auftragsbestätigung bzw. restlosen Klarstellung des Auftrages bis zur Absendung der Ware vom Werk. Die Nichteinhaltung der Lieferfristen berechtigt den Käufer nicht, vom Vertrag zurückzutreten.
In Fällen von Streik, Aussperrung, Betriebsstörung, höherer Gewalt und sonstigen, von uns nicht zu vertretenden Behinderungen sind wir berechtigt, die Lieferung ganz oder teilweise abzulehnen, ohne dass der Käufer Ansprüche auf Schadenersatz geltend machen oder Nachlieferung verlangen kann.
Bei Bestellung auf Abruf ist der Kunde spätestens vier Wochen nach dem bestätigten Termin zur Abnahme verpflichtet. Zu diesem Zeitpunkt geht die Gefahr auf den Kunden über. Sommerfeld ist dann berechtigt, dem Kunden die Ware in Rechnung zu stellen und Lagerkosten geltend zu machen. Der Abruf muss mindestens vier Wochen vor dem gewünschten Auslieferungstermin erfolgen.
Nimmt ein Kunde trotz Fristsetzung eine bestellte Ware nicht ab und gerät er insoweit in Annahmeverzug, macht er sich schadenersatzpflichtig. Sommerfeld ist berechtigt, 25 % der Auftragssumme als Schadenersatz geltend zu machen, ohne einen konkreten Schaden unter Beweis zu stellen. Sommerfeld bleibt es jedoch vorbehalten, einen tatsächlichen höheren Schaden nachzuweisen und geltend zu machen.

6. **Preise.** Die Preise gelten ab Werk, bei Frachtanlieferung frei Station Empfänger, bei Anlieferung mit Lastzug frei Ort des Empfängers.
Bei Direktlieferung bis zum Endabnehmer berechnen wir bei einem Rechnungswert bis 5 000,00 € netto eine Frachtkostenbeteiligung in Höhe von 3 % des Netto-Rechnungswertes, mindestens jedoch 25,00 €; bei Versand mit der Deutschen Post AG die Selbstkosten.

7. **Mängelrügen.** Beanstandungen erkennbarer Mängel können nur berücksichtigt werden, wenn sie innerhalb einer Woche, bei Bahnversand vom Eintreffen der Lieferung auf der Bahnstation, sonst vom Eintreffen beim Empfänger gerechnet, bei uns schriftlich eingehen. Verborgene Mängel sind unverzüglich nach Entdecken anzuzeigen. Andernfalls erlischt das Rügerecht.
Mängelrügen berechtigen nicht zur Zurückhaltung der Zahlung oder zur Reduzierung des Kaufpreises.
Wir leisten Garantie für Fabrikations- und Materialfehler. Die Garantiezeit beträgt drei Jahre, gerechnet vom Empfang der Ware. Ausgenommen von der Garantie sind Teile, die dem normalen Verschleiß unterliegen, sowie vom Kunden beigestelltes Material.
Bei berechtigten Beanstandungen nehmen wir nach unserer Wahl Ersatzlieferung oder Nachbesserung vor. Für den Fall, dass Nachbesserung oder Ersatzlieferung endgültig fehlschlagen, gelten die Rechte des § 440 f. BGB.

8. **Kundendienst.** Der Sommerfeld-Kundendienst führt Reparaturen kleineren bis mittleren Umfanges sowie die Montage vor Ort aus. Kundendienstaufträge bitten wir unserer zentralen Kundendienststelle aufzugeben. Unser Kundendienst ist verständlicherweise auf strenge Einhaltung des Terminplanes angewiesen. Daher kann unser Beauftragter nur die angemeldeten Arbeiten ausführen.
Die Kundendienstkosten (Arbeitslöhne, Ersatzteile, anteilige Fahrtkosten) werden berechnet, ausgenommen sind Mängelbeseitigungen im Rahmen unserer Sachmängelhaftung. Ein Kostenvoranschlag wird dem Auftraggeber auf Wunsch erstellt.

9. **Zahlungsbedingungen.** Rechnungen sind innerhalb von 30 Tagen zu begleichen. Bei Zahlung innerhalb von 10 Tagen gewähren wir 2 % Skonto.
Bei Überschreitung der Zahlungsfrist sind wir vorbehaltlich der Geltendmachung weitergehenden Verzugsschadens zur Berechnung von Verzugszinsen in banküblichem Umfange, mindestens jedoch in Höhe von 8 % über dem jeweiligen Basiszinssatz der Europäischen Zentralbank berechtigt.
Alle Zahlungen müssen so rechtzeitig bei uns eingegangen sein, dass uns die geschuldeten Beträge beim Fälligkeitstage gutgeschrieben worden sind.

10. **Eigentumsvorbehalt.** Die Ware bleibt unser Eigentum, bis der Käufer sämtliche Forderungen bezahlt hat.
Eine Verfügung über in Eigentumsvorbehalt stehende Waren ist dem Käufer nur im regelmäßigen Geschäftsverkehr gestattet, insbesondere dürfen derartige Waren weder verpfändet noch zur Sicherheit übereignet werden.
Wird die Ware veräußert oder sonst an dritte Personen abgegeben, so werden hiermit die dem Käufer gegenüber dem Dritten erwachsenen Forderungen und

> Ansprüche schon jetzt im Voraus an uns abgetreten. Der Lieferer kann die Einziehung dieser ihm angetretenen Forderungen und Ansprüche entweder selbst betreiben oder dem Käufer überlassen. Dieser ist verpflichtet, die eingezogenen Beträge unverzüglich abzuführen und sich jeder anderen Verfügung darüber zu enthalten. Verkauft der Käufer selbst die Ware unter Eigentumsvorbehalt weiter, so behält er hierdurch das Eigentumsrecht für uns vor.
> Wird die von uns gelieferte Ware mit anderen Gegenständen vermischt oder verbunden, so tritt uns der Käufer schon jetzt seine Eigentums- bzw. Miteigentumsrechte an dem vermischten Bestand oder neuen Gegenstand ab und verwahrt diesen mit kaufmännischer Sorgfalt für uns.
>
> 11. **Erfüllungsort** für Lieferung und Zahlung und Gerichtsstand ist in jedem Fall Essen.
> 12. **Allgemeines.** Alle weiteren Vereinbarungen sowie Abänderungen der vorstehenden Lieferungs- und Zahlungsbedingungen sind nur gültig, wenn sie von uns schriftlich bestätigt werden.

Verbotene und damit unwirksame Klauseln in Kaufverträgen bei einseitigen Handelsgeschäften sind

- nachträgliche kurzfristige Preiserhöhung (binnen vier Monaten nach Vertragsabschluss),
- Verkürzung der gesetzlichen Sachmängelhaftungsfristen,
- Rücktrittsvorbehalte des Verkäufers (der Verkäufer behält sich vor, die versprochene Leistung zu ändern oder von ihr abzuweichen),
- Ausschluss der Haftung des Verkäufers bei grobem Verschulden,
- unangemessen lange Lieferfristen,
- Ausschluss von **Reklamationsrechten** (der Lieferer darf die gesetzlichen Sachmängelhaftungsrechte des Käufers nicht vollständig ausschließen, der Käufer muss mindestens ein Recht auf Nachbesserung oder Ersatzlieferung behalten),
- Beschneidung von Kundenrechten bei verspäteter Lieferung.
- Diese Klauseln finden keine Anwendung bei zweiseitigen Handelskäufen, da Kaufleute die Probleme und Nachteile, die in diesen AGB des Vertragspartners stecken, erkennen und sich entsprechend wehren können.

> *PRAXISTIPP!*
>
> *Für bestimmte Branchen gibt es standardisierte AGB. Beschaffen Sie sich über Ihren Ausbildungsbetrieb die AGB für Ihre Branche.*

Zusammenfassung

Allgemeine Geschäftsbedingungen

- In den AGB legt ein Kaufmann die **grundsätzliche Ausgestaltung** der Verträge für seine Lieferungen fest.
- Durch die **§ 305 ff. im BGB zur Gestaltung Allgemeiner Geschäftsbedingungen** wird ein Käufer vor unseriösen AGB geschützt.
- AGB werden nur dann Bestandteil des Vertrages, wenn der Käufer auf die AGB hingewiesen wurde und sein Einverständnis zu den AGB gegeben hat.
- Grundsätzlich **haben persönliche Absprachen Vorrang** vor den AGB.
- Klauseln, die den Käufer entgegen dem Grundsatz von Treu und Glauben unangemessen benachteiligen, sind unwirksam.
- Wenn die AGB unwirksam werden, richtet sich der Inhalt des Vertrages nach den gesetzlichen Vorschriften des BGB.

Aufgaben

1. Begründen Sie, warum Unternehmen ihre Geschäftsbedingungen bereits vorformuliert haben.

2. Erläutern Sie, unter welchen Voraussetzungen bei einseitigen Handelsgeschäften die allgemeinen Geschäftsbedingungen Bestandteil des Vertrages werden.

3. Erklären Sie, warum persönliche Absprachen Vorrang vor den Allgemeinen Geschäftsbedingungen haben.

4. Die Bürobedarfsgroßhandlung Thomas Peters e. K. hat mit der Sommerfeld Bürosysteme GmbH am 01.06.20(0) einen Kaufvertrag über die Lieferung zweier Conrack Regalsysteme abgeschlossen.

   a) Die Lieferung sollte in sechs Wochen erfolgen. Geliefert wird aber erst am 15.10.20(0) Aus dem Rechnungsbeleg geht hervor, dass der Preis inzwischen um 10 % gestiegen ist. Kann die Sommerfeld Bürosysteme GmbH einen um 10 % höheren Preis verlangen? (Begründung)

   b) Nachdem die Regalsysteme aufgestellt worden sind, stellt Thomas Peters fest, dass der Farbton geringfügig heller als beim Ausstellungsstück ist. Muss Thomas Peters diese Farbabweichung akzeptieren? (Begründung)

5. Bringen Sie die AGB aus Ihren Betrieben mit und stellen Sie eine Materialsammlung mit den AGB von zehn Unternehmen zusammen. Vergleichen Sie diese AGB mit denen der Sommerfeld Bürosysteme GmbH.

6. In der Praxis kommt es häufig vor, dass speziell für den Einkauf gesonderte Geschäftsbedingungen formuliert werden (AEB). Diese widersprechen in der Regel den AGB des Verkäufers.

   a) Informieren Sie sich z. B. unter https://www.faust-kunststoff.de/agb.html über typische Formulierungen von Einkaufsbedingungen (nach den AGB für Verkauf).

   b) Klären Sie, wie die Rechtslage ist, wenn sich AEB und AGB widersprechen. Siehe z. B. unter https://www.ihk-nuernberg.de/de/media/PDF/Publikationen/Recht-Steuern/AGBS_115.pdf (Seite 3).

3.3 Bestellabwicklung

3.3.1 Vertragsabschluss und Bestellung

LS 5

Die Sommerfeld Bürosysteme GmbH bestellt aufgrund eines Angebotes vom 01.04. mit nachfolgendem Fax bei der Farbenwerke Wilhelm Weil AG Lacke und Beize:

Von Sommerfeld Bürosysteme GmbH an Farbenwerke Wilhelm Weil AG   20(0)-04-06

Aufgrund Ihres Angebotes per Fax vom 01.04.20(0) bestellen wir hiermit

600 l DDS-Lack, matt   zu 4,50 €/l   500 l APK-Beize   zu 6,00 €/l

einschließlich Verpackung abzüglich 20 % Rabatt. Die Lieferung soll bis zum 20.05.20(0) unfrei erfolgen.

Wir erwarten Ihre termingerechte Lieferung.

Mit freundlichem Gruß

i. A. Schaub

Lanzetti (Abteilungsleiter Logistik und Materialbeschaffung)

i. A. Daniela Schaub

Nach drei Tagen geht eine Faxantwort von der Farbenwerke Wilhelm Weil AG ein, in der diese erklären, sie könnten die bestellten Materialien nur noch zu einem 10 % höheren Preis liefern, da die Zulieferer die Preise erhöht hätten. Außerdem hätte die Sommerfeld Bürosysteme GmbH zu spät bestellt.
Daniela Schaub, die das Fax bearbeiten soll, geht jetzt empört zu Herrn Lanzetti.

Arbeitsaufträge

- *Begründen Sie, ob die Sommerfeld Bürosysteme GmbH auf einer Lieferung zu den alten Preisen bestehen kann.*
- *Geben Sie an, wie offene Bestellungen überwacht werden können.*
- *Erläutern Sie mithilfe geeigneter Präsentationsmittel die Bestellabwicklung in Ihrem Ausbildungsbetrieb.*

Vertragsabschluss

Der **Kaufvertrag** des Verkäufers mit dem Kunden kommt durch **zwei inhaltlich übereinstimmende Willenserklärungen (Antrag und Annahme)** zustande. Dabei kann die Initiative zum Abschluss des Kaufvertrages sowohl vom Verkäufer als auch vom Käufer ausgehen (vgl. S. 102 f.).

Neben dem üblichen Kaufvertrag werden zwischen dem Käufer und seinem Lieferer häufig auch sog. **Rahmenverträge** abgeschlossen (vgl. S. 92).

Bestellung

Die Bestellung ist eine **Willenserklärung des Käufers an den Anbieter, bestimmte Materialien zu den im Angebot angegebenen Bedingungen zu kaufen**. Die Bestellung kann durch den Käufer schriftlich, fernschriftlich, mündlich oder telefonisch abgegeben werden, sie ist an keine Formvorschriften gebunden und für den Besteller immer verbindlich.

Die Bestellung soll folgende Angaben enthalten:

- Art und Güte (Qualität und Beschaffenheit) der Materialien
- Menge
- Lieferungs- und Zahlungsbedingungen
- Preis und Preisnachlässe
- Lieferzeit

Wird in der Bestellung auf ein ausführliches Angebot Bezug genommen, ist die Wiederholung aller Angaben nicht erforderlich, es reicht dann die genaue Angabe der Materialien (z. B. Artikelnummer), der Bestellmenge und des Preises der Materialien.

Ein Besteller kann eine **Bestellung widerrufen**, wenn er dem Lieferer eine entsprechende Nachricht vor oder spätestens gleichzeitig mit der Bestellung zukommen lässt.

Beispiel: Die Sommerfeld Bürosysteme GmbH hat irrtümlich in ihrer brieflichen Bestellung 300 Stück statt 30 Stück angegeben. Nach einem Tag bemerkt der Abteilungsleiter Emilio Lanzetti den Irrtum und ruft den Lieferer sofort an, um die Bestellung zu widerrufen. In der Regel dauert die Zustellung eines Briefes etwa zwei bis drei Tage, somit hat die Sommerfeld Bürosysteme GmbH rechtzeitig vor Eintreffen der Bestellung widerrufen.

Ein Lieferer kann die Bestellung des Käufers mündlich, fernmündlich, schriftlich oder fernschriftlich bestätigen. Die **Auftragsbestätigung (Bestellungsannahme)** ist eine Willenserklärung des Lieferers, mit der er sich bereit erklärt, die bestellten Materialien zu den angegebenen Bedingungen zu liefern.

Die Auftragsbestätigung kann für das Zustandekommen eines Kaufvertrages in folgenden Fällen erforderlich sein:

- **Der Bestellung ist kein Angebot vorausgegangen.**

Beispiel: Die Sommerfeld Bürosysteme GmbH bestellt beim Lieferer Wollux GmbH Bezugs- und Polstermaterialien, ohne dass der Sommerfeld Bürosysteme GmbH ein Angebot vorlag. Der Kaufvertrag kommt mit der Bestellungsannahme zustande.

Bei sofortiger Lieferung kann auf eine Bestellungsannahme verzichtet werden, in diesem Fall gilt die Lieferung als Annahme der Bestellung.

- **Die Bestellung weicht vom Angebot ab.**

Beispiel: Die Sommerfeld Bürosysteme GmbH bestellt 30 000 Scharniere zu 1,10 €/6 Stück, das Angebot des Lieferers lautete über 1,15 €/6 Stück. Erst durch eine Bestellungsannahme über 1,10 €/6 Stück kommt der Kaufvertrag zustande.

- Das Angebot des Lieferers ist freibleibend.

Beispiel: Die Sommerfeld Bürosysteme GmbH bestellt aufgrund eines Angebotes der Metallwerke Bauer & Söhne OHG, in dem die Klausel „Preise freibleibend" vermerkt war. Erst durch die Bestellungsannahme kommt der Kaufvertrag zustande.

- Die Bindungsfrist an das Angebot ist abgelaufen.

Beispiel: Die Sommerfeld Bürosysteme GmbH bestellt bei den Jansen BV. Chemiewerken aufgrund eines Telefaxangebotes nach einer Woche Kunststoffteile für Bürostühle. Erst durch die Bestellungsannahme kommt der Kaufvertrag zustande.

Bestellabwicklung

Bei einer Bestellung muss unterschieden werden zwischen

- der Nachbestellung (Material wird bereits geführt) und
- der erstmaligen Beschaffung von Material, das bisher noch nicht beschafft wurde.

Computergestütztes Bestellwesen

→ **LF 5** Computergestützte Produktionsplanungssysteme (PPS) haben für Nachbestellungen in ihren Programmen **automatische Bestellsysteme** eingearbeitet. Sobald der Meldebestand eines Materials unterschritten wird, veranlasst das Programm aufgrund vorgegebener Dispositionsanweisungen automatisch die Bestellung beim entsprechenden Lieferer. Da bestimmte Materialien in vielen Fällen starken saisonalen Schwankungen unterliegen können, werden in diesen Bereichen automatische Bestellsysteme im Rahmen der computergestützten Produktionsplanungssysteme relativ selten angewandt.

Beispiel: Die Sommerfeld Bürosysteme GmbH hat für die Materialgruppe „Gasfedern für Bürostühle" in ihrem Produktionsplanungssystem ein automatisches Bestellsystem eingearbeitet. Sobald der Meldebestand für diesen Artikel unterschritten ist, wird vom PPS automatisch eine Bestellung ausgedruckt, die dem entsprechenden Lieferer per Datenfernübertragung oder Fax zugesandt wird.

Bestellvorschlagssysteme

Die meisten Produktionsplanungsprogramme bieten **Bestellvorschlagssysteme** an. Bei diesen Programmen wird bei Unterschreitung des Meldebestandes eines Materials nicht automatisch eine Bestellung ausgelöst, sondern die Bestellung wird in einer **Bestellvorschlagsliste** erfasst, die jeden Tag ausgewertet werden kann. Nach Überprüfung durch den entsprechenden Einkaufssachbearbeiter erfolgt die Bestellung beim entsprechenden Lieferer.

Beispiel: Automatischer Bestellvorschlag bei der Sommerfeld Bürosysteme GmbH

Errechneter Bestellvorschlag		Mindestbestand: 200			Höchstbestand: 4 000	
Bestellvorschlag-Nr 125					Datum: 20(0)-09-20	
Material-Nr. Bestell-Nr.	Materialbe- zeichnung	Lieferer-Nr. Lieferer	Bestell- menge	Rabatt	Listenein- kaufspreis	Bestell- wert
159B574 100201	Gasfeder	44004 Jansen BV Chemiewerke	3 800	20 %	9,00	34 200,00

Bestellüberwachung

Es kommt häufiger vor, dass zum vereinbarten Liefertermin noch keine Materiallieferung erfolgt ist. Daher muss der in der Bestellung angegebene oder der bei Vertragsabschluss vereinbarte Liefertermin überwacht werden. Hierbei können computergestützte Bestellsysteme eingesetzt werden.

Bestellrückstandsliste

Eine laufende Terminüberwachung der **offenen Bestellungen** sichert einen geordneten Betriebsablauf beim Materialeingang, in der Produktion und beim Absatz der Produkte. Die Bestellungen werden in der Beschaffungsabteilung mit laufenden Nummern versehen, sofern das computergestützte Bestellprogramm dieses nicht automatisch vornimmt, und in der Datei für offene Bestellungen gespeichert. Eine Durchschrift der Bestellung wird in einer Ablage **„Offene Bestellungen"** zur Terminüberwachung hinterlegt. Das computergestützte Bestellsystem überwacht hierbei mithilfe der Bestellrückstandsliste die erteilten Bestellungen terminlich, wobei diese Liste eine nach Lieferanten geordnete Übersicht aller Bestellungen sowie alle wichtigen Bestelldaten enthält. In bestimmten Abständen werden Listen ausgedruckt, die alle überfälligen Lieferungen ausweisen. Der zuständige Sachbearbeiter kann sofort veranlassen, dass an die entsprechenden Lieferanten Rückstandsmeldungen zur Erinnerung versandt werden.

Beispiel: In der Sommerfeld Bürosysteme GmbH wird zweimal pro Woche eine Liste aller überfälligen Lieferungen ausgedruckt. Per Fax werden anschließend die Lieferer durch den Abteilungsleiter Emilio Lanzetti oder den zuständigen Sachbearbeiter auf die ausstehenden Lieferungen hingewiesen.

Bestellrückstandsliste Sommerfeld Bürosysteme GmbH			Datum: 20(0)-09-13			Seite 1	
Lieferung	Lieferer-Nr. Bestell-Nr. Bestell-Dat.	Artikel Nr.	Artikelbe-zeichnung	Bestell-menge	Liefer-termin	Zuständiger Sachbearbeiter	
1	44001 289908 20(0)-08-30	310B615	Beize 50 l Kanister	20	20(0)-09-10	Frau Zolling	
2	44009 289507 20(0)-08-30	119B263	Primus Ordner A 4	50	20(0)-09-12	Herr Paneck	

Liste aller offenen Bestellungen

Sie zeigt nach Materialien oder Lieferern geordnet die Bestellmenge und die noch offene Liefermenge mit ihrem Lieferwert an.

Zertifizierung der Bestellabwicklung

Im internationalen Wettbewerb wird die **Qualität** durch die steigenden Kundenerwartungen und die zunehmende Macht im Handel immer mehr zum wettbewerbsentscheidenden Faktor. Industrieunternehmen sind somit gezwungen, fehlerfreie Produkte zu liefern. Das Qualitätsmanagement bei der Bestellung umfasst die Planung, Steuerung und Überwachung der Qualität eines Prozesses bzw. eines Prozessergebnisses (z.B. des zu beschaffenden Materials). Die **Materialqualität** und deren Sicherung ist zunächst Aufgabe des externen Anbieters (Lieferers). Ein Industrieunternehmen muss im Rahmen seiner unternehmerischen Leistung dafür sorgen, dass die Produktqualität erhalten und/oder verbessert wird. Somit kommt der **Zertifizierung der Bestellabwicklung** im Rahmen des Qualitätsmanagements eine entscheidende Bedeutung zu.

→ LF 1
→ LF 5

Die grundlegende Norm für den Aufbau und die Beschreibung von Qualitätsmanagementsystemen ist die **DIN EN ISO 9000 ff**. Dabei steht:

DIN	für Deutsches Institut für Normung	ISO	für International Standard Organisation
EN	für Europäische Norm	9000 ff.	für die Nummer der Norm

Beispiel: In der DIN EN ISO 9001 sind die technischen Lieferbedingungen geregelt, d. h., jedes Produkt muss mit bestimmten technischen Angaben gekennzeichnet sein. Ferner müssen zu jedem Produkt Beschaffungsdokumente existieren, die Angaben wie Typ, Klasse, Bauart, Zeichnungen, Angabe internationaler Normen usw. enthalten müssen.

Mit der ISO-9000-Familie sind Management- und Organisationsmodelle entstanden, die bei Aufbau und Dokumentation von Qualitätsmanagementsystemen helfen. Dieses Normensystem ist universell anwendbar. Das wesentliche **Ziel** der ISO-9000-Familie ist die Schaffung eines nationalen und international gültigen Rahmens für den Aufbau und die Beschreibung von Qualitätsmanagementsystemen. Dieses kann dann durch das Zertifikat einer **akkreditierten Zertifizierungsstelle**[1] nach außen dokumentiert werden und gilt heute als wichtiger Wettbewerbsfaktor. Zur Zertifizierung muss jedes Industrieunternehmen folgende Schritte durchlaufen:

1. Analyse des Ist-Zustandes
2. Schulung des eingesetzten Personals
3. Erarbeitung der dokumentierenden Dokumente
4. Umsetzung
5. Test-Audit
6. ggf. Zertifizierung
7. Weiterentwicklung

Zusätzliche Informationen zur Zertifizierung siehe www.tuv.com/qm

Im Rahmen der Beschaffung von Materialien können **Lieferantenaudits** erstellt werden. Ziel des Lieferantenaudits ist es festzustellen, ob der externe Anbieter den vom Kunden erwarteten Qualitätsstandard hat. Die Durchführung des Lieferantenaudits setzt ein hohes Maß an Vertrauenswürdigkeit zwischen externen Anbietern und Kunden voraus. Es besteht aus der Durchführung eines

- **Produktaudits**, d. h. Überprüfung eines Fertig- oder Bauteils,
- **Prozessaudits**, d. h. Überprüfung bestimmter Arbeitsfolgen bzw. -verfahren,
- **Systemaudits**, d. h. Überprüfung des gesamten QM-Systems eines externen Anbieters.

---

[1] Z. B. TÜV-Zertifizierungsstelle e. V. in Bonn, Deutsche Gesellschaft zur Zertifizierung von Qualitätsmanagementsystemen mbH in Berlin

Beispiel: Die Sommerfeld Bürosysteme GmbH unterstützt das Qualitätsmanagement ihrer Zulieferer, so sollen auch bei den Zulieferern die Kompetenzen und Verantwortlichkeiten dicht an den eigentlichen Arbeitsplätzen liegen.

Für alle Teilprüfungen muss ein nach der ISO-Norm 9000 ff. einheitliches Konzept existieren. Zwischen dem externen Anbieter und Kunden können verschiedene **Formen der Zusammenarbeit** vereinbart werden:

- Kooperation bei der Materialprüfung (Abstimmung der Materialprüfungen beim externen Anbieter und Kunden),
- Kooperation beim Informationsaustausch (z. B. bei der Just-in-time-Lieferung),
- Konstruktions- und Entwicklungspartnerschaft.

Beispiel: Die Sommerfeld Bürosysteme GmbH hat mit ihren hoch spezialisierten Zulieferern Fertigteile gemeinsam entwickelt und hergestellt. Dies hat dazu geführt, dass Werkzeuge von der Sommerfeld Bürosysteme GmbH bezahlt werden, aber bei den Zulieferern stehen.

Zusammenfassung

Vertragsabschluss und Bestellung

- Ein Kaufvertrag mit dem Lieferer über die Lieferung von Materialien kommt durch **zwei übereinstimmende Willenserklärungen** von zwei oder mehr Personen zustande (Antrag und Annahme).

- Der **Antrag zum Abschluss** eines Kaufvertrages kann sowohl vom Verkäufer als auch vom Käufer ausgehen.

- **Rahmenvertrag**: Vereinbarungen für einen bestimmten Zeitraum über Produktqualität, Lieferkonditionen und Preis.

- Die Bestellung ist die **Willenserklärung des Käufers, bestimmte Materialien zu bestimmten Bedingungen zu kaufen.**

- Die Bestellung ist an keine Formvorschrift gebunden und kann **schriftlich, fernschriftlich, mündlich oder telefonisch** erteilt werden.

- Die Bestellung sollte möglichst alle Bedingungen eines Angebotes enthalten, **mindestens jedoch Materialart, Menge, Preis.**

- Der **Widerruf der Bestellung** muss **spätestens gleichzeitig mit der Bestellung** beim Lieferer eintreffen.

- Die **Bestellungsannahme (Auftragsbestätigung) ist in folgenden Fällen erforderlich**, damit **ein Kaufvertrag zustande kommt:** vom Angebot abweichende Bestellung, Bestellung ohne vorliegendes Angebot oder aufgrund eines freibleibenden Angebots, abgelaufene Bindungsfrist an das Angebot.

- **Computergestützte Produktionsplanungssysteme** haben für Nachbestellungen **automatisierte Bestellsysteme** (Einkäufer muss nicht mehr eingreifen) und **automatische Bestellvorschläge** eingearbeitet (Bestellvorschlagsliste, die endgültige Bestellentscheidung bleibt beim Einkäufer).

- *Industrieunternehmen können sich durch unabhängige Institutionen zertifizieren lassen, wobei die **Zertifizierung** eine Prüfung der Dokumentation des Qualitätsmanagementsystems umfasst. In diesem Rahmen kann auch die Bestellabwicklung einbezogen werden.*
- *Die **Terminüberwachung** ausstehender Bestellungen erfolgt mithilfe der im computergestützten Bestellsystem vorhandenen **Bestellrückstandsliste**, in der alle überfälligen Lieferungen ausgewiesen sind, oder der **Liste aller offenen Bestellungen**.*

Aufgaben

1. Geben Sie an, in welchen der nachfolgenden Fälle eine Bestellungsannahme (Auftragsbestätigung) für das Zustandekommen des Kaufvertrages erforderlich ist.

   a) Der Lieferer macht dem Großhändler ein telefonisches Angebot. Der Großhändler bestellt einen Tag später schriftlich zu den telefonisch vereinbarten Bedingungen.
   b) Der Lieferer macht dem Großhändler ein freibleibendes Angebot per Brief. Der Großhändler bestellt zu den angegebenen Bedingungen per Telefax.
   c) Der Lieferer bietet dem Großhändler einen Artikel zu 6,80 €/Stück an. Der Großhändler bestellt termingerecht zu 6,60 €/Stück.
   d) Ein Großhändler bestellt aufgrund eines brieflichen Angebots des Lieferers sofort nach Erhalt des Briefes telefonisch zu den angegebenen Bedingungen.

2. In vielen Ausbildungsbetrieben ist es üblich, grundsätzlich nach Bestellungseingang eine Auftragsbestätigung zu verschicken, auch wenn dies für das Zustandekommen des Vertrages nicht erforderlich ist. Schildern Sie das Vorgehen in Ihrem Ausbildungsbetrieb und erläutern Sie mögliche Gründe.

3. Die Sommerfeld Bürosysteme GmbH hat irrtümlich eine falsche Bestellung per Brief aufgegeben. Erläutern Sie, wie die Sommerfeld Bürosysteme GmbH sich verhalten soll, um die falsche Bestellung zu widerrufen.

4. Welche Angaben sollte eine Bestellung beinhalten, wenn

   a) der Besteller aufgrund eines ausführlichen Angebots,
   b) ohne Vorliegen eines Angebots bestellt?

5. Erläutern Sie, welche rechtliche Bedeutung eine Bestellung hat und in welcher Form ein Kaufmann eine Bestellung abgeben kann.

6. Erläutern Sie die Bestellabwicklung und die Bestellüberwachung in Ihrem Ausbildungsbetrieb.

7. Schreiben Sie eine Bestellung für Ihren Ausbildungsbetrieb und stellen Sie diese Ihren Mitschülern vor. Holen Sie anschließend ein Feedback Ihrer Mitschüler über den Stil und die Formulierungen Ihres Briefes ein. Überlegen Sie gemeinsam in der Klasse, ob Ihre Bestellung alle wichtigen Angaben enthält (siehe Aufgabe 4).

3.3.2 Annahme, Kontrolle und Erfassung der Materialien beim Materialeingang

Die Sommerfeld Bürosysteme GmbH erhält von der Andreas Schneider Holzwerke KG in Hamm am Nachmittag des 09.08. eine Materiallieferung Span- und Tischlerplatten, die für die Herstellung der neu konzipierten stapelbaren Systemtische benötigt werden. Infolge einer Arbeitsüberlastung in der Materialannahme prüft Daniela Schaub nur die Menge der gelieferten Materialien. Der Inhalt der auf Paletten gelieferten Materialien wird erst am nächsten Tag überprüft.
Dabei stellt sich heraus, dass statt der bestellten 1 000 Spanplatten von 200 cm x 100 cm Spanplatten mit den Maßen 160 cm x 80 cm geliefert wurden. Die gelieferten Spanplatten sind nicht verwendbar. Sofort ruft der zuständige Abteilungsleiter Emilio Lanzetti beim Lieferer an und reklamiert die falsch gelieferte Materialsendung. Die Andreas Schneider Holzwerke KG lehnt die Rücknahme der falsch gelieferten Spanplatten mit der Begründung ab, die Sommerfeld Bürosysteme GmbH hätte die Lieferung unverzüglich nach Erhalt überprüfen müssen.

Arbeitsaufträge

- Überprüfen Sie, ob die Sommerfeld Bürosysteme GmbH ihren Prüf- und Rügefristen nachgekommen ist.

- Beschreiben Sie in einem Vortrag, wie der Materialeingang in Ihrem Ausbildungsbetrieb erfasst wird.

- Erläutern Sie, worauf bei der Prüfung der Eingangsrechnung geachtet werden muss.

Annahme und Kontrolle der Materialien beim Materialeingang

Der Materialeingang (vgl. S. 124) stellt in jedem Industriebetrieb einen besonders sensiblen Bereich dar, der gewissenhafte Kontrollen und einigen organisatorischen Aufwand erfordert. Die Überwachung der Anlieferungen ist somit für einen geordneten Betriebsablauf unverzichtbar. In der Praxis hat es sich bewährt, für den Materialeingang von der Materialannahme bis zur Materialausgabe ein **Kontrollwesen** einzurichten, bei dem jeder Arbeitsvorgang von der Materialannahme über die Materialprüfung und die Erfassung des Materialeingangs bis zur Terminüberwachung vorgegeben ist. Viele Industriebetriebe übertragen einem bestimmten Mitarbeiter die Verantwortung für die korrekte Abwicklung der Materialannahme. Dieser Mitarbeiter sollte bei jeder Anlieferung anwesend sein und die Kontrollen persönlich durchführen.

Beispiel: Bei der Sommerfeld Bürosysteme GmbH ist der Abteilungsleiter „Lager" Klaus Kunze verantwortlich für alle Anlieferungen. Jede Anlieferung muss von ihm abgezeichnet werden.

Bestellte Waren werden dem Käufer i. d. R. durch werkseigene Fahrzeuge des Verkäufers, Frachtführer oder Paketdienste zugestellt. Damit der Käufer nicht sein Recht auf

Reklamation (Mängelrüge, vgl. S. 133) beim Lieferer verliert, müssen bei der Materialannahme einige Punkte beachtet werden.

Äußere Prüfung der Materialsendung
In Anwesenheit des Frachtführers muss vom Käufer sofort, d. h. ohne jede schuldhafte Verzögerung, geprüft werden, ob

- die Anschriften des Absenders und des Empfängers auf dem Lieferschein zutreffend sind,
- die Materialien bestellt waren (Vergleich von Lieferschein und Bestellung),
- die Verpackung Beschädigungen aufweist,
- die Anzahl oder das Gewicht der Versandstücke **(Colli)** mit dem Lieferschein und der Bestellung übereinstimmt.

Beispiel: Bei der Materialannahme in der Sommerfeld Bürosysteme GmbH werden beschädigte oder fehlende Kartons sofort beim Frachtführer reklamiert. Durch die Überprüfung der Lieferanschrift wird vermieden, dass Irrläufer (Empfänger ist z. B. eine andere Filiale) angenommen werden.

Falls sich bei der sofortigen Prüfung Beanstandungen ergeben, erstellt der Käufer eine **Tatbestandsaufnahme (Schadensprotokoll)** in Gegenwart des Frachtführers. Hierin werden die Mängel schriftlich erfasst und vom Frachtführer durch seine Unterschrift bestätigt. Der Käufer erklärt, dass er die Materialien nur „unter Vorbehalt" annimmt, d. h., er behält sich weitere rechtliche Schritte gegen den Lieferer vor. Der Empfang der Materialien wird auf den Materialbegleitpapieren bestätigt.

Beispiel: Bei der Materialannahme in der Sommerfeld Bürosysteme GmbH werden beschädigte oder fehlende Kartons sofort beim Frachtführer reklamiert. Durch die Überprüfung der Lieferanschrift wird vermieden, dass Irrläufer (Empfänger ist z. B. eine andere Filiale) angenommen werden.

Innere Prüfung der Materialsendung

Sie beinhaltet die Überprüfung des Inhaltes der Sendung, ob Artikel, Mengen, Art und Güte der Materialsendung in Ordnung sind. Hierzu ist es erforderlich, dass verpackte Materialien ausgepackt werden.

Die Prüfung kann sein

- eine **Hundertprozentprüfung (Vollkontrolle)**, bei der jedes Material geprüft wird,
- eine **Stichprobenprüfung**.

→ LF 5

Die Prüfung kann insbesondere bei umfangreichen Lieferungen auch stichprobenartig erfolgen. Bei der **Stichprobenkontrolle** wählt man nach dem Zufallsverfahren einen bestimmten Prozentsatz der Sendung für die Kontrolle aus. Aus dem Fehleranteil in der Stichprobe schließt man auf den Fehleranteil der gesamten Sendung.

Sie ist **unverzüglich** vorzunehmen, d. h., der Käufer darf die Materialprüfung nicht schuldhaft verzögern, sondern er muss zum nächstmöglichen Zeitpunkt die Materialien auf mögliche Mängel prüfen, sonst verliert er seine Rechte aus der Mängelrüge, weil er die vom Gesetzgeber gesetzlich geregelten Rügefristen nicht einhalten kann.

Beispiel: Bei der Sommerfeld Bürosysteme GmbH wird eine Lieferung von 40 Kisten mit Farben, Lacken, Beize usw. am Dienstag um 17:15 Uhr angeliefert. Die sofortige Materialprüfung in Gegenwart des Frachtführers ergibt keine Beanstandungen. Am nächsten Morgen werden die Materialien ausgepackt und im Einzelnen geprüft. Die Prüfung der Materialien wurde von der Sommerfeld Bürosysteme GmbH ohne schuldhafte Verzögerung durchgeführt, sie handelte somit unverzüglich.

Die Materialannahme und die Eingangskontrolle sollten räumlich möglichst verbunden sein, damit lange Transportwege vermieden werden. Sind die gelieferten Materialien einwandfrei, werden sie im Lager einsortiert.

Erfassung des Materialeingangs

Nach der Materialeingangskontrolle erfolgt die Erfassung der eingetroffenen Lieferung. Die Lagerwirtschaftsprogramme des PPS bieten hierbei oft eine zweistufige Erfassung an:

- Der Materialeingang wird **anhand der Lieferung und des Lieferscheins erfasst**.
- Der Materialeingang wird **anhand der Eingangsrechnung erfasst**.

Der Materialeingang wird erfasst, indem die Bestellnummer eingegeben wird oder die Ware über entsprechende Codes und Lesevorrichtungen automatisch erfasst wird. Nur Abweichungen zwischen Bestellung und Lieferung werden dabei gesondert erfasst. Die Erfassung des Materialeingangs im Lagerwirtschaftssystem hat folgende Auswirkungen:

- Der Lagerbestand des Materials wird in der Materialstammdatei und in der Bestandsliste automatisch erhöht.
- Die Materialveränderung wird im **Materialeingangserfassungsprotokoll** aufgeführt und anschließend wird ein **Materialeingangsschein** erstellt.
- Nach Erfassung und Kontrolle der Eingangsrechnung werden die Daten ins digitale **Materialeingangsbuch** übernommen und an die Finanzbuchhaltung übermittelt. Anschließend wird die noch offene Bestellung automatisch gelöscht.

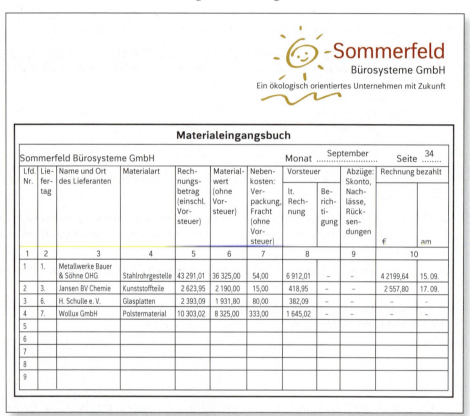

Sommerfeld Bürosysteme GmbH — Ein ökologisch orientiertes Unternehmen mit Zukunft

Materialeingangsbuch

Sommerfeld Bürosysteme GmbH — Monat September — Seite 34

Lfd. Nr.	Liefertag	Name und Ort des Lieferanten	Materialart	Rechnungsbetrag (einschl. Vorsteuer)	Materialwert (ohne Vorsteuer)	Nebenkosten: Verpackung, Fracht (ohne Vorsteuer)	Vorsteuer lt. Rechnung	Berichtigung	Abzüge: Skonto, Nachlässe, Rücksendungen	Rechnung bezahlt €	am
1	2	3	4	5	6	7	8	9		10	
1	1.	Metallwerke Bauer & Söhne OHG	Stahlrohrgestelle	43 291,01	36 325,00	54,00	6 912,01	–	–	4 2199,64	15. 09.
2	3.	Jansen BV Chemie	Kunststoffteile	2 623,95	2 190,00	15,00	418,95	–	–	2 557,80	17. 09.
3	6.	H. Schulle e. V.	Glasplatten	2 393,09	1 931,80	80,00	382,09	–	–	–	–
4	7.	Wollux GmbH	Polstermaterial	10 303,02	8 325,00	333,00	1 645,02	–	–	–	–
5											
6											
7											
8											
9											

Prüfung und Bearbeitung der Eingangsrechnung (Rechnungsprüfung)

Die mit dem Eingangsstempel versehene oder digital übermittelte Eingangsrechnung muss auf ihre sachliche und rechnerische Richtigkeit überprüft werden.

- **Sachliche Prüfung**: Die Rechnung wird mit der Bestellung verglichen. Hierbei werden insbesondere die Menge, die Materialienart und die Lieferbedingungen (Rabatt, Skonto, Bezugskosten) überprüft.
- **Rechnerische Richtigkeit**: Hierbei werden die Gesamtpreise, die Umsatzsteuer, der Skonto- und Rabattbetrag auf ihre Richtigkeit überprüft.

Falls keine Fehler festgestellt werden, wird die Eingangsrechnung von der Finanzbuchhaltung als Verbindlichkeit gebucht. Am Fälligkeitstag wird sie bezahlt.

Zusammenfassung

Annahme, Kontrolle und Erfassung der Materialien beim Materialeingang

- *Die eingetroffene Materialsendung muss einer **äußeren Prüfung** (Anschrift des Absenders und Empfängers, Vergleich von Lieferschein und Bestellung, Beschädigung der Verpackung, Anzahl und Gewicht der Versandstücke) und einer **inneren Prüfung** (Kontrolle des Inhalts nach Menge, Art, Güte und Beschaffenheit) unterzogen werden.*

- *Bei der Materialannahme muss die gelieferte Ware geprüft werden, damit der Käufer nicht die **Rechte aus Reklamationen (Mängelrüge)** beim Lieferer verliert. Es wird geprüft:*

sofort in Anwesenheit des Transporteurs	unverzüglich
– Berechtigung der Lieferung – Zustand der Verpackung – Zahl der Versandstücke Bei Beanstandungen: **Tatbestandsaufnahme** (Schadensprotokoll)	– Art – Qualität – Beschaffenheit der Ware Bei Beanstandungen: **Mängelrüge**

- *Bei Beanstandungen von gelieferten Materialien erstellt der Käufer in Gegenwart des Frachtführers ein **Schadensprotokoll**.*

- *Die **Erfassung des Materialeingangs** erfolgt im **Materialeingangserfassungsprotokoll**, durch die Erstellung des **Materialeingangsscheins** und durch die **Erhöhung des Lagerbestandes** in der Lager- und Materialdatei.*

- *Jede Eingangsrechnung muss auf ihre **sachliche und rechnerische Richtigkeit** überprüft werden.*

- ***Ist-Soll-Vergleich:** Vergleich der Materialeingangsmeldung mit der Bestellung*
  ***Soll-Ist-Vergleich:** Vergleich der Rechnung mit der Bestellung*

Aufgaben

1. *Beschreiben Sie die Kontrolle und Erfassung des Materialeingangs in Ihrem Ausbildungsbetrieb.*
2. *Erläutern Sie, was man unter der äußeren und inneren Prüfung einer Materialsendung versteht.*
3. *Beschreiben Sie die Inhalte eines Materialeingangsbuchs.*
4. *Stellen Sie fest, wie eine Eingangsrechnung in Ihrem Ausbildungsbetrieb überprüft wird.*
5. *Erläutern Sie die „Hundertprozentprüfung" und die Stichprobenkontrolle bei der Materialannahme.*

3.3.3 Störungen bei der Erfüllung des Kaufvertrages

LS 5

3.3.3.1 Nicht-rechtzeitig-Lieferung (Lieferungsverzug)

Die Sommerfeld Bürosysteme GmbH hat am 20.01. bei der Farbenwerke Wilhelm Weil AG 300 25-l-Dosen Lacke und Beize bestellt. Als Lieferfrist wurden vier Wochen nach dem Eingang der Bestellung vereinbart. Am 28.02. stellt die Sommerfeld Bürosysteme GmbH fest, dass die bestellten Materialien noch nicht eingetroffen sind. Bei einer telefonischen Rückfrage bei der Farbenwerke Wilhelm Weil AG erfährt Herr Lanzetti, Leiter der Logistik- und Beschaffungsabteilung der Sommerfeld Bürosysteme GmbH, dass die Waren aufgrund einer produktionsbedingten Störung erst in drei Wochen geliefert werden können. Herr Lanzetti besteht auf der sofortigen Lieferung und bittet Daniela Schaub, dieses dem Lieferer telefonisch und schriftlich mitzuteilen.

Arbeitsaufträge

- *Stellen Sie die Voraussetzungen für eine Nicht-rechtzeitig-Lieferung fest.*
- *Begründen Sie, welches Recht die Sommerfeld Bürosysteme GmbH im vorliegenden Fall in Anspruch nehmen sollte.*

Voraussetzungen der Nicht-rechtzeitig-Lieferung

Der Lieferer hat sich im Kaufvertrag dazu verpflichtet, bestellte Waren termingerecht zu liefern. Sind folgende Voraussetzungen gegeben, befindet sich der Lieferer im Lieferungsverzug (= Nicht-rechtzeitig-Lieferung, Schuldner- oder Leistungsverzug, § 280 ff., § 323 BGB; § 376 HGB):

Fälligkeit der Lieferung
Ist der Liefertermin **kalendermäßig nicht genau festgelegt**, muss die Lieferung beim Verkäufer durch den Käufer **angemahnt** werden.

Beispiele: Lieferung ab Mitte Februar, Lieferung Anfang August, Lieferung frühestens 20.03.

Erst durch die Mahnung des Käufers mit kalendermäßiger Bestimmung der Nicht-rechtzeitig-Lieferung gerät der Lieferer in Verzug.

Ist der Liefertermin **kalendermäßig genau vereinbart** worden (= **Terminkauf**), so ist **keine Mahnung** des Käufers erforderlich.

Beispiele: Lieferung am 12.06., Lieferung zwischen dem 05.01. und 08.01., Lieferung 30.03. fix

Eine **Mahnung ist auch nicht erforderlich**

- bei **Selbstinverzugsetzung**, d. h., der Verkäufer erklärt ausdrücklich, dass er nicht liefern kann oder nicht liefern will, oder
- bei einem **Zweckkauf**, d. h., der Käufer hat kein Interesse mehr an der Lieferung, da der Zweck des Kaufs durch die verspätete Lieferung weggefallen ist,

Beispiel: Lieferung von Weihnachtsartikeln nach Weihnachten

oder

- bei **eilbedürftigen Pflichten**

    Beispiel: Reparatur bei Wasserrohrbruch

Verschulden des Lieferers

Ein Verschulden des Lieferers liegt vor, wenn der Lieferer oder sein Erfüllungsgehilfe **vorsätzlich oder fahrlässig** gehandelt haben.

Beispiel: Die Wollux GmbH hat eine Bestellung der Sommerfeld Bürosysteme GmbH erhalten. Der Sachbearbeiter der Wollux GmbH vergisst die Bestellung und dadurch versäumt der Lieferer den vereinbarten Liefertermin (Fahrlässigkeit).

Ist die Ursache für die verspätete Lieferung auf höhere Gewalt zurückzuführen, gerät der Lieferer nicht in Lieferungsverzug.

Beispiele: Brand, Sturm, Krieg, Erdbeben, Hochwasser, Streik

Befindet sich der Verkäufer jedoch im Lieferungsverzug, haftet er auch für Schäden, die auf höhere Gewalt zurückzuführen sind (§ 287 BGB).

Beispiel: Die Farbenwerke Wilhelm Weil AG befindet sich mit einer Lieferung Lacke bei der Sommerfeld Bürosysteme GmbH in Verzug. Infolge eines Hochwassers werden die bei der Farbenwerke Wilhelm Weil AG bereitgestellten Waren zerstört. Die Farbenwerke Wilhelm Weil AG haftet z.B. für die bei der Sommerfeld Bürosysteme GmbH entstandenen Kosten für einen Schadenersatz an einen Kunden.

Rechte des Käufers bei der Nicht-rechtzeitig-Lieferung

Aus der Nicht-rechtzeitig-Lieferung ergeben sich für den Käufer unterschiedliche Rechte. Welches Recht der Käufer in Anspruch nehmen kann, hängt davon ab, ob er dem Lieferer eine **angemessene Nachfrist** setzt oder nicht. Eine Nachfrist ist dann angemessen, wenn der Lieferer die Möglichkeit hat, die Lieferung nachzuholen, ohne die Ware selbst beschaffen oder anfertigen zu müssen.

Ohne Nachfristsetzung hat der Käufer das Recht,

- die Lieferung zu verlangen oder
- die Lieferung und Schadenersatz (= **Verzögerungsschaden**) wegen verspäteter Lieferung zu verlangen.

    Beispiel: Durch die verspätete Lieferung der Wollux GmbH wird einem Kunden der Sommerfeld Bürosysteme GmbH, der Deutschen Versicherungs AG, eine Lieferung mit sechs Wochen Verspätung zugestellt. Es wird eine Konventionalstrafe in Höhe von 10 000,00 € fällig. Die Sommerfeld Bürosysteme GmbH verlangt vom Lieferer neben der bestellten Ware Schadenersatz wegen verspäteter Lieferung.

Nach Ablauf einer Nachfristsetzung hat der Käufer das Recht,

- die Lieferung abzulehnen und vom Vertrag zurückzutreten und/oder
- Schadenersatz statt der Leistung (= **Nichterfüllungsschaden**) zu verlangen. Der Schadenersatz setzt immer ein Verschulden des Verkäufers voraus.

Die **Nachfristsetzung entfällt** beim

- Selbstinverzugsetzen des Lieferers,
- Zweckkauf oder Fixkauf (beim zweiseitigen Handelskauf).

Anstelle des Schadenersatzes statt der Leistung kann der Käufer den **Ersatz vergeblicher Aufwendungen** nach § 284 BGB verlangen. Hierzu zählen solche Aufwendungen, die der Käufer im Vertrauen darauf, die Kaufsache tatsächlich zu erhalten, gemacht hatte.

Beispiel: Ein Käufer hat für die Finanzierung des beim Lieferer bestellten Kaufgegenstandes einen Kredit bei seiner Bank aufgenommen. Da er den bestellten Gegenstand vom Lieferer nicht erhält, sind die entstandenen Finanzierungskosten vergeblich gewesen. Der Käufer kann vom Verkäufer den Ersatz seiner vergeblichen Aufwendungen verlangen.

Beim **Fixkauf** (§ 376 HGB, z. B. Klausel: Lieferung am 07.04. fest, ... fix), gerät der Lieferer automatisch mit Überschreiten des Liefertermins in Verzug. In diesem Fall hat der Käufer ohne Nachfristsetzung die Rechte,

- sofort vom Vertrag zurückzutreten oder

- auf der Lieferung zu bestehen (der Käufer muss dieses aber dem Lieferer unverzüglich mitteilen) oder

- Schadenersatz statt der Leistung zu verlangen (Verschulden des Verkäufers ist aber erforderlich).

Im Falle des Schadenersatzes bereitet die Ermittlung des Schadens oft Schwierigkeiten. Verlangt ein Käufer von seinem Lieferer Schadenersatz, so muss er dem Lieferer den Schaden durch eine **Schadensberechnung** nachweisen. Hierbei werden zwei Formen der Schadensberechnung unterschieden:

Schadensberechnung

Tatsächlicher (konkreter) Schaden
Der Käufer nimmt für die nicht gelieferte Ware einen anderweitigen Einkauf (**Deckungskauf**) vor, d. h., er kauft die Ware bei einem anderen Lieferer. Hierbei kann sich der Schaden aus dem Mehrpreis für die beim Deckungskauf gekauften Waren ergeben.

Angenommener (abstrakter) Schaden
Der zu ersetzende Schaden umfasst auch den **entgangenen Gewinn**, der unter normalen Umständen erwartet werden konnte. Er lässt sich nicht ohne Weiteres ermitteln, so z. B. kann ein Käufer nur schwer beweisen, wie viel Gewinn ihm entgeht, wenn er die bestellten Waren nicht termingerecht erhalten hat, da er nicht nachweisen kann, wie viel er tatsächlich verkauft hätte. Um diese Problematik der Schadensermittlung zu vermeiden, werden zwischen dem Käufer und dem Lieferer **Konventionalstrafen (Vertragsstrafen)** vereinbart, die der Lieferer im Verzugsfall zahlen muss, selbst wenn der Schaden geringer ist.

Beispiel: Die Sommerfeld Bürosysteme GmbH hat die bestellten 300 25-l-Dosen trotz Nachfristsetzung von der Farbwerke Wilhelm Weil AG nicht termingerecht erhalten. Ein Schaden könnte darin bestehen, dass einige Kunden der Sommerfeld Bürosysteme GmbH aufgrund der Lieferverzögerung vom Kaufvertrag zurücktreten. Dieser Schaden und der damit entgangene Gewinn können aber nur schwer konkret nachgewiesen werden, deswegen hat die Sommerfeld Bürosysteme GmbH mit dem Lieferer eine Konventionalstrafe vereinbart.

Zusammenfassung

Nicht-rechtzeitig-Lieferung (Lieferungsverzug)

- *Voraussetzungen* der Nicht-rechtzeitig-Lieferung (Lieferungsverzug) sind
  - *Fälligkeit der Lieferung* (Liefertermin ist kalendermäßig bestimmt = Terminkauf)
  - *Mahnung* (Liefertermin ist kalendermäßig nicht genau bestimmt)
  - *Verschulden des Lieferers* durch Vorsatz oder Fahrlässigkeit. Bei höherer Gewalt trifft den Lieferer kein Verschulden.

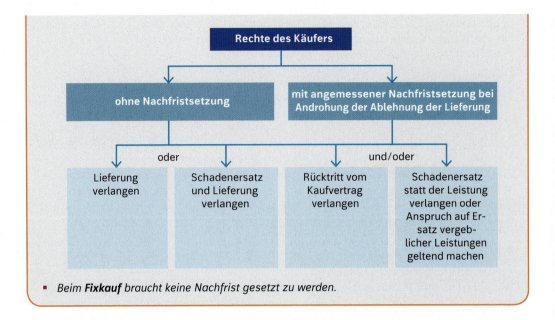

- Beim **Fixkauf** braucht keine Nachfrist gesetzt zu werden.

Aufgaben

1. Als Liefertermin wurde in einem Kaufvertrag über Gattungsware der 14.06. vereinbart. Die Lieferung trifft aber zu diesem Termin nicht ein.

   a) Erläutern Sie, wann die Nicht-rechtzeitig-Lieferung eingetreten ist.
   b) Beschreiben Sie, welche Rechte der Käufer in Anspruch nehmen kann.

2. Erläutern Sie

   a) Selbstinverzugsetzung,
   b) Zweckkauf.

3. Geben Sie an, wann der Verkäufer bei folgenden Lieferterminen in Verzug gerät.

   a) bis 10.01.
   b) 13.06. fix
   c) lieferbar ab Mai
   d) am 16.12.
   e) im Laufe des Dezembers
   f) heute in drei Wochen

4. Ein Süßwarengroßhändler hat bei einem Lieferer 50 Tonnen Kakaopulver bestellt. Als Liefertermin wurde Mitte Juni zugesagt. Durch ein Versehen beim Kakaolieferer ist die Bestellung abhandengekommen, es erfolgt keine Lieferung bis zum 28.06.

   a) Prüfen Sie, ob sich der Lieferer im Verzug befindet.
   b) Welches Recht wird der Süßwarengroßhändler bei einer Nicht-rechtzeitig-Lieferung geltend machen, wenn

      - die Preise inzwischen gestiegen sind,
      - die Preise inzwischen gefallen sind,
      - nachweisbar ein Schaden entstanden ist?

5. Erläutern Sie ausführlich drei Vorschläge, wie die Sommerfeld Bürosysteme GmbH das Auftreten verspäteter Lieferungen seitens ihrer Lieferanten reduzieren kann oder ihre Rechte diesbezüglich verbessern kann.

6. Schreiben Sie anhand nachfolgender Angaben einen Brief:

> Die Sommerfeld Bürosysteme GmbH hat am 26.03.20(0) bei der Primus GmbH 500 Pakete Kopierpapier bestellt. Die Lieferung ist bis zum 15.05.20(0) zugesagt. Am 20.05.20(0) ist die Lieferung immer noch nicht eingetroffen. Ein anderer Lieferer bietet das Kopierpapier in gleicher Qualität zu einem günstigeren Preis an.

7. Bereiten Sie ein Referat zum Thema „Die Nicht-rechtzeitig-Lieferung" vor und setzen Sie beim Vortrag des Referates geeignete Medien zur Präsentation ein.

3.3.3.2 Schlechtleistung (Mängelrüge)

LS 5

Die Sommerfeld Bürosysteme GmbH erhält von der Andreas Schneider Holzwerke KG am Nachmittag des 09.08. eine Warenlieferung. Infolge Arbeitsüberlastung der Warenannahme wird die Warensendung erst am nächsten Tag überprüft. Dabei stellt sich heraus, dass statt der bestellten 400 Furnierplatten in Eiche die Furnierplatten in Esche geliefert worden sind. Ferner sind von 100 bestellten Tischplatten zehn zerkratzt, sodass sie nicht ohne Weiteres verwendet werden können. Herr Lanzetti, der Abteilungsleiter Logistik und Beschaffung, ruft sofort nach Entdeckung der Mängel beim Hersteller an und rügt die fehlerhafte Lieferung. Die Andreas Schneider Holzwerke KG lehnt die Rücknahme der falsch bzw. mangelhaft gelieferten Waren mit der Begründung ab, die Sommerfeld Bürosysteme GmbH hätte die Lieferung bereits am Tag der Warenannahme überprüfen müssen. Herr Lanzetti bittet Daniela Schaub, an den Lieferer eine Mängelrüge zu schreiben.

Arbeitsaufträge

- Stellen Sie fest, welche Mängelarten im vorliegenden Fall vorliegen.
- Prüfen Sie, ob die Sommerfeld Bürosysteme GmbH einen Anspruch gegen die Andreas Schneider Holzwerke KG geltend machen kann.
- Erläutern Sie den Unterschied zwischen Garantie und Kulanz.

Rügepflicht des Käufers (Sachmängelhaftungsfristen)

Bei Feststellung von Mängeln muss der Käufer dem Lieferer eine **Mängelrüge** (§ 433 ff. BGB) zukommen lassen. Für die Mängelrüge gibt es keine bestimmte Formvorschrift. Aus **Beweissicherungsgründen** ist die Schriftform sinnvoll. In der Mängelrüge sollten die festgestellten Mängel so genau wie möglich beschrieben werden.

Beim zweiseitigen Handelskauf (§ 377 HGB) müssen vom Käufer offene Mängel unverzüglich, versteckte Mängel unverzüglich nach Entdeckung, spätestens vor Ablauf von zwei Jahren gerügt werden. Arglistig verschwiegene Mängel müssen unverzüglich nach Entdeckung innerhalb von drei Jahren gerügt werden, wobei die Frist am Ende des Jahres beginnt, in dem der Mangel entdeckt wurde. Kommt der Käufer seinen Rügepflichten nicht termingerecht nach, verliert er alle Rechte aus der mangelhaften Warenlieferung gegen den Lieferer. Der Käufer ist verpflichtet die mangelhafte Ware auf Kosten des Lieferers sorgfältig aufzubewahren.

Beim **einseitigen Handelskauf** (§ 474 BGB) hat der Käufer bei Neuwaren, bei offenen und versteckten Mängeln **zwei Jahre Zeit**, seine Mängelrüge zu erteilen. Für gebrauchte Produkte beläuft sich die Sachmängelhaftungsfrist zwischen einem Kaufmann und einem Privatmann auf ein Jahr. Bei Mängeln, die bei einem **Verbrauchsgüterkauf** nach mehr als sechs Monaten zum ersten Mal auftauchen, muss der Käufer gegebenenfalls mithilfe von Sachverständigen belegen, dass die Mängel schon bei der Warenübergabe vorhanden waren (Beweislastumkehr).

Mängelarten

Eine Warenlieferung kann **Sach- oder Rechtsmängel** aufweisen.

Sachmängel

Mangel in der Menge (Quantitätsmangel)
Es wird zu viel oder zu wenig Ware geliefert.

Beispiel: Statt der bestellten 1 000 Scharniere liefert die Wollux GmbH Peter Findeisen 900 Scharniere (Zuweniglieferung).

Mangel in der Art (Falschlieferung)
Es wird eine andere Ware als die bestellte geliefert.

Beispiele: Statt Messingschlössern werden verchromte Schlösser geliefert; statt Furnierplatten in Eiche werden Furnierplatten in Esche geliefert.

Mangel durch fehlerhafte Ware, Montagefehler oder mangelhafte Montageanleitungen

Die Ware kann möglicherweise zwar verwendet werden, ihr fehlt aber eine bestimmte oder zugesicherte Eigenschaft, die vertraglich vereinbart war. Hierzu zählen auch **fehlerhafte Bedienungsanleitungen (IKEA-Klausel)** oder wenn die vereinbarte Montage vom Verkäufer unsachgemäß ausgeführt wurde (**Montagefehler**).

Beispiele:

- Gelieferte Schlösser haben einen defekten Schließzylinder.

- Die von den Metallwerken Bauer & Söhne OHG gelieferten Stahlbleche haben nicht die vereinbarte erforderliche Festigkeit, somit entsprechen sie nicht der vereinbarten Beschaffenheit.

- Der Verkäufer liefert ein Holzregal, das beim Kunden aufgebaut wird. Der Monteur bohrt zusätzliche Löcher in das Regal mit dem Ergebnis, dass das Regal schief steht.

Mangel durch falsche Werbeversprechungen oder durch falsche Kennzeichnungen

Es fehlen der Ware Eigenschaften, die in einer Werbeaussage oder durch Kennzeichnung versprochen wurden.

Beispiele: Die Sommerfeld Bürosysteme GmbH kauft aufgrund einer Werbebroschüre eines Autoherstellers einen Geschäftswagen, der laut Prospekt nur fünf Liter Kraftstoff pro 100 km verbrauchen soll. Im Wirklichkeit braucht der Pkw aber 8 Liter.

Rechtsmangel

Die zu verkaufende Sache ist durch Rechte anderer belastet.

Beispiele: Auf dem Flohmarkt verkauft ein Händler fabrikneue Bürostühle, die gestohlen worden sind.

Erkennbarkeit der Mängel

Hinsichtlich der Erkennbarkeit der Mängel kann folgende Einteilung vorgenommen werden:

- **Offener Mangel**: Er ist bei der Prüfung der Ware sofort erkennbar.

  Beispiel: Ein Schreibtisch hat einen Kratzer.

- **Versteckter Mangel**: Er ist nicht gleich erkennbar, sondern zeigt sich erst später.

  Beispiele: Angeblich rostfreie Schrauben rosten nach zwei Monaten; erst nach längerer Laufzeit einer Maschine zeigt sich an dieser ein Mangel.

- **Arglistig verschwiegener Mangel**: Er ist dem Verkäufer bekannt, wird aber bewusst von ihm verschwiegen.

  Beispiel: Verkauf eines ausdrücklich unfallfreien Pkw, der aber bereits einen Unfall hatte.

Rechte des Käufers aus der Schlechtleistung (§ 437 ff. BGB)

Der Käufer kann aus der Mängelrüge zuerst nur das Recht auf **Nacherfüllung (§ 439 BGB)** geltend machen, wobei er ein Wahlrecht zwischen Ersatzlieferung und Nachbesserung hat.

Nacherfüllung (Ersatzlieferung oder Nachbesserung)

Der Kaufvertrag bleibt bestehen, der Käufer besteht auf der Lieferung mangelfreier Ware. Das Recht der Ersatzlieferung ist nur beim Gattungskauf (vertretbare Ware) möglich. Der Käufer wird dieses Recht wählen, wenn der Kauf besonders günstig oder der Verkäufer bisher besonders zuverlässig war. Eine Nachbesserung gilt nach dem **erfolglosen zweiten Versuch** als fehlgeschlagen. Der Verkäufer hat die Kosten der Nacherfüllung zu tragen. Er kann die vom Käufer gewählte Art der Nacherfüllung verweigern, wenn diese mit unverhältnismäßig hohen Kosten verbunden ist.

Gelingt die Nacherfüllung nicht, d.h., ist der Käufer anschließend nicht im Besitz einer mangelfreien Ware, hat der Käufer **wahlweise folgende Rechte**, wobei dem Verkäufer eine angemessene Frist zur Leistung oder Nacherfüllung einzuräumen ist:

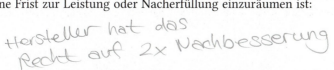
Hersteller hat das Recht auf 2x Nachbesserung

Minderung des Kaufpreises = Preisnachlass (§ 441 BGB)

Der Kaufvertrag bleibt bestehen. Der Verkäufer mindert den ursprünglichen Verkaufspreis um einen angemessenen Betrag. Allerdings ist eine Vereinbarung zwischen Verkäufer und Käufer über die Minderung erforderlich. Der Käufer wird dieses Recht in Anspruch nehmen, wenn die Gebrauchsfähigkeit der Ware nicht wesentlich beeinträchtigt ist.

Rücktritt vom Kaufvertrag (§§ 437, 440 BGB)

Der Kaufvertrag wird aufgelöst, d. h., der Käufer tritt vom Kaufvertrag zurück und bekommt sein Geld zurück. Der Käufer wird insbesondere dann vom Vertrag zurücktreten, wenn er die gleiche Ware bei einem anderen Lieferer preiswerter beschaffen kann.

Rücktritt vom Kaufvertrag und/oder Schadenersatz statt der Leistung (§ 440 BGB)

Anspruch auf Schadenersatz besteht nur, wenn ein Schaden und ein Verschulden des Verkäufers nachgewiesen werden können. Anstelle des Schadenersatzes statt der Leistung kann der Käufer auch hier den Ersatz vergeblicher Aufwendungen verlangen (vgl. S. 130).

Die **Fristsetzung entfällt**, wenn der Verkäufer die Leistung oder beide Arten der Nacherfüllung verweigert oder die Nachbesserung fehlgeschlagen oder unzumutbar ist. Eine Nachbesserung gilt nach dem erfolglosen zweiten Versuch als fehlgeschlagen (BGB § 440).

Bei unerheblichen Mängeln hat der Käufer nur das Recht auf Nacherfüllung oder Minderung, nicht jedoch auf Rücktritt oder Schadenersatz statt der Leistung.

Ein **Käufer hat keine Ansprüche** gegen den Lieferer, wenn

- der Käufer beim Abschluss des Kaufvertrages von dem Mangel gewusst hat,
- die Ware auf einer öffentlichen Versteigerung,
- in Bausch und Bogen (Ramschkauf) gekauft wurde.

Bei **Stückkäufen** ist nur eine Reparatur, aber keine Ersatzlieferung für die mangelhafte Kaufsache möglich (Unmöglichkeit der Leistung, § 275 BGB). In diesem Fall kann der Verkäufer nicht liefern und der Käufer kann die Rechte Rücktritt vom Kaufvertrag und bei Verschulden des Verkäufers Schadenersatz statt der Leistung verlangen.

Der Unternehmer, der eine neu hergestellte mangelhafte Sache von einem Verbraucher zurücknehmen oder eine Preisminderung gewähren musste, kann die Rechte gegen seinen eigenen Lieferer geltend machen (**Unternehmerrückgriff**, § 437 BGB).

Verkäufer gewähren häufig ihren Kunden nach Ablauf der Sachmängelhaftungsfrist aus **Kulanzgründen** die Rechte aus der Mängelrüge, obwohl sie gesetzlich dazu nicht verpflichtet sind. Auf diese Weise erhofft sich das Unternehmen Wettbewerbsvorteile gegenüber der Konkurrenz und eine Bindung des Kunden an das eigene Unternehmen (Kundenorientierung).

Eine über die gesetzliche Sachmängelhaftungsfrist hinausgehende vertragliche **Garantiefrist** (BGB § 477) berechtigt grundsätzlich nur zur Reparatur. Nach zwei Jahren können die Garantieleistungen auch beschränkt werden (z. B. nur Ersatz der Materialkosten, den Arbeitsaufwand trägt der Käufer).

Alle genannten Rechte aus einem Kaufvertrag gelten auch bei einem **Werklieferungsvertrag**, sofern es sich um vertretbare Sachen handelt. Ist die hergestellte Sache nicht vertretbar, so gelten die Vorschriften über den **Werkvertrag** (§ 631 ff. BGB).

Zusammenfassung

Schlechtleistung (Mängelrüge)

Pflichten des Käufers		Zweiseitiger Handelskauf	Einseitiger Handelskauf und bürgerlicher Kauf
Prüfpflicht		unverzüglich	keine gesetzliche Regelung
Rügepflicht	Feststellung von offenen Mängeln	unverzüglich	innerhalb von zwei Jahren
	Feststellung von versteckten Mängeln	unverzüglich nach Entdeckung, innerhalb von zwei Jahren	innerhalb von zwei Jahren
	Feststellung von arglistig verschwiegenen Mängeln	unverzüglich nach Entdeckung, innerhalb von drei Jahren	innerhalb von drei Jahren

Mängelarten	
Sachmängel	Mangel in der Menge (Quantitätsmangel)
	Mangel in der Art (Falschlieferung)
	Mangel durch fehlerhafte Waren, Montagefehler oder mangelhafte Bedienungsanleitungen
	Mangel durch falsche Werbeversprechungen und falsche Kennzeichnungen
Rechtsmängel	Sache ist durch Rechte anderer belastet

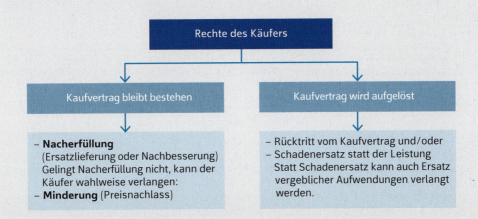

- Eine über die gesetzliche Sachmängelhaftungspflicht hinausgehende **Garantie** berechtigt grundsätzlich nur zur Reparatur.
- Im Rahmen der **Kulanz** gewähren Verkäufer dem Käufer Rechte, ohne dazu gesetzlich verpflichtet zu sein.
- **Unternehmerrückgriff:** Jedes Unternehmen in der Lieferkette kann die Rechte gegenüber seinem eigenen Lieferer geltend machen.

Aufgaben

1. Bei der Überprüfung eingehender Lieferungen stellt die Sommerfeld Bürosysteme GmbH folgende Mängel an der Ware fest:

    1. 2 000 Stahlrohre wurden statt in der Länge von 55 cm in der Länge von 45 cm geliefert.
    2. 50 m Bezugsstoffe für Bürostühle weisen Verschmutzungen auf.
    3. Statt 10 m Bezugsstoffen wurden 12 m geliefert.
    4. Statt mit Holzfurnier beschichtete Spanplatten wurden kunststoffbeschichtete geliefert.
    5. 20 Schlösser für Schubladen haben defekte Schließzylinder.

    a) Geben Sie an, welche Mängelarten vorliegen.
    b) Erläutern Sie, welche Rechte die Sommerfeld Bürosysteme GmbH in Anspruch nehmen sollte.

2. Wählen Sie drei Produkte aus dem Produktionsprogramm (vgl. S. 9) der Sommerfeld Bürosysteme GmbH aus und erläutern Sie anhand dieser Produkte offene, versteckte und arglistig verschwiegene Mängel.

3. Nennen Sie die Prüf- und Rügefristen beim ein- und zweiseitigen Handelskauf bei

    a) offenen Mängeln,
    b) versteckten Mängeln,
    c) arglistig verschwiegenen Mängeln.

4. Schildern Sie anhand von Materialien aus Ihrem Ausbildungsbetrieb möglichst konkret und detailliert

    a) Mängel durch fehlerhafte Rohstoffe oder Einbauteile, die auftreten können.
    b) Geben Sie an, ob es sich bei den von Ihnen unter a) gewählten Beispielen um offene oder versteckte Mängel handelt.

5. Entwerfen Sie einen Brief an einen der Lieferanten der Sommerfeld Bürosysteme GmbH (Lieferanten und Produkte vgl. S. 12), in dem Sie wiederholt aufgetretene Mängel mit gelieferten Materialien genau beschreiben. Drücken Sie höflich, aber bestimmt Ihre Verärgerung darüber und die aufgetretenen Folgen aus. Weisen Sie darauf hin, dass die bisherige Einstufung als A-Lieferant durch die Ereignisse gefährdet ist. Finden Sie einen geeigneten Briefschluss und verlangen Sie eine Stellungnahme des Lieferanten.

6. Erläutern Sie an einem Beispiel den Unterschied zwischen Garantie und Kulanz.

7. Führen Sie den Schriftverkehr anhand folgender Daten:
Am 26.03.20(0) trifft eine Sendung der Farbenwerke Wilhelm Weil AG bei der Sommerfeld Bürosysteme GmbH ein. Herr Lanzetti, der Abteilungsleiter Logistik und Materialbeschaffung, erhält von Herrn Schorn, dem Leiter der Materialannahme, der die Materialsendung unverzüglich überprüft hat, folgende Meldung:

Fehlermeldung		Sachbearbeiter: SCHORN			Datum: 20(0)-03-26
Teile-nummer	Benennung	gelieferte Stücke	Stückpreis in €	fehlerhafte Stücke	Beanstandung
L 302	Holzlack Eiche 10 l seidenmatt	40	48,00	8	Statt seidenmatt wurde glänzend geliefert.
K 122	Holzkleber 10 l „Puttex"	30	28,00	2	Eimer waren nicht mehr luftdicht verschlossen, Leim ist angetrocknet. Leim ist nur noch teilweise verwendbar.
W 380	Holzlasur Mahagoni 10 l	20	44,00	10	Statt 20 wurden nur 10 geliefert.

Folgende Sachmängelhaftungsansprüche werden geltend gemacht:

1. Holzlack Eiche: Ersatzlieferung

2. Holzkleber: Minderung des Kaufpreises

3. Holzlasur: Nachlieferung

8. Beschreiben Sie die Folgen fehlerhafter Bedienungsanleitungen und falscher Werbeversprechungen für einen Industriebetrieb.

9. Udo Möller kauft bei einem Autohändler einen Gebrauchtwagen. Nach einigen Wochen stellt er erhebliche Mängel an dem Fahrzeug fest, u. a. wird festgestellt, dass der Wagen einen Unfall hatte, den der Verkäufer verschwiegen hatte. Beurteilen Sie die rechtliche Situation.

10. Hera Dubowski kauft bei einem Möbelmarkt ein Regal, das sie selber zusammenbauen will. Nach drei Tagen versucht sie das Regal nach der beiliegenden Montageanleitung zusammenzubauen. Hierbei stellt sie fest, dass der Zusammenbau nach der Montageanleitung nicht möglich ist, da diese fehlerhaft ist. Beurteilen Sie die rechtliche Situation.

11. Gerd Fust kauft in einem Warenhaus eine Armbanduhr. Ein Garantieschein mit der Zusicherung einer Garantiefrist von drei Jahren wird ihm vom Verkäufer ausgehändigt. Trotz sachgerechter Behandlung durch Herrn Fust bleibt die Armbanduhr nach einem Monat stehen. Daraufhin verlangt Herr Fust vom Warenhaus den Umtausch der Armbanduhr. Der Verkäufer bietet ihm allerdings nur die Reparatur der Uhr an. Beurteilen Sie die rechtliche Situation.

4 Industriebetriebstypische Formen des Zahlungsverkehrs bearbeiten

Am Freitagnachmittag erscheint gegen 16:30 Uhr bei der Sommerfeld Bürosysteme GmbH der Auslieferungsfahrer eines Reinigungsunternehmens und liefert Putzmittel im Werte von 345,00 € an. Er verlangt sofortige Barzahlung. Rudolf Heller, der für die Materialannahme zuständige Mitarbeiter der Sommerfeld Bürosysteme GmbH, ist mit seinen Gedanken schon im Wochenende. Deshalb zahlt er ohne weitere Rückfrage den geforderten Betrag. Er vermerkt lediglich auf dem Lieferschein, dass er 345,00 € an den Auslieferungsfahrer gezahlt hat. Am Dienstag der nächsten Woche erhält die Sommerfeld Bürosysteme GmbH eine Rechnung über 345,00 € mit der Aufforderung, diese innerhalb von acht Tagen zu bezahlen. Sonja Nolden, die zuständige Sachbearbeiterin aus dem Rechnungswesen, hat den Vermerk von Rudolf Heller auf dem Lieferschein bemerkt. Nach Rücksprache mit Herrn Rudolf Heller stellt sich heraus, dass er sich vom Auslieferungsfahrer den gezahlten Barbetrag nicht hat bestätigen lassen.

Arbeitsaufträge

- Überprüfen Sie, wie die Sommerfeld Bürosysteme GmbH diese Situation hätte vermeiden können.

- Erstellen Sie eine Übersicht der Möglichkeiten bargeldloser Zahlung.

Bar(geld)zahlung und bargeldlose Zahlung

LS 6

Geld erfüllt in einer arbeitsteiligen Volkswirtschaft die Aufgaben des Zahlungs-, Tausch-, Wertaufbewahrungs-, Wertübertragungsmittels und des Wertmaßstabes.

Zahlungen werden entweder mit **Bargeld** (Banknoten, Münzen), **Buch- oder Giralgeld** (= alle Guthaben oder Kredite bei Geldinstituten, über die jederzeit frei verfügt werden kann) oder **Geldersatzmitteln** (Girocard, Kreditkarte) vorgenommen. Kennzeichen der Bar(geld)zahlung ist, dass sowohl der Schuldner als auch der Gläubiger Bargeld in die Hand bekommen.

Bar(geld)zahlung
Die Bargeldzahlung spielt in der Praxis des Industriebetriebes keine Rolle.

- **Persönliche sofortige Zahlung**: Im Alltagsleben ist bei Kaufverträgen im Handel und bei Geschäften unter Nichtkaufleuten die sofortige Barzahlung üblich. Meistens handelt es sich hier nur um geringe Beträge. Der Käufer erhält die **Waren gegen sofortige Zahlung (Zug-um-Zug-Geschäft)**.

Bargeldlose Zahlung

Der bargeldlose Zahlungsverkehr setzt voraus, dass Schuldner und Gläubiger über ein Konto bei einem Geldinstitut verfügen. Der Schuldner kann von seinem Konto einen Betrag abbuchen lassen, der dann dem Gläubiger auf seinem Konto gut geschrieben wird.

Banküberweisung

Mit einer Banküberweisung kann ein Schuldner von seinem Konto einen Geldbetrag auf ein anderes Konto bei jedem Geldinstitut überweisen lassen. Der Auftrag wird dem Geldinstitut durch das Ausfüllen und die Abgabe eines SEPA-Überweisungsvordrucks erteilt. Dies erfolgt häufig online am PC.

Beispiel: Die Sommerfeld Bürosysteme GmbH überweist der Wellpappe GmbH & Co. KG 23 000,00 €.

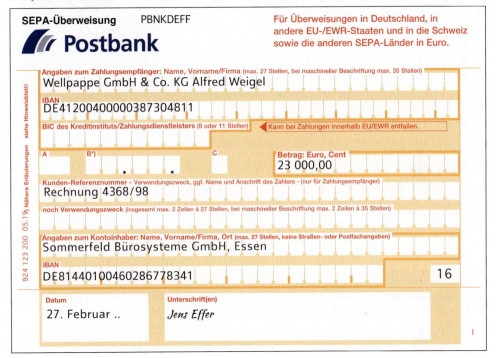

Ein Schuldner kann eine Überweisung auch mit dem kombinierten Formblatt „**Zahlschein/Überweisung**" tätigen. Diese Vordrucke werden oft zusammen mit Rechnungen versandt, wobei bereits alle Angaben des Gläubigers (Name, IBAN-Nummer, bezogene Bank, BIC, Überweisungsbetrag, Verwendungszweck) aufgedruckt sein können. Für den Schuldner ergibt sich dadurch eine **Arbeitserleichterung**.

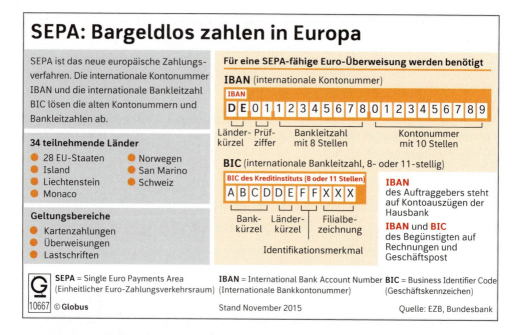

Zahlungsvereinfachungen

Im Rahmen der bargeldlosen Zahlung können einige Zahlungsvereinfachungen, die dem Schuldner Arbeitserleichterungen bringen oder die den Überweisungsvorgang beschleunigen, genutzt werden.

Mit einem **Dauerauftrag** beauftragt ein Kontoinhaber sein Kreditinstitut, **regelmäßig zu einem bestimmten Zeitpunkt einen gleichbleibenden Betrag zulasten seines Kontos** auf das Konto des Gläubigers zu überweisen.

Beispiel: Miete, Versicherungsbeiträge, Tilgungsraten bei Darlehen, Ratenzahlungen

Nach der Auftragserteilung durch den Kontoinhaber stellt das Geldinstitut regelmäßig die Buchungsbelege aus. Ein Dauerauftrag behält seine Gültigkeit bis zum schriftlichen Widerruf durch den Kontoinhaber.

Das **Lastschriftverfahren** hilft bei regelmäßig wiederkehrenden **Zahlungen in gleicher oder unterschiedlicher Höhe**. Der Kontoinhaber kann den Gläubiger ermächtigen, bis auf Widerruf zu unterschiedlichen Terminen Beträge von seinem Konto abbuchen zu lassen.

Beispiel: Telefon-, Strom-, Wasserrechnung, Grundsteuer

Dazu kann der Kontoinhaber dem Gläubiger eine **Einzugsermächtigung (= Einzugsermächtigungsverfahren)** erteilen. Bei diesem Verfahren ermächtigt der Kontoinhaber den Gläubiger, seine Forderung vom Konto des Kontoinhabers einzuziehen. Sollte der Gläubiger das Konto des Kontoinhabers ungerechtfertigt belasten, kann der Kontoinhaber der Kontobelastung innerhalb von acht Wochen widersprechen. Der belastete Betrag wird dann wieder gutgeschrieben.

Ist eine Überweisung besonders dringlich, so kann ein Schuldner sie als **Eilüberweisung** übermitteln lassen. Hierbei wird der Überweisungsvorgang sofort nach Auftragserteilung ausgeführt. Dafür erheben die Geldinstitute ein besonderes Entgelt.

Beispiel: Ein Sachbearbeiter der Sommerfeld Bürosysteme GmbH hat vergessen, termingerecht die Zinsen für ein Darlehen an die Bank zu überweisen. Um mögliche Verzugszinsen möglichst gering zu halten, wird eine Eilüberweisung in Auftrag gegeben.

Onlinebanking („Electronic Banking")

Unter **Onlinebanking** (Telebanking) versteht man die elektronische Abwicklung des Zahlungsverkehrs durch die Nutzung von Onlinediensten. Die Mitarbeiter der Finanzbuchhaltung der Sommerfeld Bürosysteme GmbH können beispielsweise über das Internet Kontoinformationen abrufen, z. B. Umsätze, Salden, oder Zahlungsaufträge erteilen. Gleichzeitig ermöglichen viele Finanzsoftwareprogramme eine umfassende Liquiditätsplanung im Industrieunternehmen. Überweisungen an Lieferanten müssen, was Zahlungshöhe und -zeitpunkt angeht, auch immer in enger Abstimmung mit der aktuellen Liquidität erfolgen.

- Die Verbindung zum Onlinedienst erfolgt über ein **Passwort** und eine **PIN** (= persönliche Identifikationsnummer).
- Für jede Transaktion (z. B. die Veranlassung einer Überweisung) ist eine **zusätzliche Legitimierung erforderlich**, z. B. über **einen Chip-TAN-Generator und die dazugehörige Chipkarte**. Erforderlich ist auch eine elektronische Unterschrift.

Die EDV-Abteilung der Sommerfeld Bürosysteme GmbH sorgt für die entsprechende **Sicherheit bei Onlineüberweisungen an die Lieferanten**. Sie stellt regelmäßig neue sichere Passwörter und PINs sowie Verschlüsselungsprogramme für die Datenübertragung zur Verfügung. Die EDV-Abteilung sorgt für einen Schutz durch Firewalls und Virenscanner, programmiert stündliche Back-ups von allen Transaktionen und stellt Richtlinien für die Mitarbeiter auf, die bei der Durchführung der Finanztransaktionen und der Nutzung der entsprechenden Finanzsoftware zu beachten sind.

Elektronische Rechnungsabwicklung

Im Rahmen von E-Commerce (vgl. S. 60 f.) und zur Erleichterung der elektronischen Abwicklung des Zahlungsverkehrs gehen Industrieunternehmen zunehmend dazu über, Rechnungen beleglos, d. h. digital zu empfangen bzw. zu versenden.

Beispiel: Die Sommerfeld Bürosysteme GmbH regt bei ihrem Hauptlieferer für Stahlrohrgestelle und Alugussteile, der Metallwerke Bauer & Söhne OHG, an, dass alle Rechnungen ab dem nächsten Geschäftsjahr digital verschickt werden, um die Vorteile der elektronischen Rechnungsabwicklung zu nutzen.

Die Vorteile des elektronischen Empfangs von Liefererrechnungen bestehen vor allem in erheblichen Kosteneinsparungen durch die Zeitersparnis bei der Bearbeitung und Archivierung sowie in einer schnelleren Bezahlung. Skontofristen können besser eingehalten werden, Fehler und Suchaufwand werden reduziert. Prozesse im Rechnungswesen können letztendlich effizienter gestaltet werden.

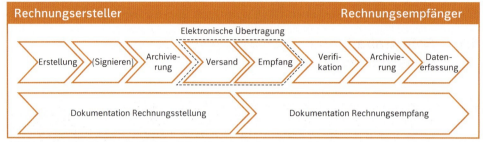

Abbildung: Beispielhafter Prozess der elektronischen Rechnungsabwicklung

> *Zusammenfassung*
>
> **Industriebetriebstypische Formen des Zahlungsverkehrs bearbeiten**
>
> - Kennzeichen der **Bar(geld)zahlung** ist, dass sowohl der Schuldner als auch der Gläubiger Bargeld in den Händen haben.
> - Bei **persönlicher sofortiger Zahlung** (Zug-um-Zug-Geschäft) erhält ein Kunde die Ware nur gegen sofortige Zahlung. Der Kunde (Zahler) erhält über die Zahlung eine Quittung.
> - Voraussetzung für den bargeldlosen Zahlungsverkehr ist, dass sowohl der Schuldner als auch der Gläubiger ein Konto haben.
> - Bei der Banküberweisung findet eine **Umbuchung vom Konto des Schuldners auf das Konto des Gläubigers statt.**
> - Zahlungsvereinfachungen für regelmäßige Zahlungen sind der **Dauerauftrag** und das **Lastschriftverfahren**.
> - Die **Eilüberweisung** beschleunigt die Überweisung an den Gläubiger.
> - Beim **Onlinebanking** oder **Electronic Banking** kann der Schuldner seine Zahlungsgeschäfte über Onlinedienste und mithilfe einer Finanzsoftware abwickeln.
> - Die EDV-Abteilung ergreift Maßnahmen, die die **Sicherheit beim Onlinebanking** gewährleisten sollen.
> - Die elektronische Rechnungsabwicklung unterstützt die elektronische Zahlungsabwicklung und führt zu Kosteneinsparungen bei der Bearbeitung von Rechnungen.

Aufgaben

1. Beschreiben Sie, wodurch die Bar(geld)zahlung gekennzeichnet ist.

2. Erläutern Sie, welche Vorteile der bargeldlose Zahlungsverkehr für den Schuldner und den Gläubiger hat.

3. Informieren Sie sich im Internet über Bestrebungen, die Bargeldzahlung abzuschaffen, und stellen Sie anschließend Argumente dafür und dagegen gegenüber (siehe z. B. www.welt.de/politik/deutschland/article152000241/Geld-wird-kein-privates-Eigentum-mehr-sein.html).

4. Informieren Sie sich in Ihrem Ausbildungsbetrieb über die genauen Abläufe beim Onlinebanking bzw. Electronic Banking, die eingesetzte Finanzsoftware sowie Sicherheitsmaßnahmen. Bereiten Sie mithilfe Ihrer Stichpunkte einen kleinen Vortrag für Ihre Mitschüler/-innen vor.

5. Sammeln Sie Informationen zur elektronischen Rechnungsabwicklung in Ihrem Ausbildungsbetrieb oder im Internet unter www.elektronische-rechnungsabwicklung.de.

5 Materialeinkäufe in der Finanzbuchhaltung erfassen

5.1 Sofortrabatte und Anschaffungsnebenkosten erfassen und buchen

→ LS 7

Anfang Mai bestellte die Sommerfeld Bürosysteme GmbH bei der Andreas Schneider Holzwerke KG hochwertige Schreinerplatten, die als Rohstoffe unmittelbar in der Produktion Verwendung finden. Am Tag nach der Lieferung liegt auch die Rechnung im Posteingang der Sommerfeld Bürosysteme GmbH. Frau Nolden bittet Rudolf Heller, diese zu bearbeiten.

Andreas Schneider
Holzwerke KG

Palzstraße 16
59073 Hamm

Andreas Schneider Holzwerke KG, Palzstr. 16, 59073 Hamm

Sommerfeld Bürosysteme GmbH
Gladbecker Straße 85–91
45141 Essen

Telefon: 02381 417118
Telefax: 02381 985410
E-Mail: info@schneider-holzwerke.de
Internet: www.schneider-holzwerke.de

St.-Nr.: 322/4543/8349
USt-IdNr.: DE-109465935

Rechnung

Ihre Bestellung: 02.05.20(0)

	Kunden-Nr.	Rechnung Nr.	Datum
Lieferdatum: 20.05.20(0)	9284	20471	20.05.20(0)

Bei Zahlung bitte angeben

Pos.	Artikel-Nr.	Artikelbezeichnung	Menge/Stück	Einzelpreis €	Rabatt %	Gesamtpreis €
1	0800	Schreinerplatten 2 000 x 4 000 x 30 mm	2 500	90,00		225 000,00
					15	33 750,00

Warenwert netto	Verpackung	Fracht	Entgelt netto	19 % USt	Gesamtbetrag €
191 250,00	–	20 000,00	211 250,00	40.137,50	**251 387,50**

Zahlbar innerhalb von 14 Tagen ohne Abzug

Bankverbindung: Volksbank Hamm
IBAN DE26410601200098789723   **BIC** GENODEM1HMN

> **Arbeitsaufträge**
>
> - Nennen und erläutern Sie die einzelnen Rechnungspositionen.
> - Welche Auswirkungen haben der Rabatt und die Fracht auf die Anschaffungskosten für die Schreinerplatten?
> - Suchen Sie aus dem Kontenplan die Konten heraus, welche durch diesen Beleg angesprochen werden und unterbreiten Sie einen Vorschlag zur Buchung der Eingangsrechnung.

Ermittlung der Anschaffungskosten

Roh-, Hilfs- und Betriebsstoffe werden bei ihrer Beschaffung mit den **Anschaffungskosten** erfasst. Sowohl Anschaffungspreisminderungen als auch Anschaffungsnebenkosten sind bei der Ermittlung der Anschaffungskosten zu berücksichtigen.

> **§ 255 HGB (1)**
> Anschaffungskosten sind die Aufwendungen, die geleistet werden, um einen Vermögensgegenstand zu erwerben und ihn in einen betriebsbereiten Zustand zu versetzen, soweit sie dem Vermögensgegenstand einzeln zugeordnet werden können. Zu den Anschaffungskosten gehören auch die Nebenkosten sowie die nachträglichen Anschaffungskosten. Anschaffungspreisminderungen sind abzusetzen.

Demnach ist zu beachten:

Sofortrabatte	Sofortrabatte, welche auf der Eingangsrechnung ausgewiesen sind, mindern die Anschaffungskosten unmittelbar und werden deshalb nicht gesondert gebucht. **Beispiele:** Mengen-, Wiederverkäufer-, Sonderrabatte
Bezugskosten	Bezugskosten sind **Anschaffungsnebenkosten** und zählen zu den Anschaffungskosten. Sie erhöhen die Aufwendungen für Anschaffungen. **Beispiele:** Frachten, Rollgelder, Verpackung, Transportversicherung, Makler- und Handelsvertreterprovision, Zölle
Vorsteuer	Die Vorsteuer ist kein Bestandteil der Anschaffungskosten, weil sie durch Verrechnung mit der Umsatzsteuerschuld vom Finanzamt erstattet wird.

Beispiel: siehe Beleg S. 145

Listeneinkaufspreis − Sofortrabatt	
+ Anschaffungsnebenkosten	
= Anschaffungskosten	

Eingangsrechnung: Zieleinkauf von Rohstoffen	€
Gesamtpreis, netto	225 000,00
− 15 % Mengenrabatt	33 750,00
	191 250,00
+ Fracht	20 000,00
	211 250,00
+ 19 % Umsatzsteuer	40 137,50
Rechnungsbetrag brutto	251 387,50

Buchung der Anschaffungsnebenkosten (Bezugskosten)

Damit der Unternehmer genaue **Informationen über die Zusammensetzung** der Bezugspreise bekommt, empfiehlt sich eine getrennte Erfassung der Anschaffungsnebenkosten auf besonderen Bezugskostenkonten. So kann gezielt Einfluss auf die Höhe der Anschaffungsnebenkosten genommen und ein genauerer Überblick über die Zusammensetzung der Anschaffungskosten gewonnen werden.

Beispiel: Die Sommerfeld Bürosysteme GmbH kann versuchen, die Frachtkosten von 8,00 € pro Schreinerplatte durch die Auswahl eines preiswerteren Spediteurs oder durch Selbstabholung zu senken.

Bei der Buchung haben die Unternehmen die Wahl zwischen der bestandsorientierten Erfassung und der verbrauchs- oder aufwandorientierten Erfassung.

Bestandsorientierte Buchung		Aufwandsorientierte Buchung	
Die Anschaffungsnebenkosten werden auf den Unterkonten der **Bestandskonten** in der **Kontenklasse 2** erfasst.		Die Anschaffungsnebenkosten werden auf den Unterkonten der **Verbrauchskonten** in der **Kontenklasse 6** erfasst.	
2000	2001 Bezugskosten Rohstoffe	6000	6001 Bezugskosten Rohstoffaufwand
2010	2011 Bezugskosten Fremdbauteile	6010	6011 Bezugskosten Fremdbauteileaufwand
2020	2021 Bezugskosten Hilfsstoffe	6020	6021 Bezugskosten Hilfsstoffaufwand
2030	2031 Bezugskosten Betriebsstoffe	6030	6031 Bezugskosten Betriebsstoffaufwand
2070	2071 Bezugskosten Sonstiges Material	6070	6071 Bezugskosten Sonstiger Materialaufwand
2280	2281 Bezugskosten Handelswaren	6080	6081 Bezugskosten Handelswarenaufwand

Die Sommerfeld Bürosysteme GmbH bucht den Einkauf von Rohstoffen aufwandsorientiert, weil diese im Regelfall nach dem Just-in-time-Prinzip angeliefert werden. Der Einkauf von Hilfsstoffen wird bei der Sommerfeld Bürosysteme GmbH bestandsorientiert gebucht, weil für diese ein Eingangslager existiert.

Beispiel: siehe Beleg S. 145

6000	RS-Aufwand	191 250,00			
6001	Bezugskosten RS-Aufwand	20 000,00			
2600	Vorsteuer	40 137,50	an	4400 Verbindlichkeiten a. LL.	251 387,50

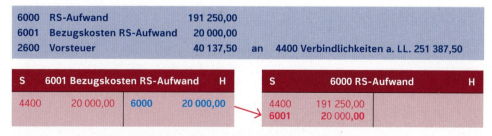

Da die **Bezugskosten Bestandteil der Anschaffungskosten** der beschafften Materialien sind, müssen die Bezugskostenkonten beim Abschluss der Finanzbuchhaltung im Rahmen der vorbereitenden Abschlussbuchungen **über** die **entsprechenden Materialbestandskonten** bzw. Materialaufwandskonten abgeschlossen werden.

Zusammenfassung

Sofortrabatte und Anschaffungsnebenkosten erfassen und buchen

- Alle Vermögensgegenstände sind bei ihrer Beschaffung mit den Anschaffungskosten (**Bezugs- oder Einstandspreis**) zu erfassen.
- Anschaffungskosten sind alle Aufwendungen, die beim Erwerb entstehen.

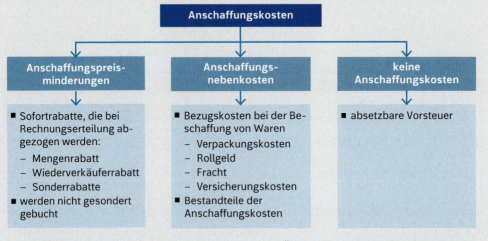

- Die Anschaffungsnebenkosten werden zur besseren Übersicht auf **besonderen Unterkonten** erfasst, und zwar
  - bei bestandsorientierter Erfassung auf Unterkonten der Materialbestandskonten,
  - bei verbrauchsorientierter Erfassung auf Unterkonten der Materialaufwandskonten.

Aufgaben

1. a) Bilden Sie die Buchungssätze zu folgenden Geschäftsfällen und buchen Sie verbrauchsorientiert auf folgenden Konten: 6000, 6001, 6020, 6021, 2600.
   b) Ermitteln Sie die Anschaffungskosten der Rohstoffe und der Hilfsstoffe.
   c) Begründen Sie die Buchungen auf den Konten 6001 und 6021.

Geschäftsfälle	€	€
1. **ER 704** für Rohstoffe, Listeneinkaufspreis ab Werk	22 000,00	
– 5 % Mengenrabatt	1 100,00	
	20 900,00	
+ Transportversicherung	105,00	
+ Fracht	495,00	
	21 500,00	
+ 19 % Umsatzsteuer	4 085,00	25 585,00

		€	€
2.	**ER 705** für Hilfsstoffe, ab Werk	6 000,00	
	+ Transportversicherung	30,00	
		6 030,00	
	+ 19 % Umsatzsteuer	1 145,70	7 175,70
3.	Kassenbeleg: Bahnfracht für gelieferte Hilfsstoffe (Fall 2)		238,00
	Umsatzsteueranteil		38,00
4.	Lastschrift des Lieferers: Nachbelastung für Flüssigkeits-behälter von Hilfsstofflieferung (Fall 2)	500,00	
	+ 19 % Umsatzsteuer	95,00	595,00

2. Buchen Sie die folgende Eingangsrechnung

a) bestandsorientiert,
b) verbrauchsorientiert.

	ER 208:	€
	Rohstoffe, Listenpreis	150 000,00
	– 33 1/3 % Wiederverkäuferrabatt	50 000,00
		100 000,00
	– 4 % Sonderrabatt	4 000,00
		96 000,00
	+ 19 % Umsatzsteuer	18 240,00
		114 240,00

3. Geben Sie die Buchungssätze für folgende Geschäftsfälle eines Herstellers von Damenoberbekleidung an

a) bei bestandsorientierter Erfassung,
b) bei verbrauchsorientierter Erfassung.

		€	€
1.	**ER:** Zieleinkauf von Mantelstoffen		
	Listeneinkaufspreis, netto	80 000,00	
	– 6 % Mengenrabatt	4 800,00	75 200,00
	+ 19 % Umsatzsteuer		14 288,00
			89 488,00
2.	**ER, BA:** Kauf von Nähseide gegen Zahlung per Bankeinzug		
	Listenpreis, netto	6 000,00	
	– 4 % Rabatt	240,00	5 760,00
	+ 19 % Umsatzsteuer..		1 094,40
			6 854,40
3.	**ER, KB:** Barkauf von Reinigungsmaterial für die Lagerräume		
	Listenpreis, netto	800,00	
	– 5 % Rabatt (Treuerabatt)	40,00	760,00
	+ 19 % Umsatzsteuer		144,40
			904,40
4.	**ER:** Zieleinkauf von Kleiderstoffen, Seide		
	Listenpreis: 40 Ballen à 2 400,00 €	96 000,00	
	– 8 % Messerabatt	7 680,00	88 320,00
	+ 19 % Umsatzsteuer		16 780,80
			105 100,80

Lernfeld 6: Beschaffungsprozesse planen, steuern und kontrollieren

4. Die Textilfabrik Bernd Aigner e. K. erhält eine Ab-Werk-Lieferung von 24 000 m Kleiderstoff zum Listenpreis von 32,00 € je m. Der Stofffabrikant Anton Hofstetter gewährt 25 % Sonderrabatt. Für die Zustellung berechnet er 1 200,00 € Fracht.

a) Ermitteln Sie den Rechnungsbetrag unter Berücksichtigung von 19 % Umsatzsteuer.
b) Ermitteln Sie die Anschaffungskosten je m des Stoffes.
c) Bilden Sie den Buchungssatz zur Erfassung dieser Sendung
  ca) bestandsorientiert,
  cb) verbrauchsorientiert.

5. a) Buchen Sie nach der Konteneröffnung die Geschäftsfälle.
b) Führen Sie den Abschluss durch.
c) Ermitteln Sie
  ca) den Rohstoffeinsatz,
  cb) den Umsatz,
  cc) den Reingewinn,
  cd) die Umsatz- und die Eigenkapitalrentabilität.
Kontenplan: 0700, 2400, 2600, 2800, 2880, 3000, 4400, 4800, 5000, 6000, 6001, 6200, 6700, 6800, 8000, 8010, 8020.

Anfangsbestände:	€		€
Maschinen	250 000,00	Eigenkapital	300 000,00
Forderungen a. LL.	46 000,00	Verbindlichkeiten a. LL.	69 000,00
Bankguthaben	68 000,00		
Kasse	5 000,00		

Geschäftsfälle:	€	€
1. **AR 47–55:** Verkauf von Erzeugnissen auf Ziel	135 000,00	
+ 19 % Umsatzsteuer	25 650,00	160 650,00
	€	
2. **ER 17:** Einkauf von Rohstoffen auf Ziel	67 000,00	
+ Verpackung	820,00	
+ Fracht	280,00	68 100,00
+ 19 % Umsatzsteuer		12 939,00	81 039,00
3. **AR 56–59:** Verkauf von Erzeugnissen auf Ziel	48 000,00	
+ 19 % Umsatzsteuer	9 120,00	57 120,00
4. **ER 18, BA 13:** Rohstoffeinkauf gegen Verrechnungsscheck		44 000,00
– 10 % Rabatt	4 400,00	
	39 600,00	
+ Leihverpackung	1 200,00	40 800,00
+ 19 % Umsatzsteuer		7 752,00
		48 552,00
5. **Kassenbeleg:** Zustellentgelt hierfür (Fall 4)	140,00	
+ 19 % Umsatzsteuer	26,60	166,60
6. **BA 14: Lastschriften/Gutschriften** für		
Löhne	18 000,00	
Miete für gemietete Geschäftsräume	15 000,00	
Büromaterial einschl. 19 % Umsatzsteuer	214,20	33 214,20
Gutschrift: Rechnungsausgleich eines Kunden		114 210,00

6. Geben Sie die Buchungssätze (bei Anwendung der Just-in-time-Methode) für folgende Geschäftsfälle eines Herstellers von Teigwaren und Fertiggerichten an.
Rohstoffe: Hartgrieß, Fleisch; **Hilfsstoffe:** Hühnereier, Salz, Pflanzenöl.

	€	€
1. **ER:** Zieleinkauf von Hartweizengrieß; Listenpreis, netto		48 000,00
– 4 % Mengenrabatt	1 920,00	46 080,00
+ Fracht		373,92
+ Transportversicherung		46,08
		46 500,00
+ 19 % Umsatzsteuer		8 835,00
		55 335,00
2. **ER, KB:** Rollgeld für die Anlieferung (Fall 1) bar bezahlt, brutto einschließlich 19 % Umsatzsteuer		214,20
3. **ER, BA:** Kauf von Hühnereiern der Gewichtsklasse A gegen Zahlung per Bankeinzug, netto	2 500,00	
+ 19 % Umsatzsteuer	475,00	2 975,00
4. **KB:** Barzahlung der Fracht für die Anlieferung der Eier, brutto, einschließlich 19 % Umsatzsteuer		83,30

5.2 Rücksendungen an Lieferer und Gutschriften von Lieferern in der Buchhaltung erfassen

Ein Lkw der Spedition Gonski GmbH Dortmund liefert am 15.09. Alupressprofile der Metallwerke Bauer & Söhne OHG, Dortmund, an. Die in Kartons und Rollcontainern verpackten Teile werden von dem Lageristen der Sommerfeld Bürosysteme GmbH noch in Anwesenheit des Lkw-Fahrers auf äußere Beschädigung überprüft und dann angenommen. Am selben Tag geht die abgebildete Rechnung der Metallwerke Bauer & Söhne OHG ein.

Bei näherer Prüfung der Sendung und der Eingangsrechnung wird festgestellt, dass 50 Alupressprofile (Art.-Nr. 310) zu viel geliefert und berechnet wurden. Rudolf Heller vereinbart mit Herrn Siebert von der Metallwerke Bauer OHG, dass die 50 zu viel gelieferten Alupressprofile zusammen mit den Mehrweg-Rollcontainern zurückgesandt werden.

Schon wenige Tage nach der Rücksendung erhält die Sommerfeld Bürosysteme GmbH die abgebildete Gutschrift von der Metallwerke Bauer OHG.

Arbeitsaufträge

- Erläutern Sie die buchhalterische Auswirkung der Rücksendung der Alupressprofile und der Rollcontainer.
- Buchen Sie sowohl die Eingangsrechnung als auch die Gutschrift aufwandorientiert.
- Wie müssten die Buchungssätze lauten, wenn die Sommerfeldbürosysteme GmbH den Einkauf von Rohstoffen bestandsorientiert buchen würde?

Rücksendungen an den Lieferer

Werden Materialien an den Lieferer zurückgesendet, weil sie nicht mangelfrei oder in zu großer Menge geliefert worden sind, sinken die Verbindlichkeiten a. LL gegenüber diesem Lieferer. Auf Basis eines Korrekturbeleges des Lieferers werden Korrekturbuchungen auf dem Konto Verbindlichkeiten a. LL sowie den entsprechenden Materialaufwands- bzw. Materialbestandskonten vorgenommen, da die im Unternehmen verbleibende Materialmenge geringer ist als auf der ursprünglichen Eingangsrechnung ausgewiesen. Dadurch sinkt auch die zu zahlende Vorsteuer, was zu einer entsprechenden Minderung des Vorsteueranspruchs gegenüber dem Finanzamt führt. Vereinfacht ausgedrückt kann man sagen, dass die ursprüngliche Buchung einfach „umgedreht wird".

Ähnliches gilt für **Lieferergutschriften** aufgrund der **Rücksendung von Leihverpackungen** (im Beispiel oben die Rollcontainer), die der Lieferer in Rechnung gestellt hatte. Die erforderliche Korrekturbuchung erfolgt hierbei je nach vorgenommener Buchung der Eingangsrechnung entweder unmittelbar auf dem Materialbestandsunterkonto „Bezugskosten" oder auf dem Materialaufwandsunterkonto „Bezugskosten".

Beispiel:

Verbrauchsorientierte Erfassung der Belege S. 151 f.

1. ER:

6000	RS-Aufwand	9 900,00			
6001	BZ RS-Aufwand	930,00			
2600	Vorsteuer	2 057,70	an 4400	Verbindlich-keiten a. LL.	12 887,70

2. Gutschrift:

4400	Verbindlichkeiten a. LL.	1 963,50	an 6000	RS-Aufwand	900,00
			an 6001	BZ RS-Aufwand	750,00
			an 2600	Vorsteuer	313,50

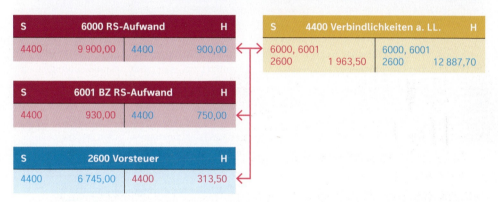

Bestandsorientierte Erfassung der Belege S. 151 f.

1. ER:

2000	Rohstoffe	9 900,00			
2001	BZ Rohstoffe	930,00			
2600	Vorsteuer	2 057,70	an 4400	Verbindlich-keiten a. LL.	12 887,70

2. Gutschrift:

4400	Verbindlichkeiten a. LL.	1 963,50	an 2000	Rohstoffe	900,00
			an 2001	BZ Rohstoffe	750,00
			an 2600	Vorsteuer	313,50

Gutschriften des Lieferers wegen Kaufpreisminderung und Boni erfassen

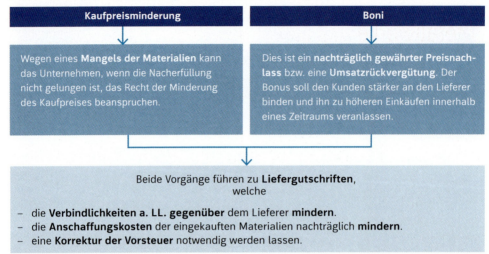

Diese nachträglichen Anschaffungspreisminderungen werden, ähnlich wie die Bezugskosten, auf Unterkonten der entsprechenden Materialbestandskonten bzw. Materialaufwandskonten gebucht.

Bestandsorientierte Buchung			Aufwandsorientierte Buchung		
Die nachträglichen Anschaffungspreisminderungen werden auf den Unterkonten der **Bestandskonten** in der **Kontenklasse 2** erfasst.			Die nachträglichen Anschaffungspreisminderungen werden auf den Unterkonten der **Verbrauchskonten** in der **Kontenklasse 6** erfasst.		
2000	2001	2002 Nachlässe Rohstoffe	6000	6001	6002 Nachlässe Rohstoffaufwand
2010	2011	2012 Nachlässe Fremdbauteile	6010	6011	6012 Nachlässe Fremdbauteileaufwand
2020	2021	2022 Nachlässe Hilfsstoffe	6020	6021	6022 Nachlässe Hilfsstoffaufwand
2030	2031	2032 Nachlässe Betriebsstoffe	6030	6031	6032 Nachlässe Betriebsstoffaufwand
2070	2071	2072 Nachlässe Sonstiges Material	6070	6071	6072 Nachlässe Sonstige Materialaufwendungen
2280	2281	2282 Nachlässe Handelswaren	6080	6081	6082 Nachlässe Handelswarenaufwand

5 Materialeinkäufe in der Finanzbuchhaltung erfassen

Beispiel 1: Minderung

Bestandsorientierte Erfassung

4400	Verbindlichkeiten a. LL.	9 329,60	an	2002	Nachlässe	7 840,00
			an	2600	Vorsteuer	1 489,60

Verbrauchsorientierte Erfassung

4400	Verbindlichkeiten a. LL.	9 329,60	an	6002	Nachlässe	7 840,00
			an	2600	Vorsteuer	1 489,60

Beispiel 1: Boni

Bestandsorientierte Erfassung

4400	Verbindlichkeiten a. LL.	11 566,80	an 2002	Nachlässe	9 720,00
			an 2600	Vorsteuer	1 846,80

Verbrauchsorientierte Erfassung

4400	Verbindlichkeiten a. LL.	11 566,80	an 6002	Nachlässe	9 720,00
			an 2600	Vorsteuer	1 846,80

Es handelt sich in beiden Fällen um reine **Wertgutschriften**. Die Waren werden nicht von Kunden zurückgegeben. Dem Unternehmen entstehen im Unterschied zu Rücksendungen keine Folgekosten (Rücksendung, Einordnung, Pflege, Inventarisierung der Waren).

Durch die Erfassung auf Unterkonten gewinnt die Sommerfeld Bürosysteme GmbH einen besseren Überblick über die insgesamt gewährten nachträglichen Preisminderungen. Ebenso wie die Bezugskostenkonten müssen auch die Nachlasskonten im Rahmen der vorbereitenden Abschlussbuchungen über die entsprechenden Materialbestandskonten bzw. Materialaufwandskonten abgeschlossen werden.

Darstellung der Buchungen auf Konten bei aufwandsorientierter Erfassung

Zusammenfassung

Rücksendungen an Lieferer und Gutschriften von Lieferern in der Buchhaltung erfassen

Rücksendungen: Wert- und Mengenkorrekturen	**Materialien**
	 Minderung der ursprünglich gebuchten
	 – Materialeingänge
	 – Vorsteuer
	 – Verbindlichkeiten
	 Buchung:
	 – bestandsorientiert: 4400 an 2000
	                                           an 2600
	 – verbrauchsorientiert: 4400 an 6000
	                                           an 2600

	Leihverpackungen
	 Minderung der ursprünglich gebuchten
	 – Bezugskosten
	 – Vorsteuer
	 – Verbindlichkeiten
	 Buchung:
	 – bestandsorientiert: 4400 an 2001
	                                           an 2600
	 – verbrauchsorientiert: 4400 an 6001
	                                           an 2600

Nachlass/Gutschriften: Wertkorrekturen	**Minderungen**
	 – nachträgliche Herabsetzung des Kaufpreises wegen festgestellter Mängel
	 – getrennte Erfassung auf den Unterkonten 2002, 2022, 2032 bzw. 6002, 6022, 6032 Nachlässe
	 Buchung:
	 – bestandsorientiert: 4400 an 2002
	                                           an 2600
	 – verbrauchsorientiert: 4400 an 6002
	                                           an 2600

	Boni – nachträglich gewährter Rabatt aufgrund vorgegebener Umsatzschwellenwerte – getrennte Erfassung der Wertkorrektur auf den Unterkonten 2002, 2022, 2032 bzw. 6002, 6022, 6032 Nachlässe **Buchung:** wie bei Minderungen, s. o.

Aufgaben

Rücksendungen an Lieferer

1. Die Konten 2000, 2001 und 2600 weisen folgende Beträge aus:

	€ Soll	€ Haben
2000 Rohstoffe	1 250 000,00	50 000,00
2001 Bezugskosten/Rohstoffe	86 000,00	38 000,00
2600 Vorsteuer	84 000,00	82 000,00

Vor dem Abschluss sind noch folgende Geschäftsfälle zu berücksichtigen:

	€	€
1. Rohstoffeinkäufe auf Ziel, ER 164, Listeneinkaufspreis	80 000,00	
– 25 % Rabatt	20 000,00	
	60 000,00	
+ 19 % USt	11 400,00	71 400,00
2. Zahlung der Eingangsfracht (Fall 1) per Bankeinzug	1 500,00	
+ 19 % USt	285,00	1 785,00
3. Rücksendung von Rohstoffen an einen Rohstofflieferer, netto	8 000,00	
+ 19 % USt	1 520,00	9 520,00
4. Rücksendungen von Leihemballagen an einen Rohstofflieferer, netto	1 000,00	
+ 19 % USt	190,00	1 190,00

Ermitteln Sie
a) den Rohstoffverbrauch (Rohstoffendbestand lt. Inventur 200 000,00 €),
b) die abzugsfähige Vorsteuer.

2. Buchen Sie verbrauchsorientiert auf den Konten 6000, 6001, 2600, 2880, 4400.

Anfangsbestände
Rohstoffe 45 000,00 €, Kasse 1 500,00 €

Geschäftsfälle

	€	€
1. Rohstoffeinkauf, ER 87, Listeneinkaufspreis	3 000,00	
– 10 % Mengenrabatt	300,00	
	2 700,00	
+ Fracht	100,00	
+ Leihverpackung	300,00	
	3 100,00	
+ 19 % Umsatzsteuer	589,00	3 689,00
2. Rücksendungen von Rohstoffen an einen Lieferer wegen Falschlieferung, ER 87, Gutschrift		178,50
Umsatzsteueranteil		28,50
3. Gutschriftanzeige des Lieferers für zurückgesandte Leihverpackung, ER 87 (Fall 1)		357,00
Umsatzsteueranteil		57,00
4. Rohstoffeinkauf, ER 88	4 000,00	
– 5 % Sonderrabatt	200,00	
	3 800,00	
Pfandentgelt für Spezialverpackung (bei Rücksendung werden 80 % gut geschrieben)	400,00	
	4 200,00	
+ 19 % Umsatzsteuer	798,00	4 998,00

5. Fracht hierfür bar (Fall 4)   119,00

Umsatzsteueranteil		19,00
6. Rücksendung der Spezialverpackung (Fall 4)		
Gutschrift des Lieferers, netto	?	
+ 19 % Umsatzsteuer	?	?
7. Fracht für die Rücksendung der Spezialverpackung bar		
(Fall 6)		23,80
Umsatzsteueranteil		3,80

Abschlussangaben
Rohstoffendbestand laut Inventur .... 38 000,00 €
Ermitteln Sie
a) den Rohstoffverbrauch zum Einstandspreis,
b) den Betrag der abzugsfähigen Vorsteuer.

Gutschriften von Lieferern

3. Beantworten Sie schriftlich folgende Fragen:
   a) Warum dürfen die beim Materialeinkauf bezahlten Frachtkosten bei bestandsorientierter Buchung nicht als Aufwendungen der Klasse 6 gebucht werden?
   b) Warum werden Gutschriftanzeigen der Materiallieferer für Materialrücksendungen anders gebucht als Gutschriftanzeigen für Preisherabsetzungen wegen mangelhafter Lieferungen?
   c) Welche vorbereitenden Abschlussbuchungen sind erforderlich, um die Materialbestandskonten abzuschließen?
   d) Warum ist in den Gutschriftanzeigen auch die Umsatzsteuer ausgewiesen?
   e) Warum zählt die Umsatzsteuer nicht zu den Anschaffungskosten eines Wirtschaftsgutes?

4. Geben Sie Buchungssätze für folgende Geschäftsfälle der Gold-Kaffee GmbH, Kaffeerösterei, Ulm, an. Buchen Sie die Materialbuchungen nach der Just-in-time- bzw. aufwandsorientierten Methode.

Kontenplan: 2600, 2800, 4400, 6000, 6001, 6002, 6010, 6012, 6050

Geschäftsfälle	€	€
1. **Eingangsrechnung:** Zieleinkauf		
Columbia-Rohkaffee, netto	43 000,00	
+ 19 % USt	8 170,00	51 170,00
2. **Eingangsrechnung:** Zieleinkauf		
Kaffeeverpackung: „Gold-Kaffee", netto	4 200,00	
+ 19 % USt	798,00	4 998,00
3. **Eingangsrechnung:** Zieleinkauf		
Santos-Rohkaffee, netto	46 739,13	
– 8 % Mengenrabatt	3 739,13	
	43 000,00	
+ Frachtkosten: Hamburg – Ulm	1 400,00	
+ Verpackungsmaterial: Container	800,00	45 200,00
+ 19 % USt		8 588,00
		53 788,00
4. **Lastschriftanzeige an Lieferer** (Columbia-Kaffee)		
Belastung für zurückgesandten Kaffee, netto	3 200,00	
+ 19 % USt	608,00	3 808,00
5. **Gutschriftanzeige des Lieferers** (Santos-Rohkaffee)		
wegen Qualitätsmängeln 5 % Minderung, netto	2 336,96	
+ 19 % USt	444,02	2 780,98

6. **Bankauszug:**
   a) Banküberweisung an den Kaffeeimporteur:
      Columbia-Kaffee (Fälle 1, 4) 47 362,00
   b) Lastschrift vom Energiewerk, Stromkosten, netto 8 500,00
      + 19 % USt 1 615,00   10 115,00
7. **Gutschriftanzeige des Lieferers** (Kaffeeverpackungen,
   Fall 2) wegen Qualitätsmängeln: 12 % Minderung, netto   504,00
   + 19 % USt. 95,76   599,76
8. **Gutschriftanzeige des Lieferers** (Santos-Rohkaffee,
   Fall 3) wegen zurückgesandter Container
   90 % der Selbstkosten, netto 720,00
   + 19 % USt 136,80   856,80
9. **Gutschriftanzeige des Lieferers** (Santos-Rohkaffee)
   wegen Umsatzrückvergütung (Bonus)
   1,8 % vom Halbjahresumsatz, netto 3 240,00
   + 19 % USt 615,60   3 855,60
10. **Bankauszug:** Banküberweisungen an
    a) Rohstofflieferer (Fälle 3, 5, 8, 9) 46 294,62
    b) Lieferer des Verpackungsmaterials (Fall 2) 4 998,00   51 292,62

5. Die Sommerfeld Bürosysteme GmbH bucht den Einkauf von Rohstoffen aufwandsorientiert.
   a) Erläutern Sie die Eintragungen auf den Konten.
   b) Schließen Sie nachfolgend abgebildeten Konten im Grundbuch und im Hauptbuch ab.
   c) Ermitteln Sie den Gesamtverbrauch an Rohstoffen.

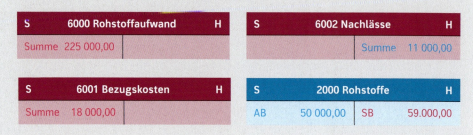

6.

Wollux GmbH

Wollux GmbH Peter Findeisen, Zinckestr. 19, 39122 Magdeburg

Sommerfeld Bürosysteme GmbH
Gladbecker Straße 85–91
45141 Essen

Wollux GmbH Peter Findeisen
Zinckestr. 19
39122 Magdeburg
Tel: 0391 334231
Fax: 0391 334232
info@wollux.de
www.wollux.de

Ihre Bestellung/Datum	Unser Zeichen	Kundennummer	Lieferdatum	Rechnungsdatum
..-05-28	ke-lb	1832	..-06-01	..-06-03

Rechnung Nr. 1842
Bei Zahlung bitte Rechnungs- und Kundennummer angeben.

Pos.	Artikel-Nr.	Artikelbezeichnung	Menge in St.	Einzelpreis €	Gesamtpreis €
1	2853	Ballen á 30 m Synthexpolsterstoff schwarz	50	20,00	30 000,00
2		Gitterboxen (à 160,00 €)	10	160,00	

Warenwert netto	Verpackung	Fracht	Entgelt netto	USt %	USt-€	Gesamtbetrag
30 000,00	1 600,00	550,00	32 150,00	19	6 108,50	**38 258,50**

Zahlung innerhalb 30 Tagen netto.
Bei Rücksendung der Verpackung schreiben wir Ihnen 75 % des Wertes gut.

Bankverbindung:
Commerzbank Magdeburg • IBAN DE54810400000674563870 • BIC COBADEFF810

Steuer-Nr. 101/7655/7658   USt-IdNr. DE093842224

Wollux GmbH

Wollux GmbH Peter Findeisen, Zinckestr. 19, 39122 Magdeburg

...osysteme GmbH
...e 85–91

Wollux GmbH Peter Findeisen
Zinckestr. 19
39122 Magdeburg
Tel: 0391 334231
Fax: 0391 334232
info@wollux.de
www.wollux.de

Gutschrift-Nr. 364

Ihre Kundennummer:	1832
Unsere Lieferung vom:	
Unsere Rechnung Nr:	1742
vom:	03.06.20(0)

Begründung der Gutschrift	Menge	Einzelpreis €	Gesamtpreis €
Für die Rücksendung von 10 Gitterboxen schreiben wir Ihnen gut:			1 600,00
		Wert der Gutschrift, netto	1 600,00 €
		19 % Umsatzsteuer	304,00 €
		Wert der Gutschrift	1 904,00 €

Wir bitten um gleichlautende Buchung. Magdeburg, den 10. März 20(0)

Bankverbindung:
Commerzbank Magdeburg • IBAN DE54810400000674563870 • BIC COBADEFF810

Steuer-Nr. 101/7655/7658   USt-IdNr. DE093842224

Kontoauszug	IBAN	Auszug	Blatt
DEUTSCHE BANK ESSEN	DE96 2607 0050 0025 2034 88	241	1

Buch.-Tag	Wert	PN	Erläuterung/Verwendungszweck	Umsätze
13.06.	13.06.	0340	WOLLUX GMBH, MAGDEBURG, KD-NR 1832, RG-NR 1742 V. 20(0)-03-10 ABZUEGLICH GUTSCHRIFT-NR. 364	36 354,50 –
			Dispositionslinie €	200 000,00

43	12.06.20(0)	14.06.20(0)		406 291,80 +		369 937,30 +
BS	Letzter Auszug	Auszugsdatum	€	Alter Kontostand	€	Neuer Kontostand

SOMMERFELD BÜROSYSTEME GMBH, GLADBECKER STRASSE 85–91, 45141 ESSEN
IBAN: DE96 2607 0050 0025 2034 88   BIC: DEUTDEDEXXX

a) Buchen Sie die drei Belege (verbrauchsorientierte Buchung).
b) Ermitteln Sie aufgrund der drei Belege
  ba) die Anschaffungskosten je m des Polsterstoffes,
  bb) die absetzbare Vorsteuer.

5.3 Liefererrechnungen abzüglich Skonto ausgleichen und buchen

Rudolf Heller, der von Sonja Nolden damit beauftragt worden ist, die Eingangsrechnungen nach dem fälligen Zahlungstermin zu sortieren, betrachtet die nebenstehende Rechnung.

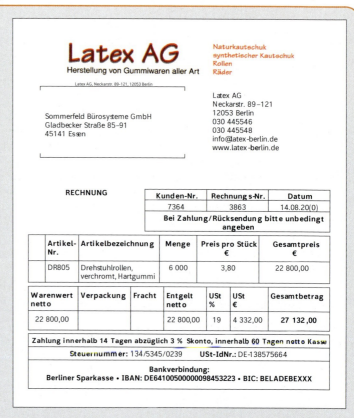

Arbeitsaufträge

- *Sammeln Sie Gründe, warum Lieferanten ihren Kunden einen Skontoabzug ermöglichen.*
- *Erläutern Sie, welche Auswirkungen eine Zahlung unter Skontoabzug für die Sommerfeld Bürosysteme GmbH hat.*
- *Bilden Sie den Buchungssatz für die Überweisung des Rechnungsbetrages*
  - a) *ohne Abzug von Skonto,*
  - b) 1. *unter Abzug von Skonto (Nettomethode),*
    2. *unter Abzug von Skonto (Bruttomethode).*

Die Industrieunternehmen schließen mit ihren Lieferern beim Materialieneinkauf **Kaufverträge** ab. Mit der Erfüllung des Vertrages wird das Industrieunternehmen dann Schuldner des Kaufpreises. Es entsteht eine **Verbindlichkeit a. LL**. Der Lieferer kann sofortige Zahlung verlangen, wenn über den Zahlungszeitpunkt keine vertraglichen Vereinbarungen vorliegen. Wird für eine Zahlung ein bestimmtes Ziel – z. B. zahlbar innerhalb von 60 Tagen ab Rechnungsdatum – vereinbart, dann gewährt der Lieferer dem Kunden einen **Kredit**. Möchte der Lieferer eine vorzeitige Zahlung erreichen, dann räumt er einen Nachlass auf den Rechnungsbetrag ein, der als **Skonto** bezeichnet wird – z. B. 3 % Skonto bei Zahlung innerhalb von 14 Tagen, wodurch sich der Überweisungsbetrag schließlich verringert.

> **PRAXISTIPP!**
>
> Unternehmen sollten in der Regel **immer versuchen, Skonto zu ziehen**. Dies ist in den meisten Fällen auch dann noch wirtschaftlich sinnvoll, wenn für den vorzeitigen Rechnungsausgleich ein Kontokorrentkredit (Dispositionskredit) in Anspruch genommen werden muss.

Beschaffungsvorgänge lösen in der Finanzbuchhaltung **zahlreiche Dokumentationen** aus, welche nach den Grundsätzen ordnungsgemäßer Buchführung zu erfassen sind. Im **Hauptbuch** werden Einkäufe auf Ziel und ausgehende Zahlungen auf dem Konto 4400 Verbindlichkeiten aus Lieferungen und Leistungen erfasst. Um eine schnelle und **genaue Übersicht** über offene Posten und **Skontofristen** gegenüber den jeweiligen Lieferanten zu erhalten sowie die **Umsätze bei einzelnen Lieferanten** zu beobachten, werden in der Finanzbuchhaltung **Kreditorenkonten** für jeden Lieferanten angelegt. In der **Kreditorenverwaltung** von Finanzbuchführungsprogrammen werden deshalb die Verbindlichkeiten aufgeteilt und dem jeweiligen Lieferanten zugewiesen. Das Konto 4400 Verbindlichkeiten a. LL. wird dann aus den Salden aller Kreditorenkonten automatisch erstellt.

Umrechnung des Skontosatzes in einen Zinssatz für den gewährten Kredit

Um wirtschaftlich begründet zwischen den Möglichkeiten der Skontoausnutzung und der Kreditinanspruchnahme entscheiden zu können, wird der Skontosatz unter Verwendung der Zinsformel in einen Zinssatz umgerechnet.

Beispiel:

	Bankauszug: Überweisung an Rohstofflieferer	
Zieleinkaufspreis, brutto	Rechnungsbetrag, brutto	27 132,00 €
– Liefererskonto	– 3 % Skonto	813,96 €
Bareinkaufspreis, brutto	Überweisungsbetrag	26 318,04 €

Die vereinbarte Zahlungsbedingung lautete: „Zahlbar innerhalb von 14 Tagen abzüglich 3 % Skonto oder innerhalb von 60 Tagen netto Kasse".

Kapital (K)	=	26 318,04 €	oder 97 % des Rechnungsbetrages
Zinsen (Z)	=	813,96 €	oder 3 % des Rechnungsbetrages
Zeit (t)	=	46 Tage	Der Skonto von 3 % wird für die vorzeitige Zahlung gewährt, also dafür, dass der Kreditzeitraum von 46 Tagen nicht in Anspruch genommen wird.
Zinssatz (p)	=		Zinssatz pro Jahr, der dem Skontosatz bezogen auf 46 Tage entspricht.

Zinsformel zur Berechnung der Tageszinsen

$$Z = \frac{K \cdot p \cdot t}{100 \cdot 360}$$

Umstellung der Zinsformel

$$p = \frac{Z \cdot 100 \cdot 360}{K \cdot t}$$

Berechnung von p mit absoluten Werten

$$\frac{813{,}96 \cdot 100 \cdot 360}{26\,318{,}04 \cdot 46} = 24{,}2\,\%$$

Alternativ kann die Berechnung des effektiven Jahreszinssatzes bei Skontoabzug auch wie folgt vorgenommen werden:

Zinsformel

$$p = \frac{3 \cdot 100 \cdot 360}{97 \cdot 46} = 24{,}2\,\%\ \text{p. a.}$$

Überschlagsformel

$$p = \frac{3 \cdot 100 \cdot 360}{100 \cdot 46} = 23{,}48\,\%\ \text{p. a.}$$

Buchung beim Ausgleich der Liefererrechnung mit Skontoabzug

Der Skontoabzug war bei vorzeitiger Zahlung vereinbart. Daher wird mit der **Überweisung** des Bareinkaufspreises die **gesamte Schuld** auf dem Verbindlichkeitskonto **getilgt**. Die **Anschaffungskosten** der Materialien werden durch den **Skontoabzug gemindert**.

Die nachträglichen Minderungen der Anschaffungskosten durch Liefererskonti werden wie Boni ebenfalls auf den **Unterkonten „Nachlässe durch Lieferer"** zu den entsprechenden Materialbestandskonten bzw. Materialaufwandskonten **im Haben** gebucht.

Umsatzsteuerrechtlich bewirkt der Skontoabzug eine Änderung der ursprünglich gebuchten Vorsteuer; denn das Finanzamt erstattet letztlich nur die tatsächlich bezahlte Vorsteuer.

Auswirkung des Liefererskontos	auf die Anschaffungskosten	auf die Vorsteuer	insgesamt
Rechnungsbetrag lt. ER	22 800,00 €	4 332,00 €	27 132,00 €
− 3 % Skonto	− 684,00 €	− 129,96 €	− 813,96 €
= Überweisungsbetrag	22 116,00 €	4 202,04 €	26 318,04 €

Nettobuchung der Nachlässe

Werden die Anteile des Skontos, die sich einerseits auf die Anschaffungskosten, andererseits auf die Vorsteuer auswirken, getrennt erfasst, spricht man vom Nettoverfahren.

Nettobuchung bei verbrauchsorientierter Materialerfassung:

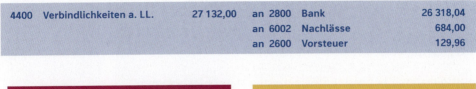

Nettobuchung bei bestandsorientierter Materialerfassung:

4400	Verbindlichkeiten a. LL.	27 132,00	an 2800	Bank	26 318,04
			an 2002	Nachlässe	684,00
			an 2600	Vorsteuer	129,96

Bruttobuchung der Nachlässe

Umsatzsteuerrechtlich führt jede Änderung des vereinbarten Entgelts durch Skonti, Boni oder **Herabsetzungen des Kaufpreises** zur **Berichtigung** der ursprünglich in Anspruch genommenen Vorsteuer. Die Vorsteuerberichtigung ist für den Besteuerungszeitraum (Monat) vorzunehmen, in dem die Änderung des Entgelts eingetreten ist. Daher bietet sich das **Bruttoverfahren als arbeitssparende Buchungstechnik** an.

Danach wird der **gesamte Skontobetrag**, der sich aus der Anschaffungskostenminderung und der Vorsteuer zusammensetzt, in einer Summe auf dem Konto „**Nachlässe durch Lieferer**" erfasst. Der **Vorsteueranteil** wird dann am Ende des Besteuerungszeitraumes **aus der Summe der Bruttonachlässe** ermittelt und umgebucht. Selbstverständlich müssen dann auch die anderen Nachlässe brutto gebucht werden.

Bruttobuchung bei verbrauchsorientierter Materialerfassung:

4400 Verbindlichkeiten a. LL.	27 132,00	an 2800 Bank	26 318,04
		an 6002 Nachlässe	813,96

Berichtigungsbuchung (Umbuchung) am Monatsende:

6002 Nachlässe	813,96	an 2600 Vorsteuer	129,96

Bruttobuchung bei bestandsorientierter Materialerfassung:

4400 Verbindlichkeiten a. LL.	27 132,00	an 2800 Bank	26 318,04
		an 2002 Nachlässe	813,96

Berichtigungsbuchung (Umbuchung) am Monatsende:

2002 Nachlässe	813,96	an 2600 Vorsteuer	129,96

Buchung des Rechnungsausgleiches durch eine Finanzbuchhaltungssoftware

Die Buchung des Rechnungsausgleiches wird – auch bei **Skontoabzug** – durch die Verwendung einer Finanzbuchhaltungssoftware und der konsequenten Buchung auf Kreditorenkonten (bzw. Debitorenkonten im Verkauf) stark erleichtert.

Die „**offene Postenverwaltung**" gibt jederzeit Auskunft darüber, wie viele Außenstände noch bestehen. Standardmäßig ist das Programm so eingestellt, dass jede Buchung, bei der ein Kreditor oder ein Debitor berührt wird, einen offenen Posten bildet.

Bei einer entsprechenden **Gegenbuchung** – z.B. Zahlung an den Kreditor – sucht das Programm in den offenen Posten nach einer passenden Einkaufsbuchung.

Stimmen die Beträge – der Zahlbetrag und die Beträge des markierten offenen Postens – nicht überein, können Sie wählen, ob es sich um eine Zahlung unter Skontoabzug oder um eine Teilzahlung handelt:

> **PRAXISTIPP!**
>
> *Auch wenn eine Buchhaltungssoftware verwendet wird, so ist es – gerade beim Skontoabzug – von elementarer Bedeutung, zu verstehen, was die Software „im Hintergrund rechnet".*

Ausgleich einer Eingangsrechnung unter Abzug von Skonto mit CTO

Die ER 00031 über den Einkauf von Rohstoffen bei der A. Schneider Holzwerke KG wird erfasst.

Die Verbindlichkeiten gegenüber dem Lieferanten in Höhe von 19 040,00 EUR müssen noch beglichen werden.

Die Verbindlichkeiten werden unter Abzug von 2 % Skonto beglichen (18 659,20 EUR).

Da der Überweisungsbetrag kleiner ist als die Verbindlichkeiten meldet die Buchhaltungssoftware einen offenen Restbetrag (380,80 EUR). Dieser setzt sich zusammen aus den zu korrigierenden Rohstoffaufwendungen (320,00 EUR) und der zu korrigieren Vorsteuer (60,80 EUR).

Der offene Restbetrag wird als Skonto erfasst. Dadurch wird die Vorsteuerkorrektur von der Buchhaltungssoftware automatisch erfasst.

V	Datum	Beleg	Text	Soll	HABEN	ST	Buchwert	P	INT_NR	STBetrag	Waehrung	Eingabe	Sollinfo	Habeninfo
●	17.01.2017		ER 000031	S6000	K70007	1	19040,00	1	1	3040,00	EUR	19040,00	Rohstoffaufwand Mat.1	A. Schneider Holzwerke KG
●	17.01.2017	BA	Rechnungsa	K7000	S28000	0	18659,20	1	2	0,00	EUR	18659,20	A. Schneider Holzwerke	Bank 1
●	17.01.2017	BA	Rechnungsa	K7000	S60025	1	380,80	1	3	60,80	EUR	380,80	A. Schneider Holzwerke	erhaltene Skonti 19%(1)

Die Buchungsübersicht zeigt, dass alle Buchungen korrekt ausgeführt wurden.

Exkurs: Geleistete Anzahlungen[1]

Wird mit dem Lieferer vereinbart, dass vor Erbringung der Leistung eine Anzahlung geleistet werden muss, so ist vom Lieferer eine entsprechende Rechnung mit gesondertem

---

[1] Erläuterungen zu **erhaltenen Anzahlungen** finden sich in Lernfeld 10 (Band 3). Aus fachsystematischen Gründen werden in Lernfeld 10 dann auch die Beschaffungsbuchungen bei Einkäufen aus dem Ausland (EU und Drittländer) gemeinsam mit den Absatzbuchungen beim Güterverkehr mit dem Ausland behandelt.

Umsatzsteuerausweis zu erstellen. Die geleistete Anzahlung stellt eine Forderung dar, die auf dem aktiven Bestandskonto „2300 Geleistete Anzahlungen auf Vorräte" (bei Materialien und Waren) zu erfassen ist.

Beispiel: Für den Einkauf von Rohstoffen auf Ziel im Wert von 150 000,00 € wird eine Anzahlung in Höhe von 10 % (zahlbar unmittelbar nach Vertragsabschluss) vereinbart.

| 2300 Geleistete Anzahlungen | 15 000,00 | | |
| 2600 Vorsteuer | 2 850,00 | an 2800 Bank | 17 850,00 |

Umbuchung (bei Lieferung)

| 6000 Rohstoff-Aufwand | 15 000,00 | an 2300 Geleistete Anzahlungen | 15 000,00 |

Rechnungseingang nach erfolgter Lieferung (Endabrechnung)

| 6000 Rohstoff-Aufwand | 135 000,00 | | |
| 2600 Vorsteuer | 25 650,00 | an 4400 Verbindlichkeiten LL | 160 650,00 |

Ausgleich der Restforderung per Banküberweisung

| 4400 Verbindlichkeiten LL | 160 650,00 | an 2800 Bank | 160 650,00 |

Üblich sind Vereinbarungen über zu leistende Anzahlungen auch beim Kauf von technischen Anlagen und Maschinen, die explizit auf Kundenwunsch angefertigt und eine längere Fertigungs- und damit Lieferzeit haben. Statt des Kontos „6000 Rohstoff-Aufwand" wird dann das Konto „0700 TA & M" und statt des Kontos „2300 Geleistete Anzahlungen auf Vorräte" das Konto „0900 Geleistete Anzahlungen auf Sachanlagen" (bei Anlagegegenständen) verwendet.

Zusammenfassung

Liefererrechnungen abzüglich Skonto ausgleichen und buchen

Liefererskonto	– vorzeitiger Ausgleich von Eingangsrechnungen – Verzicht auf den Liefererkredit
Auswirkungen	– Minderung der Anschaffungskosten – nachträgliche Minderung des Entgelts lt. ER – Korrektur der Vorsteuer im Haben

verbrauchsorientierte Buchung	– **Rechnungsausgleich**
	4400 Verbindl. a. LL.
	   an 6002 (6022, 6032) Nachlässe
	   an 2600 Vorsteuer
	   an 2800 Bank
	– **Abschluss des Unterkontos**
	6002 (6022, 6032) Nachlässe
	   an 6000 (6020, 6030)
	      Aufwendungen für Rohstoffe (Hilfsstoffe, Betriebsstoffe)

5 Materialeinkäufe in der Finanzbuchhaltung erfassen

bestandsorientierte Buchung	– **Rechnungsausgleich**
	4400 Verbindl. a. LL.
	    an 2002 (2022, 2032) Nachlässe
	    an 2600 Vorsteuer
	    an 2800 Bank
	– **Abschluss des Unterkontos**
	2002 (2022, 2032) Nachlässe
	    an 2000 (2020, 2030) Rohstoffe (Hilfsstoffe, Betriebsstoffe)

- Nach dem **Bruttoverfahren** wird die Anschaffungskosten- und Vorsteuerminderung zunächst in einer Summe auf dem Konto „Nachlässe durch Lieferer" gebucht; die Steuerberichtigung wird durch eine einmalige Umbuchung vollzogen.
- Werden Vorsteuer- und Anschaffungskostenminderung bei jeder Buchung sofort getrennt erfasst, spricht man vom **Nettoverfahren**.

Aufgaben

1. Konten

		€ Soll	€ Haben
6000	Aufwendungen für Rohstoffe	430 000,00	
6002	Nachlässe/Rohstofflieferer		6 600,00
2600	Vorsteuer	96 000,00	86 000,00
2800	Bank	930 000,00	186 000,00
4400	Verbindlichkeiten a. LL.	153 180,00	697 820,00
4800	Umsatzsteuer	87 200,00	123 000,00

Geschäftsfälle (verbrauchsorientierte Materialerfassung)

1. Banküberweisung an Rohstofflieferer für ER 127 ..... 28 560,00
   – 2 % Skonto (Nettobuchung) 571,20   27 988,80
2. Zahlung an Rohstofflieferer unter Skontoausnutzung
   (Nettobuchung), per Banküberweisung über 32 653,60
   für ER 136 über 33 320,00
3. Zahlung an Rohstofflieferer durch Banküberweisung 20 884,50
   für ER 186 nach Abzug von 2,5 % Skonto (Nettobuchung)

Ermitteln Sie
a) die restlichen Verbindlichkeiten,
b) die USt-Zahllast,
c) den Aufwand für Rohstoffe.

2. Folgende Eingangsrechnungen verschiedener Rohstofflieferer sollen unter Abzug von Skonto durch Banküberweisung ausgeglichen werden:

	Rechnungsbetrag einschließlich 19 % USt in EUR	Skontosatz
1.	38 080,00	1 %
2.	54 740,00	3 %
3.	103 530,00	2 %
4.	64 260,00	1,5 %

a) Ermitteln Sie jeweils den Skonto- und Überweisungsbetrag und bilden Sie den Buchungssatz zur Erfassung des Rechnungsausgleichs
   aa) bei Nettobuchung,
   ab) bei Bruttobuchung.
b) Ermitteln Sie den Zinssatz der jeweiligen Liefererkredite, wenn die Zahlungsbedingung lautet: binnen 8 Tagen abzügl. Skonto, binnen 30 Tagen netto Kasse.

3. Ein Industrieunternehmen hat folgende Eingangsrechnung einer Hilfsstoffsendung vorliegen:

ER vom 05.07. über 89 250,00 € brutto
Die Zahlungsbedingung des Lieferers lautet:
„Zahlbar innerhalb von 14 Tagen mit 3 % Skonto oder innerhalb von 30 Tagen Ziel."
a) Berechnen Sie den Skonto- und Überweisungsbetrag, falls bis zum 19.07. mit Skontoabzug gezahlt würde.
b) Wie lautet die Buchung bei Banküberweisung an den Lieferer nach Abzug von Skonto bei verbrauchsorientierter Materialerfassung
   ba) bei Nettobuchung,
   bb) bei Bruttobuchung?

4. Ein Industrieunternehmen hat folgende Eingangsrechnung nach einer Betriebsstofflieferung erhalten:

ER vom 10.08. über 73 780,00 € brutto
Die Zahlungsbedingung des Lieferers lautet:
„Zahlbar innerhalb von 10 Tagen mit 2 % Skonto oder 30 Tage Ziel."
a) Bilden Sie die Buchungssätze bei verbrauchsorientierter Materialerfassung
   aa) zur Erfassung der Eingangsrechnung,
   ab) zur Erfassung der Banküberweisung an den Lieferer nach Abzug von Skonto (Nettobuchung).

5. Im Zusammenhang mit dem Einkauf von 40 Eimern Lacken sind in der Sommerfeld Bürosysteme GmbH folgende Belege vorzukontieren und auszuwerten. Bitte berücksichtigen Sie, dass Verpackungs- und Frachtkosten skontierbar sind.

Kontoauszug	IBAN			Auszug	Blatt
DEUTSCHE BANK ESSEN	DE96 2607 0050 0025 2034 88			241	1

BuchTag	Wert	PN	Erläuterung/Verwendungszweck	Umsätze
25.06.	25.06.	0540	FARBENWERKE WILHELM WEIL AG, LEVERKUSEN KD-NR 1181, RG-NR 21501 ABZUEGLICH 2 % SKONTO	6 733,02 –

Dispositionslinie € 200 000,00

44	24.06.20(0)	26.06.20(0)	195 604,31 +	188 871,29 +
BS	Letzter Auszug	Auszugsdatum	Alter Kontostand	Neuer Kontostand

SOMMERFELD BÜROSYSTEME GMBH, GLADBECKER STRASSE 85–91, 45141 ESSEN
IBAN: DE96 2607 0050 0025 2034 88   BIC: DEUTDEDEXXX

a) Wie lautet die Buchung
   aa) der Rechnung der Farbenwerke Wilhelm Weil AG,
   ab) des Kontoauszugs der Sommerfeld Bürosysteme GmbH?
b) Ermitteln Sie aus beiden Belegen
   ba) den Anschaffungswert für 1 kg Klarsichtlack,
   bb) die absetzbare Vorsteuer,
   bc) den Effektivzinssatz, der dem Skontosatz entspricht.

6. In der Industrieunternehmung Thomas Linde e. K. werden verschiedene Eingangsrechnungen von Rohstofflieferern nach Abzug von Skonto durch Banküberweisung beglichen. Diese Zahlungen sind aufgrund der Information aus den Bankkontenauszügen und der Lastschriftzettel zu buchen:

	Überweisungsbeträge lt. Bankkontenauszügen	Skontosatz lt. Lastschriftzettel
a)	30 321,20	2 %
b)	39 477,06	3 %
c)	98 157,15	2,5 %
d)	52 307,64	1 %

Zu den Fällen sind Rechnungs- und Skontobetrag zu ermitteln und die Buchungssätze verbrauchsorientiert zu bilden.

7. Die Almaron AG bestellt bei einem Maschinenhersteller eine Fertigungsanlage im Wert von 2 000 000,00 € netto. Weil es sich um eine Sonderanfertigung handelt, beträgt die Lieferzeit sechs Monate. Es wird daher eine Anzahlung in Höhe von 20 % (zahlbar unmittelbar nach Vertragsabschluss) vereinbart.

Buchen Sie …

a) den Eingang der Anzahlungsrechnung,
b) den Ausgleich der Anzahlungsrechnung per Banküberweisung,
c) die Umbuchung der Anzahlung bei Lieferung der Fertigungsanlage,
d) den Eingang der Endabrechnung und
e) den Ausgleich der Endabrechnung.

6 Bestände planen und kontrollieren

6.1 Funktionen der Materiallagerung und Lagerarten

Claudia Farthmann und Hartmut Sommer, Geschäftsführer der Sommerfeld Bürosysteme GmbH, haben sich mit Lothar Wolf, dem technischen Leiter Produktion und Beschaffung, Peter Kraus, dem Leiter Vertrieb, und Sven Braun, dem Assistenten der Geschäftsleitung, zu einer Besprechung zusammengesetzt. Rudolf Heller und Daniela Schaub nehmen ebenfalls an der Sitzung teil und sollen Protokoll führen. Thema ist der Neubau einer Lagerhalle für Werkstoffe in der Produktion und für Fertigerzeugnisse, da der vorhandene Lagerraum sich als zu klein erwiesen hat. Sven Braun plädiert dafür, kein neues Lager zu bauen, sondern die Materialien in kürzeren Abständen und in kleineren Mengen zu bestellen und die Vorräte an Fertigerzeugnissen zu senken. Somit wäre kein Neubau erforderlich. „Und was machen Sie, wenn ein Lieferer uns ein günstiges Angebot macht und wir können aufgrund fehlenden Lagerraums keine Materialien bestellen?", erwidert Claudia Farthmann. „Oder stellen Sie sich vor, einer unserer Kunden benötigt dringend ein bestimmtes Produkt und wir können nicht liefern. Wenn wir dieses Produkt aber vorrätig hätten, dann ..." „Moment mal", fährt Hartmut Sommer dazwischen, „statt dass wir uns Gedanken über den Bau der neuen Lagerhalle machen, streiten wir uns um Dinge, die wir längst entschieden haben."

Arbeitsaufträge

- Erläutern Sie die Aufgaben der Lagerhaltung.
- Beschreiben Sie die verschiedenen Lagerarten.

Funktionen der Materiallagerung

Die Lagerhaltung ist eine wesentliche Aufgabe eines Industrieunternehmens. Das Hauptziel der Lagerhaltung besteht darin, Unregelmäßigkeiten bei der Beschaffung, der Produktion und im Absatzbereich auszugleichen. In den meisten Industrieunternehmen können folgende Grundfunktionen der Lagerhaltung unterschieden werden:

- **Bereitstellungsfunktion**: Das Lager soll eine reibungslose Durchführung der Fertigung und des Absatzes sicherstellen. Es sollte immer eine ausreichende Menge, in der richtigen Zeit und am rechten Ort, in der richtigen Güte zur Verfügung stehen.

- **Sicherungsfunktion**: Durch die Vorratshaltung sollen Lieferschwierigkeiten auf der Beschaffungsseite, durch die Störungen in der Produktion auftreten können, und Nachfrageschwankungen auf der Absatzseite ausgeglichen werden.

    Beispiel: Die Sommerfeld Bürosysteme GmbH hat für die Produktgruppe „Am Schreibtisch" einen Vorrat im Lager, der der durchschnittlichen Produktion von einer Woche entspricht. Somit können unvorhergesehene Lieferungsausfälle ausgeglichen werden.

- **Ausgleichsfunktion**: Sie dient dem Ausgleich von Schwankungen (Puffer) im Beschaffungs- und Absatzbereich. Zwischen der Beschaffung und der anschließenden Verwendung der Materialien in der Produktion vergeht Zeit, die durch die Lagerung der Materialien überbrückt wird.

- **Veredelungsfunktion**: Hierunter versteht man die gewollten Qualitätsveränderungen der gelagerten Materialien. In diesem Fall ist die Lagerung bereits ein Teil des Fertigungsprozesses.

    Beispiele:
    - Die Sommerfeld Bürosysteme GmbH lagert Holz zum Trocknen in einem speziellen Trockenraum.
    - Südfrüchte reifen nach (Früchteimporteur),
    - Kaffee wird geröstet (Kaffeerösterei),
    - Käse und Whiskey benötigen eine Reifelagerung.

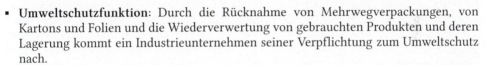

- **Spekulationsfunktion**: Materialpreise können häufigen Preisschwankungen unterliegen. Insbesondere, wenn steigende Preise zu erwarten sind, ist es sinnvoll, Materialien in größeren Mengen zu kaufen, als dies fertigungstechnisch notwendig ist. Einerseits können zusätzlich Mengenrabatte ausgenutzt werden, andererseits entstehen höhere Lagerkosten.

- **Umweltschutzfunktion**: Durch die Rücknahme von Mehrwegverpackungen, von Kartons und Folien und die Wiederverwertung von gebrauchten Produkten und deren Lagerung kommt ein Industrieunternehmen seiner Verpflichtung zum Umweltschutz nach.

    Beispiel: Das Mehrweg-Verpackungssystem der Sommerfeld Bürosysteme GmbH beinhaltet, dass die Produkte auf dem Weg zum Kunden mit Kartons und Staubfolien ausgeliefert werden. Die Folien werden nach der Rücknahme zu Ballen gepresst und zu neuen Folien recycelt. Mit den mehrfach verwendeten Kartons wird gleichermaßen verfahren.

Lagerarten

Die Lager können entsprechend den betrieblichen Funktionsbereichen in Beschaffungs-, Fertigungs- und Absatzlager eingeteilt werden.

Beschaffungslager

Hierzu zählt man das Materialeingangs-, Rohstoff-, Hilfsstoff-, Betriebsstoff-, Teile- und Reservelager. Alle Materialien kommen nach der Anlieferung zunächst in das **Materialeingangslager**. Dort verbleiben sie, bis die Eingangsprüfung erfolgt ist. Danach erfolgt die Übernahme des Materials auf die entsprechenden Lagertypen. Im **Teilelager** werden alle Fertigteile, die von Fremdunternehmen bezogen worden sind, untergebracht.

Beispiel: Die Sommerfeld Bürosysteme GmbH bezieht für den „FS-Linie-Drehstuhl" Fußgestelle von den Metallwerken Bauer & Söhne OHG. Diese werden im Teilelager untergebracht.

Lernfeld 6: Beschaffungsprozesse planen, steuern und kontrollieren

Beispiele: Lager bei der Sommerfeld Bürosysteme GmbH

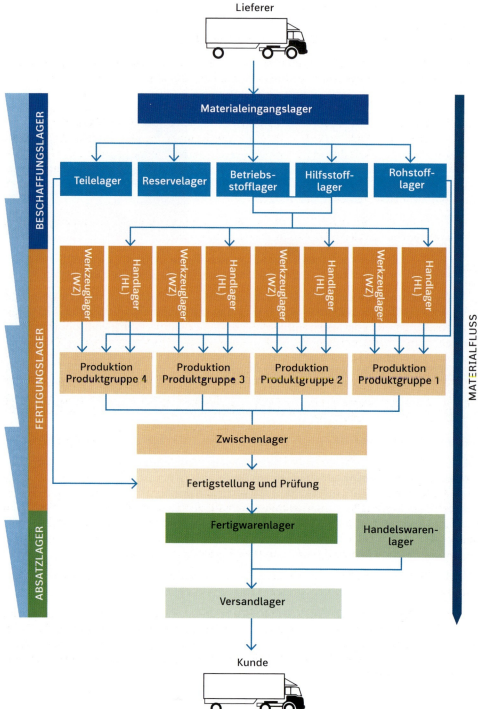

Beispiel: Die Sommerfeld Bürosysteme GmbH bewahrt für alle ihre Produkte die Prototypen (Modelle) im Reservelager auf.

Fertigungslager
Hierzu zählt man das Hand-, Werkzeug- und Zwischenlager.

Das **Handlager** befindet sich in unmittelbarer Nähe der Arbeitsplätze in der Produktion. Hier werden ständig benötigte Kleinmaterialien bereitgehalten.

Beispiele: Schrauben, Nägel, Sesselrollen, Lack, Beize

Alle Werkzeuge und sonstigen Vorrichtungen, die zur ablaufenden Werkstückbearbeitung erforderlich sind, befinden sich im **Werkzeuglager**, das diesem Arbeitsplatz zugeordnet ist. Im **Zwischenlager** werden unfertige Erzeugnisse zwischen zwei Bearbeitungsstufen aufgenommen. Das Zwischenlager übernimmt somit eine Ausgleichsfunktion zwischen den einzelnen Fertigungsstufen, vor allem bei unterschiedlichen Kapazitätsauslastungen oder Bearbeitungsgeschwindigkeiten.

Beispiel: In der Produktgruppe 2: „Am Schreibtisch" wird das Conrack Regalsystem nach dem Zuschnitt vor dem Lackieren im Zwischenlager aufbewahrt.

Absatzlager
Hierzu zählt man das Fertigerzeugnis-, Versand- und Handelswarenlager. Das **Fertigerzeugnislager** übernimmt vor allem für Serienprodukte eine Ausgleichsfunktion (Puffer) zwischen einer kontinuierlich arbeitenden Fertigung und einem schwankenden Produktverkauf. Die Fertigerzeugnisse werden bis zu ihrem Verkauf dort aufbewahrt.

Beispiel: Die Sommerfeld Bürosysteme GmbH hat für alle vier Produktgruppen im Fertigerzeugnislager einen Lagerraum vorgesehen.

Im **Versandlager** werden alle Produkte, die auftragsbezogen hergestellt wurden, und alle von den Kunden bestellten Produkte zum Versand bereitgestellt. Sobald alle Auftragsbestandteile im Versandlager eingetroffen sind, wird der Kundenauftrag kommissioniert (= zusammengestellt), verpackt und der Versandabteilung übergeben. Ein **Handelswarenlager** wird von solchen Industrieunternehmen eingerichtet, die neben ihren eigenproduzierten Produkten noch Produkte anderer Hersteller vertreiben.

Beispiel: Die Sommerfeld Bürosysteme GmbH vertreibt von anderen Herstellern Metallpapierkörbe für das Büro.

Eine besondere Form von Lagern sind **Konsignationslager** bei einem Kommissionär. Hierbei handelt es sich um Lager, die von Lieferern bei einem Verkaufskommissionär im In- oder Ausland eingerichtet und mit Materialien versorgt werden. Die Materialien stellen sogenannte **Kommissionsgüter** dar. Interessierte Kunden können die Ware vor Ort prüfen und direkt beziehen.

→ **LF 10**

Zusammenfassung

Funktionen der Materiallagerung und Lagerarten

- **Aufgaben der Lagerhaltung:** Bereitstellungs-, Sicherungs-, Ausgleichs-, Veredelungs- und Umweltschutzfunktion
- Lager lassen sich in **Beschaffungslager** (Materialeingangs-, Rohstoff-, Hilfsstoff-, Betriebsstoff-, Teilelager), **Fertigungslager** (Hand-, Werkzeug-, Zwischenlager) und **Absatzlager** (Fertigerzeugnis-, Versand-, Handelswaren-, Konsignationslager) unterteilen.

Aufgaben

1. Erläutern Sie die Aufgaben der Lagerhaltung in einem Industrieunternehmen.
2. Beschreiben Sie die Unterschiede zwischen einem Hand-, Werkzeug- und einem Zwischenlager.
3. Überprüfen Sie, welche Lagerarten in Ihrem Ausbildungsbetrieb existieren.

6.2 Lagerorganisation und Sicherheit im Lager

Daniela Schaub ist seit über zwei Wochen im Materialeingangslager der Sommerfeld Bürosysteme GmbH tätig. Es trifft eine Sendung der Wollux GmbH Peter Findeisen über vier Paletten Bezugs- und Polstermaterialien ein. Daniela ist der Ansicht, dass die Sendung nach der Materialeingangskontrolle so schnell wie möglich auf einem freien Lagerplatz abgestellt werden sollte. „Wenn wir unsere gesamten Materialien so unsystematisch lagern würden, würden wir sehr schnell nichts mehr wiederfinden",

sagt der Abteilungsleiter Lager Klaus Kunze zu Daniela. „Vor der Einlagerung müssen wir uns erst einmal Gedanken über die materialgerechte Lagerung, über Einlagerungsgesichtspunkte bis hin zur Entsorgung der Verpackung machen, denken Sie darüber mal nach. Machen Sie einen Rundgang im Lager und überprüfen Sie, nach welchem System wir die Materialien einlagern", fährt Herr Kunze fort.

Arbeitsaufträge

- Stellen Sie fest, was man unter materialgerechter Lagerung versteht.
- Beschreiben Sie die zentrale und dezentrale Lagerung.
- Erläutern Sie die Möglichkeiten bei der Aufbauorganisation der Lagerhaltung.

Lagerorganisation

Die Organisation eines Lagers, seine Größe und die Art der Lagerung sind von den Materialien abhängig, die für die Produktion und den Absatz benötigt werden.

Materialgerechte Lagerung

Zu den eigentlichen Lagertätigkeiten zählen alle Vorgänge des Materialeingangs (Annahme und Prüfung), der Einlagerung nach bestimmten Gesichtspunkten, der Pflege der Materialien, der Kommissionierung (= Bereitstellung der Materialien für die Produktion und für den Absatz), der Materialausgabe und der Lagerkontrolle (Soll-Ist-Vergleich). Bei der Einlagerung von Materialien sind folgende **Gesichtspunkte der materialgerechten Lagerung** zu berücksichtigen:

Gesichtspunkte bei der materialgerechten Lagerung	Beispiele
Belüftung	Holz, Bücher, Papierwaren, Textilien, Tabakwaren u. a. bedürfen gut durchlüfteter Lagerräume.
Licht	Bestimmte Nahrungsmittel und einige Textilien sind lichtempfindlich, sie dürfen keinen starken Lichtquellen ausgesetzt sein.
Temperatur	Einige Lebensmittel müssen kühl gelagert werden, bei Tiefkühlkost darf auf keinen Fall die Kühlkette unterbrochen werden; einige Materialien (z. B. Farben, Lacke, Disketten) dürfen nicht zu kalt gelagert werden.
Luftfeuchtigkeit	Papier-, Metall-, Holz- und Lederwaren benötigen eine bestimmte Luftfeuchtigkeit.
Staubschutz	Unverpackte Materialien müssen vor Staub geschützt werden (Textilien, Lebensmittel, Elektrogeräte).
Schädlingsbefall	Schutz der Materialien vor Schädlingen wie Motten bei Textilien, Schimmel bei Lebensmitteln, Holzwurm bei Möbeln.

Organisation nach dem Verrichtungsprinzip

Bei dieser Organisation des Lagers erfolgt die Stellenbildung ausschließlich nach sachlichen Gesichtspunkten, d. h., eine Abteilung ist immer nur für eine Verrichtung verantwortlich, und zwar für alle Arten von Materialien (Verrichtungsprinzip, vgl. S. 20 f.).

Beispiel: Die Sommerfeld Bürosysteme GmbH hat das Lager folgendermaßen organisiert:

Leitung Lager: Klaus Kunze		
Materialieneingang	Lagerhaltung	Lagerverwaltung
Materialienannahme: Felix Otto Materialienprüfung: Timo Lange Einlagerung: Theo Best Eingangsbuchung: Marion Ludwig	Rohstoffe: Uwe Brader Hilfsstoffe: Jörn Friesin Fertigteile: Rolf Dahm Handelswaren: Hark Büchse	Lagerbuchhaltung: Tina Leng Bestandskontrolle: Olga Drews Statistik: Vera Klein

Organisation nach dem Objektprinzip

Bei dieser Organisation des Lagers ist eine Abteilung für alle Verrichtungen an einem bestimmten Lagergut (Materialgruppe) verantwortlich.

Beispiel: Bei der Metallwerke Bauer & Söhne OHG, einem Lieferer der Sommerfeld Bürosysteme GmbH, wird das Lager folgendermaßen gegliedert:

Lager		
Rohstoffe	Fertigteile	Fertigerzeugnisse
– Einlagerung – Pflege – Ausgabe	– Einlagerung – Pflege – Ausgabe	– Einlagerung – Pflege – Ausgabe

Aufbauorganisation als prozessorientierte Lagerorganisation

Bei dieser Lagerorganisation ist ein Mitarbeiter für die **vollständige Vorgangsbearbeitung an einer Materialgruppe** zuständig.

Beispiel: In der Sommerfeld Bürosysteme GmbH ist im Fertigerzeugnislager jeweils ein Mitarbeiter verantwortlich für die Produktgruppe 1, 2, 3 und 4. Ihm unterstehen jeweils der Materialieneingang, die Einlagerung, die Lagerverwaltung und die Auslagerung.

Durch die prozessorientierte Aufbauorganisation wird eine **ganzheitliche Vorgangsbearbeitung** mit Computerunterstützung ermöglicht. Die Verantwortung für alle Lagerarbeiten einer bestimmten Materialiengruppe liegt in einer Hand.

Zentrale und dezentrale Lagerung

Zentrale Lagerung	Bei dieser Lagerung sind alle Materialien an einem Ort, der betriebszentral gelegen ist, untergebracht (typisch für Klein- und Mittelbetriebe). **Vorteile:** ⊕ gute Übersicht über alle Lagergüter ⊕ einfachere Verwaltung ⊕ geringere Raumkosten durch bessere Nutzung des Lagerraums ⊕ niedrigere Personalkosten ⊕ geringere Lagermengen, da Mindestbestand nur einmal vorhanden ist ⊕ bessere Kontrolle
Dezentrale Lagerung	Der gesamte Materialbedarf eines Industrieunternehmens wird in Fertigungsnähe auf mehrere Lager verteilt. **Vorteile:** ⊕ kürzere Transportwege zu den Fertigungsstellen ⊕ schnellere Materialausgabe ⊕ Sicherheit bei der Lagerung gefährlicher Stoffe (räumliche Trennung bzw. Höchstbestände evtl. per Gesetz vorgeschrieben) ⊕ Einsatz von besonders ausgebildetem Fachpersonal für gefährliche Materialien (Chemikalien, explosive Stoffe)

Die Vorteile der zentralen Lagerung sind automatisch die Nachteile der dezentralen Lagerung und umgekehrt.

6 Bestände planen und kontrollieren

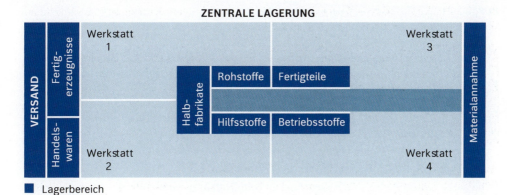

Dezentrale Lager entstehen bei stoff- und verbrauchsorientierter Lagerung. In **stofforientierten Lagern** werden nur bestimmte Materialien für den gesamten Betrieb aufbewahrt.

Beispiele: Holz-, Metalllager

Aufgrund der Beschaffenheit der Materialien oder aufgrund gesetzlicher Vorschriften ist häufig eine Trennung der Materialien erforderlich.

Beispiele: Lagerung im Freien von Bauholz, Sand usw.; Lagern in Speziallagern von brennbaren oder explosiven Stoffen

Verbrauchsorientierte Lager werden nach den Bedürfnissen der Fertigung ausgerichtet und räumlich unmittelbar in der Nähe der Fertigung entsprechend dem Fertigungsfluss angeordnet.

Beispiele: Handlager für Kleinteile, Werkzeuglager

Eigen- und Fremdlager

Gründe für Fremdlagerung
Industrieunternehmen unterhalten in der Regel eigene Lager, um stets lieferbereit und produktionsfähig zu sein. Aus verschiedenen Gründen können aber auch Fremdlager angemietet werden:

LS 8.II

- Eigene Lagerkapazität reicht nicht aus,
- der Standort des Unternehmens lässt keine Lagererweiterungsmöglichkeit zu,
- Anlage- oder Erweiterungsinvestitionen für Speziallager oder eine Lagererweiterung sollen vermieden werden, insbesondere wenn die volle Ausnutzung der Lagerkapazität nicht sichergestellt ist,
- Standortvorteile des Fremdlagers sollen genutzt werden,

    Beispiel: Die Sommerfeld Bürosysteme GmbH hat in der unmittelbaren Nähe des Güterbahnhofs Essen einen Lagerraum angemietet. Insbesondere vom Hersteller gelieferte Fertigerzeugnisse werden bis zum Versand an die Kunden hier zwischengelagert.

- besserer Lieferservice durch Lagerung in unmittelbarer Kundennähe,

    Beispiel: Die Sommerfeld Bürosysteme GmbH unterhält u. a. in Stuttgart ein angemietetes Lager, um die Kunden in Süddeutschland schneller beliefern zu können.

- das Dienstleistungsangebot des Lagerhalters soll genutzt werden,

    Beispiele: Lagerhalter übernimmt Materialpflege, Lagerbuchführung, Auslieferung von Fertigerzeugnissen, Auftragsbearbeitung, Inventur usw.

- Fremdlagerung, insbesondere bei kurzfristiger Benutzung, kann kostengünstiger als Eigenlagerung sein, da Verwaltungs-, Raum- und Transportkosten eingespart werden können.

Kostenvergleich zwischen Eigen- und Fremdlagerung

Um festzustellen, ob Eigen- oder Fremdlagerung kostengünstiger ist, werden die Kosten der beiden Lagermöglichkeiten miteinander verglichen.

Beispiel: Die Sommerfeld Bürosysteme GmbH will ihr Produktionsprogramm um die Produktgruppe „Gaststättenmöbel" erweitern. Zu diesem Zweck wird für diese neue Produktgruppe mit einem durchschnittlichen Lagerbestand von 40 Produkten gerechnet. Pro Produkt werden 10 m^2 Lagerfläche (also insgesamt 400 m^2) benötigt. Da die vorhandene Lagerkapazität bei der Sommerfeld Bürosysteme GmbH begrenzt ist, wird die Einschaltung eines Lagerhalters erwogen. Die Mietkosten für ein Fremdlager betragen 50,00 € pro m^2. Somit ergibt sich folgende Kostensituation:

Alternativen	anfallende Kostenarten	Kosten pro Jahr
Eigenlagerung	**Fixe Kosten:** kalkulatorische Miete	12 000,00 €
	Variable Kosten pro Einheit: Verwaltungskosten (Personal-, Energiekosten, Abschreibungen auf Lagereinrichtung)	25,00 € pro m^2
Fremdlagerung	Variable Kosten	50,00 € pro m^2

Rechnerische Lösung: Es wird die Lagerfläche (x) gesucht, bei der die Kosten der Eigen- und Fremdlagerung gleich hoch sind.

Kosten der Eigenlagerung = Kosten der Fremdlagerung
$$12\,000 + 25x = 50x$$
$$12\,000 = 25x$$
$$x = \underline{\underline{480\,m^2}}$$

Bei Nutzung einer Lagerfläche von 480 m^2 sind die Kosten für die Eigen- und die Fremdlagerung gleich hoch (jeweils 24 000,00 € bei 48 Produkten). Man nennt diese Lagerfläche die **kritische**

Lagerfläche bzw. die **kritische Lagermenge**. Die Eigenlagerung ist für die Sommerfeld Bürosysteme GmbH erst ab einer Lagerfläche von 480 m² wirtschaftlich sinnvoll. Da nur 400 m² benötigt werden, lohnt sich in diesem Fall die Fremdlagerung.

> **PRAXISTIPP!**
>
> *Es gilt der Grundsatz: Je größer die benötigte Lagerfläche bzw. die Lagermenge, desto eher lohnt sich die Eigenlagerung. Dies liegt an der Fixkostendegression: Die Fixkosten verteilen sich auf immer mehr Quadratmeter bzw. Stück und sorgen so dafür, dass die gesamten Lagerkosten pro Stück sinken.*

Tabellarische Lösung:

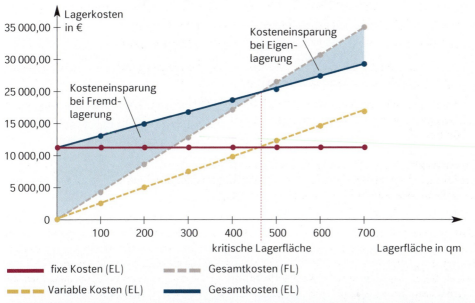

Lagerfläche in m²	Lagerkosten in EUR Eigenlagerung			Fremdlagerung
(x)	Fixe Kosten (K_F) kalkul. Miete	Variable Kosten (K_V) Verwaltungskosten[1]	Gesamtkosten (K_G)	Gesamtkosten (K_G)
0	12 000,00	0,00	12 000,00	0,00
100	12 000,00	2 500,00	14 500,00	5 000,00
200	12 000,00	5 000,00	17 000,00	10 000,00
300	12 000,00	7 500,00	19 500,00	15 000,00
400	12 000,00	10 000,00	22 000,00	20 000,00
480	**12 000,00**	**12 000,00**	**24 000,00**	**24 000,00**
500	12 000,00	12 500,00	24 500,00	25 000,00
600	12 000,00	15 000,00	27 000,00	30 000,00
700	12 000,00	17 500,00	29 500,00	35 000,00

[1] *pro Einheit*

Bei der Eigenlagerung entstehen fixe Kosten (z.B. $K_F = 12\,000{,}00\,€$) und variable Kosten (K_V), letztere abhängig von der Lagermenge. Die Gesamtkostenkurve beginnt beim Fixkostensockel. Bei der Fremdlagerung beinhaltet die Gesamtkostenkurve (K_G) für die Sommerfeld Bürosysteme GmbH nur variable Kosten (K_V), wenn das Lagergeld nicht als Miete, sondern pro Lagerfläche, z.B. m², gezahlt wird.

Sonstige Aspekte: Spezielle Anforderungen der zu lagernden Güter (Kühlung, Brandschutz, rechtliche Anforderungen bei gefährlichen Chemikalien), die Zugriffsgeschwindigkeit, das Ziel, finanziell flexibel zu bleiben sowie die Arbeitsplatzsicherung können für oder gegen eine Fremdlagerung sprechen.

> **Die Entscheidung zwischen Eigenlagerung und Fremdlagerung ist ähnlich der zwischen Eigenfertigung und Fremdbezug (vgl. LF5).**

Festplatz- und Freiplatzsystem

Bei der systematischen Lagerplatzanordnung (Festplatzsystem)

werden die Materialien nach einem vorgegebenen System an bestimmten gleichbleibenden Plätzen eingeordnet. Für jeden Lagerplatz wird eine Nummer (**Lageradresse**) vergeben. Zur schnelleren Erfassung mit **Barcodeleser (Scanner)** sowie zur sofortigen Kontrolle können zusätzlich Barcodes (Balkencodes) an den jeweiligen Lagerplätzen verwandt werden. Hierdurch wird das Finden der Materialien erleichtert.

Beispiel: Das Rohstofflager der Sommerfeld Bürosysteme GmbH hat sechs Hauptgänge (A–F), die durch Nebengänge in zwölf Zonen (I–XII) unterteilt sind. Jede Zone hat 50 Regalfächer.

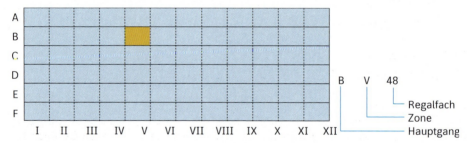

Zusätzlich ist an jedem Regalfach ein Aufkleber (**Markierungsetikett**) mit Angabe der Materialart, der Artikel- bzw. Material- und der Bestellnummer als zusätzliche Kontrolle angebracht.

Gang: B	Zone: V	Fach: 48
Gasfeder		
Artikelnummer: 3-04-12		
Bestellnummer: 420100		

Bei der chaotischen Lagerhaltung,

die insbesondere in Hochregallagern verwandt wird, werden die Regale dort belegt, wo gerade ein freier Lagerplatz ist (Freiplatzsystem). Feste Lagerplätze gibt es bei dieser Lageranordnung nicht. Dieses setzt allerdings eine **Steuerung des Lagers per EDV** voraus, um die Materialien wiederzufinden. Als **Hauptvorteil** der chaotischen Lagerhaltung ergeben sich durch die optimale Ausnutzung der vorhandenen Lagerfläche erhebliche **Kostenersparnisse**. Dadurch, dass keine Lagerflächen für bestimmte Güter reserviert

werden wie beim Festplatzsystem, erreicht die chaotische Lagerhaltung eine wesentlich bessere Auslastung und kommt mit wesentlich weniger Lagerraum aus. Allerdings setzt die chaotische Lagerplatzordnung eine perfekte Handhabung der vorhandenen Datenverarbeitung voraus. Eine falsche Eingabe in dieses System verhindert in der Regel das Wiederfinden der Materialien, da nur der Computer den jeweiligen Lagerort kennt und ein manuelles Ein- und Auslagern aufgrund der vollautomatischen Transportsysteme nicht mehr möglich ist.

Beispiel: Hochregallager bei der Sommerfeld Bürosysteme GmbH

Sicherheit im Lager

Die Sicherheit bei der Lagerhaltung umfasst den Unfall- und den Brandschutz.

Unfallschutz im Lager
Nach §120a der **Gewerbeordnung** (GewO) sind Arbeitsräume, Betriebsvorrichtungen, Maschinen und Gerätschaften so einzurichten, dass die Arbeitnehmer gegen Gefahren für Leben und Gesundheit geschützt sind. Wesentliche Bereiche des Unfallschutzes sind durch Sondervorschriften geregelt. Hierzu zählen das **Arbeitssicherungsgesetz** (es soll die Sicherheit am Arbeitsplatz erhöhen und die medizinische Betreuung im Betrieb sicherstellen) und die **Arbeitsstättenverordnung** (Festlegung allgemeiner Anforderungen an Betriebsräume und Arbeitsstätten bezüglich Belüftung, Temperatur, Beleuchtung, Lärm usw.). Jeder Arbeitnehmer ist verpflichtet, die Unfallverhütungsvorschriften und Sicherheitsanweisungen zu befolgen. Zudem muss der Arbeitgeber jeden Arbeitnehmer gegen die Folgen eines Arbeitsunfalles versichern (**gesetzliche Unfallversicherung**, vgl. S. 334).

Für die Überwachung der Einhaltung der Betriebssicherheit sind **das Gewerbeaufsichtsamt (Amt für Gewerbeschutz, Staatliches Umweltamt)** und die Träger der Unfallversicherung **(Berufsgenossenschaften)** zuständig. Unternehmen mit mehr als 20 Beschäftigten müssen einen **Sicherheitsbeauftragten** benennen. Er ist für die Einhaltung und Überwachung der Sicherheitsmaßnahmen zuständig.

Beispiel: Die Sommerfeld Bürosysteme GmbH hat Jutta Müller, Mitarbeiterin im Lager/Versand, zur Sicherheitsbeauftragten ernannt. Sie führt ständig Kontrollgänge zur Überwachung der Sicherheitsmaßnahmen durch.

Unfälle sollen durch **sicherheitstechnische und sicherheitsorganisatorische Maßnahmen** und die Verwendung von **Sicherheitskennzeichen** verhütet werden.

Beispiele:
- **Sicherheitstechnische Maßnahmen**: Verwendung von Leitern, technischen Geräten mit dem GS- oder CE-Zeichen (= geprüfte Sicherheit).
- **Sicherheitsorganisatorische Maßnahmen**: Verwendung von Sicherheitsschuhen beim Um-gang mit schweren Lasten.

Da heutzutage Lagerarbeiten häufig computergestützt abgewickelt werden, sind für diese Mitarbeiter durch die Bildschirmarbeitsplatzverordnung (BildscharbV) **Mindeststandards zum Gesundheitsschutz für die Gestaltung von Bildschirmarbeitsplätzen** einzuhalten. Diese Verordnung beinhaltet Vorschriften, um die mögliche Gefährdung des Sehvermögens sowie die körperliche und psychische Belastung der Arbeitnehmer am Bildschirm zu vermeiden. Die Arbeitnehmer sind auf diese Belastungen hinzuweisen und ggf. durch eine qualifizierte Person zu untersuchen. Ebenfalls muss der Arbeitgeber den Arbeitnehmern für die manuelle Handhabung von Lasten (Ziehen, Heben, Schieben, Tragen und Bewegen einer Last) geeignete **mechanische Ausrüstungen** bereitstellen, um die Gesundheitsgefährdung der Mitarbeiter möglichst gering zu halten.

Beispiel: Die Sommerfeld Bürosysteme GmbH hat für die Mitarbeiter im Lager einen Laufkran (beweglicher Kran) und sechs Stapler installiert, um das Herunterheben aus den oberen Regalzonen zu vereinfachen. Zudem sind zwölf Hubwagen vorhanden.

Brandschutz im Lager
Um einem Brand in einem Lager vorbeugen zu können, müssen die möglichen Gefahrenquellen bekannt sein.

Beispiele: Heizung, brennbare Flüssigkeiten, Papier

Folgende vorbeugenden **Brandschutzmaßnahmen** zur Verhinderung von Bränden im Lager können getroffen werden:

Maßnahmen	Beispiele
Bauliche Einrichtungen	Die Sommerfeld Bürosysteme GmbH hat für den Bereich, in dem leicht entzündliche Materialien wie Farben, Lacke lagern, Brandschutztüren und -wände eingebaut, ferner wurden Notausgänge und Rettungswege für Mitarbeiter eingerichtet. Im gesamten Lager gilt Rauchverbot.
Brandmeldeanlagen	Die Sommerfeld Bürosysteme GmbH hat im gesamten Lager vollautomatische Brandmelder eingebaut.
Feuerlöscheinrichtungen	Die Sommerfeld Bürosysteme GmbH hat im gesamten Lager vollautomatische Sprinkleranlagen eingebaut und Feuerlöscher installiert.
Organisatorische Maßnahmen	Die Sommerfeld Bürosysteme GmbH unterweist das Personal im betrieblichen Brandschutz und führt einmal im Jahr eine Brandschutzübung mit den Mitarbeitern durch. Ferner sind an den vorgeschriebenen Stellen Vorschriften und Regeln zur Brandverhütung und Brandbekämpfung ausgehängt.

Zusammenfassung

Lagerorganisation und Sicherheit im Lager

- **Materialgerechte Lagerung:** Berücksichtigung der Einwirkung von Licht, Wärme, Kälte, Feuchtigkeit, Staubbildung, Schädlingen usw. auf die Materialien.

- Bei der **verrichtungsbezogenen Gliederung** des Lagers ist jede Abteilung nur für eine Verrichtung für alle Materialien verantwortlich (z. B. Materialeingang oder Materialausgabe).

- Bei der **objektbezogenen Gliederung** des Lagers ist eine Abteilung für alle Arbeiten an einem bestimmten Material verantwortlich (z. B. Rohstoffe oder Fertigerzeugnisse).

- Bei der **prozessorientierten Lagerorganisation** ist ein Mitarbeiter verantwortlich für die gesamte Vorgangsbearbeitung an einer bestimmten Materialgruppe.

- Werden alle Materialien an einem Ort untergebracht, spricht man von einem **zentralen Lager**. Werden die Materialien an verschiedenen Orten untergebracht, spricht man von einem **dezentralen Lager**.

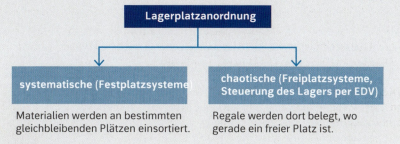

- **Sicherheit im Lager:**

Unfallschutz	gesetzlich geregelt durch Gewerbeordnung, Arbeitssicherungsgesetz, Arbeitsstättenverordnung
Brandschutz	Verhinderung von Bränden durch bauliche Maßnahmen, Brandmeldeanlagen, Feuerlöscheinrichtungen

Aufgaben

1. Erläutern Sie die Vor- und Nachteile von Eigen- und Fremdlagerung und von zentraler und dezentraler Lagerung.

2. Unterscheiden Sie die Aufbauorganisation des Lagers nach dem Verrichtungs- und dem Objektprinzip.

3. Beschreiben Sie die Organisation des Lagers in Ihrem Ausbildungsbetrieb.

4. Erläutern Sie, was man unter einem systematischen und einem chaotischen Lager versteht.

5. Beschaffen Sie von der Berufsgenossenschaft Informationen zum Unfallschutz und stellen Sie die wesentlichen Aussagen der Klasse in einem Referat vor.

6. Beschreiben Sie anhand Ihres Ausbildungsbetriebes

   a) Maßnahmen zum Unfallschutz,
   b) Maßnahmen zum Brandschutz.

7. Da die Lagerkapazität der Sommerfeld Bürosysteme GmbH erschöpft ist, überprüft die Geschäftsleitung, ob es sinnvoll ist, das eigene Lager zu erweitern oder einen Lagerhalter einzuschalten. Für die Entscheidung stehen folgende Daten zur Verfügung: Es werden 1 000 m² Lagerfläche benötigt, davon stehen 600 m² eigener Lagerraum zur Verfügung.

   Eigenlagerung
   Fixe Kosten: 50 750,00 € pro Jahr
   Variable Kosten: 35,00 € pro m² des Lagergutes

   Fremdlagerung
   70,00 € pro m²

   a) Ermitteln Sie die kritische Lagermenge.
   b) Stellen Sie den Kostenverlauf mithilfe einer Tabellenkalkulation tabellarisch und grafisch dar.
   c) Entscheiden Sie sich für eine Alternative und begründen Sie Ihre Entscheidung.

6.3 Lagergröße und Gestaltung der Lagerräume, Lagerausstattung und -technik

Bei der Sommerfeld Bürosysteme GmbH treffen an einem Tag erneut mehrere Materialsendungen ein. Unter anderem werden Transportverpackungen, Stahlrohrgestelle und Alupressprofile, Rollen für Bürostühle, Glasplatten für Tische, Spanplatten und Polstermaterialien angeliefert. Daniela Schaub ist in dieser Situation allein verantwortlich für die Annahme dieser Sendungen, da der zuständige Lagermitarbeiter erkrankt ist. Sie überlegt sich Kriterien, wie sie diese unterschiedlichen Materialien einlagern soll.

Arbeitsaufträge

- Überprüfen Sie die einzelnen Materialien danach, welche Einlagerungsgesichtspunkte zu beachten sind.
- Geben Sie an, ob für die oben genannten Materialien eine Boden-, Stapel-, Regal- oder Hochregallagerung geeignet ist.

Um die Aufgaben der Lagerhaltung erfüllen zu können, sind Lagerräume zu gestalten, Einrichtungsgegenstände, Transportmittel und sonstige Vorrichtungen bereitzustellen. Lager sollten grundsätzlich zweckmäßig eingerichtet sein. Gleichzeitig ist eine optimale Abstimmung mit den innerbetrieblichen Transportsystemen erforderlich, damit eine sichere Versorgung von Produktion und Absatz garantiert ist.

Lagergröße und Gestaltung der Lagerräume

Die Lagergröße und die Gestaltung der Lagerräume sind von einer Reihe von Gesichtspunkten abhängig:

Eigenschaften der Materialien

- **Menge und Zusammensetzung** der zu beschaffenden und abzusetzenden Materialien
- **Durchlaufzeit der Materialien** (je geringer die durchschnittliche Lagerdauer von Materialien ist, desto geringer ist der Raumbedarf im Lager)

Einlagerungsgesichtspunkte	
Art des Lagergutess	Gleiche Materialien lagern zusammen. Beispiel: Bei der Sommerfeld Bürosysteme GmbH ist das Lager der Fertigerzeugnisse in vier Bereiche eingeteilt, für jede Produktgruppe (Warten und Empfang, Am Schreibtisch, Konferenz, Pause, Speisen und Aufenthalt) steht ein eigener Bereich zur Verfügung.
Zugriffshäufigkeit des Lagergutes	Die Materialien, die am häufigsten verlangt werden (A-Material, vgl. S. 32, 206 f.), lagern in Griffnähe, die Materialien, die am wenigsten verlangt werden, lagern weiter hinten oder in den oberen Regalzonen. Beispiel: Die Sommerfeld Bürosysteme GmbH lagert das Produkt „Kendo Stehsitz" im oberen Bereich des Lagerregals, da dieses Produkt umsatzschwach (C-Produkt) ist. Das Produkt „FS-Linie Drehstuhl", das umsatzstark ist (A-Produkt), wird zentral an einem Hauptgang gelagert.
Transporteigenschaften des Lagergutes	Schwere Materialien sollten unten und leichte Materialien oben im Regal gelagert werden. Beispiel: Die Sommerfeld Bürosysteme GmbH lagert alle Polsterbänke auf Paletten auf dem Boden, während die Bürodrehstühle im oberen Bereich der Regale gelagert werden.
Reihenfolge der Materialausgabe	- Fifo-Methode (first in – first out), d.h., die neuen Materialien werden hinter den alten einsortiert. - Lifo-Methode (last in – first out), d.h., die zuletzt eingelagerten Materialien werden zuerst wieder ausgelagert. Beispiel: Die Sommerfeld Bürosysteme GmbH benutzt für alle Materialien die Fifo-Methode, da z.B. die Lacke, Beize sonst zu schnell veralten würden. Die Lifo-Methode wird bei Baustoffgroßhandlungen, z.B. für Schüttgüter wie Sand, Kies usw., angewandt.
Wert des Lagergutes	Hochpreisige Materialien lagern an übersichtlichen Stellen, preiswertere in anderen Bereichen des Lagers. Beispiel: Die Produktgruppe Warten und Empfang, die viele teure Produkte enthält, liegt im Lager der Sommerfeld Bürosysteme GmbH in Sichtweite des Lagerbüros.

Lagerausstattung und -technik

Die Lagerausstattung und -technik sind von der Art, Beschaffenheit und Menge der zu lagernden Materialien abhängig.

Gliederung der Lagerausstattung und -technik nach der Unterbringungsart
Hier lassen sich die offene Lagerung von witterungsbeständigen Materialien und die geschlossene Lagerung von Materialien, die vor Witterungseinflüssen zu schützen sind, unterscheiden.

Beispiele:
- **Offene Lagerung**: Steine, Sand, Alugussteile
- **Geschlossene Lagerung**: Spanplatten, Massivholzteile, Bezugs- und Polstermaterialien

Gliederung der Lagerausstattung und -technik nach der Materialart
Hier lassen sich die Boden-, die Stapel-, die Regal- und die Hochregallagerung unterscheiden.

- Bei der **Bodenlagerung** werden insbesondere die schweren und sperrigen Materialien direkt auf dem Lagerboden gelagert.

    Beispiele: Marmorplatten, Stahlrohrprofile, Massivholzplatten, Cania Polsterbank Liege

- Bei der **Stapellagerung** werden die Materialien auf dem Lagerboden übereinandergeschichtet, wobei sie meistens in der Transportverpackung verbleiben. Dabei ist allerdings darauf zu achten, dass die Verpackungen das Gewicht der darüber lagernden Materialien aushalten.

    Beispiele: Ceno Stapler Besucherstuhl, Konzentra Besprechungs- und Besucherstuhl, Span- und Tischlerplatten, Lackbehälter

- Bei der **Regallagerung** werden Materialien schnell und zugriffsfreundlich in Regalen eingelagert. Sie ist sehr flexibel und insbesondere bei Einzelstücken oder kleinen Stückzahlen sehr übersichtlich.

    Beispiele: Alle Materialien, die in unterschiedlichen Packmitteln wie Kartons, Paletten, Kisten, Säcken angeliefert oder als Fertigerzeugnis eingelagert werden.

    - Bei der **Silolagerung** werden Schüttgüter wie Zement, Farbpigmente und Kunststoffgranulat in Silos im oder außerhalb des Lagers aufbewahrt. Silos werden oben befüllt, die Materialentnahme erfolgt unten (first in first out).

- Bei der **Hochregallagerung** werden Materialien durch den Einsatz von vollautomatischen Stapelkränen bis zu einer Höhe gelagert, die von am Boden befindlichen Staplern nicht mehr erreicht werden kann. Dadurch wird der Lagerraum voll ausgenutzt. Der Grundflächenbedarf ist deshalb sehr niedrig. Hochregallager lohnen sich insbesondere für Industrieunternehmen, die große Mengen ein- und auszulagern haben. Die Belegung der Regalplätze erfolgt vollautomatisch durch die EDV-Anlage. Es gibt keine festen Lagerplätze für bestimmte Materialien, sondern jedes Material wird dort eingelagert, wo gerade Platz ist (Freiplatzsystem oder chaotische Lagerung, vgl. S. 182 f.).

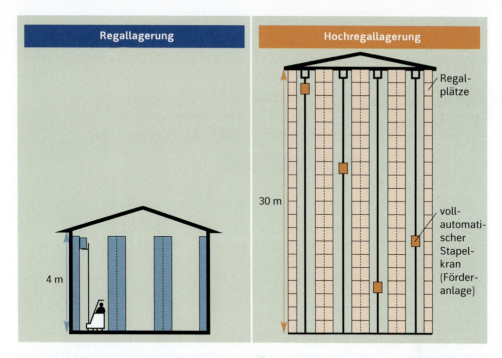

Ablauf der Ein- und Auslagerung beim Freiplatzsystem (Hochregallagerung)	
Einlagerung	**Auslagerung**
<ul><li>Der Einlagerungsauftrag wird automatisch erstellt: Materialnummer, Menge und Größe werden an Lichtschranken erfasst oder in Strichcodes verschlüsselt und maschinell eingelesen.</li><li>Der Rechner schlägt den momentan optimalen Lagerplatz vor.</li><li>Der Lagermitarbeiter bestätigt den Lagerplatz oder fordert einen anderen Lagerplatz.</li><li>Das Material wird mithilfe der Förderanlage automatisch auf den vorgesehenen Lagerplatz eingelagert und dem Bestand zugerechnet.</li></ul>	<ul><li>Der Auslagerungsauftrag wird mit Materialnummer und Menge am Rechner eingegeben bzw. an diesen übermittelt.</li><li>Der Rechner ermittelt den Lagerplatz. Liegt das gleiche Material auf verschiedenen Lagerplätzen, schlägt der Rechner vor, das am längsten eingelagerte Material zuerst auszulagern (Fifo = first in, first out, vgl. S. 187).</li><li>Der Lagermitarbeiter bestätigt den Vorschlag des Rechners.</li><li>Die Förderanlage entnimmt das Material und liefert es ab.</li><li>Die gewünschte Menge wird entnommen, eventuelle Restmengen wieder eingelagert.</li><li>Der Lagerbestand wird automatisch aktualisiert.</li></ul>

In den letzten Jahren sind immer mehr Industrieunternehmen zur Hochregallagerung übergegangen. Für die Höhe der Regale sind die baulichen Gegebenheiten ausschlaggebend. Die Hochregallager haben den großen Vorteil, dass der Lagerraum voll ausgenutzt wird.

PRAXISTIPP!

Strichcodes werden optimalerweise sowohl vom Lieferer als auch vom Kunden einheitlich verwendet und helfen heute bei der Verfolgung von Materialien und Packstücken über die gesamte logistische Kette.

Folgende Lagerausstattung lässt sich bei der Lagerhaltung unterscheiden

Lagerausstattung

Einrichtungsgegenstände	Beispiele	Transportmittel	Beispiele	Vorrichtungen	Beispiele
Schränke und Schubladen	bei textilen Bezugsstoffen, Kleinmaterialien	Flurfördermittel	Karren, Stapler, Rollcontainer	Sicherungsvorrichtungen	Alarm-, Feuerlöschanlagen, Fenstergitter, Sicherheitsschlösser
Regale	bei Bürostühlen	Aufzüge	Seilzüge		
Ständer	bei Anzügen	Kräne	Lauf-, Drehkräne		
Flach- oder Boxpaletten	bei Sitzschalen für Bürostühle	Stetigförderer (stetiger Fluss ohne Rückwärtsbewegung des Fördergutes)	automatische Transportbänder, Rutschen	automatische Zähl-, Mess-, Wiege- und Steuerungsvorrichtungen	im Hochregallager übernimmt die zentrale EDV Anlage die Bestandsführung
Collico-Behälter	bei Farb-, Beiz-, Lackbehältern	Steig- und Abfördersysteme	Hochregallager		
Kühlbehältnisse	bei verderblichen Lebensmitteln				

Zusammenfassung

Lagergröße und Gestaltung der Lagerräume, Lagerausstattung und Lagertechnik

- Die **Lagergröße und Gestaltung der Lagerräume** ist abhängig von den Eigenschaften, der Menge und Zusammensetzung und der Durchlaufzeit der einzulagernden Materialien.
- Die **Lagerausstattung und -technik** sind von der Art, Beschaffenheit und Menge der zu lagernden Materialien abhängig.
- Die Lagerausstattung und -technik sind nach der Unterbringungsart in **offene/halboffene** (**witterungsunabhängige** Materialien) und geschlossene (**witterungsabhängige** Materialien) Lager zu unterscheiden.
- Die Lagerausstattung und -technik sind nach der Materialart in **Boden-, Stapel-, Regal-** und **Hochregallagerung** zu unterscheiden.

Aufgaben

1. Erklären Sie die Grundsätze „first in – first out (fifo)" und „last-in – first out (lifo)" anhand von Beispielen.

2. Erläutern Sie anhand von Beispielen aus Ihrem Ausbildungsbetrieb, welche Einlagerungsgesichtspunkte bei der Einlagerung der Lagergüter zu beachten sind, und stellen Sie diese in einem Vortrag vor.

3. Unterscheiden Sie die Boden-, Stapel-, Regal- und Hochregallagerung.

4. Beschreiben Sie die Arbeitsschritte bei der Ein- und Auslagerung von Materialien im Hochregallager.

5. Überprüfen Sie, welche Einrichtungsgegenstände, Transportmittel und Vorrichtungen in Ihrem Ausbildungsbetrieb bei der Lagerausstattung zu finden sind. Ordnen Sie diese der Lagerausstattung zu und erläutern Sie diese unter Verwendung von geeigneten Visualisierungen Ihren Mitschülern.

6.4 Wirtschaftlichkeit der Lagerhaltung

Die Auszubildende Daniela Schaub liest einen Ausdruck des computergestützten Lagerbestandsführungsprogramms der Sommerfeld Bürosysteme GmbH, den Herr Kunze über die Lagerbestände der Produktgruppe 2 „Am Schreibtisch" abgerufen hat. Hierin ist u. a. folgende Aufstellung enthalten:

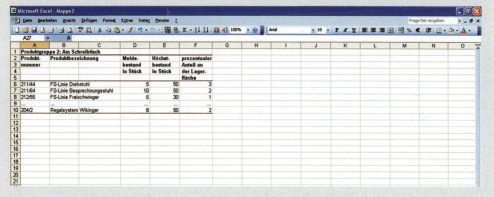

Daniela Schaub überlegt, warum die Sommerfeld Bürosysteme GmbH Höchstbestände für jedes einzelne Produkt festlegt und warum der prozentuale Anteil eines Produktes an der Lagerfläche ausgewiesen wird.

Arbeitsaufträge

- Erläutern Sie die Bedeutung der Festlegung von Melde- und Höchstbeständen bei Materialien in einem Industrieunternehmen.

- Begründen Sie, warum eine laufende Kontrolle der einzelnen Lagerbestände erforderlich ist.

- Erläutern Sie Lagerbestands- und Lagerbewegungsdaten und zeigen Sie die Konsequenzen auf, wenn die Umschlagshäufigkeit eines Materials sinkt.

Bei der Steuerung der Lagerhaltung besteht ein permanenter **Zielkonflikt** zwischen der von den Kunden erwarteten hohen Lieferbereitschaft von Fertigerzeugnissen, der von der Fertigung erwarteten Vorratshaltung benötigter Werkstoffe einerseits und den vom Unternehmen angestrebten niedrigen Lagerkosten andererseits. Je größer die zu lagernde Materialmenge ist, desto höher sind die Lagerkosten und umgekehrt. Folglich versucht jedes Unternehmen, die Menge der zu lagernden Materialien (Werkstoffe, Fertigerzeugnisse) zu minimieren. Durch die möglichst optimale Nutzung des vorhandenen Lagerraums (z. B. Hochregallager) und den Einsatz einer modernen Lagertechnik (Belüftung, Heizung, Kühlanlagen, vgl. S. 177), die auf das jeweilige Lagergut exakt abgestimmt ist, können die Lagerkosten minimiert werden. Ebenso können die Transportwege innerhalb des Lagers durch eine durchdachte Lagerorganisation vermindert werden. Die Zugriffszeiten auf die Materialien können durch geeignete Förderhilfsmittel (z. B. Paletten, Körbe, Hubwagen, vgl. S. 190) erhöht werden.

Lagerkosten und Lagerrisiken

Jedes Lager verursacht Kosten. Einige Kosten, z. B. die Miete für den Lagerraum, sind bezogen auf einen bestimmten Zeitraum von der Menge und dem Wert der gelagerten Materialien unabhängig. Man bezeichnet sie als **fixe Kosten**, sie sind über einen bestimmten Zeitraum unveränderlich.

Die Kosten der Lagervorräte sind vom Industrieunternehmen beeinflussbar, denn es kann entscheiden, wie viel Material es auf Lager hält. Solche Kosten heißen **variable Kosten**. Fixe und variable Lagerkosten müssen in die Preiskalkulation des Industrieunternehmens einfließen. Über den Verkaufspreis der einzelnen Produkte, d. h. über den Umsatz, müssen diese Kosten erwirtschaftet werden.

- **Sachkosten des Lagers:**
    - **Reparaturen, Instandhaltung** der Lagereinrichtung (Regale, Ständer usw.), der Hilfsmittel (Hubwagen, Gabelstapler, Lagersteuerungsanlage usw.)
    - **Wartung** (Transportmittel, Heizung, Klimaanlage, Sprinkleranlage, Kühltruhen usw.)
    - **Energiekosten** (Heizung, Beleuchtung, Kühlung usw.)
    - **Versicherungsprämien** (für das Lagergebäude, die Lagereinrichtung und den Materialbestand)
    - **Reinigungskosten**
    - **Miete** (für Räume und Geräte)
    - **Kosten der Materialpflege** (Abdeckhüllen, Staubsicherungen usw.)
    - **Kosten der Lagerverwaltung und -organisation** (Lagerdatei, Kommissionierscheine usw.)
- **Personalkosten**: Alle Mitarbeiter des Lagers, anteilig die Mitarbeiter des Verkaufs oder der Fertigung, die nur zeitweise mit Lagerarbeiten beschäftigt sind, verursachen Personalkosten. Es müssen hierbei sämtliche Arbeiten berücksichtigt werden, angefangen von der Materialannahme, Materialprüfung usw. bis zur Bereitstellung der Materialien für den Kunden und für die Fertigung.

- **Kosten des Lagerrisikos:** Jede Lagerhaltung birgt auch Risiken, die durch keine Versicherung abzudecken sind. Das Industrieunternehmen muss darauf achten, diese Risiken möglichst gering zu halten. Risiken wie Schwund, Diebstahl, Verderb können auch bei sorgfältigster Arbeit nicht immer vermieden werden. Die so entstandenen Kosten sind meist nicht exakt planbar, hier können aber Erfahrungswerte und Schätzungen helfen, um diese Kosten bei der Kalkulation zu berücksichtigen. Allgemeine Risiken wie z. B. Modeänderungen, Modellwechsel, technische Veränderungen sind allgemeines Unternehmerwagnis, das nicht über die Handlungskosten kalkuliert wird, sondern über den Gewinn abgegolten wird.

- **Kosten der Kapitalbindung**
  Die Lagerausstattung und die gelagerten Materialien binden Kapital, d. h., die finanziellen Mittel, die hierfür aufgewendet werden, stehen für andere betriebliche Zwecke nicht zur Verfügung. Die Kosten der Kapitalbindung sind die Zinsen für das Kapital.

  - **Kosten der gelagerten Materialien:** Verzinsung des eingesetzten Kapitals,

    Beispiel: Die Sommerfeld Bürosysteme GmbH lagert für die Produktgruppe „Konferenz" im Durchschnitt im Rohstofflager pro Jahr für 230 000,00 € Materialien. Würde die Sommerfeld Bürosysteme GmbH die dadurch gebundenen Mittel für 6% Zinsen pro Jahr bei einer Bank anlegen, so erhielte sie hierfür 13 800,00 € Zinsen.

  - **Kosten der Lagereinrichtung:** Verzinsung des eingesetzten Kapitals, Abschreibung.

    Beispiel: Die Sommerfeld Bürosysteme GmbH kauft einen Gabelstapler für 18 000,00 € für ihr Lager. Bei einem Zinssatz von 8% entstehen 1 440,00 € Kapitalbindungskosten. Der Gabelstapler hat eine geschätzte Lebensdauer von sechs Jahren, über diesen Zeitraum sind die Anschaffungskosten zu verteilen, es entstehen somit jährlich Abschreibungen in Höhe von 3 000,00 € bei linearer Abschreibung.

  - **Kosten der Lagerräume:** Baukosten für ein neues Lager, Erweiterungsbauten usw.

Die exakte Ermittlung der Lagerkosten ist nur mit einem gut funktionierenden betrieblichen **Rechnungswesen** möglich. Die Verkaufspreise der einzelnen Fertigerzeugnisse müssen so kalkuliert werden, dass diese Kosten langfristig gedeckt sind.

→ LF 3

PRAXISTIPP!

*Die exakte Ermittlung der Lagerkosten ist nur mit einem gut funktionierenden betrieblichen **Rechnungswesen** möglich. Die Listenverkaufspreise der einzelnen Produkte müssen so kalkuliert werden, dass die Kosten langfristig gedeckt sind.*

Lagerbestandskennzahlen

LS 8.III

Die Lagervorräte in einem Industrieunternehmen müssen systematisch kontrolliert werden. Um die Lagerkosten zu senken, ist es notwendig,

- die **Lagerbestände so klein wie möglich zu halten**, das führt zu geringeren Kapital-, Sach- und Personalkosten und zu einem geringeren Lagerrisiko,

- die **Materialbestände möglichst schnell zu Fertigerzeugnissen zu verarbeiten und zu verkaufen**, damit gebundenes Kapital freigesetzt wird.

→ **LF 3** Die Kontrolle des Lagerbestandes kann durch **Stichtagsinventur** erfolgen oder durch **permanente Inventur** mit **Fortschreibung in Listen**, Büchern usw. Meist werden Computerprogramme eingesetzt, um die Lagerbestände zu überwachen und Kennzahlen automatisch zu ermitteln und zu vergleichen.

Die Lagerkontrolle hat die Aufgabe, für jeden einzelnen Artikel laufend den aktuellen Bestand festzustellen, um Nachbestellungen rechtzeitig durchzuführen, die Produktions- und Verkaufsbereitschaft zu gewährleisten und Überbestände zu erkennen. Für Materialien, die zu hohe Bestände aufweisen, müssen Maßnahmen ergriffen werden, um die Vorräte zu senken. Zur Bestandsüberwachung werden im Lagerwesen sogenannte **Lagerkennziffern(-zahlen)** verwendet. Diese Zahlen ermöglichen für alle Materialien genaue Aussagen über eine wirtschaftliche Vorratshaltung.

Höchstbestand
Jedes Lager hat eine begrenzte Lagerkapazität, die nicht beliebig veränderbar ist. Somit kann in einem Lager nur eine begrenzte Anzahl von Materialien gelagert werden **(technischer Höchstbestand)**. Ebenso beschränkt das Kapital, das zur Vorratshaltung zur Verfügung steht, die Menge der Lagergüter **(wirtschaftlicher Höchstbestand)**.

Mindestbestand und Meldebestand
Detaillierte Ausführungen zum Mindest- und Meldebestand finden sich in Kapitel 3.1.2 „Mengen-, Zeit-, Kostenplanung und Beschaffungsstrategien" auf der S. 44 und S. 45.

Lagerbewegungskennzahlen

Es ist wichtig, den Lagerbestand so gering wie möglich zu halten, damit nicht zu viel Kapital durch lagernde Materialien gebunden wird und die Lagerkosten möglichst gering gehalten werden. Lagerbewegungen und Lagerkosten werden mit verschiedenen Kennziffern kontrolliert.

Durchschnittlicher Lagerbestand
Während eines Jahres ergeben sich für die Materialien meist täglich oder stündlich verschiedene Lagerbestände durch Verkauf, Verbrauch und Einkauf (Lagerab- und -zugänge). Zur Übersicht und zur leichteren Kontrolle werden deshalb Mittelwerte (Durchschnittswerte) berechnet. Der durchschnittliche Lagerbestand **(DLB)** eines Materials gibt an, wie hoch im Durchschnitt der Vorratsbestand in Stück oder in EUR in einem bestimmten Zeitraum ist. Die Kenntnis des durchschnittlichen Lagerbestandes kann z.B. beim Abschluss einer Versicherung der Materialien gegen Feuer, Diebstahl usw. von Bedeutung sein. Da die Lagerbestände aufgrund ständiger Ein- und Auslagerungen schwanken, ist es sinnvoll, beim Abschluss einer Versicherung den durchschnittlichen Lagerwert anzusetzen.

Beispiel: In der Produktgruppe „Konferenz" soll der DLB für den Linus Sessel ermittelt werden. Daniela Schaub ist mit dieser Aufgabe betraut. Der Jahresanfangsbestand an Linus Sesseln beträgt 38 Stück, der Jahresendbestand (lt. Inventur) beträgt 60 Stück.

$$DLB = \frac{38 + 60}{2} = \frac{98}{2} = \underline{\underline{49 \text{ Stück}}}$$

$$\text{Durchschnittlicher Lagerbestand bei Jahresinventur} = \frac{\text{Anfangsbestand} + \text{Endbestand}}{2}$$

Beispiel: Daniela Schaub möchte den DLB genauer berechnen. Sie nimmt zusätzlich zu dem Jahresanfangsbestand noch vier Quartalsbestände (Vierteljahresbestände) in ihre Berechnung auf.

Jahresanfangsbestand:	38 Stück	Bestand am Ende des 3. Quartals	220 Stück
Bestand am Ende des 1. Quartals:	146 Stück	Bestand am Ende des 4. Quartals	60 Stück
Bestand am Ende des 2. Quartals:	190 Stück	(Jahresbestand)	

$$DLB = \frac{38 + 146 + 190 + 220 + 60}{5} = \frac{654}{5} \approx \underline{\underline{131 \text{ Stück}}}$$

> **Durchschnittlicher Lagerbestand mit Quartalsbeständen =**
>
> $$\frac{\text{Jahresanfangsbestand} + 4 \text{ Quartalsendbestände}}{5}$$

> ***PRAXISTIPP!***
>
> *Diese und die folgenden Berechnungen des durchschnittlichen Lagerbestandes können ebenfalls mit EUR-Beträgen gemacht werden, dann ergibt sich der Durchschnittswert des Lagerbestandes. Durch Multiplikation mit dem Einstandspreis lässt sich ferner aus dem Bestand in Stück der Lagerwert ermitteln: durchschnittlicher Lagerwert (in €) = durchschnittlicher Lagerbestand (in Stück) · Einstandspreis je Stück (in €)*
>
> *Die Genauigkeit der Kennziffer DLB hängt davon ab, wie viele Bestände in die Berechnung eingehen.*

Einen noch genaueren DLB erhält man, wenn zusätzlich zu dem Jahresanfangsbestand noch die zwölf Monatsinventurbestände hinzugenommen werden. So stehen 13 Bestände zur Verfügung.

Beispiel: Daniela Schaub ermittelt den DLB aufgrund der Monatsbestände.

Jahresanfangsbestand: 38 Stück
Monatsendbestände:

Januar:	50	Mai:	250	September:	220	
Februar:	162	Juni:	190	Oktober:	160	
März:	146	Juli:	140	November:	109	
April:	80	August:	20	Dezember:	60	

$$DLB = \frac{38 + 50 + 162 + 146 + 80 + 250 + 190 + 140 + 20 + 220 + 160 + 109 + 60}{13} = \frac{1\,625}{13} = \underline{\underline{125 \text{ Stück}}}$$

Durchschnittlich befanden sich also 125 Linus Sessel auf Lager. Wenn jeder Linus Sessel durchschnittlich einen Herstellkostenpreis von 180,00 € hat, so waren durchschnittlich 22 500,00 € Kapital gebunden.

> **Durchschnittlicher Lagerbestand mit Monatsbeständen =**
>
> $$\frac{\text{Jahresanfangsbestand} + 12 \text{ Monatsbestände}}{13}$$

Durch den Einsatz moderner computergestützter Lagerhaltungsprogramme ist es möglich, zu jedem beliebigen Zeitpunkt den aktuellen Lagerbestand zu ermitteln. Dies ermöglicht ein gezieltes Steuern der Bestände, um Lagerkosten zu senken.

Umschlagshäufigkeit
Die Umschlagshäufigkeit gibt an, wie oft der durchschnittliche Lagerbestand während eines Geschäftsjahres verkauft oder in der Fertigung verarbeitet wurde.

Beispiel: Die Finanzbuchhaltung der Sommerfeld Bürosysteme GmbH meldet für das vergangene Geschäftsjahr einen Materialverbrauch von 18 900.000,00 €. Der durchschnittliche Wert des Lagerbestandes betrug 1 050.000,00 €. Hieraus kann abgeleitet werden, dass in einem Jahr der Lagerbestand 18-mal umgeschlagen wurde.

$$\text{Umschlagshäufigkeit (UH)} = \frac{18\,900.000,00\ \text{€}}{1\,050.000,00\ \text{€}} = \underline{\underline{18}}$$

In einem vergleichbaren Industrieunternehmen betrug der Materialverbrauch ebenfalls 18 900.000,00 €. Der durchschnittliche Lagerbestand betrug aber 1 150.000,00 €, er wurde nur 16,4-mal umgeschlagen.

$$\text{Umschlagshäufigkeit (UH)} = \frac{18\,900.000,00\ \text{€}}{1\,150.000,00\ \text{€}} = \underline{16,4}$$

Bei der Sommerfeld Bürosysteme GmbH waren im Durchschnitt nur 1 0500 000,00 € Kapital gebunden, beim zweiten Industrieunternehmen 1 150.000,00 €, obwohl beide wertmäßig gleich viel verbraucht haben. Der Sommerfeld Bürosysteme GmbH standen also regelmäßig 100 000,00 € mehr für andere Verwendungen zur Verfügung. Die Kennziffern „18" bzw. „16,4" geben also an, wie häufig ein durchschnittlicher Lagerbestand (DLB) umgeschlagen wurde.

Hieraus lässt sich folgende Formel ableiten:

$$\text{Umschlagshäufigkeit} = \frac{\text{Materialverbrauch (in Stück oder €)}}{\text{DLB (in Stück oder €)}}$$

Umschlagshäufigkeit und durchschnittlicher Lagerbestand sowie durchschnittliche Lagerdauer verhalten sich immer gegenläufig!

Durchschnittliche Lagerdauer
Wenn die Umschlagshäufigkeit eines Materiallagers bekannt ist, so kann daraus ihre durchschnittliche Lagerdauer berechnet werden. Hieraus erkennt man den Zeitraum vom Eintreffen der Materialien im Lager bis zur Weiterverarbeitung bzw. zum Verkauf an den Kunden, also wie lange die Materialien durchschnittlich gelagert wurden.

Beispiel: Der Lagerbestand hat bei der Sommerfeld Bürosysteme GmbH eine Umschlagshäufigkeit von 18. Das kaufmännische Jahr zählt 360 Tage, 360 : 18 = 20. Das bedeutet, dass die Materialien durchschnittlich 20 Tage auf Lager waren.

Hieraus lässt sich folgende Formel ableiten:

$$\text{Durchschnittliche Lagerdauer (in Tagen)} = \frac{360\ \text{(Tage)}}{\text{Umschlagshäufigkeit}}$$

Mithilfe der Umschlagshäufigkeit und der durchschnittlichen Lagerdauer können Aussagen zur **Wirtschaftlichkeit eines Artikels, einer Werkstoff- oder einer Produktgruppe** gemacht werden. Je höher die Umschlagshäufigkeit oder je geringer die durchschnittliche Lagerdauer eines Artikels, einer Werkstoff- oder einer Produktgruppe, desto niedriger ist der Kapitaleinsatz im Lager. Zudem gilt, je höher die Umschlagshäufigkeit oder je geringer die durchschnittliche Lagerdauer eines Artikels, einer Werkstoff- oder einer Produktgruppe, desto niedriger ist der Kostenanteil je Werkstoff/Artikel oder je Produktgruppe.

Lagerzinssatz

In Lagervorräte investiertes Kapital verursacht Kosten. In der Kalkulation des Verkaufspreises eines Produktes sind diese Kapitalkosten zu berücksichtigen. Es ist sinnvoll, diese Kosten mit einem Prozentsatz in die Preiskalkulation einzubeziehen. Die Zinskosten sind abhängig von der durchschnittlichen Lagerdauer und von dem Zinssatz (Marktzinssatz), der für ein angelegtes Kapital von einer Bank gezahlt würde. Somit ergibt sich:

$$\text{Lagerzinssatz} = \frac{\text{Jahreszinssatz} \cdot \text{durchschnittliche Lagerdauer}}{360} \quad \text{oder} \quad \frac{\text{Jahreszinssatz}}{\text{Umschlagshäufigkeit}}$$

Beispiel: Die Sommerfeld Bürosysteme GmbH hat für ihren Lagerbestand eine durchschnittliche Lagerdauer von 20 Tagen errechnet. Für Geldeinlagen wird der Sommerfeld Bürosysteme GmbH von der Deutschen Bank in Essen ein Zinssatz (Marktzinssatz) von 8 % geboten.

$$\text{Lagerzinssatz} = \frac{8\,\% \cdot 20 \text{ Tage}}{360 \text{ Tage}} = \underline{\underline{0{,}44\,\%}} \qquad \text{Der Lagerzinssatz beträgt somit etwa 0,44 \%.}$$

Lagerzinsen

Der Wert des durchschnittlichen Lagerbestandes ist als Kapital gebunden. Für diesen Betrag müssen somit Zinsen (Kapitalbindungskosten) berechnet werden. Hierzu wird der Lagerzinssatz verwendet.

$$\text{Lagerzinsen} = \frac{\text{Lagerzinssatz} \cdot \text{durchschnittlicher Lagerbestand (in €)}}{100}$$

Beispiel: Die Sommerfeld Bürosysteme GmbH hat einen durchschnittlichen Lagerbestand von 1 050.000,00 €. In der Sommerfeld Bürosysteme GmbH wird ein Lagerzinssatz von 0,44 % ermittelt.

$$\text{Lagerzinsen} = \frac{0{,}44 \cdot 1\,050.000}{100} = \underline{\underline{4\,620{,}00 \text{ €}}} \qquad \text{Für diesen Lagerbestand fallen 4 620,00 €}$$
Lagerzinsen an.

> **PRAXISTIPP!**
>
> Die Lagerzinsen geben somit die Zinsen an, die vom durchschnittlichen Lagerbestand **in der durchschnittlichen Lagerdauer** verursacht werden.
> Auf das Jahr bezogen, entstehen durch den durchschnittlichen Lagerbestand
> 1 050.000 x 8 % Zinsen = 84 000 €

Lagerreichweite (Vorratsquote)
Mit dieser Kennziffer wird ausgedrückt, wie lange der durchschnittliche Lagerbestand bei einem durchschnittlichen Absatz oder Verbrauch ausreicht.

$$\text{Lagerreichweite} = \frac{\varnothing \text{ Lagerbestand (in Stück oder €)}}{\varnothing \text{ Absatz (Verbrauch in Stück oder €) pro Tag}}$$

Beispiel: Die Sommerfeld Bürosysteme GmbH hat beim Produkt Picto Besucherstuhl einen durchschnittlichen Lagerbestand von 50 Stück und einen durchschnittlichen Absatz pro Tag von 5 Stück.

$\text{Lagerreichweite} = \frac{50}{5} = \underline{\underline{10 \text{ Tage}}}$ Die Sommerfeld Bürosysteme GmbH hat beim Picto Bürostuhl eine Lagerreichweite von 10 Tagen.

Flächennutzungsgrad und Raumnutzungsgrad
Die Nutzung der vorhandenen Lagerkapazität wird durch den Flächennutzungs- oder Raumnutzungsgrad gemessen.

$$\text{Flächennutzungsgrad} = \frac{\text{genutzter Teil der Lagerfläche}}{\text{verfügbare Lagerfläche}}$$

Beispiel: Die Sommerfeld Bürosysteme GmbH hat einen Lagerraum mit einer Fläche von 3 000 m². Davon werden im Durchschnitt 2 700 m² regelmäßig genutzt.

$\text{Flächennutzungsgradgrad} = \frac{2\,700}{3\,000} = 0{,}9 = \underline{\underline{90\,\%}}$ Die Sommerfeld Bürosysteme GmbH hat einen Flächennutzungsgrad von 90 %.

> **PRAXISTIPP!**
>
> *Die gleiche Rechnung mit Kubikmetern (m³) ergibt den Raumnutzungsgrad. Dieser ist wesentlich aussagefähiger und macht v. a. bei der Untersuchung der Auslastung eines Hochregallagers Sinn.*

Auswertung der Lagerkennziffern
Die Erhöhung der Umschlagshäufigkeit hat eine Verkürzung der Lagerdauer zur Folge. Dadurch vermindern sich die Kosten für die Materialpflege sowie das Risiko des Veraltens und des Verderbs. Die Lagerkosten werden also wesentlich vom Lagerumschlag beeinflusst. Je höher die Umschlagshäufigkeit für ein Material, desto niedriger ist der Kostenanteil, der auf das einzelne Material bzw. gelagerte Stück entfällt. Durch eine Erhöhung der Umschlagshäufigkeit werden Lagerzinsen gespart, der Kapitalbedarf wird verringert, die Wirtschaftlichkeit wird erhöht. Die Lagerumschlagshäufigkeit kann durch folgende **Maßnahmen** erhöht werden:

- Durch die Verringerung der Bestellmengen und des Mindestbestandes, durch Just-in-time-Lieferungen (vgl. S. 44) oder durch den Kauf auf Abruf (vgl. S. 92) kann im Beschaffungsbereich die Voraussetzung für eine Erhöhung der Umschlagshäufigkeit erreicht werden. All diese Maßnahmen setzen bei der Senkung des durchschnittlichen Lagerbestandes an.

- Durch verstärkte Werbung zur Absatzsteigerung oder Sonderverkaufsaktionen für Produkte mit geringer Umschlagshäufigkeit kann der Produktumschlag im **Absatzbereich** erhöht werden. Diese Maßnahmen erhöhen die Umschlagshäufigkeit über die Erhöhung des Materialverbrauchs.

> **PRAXISTIPP!**
>
> Schauen Sie sich noch einmal den Quotienten zur Errechnung der Umschlagshäufigkeit (UH) auf S. 196 an: Die UH erhöht sich, wenn entweder der Zähler wächst oder der Nenner kleiner wird.

Die Lagerkennziffern sind für jedes Industrieunternehmen von besonderer Bedeutung, da sie im Zeitvergleich die Entwicklungstendenzen eines Artikels, einer Materialgruppe und des gesamten Betriebes aufzeigen. Zudem können im Betriebsvergleich interessante Erkenntnisse gewonnen werden, wenn die betrieblichen Lagerkennzahlen mit denen der Branche verglichen werden. Die Branchenkennzahlen können über Verbände oder das Internet abgerufen werden.

Zusammenfassung

Wirtschaftlichkeit der Lagerhaltung

- Jede Lagerhaltung bringt **Risiken** wie Modeänderungen, technischen Fortschritt, Modelländerungen oder Verderb mit sich.

- **Lagerkosten**

Sachkosten	Alle Kosten zum Betrieb des Lagers, insbesondere Mieten, Energie, Reparaturen usw.
Personalkosten	Kosten der Mitarbeiter, die Lagerarbeiten erledigen
Kosten des Lagerrisikos	Kosten durch Verderb, Diebstahl, Schwund
Kosten der Kapitalbindung	Zinsen für das gebundene Kapital für • gelagerte Materialien • Anschaffung der Lagereinrichtung • Anschaffung (Bau) der Lagerräume

- **Lagerbestandskennzahlen**
  - Lagerbestandsdaten werden benötigt, um eine wirtschaftliche Lagerführung zu sichern.
  - **Höchstbestand:** Technischer HB = absolute Obergrenze, Lager ist vollständig gefüllt. Wirtschaftlicher HB = Bestand, bis zu dem ein Artikel unter wirtschaftlichen Gesichtspunkten höchstens gelagert wird.
  - **Mindestbestand (Sicherheitsbestand):** Er dient als eiserne Reserve dazu, unvorhergesehene Ereignisse wie Verzögerung einer Lieferung oder Mehrbedarf aufzufangen. Er sichert somit die Produktionsfähigkeit oder die Lieferfähigkeit.
    - Meldebestand
  - **Lagerbewegungskennzahlen** verändern sich permanent; hierzu gehören:
  - **Durchschnittlicher Lagerbestand (jeweils in Stück oder €):**

  - DLB bei Jahresinventur $= \dfrac{\text{Jahresanfangsbestand + Jahresendbestand}}{2}$

  - DLB mit Quartalsbeständen $= \dfrac{\text{Jahresanfangsbestand + 4 Quartalsendbestände}}{5}$

- **DLB mit Monatsbeständen** = $\dfrac{\text{Jahresanfangsbestand} + 12 \text{ Monatsendbestände}}{13}$

- **Umschlagshäufigkeit** = $\dfrac{\text{Materialverbrauch (in Stück oder €)}}{\text{DLB (in Stück oder €)}}$

- **Durchschnittliche Lagerdauer** = $\dfrac{360 \text{ (Tage)}}{\text{Umschlagshäufigkeit}}$

- **Lagerzinssatz** = $\dfrac{\text{Jahreszinssatz} \cdot \text{durchschnittliche Lagerdauer}}{360}$ oder $\dfrac{\text{Jahreszinssatz}}{\text{Umschlagshäufigkeit}}$

- **Lagerzinsen** = $\dfrac{\text{Lagerzinssatz} \cdot \text{durchschnittlicher Lagerbestand (in €)}}{100}$

- **Lagerreichweite** = $\dfrac{\text{Ø Lagerbestand (in Stück oder €)}}{\text{Ø Absatz (Verbrauch in Stück oder €) pro Tag}}$

- **Raumnutzungsgrad** = $\dfrac{\text{genutzter Teil des Lagerraums in m}^3}{\text{verfügbarer Lagerraum in m}^3}$

- **Auswertung der Lagerkennzahlen**

  - Mithilfe der Lagerkennziffern wird die Beurteilung der Wirtschaftlichkeit des Lagers ermöglicht. Zudem sind die Lagerkennziffern die Grundlage für Betriebsvergleiche mit Durchschnittszahlen der Branche.

  - Je höher die Umschlagshäufigkeit oder je geringer die durchschnittliche Lagerdauer eines Artikels, einer Werkstoff- oder einer Produktgruppe, desto niedriger sind der Kapitaleinsatz im Lager und die hierdurch entstehenden Zinsen.

  - Je höher die Umschlagshäufigkeit oder je geringer die durchschnittliche Lagerdauer eines Artikels, einer Werkstoff- oder einer Produktgruppe, desto niedriger ist der Kostenanteil je Artikel, einer Werkstoff- oder Produktgruppe.

Aufgaben

1. In einem Industrieunternehmen werden für ein Produkt folgende Bestände (in Stück) aufgrund permanenter Inventur ausgewiesen:

Anfangsbestand 1. Januar:	200		
Endbestand 31. Januar:	185	Endbestand 31. Juli:	275
Endbestand 28. Februar:	270	Endbestand 31. August:	281
Endbestand 31. März:	315	Endbestand 30. September:	265
Endbestand 30. April:	295	Endbestand 31. Oktober:	295
Endbestand 31. Mai:	290	Endbestand 30. November:	310
Endbestand 30. Juni:	315	Endbestand 31. Dezember:	240

   a) Berechnen Sie den durchschnittlichen Lagerbestand nur mit dem Anfangs- und Endbestand.
   b) Berechnen Sie den durchschnittlichen Lagerbestand mit den Quartals- und Monatsbeständen.
   c) Weshalb ergeben sich Unterschiede für den durchschnittlichen Lagerbestand?

2. In einem Industrieunternehmen liegen folgende Angaben vor: Materialverbrauch: 600 000,00 €, durchschnittlicher Lagerbestand 50 000,00 €. Berechnen Sie die Umschlagshäufigkeit und die durchschnittliche Lagerdauer.

3. Ein Artikel hat eine Umschlagshäufigkeit von 6. Berechnen Sie die durchschnittliche Lagerdauer.

4. Ein Artikel liegt durchschnittlich 40 Tage auf Lager. Ermitteln Sie die Umschlagshäufigkeit.

5. Wie hoch sind die Lagerzinsen, wenn für einen Artikel, dessen durchschnittlicher Lagerbestand 200 000,00 € beträgt, ein Lagerzinssatz von 1,14 % besteht?

6. Berechnen Sie den Lagerzinssatz, wenn mit einem Jahreszinssatz von 10 % gearbeitet wird und die durchschnittliche Lagerdauer eines Artikels 45 Tage beträgt.

7. Eine Produktgruppe verursachte in einem Jahr 12 000,00 € Lagerzinsen, der Lagerzinssatz beträgt 1,2 %. Wie hoch war der durchschnittliche Lagerbestand (in €)?

8. Die Sommerfeld Bürosysteme GmbH hat sich in der Branche den Ruf erworben, stets auch bei unerwartet hohen Aufträgen lieferbereit zu sein. Als Folge für die Sommerfeld Bürosysteme GmbH ergibt sich bei vielen Materialien ein hoher Mindestbestand.

   a) Erläutern Sie, welcher Zielkonflikt sich daraus für die Sommerfeld Bürosysteme GmbH ergibt.
   b) Beschreiben Sie die Konsequenzen, die sich für die Sommerfeld Bürosysteme GmbH aus einer Verringerung des Mindestbestandes ergeben können.
   c) Machen Sie begründete Vorschläge anhand der Produktliste der Sommerfeld Bürosysteme GmbH, für welche Produkte ein hoher oder ein geringer Mindestbestand erforderlich sein könnte.

9. Die Sommerfeld Bürosysteme GmbH unterhält für die Fertigung von Bürodrehstühlen ein Lager für fremdbezogene Bürostuhlfüße. Zur Sicherung der Produktionsbereitschaft wird ein Mindestbestand (eiserne Reserve) von drei Tagesverbräuchen bereitgehalten.

   a) Wie viel Stück beträgt der Mindestbestand an Bürostuhlfüßen, wenn an 225 Arbeitstagen 33 750 Bürostühle im Jahr produziert werden sollen?
   b) Wie viel m² Lagerfläche wird für diesen Mindestbestand benötigt, wenn je 50 Bürostuhlfüße in einem Hochregallager 6 m² Fläche benötigen?
   c) Wie viel EUR betragen die jährlichen Kosten dieser Lagerfläche, wenn für die ersten 50 m² monatliche Kosten von 35,00 €/m² und für die darüber hinausgehende Fläche 40,00 €/m² entstehen?
   d) Wie viel EUR jährliche Kapitalbindungskosten (= Lagerzinsen pro Jahr) verursacht der Mindestbestand, wenn der Bezugs-/Einstandspreis je Bürostuhlfuß 20,00 € und der Kapitalmarktzins 8 % beträgt?
   e) Wie viel EUR betragen die gesamten Kosten des Mindestbestandes für diesen Bürostuhlfuß pro Jahr?
   f) Wie viel EUR Kosten ließen sich pro Jahr einsparen, wenn der Mindestbestand durch Just-in-time-Lieferung auf einen Tagesverbrauch reduziert werden könnte?

10. Lager erfüllen in einem Industrieunternehmen wichtige Aufgaben.

    a) Erstellen Sie einen Bericht über die Lager in ihrem Ausbildungsbetrieb, die dort gelagerten Güter und die Aufgaben dieser Lager.
    b) Beschreiben Sie, wo sich die Lager in Ihrem Betrieb befinden, und begründen Sie die vorgefundene Ordnung.

7 Beschaffungscontrolling durchführen

Die Geschäftsleitung der Sommerfeld Bürosysteme GmbH beobachtet seit Längerem einen Umsatzrückgang bei der Produktgruppe „Warten und Empfang". Nach dem ersten Quartal im neuen Geschäftsjahr meldet Nicole Esser, zuständig für das Controlling, eine besorgniserregende Abweichung der tatsächlichen Umsätze von den Umsatzerwartungen. Mit diesen Zahlen begibt sich Frau Esser zu Frau Farthmann: „Frau Farthmann, haben Sie schon die neuesten Umsatzzahlen der Produktgruppe ‚warten und Empfang' gelesen?"

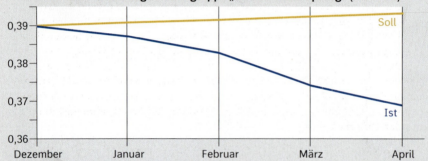

Frau Farthmann betrachtet die entsprechenden Übersichten aus der Controlling-Abteilung: „Ich denke, wir müssen sofort handeln. Daher werde ich eine Hausmitteilung an unsere Abteilungsleiter verfassen, damit wir gemeinsam einen Maßnahmenkatalog entwickeln können. Zu diesem Zweck müssen Sie, Frau Esser, uns allerdings noch weitere Zahlen aufbereiten." Folgende Tagesordnung soll den „roten Faden" der Veranstaltung mit den Abteilungsleitern legen:

> **Tagesordnung**
>
> „Controlling im Einkauf" oder „Wie können wir effizienter arbeiten?"
>
> 1. „Was können wir im Einkauf ‚controllieren'?"
> 2. Zielfestlegung, Tagesgestaltung
> 3. Teamarbeit zu verschiedenen Bereichen: Entwicklung von Controlling-Instrumenten
> 4. Präsentation der Teamarbeiten
> 5. Gemeinsame Festlegung eines Controlling-Instrumentariums für den Einkauf

In der Besprechung der Geschäftsleitung mit den Abteilungsleitern beklagt Frau Esser (KLR/Controlling) die hohen Lagerbestände und die lange Lagerdauer verschiedener Materialien und mehrerer Produkte der Produktgruppe „Warten und Empfang". Häufig seien in jüngster Zeit Bestände in Sonderaktionen erheblich unter den kalkulierten Verkaufspreisen abgegeben worden. Sie empfiehlt eine Reihe von Produkten aus dem Produktprogramm zu streichen oder zumindest den Lagerbestand zu senken.

Arbeitsaufträge

- *Entwickeln Sie Vorschläge, welche zusätzlichen Daten oder Übersichten für das Treffen der Geschäftsleitung mit den Abteilungsleitern sinnvoll wären.*
- *Erarbeiten Sie einen möglichen Vorschlag für ein sinnvolles Beschaffungscontrolling für die Sommerfeld Bürosysteme GmbH.*
- *Erarbeiten Sie Gründe für das Herausnehmen von Produkten aus dem Produktionsprogramm und für den Abbau der Lagerbestände.*
- *Erarbeiten Sie Maßnahmen zur Erhöhung der Wirtschaftlichkeit der Lagerhaltung.*

Aufgaben des Controllings

→ LS 9

Eine erfolgsorientierte Unternehmungssteuerung braucht für **künftige Planungen** und **Entscheidungen** regelmäßig **Informationen** über die Ergebnisse früherer Prozesse und Entscheidungen und Informationen für künftige Vorhaben. Diese Aufgabe der Bereitstellung von Informationen, die für die Planung und Kontrolle notwendig sind, übernimmt der **Controller**. Er erarbeitet Daten, Methoden, Modelle zur Kontrolle, analysiert die Kontrollergebnisse kritisch und erarbeitet **Veränderungsvorschläge** und **Planungsvorgaben** für künftige Entscheidungen der Unternehmensleitung. Insofern übernimmt der Controller wichtige Assistenz- und Beraterfunktionen der Unternehmensleitung bei der **Steuerung** der Unternehmung.

Kurz- und **mittelfristig** muss das Controlling **(operatives Controlling)** sich auf Maßnahmen konzentrieren,

- die die Lebensfähigkeit des Unternehmens sichern, die ihrerseits abhängig ist von der **Liquidität** und der **Verschuldung**,
- die eine ausreichende **Verzinsung des eingesetzten Kapitals** (Eigenkapital-, Gesamtkapitalrentabilität), bewirken,
- die ein günstiges **Verhältnis von Leistungen zu Kosten** (Wirtschaftlichkeit) ermöglichen.

Langfristig muss Controlling auf alternative Strategien gerichtet sein, die durch Veränderungen auf den Märkten notwendig werden **(strategisches Controlling)**. Solche Änderungen können durch politische Bedingungen (z. B. wirtschaftliche Beziehungen, Bündnisse, ökologische Rahmenbedingungen) und durch wirtschaftliche Entwicklungen und Änderungen (z. B. Änderung des Kundenverhaltens, Marktsättigung, technische Entwicklung, Trends) begründet sein. Aufgabe des Controllings ist es dabei, rechtzeitig solche Änderungen und Entwicklungen und daraus entwachsende Chancen und Risiken zu erkennen und eventuell geeignete Pläne zu entwickeln und Maßnahmen zur Kursänderung einzuleiten.

→ LF 10

Bedeutung der Logistik: Eine wirtschaftliche Materialbeschaffung und Lagerhaltung erscheint ohne umfangreiche logistische Bemühungen und ein durchgehendes Logistikkonzept undenkbar. Durch neuere Strategien wie Just-in-time und Global-Sourcing sind die Anforderungen an die Organisation und Abstimmung von Materialflüssen im und zwischen Unternehmen, die Materialtransporte und die Materiallagerung weiter gestiegen. Logistische Prozesse gehen jedoch weit über die Beschaffungsprozesse hinaus und erstrecken sich über die Fertigung bis zum Absatz. Ziel sind daher möglichst schnelle und kostengünstige Materialflüsse von der Beschaffung bis zum Absatz. Erforderlich hierfür ist u. a. die Steuerung und Kontrolle von Materialflüssen über die gesamte logistische Kette anhand von Strichcodes sowie die Vereinheitlichung von Verpackungseinheiten.

Zielsetzung und Planung
Darunter versteht man die Festlegung eines Ziels für einen bestimmten Zeitraum, in der Regel für ein bis drei Jahre im operativen Controlling, fünf Jahre im strategischen Controlling.

Beispiel: Die Sommerfeld Bürosysteme GmbH legt für das nächste Geschäftsjahr folgendes Ziel fest: Gewinnsteigerung um 5%.

Diese wenig konkretisierte Zielsetzung muss durch Teilpläne (Budgets) untermauert werden.

Beispiel: Die Sommerfeld Bürosysteme GmbH erstellt für jede Produktgruppe Absatz-, Umsatz-, Produktions-, Kostenpläne.

Die Einzelpläne werden mit den betroffenen Personengruppen besprochen. Sie lösen Aktivitäten aus. Mit den Ergebnissen der Planung wird der Kurs für einen bestimmten Zeitraum festgelegt. Planung ist also zukunftsorientiert. Mit den Plan- und Sollvorgaben werden Maßstäbe oder Messgrößen geschaffen, die der Beurteilung des tatsächlich Erreichten dienen.

Beschaffung und Aufbereitung von Informationen
Controllinginformationen können durch Sammlung und Auswertung betriebsinterner und betriebsexterner Daten (vgl. S. 54 f.) gewonnen werden. Die Gewinnung betriebsinterner Daten setzt die Ausgestaltung eines betrieblichen Informationssystems voraus, das die Daten aus den einzelnen Funktionsbereichen der Unternehmung sammelt und verantwortlichen Personen zuordnet. Wichtigste Teile dieses innerbetrieblichen Informationssystems sind die **Kosten- und Leistungsrechnung**, die Finanzbuchführung und die Statistik. Von außen können Informationen von Verbänden, Instituten, Industrie- und Handelskammern, der Handwerkskammer abgerufen, aus veröffentlichten Jahresabschlüssen u. a. entnommen und aufbereitet werden.

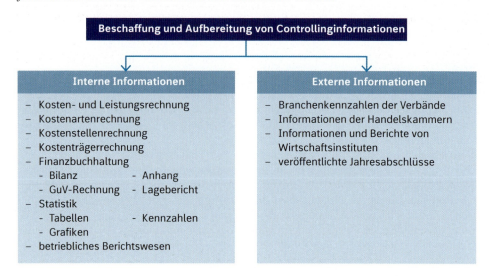

Analyse

Die Analyse basiert auf regelmäßigen Vergleichen erreichter Ergebnisse mit den Planvorgaben. Sie ist also **vergangenheitsorientiert** und basiert auf **Soll-Ist-Vergleichen**.

Beispiele: Erreichte Umsätze, Absatzzahlen, Kosten werden mit den Sollwerten laut Umsatz-, Absatz- und Kostenplan verglichen.

Bei **Abweichungen** muss sich die Arbeit des Controllers darauf konzentrieren,

- die Ursachen für die Abweichungen herauszufinden,
- Maßnahmen zur Abstellung einer negativen Entwicklung zu suchen und durchzusetzen,
- die Auswirkungen ergriffener Maßnahmen zu beobachten und wiederum zu kontrollieren.

Steuerung

Aus den Abweichungsanalysen müssen Korrektur- und Steuerungsmaßnahmen abgeleitet werden, die die bisherige Entwicklung verstärken oder korrigieren können. Dabei muss sich der Controller natürlich Prioritäten setzen und sich auf die offensichtlichsten Hindernisse konzentrieren **(Engpassorientierung)**.

ABC-Analyse von Lieferern und Materialien

Aufgrund der Erkenntnis, dass in den meisten Fällen eine relativ kleine Anzahl von Materialien den Hauptteil des Materialeinsatzes repräsentiert, kann abgeleitet werden, dass diese Materialien auch bei einer relativ geringen Anzahl von Lieferern bezogen werden. Für die Analyse von Materialien kann die ABC-Analyse (vgl. S. 32 f.) ein Instrument zur Ermittlung von Materialien sein, denen bei der Beschaffung besondere Aufmerksamkeit geschenkt werden muss.

Eine ABC-Analyse lässt sich auch für Lieferanten durchführen.

A-Lieferer	Mengenmäßig wenige Lieferer haben einen hohen Anteil am Bestellvolumen (ca. 75 % des Bestellvolumens, ca. 15 % Mengenanteil)
B-Lieferer	Nehmen sowohl mengen- als auch wertmäßig eine Mittelstellung ein (ca. 20 % des Bestellvolumens, ca. 35 % Mengenanteil)
C-Lieferer	Mengenmäßig viele Lieferer haben einen geringen Anteil am Bestellvolumen (ca. 5 % des Bestellvolumens, ca. 50 % Mengenanteil)

Beispiel: Die Sommerfeld Bürosysteme GmbH hat ihr jährliches Bestellvolumen je Lieferer ermittelt und nach dem jeweiligen Anteil geordnet.

Lieferer		Mengenanteil		Anteil am Bestellvolumen	
		in Einheiten	in %	in €	in %
1	Vereinigte Spanplatten AG	1	1,7 %	2 300.000,00	64 %
2	Metallwerke Bauer & Söhne OHG	1	1,7 %	285 000,00	8 %
3	Jansen BV Chemiewerke	1	1,7 %	185 000,00	5 %
4	Andreas Schneider Holzwerke KG	1	1,7 %	105 000,00	3 %
5	Heinrich Schulte e. K.	1	1,7 %	240 000,00	7 %
6	Wollux GmbH	1	1,7 %	145 000,00	4 %
7	Farbenwerke Wilhelm Weil AG	1	1,7 %	75 000,00	2 %
8	Wellpappe GmbH	1	1,7 %	90 000,00	3 %
9	Sonstige Lieferer	50	86,4 %	142 300,00	4 %
	Gesamt	58	100 %	3 562.300,00	100 %

Lieferer	Anteil am Bestellvolumen	Mengenanteil
A-Lieferer (1, 2, 5)	79 %	5,1 %
B-Lieferer (3, 4, 6, 7, 8)	17 %	8,9 %
C-Lieferer (9)	4 %	86,4 %

Den A-Lieferern kann nun besondere Aufmerksamkeit geschenkt werden durch

- intensive telefonische und persönliche Verhandlungen,
- gemeinsame Marktanalyse und -beobachtung,
- individuell genau festgelegte Bestellmengen, -zeitpunkte und Sicherheitsbestände,
- Just-in-time-Belieferung,
- exakte Bedarfsberechnungen,
- genaue Überwachung der Bestellmengen und -zeitpunkte.
- Kooperation im Logistikbereich oder bei der Forschung und Entwicklung.

Optimale Bestellmenge (vgl. S. 41)

Weitere Kennziffern aus dem Beschaffungsbereich

Kennziffern	Einflussgrößen	Verbesserungsmaßnahmen
Lieferermahnquote $= \dfrac{\sum \text{Liefermahnungen} \cdot 100}{\sum \text{Bestellungen}}$	– Zuverlässigkeit – zu enge Liefertermine	– Bestellzeitpunkt vorziehen – andere Bezugsquellen
Termintreue $= \dfrac{\sum \text{termingerechte Lieferungen} \cdot 100}{\sum \text{der Lieferungen}}$	– Zuverlässigkeit – Liefertermine	– Bestellzeitpunkt vorziehen – andere Bezugsquellen

Kennziffern	Einflussgrößen	Verbesserungsmaßnahmen
Quote der Fehllieferungen/ Beanstandungen $$= \frac{\sum \text{Fehllieferungen/Beanstandungen} \cdot 100}{\sum \text{Lieferungen}}$$	– Zuverlässigkeit – Beziehungen zu Lieferern	– Reklamationsstatistiken – neue Lieferer – Konventionalstrafen – neue Beschaffungsstrategien – Qualitätsrichtlinien
Ø Bestellvolumen $$= \frac{\text{Bestellvolumen}}{\text{Bestellungen}}$$	– optimale Bestellmenge – Liefererkonditionen	– Bündeln von Bestellungen
Bezugskosten pro Anlieferung $$= \frac{\sum \text{Bezugskosten}}{\sum \text{Anzahl der Anlieferungen}}$$	– Entfernung der Lieferer – Transportsystem – Auslastung der Fahrzeuge	– andere Lieferer – Selbstabholer – Verpackungsnormen
Beschaffungskosten je Bestellung $$= \frac{\text{Einkaufskosten}}{\text{Bestellungen}}$$	– Bestellhäufigkeit – Teilevielfalt	– Bündelung von Bestellungen – Bestellung von Fertigteilen

Zusammenfassung

Beschaffungscontrolling durchführen

- *Controlling*
  - **Controlling** ist ein Prozess der Informationsgewinnung, -speicherung, -verarbeitung und -übertragung.
  - Es stellt **Kontroll- und Planungsinformationen** zur Verfügung.
- *Beschaffungscontrolling*
  - Die **ABC-Analyse** ist ein Verfahren zur Schwerpunktbildung durch Einteilung in A-, B- und C-Güter oder Lieferer. Mit der ABC-Analyse ist es möglich, Beschaffungsstrategien zu entwickeln und Kosten zu senken.
  - Optimale Bestellmenge: Bestellmenge, bei der die Summe der Beschaffungs- und Lagerkosten am geringsten ist.

Aufgaben

1. Beschreiben Sie das Verfahren der ABC-Analyse von Materialien oder Lieferern und erläutern Sie, welche wirtschaftlichen Aussagen sich aus den Ergebnissen dieser Analyse ableiten lassen.

2. Erstellen Sie aus den folgenden Angaben eine ABC-Analyse und werten Sie diese aus.

Material	Bestellmenge in Stück	Einzelpreis in €
1	2 400	9,00
2	1 100	12,00
3	140	18,00
4	150	122,00
5	5 200	0,20
6	350	16,00
7	2 000	61,00
8	900	90,00
9	550	4,00
10	600	59,00

3. Um ein Sonderangebot eines Verpackungsherstellers ausnutzen zu können, hat der Lebensmittelhersteller Klein OHG 80 000 Verpackungseinheiten je 1,48 € bestellt. Mit dieser Bestellmenge kann er seinen Halbjahresbedarf decken. Als die Lieferung eintrifft, stellt die Klein OHG fest, dass sie zur Unterbringung der Verpackungen ein Fremdlager anmieten muss.
Zum rechtzeitigen Ausgleich der Liefererrechnung muss die Klein OHG einen kurzfristigen Bankkredit aufnehmen. Wegen begrenzter Haltbarkeit muss die Klein OHG schließlich einen Teil der Konserven unter Bezugs-/Einstandspreis verkaufen.

a) Erläutern Sie Kosten und Risiken, die mit der Lagerhaltung verbunden sind.
b) Zeigen Sie anhand dieses Falles auf, wie Kosten und Risiken hätten verringert werden können.

4. In den letzten Jahren versuchen Industrieunternehmen zunehmend, die Lagerhaltung einzuschränken.

a) Erläutern Sie dafür drei wirtschaftliche Gründe.
b) Zeigen Sie mögliche Gefahren auf.
c) Erläutern Sie Maßnahmen, die Gefahren ganz oder teilweise auszuschließen.

5. Die Buchhaltung ermittelte folgende Daten für die vier Quartale (Werte in TEUR):

	1. Quartal	2. Quartal	3. Quartal	4. Quartal
Rohstoffe Anfangsbestand	400	450	380	420
Rohstoffe Endbestand	450	380	420	350
Rohstoffzugänge	800	680	750	720
Fertigerzeugnisverkauf				
(Umsatzerlöse)	1 350	1 350	1 278	1 422

a) Ermitteln Sie
1. den Materialeinsatz des 4. Quartals,
2. den Materialeinsatz des Jahres,

3. den durchschnittlichen Lagerbestand,
4. die Umschlagshäufigkeit des Rohstofflagers im Geschäftsjahr,
5. die durchschnittliche Lagerdauer.
b) Erläutern Sie, was die einzelnen Ergebnisse aussagen.
c) Der Controller wünscht sich viele Informationen über jedes einzelne Produkt bzw. Material. Begründen Sie diese Forderung.

Wiederholungs- und Prüfungsaufgaben zu Lernfeld 6

1. Daniela Schaub erhält von einer Versandhandlung unbestellt zwei Bücher zugesandt. In einem Begleitschreiben ist Folgendes zu lesen: „Sie haben 14 Tage Zeit, sich die Bücher anzusehen. Nach Ablauf von 14 Tagen müssen die Bücher bezahlt werden, da wir davon ausgehen, dass Sie diese kaufen wollen." Da Daniela eine Woche später für drei Wochen in Urlaub fährt, vergisst sie die Bücher, die sie unbenutzt ins Bücherregal gelegt hat. Bei ihrer Rückkehr aus dem Urlaub findet sie zu Hause eine Mahnung der Versandhandlung vor, in der sie aufgefordert wird, unverzüglich 56,00 € zu bezahlen.

    a) Beurteilen Sie, ob ein Kaufvertrag zustande gekommen ist.
    b) Daniela hat kein Interesse an den Büchern. Ist sie verpflichet, die Bücher an die Versandhandlung zurückzuschicken? (Begründung)
    c) Wie ändert sich der Sachverhalt, wenn Daniela Mitglied eines Bücherbundes wäre und der Bücherbund ihr die Bücher als Quartalsvorschlag zugesandt hätte?

2. Die Sommerfeld Bürosysteme GmbH sendet einem Großhändler, mit dem sie seit Langem gute Geschäftsbeziehungen pflegt, unaufgefordert einen günstigen Posten Erzeugnisse zu. Der Großhändler reagiert nicht auf diese Erzeugnislieferung.

    a) Beurteilen Sie, ob ein Kaufvertrag zustande gekommen ist.
    b) Ändert sich die Sachlage, wenn bisher keine Geschäftsbeziehungen zwischen der Sommerfeld Bürosysteme GmbH und dem Großhändler bestanden haben?

3. Die Sommerfeld Bürosysteme GmbH hat am 03.03. entsprechend einem Angebot bei der Fensterbau-GmbH, Dahlienstraße 148–152, 44289 Dortmund, Metallfensterrahmen für ihr Verwaltungsgebäude bestellt. Die Fensterbau-GmbH hatte sich vertraglich verpflichtet, die Fenster zwischen dem 01.06. und 10.06. zu liefern. Für die verspätete Lieferung wurde eine Konventionalstrafe über 15 000,00 € vereinbart. Am 20.06. sind die Fenster immer noch nicht geliefert.

    a) Verfassen Sie einen Brief für die Sommerfeld Bürosysteme GmbH und setzen Sie der Fensterbau-GmbH eine Nachfrist.
    b) Begründen Sie, ob sich die Fensterbau-GmbH im Lieferungsverzug befindet.
    c) Geben Sie an, welche Rechte der Sommerfeld Bürosysteme GmbH gesetzlich zustehen.

4. Die Position „Rohstoffe" weist in den Bilanzen der Farbenwerke Wilhelm Weil AG, einem Lieferer der Sommerfeld Bürosysteme GmbH, in den letzten Jahren folgende Werte in EUR auf:

	Vorletztes Geschäftsjahr	Letztes Geschäftsjahr	Veränderungen
Rohstoffe	52 480,00	69 223,00	−16 743,00

    In der Gewinn-und-Verlust-Rechnung vom 31.12. des letzten Geschäftsjahres betrugen die Rohstoffaufwendungen 3 419.000,00 €.

a) Ermitteln Sie
   1. den durchschnittlichen Lagerbestand,
   2. die Umschlagshäufigkeit,
   3. die durchschnittliche Lagerdauer,
   4. die jährlichen Kapitalbindungskosten bei einem Jahreszins von 8 %.
b) Erläutern Sie den Einfluss der Umschlagshäufigkeit auf die Kapitalbindungskosten.
c) Erläutern Sie eine Maßnahme zur Erhöhung der Umschlagshäufigkeit.
d) Erläutern Sie den Zielkonflikt zwischen der Minimierung der Kapitalbindungskosten und der Minimierung der Beschaffungskosten.

5. Zum Vertrieb der „Cana Polsterbank Liege" der Sommerfeld Bürosysteme GmbH ist eine Spezialverpackung notwendig. Der Bedarf orientiert sich an der Produktmenge und wird verbrauchsorientiert disponiert. Dazu liegen folgende Informationen vor:
Tagesproduktion: 15 Stück, Arbeitstage pro Monat: 20 Tage, Sicherheitsbestand: 4 Tagesproduktionen, Beschaffungszeit: 14 Arbeitstage.

   a) Ermitteln Sie bezüglich der Verpackungen (in Stück)
      1. den Sicherheitsbestand,
      2. den Meldebestand.
   b) Erläutern Sie zwei Gründe, warum ein Sicherheitsbestand an Verpackung benötigt wird.
   c) Erläutern Sie, welche Auswirkungen eine Verringerung der täglichen Verbrauchsmenge auf den Meldebestand hat.

6. Der Lieferer Andreas Schneider Holzwerke KG hat der Sommerfeld Bürosysteme GmbH angekündigt, ab dem 01.01.20(0) die Preise für Spanplatten um 12 % zu erhöhen. In Verhandlungen ist es der Sommerfeld Bürosysteme GmbH aber gelungen, den Rabatt von bisher 9 % auf 13 % zu erhöhen.

   a) Ermitteln Sie die tatsächliche Preissteigerung in %.
   b) Aufgrund der Preiserhöhung holt die Sommerfeld Bürosysteme GmbH Angebote von anderen Lieferern ein. Nennen Sie außer dem Bezugs-/Einstandspreis fünf weitere Kriterien, sich für das Angebot eines bestimmten Lieferers zu entscheiden.

7. Die Lagerdatei eines Industrieunternehmens enthält folgende Angaben:

   - Sicherheitsbestand (eiserne Reserve) 200 Stück
   - jeweilige Bestellmenge (Anlieferung erfolgt jeweils bei Erreichen des Sicherheitsbestandes) 800 Stück
   - täglicher Materialverbrauch 50 Stück
   - Anfangsbestand 1 000 Stück

   a) Stellen Sie den Lagerbestandsverlauf in einem Koordinatensystem grafisch dar.
   b) Ermitteln Sie den Meldebestand bei einer Wiederbeschaffungszeit von 6 Tagen.
   c) Ermitteln Sie den durchschnittlichen Lagerbestand.

8. Die Einkaufsabteilung der Metallwerke Bauer & Söhne OHG, ein Lieferer der Sommerfeld Bürosysteme GmbH, benutzt für die Auswahl von Lieferern die auf der Folgeseite stehende Entscheidungsbewertungstabelle.

   a) Nennen Sie sechs weitere Entscheidungskriterien für die Auswahl von Lieferern.
   b) Erläutern Sie an einem Beispiel Ihrer Wahl, warum ein bestimmtes Entscheidungskriterium bei zwei verschiedenen Materialien eine unterschiedliche Gewichtung erfahren kann.

Entscheidungskriterien	Gewichtung	Mögliche Lieferer			
		A	B	C	D
Qualität des Materials					
Fertigungstechnische Anforderungen					
....					

c) Nennen Sie zwei Gründe, warum die Beschaffungsabteilung trotz einer hohen Bewertung eines ausländischen Lieferers im Einzelfall ihren Bedarf bei einem inländischen Lieferer deckt.

9. Die Lagerwirtschaft eines Industrieunternehmens weist folgende Zahlen aus:

Materialgruppe	Gesamtmenge (Stück)	Gesamtwert (€)
I	2 100	1 800.000,00
II	900	9 600.000,00
III	3 000	600 000,00

a) Führen Sie eine ABC-Analyse durch und stellen Sie das Ergebnis in einer Tabelle dar.
b) Nennen Sie zwei Gründe, künftige Rationalisierungsmaßnahmen auf die A-Materialien zu konzentrieren.
c) Nennen Sie zwei entsprechende Rationalisierungsmaßnahmen.

10. Die innere Organisation des Einkaufs kann funktionsbezogen (Verrichtungsprinzip) oder objektbezogen (Objektprinzip) gegliedert sein.

a) Erläutern Sie die beiden Organisationsformen des Einkaufs.
b) Begründen Sie, warum sich ein Industrieunternehmen für eine Kombination beider Organisationsformen entscheidet.

11. Die Sommerfeld Bürosysteme GmbH hat folgenden Bedarf für eine Baugruppe:
1. Woche 500 Stück, 2. Woche 600 Stück, 3. Woche 800 Stück
Der verfügbare Lagerbestand beträgt am Anfang der 1. Woche 1 600 Stück, der reservierte Lagerbestand 400 Stück und der Mindestlagerbestand 200 Stück. Aus Sicherheitsgründen soll ein Zusatzbedarf von 2 % berücksichtigt werden. Aus offenen Bestellungen sind in der 1. Woche 200 Stück zu erwarten. Aus Fertigungsaufträgen ist in der 3. Woche ein Zugang (Rückgabe) von 300 Stück zu berücksichtigen.

a) Berechnen Sie
  aa) den verfügbaren Lagerbestand am Ende der 1. Woche,
  ab) den Nettobedarf für die Baugruppe am Ende der 3. Woche.
b) Erläutern Sie Primär-, Sekundär-, Tertiär- und Zusatzbedarf.

12. Ein Industrieunternehmen hat in der Rechnungsperiode II (April–Juni) folgende Lagerdaten in TEUR ausgewiesen:

– Anfangsbestand Rohstoffe   1500
– Rohstoffzugänge   3500
– Endbestand Rohstoffe   30.04.: 2 300   31.05.: 1 800   30.06.: 2 400
  Ermitteln Sie für die II. Rechnungsperiode

a) den durchschnittlichen Lagerbestand,
b) den Rohstoffeinsatz,
c) die Umschlagshäufigkeit,
d) die durchschnittliche Lagerdauer.

13. Ein Industrieunternehmen plant die Anschaffung eines bisher nicht vorhandenen, DV-gestützten Lagerwirtschaftssystems. Erläutern Sie vier Vorteile, die sich aus der Einführung dieses Lagerwirtschaftssystems ergeben können.

14. Die Sommerfeld Bürosysteme GmbH deckt ihren Bedarf an Farben, Lacken und Beize bisher ausschließlich bei der Farbenwerke Wilhelm Weil AG (Single-Sourcing).

    a) Erläutern Sie je einen Vorteil und einen Nachteil dieser Beschaffungspolitik.
    b) Unterbreiten Sie unter Berücksichtigung des folgenden Faxauszuges und des Auszuges aus einem Geschäftsbericht einen auch rechnerisch begründeten Vorschlag für Preisverhandlungen der Sommerfeld Bürosysteme GmbH mit der Farbenwerke Wilhelm Weil AG.

    Auszug aus einem Fax der Farbenwerke Wilhelm Weil AG:

    > ... Die mit dem Tarifabschluss von 3 % verbundenen höheren Kosten können wir durch Rationalisierungsmaßnahmen nicht mehr auffangen. Leider sind wir daher gezwungen, unsere Preise ab dem 01.08.20(0) um 2,5 % zu erhöhen ...

    Auszug aus dem Geschäftsbericht der Farbenwerke Wilhelm Weil AG:

    > ... Die Belegschaftszahl unseres Unternehmens nahm bei gleichbleibender Produktion um 126 oder 3,5 % ab. Damit verringerte sich der Anteil der Personalaufwendungen von 26,8 % auf 24,5 % am Gesamtaufwand ...

    c) Die Sommerfeld Bürosysteme GmbH plant, ihren Jahresbedarf an Farben, Lacken und Beize neu auszuschreiben. Nennen Sie drei Informationsquellen, mit denen sie andere geeignete Lieferer finden kann.

15. Ein Industrieunternehmen führt die Optimierung der Bestellmenge im Näherungsverfahren durch. Zur Ermittlung liegen folgende Daten vor:

Gesamtbedarf 1 200 Stück; Verpackungseinheit jeweils 100 Stück
Listenpreis 20,00 €/Stück
Rabattstaffel ab 400 Stück je Bestellung = 1 %
ab 600 Stück je Bestellung = 1,5 %
ab 1 200 Stück je Bestellung = 2,5 %
Bestellkosten 150,00 €/Bestellung; Lagerhaltungskostensatz 50 % vom durchschnittlichen Lagerwert

Es wird ein kontinuierlicher Lagerabgang unterstellt. Eine eiserne Reserve (Mindestbestand) ist nicht vorgesehen.

a) Vervollständigen Sie die folgende Tabelle und kennzeichnen Sie die optimale Bestellmenge.

1 Bestellungen (Anzahl)	2 Menge je Bestellvorgang (Stück)	3 Bezugs-/Einstandspreis des Gesamtbedarfs (EUR)	4 Bestellkosten (EUR)	5 Durchschnittlicher Lagerbestand		6 Lagerhaltungskosten (EUR)	7 Gesamtkosten (EUR)
				Menge (Stück)	Wert (EUR)		
12							
6							
3							
2							
1							

b) Erläutern Sie zwei Gründe, die ein Unternehmen veranlassen können, von der optimalen Bestellmenge abzuweichen.

16. Als Mitarbeiter/Mitarbeiterin im Einkauf der Chocolad AG in Köln suchen Sie einen neuen Lieferanten für Kakaobutter in Bioqualität, da der bisherige Lieferant der Chocolad AG in letzter Zeit immer unzuverlässiger geworden ist, was die Einhaltung von Lieferterminen sowie die vereinbarte Qualität angeht. Zukünftig benötigen Sie eine Menge von 12 t Kakaobutter pro Jahr. Sie wollen jedoch zunächst probeweise eine Menge von 450 kg Kakaobutter bei einem neuen Lieferanten bestellen. Die zwei folgenden Angebote liegen Ihnen vor:

	Exporthandel Martinez Ltd., Brasilien	Importgroßhandel Hansel GmbH, Hamburg
Angebot vom	24. Oktober 20(0)	21. Oktober 20(0)
Listeneinkaufspreis/kg	29,40 BRL (= Brasil. Real)	16,90 €
Rabatt	10 %	20 %
Lieferbedingungen und weitere Bezugskosten	DAP Bestimmungshafen Hamburg Einfuhrabfertigung und Transport nach Güterbahnhof Köln 900,00 € Rollgeld vom Güterbahnhof Köln zur Chocolad AG 250,00 €	DAP Güterbahnhof Köln Rollgeld vom Güterbahnhof Köln zur Chocolad AG 250,00 €
Zahlungsbedingungen	zahlbar innerhalb 25 Tagen 4 % Skonto oder 40 Tage netto Kasse	zahlbar innerhalb 10 Tagen 3 % Skonto oder 30 Tage netto Kasse

Umrechnungskurs: 1,00 € = 2,2171 BRL

a) Erläutern Sie zwei Gründe, warum Sie einen Kauf zur Probe vornehmen wollen.
b) Ermitteln Sie tabellarisch den Bezugspreis (Einstandspreis) für beide Lieferanten in EUR für die zunächst benötigte Menge mithilfe eines übersichtlichen Kalkulationsschemas und ermitteln Sie den preisgünstigsten Lieferanten.
c) Geben Sie drei Gründe an, die benötigte Kakaobutter unabhängig von Ihrem Ergebnis unter b) in Zukunft von dem Importeur in Hamburg zu beziehen.

Lernfeld 7: Personalwirtschaftliche Aufgaben wahrnehmen

1 Personal beschaffen

1.1 Personalbedarf ermitteln

Frau Nolden, Mitarbeiterin der Abteilung Finanzbuchhaltung, soll der Abteilungsleiterin die Personalbefarfsplanung für das kommende Kalenderjahr vorlegen. Der Abteilung ist ein Soll-Personalbestand von sieben Vollzeitkräften zugewiesen worden. Frau Nolden weiß, dass eine Sachbearbeiterin in Rente geht und ihre Stellvertreterin zum Jahresende in Elternzeit geht. Zwei Sachbearbeiterinnen wollen nur noch halbtags arbeiten, da sie geheiratet haben. Als Personalzugänge sind ihr zwei neue Sachbearbeiterinnen angekündigt worden. Die Abteilung ist zurzeit mit sechs Vollzeitkräften besetzt. Als Hilfsmittel steht Frau Nolden der abgebildete Vordruck zur Verfügung.

Personalbedarfsplan	Abteilung Finanzbuchhaltung
Sollbestand (Bruttopersonalbedarf)	
Istbestand (aktueller Bestand)	
voraussichtliche Personalabgänge	
erwartete Personalzugänge	
= Personalunter- oder -überdeckung (+/-) (Nettopersonalbedarf)	

Arbeitsaufträge

- Erläutern Sie die Ziele sowie die Funktionen und Prozesse der Personalwirtschaft.
- Ermitteln Sie den Personalbedarf der Abteilung.
- Führen Sie eine Internetrecherche durch und stellen Sie Voraussetzungen und Möglichkeiten für die Inanspruchnahme von Elternzeit in einem Referat dar.

Ziele, Funktionen und Prozesse der Personalwirtschaft

In der Volkswirtschaftslehre unterscheidet man die Produktionsfaktoren **Arbeit**, **Boden** **und Kapital**. Der Produktionsfaktor Arbeit und damit der Mensch steht hier als ein Produktionsfaktor gleichgewichtig neben anderen.

Die **Betriebswirtschaftslehre** gliedert die Produktionsfaktoren wie folgt:

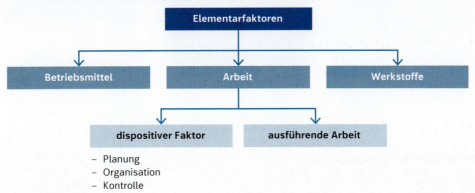

In der betriebswirtschaftlichen Betrachtung ist **der Mensch** der bestimmende Faktor. Ihm kommt als **dispositivem Faktor** und im Rahmen der ausführenden Arbeit zentrale Bedeutung zu.

Wesentliche **Zielsetzung der Personalwirtschaft** ist die Versorgung des Unternehmens mit **qualifizierten und motivierten Mitarbeitern** unter Beachtung der dabei entstehenden Kosten. Gerade die Förderung der Leistungsmotivation ist in modernen Industrieunternehmen eine Hauptaufgabe der Personalwirtschaft. Die **Arbeitsleistung** wird neben der **Leistungsfähigkeit** (abhängig von Begabung, Qualifikation und Erfahrung) und der **Leistungsdisposition** (abhängig von Alter, Gesundheit sowie Lage und Dauer der Arbeitszeit) wesentlich von der **Leistungsmotivation** bestimmt. Die Motive der Mitarbeiter zu kennen, ist daher ein wesentlicher Baustein, um sie zu besseren Arbeitsleistungen zu motivieren.

Beispiel: Bedürfnispyramide von Maslow mit Beispielen aus der Arbeitswelt

Die konkrete Organisationseinheit der Personalwirtschaft ist das **Personalwesen**. Es nimmt personalwirtschaftliche Funktionen wahr, plant, steuert und kontrolliert personalwirtschaftliche Prozesse.

Personalbedarfsplanung

Die **Aufgabe der Personalbedarfsplanung** ist es, den Personalbedarf eines Unternehmens in quantitativer, qualitativer, zeitlicher und örtlicher Hinsicht zu decken. Es muss gelingen, innerhalb des Unternehmens eine Personalstruktur zu verwirklichen, die dazu beiträgt, die kurz-, mittel- und langfristigen Ziele des Unternehmens zu erreichen. Folgende Fragen müssen somit von der Geschäftsleitung eines Industrieunternehmens beantwortet werden:

1. Welche Aufgaben sind zu erledigen?
2. Wie viele Mitarbeiter werden dafür benötigt?
3. Welche Qualifikationen müssen die Mitarbeiter besitzen, um diese Aufgaben zu erfüllen?
4. Wann müssen die Mitarbeiter wo zur Verfügung stehen?

Der Personalbedarf im Unternehmen ist schwankend. Veränderungen des Personalbedarfs können ausgelöst werden durch:

Interne Einflussfaktoren	Externe Einflussfaktoren
– Fehlzeiten – Fluktuation – Rationalisierungsmaßnahmen – Veränderungen in der Arbeitsorganisation – neue Produktions- oder Betriebsmittel – ein verändertes Leistungsprogramm des Unternehmens	– Konkurrenz – Branche – konjunkturelle oder saisonale Einflüsse – neue tarifvertragliche Vereinbarungen – gesetzliche Regelungen – technische Entwicklung, z. B. Digitalisierung

> *Quantitativer Personalbedarf:*
> *Die quantitative Personalbedarfsplanung legt den mengenmäßigen Personalbedarf fest.*

Im Rahmen der **quantitativen** Personalbedarfsplanung ist zunächst der **Bruttopersonalbedarf** (geplanter Stellenbestand, Sollbestand) zu ermitteln. Unter Berücksichtigung des aktuellen Personalbestandes (Istbestand) sowie der feststehenden Zu- und Abgänge lässt sich der **Nettopersonalbedarf** ermitteln, welcher Grundlage der Personalbeschaffung ist.

Bruttopersonalbedarf (Sollbestand)
− aktueller Personalbestand (Istbestand)
+ feststehende Abgänge
− feststehende Zugänge

= Nettopersonalbedarf [Unterdeckung (+) oder Überdeckung (−)]

Im Falle einer **Unterdeckung** ergibt sich der Nettopersonalbedarf aus der Summe von Ersatz- und Neubedarf.

Nettopersonalbedarf	
Ersatzbedarf	**Neubedarf**
− Besetzung frei gewordener, schon existierender Stellen	− Besetzung neu geschaffener Stellen
− Differenz zwischen feststehenden Abgängen und feststehenden Zugängen	− Differenz zwischen Bruttopersonalbedarf und aktuellem Personalbestand

Für die Ermittlung des **quantitativen Personalbedarfs** stehen unterschiedliche Methoden zur Verfügung:

Kennzahlenmethode
Bei der **Kennzahlenmethode** wird der Bruttopersonalbedarf (geplanter Stellenbestand) aus betrieblichen Kennzahlen, wie z. B. Umsatz pro Mitarbeiter oder Arbeitszeit pro Stück hergeleitet.

Hierbei orientiert sich die benötigte Mitarbeiterzahl am prognostizierten Arbeitsanfall, wobei man sich bei leitenden oder kreativen Tätigkeiten auf Schätzwerte stützen muss, während sich der Bruttobedarf bei ausführenden Tätigkeiten auf der Grundlage von Werten aus der Vergangenheit berechnen lässt:

$$\text{Bruttopersonalbedarf} = \frac{\text{Bearbeitungsmenge} \cdot \text{Arbeitszeit/Stück}}{\text{Arbeitszeit}}$$

Beispiel:
Geplante monatliche Bearbeitungsmenge: 7 500 Stück
Arbeitszeit/Stück: 1,5 Stunden/Stück
Monatliche Arbeitszeit: 150 Stunden

$$\text{Bruttopersonalbedarf} = \frac{7\,500\ \text{Stück/Monat} \cdot 1,5\ \text{Stunden/Stück}}{150\ \text{Stunden/Monat}}$$
$$= 75\ \text{Mitarbeiter}$$

Stellen(plan)methode

Hierbei orientiert man sich am aktuellen Stellenbestand in den einzelnen Abteilungen und berücksichtigt dann betriebliche Veränderungen.

Beispiel:

	Abteilungsleiter	Sachbearbeiter Verkauf	Schreibkraft
Aktueller Stellenbestand	1	5	1
Erweiterung des Absatzgebietes	+ 1	+ 2	+ 1
Erweiterung des Absatzprogramms		+ 2	
Neustrukturierung der Verkaufsteams		− 1	
Geplanter Stellenbestand (Bruttopersonalbedarf)	2	8	2
Aktueller Stellenbestand	− 1	− 5	− 1
Feststehende Abgänge: − Pensionierung − erfolgte Kündigung	+ 1	+ 1	
Feststehende Zugänge: − Rückkehr aus Elternzeit			− 1
= Nettopersonalbedarf	2	4	0

> **Qualitativer Personalbedarf:**
> Der qualitative Personalbedarf wird bestimmt durch die Qualifikationen und Kompetenzen, über die ein potenzieller Stelleninhaber verfügen sollte.

Hilfsmittel hierfür ist die **Stellenbeschreibung**, die alle wesentlichen Merkmale einer Stelle genau festlegt. Sie ermöglicht es der Personalabteilung, bei der Stellenbesetzung Qualifikation des Mitarbeiters und Anforderung der Stelle optimal aufeinander abzustimmen.

Inhalte einer Stellenbeschreibung sind u. a.:

Inhalte einer Stellenbeschreibung	
− Stellenbezeichnung	− Stellenbefugnisse
− Stelleneinordnung	− Stellenvertretung
− Stellenaufgabe	− Stellenanforderungen
− Stellenziele	− Stellenverantwortung

Beispiel:

Stellenbeschreibung	
Stellenbezeichnung	Gruppenleiterin/-leiter der Abteilung Personalbeschaffung und -einsatz
Stelleneinordnung – Unterstellung – Überstellung	Abteilungsleiter Verwaltung Stellvertr. Leiterin/Leiter Personal Sachbearbeiterin/Sachbearbeiter Personal
Stellenaufgabe	Fachliche und disziplinarische Leitung der Personalabteilung
Stellenziele	Personalplanung Personalbeschaffung Personalkostenberechnung
Stellenbefugnisse	Handlungsvollmacht gemäß den Richtlinien für Gruppenleiter
Stellenvertretung	stellvertretende Gruppenleiterin/Gruppenleiter der Abteilung Personal
Stellenanforderungen – Ausbildung – Erfahrung – Kenntnisse	Kaufmannsgehilfenprüfung Prüfung gemäß Ausbildereignungs-VO fünf Jahre Betriebszugehörigkeit fünf Jahre Tätigkeit im Personalbereich EDV-Anwendung im Personalwesen

Zeitlicher Personalbedarf:
Der zeitliche Personalbedarf wird zum einen definiert als Zeitraum, für den ein Unternehmen Mitarbeiter benötigt. Zum anderen definiert er den Zeitpunkt, zu welchem der Personalbedarf gedeckt werden sollte.

Örtlicher Personalbedarf:
Der örtliche Personalbedarf ist relevant für Unternehmen mit mehreren Standorten. Hier muss festgelegt werden, für welchen Standort Personalbedarf besteht. Gegebenenfalls ist zu prüfen, ob dieser durch Umsetzungen von anderen Standorten gedeckt werden kann.

Zusammenfassung

Personalbestand- und Personalbedarf analysieren

- Wesentliche **Zielsetzung der Personalwirtschaft** ist die Versorgung des Unternehmens mit **qualifizierten und motivierten Mitarbeitern** unter Beachtung der dabei entstehenden **Kosten**.
- Das Personalwesen nimmt personalwirtschaftliche **Funktionen** wahr, plant, steuert und kontrolliert personalwirtschaftliche **Prozesse**.
- Der **Personalbedarf** ist in
  - quantitativer,
  - qualitativer,
  - zeitlicher und
  - örtlicher

  Hinsicht zu bestimmen.

> - Verfahren der **quantitativen Personalbedarfsplanung** sind die
>   - Kennzahlenmethode und
>   - Stellen(plan)methode.
> - Hilfsmittel der **qualitativen Personalbedarfsplanung** ist die **Stellenbeschreibung**.

Aufgaben

1. Die Lackiererei der Sommerfeld Bürosysteme GmbH wird auf vollautomatische Fertigung umgestellt. Die Arbeit kann jetzt statt von einem Meister und fünf Gesellen von einer angelernten Kraft geleistet werden. Schadstoffausstoß und gesundheitliche Belastung werden auf ein Minimum reduziert. Diskutieren Sie die Vor- und Nachteile dieser Veränderung.

2. Stellen Sie fest, welche Bereiche der Personalwirtschaft durch die in Aufgabe 1 dargestellten Veränderungen berührt werden.

3. „Die Bedeutung des Menschen im Unternehmen nimmt immer mehr zu!"

   „In der Fabrik des nächsten Jahrtausends ist für den Menschen kein Platz mehr!"

   Versuchen Sie jede dieser Aussagen durch Argumente zu vertreten. Wählen Sie sich eine Stellungnahme aus und diskutieren Sie in der Klasse pro und kontra. Fertigen Sie über den Verlauf der Diskussion ein Protokoll an.

4. Der Fabrikverkaufsladen der Sommerfeld Bürosysteme GmbH hat im vergangenen Jahr mit fünf Mitarbeitern einen Umsatz von 2,5 Mio. EUR erzielt. Für das kommende Geschäftsjahr ist ein Umsatz von 3,25 Mio. EUR geplant.

   a) Berechnen Sie den Bruttopersonalbedarf.
   b) Berechnen Sie den Nettopersonalbedarf unter der Annahme, dass zwei Mitarbeiterinnen aus der Elternzeit zurückkehren werden.
   c) Machen Sie Vorschläge, wie ein eventuell notwendiger Personalabbau gestaltet werden kann.

5. In der Holzverarbeitung der Sommerfeld Bürosysteme GmbH werden 1 500 Rohlinge pro Monat hergestellt. Der Zeitbedarf pro Stück beträgt 66 Minuten. Die monatliche Arbeitsstundenzahl pro gewerblichem Mitarbeiter beträgt 150 Stunden. Berechnen Sie den Bruttopersonalbedarf.

6. Planen Sie den Brutto- und Nettopersonalbedarf für die Verkaufsabteilung der Andreas Schneider Holzwerke KG. Verwenden Sie ein Schema.

   - Sieben Sachbearbeiter sind aktuell in der Verkaufsabteilung beschäftigt. Aufgrund der Erweiterung des Absatzgebietes und der Erweiterung des Absatzprogramms sollen je eine zusätzliche Stelle geschaffen werden. Dagegen fällt eine Stelle aufgrund von Neustrukturierungen weg. Ein Mitarbeiter wird verrentet, ein weiterer hat gekündigt. Dafür kehrt eine Mitarbeiterin aus der Elternzeit zurück.
   - Aktuell sind zwei Gruppenleiter beschäftigt. Aufgrund von Umstrukturierungen soll ein neuer Gruppenleiter hinzukommen. Ein Gruppenleiter geht in Pension, dafür kehrt ein Gruppenleiter aus der Elternzeit zurück.

1 Personal beschaffen 221

1.2 Personal beschaffen und auswählen

LS 11

Am Ende des Geschäftsjahres stellt man bei der Sommerfeld Bürosysteme GmbH fest, dass der Umsatz im Bereich „Warten und Empfang" um 30 % zurückgegangen ist. Diesem Umsatzeinbruch soll nicht nur mit einer Senkung der Kosten begegnet werden. Die Geschäftsleitung hat entschieden, dass die Verkaufsaktivitäten intensiviert werden sollen. In der Marketingabteilung wird aus diesem Grund die Stelle eines Sachbearbeiters für Messen geschaffen. Daniela Schaub wird beauftragt, die möglichen Beschaffungswege zu recherchieren.

Arbeitsaufträge

- *Stellen Sie fest, welche Möglichkeiten es gibt, den hierfür erforderlichen Mitarbeiter zu beschaffen.*
- *Stellen Sie Vor- und Nachteile einer externen Personalbeschaffung heraus.*

Personalbeschaffungswege

Die Personalbeschaffung befasst sich mit der **Bereitstellung der für das Unternehmen erforderlichen Mitarbeiter.** Um die erforderlichen Mitarbeiter in qualitativer und quantitativer Hinsicht bereitstellen zu können, kann sich ein Unternehmen interner und externer Beschaffungswege bedienen.

Interne Personalbeschaffung

bedeutet, dass Stellen mit Mitarbeitern aus dem Unternehmen besetzt werden. Dies kann auf folgende Weise erfolgen:

- **Innerbetriebliche Stellenausschreibung**: Gemäß § 93 BetrVerfG kann der Betriebsrat verlangen, dass Arbeitsplätze vor ihrer Besetzung innerhalb des Betriebes ausgeschrieben werden.

    Beispiel: Aushang am Schwarzen Brett, Veröffentlichung in der Hauszeitschrift

- **Versetzung**
- **Mehrarbeit bei kurzzeitigem Personalmehrbedarf**
- **Fort- und Weiterbildung im Rahmen der Personalentwicklung**

    Beispiel: Ein Tischlergeselle besucht die Meisterschule. Nach erfolgreicher Prüfung wird er als stellvertretender Gruppenleiter eingesetzt.

Die interne Personalbeschaffung, insbesondere im Wege der innerbetrieblichen Stellenausschreibung, hat für das Unternehmen u. a. folgende **Vorteile**:

- Motivation der Mitarbeiter, da die Möglichkeit des Aufstiegs besteht,
- die Einarbeitung wird erleichtert,
- geringe Beschaffungskosten.

Dem stehen u. a. folgende **Nachteile** gegenüber:

- bei einer Ablehnung empfindet der Mitarbeiter dies als Misserfolg,
- negative Reaktionen des bisherigen Vorgesetzten auf die Bewerbung,
- Betriebsblindheit, da kein „frischer Wind" von außen kommt.

Externe Personalbeschaffung
Die externe Personalbeschaffung bezieht sich auf den Teil des Arbeitsmarktes, der außerhalb des Unternehmens liegt. Dabei sind folgende Personalbeschaffungswege zu unterscheiden:

- **Arbeitsverwaltung**: Die Arbeitsvermittlung wird in der Bundesrepublik Deutschland von der **Bundesagentur für Arbeit** wahrgenommen. Um möglichst wirkungsvoll beraten und vermitteln zu können, ist es für die **Arbeitsagenturen** vor Ort wichtig, die Unternehmen möglichst genau zu kennen. Aus diesem Grund sollten die Unternehmen möglichst engen Kontakt zu den örtlichen Arbeitsagenturen halten.

> **PRAXISTIPP!**
>
> *Auf der Seite der Bundesagentur für Arbeit finden sie unter www.arbeitsagentur.de ausführliche Informationen zur Ausbildung und Studien- und Berufswahl.*

- **Stellenanzeigen**: Die meisten Unternehmen versuchen ihr Personal durch Stellenanzeigen zu beschaffen. Voraussetzung für den Erfolg dieser Maßnahme ist, dass der geeignete Werbeträger ausgewählt wird, die Anzeige zum richtigen Termin erscheint und Aufmachung und Inhalt ansprechend sind.

- **Personalleasing**: Personalleasing-Unternehmen verleihen bei ihnen beschäftigte Arbeitnehmer an ein Unternehmen. Diese Form der Personalbeschaffung eignet sich immer dann, wenn Arbeitnehmer kurzfristig eingesetzt werden sollen, also z. B. im Saisongeschäft, in der Urlaubszeit oder bei Krankheit.

- **Personalberater und -vermittler**: Sie werden von einem potenziellen Arbeitgeber beauftragt, um für eine zu besetzende Stelle geeignete Mitarbeiter auszuwählen. Für ihre Tätigkeit erhalten sie eine Provision, die vom Arbeitgeber entrichtet wird. Für Führungsaufgaben werden auch **Headhunter** in Anspruch genommen, die gezielt geeignete Mitarbeiter von anderen Unternehmen abwerben.

- **E-Recruiting**: Darunter versteht man die Unterstützung der Personalbeschaffung durch elektronische Systeme, vor allem durch das Internet. Die externen Personalbeschaffungsformen des E-Recruiting sind dabei vielfältig, z. B.

    - Stellenausschreibungen auf der Homepage des Unternehmens
    - Elektronisches Einsenden und Weiterverarbeiten der Bewerbung, evtl. kombiniert mit Onlinefragebögen
    - Stellenausschreibungen bei Social Communities (z. B. Facebook) oder Business Communities (z. B. Xing)
    - Inanspruchnahme von Online-Jobbörsen

    Mit E-Recruiting können Unternehmen eine breite Bewerberzielgruppe erreichen. Zudem können Bewerber zeit- und kostensparend ausgewählt werden.

- **Sonstige Beschaffungswege**: Neben den genannten Möglichkeiten der Personalbeschaffung gibt es eine Vielzahl weiterer Möglichkeiten.

Beispiele:
- Kontakte mit Schulen und sonstigen Bildungseinrichtungen, die z. B. zu Betriebsbesichtigungen eingeladen werden
- Vermittlung durch eigene Mitarbeiter, die über den Personalbedarf informiert werden
- Plakate, Handzettel usw.

Rechtliche Rahmenbedingungen der Personalbeschaffung und –auswahl

Wichtige rechtliche Rahmenbedingungen sind im **Betriebsverfassungsgesetz** (BetrVG) und im **Allgemeinen Gleichbehandlungsgesetz** (AGG) definiert.

Nach § 95 BetrVG muss bei der Aufstellung von Auswahlrichtlinien für Einstellungen, Versetzungen, Umgruppierungen und Kündigungen die **Zustimmung des Betriebsrates** eingeholt werden. Hat das Unternehmen mehr als zwanzig wahlberechtigte Arbeitnehmer, muss der Arbeitgeber zudem den Betriebsrat vor jeder Einstellung, Eingruppierung, Umgruppierung und Versetzung unterrichten und dessen Zustimmung einholen (§ 99 BetrVG). Die fehlende Zustimmung des Betriebsrates kann der Arbeitgeber durch das Arbeitsgericht ersetzen lassen.

Das Allgemeine Gleichbehandlungsgesetz (AGG) knüpft an das im Art. 3 des Grundgesetzes definierte Diskriminierungsverbot an.

> **§ 1 AGG**
> Ziel des Gesetzes ist, Benachteiligungen aus Gründen der Rasse oder wegen der ethnischen Herkunft, des Geschlechts, der Religion oder Weltanschauung, einer Behinderung, des Alters oder der sexuellen Identität zu verhindern oder zu beseitigen.

Der Schutzbereich des Gesetzes erfasst dabei nicht nur Arbeitnehmer in bestehenden Arbeitsverhältnissen oder bei dessen Beendigung, sondern auch Bewerber in Auswahlverfahren. Für **Stellenausschreibungen** bedeutet dies, dass sie in Bezug auf die in § 1 genannten Merkmale grundsätzlich – bis auf wenige Ausnahmen – **neutral** verfasst werden müssen.

Beispiel: Die Metallwerke Bauer & Söhne GmbH sucht in einer Zeitungsanzeige einen maximal 35-jährigen, männlichen Reisenden. Hier liegen gleich zwei Verstöße gegen das Allgemeine Gleichbehandlungsgesetz vor. Sowohl die Beschränkung des Alters als auch die Beschränkung auf männliche Bewerber sind unzulässig.

Verletzungen des Benachteiligungsverbotes können mit **Schadenersatz-, Unterlassungs- und Verpflichtungsansprüchen** gerichtlich geahndet werden.

Die Stellenanzeige

Der häufigste Weg der externen Personalbeschaffung durch Unternehmen ist die Suche von Mitarbeitern durch Stellenanzeigen. Diese werden in Tages- oder Wochenzeitungen, in Fachzeitschriften oder im Internet, z. B. auf der Hompage des Unternehmens oder in Stellenbörsen, geschaltet.

Der Inhalt der Anzeige

Der Inhalt der Anzeige sollte klar und informativ sein. Die Anzeige sollte Aussagen über folgende Punkte enthalten:

- das Unternehmen
  Beispiele: Name des Unternehmens, Standort, Größe
- die freie Stelle
  Beispiele: Aufgabenbeschreibung, Entwicklungschancen, Bedarfszeitpunkt
- die Anforderungsmerkmale
  Beispiele: Ausbildung, Fähigkeiten, Berufserfahrung
- die Leistungen
  Beispiele: Hinweis auf Lohn- und Gehaltshöhe, Sozialleistungen
- die Bewerbungsunterlagen und Ansprechpartner
  Beispiele: Lebenslauf, Zeugnisse, persönliches Vorstellungsgespräch

---

Wir suchen zum 1. September 20(0) eine/-n
Industriekaufmann (m/w/d)

in Vollzeit für unser in Duisburg ansässiges Unternehmen zur Unterstützung im Logistikbereich.

Ihre Aufgaben
- Tätigkeit als interne/-r und externe/-r Ansprechpartner/-in im Bereich der Warenan- und -auslieferung
- Termindisposition in Absprache mit Lieferanten und Kunden
- Abwicklung der Versandaufträge
- Durchführung der Lagerbuchhaltung
- Stammdatenpflege
- Optimierung von Logistikprozessen
- Unterstützung der Teamleitung im Tagesgeschäft
- Allgemeine Verwaltungstätigkeiten

Unsere Anforderungen
- Abgeschlossene Berufsausbildung zum/zur Industriekaufmann/Industriekauffrau
- Mehrjährige kaufmännische Berufserfahrung vorteilhaft
- Verständnis für logistische und technische Abläufe
- Sicheres Auftreten im Umgang mit Kunden
- Kenntnisse in Office und SAP
- Englischkenntnisse in Wort und Schrift

Wir bieten Ihnen eine interessante Tätigkeit in einem dynamischen Umfeld mit der Aussicht auf Weiterbildungs- und Qualifizierungsmöglichkeiten. Wenn wir Ihr Interesse für unser mittelständisches Unternehmen geweckt haben, richten Sie Ihre vollständigen Bewerbungsunterlagen bitte bis zum 15.08.20(0) an Herrn Thomas Maraun.

Kröger & Bach KG, Duisburg
Schifferstr. 25
47059 Duisburg
Tel.: 0203 1342933
E-Mail: maraun@kroegerbach.de

Die Bewerbung

Grundlage jeder Personalauswahl sind die **Bewerbungsunterlagen**. Hierzu gehören

- das Bewerbungsschreiben,
- ein Lichtbild,
- der Lebenslauf,
- Arbeitszeugnisse,
- Zeugnis der Abschlussprüfung,
- Schulzeugnisse.

Der Arbeitgeber muss Bewerbungsunterlagen sorgfältig behandeln und aufbewahren. Dabei ist der Arbeitgeber zur Verschwiegenheit verpflichtet. Sollte es nicht zum Abschluss eines Arbeitsvertrages kommen, muss er grundsätzlich die Unterlagen zurückzugeben, Personalfragebögen vernichten und gespeicherte Daten löschen.

Bewerbungsschreiben
Das Bewerbungsschreiben sollte folgende Fragen beantworten:

- Aus welchem Grund erfolgt die Bewerbung?
- Welche Qualifikationen sind vorhanden?
- Welche besonderen Kenntnisse und Erfahrungen hat der Bewerber?
- Befindet sich der Bewerber in einem Arbeitsverhältnis?
- Wann steht der Bewerber frühestens zur Verfügung?

Gehaltsforderungen sollten nur gestellt werden, wenn dies ausdrücklich verlangt wurde.

Die **Form** des Bewerbungsschreibens sollte der DIN 5008 entsprechen. Der **Stil** soll zeigen, wie der Bewerber sich einschätzt, was er will und wie er von anderen gesehen werden möchte.

Lichtbild
Es ist nach wie vor üblich, die Bewerbung mit einem Lichtbild zu versehen. Allerdings wird ein Lichtbild von vielen Unternehmen aus Gründen der Gleichbehandlung nicht mehr ausdrücklich verlangt.

Lebenslauf
Der Lebenslauf gibt Auskunft über die persönliche und berufliche Entwicklung des Bewerbers. Es ist üblich, den Lebenslauf in tabellarischer Form zu verfassen. Er sollte folgende Angaben enthalten:

- Name und Vorname
- Wohnort, Straße, Telefon
- Geburtsdatum und Geburtsort
- Familienstand
- Berufstätigkeit
- berufliche Ausbildung
- schulische Ausbildung
- Prüfungen
- berufliche Fähigkeiten und Weiterbildungen
- Ort, Datum und Unterschrift

Der Lebenslauf soll zeitlich lückenlos sein. Er kann Ereignisse hervorheben, die für die angestrebte Stelle von Wichtigkeit sind.

Zeugnisse
Schulzeugnisse und **Zeugnisse der Abschlussprüfungen**, z. B. der Kaufmannsgehilfenbrief oder das Zeugnis des schulischen Teils der Fachhochschulreife, sind in **Kopie** beizufügen.

Arbeitszeugnisse sind die Zeugnisse der vorherigen Arbeitgeber. Diese müssen dem Arbeitnehmer bei Beendigung des Arbeitsverhältnisses ausgestellt werden. Dabei kann es sich zum einen um ein **einfaches Arbeitszeugnis** handeln, in dem nur die Aufgaben und der Zeitraum der Beschäftigung aufgeführt sind. Zum anderen kann der Mitarbeiter aber auch ein **qualifiziertes Arbeitszeugnis** verlangen, in dem der Arbeitgeber auch eine Bewertung von **Leistung** und **Führung** (Verhalten im Arbeitsverhältnis) vornimmt.

Beispiel:

Wollux GmbH

Magdeburg, den 31. Juli 20(0)

Zeugnis

Frau Nadja Rickermann, geboren am 25. März 1981, wohnhaft in 39104 Magdeburg, Ernst-Reuter-Allee 13, war in der Zeit vom 01. August 20(0) bis zum 31. Juli 20(+2) in unserem Unternehmen beschäftigt.

Frau Rickermann war als Sachbearbeiterin im Verkauf eingesetzt. Dabei war sie u. a. mit folgenden Aufgaben betraut:
- Prüfung der Kreditwürdigkeit von Kunden
- Erstellen von Angeboten
- ...

... Die ihr übertragenen Aufgaben hat Frau Rickermann stets umsichtig und gewissenhaft zu unserer größten Zufriedenheit ausgeführt ...

... Sie war eine sehr aufgeschlossene und interessierte Mitarbeiterin. Mit ihrem hilfsbereiten und freundlichen Wesen war sie bei Vorgesetzten und Mitarbeitern gleichermaßen geschätzt ...

Frau Rickermann verlässt uns auf eigenen Wunsch. Wir danken ihr für die äußerst erfolgreiche Zusammenarbeit und bedauern ihr Ausscheiden sehr. Auf ihrem weiteren Lebensweg wünschen wir ihr alles Gute und weiterhin viel Erfolg.

Wollux GmbH

Peter Findeisen

(Peter Findeisen)

Bei der Zeugniserstellung sind die einschlägige Rechtsprechung sowie die Bestimmungen der Gewerbeordnung zu beachten.

> **§ 109 (2) GewO**
> (2) Das Zeugnis muss klar und verständlich formuliert sein. Es darf keine Merkmale oder Formulierungen enthalten, die den Zweck haben, eine andere als aus der äußeren Form oder aus dem Wortlaut ersichtliche Aussage über den Arbeitnehmer zu treffen.

Nach dem Wortlauf des Gesetzes sind somit sogenannte **Geheimcodes**, die etwas anderes aussagen, als der Wortlaut eigentlich ausdrückt, **unzulässig**.

Beispiel: „Für die Belange der Belegschaft zeigte er/sie großes Einfühlungsvermögen." Diese Formulierung soll zeigen, dass er/sie an sexuellen Kontakten interessiert war.

Der Bundesgerichtshof hat zudem festgestellt, dass Formulierungen in Arbeitszeugnissen **wohlwollend** sein müssen und das berufliche Fortkommen nicht erschweren dürfen. Deshalb klingen Wertungen in Arbeitszeugnissen für den ungeübten Interpreten nach dem allgemeinen Sprachgebrauch zunächst immer positiv. Durch die Verwendung von Zeitadverbien und Attributen wird eine Abstufung der Wertung des Leistung- und Führungsverhalten erreicht.

Beispiele: Beurteilung der Leistung

Formulierung	
Er/sie hat die ihm/ihr übertragenen Aufgaben **stets** zu unserer **vollsten Zufriedenheit** erledigt.	Sehr gute Leistungen
Er/sie hat die ihm/ihr übertragenen Aufgaben **stets** zu unserer **vollen Zufriedenheit** erledigt.	Gute Leistungen
Er/sie hat die ihm/ihr übertragenen Aufgaben zu unserer **vollen Zufriedenheit** erledigt.	Befriedigende Leistungen
Er/sie hat die ihm/ihr übertragenen Aufgaben zu unserer **Zufriedenheit** erledigt.	Ausreichende Leistungen
Er/sie hat die ihm/ihr übertragenen Aufgaben **im Großen und Ganzen** zu unserer **Zufriedenheit** erledigt.	Mangelhafte Leistungen

Ein Arbeitszeugnis darf also durchaus negative Wertungen enthalten, denn es gilt der Grundsatz der **Zeugniswahrheit**. Einmalige negative Vorkommnisse sollten hingehend unerwähnt bleiben. Sofern das Arbeitszeugnis unrichtige oder falsche Angaben enthält, hat der Arbeitnehmer einen **Zeugnisberichtigungsanspruch**. Zudem kann der Arbeitgeber sich wegen verschuldeter Nichterteilung bzw. verspäteter oder unrichtiger Erteilung schadensersatzpflichtig machen.

Eignungsfeststellung

Die sorgfältige Analyse der Bewerbungsunterlagen vermittelt den Mitarbeitern der Personalabteilung eine Vielzahl von Erkenntnissen über den Bewerber. Weitere Hinweise können durch Arbeitsproben, Eignungstests oder situative Verfahren gewonnen werden.

Arbeitsproben

Arbeitsproben können mit den Bewerbungsunterlagen eingereicht oder unter Aufsicht durchgeführt werden.

Beispiele: Ein Tischlermeister legt seinen Bewerbungsunterlagen die Zeichnung für ein besonders aufwendiges Werkstück als Arbeitsprobe bei.

Psychologische Eignungstests

Psychologische Eignungstests sollten nur von dafür ausgebildeten Diplom-Psychologen durchgeführt werden. Sie sind nur zulässig, wenn der Bewerber seine Zustimmung gegeben hat. Im Rahmen der Personalbeschaffung werden sie z. B. als Fähigkeits- und Persönlichkeitstests eingesetzt:

- Mithilfe von **Fähigkeitstests** können Intelligenz, Merkfähigkeit, Konzentration, Geschicklichkeit oder technisches Verständnis gemessen werden. Hier sind i. d. R. bestimmte Aufgaben in einer begrenzten Zeit zu lösen. Um die Aussagekraft zu erhöhen, werden meist mehrere Tests nebeneinander (**Testbatterien**) eingesetzt.

Beispiel: Eine Reihe von Zahlen sind in einer bestimmten Weise angeordnet. Diese Regel soll herausgefunden werden. Dann soll die Zahl gefunden werden, die als nächste kommen würde.

Aufgabe: 1   3   6   10   15   21   28   Lösungsmöglichkeiten: A = 29   B = 34   C = 36

- Mithilfe von **Persönlichkeitstests** können soziale Verhaltensweisen oder charakterliche Eigenschaften festgestellt werden.

  Beispiel: Aussage: „Auf Partys stehe ich gern im Mittelpunkt."

  Trifft zu O   Trifft nicht zu O   Weiß nicht O

Situative Verfahren
Situative Verfahren **simulieren** Situationen, die der späteren Tätigkeit des Bewerbers nahekommen.

Beispiel: Fünf Bewerber für die Stelle der Projektleitung Messe werden gemeinsam eingeladen und zur Entwicklung und Vorstellung von Konzepten für einen Messestand aufgefordert. Die Mitarbeiter der Personalabteilung beobachten die Kandidaten und ziehen Schlüsse zur Auffassungsgabe, Redefähigkeit, Durchsetzungsfähigkeit usw.

Assessment-Center
In einem **Assessment-Center** soll der Berufsalltag durch praxisnahe Übungen simuliert werden, sodass neben der Sozialkompetenz vor allem auch die Fachkompetenz und Problemlösefähigkeiten getestet werden. Typische Übungen in einem Assessment-Center sind:

- Persönliche Vorstellung (verbale Ausdrucksfähigkeit, Selbsteinschätzung)
- Postkorbmethode (Entscheidungsfindung unter Zeitdruck, Stresstoleranz etc.)
- Interviewsimulationen (Verhandlungsgeschick, Kontaktfähigkeit, Führungsverhalten etc.)
- Referate und Präsentationen (Kreativität, Überzeugungskraft, Wortwahl etc.)
- Rollenspiele (Arbeitsverhalten, Sozialkompetenz, Führungsverhalten)

Wenn Führungspositionen zu besetzen sind, kann ein Assessment-Center zwei oder auch drei Tage andauern. Hier wird der Bewerber dann auch in vermeintlich privaten Momenten (z. B. beim gemeinsamen Mittag- oder Abendessen) beobachtet, um Rückschlüsse auf seine Fähigkeiten im Umgang mit Menschen (Mitarbeiter, Kunden) zu ziehen.

Das Vorstellungsgespräch

Mithilfe von **Vorstellungsgesprächen** soll herausgefunden werden, ob der Bewerber Motivation, Engagement und Begeisterungsfähigkeit mit in das Unternehmen bringt. Zudem ist zu prüfen, ob der Mitarbeiter sich in das Unternehmen integrieren lässt und in das Team passt. Folgende Arten von Vorstellungsgesprächen werden unterschieden:

- **Freies Gespräch:** Inhalt und Struktur vorher nicht festgelegt → schwierige Auswertung

- **Strukturiertes Gespräch:** grober inhaltlicher Rahmen und Ablauf vorab festgelegt

- **Standardisiertes Gespräch:** starre Festlegung des Gesprächsverlaufs → leichte Auswertung, aber keine Abweichungen vom Verlaufsplan möglich

Beispiel: Um Vorstellungsgespräche rationeller führen zu können, hat die Sommerfeld Bürosysteme GmbH einen Gesprächsleitfaden entwickelt:

Phase 1: Begrüßung des Bewerbers

z. B. Smalltalk zur Eröffnung, Vorstellung von Unternehmen und Interviewer, Dank für die Bewerbung

Phase 2: Vorstellung des Bewerbers

z. B. Ausbildung, beruflicher Werdegang, Weiterbildungsaktivitäten

Phase 3: Klärung von offenen Fragen zur Bewerbung und Vorstellung sowie Fachfragen zu erworbenen Kompetenzen in Bezug auf die Stelle

z. B. Fragen zu Lebenslauf, beruflichen Erfahrungen und Kompetenzen

Phase 4: Information zur Position

z. B. Einordnung in die Unternehmensorganisation, Aufgaben, Verantwortung

Phase 5: Fragen des Bewerbers

z. B. Position, Reisetätigkeit und Arbeitsort, Arbeitszeit, Aufgaben, Einkommen

Phase 6: Abschluss des Gespräches

z. B. Hinweis auf Benachrichtigung, Dank, Verabschiedung

In Vorstellungsgesprächen darf grundsätzlich nur das gefragt werden, was im Zusammenhang mit der auszuübenden Tätigkeit steht und im gesundheitlichen Interesse des Arbeitnehmers ist. Die Bewerber müssen **zulässige Fragen wahrheitsgemäß** beantworten und sind verpflichtet, dem zukünftigen Arbeitgeber die Dinge offenzulegen, die für ihn im Rahmen der auszuübenden Tätigkeit von Interesse sind.

Beispiele: Zulässig sind Fragen nach beruflichen und fachlichen Kompetenzen, nach dem beruflichen Werdegang und nach Zeugnisnoten.

Fragen, die nicht unmittelbar etwas mit der auszuübenden Tätigkeit zu tun haben, sind nur bedingt oder gar nicht zulässig und müssen somit auch nicht wahrheitsgemäß beantwortet werden.

Beispiele: Nicht zulässig sind grundsätzlich Fragen nach einer Partei-, Gewerkschafts- oder Religionszugehörigkeit, einer bestehenden Schwangerschaft oder einem Kinderwunsch sowie Fragen im sexualmedizinischen Bereich; Fragen nach Vorstrafen, den Vermögensverhältnissen, einer Schwerbehinderung oder zum allgemeinen Gesundheitszustand sind nur dann zulässig, wenn dies für die auszuübende Tätigkeit von Bedeutung ist.

Im Rahmen des Einstellungsverfahrens ist der **Arbeitgeber verpflichtet**, den Bewerber über besondere gesundheitliche Belastungen, überdurchschnittliche Anforderungen, die Gefährdung von Lohn- und Gehaltszahlungen oder den geplanten Wegfall des zu besetzenden Arbeitsplatzes zu informieren. Übliche Anforderungen des Arbeitsplatzes und die allgemeine wirtschaftliche Situation seines Unternehmens muss er nicht darlegen.

Hat der Arbeitgeber den Bewerber zur Vorstellung aufgefordert, sind Fahrt-, Übernachtungs- und Verpflegungskosten sowie ein eingetretener Verdienstausfall zu ersetzen, sofern deren Erstattung nicht ausgeschlossen wurde.

Zusammenfassung

Personal beschaffen und auswählen

- **Beschaffungswege**

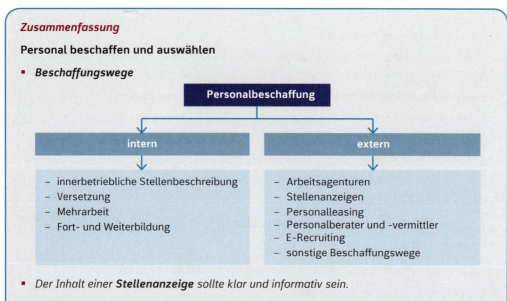

- *Der Inhalt einer **Stellenanzeige** sollte klar und informativ sein.*

- *Wichtige rechtliche Rahmenbedingungen der Personalbeschaffung und -auswahl sind im **Betriebsverfassungsgesetz (BetrVG)** und im Allgemeinen **Gleichbehandlungsgesetz (AGG)** definiert.*

- *Die **Bewerbung***

    Grundlagen der Personalauswahl sind die Bewerbungsunterlagen. Sie enthalten:
    1. *Bewerbungsschreiben*
    2. *Lichtbild*
    3. *Lebenslauf*
    4. *Schulzeugnisse*
    5. *Zeugnisse der Abschlussprüfungen*
    6. *Arbeitszeugnisse*

- *Statt eines einfachen Arbeitszeugnisses kann sich der Arbeitnehmer ein **qualifiziertes Arbeitszeugnis** ausstellen lassen, das auch Angaben über **Führung** und **Leistung** enthält.*

- *Eignungsfeststellung*
    Verfahren:
    - *Arbeitsproben*
    - *Eignungstests*
    - *situative Verfahren*
    - *Assessment-Center*

- *Vorstellungsgespräch*
    - ***Ziel:** Gewinnung eines persönlichen Eindrucks vom Bewerber*
    - ***Durchführung**: kann sich an einem Gesprächsleitfaden orientieren*

Aufgaben

1. Stellen Sie fest, unter welchen Voraussetzungen die Besetzung einer Stelle

   a) nach einer innerbetrieblichen Stellenausschreibung,
   b) durch eine Versetzung,
   c) durch Mehrarbeit,
   d) nach einer durchgeführten Fort- und Weiterbildung
   sinnvoll ist.

2. Die Sommerfeld Bürosysteme GmbH sucht einen Auszubildenden für den Beruf Industriekauffrau/Industriekaufmann.

   a) Entwerfen Sie die Stellenanzeige.
   b) Begründen Sie, wann und wo die Stellenanzeige veröffentlicht werden sollte.

3. Erläutern Sie den Aufbau des Arbeitszeugnisses von Nadja Rickermann auf S. 226.

4. Verfassen Sie ein Arbeitszeugnis für Claudia Kalinke. Sie wohnt in der Neckarstr. 3 in 12053 Berlin und hat vom 01.01.20(0) bis 31.12.20(+2) als Sachbearbeiterin im Verkauf bei der Latex AG gearbeitet. Claudia Kalinke zeichnet sich durch folgende Merkmale aus: ehrgeizig, hat mehrere EDV-Fortbildungen, überaus kompetent, bei Kollegen und Vorgesetzten beliebt, selbstbewusst, kommunikativ und hat auf eigenen Wunsch gekündigt. Ergänzen Sie ggf. fehlende Angaben.

5. Die Sommerfeld Bürosysteme GmbH geht vermehrt dazu über, offene Stellen für qualifizierte Mitarbeiter im Internet anzubieten. Erläutern Sie

   a) drei Gründe für die Wahl dieses Mediums,
   b) zwei Aspekte, die den Erfolg einer derartigen Stellenanzeige beeinflussen.

6. Planen Sie ein Vorstellungsgespräch in Form eines Rollenspiels.

   a) Beschreiben Sie die zu besetzende Stelle möglichst genau und formulieren Sie den Text für eine Stellenanzeige.
   b) Teilen Sie die Klasse in zwei Gruppen, die Bewerber und die Personalchefs. Jede Gruppe legt Kriterien für ihre Arbeit fest. Bewerber und Personalchef werden ausgewählt.
   c) Führen Sie drei Bewerbungsgespräche anhand des Gesprächsleitfadens durch.
   d) Die Personalchefs wählen einen Bewerber aus und begründen ihre Entscheidung. Falls es an Ihrer Schule eine Videokamera gibt, nehmen Sie die Gespräche auf Video auf und werten Sie diese anschließend aus.

7. Die Sommerfeld Bürosysteme GmbH plant die Einstellung einer neuen Auszubildenden. Der Abteilungsleiter Krämer bittet Sie, die anstehenden Aktivitäten in eine sinnvolle Reihenfolge zu bringen, indem Sie die Ziffern 1 bis 5 den folgenden Schritten zuordnen:

   - Sie stellen fest, dass die Bewerberin die betriebsinterne Eignungsprüfung bestanden hat. Sie leiten die Unterlagen an den Betriebsrat weiter, der der Einstellung zustimmt.
   - Sie beantragen die Eintragung des Ausbildungsvertrages in das Verzeichnis der Ausbildungsverhältnisse bei der Industrie- und Handelskammer.
   - Sie prüfen die Bewerbung und laden die Bewerberin zu einem Vorstellungsgespräch ein.
   - Sie lassen den Berufsausbildungsvertrag von den Vertragspartnern unterzeichnen.
   - Sie führen mit der Bewerberin nach Ablauf der Probezeit ein Beurteilungsgespräch.

8. Sammeln Sie Stellenanzeigen aus Tageszeitung und Fachzeitschriften. Stellen Sie fest, welche Qualifikationen gefragt sind, und versuchen Sie, diese zu systematisieren.

1.3 Arbeitsvertrag schließen

Die Suche der Sommerfeld Bürosysteme GmbH nach einem Sachbearbeiter für den Bereich Messen war erfolgreich. Mit Esther Kastner ist eine qualifizierte Mitarbeiterin gefunden worden, die auch über die erforderlichen Fähigkeiten verfügt. Frau Kastner ist gelernte Industriekauffrau und hat im Anschluss an einer Fachschule für Wirtschaft mit dem Schwerpunkt „Marketingkommunikation" den Abschluss als staatlich geprüfte Betriebswirtin gemacht. Als Herr Krämer gerade den Arbeitsvertrag für Frau Kastner vorbereitet, klingelt das Telefon. Frau Kastner ist am Apparat und erkundigt sich, ob sie ihren kleinen Versandhandel für Büromöbel, den sie nach Feierabend betreibt, weiterführen darf. Herr Krämer meint dazu: „Es tut mir leid, Frau Kastner, das geht nicht. Das wäre ein schwerer Verstoß gegen ihre arbeitsvertraglichen Pflichten."

Arbeitsaufträge

- Stellen Sie in einer Liste die Rechte und Pflichten der Arbeitnehmer gegenüber.
- Begründen Sie, ob Frau Kastner gegen ihre Rechte als Arbeitnehmerin verstoßen hat und welche Konsequenzen ihr Verhalten haben kann.
- Zählen Sie Unterlagen auf, die der Arbeitnehmer mit Abschluss des Arbeitsvertrages beim Arbeitgeber einzureichen hat.

Arbeitsvertrag

Der Arbeitsvertrag ist eine **Form des Dienstvertrages**. In ihm verpflichtet sich der Arbeitnehmer zur Leistung der vereinbarten Dienste, der Arbeitgeber zur Zahlung der entsprechenden Vergütung.

Auch für den Arbeitsvertrag gilt der Grundsatz der **Vertragsfreiheit**. Um Benachteiligungen zu vermeiden, ist die Vertragsfreiheit jedoch durch Gesetz (z. B. BGB, HGB, UWG), Verordnungen (z. B. Gewerbeordnung), **Tarifverträge** und **Betriebsvereinbarungen** eingeschränkt. Diese Regelungen dürfen im Arbeitsvertrag nicht unterschritten werden. Günstigere Vereinbarungen für den Arbeitnehmer sind jedoch zulässig (**Günstigkeitsprinzip**).

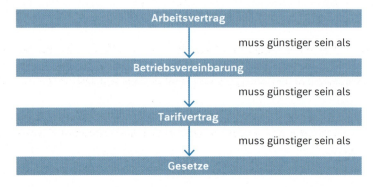

Grundsätzlich kann der Arbeitsvertrag zwar formfrei geschlossen werden, allerdings sind die Bestimmungen des **Nachweisgesetzes (NachwG)** zu beachten. Danach sind die wesentlichen Vertragsbedingungen eines Arbeitsvertrages spätestens einen Monat nach Beginn des Arbeitsverhältnisses schriftlich niederzulegen, zu unterschreiben und dem Arbeitnehmer auszuhändigen.

Wesentliche Vertragsbedingungen nach dem NachwG
- Name und Anschrift der Vertragsparteien
- Beginn des Arbeitsverhältnisses
- bei befristeten Arbeitsverhältnissen: die Dauer des Arbeitsverhältnisses
- Arbeitsort
- Beschreibung der Tätigkeit
- Höhe des Arbeitsentgeltes
- Arbeitszeit
- Urlaub
- Kündigungsfristen
- Hinweise auf anzuwendende Tarifverträge und Betriebsvereinbarungen

Die Vereinbarung einer **Probezeit** im Arbeitsvertrag ist zulässig. Sie hat bei Probezeiten bis zu sechs Monaten eine Verkürzung der Kündigungsfrist auf zwei Wochen zur Folge (vgl. S. 345).

Auch können Arbeitsverhältnisse befristet geschlossen werden. Die **Befristung** bedarf zu ihrer Wirksamkeit der Schriftform.

> § 14 Teilzeitbefristungsgesetz (TzBfG)
> (1) Die Befristung eines Arbeitsvertrages ist zulässig, wenn sie durch einen sachlichen Grund gerechtfertigt ist. Ein sachlicher Grund liegt insbesondere vor, wenn
> 1. der betriebliche Bedarf an der Arbeitsleistung nur vorübergehend besteht,
> 2. die Befristung im Anschluss an eine Ausbildung oder ein Studium erfolgt, um den Übergang des Arbeitnehmers in eine Anschlussbeschäftigung zu erleichtern,
> 3. der Arbeitnehmer zur Vertretung eines anderen Arbeitnehmers beschäftigt wird,
> 4. die Eigenart der Arbeitsleistung die Befristung rechtfertigt,
> 5. die Befristung zur Erprobung erfolgt,
> 6. in der Person des Arbeitnehmers liegende Gründe die Befristung rechtfertigen,
> 7. der Arbeitnehmer aus Haushaltsmitteln vergütet wird, die haushaltsrechtlich für eine befristete Beschäftigung bestimmt sind, und er entsprechend beschäftigt wird oder
> 8. die Befristung auf einem gerichtlichen Vergleich beruht.
> (…)

Ohne das Vorliegen eines **sachlichen Grundes** darf eine Befristung nur bei **Neueinstellungen**, maximal bis zur **Dauer von zwei Jahren** erfolgen. Ist die Befristung kürzer, kann ein befristeter Arbeitsvertrag bis zur Gesamtdauer von zwei Jahren höchstens dreimal befristet verlängert werden.

Beispiel: Karl Buschhaus hat einen auf ein Jahr befristeten Arbeitsvertrag erhalten. Anschließend erhält er einen neuen Arbeitsvertrag der wiederum auf ein Jahr befristet ist. Die neuerliche Befristung ist zulässig.

Mit Abschluss des Arbeitsvertrages übernehmen Arbeitnehmer und Arbeitgeber Rechte und Pflichten.

Rechte des Arbeitnehmers

- Der Arbeitnehmer hat das Recht auf **Vergütung** seiner Arbeit. Die Höhe der Vergütung regelt der Arbeitsvertrag evtl. mit Hinweis auf einen Tarifvertrag. Es muss mindestens der Mindestlohn gezahlt werden, der bis Ende 2022 schrittweise von 9,50 EUR auf 10,45 EUR steigen soll. Die Zahlung der Vergütung muss spätestens am letzten Werktag eines Monats erfolgen.

  Im Krankheitsfall wird das Gehalt vom Arbeitgeber für die Dauer von sechs Wochen fortgezahlt. Danach bekommt der Arbeitnehmer **Krankengeld** von der Krankenkasse.

- Der Arbeitnehmer hat das Recht auf **Fürsorge**. So müssen z. B. die Geschäftsräume und die Arbeitsmittel so beschaffen sein, dass der Angestellte gegen Gefährdungen seiner Gesundheit geschützt ist.

  Beispiel: Nach Rücksprache mit der zuständigen Berufsgenossenschaft installiert die Sommerfeld Bürosysteme GmbH an der Laderampe Schutzgitter.

- Der Arbeitnehmer hat Anspruch auf bezahlten **Erholungsurlaub**. Das Bundesurlaubsgesetz (BUrlG) garantiert einen Mindesturlaub von 24 Werktagen. Im Tarifvertrag sind i. d. R. längere Urlaubszeiten vereinbart.

  Beispiel: Für die Holz und Kunststoff verarbeitende Industrie ist ein Jahresurlaub von 30 Tagen garantiert. Während des Urlaubs darf der Arbeitnehmer keiner Erwerbstätigkeit nachgehen. Erkrankt er im Urlaub, so werden die durch Attest nachgewiesenen Tage nicht auf den Jahresurlaub angerechnet.

- Der Arbeitnehmer hat das Recht auf ein **Zeugnis**. Dabei kann er zwischen dem einfachen und dem qualifizierten Arbeitszeugnis wählen.

- Der Arbeitnehmer hat das Recht auf Einhaltung einer **Kündigungsfrist**. Ist im Vertrag keine abweichende Regelung getroffen, gilt die gesetzliche Kündigungsfrist von vier Wochen zum Monatsende oder zum 15. eines Monats (vgl. S. 344).

Pflichten des Arbeitnehmers

- Der Arbeitnehmer hat die Pflicht, die im Arbeitsvertrag vereinbarten **Dienste zu leisten**.

- Der Arbeitnehmer ist verpflichtet, den **Anordnungen der Arbeitgeber Folge zu leisten**, soweit diese im Zusammenhang mit dem Beschäftigungsverhältnis stehen.

  Beispiel:
  Der Geschäftsführer der Sommerfeld Bürosysteme GmbH fordert die Sachbearbeiterin Frau Bohne auf, alle Aufträge der Bürofachhandel Karl Schneider GmbH aus den letzten fünf Jahren herauszusuchen. Auch wenn es sich um eine unangenehme Arbeit handelt, muss Frau Bohne den Anordnungen Folge leisten, da es sich um eine Anweisung im Rahmen ihres Arbeitsvertrages handelt.

- Der Arbeitnehmer muss über Geschäfts- und Betriebsgeheimnisse Stillschweigen bewahren **(Schweigepflicht)**.

    Beispiel: Diana Feld ist als Auszubildende in der Beschaffungsabteilung eingesetzt. Die Namen der Lieferanten der Sommerfeld Bürosysteme GmbH, Einkaufspreise und Konditionen sind Betriebsgeheimnisse und unterliegen der Schweigepflicht. Teilt sie diese einem Konkurrenten mit, muss sie mit einer fristlosen Kündigung rechnen.

- Der Arbeitnehmer darf ohne Einwilligung des Arbeitgebers weder ein Handelsgewerbe betreiben noch in dem Handelszweig des eigenen Unternehmens für eigene oder fremde Rechnung Geschäfte machen (§ 60 Abs. 1 HGB). Dieser Paragraf beinhaltet zwei Verbote: Der kaufmännische Angestellte darf sich nicht selbstständig machen **(Handelsverbot)** und er darf auf eigene oder fremde Rechnung keine Geschäfte in der Branche des Arbeitgebers abschließen **(Wettbewerbsverbot)**.

    Beispiel: Frau Klopsch ist Kellnerin in einem Café und Restaurant. Sie möchte sich selbstständig machen und plant ein eigenes kleines Café zu eröffnen, das sie vormittags betreiben möchte. Falls sie dies ohne Genehmigung der Geschäftsleitung tut, verstößt sie gegen das Handels- und Wettbewerbsverbot und muss ggf. mit einer Kündigung rechnen.

Personalakte
Mit dem Abschluss des Arbeitsvertrages sind vom Arbeitnehmer einige Unterlagen einzureichen, damit der Arbeitgeber seinen arbeitsvertraglichen und gesetzlichen Pflichten nachkommen kann. Es sind dies u. a.:

- Personal(frage)bogen
- für ELStAM[1]: Steuer-Identifikationsnummer und das Geburtsdatum
- Sozialversicherungsnummer, evtl. auch Sozialversicherungsausweis
- Zeugnisse
- Mitgliedsbescheinigung der Krankenkasse
- Urlaubsbescheinigung des letzten Arbeitgebers
- Aufenthaltsbescheinigung und Arbeitserlaubnis bei Nicht-EU-Bürgern
- Bankverbindung
- Unterlagen für vermögenswirksame Leistungen
- Unterlagen für die private Altersvorsorge

Sämtliche für das Arbeitsverhältnis relevanten Unterlagen werden in einer **Personalakte** aufbewahrt, die vor Beginn eines Arbeits- oder Ausbildungsverhältnisses für jeden Mitarbeiter angelegt wird.

---

[1] ELStAM ist die Abkürzung für „**E**lektronischen **L**ohn**S**teuer**A**bzugs**M**erkmale". Das ELStAM-Verfahren wird auch „elektronische Lohnsteuerkarte" genannt.

Beispiel: Aufbau der Personalakte bei der Sommerfeld Bürosysteme GmbH

Personalakte		
	Personenbezogene Unterlagen	– Personal(frage)bogen/Stammblatt – Bewerbungsschreiben – Lebenslauf – Zeugnisse – evtl. polizeiliches Führungszeugnis
	Vertragliche Vereinbarungen und Unterlagen zur Tätigkeit	– Arbeitsvertrag – Zusatzvereinbarungen – Erklärung zu Nebenbeschäftigungen – Abmahnungen – Stellenbeschreibung – Beurteilungen – Fort- und Weiterbildung – Beförderungen – Versetzungen
	Unterlagen zu Bezügen und Abwesenheiten	– Grundentgelt – Prämien/Zulagen – Vorschüsse – Nachweis über vermögenswirksame Leistungen – Betriebliche Altersvorsorge – Anmeldung zur Krankenkasse – Sozialversicherungsausweis – Urlaubstage – Krankheitstage – Mutterschutz – Elternzeit
	Sonstige Unterlagen	– Protokolle Mitarbeitergespräche – Personalentwicklungsplan – allgemeiner Schriftverkehr

Jeder Mitarbeiter hat das **Recht**, seine **Personalakte einzusehen**. Unterlagen mit nachweisbar falschen oder ehrverletzenden Inhalten müssen auf Verlangen des Mitarbeiters entfernt werden. Dagegen müssen Gegendarstellungen zu einer Abmahnung in die Personalakte aufgenommen werden.

Personalakten sind strikt **vertraulich** zu behandeln, da sie personenbezogene Daten enthalten, die den Vorschriften des **Bundesdatenschutzgesetzes** unterliegen. Sie sind mit geeigneten Mitteln gegen eine unbefugte Einsichtnahme zu schützen. Nur Mitarbeiter, die mit der Bearbeitung von Unterlagen aus der Personalakte beschäftigt sind, oder deren Vorgesetze sollten Zugang zur Personalakte haben.

Zusammenfassung

Arbeitsvertrag schließen

- Der Arbeitsvertrag ist eine **Form des Dienstvertrages**. Aus ihm ergeben sich für den Arbeitnehmer Rechte und Pflichten:

Rechte	Pflichten
– Vergütung	– Dienstleistung
– Fürsorge	– Weisungen Folge leisten
– Urlaub	– Schweigepflicht
– Zeugnis	– Handelsverbot
– Kündigung	– Wettbewerbsverbot

- Die wesentlichen Inhalte des Arbeitsvertrages müssen **schriftlich** niederlegt werden.
- Die Vereinbarung von **Probezeiten** und **Befristungen** im Arbeitsvertrag sind grundsätzlich zulässig.
- Mit Abschluss des Arbeitsvertrages sind vom Arbeitnehmer verschiedene **Unterlagen** beim **Arbeitgeber** einzureichen.
- Für jeden Mitarbeiter wird eine **Personalakte** angelegt.

Aufgaben

1. Erläutern Sie, durch welche Regelungen die Vertragsfreiheit beim Abschluss eines Arbeitsvertrages eingeschränkt wird.

2. Ein Angestellter der Sommerfeld Bürosysteme GmbH jobbt während des Urlaubs als Animateur in einem Ferienclub. Als Herr Feld davon erfährt, verbietet er ihm den Ferienjob. Der Angestellte ist der Meinung, was er in seinem Urlaub mache, gehe niemanden etwas an. Beurteilen Sie den Fall.

3. Ein Angestellter der Sommerfeld Bürosysteme GmbH wird im Urlaub krank. Durch Attest kann er sechs Tage Arbeitsunfähigkeit belegen. Überprüfen Sie, welche Auswirkungen dies auf seinen Urlaubsanspruch hat.

4. Herr Lanzetti, Abteilungsleiter Logistik und Materialbeschaffung, fordert den Angestellten Jung auf, in der Mittagspause sein Auto zu waschen. Er ist der Meinung, Lehrjahre seien keine Herrenjahre und er habe als Berufsanfänger seiner Chefin sogar im Haushalt helfen müssen. Nehmen Sie Stellung.

5. Frau Niedlich hat eine Abmahnung erhalten, die ihrer Meinung nach nicht gerechtfertigt war. Daraufhin fordert Sie, Einsicht in ihre Personalakte nehmen zu dürfen. Außerdem verlangt Sie, dass ihre Gegendarstellung in die Personalakte aufgenommen wird. Beides wird ihr verweigert. Erläutern Sie die Rechtslage.

1.4 Personal leasen

Frau Esther Kastner hat soeben ihren Arbeitsvertrag unterschrieben. Der Personalleiter Herr Krämer bittet Daniela Schaub, die neu angelegte Personalakte herauszusuchen, damit der Arbeitsvertrag abgelegt werden kann. Als Daniela Schaub Herrn Krämer die Personalakte reicht, meint sie: „Herr Krämer, gestern habe ich in der Zeitung gelesen, dass immer mehr Unternehmen in Deutschland auf Personalleasing zurückgreifen. Warum haben wir Frau Kastner fest eingestellt, wir hätten doch eine Mitarbeiterin leasen können?" „Hin und wieder greifen wir auch auf Personalleasing zurück", erwidert Herr Krämer, „aber es gehört zu unserer Unternehmensphilosophie, nur sparsam davon Gebrauch zu machen. Außerdem, Daniela, ist das ein einfaches Rechenexempel. Bei einer Festeinstellung rechnen wir für eine qualifizierte Mitarbeiterin wie Frau Kastner mit einem Stundensatz von 32,00 € inklusive der Personalnebenkosten. Ein Bewerberauswahlverfahren verursacht zudem Kosten in Höhe von etwa 1 500,00 €. Mir liegt ein Angebot einer Personalleasinggesellschaft vor, die für eine vergleichbar qualifizierte Mitarbeiterin 33,75 € verlangt."

Arbeitsaufträge

- Erläutern Sie die Vertragsbeziehungen zwischen Entleiher, Verleiher und Arbeitnehmer beim Personalleasing.
- Berechnen Sie, ab welcher Stundenanzahl eine Festeinstellung günstiger ist.
- Stellen Sie die Vorteile des Personalleasings aus der Perspektive der Sommerfeld Bürosysteme GmbH heraus.

Personalleasing

Unter Personalleasing (auch Leiharbeit oder Zeitarbeit) versteht man die zeitlich beschränkte entgeltliche **Arbeitnehmerüberlassung** eines Leiharbeitnehmers durch einen Verleiher (Personalleasinggesellschaft) an einen Entleiher (Unternehmen). Beim Personalleasing gibt es also drei Parteien, die in unterschiedlichen Vertragsverhältnissen zueinander stehen.

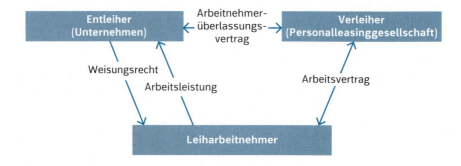

Der **Leiharbeitnehmer** ist bei der Personalleasinggesellschaft in einem „normalen" Arbeitsverhältnis beschäftigt. Für ihn gelten sämtliche arbeitsvertraglichen oder tarifvertraglichen Rechte inklusive des Kündigungsschutzes. So erhält er seinen Lohn oder sein Gehalt sowie Urlaub von der Personalleasinggesellschaft. Seine Arbeitsleistung erbringt der Leiharbeitnehmer beim Entleiher. Dieser ist gegenüber dem Leiharbeitnehmer weisungsberechtigt.

Gesetzlich geregelt ist das Personalleasing im **Arbeitnehmerüberlassungsgesetz** (AÜG). Danach bedürfen **Personalleasinggesellschaften** für die Aufnahme ihrer Tätigkeit i.d.R. einer **Erlaubnis** durch die Agentur für Arbeit. Personalleasinggesellschaften können Leiharbeitnehmer für maximal 18 Monate dem gleichen Entleiher überlassen. Eine Verlängerung dieser gesetzlichen Höchstüberlassungsdauer ist durch den Tarifvertrag der Entleiherbranche möglich. Personalleasinggesellschaften sind verpflichtet, dem Leiharbeitnehmer die gleichen Arbeitsbedingungen inklusive des Arbeitsentgeltes zu gewähren, wie sie bei der vergleichbaren Belegschaft des Entleihers üblich sind (**Equal Treatment/Equal Payment**). Allerdings kann durch die Anwendung eines Tarifvertrages für die ersten 9 Monate der Überlassung vom **Gleichstellungsgrundsatz** (Equal Treatment/Equal Payment) abgewichen werden. Längere Abweichungen durch die Anwendung eines Tarifvertrages sind nur möglich, wenn der Leiharbeitnehmer spätestens nach 15 Monaten ein gleichwertiges Arbeitsentgelt wie ein vergleichbarer Arbeitnehmer der Einsatzbranche erreicht und die Heranführung an dieses Arbeitsentgelt nach einer längstens sechswöchigen Einarbeitungsphase beginnt. In vielen Branchen existieren bereits Zuschlagstarifverträge, die die Angleichung der Entgelte der Leiharbeitnehmer an die vergleichbarer Arbeitnehmer der Einsatzbranche regeln.

Aus **gesellschaftlicher Perspektive** wird mit dem Personalleasing bezweckt, vor allem Geringqualifizierte und Langzeitarbeitslose in dauerhafte Beschäftigung beim Entleiher zu bringen (**Klebeeffekt**). Dies gelingt leider nur zu einem geringen Teil. Viele Unternehmen sehen im Personalleasing eher ein Instrument der **Flexibilisierung** von Arbeit.

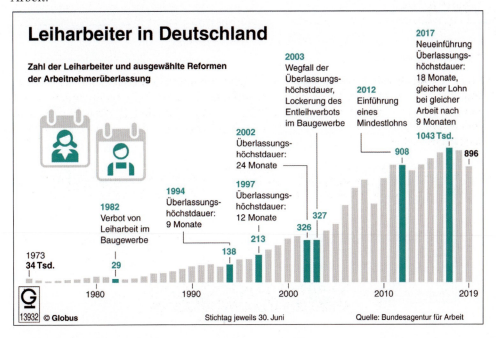

Zusammenfassung

Personal leasen

- Rechtsgrundlage des Personalleasing ist das **Arbeitnehmerüberlassungsgesetz** (AÜG).
- Die Personalleasinggesellschaft (Verleiher) benötigt eine **Erlaubnis** der Agentur für Arbeit.
- Zwischen der Personalleasinggesellschaft und dem Entleiher besteht ein **Arbeitnehmerüberlassungsvertrag**.
- Der **Leiharbeitnehmer** steht in einem **Arbeitsverhältnis** bei der Personalleasinggesellschaft.
- Gegenüber dem Leiharbeitnehmer hat der **Entleiher** ein **Weisungsrecht**.
- Die **Höchstüberlassungsdauer** für Arbeitnehmer beträgt 18 Monate.
- Für Leiharbeitnehmer gilt der **Gleichstellungsgrundsatz** (Equal Treatment/Equal Payment).
- Nach **Tarifvertrag** sind **Abweichungen** vom Gleichstellungsgrundsatz innerhalb der ersten 9 bzw. unter bestimmten Bedingungen 15 Monate möglich.
- Gesellschaftspolitisch gewünscht ist langfristig eine Beschäftigung des Leiharbeiters bei einem Entleiher (**Klebeeffekt**).

Aufgaben

1. Die Wollux GmbH überlegt, eine Produktionshelferin fest einzustellen. Für die Anzeigenschaltung rechnet sie mit Kosten von 350,00 €. Des Weiteren kalkuliert sie für die Personalauswahl mit 14 Stunden à 50,00 €. Als Stundenlohn inklusive aller Nebenkosten werden 18,00 € festgesetzt. Bei der Wollux GmbH beträgt die durchschnittliche monatliche Arbeitszeit 165 Stunden. Eine örtliche Personalleasinggesellschaft stellt für eine Produktionshelferin 19,50 € pro Stunde in Rechnung. Berechnen Sie, nach wie vielen Monaten die Festeinstellung günstiger ist.

2. Als Hera Dubowski die Zeitung aufschlägt, liest sie folgenden Artikel:

Arbeitsmarktreformen tragen Früchte

(…) Die Arbeitgeber zeigen sich zufrieden mit den Arbeitsmarktreformen. Durch die Flexibilisierung des Arbeitsmarktes ist es zu einem Anstieg der Beschäftigung gekommen. Hierzu hat die Reform des Arbeitnehmerüberlassungsgesetzes (AÜG) in besonderem Maße beigetragen. Gerade gering qualifizierten Arbeitnehmern ist es gelungen, in eine dauerhafte Beschäftigung einzutreten. (…)

Benennen Sie die Vor- und Nachteile des Personalleasings aus der Perspektive des Entleihers und des Leiharbeitnehmers, indem Sie eine Tabelle nach folgendem Muster anfertigen.

	Entleiher	Leiharbeitnehmer
Vorteile		
Nachteile		

1.5 Vollmachten erteilen

LS 14

Herr Effer, der Leiter des Rechnungswesens, hat zum Jahresende die Bilanz sowie den Geschäfts- und Lagebericht der Sommerfeld Bürosysteme GmbH fertiggestellt. Da die Geschäftsführer auf einer Auslandsmesse sind, schlägt die Auszubildende Daniela Schaub vor, dass die Prokuristen Kraus, Kurz und Effer gemeinsam die Bilanz unterschreiben. Als Herr Kraus sie fragt, warum denn mehrere die Bilanz unterschreiben sollen, antwortet sie: „Sie haben doch Gesamtprokura, da müssen mehrere Prokuristen gemeinsam unterschreiben!"

Handelsregister B des Amtsgerichts Essen			**Ausdruck** **Abruf vom 11.11.2...** **11:11**		Nummer der Firma Seite 1 von 1		**HR B 564 -0541**
Nummer der Eintragung	a) Firma b) Sitz, Niederlassung, Zweigniederlassungen c) Gegenstand des Unternehmens	Grund- oder Stammkapital	a) Allgemeine Vertretungsregelung b) Vorstand, Leitungsorgan, geschäftsführende Direktoren, persönlich haftende Gesellschafter, Geschäftsführer, Vertretungsberechtigte und besondere Vertretungsbefugnis	Prokura	a) Rechtsform, Beginn, Satzung oder Gesellschaftsvertrag b) Sonstige Rechtsverhältnisse	a) Tag der Eintragung b) Bemerkungen
1	2	3	4	5	6	7
1	a) Sommerfeld Bürosysteme GmbH b) 45141 Essen c) Herstellung und Vertrieb von Büroeinrichtungsprogrammen	4 000 000,00 €	a) Die Gesellschaft hat mindestens zwei Geschäftsführer. Die Gesellschaft wird durch zwei Geschäftsführer oder durch einen Geschäftsführer gemeinsam mit einem Prokuristen vertreten. b) Geschäftsführer: Dipl.-Ing. Claudia Fahrtmann, Essen, Dipl.-Kfm. Lambert Feld, Essen, Hartmut Sommer, Essen	Gesamtprokuristen: Peter Kurz, Essen, Jens Effer, Essen, und Peter Kraus, Duisburg, in Gemeinschaft mit einem Geschäftsführer oder einem Prokuristen.	a) Gesellschaft mit beschränkter Haftung Gesellschaftsvertrag vom 01.07.19..	a) 01.08.19..

Arbeitsaufträge

- Erläutern Sie die unterschiedlichen Arten der Prokura.
- Stellen Sie fest, ob ein Prokurist die Bilanz eines Unternehmens unterschreiben darf.
- Erläutern Sie, wie die Prokura der Sommerfeld Bürosysteme geregelt ist.

Handlungsvollmacht

> **§ 54 Abs. 1 HGB**
> Ist jemand (...) zum Betrieb eines Handelsgewerbes oder zur Vornahme einer bestimmten zu einem Handelsgewerbe gehörigen Art von Geschäften oder zur Vornahme einzelner zu einem Handelsgewerbe gehöriger Geschäfte ermächtigt, so erstreckt sich die Vollmacht (Handlungsvollmacht) auf alle Geschäfte und Rechtshandlungen, die der Betrieb eines derartigen Handelsgewerbes oder die Vornahme derartiger Geschäfte gewöhnlich mit sich bringt.

Umfang der Handlungsvollmacht

Sie erstreckt sich nach § 54 HGB lediglich auf **gewöhnliche Rechtsgeschäfte des betreffenden Handelsgewerbes**. Der Handlungsbevollmächtigte ist **nicht befugt**:

- Grundstücke zu veräußern oder zu belasten
- Wechselverbindlichkeiten einzugehen
- Darlehen aufzunehmen
- Prozesse im Namen des Unternehmens zu führen

Handlungsvollmacht kann **formlos**, z.B. schriftlich, mündlich oder konkludent, erteilt werden. Sie wird nicht in das Handelsregister eingetragen.

Arten der Handlungsvollmacht

Allgemeine Handlungsvollmacht	Sie berechtigt zur Ausführung aller gewöhnlichen Geschäfte, die im Geschäftszweig des Handelsgewerbes vorkommen. **Beispiel:** Emilio Lanzetti, Abteilungsleiter Logistik und Materialbeschaffung, ist befugt, alle gewöhnlich anfallenden Geschäfte abzuwickeln.
Arthandlungsvollmacht	Sie berechtigt zur Ausführung einer bestimmten Art von Geschäften. **Beispiel:** Manfred Müller, Mitarbeiter in der Logistik und Beschaffung, ist berechtigt einzukaufen.
Spezialhandlungsvollmacht (Einzelhandlungsvollmacht)	Sie berechtigt zur Ausführung einzelner Rechtsgeschäfte. **Beispiel:** Herr Schumacher ist bevollmächtigt, die Restbestände eines Warenlagers zu veräußern.

Wird die Handlungsvollmacht als **Gesamtvollmacht** erteilt, darf die Vollmacht nur zusammen mit einer anderen vertretungsberechtigten Person ausgeübt werden.

Untervollmacht
Jeder Bevollmächtigte kann innerhalb seiner Vollmacht Untervollmachten erteilen. So kann z. B. der Angestellte mit allgemeiner Handlungsvollmacht Arthandlungsvollmacht und der Mitarbeiter mit Artvollmacht Spezialhandlungsvollmacht erteilen.

Unterschrift
Der Handlungsbevollmächtigte unterschreibt mit dem das Vollmachtsverhältnis ausdrückenden Zusatz **i. A.** (im Auftrag) oder **i. V.** (in Vollmacht).

Erlöschen
Die Handlungsvollmacht erlischt durch

- Widerruf
- Erledigung des Auftrages bei einer Einzelvollmacht
- Beendigung des Dienstverhältnisses
- Fristablauf bei Befristung der Vollmacht
- Einstellung des Geschäftsbetriebes
- Eröffnung des Insolvenzverfahrens

Prokura

> **§ 49 Abs. 1 HGB**
> Die Prokura ermächtigt zu allen Arten von gerichtlichen und außergerichtlichen Geschäften und Rechtshandlungen, die der Betrieb eines Handelsgewerbes mit sich bringt.

Umfang der Prokura
Die Prokura ist die weitreichendste handelsrechtliche Vollmacht. Sie ermächtigt den Prokuristen als „zweites Ich" des Kaufmanns zu allen gerichtlichen und außergerichtlichen Rechtsgeschäften, die der Betrieb **irgendeines Handelsgewerbes** mit sich bringt.

Beispiel: Prokurist Pauli nutzt den Urlaub seines Chefs und erwirbt für die seit 150 Jahren bestehende Druckerei ein Grundstück. Als der Chef aus dem Urlaub zurückkommt, traut er seinen Augen nicht. Trotzdem sind alle in diesem Zusammenhang geschlossenen Verträge für das Unternehmen bindend.

Besondere Vollmachten benötigt der Prokurist lediglich zum Verkauf und zur Belastung von Grundstücken.

Gesetzlich **verboten** ist ihm
- die Bilanz und die Steuererklärung zu unterschreiben,
- Eintragungen im Handelsregister vornehmen zu lassen,
- Gesellschafter aufzunehmen,
- Prokura zu erteilen,
- das Geschäft aufzugeben oder zu verkaufen,
- das Insolvenzverfahren zu beantragen.

Eine darüber hinausgehende Beschränkung der Prokura ist im Außenverhältnis Dritten gegenüber **unwirksam**. Im Innenverhältnis kann die Prokura auf die Vornahme bestimmter Geschäfte beschränkt werden, was in der Praxis auch üblich ist.

Erteilung

Nur der **Kaufmann** kann Prokura erteilen. Die Erteilung muss zudem persönlich und ausdrücklich (mündlich oder schriftlich) erfolgen. Die vorgeschriebene Eintragung in das **Handelsregister** hat deklaratorische Wirkung, da die Prokura ab der Erteilung gültig ist.

Arten der Prokura

Einzelprokura	Hier darf der Prokurist alle genannten Rechtsgeschäfte allein abschließen.
Filialprokura	Hier ist die Vollmacht auf eine Filiale beschränkt.
Gesamtprokura	Hier dürfen nur zwei oder mehrere Prokuristen die Vollmacht gemeinsam ausüben.
Unechte Gesamtprokura	Der Prokurist ist zusammen mit einem Gesellschafter, Geschäftsführer oder Vorstand vertretungsberechtigt.

Untervollmacht
Der Prokurist kann allgemeine Handlungsvollmacht, aber **keine Prokura** erteilen.

Unterschrift
Damit man im geschäftlichen Verkehr die Prokura erkennt, unterschreibt der Prokurist mit einem die Prokura andeutenden Zusatz. Als üblich haben sich hier die Abkürzungen **pp. oder ppa.**, d.h. „per procura", durchgesetzt.

Erlöschen
Die Prokura erlischt durch

- Tod des Prokuristen, nicht durch Tod des Inhabers
- Widerruf der Prokura
- Beendigung des Dienstverhältnisses
- Einstellung oder Veräußerung des Geschäftsbetriebes
- Eröffnung des Insolvenzverfahrens

Das Erlöschen der Prokura wird ins **Handelsregister** eingetragen (deklaratorische Wirkung).

PRAXISTIPP!

Das Handelsregister kann auch online unter www.handelsregister.de eingesehen werden.

Zusammenfassung

- *Handlungsvollmacht*

Umfang	ermächtigt zu Rechtsgeschäften, die der Betrieb eines derartigen Handelsgewerbes **gewöhnlich** mit sich bringt
Erteilung	**schriftlich, mündlich, stillschweigend**

Arten	- **allgemeine Handlungsvollmacht** alle gewöhnlichen Geschäfte des Handelsgewerbes - **Arthandlungsvollmacht** eine bestimmte Art von Rechtsgeschäften - **Spezialhandlungsvollmacht** Ausführung einzelner Rechtsgeschäfte
Unterschrift	- in Vollmacht (**i. V.**) - oder im Auftrag (**i. A.**)

- Prokura

Umfang	ermächtigt zu **allen gerichtlichen und außergerichtlichen** Rechtsgeschäften, die der Betrieb **irgendeines** Handelsgewerbes mit sich bringt.
Erteilung	- **ausdrücklich** (schriftlich oder mündlich) nur durch Kaufmann - Eintragung in das **Handelsregister**
Arten	- **Einzelprokura:** Der Prokurist ist allein vertretungsbefugt. - **Gesamtprokura:** Mehrere Prokuristen können nur gemeinsam handeln. - **Filialprokura:** Vertretung für eine Filiale - **unechte Gesamtprokura:** Der Prokurist ist zusammen mit einem Gesellschafter, Geschäftsführer oder Vorstand vertretungsberechtigt.
Unterschrift	per procura (**ppa.** oder **pp.**)

Aufgaben

1. Welche der folgenden Aussagen treffen
   a) nur auf die Arthandlungsvollmacht,
   b) nur auf die Spezialhandlungsvollmacht,
   c) sowohl auf die Art- als auch auf die Spezialhandlungsvollmacht,
   d) weder auf die Art- noch auf die Spezialhandlungsvollmacht zu?
   Diese Vollmacht
   1. kann von Prokuristen erteilt und widerrufen werden.
   2. berechtigt den Verkäufer zum regelmäßigen Kassieren.
   3. erlischt nach Durchführung des Auftrags.
   4. wird durch den Unterschriftzusatz ppa. kenntlich gemacht.
   5. wird ins Handelsregister eingetragen und veröffentlicht.

2. Als Daniela Schaub am Morgen in die Abteilung kommt, hat Herr Effer einen Auftrag für sie. Das Fax-Papier ist ausgegangen und auch Herr Lanzetti von der Beschaffung hat keines mehr am Lager. Daniela soll jetzt schnell von einem nahen Bürofachgeschäft drei Rollen holen. Sie ist sauer und meint, sie sei doch kein Laufbursche. „Aber dafür sind Sie jetzt Handlungsbevollmächtigte der Sommerfeld Bürosysteme GmbH", sagt Herr Effer unter dem Gelächter der Kollegen. Daniela ist unsicher. Will man sich über sie lustig machen, oder hat sie wirklich eine Vollmacht?

3. Der Unternehmer Schröder ernennt seinen langjährigen Mitarbeiter Wolf zum Prokuristen und lässt die Prokura im Handelsregister eintragen. Während sich Schröder im wohlverdienten Urlaub befindet, wird Wolf ein Grundstück angeboten, das sich hervorragend zur

dringend notwendigen Erweiterung des Betriebsgeländes eignet. Wolf erwirbt das Grundstück für das Unternehmen Karl Schröder OHG.

a) Begründen Sie, ob der Kaufvertrag über den Grundstückskauf rechtswirksam zustande gekommen ist.
b) Erläutern Sie die Rechtslage, wenn es sich um den Verkauf eines Betriebsgrundstückes gehandelt hätte.
c) Wie stellt sich die Rechtslage dar, wenn Schröder seinem Mitarbeiter Wolf nicht Prokura, sondern allgemeine Handlungsvollmacht erteilt hätte?

4. Peter Kraus, Gruppenleiter Vertrieb der Sommerfeld Bürosysteme GmbH, soll allgemeine Handlungsvollmacht im Sinne des HGB erteilt werden. Prüfen Sie, welche Rechtsgeschäfte Peter Kraus ohne besondere Zustimmung der Geschäftsleitung vornehmen darf.

   1. die Steuererklärung unterschreiben
   2. Grundstücke verkaufen
   3. Darlehen aufnehmen
   4. eine Sachbearbeiterin einstellen
   5. einen Gerichtsprozess im Namen des Unternehmens führen

5. Dem Abteilungsleiter Peter Baum wird von den Geschäftsführern der Sommerfeld Bürosysteme GmbH schriftlich allgemeine Handlungsvollmacht erteilt. Prüfen Sie, in welchen Fällen Peter Baum seine Vollmacht überschreitet.

   1. Er beauftragt die 17-jährige Auszubildende Nicole Granser mit der Bestellung von Stahlrohren im Wert von 5 000,00 €.
   2. Er unterschreibt einen Brief an einen Kunden mit dem Unterschriftzusatz i. V.
   3. Er überzieht im Rahmen einer Beschaffung das Konto der Sommerfeld Bürosysteme GmbH innerhalb des festgelegten Kreditlimits um 50 000,00 €.
   4. Er kauft die jährlich benötigte Menge an Profileisen nicht wie in der Vergangenheit in Teillieferungen, sondern auf einmal ein.
   5. Für die Zeit seines Urlaubs überträgt er seine Vollmacht auf seine Stellvertreterin, Frau Bauer.

6. Die Sommerfeld Bürosysteme GmbH möchte eines ihrer Grundstücke verkaufen. Prüfen Sie anhand der Handelsregisterauszüge auf S. 241, welche Vertragsunterzeichnungen nicht ausreichen. Keinem der Prokuristen wurden Sondervollmachten für bestimmte Geschäfte erteilt.

   a) Jens Effer unterschreibt als Prokurist,
   b) die Prokuristen Kurz, Effer und Kraus unterschreiben gemeinsam,
   c) Frau Farthmann unterschreibt als Geschäftsführerin.

7. Überprüfen Sie die folgenden Aussagen zur Prokura und Handlungsvollmacht.

   1. Gesamtprokura bedeutet, dass der Prokurist die Rechtshandlungen eines gesamten Betriebes stellvertretend für den Inhaber durchführen darf.
   2. Nichtkaufleute und Kaufleute können Handlungsvollmachten erteilen.
   3. Die Handlungsvollmacht kann auch stillschweigend erteilt werden.
   4. Die Eintragung der Prokura in das Handelsregister hat konstitutive (rechtserzeugende) Wirkung.
   5. Die Handlungsvollmacht wird wie die Prokura in das Handelsregister eingetragen.
   6. Die Prokura ist im Innenverhältnis beschränkbar.

2 Personal einsetzen und verwalten

2.1 Personaleinsatz planen

→ LS 15

Frau Kastner, die neu eingestellte Sachbearbeiterin für den Bereich Messen, stürzt sich mit Eifer in die neue Aufgabe und plant einen großen Auftritt auf der Möbelmesse in Köln. 150 m² Standfläche sollen fünf Tage von drei Mitarbeiterinnen und Mitarbeitern besetzt sein. An den besucherstarken Tagen Freitag und Samstag sollen jeweils fünf Mitarbeiterinnen und Mitarbeiter anwesend sein. „Und wie willst du das bei unserer angespannten Personalsituation konkret regeln?", fragt ihre Kollegin Sandra Braun. Herr Sommer, der den Dialog verfolgt hat, schaltet sich ein: „Bitte legen Sie mir bis morgen eine Personaleinsatzplanung vor und begründen Sie mir die Auswahl der Kolleginnen und Kollegen!"

Arbeitsaufträge

- Erläutern Sie das Instrument der Personaleinsatzplanung anhand eines Beispiels aus Ihrem Unternehmen.
- Stellen Sie Rahmenbedingungen für den Personaleinsatz der Sommerfeld Bürosysteme GmbH auf der Möbelmesse auf und planen sie den Personaleinsatz.

Für die Personaleinsatzplanung müssen die **Rahmendaten der Planung** bekannt sein. Hierbei handelt es sich aus Sicht der Personalwirtschaft um betriebliche Erfordernisse und begründete Mitarbeiterinteressen.

Aus betrieblicher Sicht muss zunächst die **Betriebsbereitschaft** gesichert sein.

Beispiel: Bei einem Industriebetrieb muss der reibungslose Ablauf des Produktionsprozesses sichergestellt sein. Bei einem Handelsbetrieb ist die kundenorientierte Wahrnehmung der Funktionen des Handels sicherzustellen.

Dabei kann das **Niveau der Betriebsbereitschaft** durchaus unterschiedlich sein.

Beispiel: Im Handel ist an verkaufsruhigen Tagen eine geringere Präsenz der Mitarbeiter erforderlich als im Weihnachtsgeschäft.

Die **Sicherheit des Betriebsablaufs** setzt dem Niveau der Betriebsbereitschaft Grenzen.

Beispiel: In einem Industriebetrieb ist die Sicherheit gefährdet, wenn die notwendigen Kontroll- und Wartungsaufgaben aus Personalmangel nicht erfüllt werden können.

Aus Sicht der **Mitarbeiterinnen und Mitarbeiter** sind neben dem vereinbarten Arbeitspensum die vereinbarten Zeiten der Leistungsabgabe und weitere individuelle Einschränkungen zu berücksichtigen.

Beispiele: Erholungsurlaub, Fortbildungen, Krankmeldungen, Kuren, Erziehungsurlaub

Personaleinsatzplanung

Die Personaleinsatzplanung verfolgt den Zweck, **den kurzfristigen Personaleinsatz zu regeln**. Ziel ist es, unter Berücksichtigung der geplanten Produktion den wirtschaftlichen Einsatz der vorhandenen Mitarbeiter sicherzustellen.

Der **Personaleinsatzplan** enthält die Namen der Mitarbeiter, die Wochentage, den geplanten Einsatz und vorhersehbare Fehlzeiten wie Urlaub, Freizeitausgleich oder Berufsschultage. Oft ist noch eine Mindestbesetzung vorgegeben.

Beispiel: Frau Duman, Gruppenleiterin der Polsterei der Sommerfeld Bürosysteme GmbH, plant die zweite Dezemberwoche. Sie hat zwei Vollzeitkräfte, eine Teilzeitkraft und eine Auszubildende zur Verfügung: ihre Stellvertreterin Frau Heine, Herrn Horn, Frau Keller und die Auszubildende Frau Nohl. Es sind folgende vorhersehbaren Fehlzeiten bekannt:

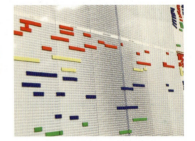

- Frau Duman ist am Donnerstag ganztägig auf der Möbelmesse.
- Frau Heine ist Montag und Dienstag in Urlaub.
- Herr Horn muss am Dienstag um 07:30 Uhr zum Arzt und wird um 11:30 Uhr zurück sein.
- Frau Keller bekommt am Donnerstag ab 12:00 Uhr ihren Freizeitausgleich.
- Die 17-jährige Auszubildende Nohl besucht Mittwoch von 07:30 bis 11:30 und Donnerstag von 07:30 Uhr bis 12:30 Uhr die gegenüberliegende Berufsschule.

Die Werkstatt muss zu folgenden Zeiten besetzt sein:

- Montag bis Donnerstag 07:30 Uhr bis 16:30 Uhr
- Freitag bis 15:30 Uhr
- von 12:00 bis 13:00 Uhr ist Mittagspause

Die Wochenarbeitszeit beträgt laut Tarifvertrag 37 Stunden. Frau Keller steht als Teilzeitkraft 20 Stunden zur Verfügung. Produktionsbedingt ist eine Mindestbesetzung von zwei Arbeitnehmern vorgeschrieben. Frau Duman oder ihre Stellvertreterin müssen ständig anwesend sein. Der Personaleinsatzplan der Polsterei könnte folgendermaßen aussehen:

Personaleinsatzplan Polsterei						48. Woche
Name	**Montag**	**Dienstag**	**Mittwoch**	**Donnerstag**	**Freitag**	**Summe**
Duman	8	8	6	8A	7	37
Heine	8U	8U	8	8	5	37
Horn	8	4K + 4	6	8	7	37
Keller	8	4	–	4,5 + 3,5F	–	20
Nohl	8	8	4B + 4	8B	5	37

A = betrieblich außer Haus, U = Urlaub, K = Krankheit, F = Freizeitausgleich, B = Berufsschule

Zusammenfassung

Personaleinsatz planen

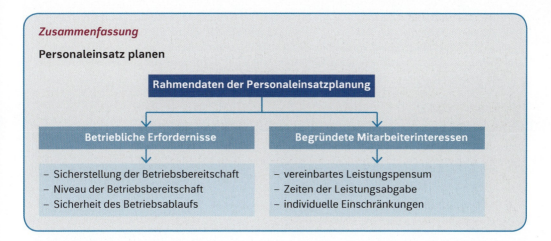

Aufgaben

1. Erläutern Sie das unterschiedliche Niveau der Betriebsbereitschaft anhand von Beispielen aus Ihrem Ausbildungsbetrieb.

2. Stellen Sie anhand eines Beispiels den für die Sicherheit des Betriebsablaufs erforderlichen Personaleinsatz dar.

3. Nennen Sie weitere Rahmendaten des Personaleinsatzes, die aus begründeten Mitarbeiterinteressen resultieren.

2.2 Personal unter Beachtung von Tarifvertrag und Betriebsvereinbarung verwalten

LS 16

Daniela Schaub ist heute mit Aufgaben der Personalverwaltung betraut. Als sie gerade mithilfe des Personalinformationssystems eine Reisekostenabrechnung erstellt, hört sie folgende Meldung im Radio: „Nach vierwöchigen Verhandlungen und einigen Warnstreiks ist endlich der neue Tarifvertrag für den Bereich Holz- und Kunststoffindustrie abgeschlossen worden. Alle Arbeitnehmer erhalten jetzt monatlich 3 % mehr Gehalt, die Ausbildungsvergütung wird pauschal um 25,00 € erhöht. Außerdem gibt es eine Arbeitsplatzgarantie für die nächsten drei Jahre und allen Auszubildenden wird für den gleichen Zeitraum die Übernahme nach Abschluss ihrer Kaufmannsgehilfenprüfung zugesagt."

> Da Daniela im kommenden Sommer ihre Ausbildung beendet, ist sie über dieses Ergebnis sehr glücklich. Rudolf Heller, ebenfalls Auszubildender der Sommerfeld Bürosysteme GmbH, ist dagegen skeptisch: „Glaubst du wirklich, dass alle Azubis nach der Lehre übernommen werden? So viele Leute können wir doch gar nicht brauchen!"
>
> *Arbeitsaufträge*
>
> - Erläutern Sie die Aufgaben der Personalverwaltung und erklären Sie den Nutzen von Personalinformationssystemen.
> - Stellen Sie fest, wer die Tarifvertragsparteien sind und welche rechtliche Bedeutung der Tarifvertrag für den einzelnen Arbeitnehmer hat.
> - Beschreiben Sie, welche Arten von Tarifverträgen es gibt.
> - Erläutern Sie, ob sich Daniela Schaub auf die Regelungen dieses Tarifvertrages verlassen kann.

Personalverwaltung

Spätestens ab dem Zeitpunkt der Einstellung eines neuen Mitarbeiters sind von der Personalabteilung zahlreiche verwaltungstechnische Aufgaben wahrzunehmen. Die Personalverwaltung beschäftigt sich mit den **regelmäßig anfallenden, administrativen Aufgaben** des Personalwesens. Dabei sind die Bestimmungen des Arbeitsvertrages, des Tarifvertrages und der Betriebsvereinbarungen zu beachten.

Zu den **Aufgaben** der Personalverwaltung zählen u. a.:

- Führen der Arbeitszeitkonten
- Ermittlung von Arbeits-, Urlaubs- und Fehlzeiten der Mitarbeiter
- Berechnung des Arbeitsentgeltes
- Ermittlung und Abführung der Sozialversicherungsbeiträge
- Erstellung der Reisekostenabrechnung
- Führen des allgemeinen Schriftverkehrs
- Anlage und Pflege der Personalakten
- Verwaltung der Personalstammdaten
- Aufgaben im Zusammenhang mit der Einstellung und Einführung sowie dem Ausscheiden von Arbeitnehmern
- Erstellung der Personalstatistik
- Berechnung der Ausgleichsabgabe für Schwerbehinderte

Personalinformationssystem

Aufgaben der Personalverwaltung und des Personalmanagements werden i. d. R. mithilfe eines Personalinformationssystems (PIS) durchgeführt. **Personalinformationssysteme** sind computergestützte Systeme, die die Erfassung, Speicherung, Verarbeitung und Analyse von personalwirtschaftlichen Informationen erlauben. Sie greifen auf verschiedene Datenbanken zurück und erlauben die Wahrnehmung personalwirtschaftlicher Funktionen.

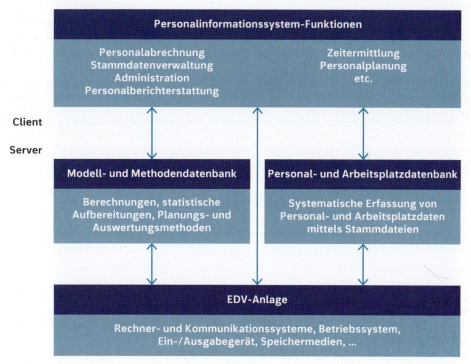

Quelle: Oechsler, Walter A.: Personal und Arbeit: Einführung in die Personalwirtschaft unter Einbeziehung des Arbeitsrechts, 6. Aufl., München/Wien, Oldenbourg, 1997

Personalinformationssysteme ermöglichen – häufig im Rahmen der Funktion „Administration" – das Führen einer **elektronischen Personalakte**. Die papiergebundene Personalakte wird weitestgehend ersetzt.

Zu beachten sind bei der Einführung eines Personalinformationssystems die Mitbestimmungsrechte des Betriebsrates nach dem **Betriebsverfassungsgesetz** sowie die Bestimmungen des **Bundesdatenschutzgesetzes**. Häufig werden mit dem Betriebsrat **Betriebsvereinbarungen** über die Einführung und Anwendung eines PIS geschlossen.

Mit der Einführung eines Personalinformationssystems sind folgende Vor- und Nachteile verbunden.

Vorteile eines PIS	Nachteile eines PIS
⊕ Zeit- und Kostenersparnis	⊖ hohe Komplexität der Systeme
⊕ Optimierung von Entscheidungs- und Personalprozessen	⊖ Einführungsprobleme
⊕ schneller Zugriff auf Personaldaten	⊖ hohe Fixkosten
⊕ Schutz vor Datenverlust	⊖ Gefahr des Datenmissbrauchs
⊕ Aktualität der Daten bei entsprechender Pflege	⊖ hoher Aufwand zur Sicherung vor unbefugten Zugriffen
⊕ gleichzeitige Nutzung der Daten durch mehrere Mitarbeiter	⊖ Abbau von Arbeitsplätzen durch Rationalisierung
⊕ Einsparung von Papier und Platz	⊖ Datenexplosion

Der Tarifvertrag

Wesentliche rechtliche Bestimmungen, die es bei der Personalverwaltung zu beachten gilt, finden sich im Arbeitsvertrag, im Tarifvertrag und in Betriebsvereinbarungen. Während der Einzelarbeitsvertrag eine individuelle, d. h. einzelvertragliche Vereinbarung zwischen Arbeitnehmer und Arbeitgeber darstellt, legen Tarifverträge und Betriebsvereinbarungen gemeinsame **Regelungen** für ganze Gruppen von Arbeitnehmern und Arbeitgebern **kollektiv** fest.

Grundlage des Tarifvertragswesens ist die in Artikel 9 Abs. 3 GG garantierte **Tarifautonomie**. Danach haben die Tarifvertragsparteien das Recht, Vereinigungen zu bilden und in eigener Verantwortung Tarifverträge abzuschließen.

> **Artikel 9 GG** Das Recht, zur Wahrung und Förderung der Arbeits- und Wirtschaftsbedingungen Vereinigungen zu bilden, ist für jedermann und für alle Berufe gewährleistet. Abreden, die dieses Recht einschränken oder zu behindern suchen, sind nichtig, hierauf gerichtete Maßnahmen sind rechtswidrig.

Tarifvertragsparteien (Sozialpartner) sind auf der Arbeitnehmerseite die Gewerkschaften und auf der Arbeitgeberseite die Arbeitgeberverbände oder einzelne Arbeitgeber. Sie schließen einen **Verbandstarifvertrag** (Arbeitgeberverband und Gewerkschaft) oder einen **Haustarifvertrag** (einzelner Arbeitgeber und Gewerkschaft). Der Geltungsbereich eines Tarifvertrages regelt, auf welche Arbeitsverhältnisse ein Tarifvertrag anzuwenden ist.

Geltungsbereich eines Tarifvertrages	räumlich	Region bzw. Tarifgebiet, z. B. Flächentarifvertrag für Bayern
	fachlich/betrieblich	Branche oder Betrieb, z. B. Branchentarifvertrag für die Holzindustrie
	persönlich	Personenkreis, z. B. Tarifvertrag für alle Beschäftigten oder Auszubildendentarifvertrag

Nur die Mitglieder der Tarifvertragsparteien sind an den Tarifvertrag gebunden. Der Bundesminister für Arbeit und Soziales kann allerdings einen Tarifvertrag für **allgemein verbindlich** erklären. Ist dies erfolgt, gilt der Tarifvertrag für alle Arbeitgeber und Arbeitnehmer.

Die Mitglieder der Tarifvertragsparteien müssen die getroffenen Regelungen erfüllen **(Erfüllungspflicht)**. Während der Laufzeit des Vertrages sind keine Kampfmaßnahmen (z. B. Streik) zulässig **(Friedenspflicht)**.

Die wichtigsten Tarifverträge sind der **Manteltarifvertrag** und der **Vergütungstarifvertrag**. Darüber hinaus gibt es noch Tarifverträge über die Höhe vermögenswirksamer Leistungen, Vorruhestands-Tarifverträge, Tarifverträge über Sonderzahlungen (z. B. Weihnachtsgeld) usw.

Beispiel:

**Tarifvertrag
zur Übernahme von Auszubildenden**

§ 1 Geltungsbereich

Der Geltungsbereich umfasst
das Bundesland NRW für die Betriebe der Holz und Kunststoff verarbeitenden Industrie.

§ 2 Grundsätze der Übernahmeverpflichtung

1. Auszubildende werden – soweit sie ihre Abschlussprüfung erfolgreich bestanden haben – im Anschluss an ihr Ausbildungsverhältnis in ein Abeitsverhältnis übernommen, soweit dem nicht personen- oder verhaltensbedingte Gründe entgegenstehen. Die Übernahmeverpflichtung besteht für die ab dem Ausbildungsjahr 2013 abgeschlossenen Ausbildungsverhältnisse und für mindestens zwölf Monate. Die Übernahme kann in diesem Umfang auch befristet vorgenommen werden.

2. Der Anspruch gemäß § 2 Ziff. 1 setzt voraus, das der Arbeitgeber entsprechend seinem späteren Beschäftigungsbedarf Ausbildungsverträge abgeschlossen hat. Soweit der Arbeitgeber Ausbildungsverträge über den späteren Beschäftigungsbedarf hinaus eingegangen ist, besteht keine Übernahmeverpflichtung gemäß § 2 Ziff. 1.

Manteltarifvertrag

Der Manteltarifvertrag regelt die grundsätzlichen Arbeitsbedingungen. Er wird meist für mehrere Jahre abgeschlossen. Im Manteltarifvertrag sind z. B. folgende Regelungen enthalten:

- Einstellungen und Entlassungen
- Mehrarbeit
- Urlaub
- Arbeitszeit
- Arbeitsunterbrechung und -versäumnis
- Unfallschutz

Beispiel:

Manteltarifvertrag Holz und Kunststoff verarbeitende Industrie Nordrhein

Arbeitszeit
Die regelmäßige wöchentliche Arbeitszeit beträgt – ausschließlich der Pausen – 37 Stunden.

Urlaubsdauer
Die Urlaubsdauer beträgt 30 Urlaubstage.

Vergütungstarifvertrag

Der Vergütungstarifvertrag besteht aus dem Gehaltstarifvertrag für die kaufmännischen und technischen Angestellten, dem Lohntarifvertrag für die gewerblichen Arbeitnehmer und dem Tarifvertrag über die Ausbildungsvergütung. Die Arbeitnehmer werden zunächst in einem Tarifgruppenverzeichnis entsprechend ihrer tatsächlich verrichteten Tätigkeit in **Lohn- und Gehaltsgruppen** eingeteilt, denen dann die entsprechenden **Tarifgehälter** zugeordnet werden. Lohn- und Gehaltstarifverträge werden meist für ein Jahr abgeschlossen.

Beispiel:

Gehaltsrahmentarifvertrag

§ 1 Geltungsbereich
Dieser Firmentarifvertrag gilt:

räumlich:	für das Bundesland Baden-Württemberg.
fachlich:	für die Betriebe der von den Vertragspartner/-innen in den Manteltarifverträgen erfassten Industrie- und Handwerkszweige.
persönlich:	für alle Angestellten, die eine angestelltenversicherungspflichtige Beschäftigung in den und für die vorgenannten Betriebe ausüben.
Tarifgebundenheit:	Tarifgebunden sind gemäß § 3 des Tarifvertragsgesetzes die Mitglieder der vertragsschließenden Arbeitgeberverbände.

§ 2 Eingruppierung der Tätigkeiten
1. Die Angestellten werden in eine der in der Anlage dieses Vertrages (Tarifgruppenverzeichnis) festgelegten Tarifgruppen eingruppiert.
2. Die Eingruppierung in eine Tarifgruppe ist nicht von der beruflichen Bezeichnung, sondern allein von der Tätigeit des Angestellten abhängig. Maßgebend für die Eingruppierung sind die Tätigkeitsmerkmale.

Tarifgruppenverzeichnis

Kaufmännische Tätigkeiten

Gruppe K 1

Tätigkeitsmerkmale:
Einfache Tätigkeiten, die nach entsprechender Einweisung ausgeführt werden können und die in der Regel keine vollendete Berufsausbildung oder entprechende auf andere Weise erworbene Kenntnisse im Beruf voraussetzen.

Beispiel: Fertigmachen der Post, Abheften und Sortieren von Schriftgut nach einfachen Ordnungsmerkmalen

Gruppe K 2

Tätigkeitsmerkmale:
Kaufmännische und bürotechnische Tätigkeiten, die in der Regel eine vollendete Berufsausbildung oder entsprechende auf andere Weise erworbene Kenntnisse im Beruf voraussetzen. Die Arbeiten dieser Gruppe erfolgen nach eingehender Anweisung.

Beispiel: Einfachere Arbeiten an Sach- oder Kontokorrentkonten, in der Lohnabrechnung und im Rechnungswesen; Tätigkeit als Werkstattschreiber/-in oder Registrator/-in

Gruppe K 4

Tätigkeitsmerkmale:
Kaufmännische und bürotechnische Tätigkeiten, die gegenüber der Gruppe K 3 erhöhte Fachkenntnisse oder Erfahrungen erfordern. Die Angestellten dieser Gruppe arbeiten selbstständig und eigenverantwortlich im Rahmen allgemeiner Anweisungen.

Beispiel: Führen von Sach- oder Kontokorrentkonten, auch unter Verwendung von Buchungsmaschinen, Teilarbeiten an Betriebsabrechnungsbögen

Gruppe K 6

Tätigkeitsmerkmale:
Kaufmännische und bürotechnische Tätigkeiten, die selbstständig und verantwortlich ausgeübt werden und umfangreiche Berufserfahrung und Sachkunde sowie Überblick über die das Aufgabengebiet berührenden betrieblichen Zusammenhänge erfordern.

Beispiel: Den vorstehenden Merkmalen entsprechende Tätigkeiten auf den Gebieten: Finanz-, Betriebs-, Lohn- und Gehaltsbuchhaltung, Einkauf, Verkauf, Versand, Kalkulation, Lager- und Materialwesen

Gehaltstafel

Württemberg Tarifgruppe		Kaufmännische Angestellte
K1	Anfangsgehalt	1 561,00 €
	nach zwei Jahren	1 697,00 €
	nach vier Jahren	1 834,00 €
	nach fünf Jahren	1 959,00 €

Württemberg Tarifgruppe		Kaufmännische Angestellte
K2	Anfangsgehalt	1 731,00 €
	nach zwei Jahren	1 921,00 €
	nach vier Jahren	2 107,00 €
	nach fünf Jahren	2 282,00 €
K4	Anfangsgehalt	2 591,00 €
	nach zwei Jahren	2 704,00 €
	nach vier Jahren	2 824,00 €
	nach fünf Jahren	2 949,00 €
K6	Anfangsgehalt	3 634,00 €

Tarifverhandlungen

Tarifverträge haben eine zeitlich begrenzte Laufzeit und werden nach dem Ende der Vertragslaufzeit neu verhandelt. Der Ablauf von **Tarifverhandlungen** könnte unter Einbeziehung von Arbeitskampfmaßnahmen folgendermaßen aussehen:

- Fristgerechte **Kündigung** des Tarifvertrages zum angegebenen Termin.
- Eröffnung der **Tarifverhandlungen**, die Gewerkschaften stellen ihre Forderungen, die Arbeitgeberverbände unterbreiten ihr Angebot.
- Kommt man zu keinem Kompromiss, kann jede Seite das **Scheitern** der Verhandlungen erklären.
- Sind Tarifverhandlungen gescheitert, kommt es zum **Schlichtungsverfahren**. Die tarifliche Schlichtungsstelle besteht aus der gleichen Zahl von Arbeitgeber- und Gewerkschaftsvertretern und einem unparteiischen Vorsitzenden, die nach einem Einigungsvorschlag suchen.
- Kommt es zu keiner Einigung, ist die Schlichtung **gescheitert**. Die Friedenspflicht ist erloschen und der Arbeitskampf kann beginnen.
- Zunächst stellt die Gewerkschaft durch eine **Urabstimmung** fest, ob ihre Mitglieder zum Streik bereit sind.
- Stimmen 75 % der Mitglieder für einen **Streik**, kann die Gewerkschaft den Streik für den Tarifbezirk ausrufen. Bei einem Streik legen die organisierten Arbeitnehmer für einen befristeten Zeitraum die Arbeit nieder. Ob Auszubildende an Streiks teilnehmen dürfen, ist umstritten. Nach Auffassung des Bundesarbeitsgerichts darf die Gewerkschaft Auszubildende nur dann zu kurzen, befristeten Warnstreiks aufrufen, wenn über die Ausbildungsvergütung verhandelt wird.
- Als Reaktion auf den Streik können die Arbeitgeber die **Aussperrung** aller Arbeitnehmer durchführen, d. h., sie verweigern ihnen die Möglichkeit zu arbeiten.
  Für die Dauer von Streik und Aussperrung **ruhen die Arbeitsverträge**. Die Arbeitgeber zahlen demnach auch keine Gehälter. Gewerkschaftsmitglieder erhalten von ihrer Gewerkschaft eine Streikunterstützung. Arbeitnehmer der unmittelbar betroffenen Betriebe haben weder Anspruch auf Arbeitslosengeld noch auf Kurzarbeitergeld.

- Die Umsatzeinbußen bei den Unternehmen, die Zahlung von Streikunterstützung durch die Gewerkschaften und der Verdienstausfall bei den Arbeitnehmern führen dazu, dass die Tarifvertragsparteien in **neuen Tarifverhandlungen** nach einem Kompromiss suchen.
- Kommt es zu einer Einigung, müssen dem Ergebnis in einer **Urabstimmung** mindestens 25 % der organisierten Arbeitnehmer zustimmen.
- Ist dies der Fall, kommt es zum **Abschluss eines neuen Tarifvertrages** und die Arbeit wird wieder aufgenommen.

Tarifverhandlungen werden meist zunächst für einzelne Länder oder Bezirke durchgeführt **(Pilotabschluss)**. Oft wird der Abschluss danach für die anderen Bezirke übernommen.

Die Betriebsvereinbarung

Betriebsvereinbarungen werden zwischen **Betriebsrat** und **Arbeitgeber** eines bestimmten Betriebes geschlossen. Sie müssen schriftlich niedergelegt werden und sind an geeigneter Stelle im Betrieb auszulegen.

→ LF 1

Betriebsvereinbarungen dürfen den Bestimmungen des Tarifvertrages nicht widersprechen, sondern sollen diesen an die besonderen Belange des Betriebes anpassen.

Darüber hinaus können in Betriebsvereinbarungen z. B. folgende Regelungen getroffen werden:
- die Planung von Sozialeinrichtungen, z. B. Kantinen, Betriebskindergärten,
- Pausenregelungen,
- Regelungen über das Verhalten der Arbeitnehmer im Betrieb, wie z. B. Rauchverbot,
- die Betriebsordnung.

Zusammenfassung

Tarifvertrag und Betriebsvereinbarung

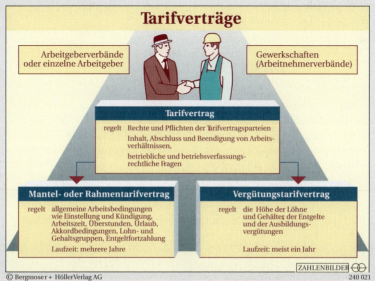

- Alle Mitglieder der Tarifvertragsparteien sind an den Tarifvertrag gebunden. Sie müssen ihn erfüllen (**Erfüllungspflicht**) und dürfen während der Laufzeit keine Kampfmaßnahmen ergreifen (**Friedenspflicht**).
- Tarifverträge können für **allgemein verbindlich** erklärt werden. Sie gelten dann für alle betroffenen Arbeitnehmer.
- Die **Betriebsvereinbarung**: Betriebsvereinbarungen werden zwischen **Betriebsrat** und **Arbeitgeber** eines Betriebes geschlossen. Sie dürfen den Bestimmungen des Tarifvertrages nicht widersprechen.

Aufgaben

1. Daniela Schaub ist gerade damit beschäftigt, die Reisekostenabrechnung für Esther Kastner fertigzustellen. Frau Kastner ist diese Woche mit dem Pkw zu einer Messe nach München gereist. Sie hat die Reise am Montag um 08:00 Uhr angetreten und ist am Mittwoch um 14:00 Uhr von ihrer Dienstreise zurückgekehrt. Ferner ist zu berücksichtigen:

   - Die einfache Entfernung mit dem Pkw beträgt 597 km.
   - Die einfache Fahrt mit der Bahn kostet 125,00 €.
   - Eine Bahncard 25, die zu 25 % Rabatt auf den Fahrpreis berechtigt, kostet 59,00 €.

   > **Betriebsvereinbarung über die Erstattung von Reisekosten**
   >
   > … Für Reisen mit dem Pkw wird eine Pauschale von 0,30 € je gefahrenen Kilometer erstattet. Ab einer Entfernung über 100 km sollten öffentliche Verkehrsmittel genutzt werden. Falls die Fahrt trotzdem mit dem eigenen Pkw durchgeführt wird, erstattet die Sommerfeld Bürosysteme GmbH maximal die Kosten für öffentliche Verkehrsmittel. Bei einer Bahnfahrt ist der Erwerb einer Bahncard 25 verpflichtend, sofern die Fahrt dadurch kostengünstiger ist.
   >
   > …
   >
   > Bei Dienstreisen werden folgende Spesen pauschal pro Tag erstattet:
   > - ab einer Abwesenheit von 8 Stunden 15,00 €
   > - ab einer Abwesenheit von 16 Stunden 30,00 €
   > - bei einer Abwesenheit von 24 Stunden 45,00 €
   >
   > …

   a) Berechnen Sie unter Berücksichtigung der Betriebsvereinbarung die zu erstattenden Fahrtkosten und Spesen für Esther Kastner.
   b) Die Reisekostenabrechnung führt die Sommerfeld Bürosysteme GmbH mit Unterstützung eines Personalinformationssystems durch. Erläutern Sie den Aufbau eines solchen Systems.

2. Schildern Sie den Ablauf von Tarifverhandlungen

   a) als friedliche Tarifverhandlungen,
   b) als Tarifverhandlungen unter Einbeziehung von Arbeitskampfmaßnahmen.
   Schreiben Sie dazu jeden Schritt auf eine Karte und präsentieren Sie das Ergebnis an einer Pinnwand.
   Geben Sie den Vortragenden ein Feedback.

3. Zwischen dem Betriebsrat und der Geschäftsleitung der Sommerfeld Bürosysteme GmbH ist die folgende Betriebsvereinbarung abgeschlossen worden:

Betriebsvereinbarung über die betriebliche Arbeitszeitregelung

Zwischen Geschäftsleitung und Betriebsrat der Sommerfeld Bürosysteme GmbH Essen wird entsprechend § 87 Abs. 1 Nr. 2 BetrVG und den geltenden Tarifverträgen folgende Vereinbarung über die Arbeitszeit getroffen:

1. Die regelmäßige wöchentliche Arbeitszeit beträgt ausschließlich Pausen für sämtliche vollbeschäftigten Tarifmitarbeiter und Auszubildenden 37 Stunden in der Woche. Die tägliche Arbeitszeit ist wie folgt geregelt:
    1.1 Gewerbliche Mitarbeiter
        montags–donnerstags   07:00–15:45 Uhr
        freitags   07:00–14:15 Uhr
        Pausen 09:00–09:15 und 11:45–12:15 Uhr
    1.2 Angestellte
        montags–donnerstags   07:45–16:45 Uhr
        freitags   07:45–15:15 Uhr
        Pausen 12:00–13:00 Uhr
    1.3 Auszubildende
        siehe 1.2
        Die Pausen lt. JArbSchG sind zu berücksichtigen.

Diese Betriebsvereinbarung verliert mit Inkrafttreten einer neuen Vereinbarung ihre Gültigkeit.

Der Betriebsrat
gez. Stefer (Vorsitzender)
gez. Lange (Stellvertreter)

Die Geschäftsleitung
gez. Farthmann
gez. Feld
gez. Sommer

Im neuen Manteltarifvertrag für den Bereich Holz und Kunststoff wird eine Wochenarbeitszeit von 35 Stunden vereinbart. Passen Sie die Betriebsvereinbarung der Sommerfeld Bürosysteme GmbH der veränderten Wochenarbeitszeit an.
Diskutieren Sie unterschiedliche Lösungen in Ihrer Klasse.

4. Die Gewerkschaften argumentieren: „Aussperrung ist ein Akt unternehmerischer Willkür. Arbeitgeber haben in Lohnverhandlungen schon von vornherein eine stärkere Machtstellung, weil sie über die Produktionsmittel verfügen. Das Recht zum Streik schafft erst das Gleichgewicht!"
Die Arbeitgeber argumentieren: „Streik ohne Aussperrung zerstört das Kräftegleichgewicht und schafft ein Übergewicht der Gewerkschaften!"
Diskutieren Sie die unterschiedlichen Argumente und fertigen Sie ein Protokoll an.

5. Die Marketingabteilung hat ein neues Paket von Serviceleistungen für die Kunden der Sommerfeld Bürosysteme GmbH entwickelt. Als Folge muss das Arbeitsende für den Kundendienst am Freitag auf 18.00 Uhr gelegt werden. Wie heißt die Einigung, die zwischen Geschäftsleitung und Betriebsrat hergestellt werden muss?

   1. Entgelttarif
   2. Haustarif
   3. Sozialplan
   4. Betriebstarif
   5. Betriebsvereinbarung

6. Vor Abschluss eines Arbeitsvertrages mit der Sommerfeld Bürosysteme GmbH interessieren Sie sich für die Rahmenbedingungen einer Tätigkeit als Industriekauffrau/als Industriekaufmann. Sie wollen sich dazu den Entgelttarifvertrag von der zuständigen Gewerkschaft beschaffen. Welche Informationen können Sie dem Entgelttarifvertrag entnehmen?

   1. Den Umfang des Jahresurlaubs
   2. Die Höhe des Solidaritätszuschlages
   3. Die Überstundenzuschläge
   4. Regelungen für die Lohnfortzahlung im Krankheitsfall
   5. Die Höhe der Vergütung in den einzelnen Tarifgruppen

7. Der für die Sommerfeld Bürosysteme GmbH zuständige Arbeitgeberverband und die zuständige Gewerkschaft verhandeln nach Ablauf des Tarifvertrages über einen neuen Entgelttarifvertrag. Die Verhandlungen gerieten ins Stocken und einige Gewerkschaftsmitglieder fordern in den Medien, in den Streik zu treten. Der Betriebsrat der Sommerfeld Bürosysteme GmbH solidarisiert sich mit dieser Haltung der Gewerkschafter.
   Kann der Betriebsrat der Sommerfeld Bürosysteme rechtwirksam zu einem Streik aufrufen?

   1. Ja, da es sich in diesem Fall um einen befristeten Warnstreik handelt.
   2. Ja, da die Friedenspflicht abgelaufen ist.
   3. Nein, zum Streik darf nur der Deutsche Gewerkschaftsbund aufrufen.
   4. Nein, zur Ausrufung eines Streiks muss erst eine Urabstimmung der gesamten Belegschaft durchgeführt werden.
   5. Nein, die zuständige Gewerkschaft darf erst nach einer Urabstimmung der Gewerkschaftsmitglieder bei der Sommerfeld Bürosysteme GmbH zum Streik aufrufen.

3 Personal führen, entwickeln und beurteilen

LS 17

3.1 Mit professioneller Kommunikation Mitarbeiter führen

Frau Schindler, Sicherheitsbeauftragte bei der Sommerfeld Bürosysteme GmbH, möchte einen Kurs bei der IHK absolvieren, in dem sie über neue Bestimmungen im Arbeitsschutz und über Möglichkeiten zur kostengünstigen Umsetzung der Vorschriften unterrichtet wird. Dieser Kurs wird zertifiziert, sodass neben der Sommerfeld Bürosysteme GmbH auch Frau Schindler einen persönlichen Nutzen durch die Weiterqualifizierung hätte. Heute möchte sie die Zustimmung zu dem Kurs von Frau Farthmann erreichen, der

zuständigen Geschäftsführerin für Produktion und Beschaffung. Frau Farthmann erläutert einer Auszubildenden gerade die Führungsprinzipien des Unternehmens, als es an der Tür klopft. Nach einem knappen „Herein" von Frau Farthmann tritt Frau Schindler in das Büro und grüßt freundlich. Die Geschäftsführerin erwidert nach einem knappen Blick: „Was gibt's denn Frau Schindler, ich habe im Moment viel um die Ohren."

Frau Schindler:	„Äh, wir hatten aber doch einen Termin, ..."
Frau Farthmann:	„Hatten wir? Sei's drum. Also?"
Frau Schindler:	„Mich beschäftigt da schon seit Wochen eine Idee, über die ich schon mit mehreren Kollegen gesprochen habe, die sie auch gut finden – insbesondere Frau Lauer hat mich ermutigt. Deshalb komme ich jetzt damit zu Ihnen."
Frau Farthmann:	„Nun kommen Sie endlich zur Sache, Frau Schindler!"
Frau Schindler:	„Ja, natürlich. Die IHK bietet einen Kurs an, der für mich sehr nützlich wäre."
Frau Farthmann:	„Und was soll der kosten?"
Frau Schindler:	„1 400,00 €."
Frau Farthmann:	„Das kann doch wohl nicht Ihr Ernst sein, Frau Schindler. Viel zu teuer! Hier entscheide ich und damit können Sie sich die Fortbildung abschminken. Basta!"

...

Arbeitsaufträge

- *Analysieren Sie:*

    a) Welche Fehler macht Frau Schindler hinsichtlich ihrer Argumentation?
    b) Welche Fehler macht Frau Farthmann hinsichtlich ihrer Gesprächsführung?
    c) Welchem Führungsstil ist das Verhalten von Frau Farthmann zuzuordnen?

- Entwickeln Sie eine Fortsetzung des Dialogs, die zu einem für beide Gesprächspartnerinnen zufriedenstellenden Ende führt. Hierbei sollte Frau Schindler gut argumentieren und Frau Farthmann ein konstruktives Gesprächsverhalten zeigen.

Leitlinien der Personalführung

Die **Unternehmenskultur** ist die gewachsene informelle Struktur eines Unternehmens. Dabei handelt es sich um die nach innen und außen wirkenden Denkweisen und Verhaltensregeln, das Werte- und Normgefüge und das Konzept der Unternehmenskommunikation, das auch als **Corporate Identity** bezeichnet wird. Die Unternehmenskultur legt ein bestimmtes Menschenbild zugrunde und hat damit Auswirkungen auf die **Personalführung**.

Personalführung
Sie beschäftigt sich mit der Führung der Mitarbeiterinnen und Mitarbeiter. Der Vorgesetzte sollte die Motive für das Handeln der Mitarbeiter kennen und diese dazu **motivieren**, so zu handeln, dass die unternehmenspolitischen Ziele erreicht werden.

1958 hat der Amerikaner Robert Tannenbaum das klassische **Führungsstilmodell** von Kurt Lewin weiterentwickelt, um das Führungsverhalten von Vorgesetzten zu beschreiben.

Es unterscheidet die folgenden grundlegenden Führungsstile, die sich auch heute noch in Unternehmen wiederfinden:

Autoritär	Der Vorgesetzte entscheidet allein und setzt die Entscheidungen (notfalls mit Druck) durch.	Vorgesetzter entscheidet
Patriarchalisch	Der Vorgesetzte entscheidet allein, begründet aber seine Entscheidungen.	
Informierend	Der Vorgesetzte entscheidet allein, versucht aber die Mitarbeiter von seinen Entscheidungen zu überzeugen.	
Beratend	Der Vorgesetzte entscheidet allein, bezieht aber Meinungsäußerungen der Mitarbeiter in seine Entscheidung ein.	
Kooperativ	Die Mitarbeiter entwickeln Vorschläge, aus denen der Vorgesetzte den Vorschlag auswählt, der ihm am geeignetsten erscheint.	
Partizipativ	Die Mitarbeiter treffen in einem zuvor vereinbarten Rahmen autonome Entscheidungen.	
Demokratisch	Die Mitarbeiter treffen autonome Entscheidungen, der Vorgesetzte fungiert lediglich als Koordinator.	Mitarbeiter entscheiden

Zwei Führungsstile sollen an dieser Stelle näher erläutert werden:

- Der **autoritäre Führungsstil** (auch als **Direktoralsystem** bezeichnet) ist durch Abstand und Höherstellung des Vorgesetzten gekennzeichnet. Der Vorgesetzte entscheidet und ordnet an, er schätzt den disziplinierten und willigen Mitarbeiter.

- Der **kooperative Führungsstil** (auch als **Kollegialsystem** bezeichnet) ist durch Nähe und Gleichstellung von Vorgesetzten und Mitarbeitern gekennzeichnet. Der Vorgesetzte formuliert das Problem, delegiert z. T. Entscheidungen innerhalb bestimmter Grenzen und fungiert als Koordinator nach innen und außen. Als Mitarbeiter wird die selbstständige Persönlichkeit geschätzt, deren Handeln durch Einsicht und Verantwortung gegenüber dem Unternehmen gekennzeichnet ist.

Führungstechniken
Führungsstile beschreiben die persönliche Art der Mitarbeiterführung eines Vorgesetzten. Führungstechniken (auch: **Führungsprinzipien**, **Führungsmethoden oder Management-Systeme**) hingegen bilden ein geschlossenes Konzept für alle Weisungsbefugten innerhalb eines Unternehmens und beschreiben Verhaltens- und Verfahrensweisen, die zur Bewältigung der Führungsaufgaben anzuwenden sind. Folgende Führungstechniken werden u. a. unterschieden:

- **Management by Exception** In Normalfällen werden die Aufgaben und die Verantwortung auf die Mitarbeiter übertragen. Der Vorgesetzte greift hier nur in Ausnahmefällen (Führen nach dem Ausnahmeprinzip) in das Betriebsgeschehen ein. Er beschränkt sich auf eine Abweichungskontrolle von den gesetzten Zielen.

Beispiel: Jeder Einkaufssachbearbeiter der Sommerfeld Bürosysteme GmbH darf Einzelbestellungen bis 15 000,00 € ohne Rücksprache tätigen.

> **PRAXISTIPP!**
>
> Die Abgrenzung zwischen Normal- und Ausnahmefall bereit Probleme. Sie muss möglichst genau erfolgen, um Missverständnisse zu vermeiden.

- **Management by Delegation** Kompetenzen und Verantwortlichkeiten werden auf die Mitarbeiter übertragen (Führen durch Übertragung von Verantwortung). Entscheidungen werden innerhalb des gesteckten Rahmens durch die Mitarbeiter getroffen. Dabei ist es wichtig, den Mitarbeiter genau über seine Aufgabe und seine Kompetenzen zu informieren. Bei den zu delegierenden Aufgaben muss es sich nicht zwangsläufig um Routineaufgaben handeln. Basis für die Delegation von Aufgaben ist ein kooperativer Führungsstil.

Beispiel: Peter Stock ist Gruppenleiter im Vertrieb. Er wird mit der Vorbereitung einer Messe beauftragt. In diesem Zusammenhang darf Peter Stock auch die Verhandlungen mit dem Messeveranstalter führen.

- **Management by Objectives** (Führung erfolgt hier durch Zielvereinbarung): Im Einklang mit den Unternehmenszielen werden Zielvereinbarungen zwischen Mitarbeiter und Vorgesetztem getroffen. Sie legen gemeinsam fest, welche Leistungen der Mitarbeiter zur Erreichung der Ziele innerhalb eines Zeitraums erbringen soll. Es ist wichtig, realistische Ziele zu vereinbaren. Bei fehlender Zielerreichung greift der Vorgesetzte ein.

Beispiel: Ein Vertriebsmitarbeiter, der für die Sommerfeld Bürosysteme GmbH tätig ist, muss einen vorgegebenen Jahresumsatz von 150 000,00 € erreichen.

Grundsätze der Kommunikation mit Mitarbeitern

Die Kommunikation zwischen Vorgesetzten und Mitarbeitern und die Kommunikation der Mitarbeiter untereinander prägen in besonderer Weise das **Betriebsklima** und die Zufriedenheit am Arbeitsplatz. Betriebsklima und **Arbeitszufriedenheit** haben ihrerseits große Auswirkungen auf die **Produktivität** der Mitarbeiter und damit auf den wirtschaftlichen Erfolg des Unternehmens.

Das **Eisberg-Modell** der menschlichen Kommunikation verdeutlicht, dass für das Gelingen der Kommunikation die **Sachebene** (Informationen, Fakten, Anweisungen usw.) zwar eine wichtige Rolle spielt. Die **Beziehungsebene** zwischen den Gesprächspartnern ist für ein Gespräch von weitaus größerer Bedeutung. Diese Ebene, die häufig auch als **Gefühlsebene** bezeichnet wird, steuert unterschwellig (unter der Wasseroberfläche) den Verlauf und damit auch den Erfolg des Gespräches. (Vor-)Urteile, Haltungen, Einstellungen, Erfahrungen, Sympathien und Antipathien werden hier wirksam.

Daher sind hier auch die Hauptursachen für Gesprächsstörungen und Konflikte zu finden. Die Gesprächspartner gestalten die Beziehungsebene vor allem über **körpersprachliche Signale**, **Sprachverhalten** und das (Nicht-)Beachten von **Kommunikationsregeln**.

> **PRAXISTIPP!**
>
> Beachten Sie in Ihren beruflichen und privaten Gesprächen kluge Sprichworte, wie z. B. „Ein Lächeln ist der kürzeste Weg zwischen zwei Menschen" und „Der Ton macht die Musik"!

Kommunikationsregeln

Die Kooperation mit einzelnen Mitarbeitern und insbesondere die Arbeit im Team erfordern das Beachten von Kommunikationsregeln, damit Missverständnisse und Streitigkeiten vermieden werden. Die folgenden Regeln sprechen wesentliche Aspekte an.

Kommunikationsregeln	
Regeln für das Sprechen	**Regeln für das (aktive) Zuhören**
1. Offen sprechen Sagen Sie offen, was Sie bewegt. Vermeiden Sie Vorwürfe und schildern Sie einfach, womit Sie sich unwohl fühlen. **2. Sagen Sie „Ich".** So bleiben Sie bei Ihren eigenen Gefühlen. Du-Sätze beinhalten meist Angriffe und führen zu Gegenattacken. **3. Bleiben Sie bei konkreten Situationen.** Ihr Partner versteht so besser, was Sie meinen. Wenn Sie Verallgemeinerungen wie „nie" und „immer" verwenden, werden ihm wahrscheinlich sofort Gegenbeispiele einfallen. **4. Sprechen Sie konkretes Verhalten an.** So vermeiden Sie, den Partner als Gesamtperson für langweilig oder unfähig zu erklären. Denn dann müsste er sich als Person verteidigen und sich nicht ändern wollen. Über ein einzelnes Verhalten wird er dagegen mit sich reden lassen. **5. Bleiben Sie beim Thema.** Alte Probleme wieder aufzuwärmen, führt nur zu neuem Streit. Die Lösung der gegenwärtigen Schwierigkeiten wird erschwert.	**1. Zeigen Sie, dass Sie zuhören.** Wenden Sie sich dem Partner zu und halten Sie Blickkontakt. Sie können auch durch Nicken signalisieren, dass Sie folgen. Eine andere Möglichkeit sind Ermutigungen wie „Ich würde gerne mehr darüber hören." **2. Fassen Sie zusammen.** Wiederholen Sie mit Ihren eigenen Worten, was der Partner gesagt hat. So merkt er, ob alles richtig bei Ihnen angekommen ist, und kann Missverständnisse korrigieren. **3. Fragen Sie offen.** Der andere muss so antworten können, wie er will. Schlecht ist es, wenn er sich erst gegen Unterstellungen wehren muss, etwa „Lag das an deiner Unsicherheit?". Zeigen Sie mit offenen Nachfragen wie „Was genau führte dich zu der Entscheidung?" echtes Interesse. **4. Loben Sie gutes Gesprächsverhalten.** Wenn Ihr Partner sich an die Regeln hält, können Sie das ruhig erwähnen. Beispiel: „Es freut mich sehr, dass du das so offen gesagt hast." **5. Sagen Sie, wie Sie seine Worte empfinden.** Wenn Sie mit den Äußerungen Ihres Partners nicht einverstanden sind, schildern Sie, wie es Ihnen dabei geht. Sie könnten sagen: „Ich bin verblüfft, dass du das so siehst." Sagen Sie nicht „Das ist ja völlig falsch". Selbstverständlich ist auch Zustimmung erlaubt.

Quelle: Mück, Herbert: Kommunikationsregeln, www.dr-mueck.de/HM_Kommunikation/HM_Kommunikationsregeln.htm, zuletzt abgerufen am 04.11.2020

Argumentation

Häufig ist es Ziel eines Gespräches, den Gesprächspartner zu überzeugen. Argumentieren gehört daher zu den Basisfähigkeiten für Führungskräfte und Verkaufspersonal.

Beispiel: Der Geschäftsführer der Sommerfeld Bürosysteme GmbH, Herr Feld, versucht den Vorsitzenden des Betriebsrates, Herrn Stefer, von einem neuen Entlohnungsmodell zu überzeugen.

Ein **Argument** ist die **Begründung**, **Stützung** oder der **Beweis** für eine Behauptung (These). Häufig werden mit Argumenten auch **Schlussfolgerungen** verbunden.

These
Argument
Beweis
Beispiel
Folgerung

Beispiel:
Herr Feld argumentiert:
„Die Erhöhung des Provisionssatzes zulasten des Grundgehaltes ist für unsere Verkaufsmitarbeiter ein besseres Entlohnungsmodell,
weil sich ihre Anstrengungen und Erfolge dann besser bezahlt machen,
denn bei unseren durchschnittlichen Umsätzen pro Auftrag ist ein Prozent mehr Provision schon viel Geld,
wie sich zum Beispiel bei einem Umsatz von 10 000,00 € leicht errechnen lässt. Und davon machen unsere Leute ja nicht nur einen im Monat.
Daher wäre diese Regelung gerade für die Mitarbeiter besonders attraktiv."

Bindeworte „weil", „denn", „wie" und „daher" sind ganz typisch für Argumentationen.

Weitere Tipps für Argumentationen:

- Eine gute Argumentation ist zielgruppenspezifisch. Das heißt, man sollte sich in die Person(en) hineinversetzen, die überzeugt werden soll(en). Danach folgen die Anpassung des Sprachniveaus und die Auswahl der Argumente.

- Gegenargumente müssen antizipiert werden. Häufig ist es sinnvoll, diesen teilweise zuzustimmen und sie dann zu entkräften.

- Um gar nicht auf Gegenargumente reagieren zu müssen, kann man diese von sich aus vorwegnehmen.

- Die Stärke der Argumente sollte bewusst genutzt werden: Zu Beginn der Argumentation sollte man sich durch ein starkes Argument Aufmerksamkeit verschaffen. Nach weiteren – eher schwächeren – Argumenten sollte am Schluss noch ein starkes bzw. das stärkste Argument übrig sein.

- Eine gute und überzeugende Argumentation ist schwer zu führen. Daher sollten Argumentationen vorbereitet werden.

Konfliktgespräche

Bedeutung von Konflikten

Wo Menschen miteinander kommunizieren kommt es auch zu Konflikten. Die Einstellungen, Bedürfnisse, Interessen, Einschätzungen und Ansichten sind so individuell und vielfältig, dass sie oftmals als nicht vereinbar wahrgenommen werden und es zu Spannungen kommt. Diese **Spannungen**, die innerhalb des einzelnen Menschen und zwischen den Menschen entstehen, werden häufig als unangenehm und damit als **Belastung** oder gar als **Bedrohung** bewertet. Dabei birgt jede **Konfliktbearbeitung** zumindest eine Chance der **Klärung** von Unterschieden. Wenn es gelingt, einen Konflikt in einer für alle Beteiligten zufriedenstellenden Weise und mit einem für alle gewinnbringenden Ergebnis **(Win-Win-Prinzip)** zu lösen, hat dies sehr positive Auswirkungen auf die Beziehung zwischen den ehemaligen Konfliktparteien.

PRAXISTIPP!

Konflikte sind normal und gehören zum (Berufs-)Leben. Sie sollten Konflikte immer auch als Chance zur Klärung und Verbesserung Ihrer zwischenmenschlichen Beziehungen ansehen.

Langfristig erfolgreiche Strategien zum Umgang mit Konflikten

Delegation 	Wenn sich die Konfliktparteien nicht einig werden können bzw. eine Einigung von vornherein ausgeschlossen scheint, bemühen sie jemanden, der den Konflikt an ihrer Stelle entscheidet.
	Beispiel: Andreas Stock und Stefan Bohne haben eine Meinungsverschiedenheit wegen des Ablagesystems im Büro und streiten deswegen. Sie bitten den Abteilungsleiter, Herrn Kraus, den Konflikt zu entscheiden.
Kompromiss 	Bei einem Kompromiss wird eine Teileinigung erreicht. Jede der Konfliktparteien rückt ein wenig von ihrer Position ab und nähert sich der anderen an. Kompromisse kommen in der kaufmännischen Praxis häufig vor und stellen zumeist eine zufriedenstellende Lösung dar. Allerdings ist ein Kompromiss als Teilerfolg auch immer ein Teilverlust.
	Beispiel: Der Auszubildende Rudolf Heller ärgert sich, weil er in den Osterferien keinen Urlaub bekommt. „Die anderen Mitarbeiter haben alle Familie, die gehen vor", heißt es. Es kommt zu einem Gespräch mit dem Geschäftsführer, der ihm zusichert, dass er im Sommer seinen Urlaub frei wählen kann. Mit diesem Kompromiss kann Rudolf leben.
Konsens 	Wenn Sie bei Konflikten einen Konsens anstreben, zielen Sie – gemäß dem **Win-Win-Prinzip** – auf die beste und tragfähigste Lösung. Hierbei wird versucht, die (scheinbar) gegenläufigen Positionen oder Interessen zu einer gemeinsamen Lösung zu verbinden, mit der beide Seiten uneingeschränkt einverstanden sind.
	Beispiel: Abteilungsleiter Jens Effer vereinbart mit dem Mitarbeiter Jussuf Önder, dass dieser einen Teil seiner Arbeit am heimischen PC verrichten kann. So kann er sich besser um seine Kinder kümmern und schafft dennoch sein Arbeitspensum.

Schritte zur Vorbereitung und Durchführung eines auf Konsens zielenden Konfliktgesprächs

1) Wut und Ärger sind schlechte Berater. Lassen Sie Ihre ersten **Emotionen** zunächst **abklingen**, bevor Sie in ein Konfliktgespräch gehen. Vieles hat sich schon erledigt, wenn Sie eine Nacht darüber geschlafen haben.

↓

2) **Bereiten Sie sich** sorgfältig – am besten schriftlich – auf das Konfliktgespräch **vor**. Notieren Sie sich genau Ihre eigenen Interessen und versetzen Sie sich in die möglichen Interessen des Gesprächspartners. Sammeln und sortieren Sie sich Ihre **Argumente**.

3) Sprechen Sie mit Ihrem Gesprächspartner einen **Termin** und einen **Ort** ab, wo Sie das Gespräch ungestört und ohne Zeitdruck führen können. Stellen Sie sich darauf ein, dass Sie eine Lösung finden und keine Position „verteidigen" oder „durchsetzen" wollen.

4) **Eröffnen** Sie das Gespräch, indem Sie den Grund für Ihren Gesprächswunsch kurz erklären. **Beispiel:** „Danke, dass Sie Zeit für mich haben. Ich möchte mit Ihnen über ... (Konfliktanlass) ... sprechen, um mit Ihnen eine Lösung zu finden, mit der wir beide zufrieden sind."

5) **Hören** Sie sehr aufmerksam und aktiv (z. B. „Ich habe Sie so verstanden, dass Sie meinen ...") **zu**. Fragen sie nach, fassen Sie zusammen. Kurz: Zeigen Sie, dass Sie Ihr Gegenüber verstehen möchten.

6) Wenn Sie Ihre Interessen und Meinungen darstellen, formulieren Sie in der **„Ich-Form"** – also nicht „Alle denken ..." oder „Es ist doch so, dass man ...", sondern Formulierungen nutzen wie: „Ich denke ..." und „Für mich stellt sich die Sache so dar, dass ...".

7) Sammeln Sie mit Ihrem Gesprächspartner in Form eines Brainstormings mögliche Lösungen, ohne diese gleich zu bewerten und zu diskutieren.

8) Gehen Sie gemeinsam die **Lösungsalternativen** durch und versuchen Sie eine zu finden, die beide Seiten zufriedenstellt. Halten Sie diese Lösung, die Schritte zur Lösungsumsetzung und noch offene Fragen gegebenenfalls auch schriftlich (zum Beispiel bei Gesprächen mit Kunden und Lieferanten) fest und geben Sie Ihrem Partner eine Kopie.

9) Bringen Sie zum Abschluss Ihre **Freude** über das Gelingen des Gespräches und die gefundene Lösung zum Ausdruck. Aber Vorsicht: Diese Freude darf nicht so wirken, als hätten Sie einen Sieg davongetragen.

> **PRAXISTIPP!**
>
> *Achten Sie bei Konfliktgesprächen stets auf die 50 %-Regel: Mindestens 50 % der Energie zur Problemlösung müssen beim Gesprächspartner liegen.*

In manchen Fällen ist es sinnvoll, eine weitere Person bei der Konfliktbearbeitung hinzuzuziehen. Dies ist z. B. dann der Fall, wenn die Beziehung zwischen den Konfliktparteien stark belastet ist oder wenn ein starkes hierarchisches Gefälle besteht. Auch Konfliktgespräche zwischen einer Frau und einem Mann sollten grundsätzlich unter sechs Augen stattfinden. Die dritte Person **(Mediator)** soll in dem Konflikt vermitteln, ohne für eine Seite Partei zu ergreifen. Der Mediator sorgt vielmehr für einen förderlichen Ablauf des Gespräches und die Einhaltung von Gesprächsregeln.

Zusammenfassung

Mit professioneller Kommunikation Mitarbeiter führen

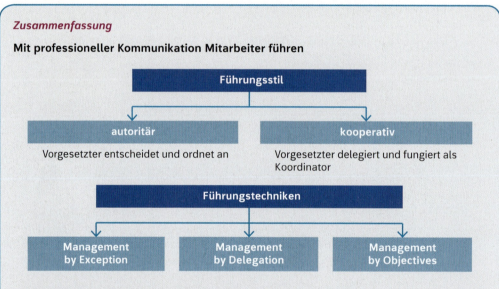

- Positive **Körpersprache**, angemessenes **Sprachverhalten** und das Einhalten von **Kommunikationsregeln** sichern konstruktive Gespräche.

- Ein **Argument** ist die Begründung, Stützung oder der Beweis für eine Behauptung (These). Häufig werden mit Argumenten auch Schlussfolgerungen verbunden. Bindeworte wie „weil", „denn", „wie" und „daher" sind typisch für Argumentationen.

- **Konflikte** sind natürlich und stellen immer eine Belastung dar. Sie sind aber immer auch eine Chance zur Klärung von Interessen und letztlich zur Verbesserung von Beziehungen.

- Es gibt viele Strategien zur Konfliktbearbeitung. Langfristig sind jedoch stets Kompromisse bzw. auf Konsens zielende Strategien (**Win-Win-Strategien**) ratsam.

- Ein gut vorbereitetes und professionell geführtes **Konfliktgespräch** führt sehr häufig zu einer für alle Seiten zufriedenstellenden Lösung.

Aufgaben

1. Stellen Sie Vor- und Nachteile des

   a) autoritären Führungsstils und
   b) kooperativen Führungsstils gegenüber.

2. Auf der Geschäftsführersitzung schlägt Herr Sommer die Einführung von Führungsprinzipien bei der Sommerfeld Bürosysteme GmbH vor. Er möchte die Verhaltens- und Verfahrensweisen zur Bewältigung von Führungsaufgaben normieren. Beschreiben Sie verschiedene Führungsprinzipien und stellen Sie deren Vorteile heraus.

3. Übernehmen Sie eine Position zu einem aktuellen Tagesthema und entwickeln Sie dazu eine überzeugende Argumentation. Tragen Sie diese als Vortrag in der Klasse vor. Lassen Sie sich von der Klasse ein konstruktives Feedback geben.

4. **Rollenspiel:** Der Brötchenkauf
   Sie sind seit vier Monaten Auszubildender bei der Sommerfeld Bürosysteme GmbH. Die Ausbildung macht Ihnen große Freude und Sie hatten auch schon einige Erfolgserlebnisse. Ärgerlich ist nur, dass Sie seit zwei Wochen von Frau Grell, verantwortlich für den Fabrikverkaufsladen, zum Kauf frischer Brötchen für die Pause geschickt werden. Als Frau Grell ein sehr gut verlaufendes Verkaufsgespräch mit einem Kunden von Ihnen übernimmt und Sie wieder zum Bäcker schickt, platzt Ihnen der Kragen.

   Heute wollen Sie mit Frau Grell ein klärendes Gespräch führen.

   a) Teilen Sie die Klasse in Kleingruppen auf. Die Gruppe bereitet das Rollenspiel gemeinsam vor und wählt für die Durchführung je einen Spieler.
   b) Jeweils die Hälfte der Gruppen bereitet eine der nachstehenden Rollen vor.

   Rollenbeschreibung Auszubildender
   Sie sind sehr zufrieden mit dem bisherigen Verlauf Ihrer Ausbildung. Das Verhältnis zu den Kollegen ist prima und die Verkaufsleiterin schätzt Sie im Grunde auch, da sie sich für Sie Zeit nimmt und sehr kompetent ist. Allerdings ist sie manchmal etwas schroff und dass sie Sie ständig zum Laufburschen macht, wollen Sie nicht mehr hinnehmen.

   Rollenkarte Frau Grell
   Sie sind mit Ihrem Auszubildenden sehr zufrieden, da er beachtliche Verkaufserfolge erzielt und im Kollegenkreis beliebt ist. Er ist allgemein sehr eifrig – nur bei Botengängen macht er ein verärgertes Gesicht. Das können Sie gar nicht verstehen – der letzte Auszubildende, der vor zwei Wochen das Unternehmen verlasen hat, war immer ganz froh mal an die frische Luft zu kommen.

   c) Führen Sie zwei bis drei Rollenspiele durch. Die Rollenspiele sollten maximal fünf Minuten dauern und nach Möglichkeit mit Video aufgezeichnet werden.
   d) Werten Sie die Rollenspiele aus. Beachten Sie dabei die Feedbackregeln.

5. Als die Auszubildenden der Sommerfeld Bürosysteme GmbH über den Führungsstil der Geschäftsführung diskutieren, vertritt Daniela Schaub folgende Meinung: „Wenn ich später mal Verantwortung übernehmen darf, werde ich einen demokratischen Führungsstil bevorzugen. Die Mitarbeiterzufriedenheit ist bei diesem Führungsstil besonders hoch."

   Nehmen Sie kritisch Stellung.

3.2 Mit Personalentwicklungsmaßnahmen Mitarbeiter fördern und fordern

Meeting der Geschäftsführung bei der Sommerfeld Bürosysteme GmbH. Frau Farthmann berichtet: „Unsere Sicherheitsbeauftragte, Frau Schindler, hat ein Seminar zum Arbeitsschutz bei der IHK besucht. Ich muss gestehen, anfänglich war ich sehr skeptisch, ob sich die 1 400,00 € für das Seminar auch wirklich lohnen. Frau Schindler hat im Anschluss an das Seminar jedoch zahlreiche notwendige Veränderungen umgesetzt – und das auch noch zu geringen Kosten."

Herr Sommer erwidert: „Ach, wäre das schön, wenn sich der Nutzen jeder Fortbildung so leicht messen ließe. Ich habe im vergangenen Jahr insgesamt 20 000,00 € für unsere Vertriebsmitarbeiter für ‚Telefonmarketing' und ‚Verkaufstraining' bewilligt. Und angesichts der jüngsten Umsatzzahlen bin ich mir nicht so sicher, ob sich die Investition gelohnt hat."

Herr Feld nimmt den Gedanken auf: „Ja, es ist wirklich schwer, den Nutzen von Personalentwicklungsmaßnahmen in Euro und Cent auszudrücken. Dennoch bin ich davon überzeugt, dass auch zukünftig in unserem Personal das größte Potenzial liegt. Daher schlage ich vor, dass wir sämtliche Führungskräfte im kommenden Jahr in Gesprächsführung und Konfliktmanagement schulen. Eine erste grobe Kostenschätzung liegt bei 50 000,00 €."

Frau Farthmann und Herr Sommer sind angesichts dieser Zahl sprachlos.

Arbeitsaufträge

- Erläutern Sie die im Gespräch zum Ausdruck kommende Problematik mit eigenen Worten.
- Begründen Sie die These: „Personalentwicklung ist die wirksamste Form der Unternehmensentwicklung."
- Sammeln Sie Maßnahmen der Personalentwicklung, die in den Ausbildungsbetrieben Ihrer Klasse durchgeführt werden.

Notwendigkeit und Ziele der Personalentwicklung

Qualifikation ist gefragt. Lebenslanges Lernen ist gefordert. Wer heute einen Beruf erlernt, kann sich nicht ein Leben lang auf seinen Kenntnissen ausruhen. Es wird davon ausgegangen, dass die **„Halbwertszeit" beruflicher Bildung** nur noch maximal fünf Jahre beträgt, d. h., dass nach dieser Zeit nur noch die Hälfte des erlernten Wissens aktuell ist.

Halbwertszeit des Wissens für unterschiedliche Wissensarten

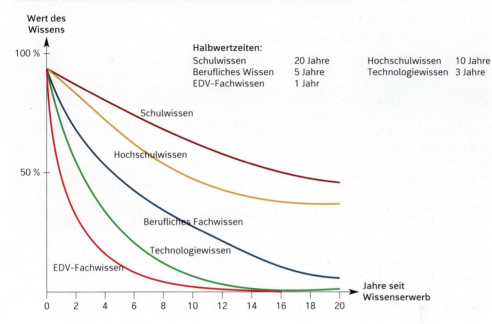

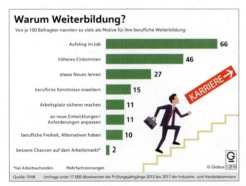

Die Veränderungen und neuen Entwicklungen in der Berufswelt führen zu veränderten Anforderungen und Qualifikationen der Mitarbeiter. Komplexe Informationstechnologien und Arbeitsmethoden, moderne Marketingkonzepte und Fertigungsverfahren verändern die geforderten beruflichen Qualifikationen. Diesen Veränderungen wird im Rahmen der Personalentwicklung durch eine stetige **Qualifikationsanpassung und -erweiterung** begegnet.

> *Personalentwicklung:*
> Als Personalentwicklung wird die Summe aller Maßnahmen bezeichnet, die eine Verbesserung der Qualifikation der Mitarbeiter zum Ziel hat.

Die Personalentwicklung verfolgt dabei u. a. folgende **Zielsetzungen**:

Ziele des Unternehmens	- Qualifikationsanpassung und -erweiterung - Erhaltung der Konkurrenzfähigkeit - Schaffung von Wettbewerbsvorteilen - Sicherung der Innovationsfähigkeit - Verbesserung der Motivation und Mitarbeiterzufriedenheit - Förderung des eigenen Fachkräfte- und Führungsnachwuchses
Ziele der Mitarbeiter	- Aktualisierung, Verbesserung und Erweiterung des beruflichen Wissens - Minderung des Risikos von Arbeitslosigkeit - Wahrnehmung neuer und anspruchsvollerer Aufgaben - Förderung der eigenen Interessen und Selbstverwirklichung - Erhöhung von Aufstiegschancen - Einkommensverbesserung

Prozess und Phasen der Personalentwicklung

Ein systematischer Personalentwicklungsprozess bedarf der Planung, Steuerung und Kontrolle von konkreten Personalentwicklungsmaßnahmen und vollzieht sich in unterschiedlichen Phasen.

Funktionszyklus der Personalentwicklung

Phase 1: Bedarfsanalyse
Die Ist-Befähigung sowie das Potenzial eines Mitarbeiters werden den Anforderungen einer Stelle gegenübergestellt. Anschließend werden Ursachen für Abweichungen erforscht.

Phase 2: Ziele setzen
Um Abweichungen zu beseitigen, werden Ziele definiert, die das konkrete Personalentwicklungsergebnis beschreiben.

Phase 3: Kreatives Gestalten
Das Kreative Gestalten legt fest, wann, wo, mit wem und mit welchen Maßnahmen das gesetzte Ziel zu erreichen ist.

Phase 4: Durchführung
Die Personalentwicklungsmaßnahme kann „on the Job" (am Arbeitsplatz), „near the Job" (in der Nähe des Arbeitsplatzes) oder „off the Job" (außerhalb des Arbeitsplatzes) durchgeführt werden. Verläuft die Durchführung der Maßnahme nicht planmäßig sind Korrekturen durch die Anpassung von Zielen, Inhalten, Methoden und Zeit notwendig.

Beispiel: Personalentwicklungsmaßnahmen bei der Sommerfeld Bürosysteme GmbH

Near the Job „In der Nähe des Arbeitsplatzes"	- Mitarbeiterberatung - Qualitätszirkel - Workshop - Teamentwicklung - E-Learning
On the Job „Am Arbeitsplatz"	- Jobenlargement - Jobenrichment - Jobrotation - programmierte Unterweisung - Coaching - Projektarbeit
Off the Job „Außerhalb des Arbeitsplatzes"	- Vorträge/Seminare - Expertenbefragung - Planspiel - Rollenspiel - Erfahrungsgruppe

Phase 5: Kontrolle und Transfersicherung
Der Erfolg einer Personalentwicklungsmaßnahme muss kontrolliert werden. Insbesondere muss sichergestellt sein, dass die erworbenen Kompetenzen am Arbeitsplatz dauerhaft umgesetzt werden.

Inhalte der Personalentwicklung
Personalentwicklung umfasst Maßnahmen der Bildung, Förderung und Organisationsentwicklung.

Quelle: Becker, Manfred: Personalentwicklung: Bildung, Förderung und Organisationsentwicklung in Theorie und Praxis, 6. akt. u. überarb. Aufl., Stuttgart, Schäffer-Poeschel, 2013, S. 4

Berufliche und betriebliche Bildung

Berufliche Ausbildung

Die **berufliche Ausbildung** findet in der Bundesrepublik Deutschland an zwei Lernorten statt, im Ausbildungsbetrieb und in der Berufsschule **(duales Berufsausbildungssystem)**.

Fort- und Weiterbildung

Die Fort- und Weiterbildung dient der Verbesserung der fachlichen Qualifikation der Mitarbeiter am Arbeitsplatz. Sie kann im Rahmen einer betriebsinternen oder unabhängigen Fort- und Weiterbildung durchgeführt werden.

- **Unabhängige** Fort- und Weiterbildung werden von den Mitarbeitern selbstständig durchgeführt. Um dies zu unterstützen, kann der Arbeitgeber z. B. Kosten übernehmen oder den Arbeitnehmer für die Teilnahme freistellen.

  Beispiel: Ein Mitarbeiter der Vertriebs-/Marketing-Abteilung meldet sich zum Studium an einer Fachschule für Wirtschaft an. Der Unterricht findet zweimal wöchentlich abends und am Samstag statt. Nach Rücksprache mit der Personalabteilung kann der Arbeitnehmer an den Wochentagen jeweils eine Stunde früher gehen.

- **Betriebsinterne** Fort- und Weiterbildungen können regelmäßig oder zu bestimmten Anlässen durchgeführt werden.

  Beispiel: Auszug aus dem Fortbildungskonzept der Sommerfeld Bürosysteme GmbH:

Zielgruppe	Maßnahmen
Auszubildende	- Betriebsunterricht - Prüfungsvorbereitungskurse - Exkursionen in Betriebe von Kunden und Lieferanten - Entsendung zu überbetrieblichen Seminaren - Alle kaufmännischen Auszubildenden durchlaufen ein vierwöchiges Praktikum in der Produktion eines Lieferers.

Zielgruppe	Maßnahmen
Kaufmännische Mitarbeiter	<ul><li>Grundkurs Wirtschaftsinformatik</li><li>Einführung Datenbanken</li><li>Tabellenkalkulation</li><li>Präsentationsgrafik, Internetführerschein</li></ul>
Abteilungs- und Gruppenleiter	<ul><li>Führungsverhalten</li><li>Techniken des Personalgesprächs</li><li>Motivation am Arbeitsplatz</li></ul>

Führungsbildung durch Aufstiegsschulung
Während die Aus-, Fort- und Weiterbildung in erster Linie der Vermittlung von Wissen dient, wird im Rahmen der Aufstiegsschulung Führungsverhalten trainiert.

Beispiel: Die Gruppenleiter der Sommerfeld Bürosysteme GmbH nehmen an der Fortbildung „Technik des Personalgespräches" teil.

Umschulung
Kann ein Mitarbeiter, z. B. durch Einsatz neuer Techniken, aus krankheitsbedingten Gründen oder durch Aufgabe einer Ware oder einer Warengruppe, nicht mehr am alten Arbeitsplatz eingesetzt werden, ist die Möglichkeit einer **Umschulung** zu prüfen.

Förderung von Mitarbeitern

Karriereplanung
Mithilfe von Karriereplänen können Wege der beruflichen Entwicklung von Mitarbeitern aufgezeigt werden. Den Mitarbeitern wird verdeutlicht, welche **Positionen** sie mit ihren bisherigen oder noch zu erwerbenden Qualifikationen erreichen können. Karrierepläne wirken motivierend auf Mitarbeiter und stellen sicher, dass ein Teil des Führungskräftenachwuchses intern gedeckt werden kann.

→ LF 5

Beispiel: Karriereplanung eines Vertriebsmitarbeiters bei der Sommerfeld Bürosysteme GmbH

Verfahren zur Verbesserung der Arbeitsbedingungen

Im ersten Drittel des 20. Jahrhunderts wurden Produktionsprozesse bis in kleinste Handgriffe zerlegt, um die Produktivität der Arbeiter zu erhöhen. Ein Meilenstein in dieser Entwicklung war die Erfindung der **Fließbandfertigung** 1913 durch Henry Ford. Die menschliche Arbeitsleistung wurde gänzlich in den Dienst des Produktionsprozesses gestellt; Eintönigkeit der Arbeiten und einseitige körperliche Belastungen spielten keine Rolle. Die Folge waren eine Erhöhung des Krankenstandes und die Abnahme der Motivation der Arbeiter. Mitte der 1960er-Jahre setzte eine massive Bewegung zur **Humanisierung der Arbeitsbedingungen** ein.

> *Humanisierung:*
> **Humanisierung** der Arbeit bedeutet, die Arbeit und den Arbeitsablauf stärker an die Fähigkeiten (Qualifikationen) und **Bedürfnisse** der **Mitarbeiter** anzupassen.

Ziele der Humanisierung
Durch die unterschiedlichen Formen der Humanisierung der Arbeit sollen folgende Ziele erreicht werden:

- Verringerung der Eintönigkeit der Arbeit
- umfassende Informationen über den gesamten Produktionsprozess und damit ein erhöhtes Interesse an der Arbeit
- Förderung der Teamfähigkeit bei den Mitarbeitern
- Verbesserung der Motivation und der Arbeitszufriedenheit
- Möglichkeit zur Selbstverwirklichung durch Mitgestaltung der Arbeitsabläufe und Mitverantwortung bei der Kontrolle

Zentrales Element für die Humanisierung der Arbeit ist es, die Aufgaben der Mitarbeiter interessanter und abwechslungsreicher zu gestalten. Dies kann auf verschiedene Weisen geschehen:

- **Arbeitsplatzwechsel (Jobrotation)**: Die Beschäftigten tauschen innerhalb eines festgelegten Arbeitsabschnittes in bestimmten Abständen ihre Arbeitsplätze. Die Arbeit wird dadurch abwechslungsreicher.

    Beispiel: Bei der Farbenwerke Wilhelm Weil AG wechseln die gewerblichen Arbeitnehmer innerhalb eines Fertigungsabschnittes alle 14 Tage ihre Arbeitsplätze.

- **Aufgabenerweiterung (Jobenlargement)**: Mehrere hintereinandergeschaltete Arbeitsgänge werden zu einer Aufgabe zusammengefasst.

    Beispiel: Bisher wurden in der Metallwerke Bauer + Söhne OHG Stahlrohrgestelle am Fließband hergestellt. Hierzu waren zehn Arbeitnehmer erforderlich, wobei jeder Arbeitnehmer einen einzelnen Arbeitsvorgang erledigte. Diese Arbeitsvorgänge werden jetzt von drei Arbeitnehmern gemeinsam erledigt.

- **Aufgabenbereicherung (Jobenrichment)**: Es wird versucht, die Arbeit des Mitarbeiters qualitativ aufzuwerten. Er soll die Art und Weise, wie die einzelnen Arbeiten erledigt werden sollen, selbst herausfinden und die Qualität seiner Arbeit und seiner Werkstücke selbst überwachen.

Beispiel: In der Metallwerke Bauer & Söhne OHG bauen drei gewerbliche Arbeitnehmer die Stahlrohrgestelle vollständig zusammen und nehmen eine Endkontrolle vor.

- **(Teil-)autonome Arbeitsgruppen:** Ihre Mitglieder planen und organisieren ihre Arbeit selbstständig; sie führen alle Arbeitsgänge, -entscheidungen und -kontrollen in eigener Verantwortung aus.

    Beispiel: Eine Gruppe von gewerblichen Arbeitnehmern stellt in der Metallwerke Bauer & Söhne OHG in eigener Verantwortung Stahlrohrgestelle, Alugussteile und Alugussprofile her, wobei die Gruppe darüber entscheidet, wann welche Produkte hergestellt werden.

Zielvereinbarungsgespräche zur individuellen Förderung der Mitarbeiter

In zeitgemäß geführten Unternehmen sind regelmäßige **Mitarbeitergespräche** selbstverständliche Bestandteile der Personalführung und -entwicklung. Hierbei wird zwischen Vorgesetztem und Mitarbeiter die seit dem letzten Gespräch vergangene Zeit betrachtet und in die Zukunft geblickt. Insbesondere in Unternehmen, die durch Führungstechnik „**Management by Objectives**" (vgl. S. 263) geprägt sind, werden regelmäßige Mitarbeitergespräche als **Zielvereinbarungsgespräche** geführt. Hierdurch können die Selbstverantwortung und Motivation der Mitarbeiter gefördert werden, die Anerkennung der Leistung wird erleichtert und die Möglichkeiten der Förderung können klarer erkannt werden.

> **PRAXISTIPP!**
>
> *Sehen Sie Zielvereinbarungsgespräche nicht als Prüfung, sondern als Chance.*

Die Ziele können sich auf unterschiedliche Bereiche beziehen:

Geschäftsziele	– Umsatzergebnisse – Marktanteile – …
Prozessziele	– Qualität der Arbeit – Arbeitsorganisation – …
Persönliche Ziele	– Mitarbeiterzufriedenheit – Qualifizierung und berufliche Entwicklung – Gehaltsvorstellung – …

1. **Eröffnung des Gespräches: Aufbau einer förderlichen Gesprächsatmosphäre**
2. **Blick zurück: Bestandsaufnahme bzw. Anknüpfung an das letzte Gespräch**
   a) Bewertung des Zielerreichungsgrades aus Sicht des Mitarbeiters
   b) Bewertung des Zielerreichungsgrades aus Sicht des Vorgesetzten
3. **Abgleich der Einschätzungen und Feedback**
   a) Gründe für etwaige Abweichungen der Einschätzungen
   b) Analyse bei Zielabweichungen (Woran hat es gelegen?)
   c) Feedbackrunde: – Einschätzung der Leistung des Mitarbeiters
                       – Feedback und Wünsche des Mitarbeiters an den Vorgesetzten
4. **Zielvereinbarung für die Zukunft**
   a) Zielvorschläge des Mitarbeiters erfragen
   b) Eigene Zielvorschläge erläutern
   c) Zielkongruenz herstellen (gemeinsame Basis)
   d) Zielkonkretisierung herbeiführen (Woran erkennen wir, dass das Ziel erreicht ist?)
   e) Schritte zur Zielumsetzung und Unterstützungsmöglichkeiten klären
5. **Konstruktiver Gesprächsabschluss**

> **PRAXISTIPP!**
>
> Achten Sie mit darauf, dass Ergebnisse des Zielvereinbarungsgespräches schriftlich dokumentiert werden.

Gestaltung der Arbeitszeit als Beitrag zur Organisationsentwicklung

Die Gestaltung der Arbeitszeit muss einerseits die Interessen der Mitarbeiter berücksichtigen, andererseits aber auch die Ziele des Betriebes unterstützen. Den gesetzlichen Rahmen für die Dauer und Lage bildet das Arbeitszeitgesetz (ArbZG).

→ LF 1

Traditionelle Formen der Arbeitszeitgestaltung sind

- die **starre Arbeitszeit** und
- die **Schichtarbeit in Wechsel-, Dauer- oder Teilschicht**.

   Beispiel: In der Sägerei beträgt die Betriebszeit 16 Stunden. Die Arbeitsplätze werden jeweils von zwei Mitarbeitern in Wechselschicht zu je acht Stunden besetzt.

Neben den traditionellen Formen gibt es verschiedene moderne **Formen der flexiblen Arbeitszeitgestaltung**.

Flexibel gestaltete Arbeitszeiten sind aus folgenden Gründen sinnvoll:

- Sie entsprechen dem Wunsch der Mitarbeiter nach mehr Freiheit und Selbstbestimmung.
- Sie ermöglichen es dem Betrieb, den Mitarbeitereinsatz entsprechend dem Arbeitsaufkommen zu steuern.
- Sie senken die Kosten.

Gleitende Arbeitszeit

Bei der gleitenden Arbeitszeit wird die Arbeitszeit in eine **Kernarbeitszeit** und eine **Gleitzeit** aufgeteilt. Während bei der Kernarbeitszeit eine Anwesenheitspflicht besteht, kann der Mitarbeiter im Gleitzeitbereich Beginn und Ende seiner täglichen Arbeitszeit selbst bestimmen. Bedingung ist lediglich, dass er die vorgeschriebene Wochenarbeitszeit einhält.

Beispiel: Die Geschäftsleitung der Sommerfeld Bürosysteme GmbH diskutiert für die Mitarbeiter folgendes Arbeitszeitmodell:

Ein Mitarbeiter hat jetzt mehrere Möglichkeiten. Er kann nun um 08:00 Uhr beginnen, muss jedoch dann bis 16:00 Uhr bleiben. Er kann aber auch früh um 07:00 Uhr kommen und dafür schon um 15:00 Uhr gehen. Falls ein Arbeitnehmer um 14:00 Uhr gehen möchte, kann er die fehlende Arbeitsstunde innerhalb von 14 Tagen nacharbeiten.

Gleitzeitmodelle, aber auch andere Arbeitszeitmodelle, bedingen die Einführung von Arbeitszeitkonten. Diese werden üblicherweise geführt als Monats-, Jahres- oder Langzeitkonto.

Teilzeitarbeit

Teilzeitarbeit gewinnt weiterhin an Bedeutung, da sie z. B. nach der Geburt eines Kindes eine schnelle **Rückkehr in den Beruf** und eine bessere **Vereinbarkeit von Familie und Beruf** ermöglicht.

Bei der Teilzeitarbeit stehen die Mitarbeiter dem Betrieb nur einen Teil der tariflichen Arbeitszeit zur Verfügung. Dabei bildet das **Teilzeit- und Befristungsgesetz (TzBfG)** den gesetzlichen Rahmen. Sofern der Arbeitnehmer länger als sechs Monate im Betrieb beschäftigt ist und der Arbeitgeber regelmäßig mehr als 15 Arbeitnehmer beschäftigt, hat er einen Anspruch auf Teilzeitarbeit. Allerdings muss der Arbeitgeber der Verkürzung der Arbeitszeit zustimmen. Er kann die Zustimmung aus betrieblichen Gründen verweigern. Möchte der Teilzeitarbeitnehmer später seine Arbeitszeit wieder aufstocken, hat er hierauf keinen Rechtsanspruch. Er ist aber bei der Besetzung eines Arbeitsplatzes bevorzugt zu berücksichtigen.

Der Gesetzgeber hat neben dieser unbefristeten Form der Teilzeitarbeit die Möglichkeit einer Brückenteilzeit geschaffen. Hier reduziert der Arbeitnehmer von vornherein für einen befristeten Zeitraum von einem bis fünf Jahren seine Arbeitszeit und kehrt anschließend zur ursprünglichen Arbeitszeit zurück. Brückenteilzeit setzt voraus, dass der Arbeitnehmer länger als sechs Monate im Betrieb beschäftigt ist und der Arbeitgeber i. d. R. mehr als 45 Beschäftigte hat.

Das Teilzeit- und Befristungsgesetz schützt zudem den Teilzeitbeschäftigten. Ein in Teilzeit beschäftigter Arbeitnehmer darf nicht schlechter gestellt werden als ein vollzeitbeschäftigter Arbeitnehmer **(Diskriminierungsverbot)**.

Im Rahmen der Teilzeitarbeit haben sich besondere Formen entwickelt:

- Teilen sich zwei oder mehr Mitarbeiter die Arbeitszeit an einem Arbeitsplatz spricht man von **Jobsharing**.

    Beispiel: Frau Hinz ist von 8:00 bis 12:00 Uhr am Empfang beschäftigt. Von 12:00 bis 16:00 Uhr übernimmt Frau Kunz den Arbeitsplatz.

- Vereinbaren Arbeitgeber und Arbeitnehmer, dass der Arbeitnehmer entsprechend dem Arbeitsanfall beschäftigt werden soll, spricht man von **Arbeit auf Abruf** oder **KAPOVAZ** (kapazitätsorientierte variable Arbeitszeit). Die Dauer der täglichen oder wöchentlichen Arbeitszeit wird im Arbeitsvertrag festgelegt. Möchte der Arbeitgeber die Arbeitsleistung des Arbeitnehmers abrufen, muss er eine Frist von mindestens vier Tagen einhalten.

Beispiel: Frau Müller ist als Hilfsarbeiterin in der Produktion beschäftigt. Laut Arbeitsvertrag soll sie an zwei Tagen in der Woche insgesamt zehn Stunden auf Abruf arbeiten. Sie erhält jeweils freitags ihren Einsatzplan für die übernächste Woche.

Telearbeit (Homeoffice)
Werden flexible Arbeitszeitmodelle mit den Möglichkeiten der modernen Informations- und Kommunikationstechnologie verknüpft, so ergeben sich völlig neue Modelle. Es öffnet sich ein neuer Markt, z. B. für **Heimarbeit am PC**, in dem Mitarbeiter von zu Hause interaktiv in ständiger Verbindung mit dem Betrieb stehen und Arbeiten erledigen. Der Arbeitsplatz wird also in die private Umgebung des Arbeitnehmers verlagert.

Beispiel: Die Sommerfeld Bürosysteme GmbH hat die gesamte Erstellung des Schriftverkehrs in die Heimarbeit verlegt. Auch die beiden Programmierer des Unternehmens leisten einen erheblichen Teil ihrer Arbeitszeit zu Hause. Alle verfügen über einen firmeneigenen PC und stehen über eine Internetverbindung mit dem Betriebsrechner in dauerndem Kontakt. Alle wichtigen Vorgänge werden in den „Heimrechner" überspielt, dort bearbeitet und wieder zurückgespeichert. Die begleitenden Informationen werden per Telefon, E-Mail oder Fax ausgetauscht.

Die Telearbeit eignet sich insbesondere für qualifizierte Arbeitskräfte zu Hause,
- die aus persönlichen Gründen (Kindererziehung) nicht ganztags arbeiten können,
- die keine starre Arbeitszeit akzeptieren oder
- die weitab von ihrem Arbeitsplatz wohnen.

Zudem wird eine bessere Vereinbarkeit von Familie und Beruf erreicht, weiterhin werden Verkehrswege entlastet, Arbeitsplatzkosten eingespart und eine erhöhte Mitarbeitermotivation durch einen modernen, telekommunikativen Arbeitsplatz erreicht.

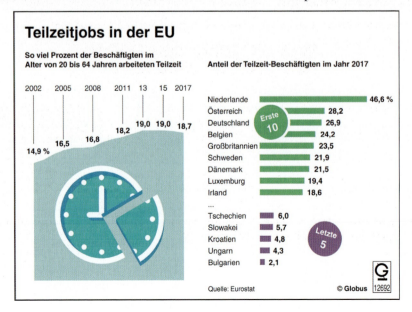

Zusammenfassung

Mit Personalentwicklungsmaßnahmen Mitarbeiter fördern und fordern

- *Ständige Veränderungen der Arbeitswelt machen eine Qualifikationsanpassung und -erweiterung durch Personalentwicklung notwendig.*
- *Personalentwicklung ist ein Prozess und vollzieht sich in unterschiedlichen Phasen.*
- *Inhalte der Personalentwicklung sind die Bildung und Förderung von Mitarbeitern sowie die Organisationsentwicklung.*

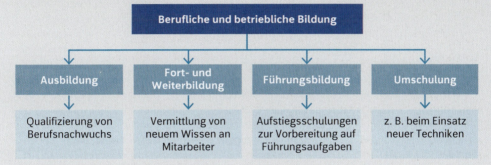

- **Humanisierung** *der Arbeit bedeutet, die Arbeit und den Arbeitsablauf* **stärker an die Fähigkeiten, Qualifikationen und Bedürfnisse der Mitarbeiter anzupassen**.
- *Verfahren zur Verbesserung der Arbeitsbedingungen:*
    - **Aufgabenerweiterung (Jobenlargement)**
    - **Arbeitsplatzwechsel (Jobrotation)**
    - **Aufgabenbereicherung (Jobenrichment)**
    - **(Teil-)autonome Arbeitsgruppen**
- **Zielvereinbarungsgespräche** *sind ein sehr wirksames Instrument der Personalentwicklung.*
- *Das* **Arbeitszeitgesetz** *gibt die Rahmenbedingungen für die Arbeitszeit vor.*

- **Tele- und Heimarbeit** *verlagert bestimmte Arbeiten in die private Umgebung des Arbeitnehmers. Dieser bestimmt seine Arbeitszeit selbst.*

Aufgaben

1. Auszug aus der Unternehmensphilosophie der Bürodesign GmbH, eines Lieferanten der Sommerfeld Bürosysteme GmbH, zum Thema Aus- und Weiterbildung:

   „Insgesamt 15 Auszubildende und zwei Umschüler absolvieren derzeit bei der Bürodesign GmbH ihre Ausbildung zum Polsterer, Holzmechaniker, Bürokaufmann, Industriekaufmann sowie zum Wirtschaftsinformatiker. Die Qualität der Ausbildung zeigt sich in den Prüfungsergebnissen, bei denen Bürodesign-Auszubildende regelmäßig vordere Plätze erreichen. Im Moment arbeitet die Bürodesign GmbH an einem Konzept, um Auszubildenden die Chance zu bieten, zeitweise in den internationalen Tochtergesellschaften zu arbeiten, damit sie frühzeitig ihren Horizont für eine internationale Wirtschaftswelt erweitern. Neue Fertigungsmethoden und Werkstoffe, neue Computersoftware und neue Arbeitsformen machen eine ständige Weiterbildung der Mitarbeiter im fachlichen wie auch im persönlichen Bereich erforderlich. Der jährliche Schulungsbedarf wird von den Vorgesetzten in Abstimmung mit den Mitarbeitern ermittelt, der Schulungsplan mit entsprechendem Budget von Geschäftsführung, Betriebsrat und Schulungsbeauftragtem verabschiedet. Neben PC- und Englischkursen, Vertriebsschulungen sowie individuellen fachlichen und persönlichen Schulungsmaßnahmen lag ein Schwerpunkt der Weiterbildung in den letzten Jahren auf der Einführung neuer Arbeitsformen (NAF). Das Budget für den Bereich beläuft sich im Jahr 2013 auf 300 000,00 €."

   a) Nehmen Sie zum obigen Konzept der Aus- und Weiterbildung Stellung.
   b) Befragen Sie die in Ihrem Betrieb für die Aus- und Weiterbildung Verantwortlichen zu konkreten Maßnahmen Ihres Ausbildungsbetriebes.
   c) Stellen Sie das Konzept der Aus- und Weiterbildung Ihres Betriebes in der Klasse vor. Setzen Sie dabei Präsentationstechniken wie Folien, Flip-Charts, Plakate oder eine Präsentationssoftware ein.

2. Sie haben während Ihrer Ausbildungszeit sicherlich schon an einer Personalentwicklungsmaßnahme teilgenommen. Erläutern Sie an einem selbst gewählten Beispiel den Prozess und die Phasen der Personalentwicklung.

3. Erklären Sie den Begriff „Humanisierung der Arbeit".

4. Beurteilen Sie folgende Maßnahmen zur Humanisierung der Arbeit:

   a) Jobrotation
   b) Jobenlargement
   c) Jobenrichment

5. Formulieren Sie Anforderungen an Zielvereinbarungsgespräche, damit diese zu einem wirksamen Instrument der Personalentwicklung werden.

6. Entwickeln Sie ein Formular, anhand dessen Sie sich auf ein Zielvereinbarungsgespräch vorbereiten können und außerdem die zentralen Ergebnisse festhalten können.

7. Stellen Sie dar, welche Vorteile ein Industriebetrieb durch die Einführung flexibler Arbeitszeiten erlangen kann.

8. Unterscheiden Sie Kernarbeitszeit, Gleitzeit und Teilzeitarbeit.

3.3 Personal beurteilen

LS 19

Die Mitarbeiter der Sommerfeld Bürosysteme GmbH werden jährlich anhand des folgenden Bewertungsbogens beurteilt:

BEURTEILUNG

Sommerfeld Bürosysteme GmbH
Ein ökologisch orientiertes Unternehmen mit Zukunft

Name: _____

Datum der Beurteilung: ☐☐☐☐☐☐ von: ☐☐☐☐☐☐ bis: ☐☐☐☐☐☐

Beurteilungszeitraum:

	Beurteilungsmerkmale	1	2	3	4	5	6
1	Weiterbildungsbereitschaft	○	○	○	○	○	○
2	Zuverlässigkeit, Sorgfalt, Genauigkeit	○	○	○	○	○	○
3	Aufrichtigkeit, Offenheit	○	○	○	○	○	○
4	Fleiß, Ausdauer	○	○	○	○	○	○
5	Fachliche Kenntnisse	○	○	○	○	○	○
6		○	○	○	○	○	○

Arbeitsaufträge

- Entwickeln Sie weitere Beurteilungsmerkmale für die Mitarbeiter der Sommerfeld Bürosysteme GmbH und diskutieren Sie diese.
- Nennen Sie Gründe, die für eine regelmäßige Beurteilung anhand eines solchen Fragebogens sprechen.

Aufgabe des Personalwesens ist es, den richtigen Mitarbeiter zur richtigen Zeit am richtigen Ort einzusetzen. Diese Aufgabe kann nur erfüllt werden, wenn seine Leistungen und die Möglichkeiten einer weiteren beruflichen Entwicklung durch geeignete Verfahren erfasst und beurteilt werden.

Die regelmäßige Beurteilung der Mitarbeiter eines Unternehmens soll aus folgenden **Gründen** erfolgen:

- Eine gezielte **Personalentwicklung** durch Beförderung, Versetzung, Umschulung oder Fortbildung setzt die Kenntnis der wesentlichen Eigenschaften des Mitarbeiters voraus.
- Eine gerechte **Entlohnung** ist nur aufgrund einer objektiven Leistungsbeurteilung möglich.
- Ein optimaler Personaleinsatz erfordert die genaue **Kenntnis der Leistungsfähigkeit und -bereitschaft** des Mitarbeiters.
- Eine fehlerfreie **Zeugniserteilung** setzt eine möglichst regelmäßige Beurteilung voraus.

- Die Personalbeurteilung dient der **Motivation** und ist damit Ansporn für bewusstes Leistungsverhalten.

Beurteilungen der Mitarbeiter werden in der **Personalakte** abgelegt. Zu beachten ist zudem, dass allgemeine Grundsätze für die Beurteilung des Arbeitnehmers nach § 94 II BetrVerfG der Zustimmung des Betriebsrates unterliegen.

Die **Arten der Personalbeurteilung** sind vielfältig. In Großbetrieben wird normalerweise in regelmäßigen Abständen anhand fester Bewertungskriterien beurteilt. Kleine und mittlere Betriebe beurteilen Mitarbeiter oft nur im Rahmen eines geforderten Arbeitszeugnisses oder anhand konkreter Anlässe, z. B. einer Beförderung.

Zur Beurteilung des Personals müssen Kriterien herangezogen werden. Dabei kann man zwischen folgenden Kriterien unterscheiden:

- **Leistungsorientierte** Kriterien beschreiben vor allem das Arbeitsergebnis. Sie beurteilen sowohl die Quantität als auch die Qualität der Arbeitsleistung.

    Beispiele: Fachkenntnisse, Arbeitstempo, Analyse- und Urteilsvermögen, Ausdauer, Belastbarkeit

- **Verhaltensorientierte** Kriterien ermöglichen Aussagen zum Arbeitsverhalten des Mitarbeiters. Es wird der Arbeitsprozess und damit die Art und Weise der Leistungserstellung, sowie das Verhalten gegenüber Kollegen, Vorgesetzten und Kunden beurteilt.

    Beispiele: Teamfähigkeit, Selbstständigkeit, Kundenfreundlichkeit, Zuverlässigkeit

- **Eigenschaftsorientierte** Kriterien beschreiben die Persönlichkeit des Mitarbeiters. Insbesondere können sie Aufschluss über die Eignung für bestimmte zukünftige Aufgaben oder Positionen im Unternehmen geben (**Potenzialbeurteilung**). Eigenschaftsorientierte Kriterien sind nicht immer überschneidungsfrei mit leistungs- und verhaltensorientierten Kriterien.

    Beispiele: Lernfähigkeit, Durchsetzungsvermögen, Planungskompetenz

Mit der regelmäßigen und systematischen Personalbeurteilung sind aber auch **Probleme** verbunden:

- Sie erfordert **Zeit** und führt so zu zusätzlicher Arbeitsbelastung der Vorgesetzten.

Beispiel: Die Dauer für die Beurteilung eines Mitarbeiters wird bei der Sommerfeld Bürosysteme GmbH mit 2,5 Stunden angesetzt. Wenn 40 Angestellte einmal jährlich beurteilt werden sollen, müssen die Vorgesetzten dafür 100 Stunden jährlich aufwenden.

- Sie kann **Konflikte** auslösen, die anhand einer Beurteilung zum Ausbruch kommen.
- Sie kann **fehlerhaft** sein.

Beispiel: Der Beurteiler schließt von einem wesentlichen Merkmal auf alle Kriterien oder übernimmt kritiklos früher vorgenommene Beurteilungen.

Gem. § 82 Abs. 2 BetrVerfG können Arbeitnehmer die Erörterung ihrer Beurteilung sowie ihrer Entwicklungsmöglichkeiten im Betrieb verlangen. Eine solche Erörterung sollte sorgsam vorbereitet werden, da es den Persönlichkeitsbereich des Mitarbeiters betrifft. Gegen eine vermeintlich falsche Beurteilung kann der Arbeitnehmer nach § 84 BetrVerfG Beschwerde einlegen.

Beispiel: Nach erfolgter Beurteilung wird mit jedem Mitarbeiter der Sommerfeld Bürosysteme GmbH ein Personalgespräch geführt. Hier wird die Beurteilung erläutert und es werden Möglichkeiten der beruflichen Weiterentwicklung besprochen.

Zusammenfassung

Personal beurteilen

- *Die Personalbeurteilung gibt Auskunft darüber, inwieweit ein Mitarbeiter den Anforderungen und Erwartungen, die der Arbeitsplatz an ihn stellt, entspricht.*
- *Gründe der Personalbeurteilung:*
  Personalentwicklung, Entlohnung, Personaleinsatz, Zeugniserteilung, Motivation.
- *Kriterien für eine Personalbeurteilung können leistungs-, verhaltens- oder eigenschaftsorientiert sein.*
- *Die Personalbeurteilung sollte – wie es das BetrVerfG auch vorsieht – dem Mitarbeiter erörtert werden.*

Aufgaben

1. *Erläutern Sie die Gründe, die für eine regelmäßige und systematische Personalbeurteilung sprechen.*
2. *Erläutern Sie den Begriff der Potenzialbeurteilung.*
3. *Diskutieren Sie, welche Vor- und Nachteile mit einer regelmäßigen Personalbeurteilung verbunden sind.*
4. *Jede Klasse hat einen Klassensprecher.*
   a) Erstellen Sie eine Liste von Qualifikationen, die ein Klassensprecher erfüllen sollte.
   b) Entwickeln Sie einen Beurteilungsbogen, anhand dessen die Qualifikationen gemessen werden können.

c) Führen Sie eine Beurteilung anhand der gefundenen Kriterien durch.
d) Diskutieren Sie die mit dem Verfahren verbundenen Probleme. Fertigen Sie über diese Diskussion ein Protokoll des Diskussionsprofils an.

5. In der Sommerfeld Bürosysteme GmbH soll die Stelle des Abteilungsleiters für die Verwaltung/Ausbildung besetzt werden.

   a) Erstellen Sie eine Liste von Qualifikationen, über die der Bewerber verfügen sollte.
   b) Entwickeln Sie einen Beurteilungsbogen, anhand dessen die Qualifikationen gemessen werden können.

6. Die Geschäftsleitung der Sommerfeld Bürosysteme GmbH setzt zur Beurteilung der Abteilungsleiter den nachfolgenden Bewertungsbogen ein. Ergänzen Sie den Bewertungsbogen um die Dimensionen „Managementhandeln" und „Unternehmerisches Denken und Handeln" und entwickeln Sie entsprechende Kriterien.

Sommerfeld Bürosysteme GmbH

Ein ökologisch orientiertes Unternehmen mit Zukunft

Leistungsbeurteilung für Abteilungsleiter

Bei jedem Kriterium ist jeweils eine der 5 folgenden Beurteilungsstufen anzukreuzen:
A. genügt nur bedingt den Anforderungen der Stelle
B. erfüllt die Anforderungen der Stelle im Wesentlichen
C. erfüllt die Anforderungen der Stelle in vollem Umfang
D. übertrifft die Anforderungen der Stelle
E. übertrifft die Anforderungen der Stelle in erheblichem Umfang

1. Aufgabenerfüllung/Zielerreichung

	Grad der Unterstützung/Zielerreichung				
	A	B	C	D	E
Qualität der Produkte/Dienstleistungen	O	O	O	O	O
Qualität der Abläufe/Prozesse	O	O	O	O	O
Ergebnis- und Kostenentwicklung	O	O	O	O	O
Richtungsweisende Veränderungen/Innovationen	O	O	O	O	O

Gesamtbewertung „Aufgabenerfüllung/Zielerreichung"

2. Mitarbeiterführung

	A	B	C	D	E
Zielvereinbarung und -überprüfung	O	O	O	O	O
Einbeziehung und Entwickeln der eigenen Mitarbeiter	O	O	O	O	O
Auswahl und Förderung von Nachwuchskräften	O	O	O	O	O
Teamentwicklung	O	O	O	O	O
Motivierung und Vorbild	O	O	O	O	O

Gesamtbewertung „Mitarbeiterführung"

4 Personal entlohnen

4.1 Arbeitswertstudien

Für ein Referat in der Schule soll Daniela Schaub herausfinden, wie man die Arbeitsleistung von Mitarbeitern bewerten kann. Aus diesem Grund hat sie mit der Betriebsratsvorsitzenden der Sommerfeld Bürosysteme GmbH, Ute Stefer, einen Termin vereinbart. „Frau Stefer, was heißt das eigentlich: ‚Arbeitsleistung bewerten'? Und vor allen Dingen: Wie funktioniert das? Wovon hängt also die Höhe der Entlohnung eines Mitarbeiters ab?" „Da sprichst du einen ganz schwierigen Bereich an, Daniela. Vielleicht kann man zunächst festhalten, dass eine schwierigere Arbeit höher zu entlohnen ist als eine leichtere Tätigkeit." „Das leuchtet mir ein, aber wer legt denn fest, welchen Schwierigkeitsgrad eine Arbeit hat?"

Arbeitsaufträge

- Überlegen Sie, wer an der Feststellung des Schwierigkeitsgrades von Arbeitsplätzen beteiligt sein könnte.
- Warum werden unterschiedliche Tätigkeiten unterschiedlich bezahlt?
- Von welchen Faktoren sollte die Höhe der Entlohnung abhängen?

Anforderungsgerechtigkeit

Während der Lohn bzw. das Gehalt für den Arbeitnehmer ein Einkommen darstellt, ist dieser/s für den Arbeitgeber ein Kostenfaktor. Daraus ergibt sich zwangsläufig ein Konflikt zwischen Arbeitgeber und Arbeitnehmer. Um die Höhe des Arbeitsentgeltes festzulegen, stellt sich somit die grundsätzliche Frage: **Welche Arbeit ist wie viel wert?** Da nicht alle Arbeitsplätze die gleichen Anforderungen an die Arbeitnehmer stellen, sollte zunächst versucht werden, die Anforderungen eines Arbeitsplatzes nach möglichst objektiven Gesichtspunkten zu messen. Dieses geschieht im Rahmen von **Arbeitswertstudien**, deren Voraussetzung detaillierte Untersuchungen und Beschreibungen der Arbeitsplätze sind.

Summarische Arbeitsbewertung

Ein Arbeitsplatz wird „als Ganzes" gesehen und bewertet. Auf eine detaillierte Betrachtung von einzelnen Anforderungsarten wird verzichtet.

Rangfolgeverfahren
Durch paarweise Arbeitsplatzvergleiche werden sämtliche Arbeitplätze in einem Unternehmen in eine Rangfolge gebracht, je höher der Rang, desto höher auch der Lohn bzw. das Gehalt des Mitarbeiters, der diesen Arbeitsplatz belegt.

Beispiel:

	1 Buchhalter	2 Bote	3 Sekretärin	Punkte	Rang
1 Buchhalter	x	+	+	2	1.
2 Bote	–	x	–	0	3.
3 Sekretärin	–	+	x	1	2.

Das Rangfolgeverfahren kann nur in kleinen Unternehmen zur Anwendung kommen. Schon bei nur 15 unterschiedlichen Arbeitsplätzen wären bereits 105 Arbeitsplatzvergleiche erforderlich. Darüber hinaus wird zwar festgelegt, welcher Arbeitsplatz am höchsten bewertet ist, das Problem des Lohnabstandes zwischen den einzelnen Arbeitsplätzen wird nicht gelöst.

Lohngruppenverfahren
Bei diesem Verfahren wird eine bestimmte Anzahl von Lohn- bzw. Gehaltsgruppen im Tarifvertrag definiert. Die für die einzelnen Lohn- bzw. Gehaltsgruppen charakteristischen Tätigkeiten werden beschrieben, die unterschiedlichen Schwierigkeitsgrade der Tätigkeiten werden durch prozentuale Abstufungen beim Lohn bzw. Gehalt zum Ausdruck gebracht. Die einzelnen Arbeitsplätze eines Unternehmens müssen den entsprechenden Lohngruppen zugeordnet werden. Der sogenannte **Ecklohn** (im Beispiel unten die Lohngruppe 6) dient in Tarifverhandlungen als Verhandlungsgegenstand, die Höhe der anderen Lohngruppen wird dann mithilfe der Lohngruppenschlüssel errechnet.

Beispiel: Auszug aus dem Haustarifvertrag der Metallwerke Bauer & Söhne OHG (angelehnt an einen früheren Manteltarifvertrag der Eisen-, Metall- und Elektroindustrie)

Lohngruppe	Lohngruppendefinition	Lohngruppenschlüssel
1	Tätigkeiten, die ohne Vorkenntnisse nach Anweisung oder Einweisung ausgeführt werden können.	80 %
2	Einfache Arbeiten, die eine fachliche Einweisung von bis zu vier Wochen Dauer voraussetzen und nur eine geringe körperliche Belastung erfordern.	83 %
3	Einfache Arbeiten, die unter körperlicher Belastung auszuführen sind, die über die vorgenannte Lohngruppe hinausgeht, oder einfache Arbeiten, deren Ausführungen gegenüber der vorgenannten Lohngruppe zusätzliche Erfahrung voraussetzt.	86 %
4	Arbeiten, zu deren Ausführung die erforderlichen Kenntnisse durch Anlernen erworben sind, oder Arbeiten der Lohngruppe 2 mit einer körperlichen Belastung, die über die der Lohngruppe 2 hinausgeht.	89 %
5	Spezialarbeiten, die eine Ausbildung in einem Anlernberuf oder ein Anlernen mit zusätzlichen Erfahrungen erfordern.	94 %

Lohngruppe	Lohngruppendefinition	Lohngruppenschlüssel
6	Arbeiten, deren Ausführung eine Lehre voraussetzt oder Fähigkeiten und Kenntnisse, die denen eines Facharbeiters gleichzusetzen sind.	100 %
7	Schwierige Facharbeiten, deren Ausführung langjährige Berufserfahrung voraussetzt, die in Ausnahmefällen auch durch Anlernung erworben sein kann.	110 %
8	Besonders schwierige Facharbeiten, die hohe Anforderungen an Können und Wissen stellen und selbstständiges Arbeiten voraussetzen.	121 %
9	Hochwertigste Facharbeiten, die überragendes Können, große Selbstständigkeit, Dispositionsvermögen etc. erfordern.	133 %

Analytische Arbeitsbewertung

Im Rahmen der analytischen Arbeitsbewertung werden die verschiedenen Anforderungen eines Arbeitsplatzes einzeln beurteilt und bewertet. Regelmäßig wird hierfür auf das **Genfer Schema** von 1950 zurückgegriffen, in welchem die folgenden Anforderungsarten als Basis für die Bewertung von Arbeitsplätzen zugrunde gelegt werden:

1. Können
2. Belastung
3. Verantwortung
4. Arbeitsbedingungen bzw. Umgebungseinflüsse

Diese Hauptanforderungsarten wurden vom REFA-Verband weiter differenziert:

1. Können:
   a) Kenntnisse
   b) Geschicklichkeit

2. Belastung:
   a) geistige Belastung
   b) körperliche Belastung

3. Verantwortung:
   a) für Betriebsmittel
   b) für die Sicherheit Anderer

4. Arbeitsbedingungen bzw. Umgebungseinflüsse: z. B. Lärm, Hitze oder Kälte

Die einzelnen Arbeitsplätze werden dahingehend analysiert, inwieweit der Stelleninhaber durch die Einzelanforderungen belastet wird.

Rangreihenverfahren

Ähnlich wie beim Rangfolgeverfahren werden hier alle Hauptanforderungsarten durch einen Vergleich in eine Rangfolge gebracht. Durch einen Gewichtungsfaktor wird der Anteil der einzelnen Anforderungsart an der Gesamtanforderung festgelegt.

Beispiel:

	Einzelrangpunkte			
	Können	Belastung	Verantwortung	Arbeitsbedingungen
Arbeitsplatz 1	4	3	3	3
Arbeitsplatz 2	2	2	4	2
Arbeitsplatz 3	3	4	2	4
Arbeitsplatz 4	1	1	1	1

	Gewichtete Einzelrangpunkte				
	Können 2,0	Belastung 0,8	Verantwortung 0,7	Arbeitsbedingungen 0,3	Summe
Arbeitsplatz 1	8,0	2,4	2,1	0,9	**13,4**
Arbeitsplatz 2	4,0	1,6	2,8	0,6	**9,0**
Arbeitsplatz 3	6,0	3,2	1,4	1,2	**11,8**
Arbeitsplatz 4	2,0	0,8	0,7	0,3	**3,8**

Auf Basis der Summe der gewichteten Einzelrangpunkte kann nun die Höhe des Arbeitsentgelts für jeden einzelnen Arbeitsplatz festgelegt werden.

Stufenwertzahlverfahren

Beim Stufenwertzahlverfahren werden für jede Anforderungsart Merkmalskategorien festgelegt, welche einen bestimmten Anforderungsgrad zum Ausdruck bringen:

0 = ohne Beanspruchung
1 = leichte Beanspruchung
2 = mittlere Beanspruchung
3 = hohe Beanspruchung

Die Addition der Wertzahlen aller Anforderungsarten multipliziert mit dem Gewichtungsfaktor bestimmt dann die Höhe des Arbeitsentgeltes. Je höher dieser Wert ist, desto höher der Lohn bzw. das Gehalt für den Mitarbeiter, der den entsprechenden Arbeitsplatz belegt. So kann man beispielsweise über einen bestimmten Euro-Betrag je Punkt das Arbeitsentgelt festlegen. In den neuen ERA-Tarifverträgen der Metall- und Elektroindustrie werden die Arbeitsplätze anhand des Arbeitswertes in eine Entgeltgruppe überführt.

Beispiel: Bewertung eines Arbeitsplatzes

Anforderungsstufen	Können 2,0	Belastung 0,8	Verantwortung 0,7	Arbeitsbedingungen 0,3
0				
1		1 → 0,8		
2			2 → 1,4	2 → 0,6
3	3 → 6,0			
Gesamtsumme			8,8	

Anders als beim Rangreihenverfahren werden beim Stufenwertzahlverfahren die einzelnen Arbeitsplätze innerhalb eines Unternehmens also nicht miteinander verglichen, sondern unabhängig voneinander nach Maßgabe der Beanspruchung durch die einzelnen Anforderungsarten bewertet.

Zusammenfassung

Arbeitsleitung bewerten

Verfahren der Arbeitsbewertung		
Einordnungsprinzip	summarisch	analytisch
Reihung	**Rangfolgeverfahren** • globaler Vergleich • in Rangfolge bringen	**Rangreihenverfahren** • Gewichtung + Bewertung der Einzelanforderungen • Einzelanforderungen in Reihe bringen
Stufung	**Lohngruppenverfahren** • ganze Arbeiten in Gruppen einteilen • Einordnung in Lohngruppen	**Stufenwertzahlverfahren** • Gewichtung + Bewertung der Einzelanforderungen • für jede Anforderung Stufen mit Punktzahl (Anforderungsstufen)

Aufgaben

1. Erläutern Sie allgemein die wesentlichen Unterschiede zwischen einer analytischen und der summarischen Bewertung der Arbeitsleistung.

2. Erläutern Sie die vier Ihnen bekannten Verfahren der Arbeitsbewertung.

3. Ihnen liegen folgende Daten zur Ermittlung der Höhe des Arbeitsentgeltes eines Mitarbeiters vor:

	Lohngruppe									
	I	II	III	IV	V	VI	VII	VIII	IX	X
% des Ecklohnes	70	75	80	85	90	95	**100**	105	110	115

a) In den letzten Tarifverhandlungen wurde für den Ecklohn eine Höhe von 14,75 €/Stunde festgelegt. Ermitteln Sie den Monatsverdienst von Matthias Fuchs (Lohngruppe V), wenn er im September 165 Stunden gearbeitet hat.

b) Wie hoch wäre der Mehrverdienst von Matthias Fuchs, wenn er aufgrund einer Neubewertung seiner Tätigkeit der Lohngruppe VI zugeordnet werden würde?

4.2 Entgeltformen und Personalkosten

Bei der Sommerfeld Bürosysteme GmbH herrscht Hochbetrieb. Unerwartete Zusatzaufträge sorgen dafür, dass alle Mitarbeiter noch mehr arbeiten müssen als ohnehin schon. Alle Mitarbeiter? Nein, in der Produktion gibt es Mitarbeiter, die sich von der ganzen Hektik nicht anstecken lassen und deutlich langsamer arbeiten als andere. „Ist das denn gerecht?", fragt sich Daniela.

Arbeitsaufträge

- Sammeln Sie Aspekte, die bei der Frage nach einer „gerechten" Entlohnung neben dem Aspekt der Anforderungsgerechtigkeit (vgl. Kapitel 4.1) zu berücksichtigen sind.

- Berichten Sie über Entlohnungsmodelle Ihrer Ausbildungsbetriebe.

Leistungsgerechtigkeit

In einer Marktwirtschaft gilt eine Entlohnung dann als „gerecht", wenn sie an die Leistung eines Mitarbeiters gekoppelt wird. Es muss also ermittelt werden, welche Leistungen bei einer bestimmten Arbeit erwartet werden können (= **Normal-Leistung**), um die individuelle Leistung eines Mitarbeiters (= **Ist-Leistung**) mithilfe des Leistungsgrades an der Normalleistung messen und bewerten zu können.

$$\text{Leistungsgrad} = \frac{\text{Ist-Leistung}}{\text{Normal-Leistung}} \cdot 100$$

Beispiel: Zum Polstern eines einfachen Bürostuhles benötigt ein Arbeiter in der Regel 5 Minuten. An einem Arbeitstag von acht Stunden beträgt die Normalleistung somit 96 Stühle. Während der Mitarbeiter Wulf tatsächlich 96 Stühle pro Tag polstert, kommt sein Kollege Kösters nur auf auf 72 Stühle. Der Leistungsgrad von Herrn Kösters wird wie folgt ermittelt:

$$\text{Leistungsgrad} = \frac{72 \text{ Stühle}}{96 \text{ Stühle}} \cdot 100 = 75\,\%$$

Bei einfachen, sich wiederholenden Tätigkeiten kann die Lohnhöhe in Abhängigkeit von der mengenmäßigen Leistung festgelegt werden (Akkordlohn). In hochentwickelten und kapitalintensiven Produktionsprozessen oder auch im Bereich der Verwaltung müssen andere Maßstäbe der Leistungsbemessung gefunden werden (Prämienlohn, Zeitlohn). Die Leistungsgerechtigkeit ist neben der Anforderungsgerechtigkeit (vgl. Kapitel 4.1) der zweite Aspekt, der bei der Lohnfindung mithilfe von Arbeitsstudien Berücksichtigung findet.

Entgeltformen

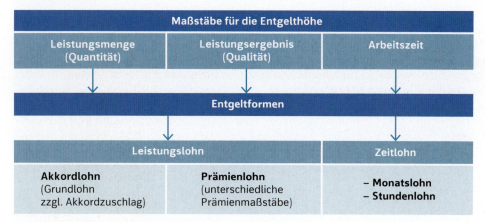

Akkordlohn

Beim Akkordlohn gibt es einen **direkten Zusammenhang zwischen Leistung und Entgelt**. Dies bedeutet: Je höher die Arbeitsleistung, desto höher das Entgelt.

Voraussetzungen hierfür sind:

- Die **Arbeitsgänge** müssen sich in kleinste Einzelaufgaben **zerlegen** lassen.
- Die **Arbeitsgänge** müssen sich regelmäßig **wiederholen**.
- Die **Arbeitnehmer** müssen die Produktionsmenge durch ihre **Arbeitsleistung beeinflussen** können.

Der Arbeitnehmer kann hier durch Steigerung seiner Arbeitsleistung den Verdienst erhöhen. Allerdings ist es auch denkbar, dass er seine Normalleistung aus verschiedenen Gründen (familiäre und gesundheitliche Probleme) nicht erbringt.

Aus den oben genannten Gründen besteht der Akkordlohn aus **zwei Bestandteilen**:

- **Garantierter Grundlohn:** Er entspricht dem Zeitlohn für eine vergleichbare Tätigkeit und wird auch dann ausgezahlt, wenn der Mitarbeiter die Normalleistung nicht erbringt.
- **Akkordzuschlag:** Dies ist ein prozentualer Zuschlag, der bei Erbringung der Normalleistung (diese entspricht einem Leistungsgrad von 100 %) zusätzlich zum Mindestlohn ausgezahlt wird. Der Mindestlohn wird – unabhängig von der Leistung – **immer gezahlt**, der Akkordrichtsatz (Grundlohn + Akkordzuschlag) wird nur dann gezahlt, wenn die Normalleistung erreicht wird.

Der Akkordlohn tritt als **Geldakkord** oder **Zeitakkord** auf und wird wie folgt berechnet:

- Beim **Geldakkord** wird ein **fester Geldbetrag pro Mengeneinheit** (Stück, kg usw.) festgelegt. Dieser wird als **Stückakkordsatz** bezeichnet.
- Beim **Zeitakkord** wird eine **feste Zeit** vorgegeben **(Vorgabezeit)**, in der eine **Mengeneinheit produziert** werden muss. Diese Vorgabezeit entspricht der Normalleistung, also einem Leistungsgrad von 100 %.

Beispiel: Die Polsterin Nohl arbeitet 38 Stunden pro Woche (152 Stunden pro Monat) in der Polsterei der Sommerfeld Bürosysteme GmbH. Die Normalleistung beträgt 12 Stück je Stunde. Ihr Stundenlohn ist mit 9,00 €, der Akkordzuschlag mit 20 % vereinbart. Bei Normalleistung errechnet sich der jeweilige Monatslohn:

... nach Geldakkord	... nach Zeitakkord
1. Ermittlung des Akkordrichtsatzes	**1. Ermittlung des Zeitakkordsatzes (Vorgabezeit)**
garantierter Grundlohn 12,00 € + Akkordzuschlag 20 % 2,40 € = Akkordrichtsatz 14,40 €	$\dfrac{60 \text{ Minuten}}{\text{Normalleistung}} = \text{Zeitakkordsatz}$ $\dfrac{60 \text{ Minuten}}{12 \text{ Stück je Stunde}} = 5 \text{ Minuten pro Stück}$
2. Ermittlung des Stückgeldes	**2. Ermittlung des Minutenfaktors**
$\dfrac{\text{Akkordrichtsatz}}{\text{Leistung/Stunde}} = \text{Stückgeld}$ $\dfrac{14,40 \text{ €}}{12 \text{ St./Std.}} = 1,20 \text{ € je Stück}$	$\dfrac{\text{Akkordrichtsatz}}{60 \text{ Minuten}} = \text{Minutenfaktor}$ $\dfrac{14,40 \text{ €}}{60 \text{ Minuten}} = 0,24 \text{ € pro Minute}$ Vorgabezeit · Minutenfaktor = Stückgeld
3. Ermittlung der Monatsleistung und des Monatslohnes bei Normalleistung	**3. Ermittlung der Monatsleistung und des Monatslohnes bei Normalleistung**
Ist-Leistung · Stückgeld 1 824 Stück · 1,20 € Die Normalleistung beträgt pro Stunde 12 Stück, pro Woche sind das (12 · 38) 456 Stück und pro Monat (20 Arbeitstage) 1 824 Stück. Bei einer Monatsarbeitszeit von 152 Stunden und einer Leistung von 1 824 Stück je Monat erhält Frau Nohl einen Lohn von **2188,80 €**.	Ist-Leistung · Vorgabezeit/St. · Minutenfaktor 1 824 Stück · 5 Minuten/Stück · 0,24 € Der Monatslohn beträgt **2188,80 €**.

Wenn in beiden Fällen Normalleistung unterstellt wird, so ergibt sich immer der gleiche Monatslohn. Der Anreiz für Frau Nohl liegt jetzt darin, die Stückzahl pro Stunde durch schnelleres Arbeiten zu erhöhen. Dadurch steigt die Leistung und damit auch der Lohn.

Gelingt es Frau Nohl, die stündliche Leistung um 3 Stück auf 15 Stück im Durchschnitt zu erhöhen, so erhöht sich ihr Monatslohn nach **Geldakkord** auf 2736,00 €, bei vereinbartem **Zeitakkord** ebenfalls auf 2736,00 €.

Wenn Frau Nohl beispielsweise aus gesundheitlichen Gründen nur 8 Stück pro Stunde schafft, so stünden ihr rein rechnerisch 1459,20 € Monatslohn zu (152 Std. · 8 Stück/Stunde · 1,20 €). Sie erhält aber trotzdem den garantierten Grundlohn in Höhe von 1824,00 € (152 Stunden · 12,00 €).

Der Geldakkord hat gegenüber dem Zeitakkord den Nachteil, dass alle Stückakkordsätze bei jeder Änderung der Tariflöhne neu berechnet werden müssen. Beim Zeitakkord muss jeweils nur der Minutenfaktor je Lohngruppe neu berechnet werden, da die Zeitvorgaben unverändert bleiben. Mit dem Akkordlohn sind eine Reihe von **Konsequenzen für Arbeitgeber und Arbeitnehmer** verbunden:

Konsequenzen des Akkordlohns
- Er bietet einen Anreiz zur Leistungssteigerung und Einkommensverbesserung.
- Die Lohnkosten je Stück sind fix, eine zuverlässige Kalkulation ist möglich.
- Er ermöglicht im Regelfall eine bessere Ausnutzung der Maschinenkapazitäten, was zu einer Fixkostendegression führt.
- Es kann wegen des erhöhten Leistungsdrucks zu gesundheitlichen Schäden und hohen Krankheitsständen bei den Arbeitnehmern kommen.
- Durch das erhöhte Arbeitstempo kann es zu Qualitätsminderungen kommen, wodurch verstärkte Qualitätskontrollen erforderlich werden, was wiederum die Prüfkosten erhöht.
- Es kommt zu einem erhöhten Verschleiß von Maschinen und Anlagen, dies verursacht zusätzliche Kosten (Wartung und Reparatur).

Gruppenakkord als Sonderform des Akkordlohnes
Eine besondere Form des Akkords stellt der Gruppenakkord dar. Hier werden Vorgabezeit und Minutenfaktor für eine **Gruppe von Arbeitskräften** festgelegt. Die Anteile des Einzelnen werden nach festgelegten Verteilungsschlüsseln ermittelt.

Konsequenzen des Gruppenakkordlohns
- stärkere Gruppengemeinschaft und Zusammenhalt der Grupppe
- gegenseitige Kontrolle der Gruppenmitglieder
- mögliche Überforderung der Gruppe, besonders der Schwächeren, durch den Gruppenleiter
- stärkerer Verschleiß der Betriebsmittel, auf die wegen des höheren Tempos keine Rücksicht genommen wird
- Spannungen innerhalb der Gruppe, wenn die einzelnen Gruppenmitglieder unterschiedlich leistungsfähig sind, da sich Minderleistungen Einzelner negativ auf den Lohn der anderen Gruppenmitglieder auswirken

Zeitlohn

Beim reinen Zeitlohn ist ausschließlich die **Dauer der Arbeitszeit** der Maßstab für die Entlohnung, wobei selbstverständlich davon ausgegangen wird, dass innerhalb der Arbeitszeit eine bestimmte Leistung erbracht wird. Diese Leistung ist jedoch häufig **nicht exakt messbar**, wie z. B. bei Verwaltungsarbeiten, Forschung und Entwicklung sowie der Wahrnehmung von Führungsaufgaben. Zudem gibt es Aufgaben, die eine erhöhte **Sorgfalt** (z. B. beim Einsatz von hochwertigem Material oder der Nutzung störungsanfälliger Anlagen) bedingen oder besonderen **qualitativen Ansprüchen** genügen sollen. Hier ist es nicht möglich und auch nicht sinnvoll über eine Entgeltform wie den Akkordlohn die Arbeitsmenge in den Mittelpunkt zu stellen. Der Zeitlohn lässt dem Mitarbeiter Raum für eine fundierte **Einarbeitung**, **Kreativität** und **Qualität** in der Ausübung seiner Tätigkeit. Aus betrieblicher Perspektive ist der Zeitlohn leicht zu berechnen und eine planbare Konstante für die **Kostenrechnung**. Ein geringerer **Krankenstand** und ein verbessertes **Betriebsklima** sind weitere Konsequenzen des Zeitlohnes, der einen geringeren Leistungsdruck erzeugt.

Der geringere **Leistungsdruck** bzw. der fehlende **Leistungsanreiz** für Mitarbeiter ist gleichzeitig der **Hauptkritikpunkt** bei einem reinen Zeitlohn. Die tatsächlichen Arbeitsleistungen einzelner Mitarbeiter werden nicht erfasst und der produktive **Leistungswettbewerb** zwischen den Mitarbeitern ist somit begrenzt. Ebenfalls ist es denkbar, dass sich Mitarbeiter, die glauben, mehr zu leisten als andere, ungerecht entlohnt fühlen.

Zeitlohn mit Leistungszulage/Prämienlohn

Durch die **zunehmende Automatisierung des Fertigungsprozesses** verliert der Akkordlohn immer mehr an Bedeutung. Der Arbeitnehmer kann durch seine Leistung das mengenmäßige Ergebnis der Produktion nur noch geringfügig mitbestimmen. Die computergesteuerten Fertigungsmaschinen übernehmen einen Großteil der Arbeiten. An die Stelle des Akkordlohns tritt der **Prämienlohn**.

Der Prämienlohn berücksichtigt vor allem **Leistungen qualitativer Art**, die je nach Arbeitsplatz unterschiedlich sind.

Beispiel: Folgende prämienwirksame Kriterien finden bei der Sommerfeld Bürosysteme GmbH für die Bereiche Produktion und Vertrieb Berücksichtigung:

Produktion	Vertrieb
– Unterschreitung der Vorgabezeiten – Verringerung der Ausschussquote – Optimierung des Einsatzes der Betriebsmittel (Kapazitätsauslastungsgrad) – Einsparung von Werkstoffen	– Erreichung des Umsatzzieles (gemäß Zielvereinbarung) – Akquisition von Neukunden – Reklamationsquote – Kundenzufriedenheit
Einmalprämien für umgesetzte Vorschläge (betriebliches Vorschlagswesen)	

Die Unterschreitung der Vorgabezeiten bzw. die Umsatzzahlen sind exakt und kurzfristig zu ermitteln. Sie sind die maßgeblichen Kriterien für den variablen Anteil des Gehaltes. Die anderen Kriterien werden über ein Punktesystem erfasst, in das individuelle Leistungen des Einzelnen, aber auch die Gesamtleistungen der jeweiligen Arbeitsgruppe einfließen. Diese Punkte führen zu einem zusätzlichen jährlichen Bonus, der jeweils im Februar ausgezahlt wird. Die individuelle Leistung und der Teamgedanke werden so gleichermaßen gefördert.

Die Gehaltsstruktur für einen Mitarbeiter im Vertrieb der Sommerfeld Bürosysteme GmbH sieht wie folgt aus:

		Anteile	Entgeltform
Maximalgehalt	Zielgehalt	**Fixes Grundgehalt** – umsatzunabhängig – inklusive der kostenlosen Nutzung eines Pkws für Privatzwecke innerhalb Deutschlands einschließlich Kraftstoff und Wartungskosten – 2/3 des Zielgehaltes	Zeitlohn
		Variable Leistungszulage – abhängig von der Erreichung des Umsatzzieles gemäß Zielvereinbarungsgespräch – vergleichbar mit einer Provision – max. 1/3 des Zielgehaltes	Prämienlohn
	Jahres-bonus	– abhängig von erzielten Leistungspunkten (individuell und gruppenbezogen) z. B. durch Zielübererfüllung oder sonstige Leistungen (siehe oben)	
		Vom Unternehmenserfolg abhängige Gehaltsbestandteile	Beteiligungslohn/ Investivlohn

Beteiligungslohn/Investivlohn

Der sogenannte Beteiligungslohn/Investivlohn ist nur im weiteren Sinne als eine Lohnform zu bezeichnen, da weder die Arbeitszeit noch die Arbeitsleistung direkt „entlohnt" wird. Der Beteiligungslohn wird zusätzlich zum Lohn und Gehalt gewährt und orientiert sich am Erfolg des Unternehmens.

Hauptformen des Beteiligungslohns

Kapitalbeteiligung:
*Bei der Kapitalbeteiligung findet keine Auszahlung statt. Vielmehr bleibt die Beteiligung im Unternehmen als Darlehen (Beteiligung am Fremdkapital) oder bei Kapitalgesellschaften in Form von Belegschaftsanteilen (Beteiligung am Eigenkapital). Der Mitarbeiter **„investiert"** sozusagen in „sein" Unternehmen. Die Höhe der Kapitalbeteiligung ist abhängig von der Wertentwicklung und dem Erfolg des Unternehmens.*

Gewinnbeteiligung:
Die Arbeitnehmer erhalten einen Teil des Reingewinns eines Jahres ausgezahlt.

Der Beteiligungslohn beteiligt die Arbeitnehmer am Kapital und/oder am Erfolg des Unternehmens. Dadurch bindet das Unternehmen die Mitarbeiter stärker an die unternehmerischen Ziele (**Corporate Identity**) und fördert die Bereitschaft zu hohen Leistungen. Für die Mitarbeiter ist dies häufig eine willkommene Form der Vermögensbildung und somit auch eine zusätzliche Altersvorsorge, die zudem steuerlich gefördert wird.

Zuschläge

Sie werden wegen der Besonderheit der Arbeitsbedingungen oder Arbeitszeit gewährt.

Zuschläge	<ul><li>Mehrarbeitszuschläge</li><li>Zuschläge für besondere Arbeitszeiten</li><li>Gefahren- und Erschwerniszuschläge</li></ul>
Begründung	<ul><li>Überstunden</li><li>Nachts-, Sonn- und Feiertagsarbeiten</li><li>niedrige Temperaturen in Kühlräumen, besonders schwere körperliche Arbeit</li></ul>

> **PRAXISTIPP!**
>
> *Je nach Unternehmen kann das Entgeltsystem sehr kompliziert sein. Bei Gehaltsverhandlungen sind daher Konzentration und die Vermeidung von spontanen Entscheidungen erforderlich.*

Personalkosten

Aus der Sicht des Betriebes stellen alle Formen des Arbeitsentgeltes Personalkosten dar. Neben den Bruttolöhnen und -gehältern umfassen die Personalkosten noch:

- den Arbeitgeberanteil zur gesetzlichen Sozialversicherung (vgl. Kapitel 4.3.3, Seite 316 ff.)
- sonstige Personalzusatzkosten (u. a. betriebliche Altersvorsorge)

Diese über die Bruttolöhne und -gehälter hinausgehenden Kostenanteile werden **Personalzusatzkosten** genannt.

> Bruttolöhne/Bruttogehälter + Personalzusatzkosten = Personalkosten

Folgende Abbildung zeigt die Zusammensetzung der Arbeitskosten in Deutschland:

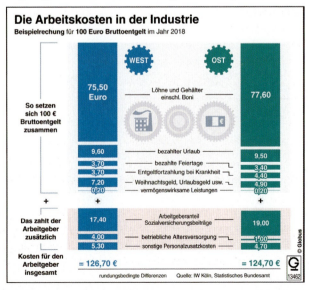

Die folgende Grafik zeigt die Arbeitskosten im internationalen Vergleich:

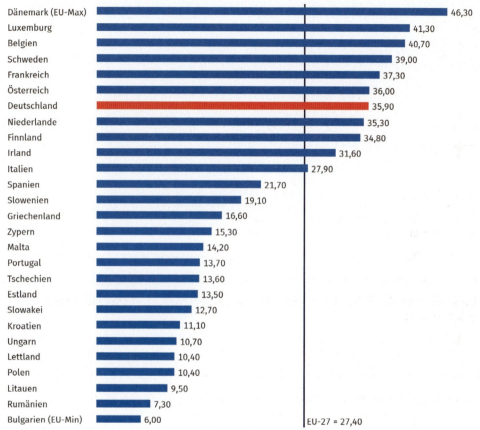

Zusammenfassung

Entgeltformen und Personalkosten

- Lohn und Gehalt sind das Entgelt für den Produktionsfaktor Arbeit.
- Ausschlaggebend für die Bemessung des Entgelts sind die Anforderungen, die an den Mitarbeiter an einem bestimmten Arbeitsplatz gestellt werden, aber auch die Leistungen, die ein Mitarbeiter erbringt.
- Formen des Arbeitsentgelts sind Lohn und Gehalt. In der Regel wird das Gehalt als Monatsgehalt, unabhängig von der Anzahl der Tage, an denen gearbeitet wird, gezahlt. Der Lohn wird dahingegen meistens als Stundenlohn gezahlt, d. h. der Auszahlungsbetrag kann am Monatsende in Abhängigkeit von der tatsächlich geleisteten Stundenzahl variieren.

- **Leistungslöhne** werden fast immer in **Kombination** mit **Zeitlöhnen** in Form von variablen Gehaltsanteilen oder Prämien gezahlt. Die Prämien richten sich nach der **Individual-** und der Gruppen- bzw. **Teamleistung**.
- Für besondere Arbeiten oder Arbeitszeiten werden **Zuschläge** gezahlt.
- Alle Entgeltformen sind für den Betrieb Bestandteil der **Personalkosten**. Neben den **Bruttolöhnen und -gehältern** gehören zu den Personalkosten auch die **Personalzusatzkosten**.

Aufgaben

1. Stellen Sie dar, wodurch sich Zeit- und Leistungslohn aus der Sicht des Arbeitnehmers und des Betriebes voneinander unterscheiden.

2. Erläutern Sie den Begriff Prämienlohn und erklären Sie, warum sich dieser bei bestimmten Fertigungsverfahren anbietet.

3. Stellen Sie einen Zusammenhang zwischen den Entlohnungsformen und der Leistungsbereitschaft eines Arbeitnehmers her.

4. Für den Mitarbeiter Horst Wessling gelten folgende Angaben:

   - Akkordrichtsatz 14,40 € je Stunde
   - Normalleistung 16 Stück je Stunde
   - Istleistung 136 Stück pro Arbeitstag (bei 8 Arbeitsstunden)

   Ermitteln Sie den Minutenfaktor, den Leistungsgrad und den tatsächlichen Stundenlohn für diesen gewerblichen Mitarbeiter.

5. Einem Mitarbeiter der Sommerfeld Bürosysteme GmbH sind im Zeitakkord für die Montage von Türelementen 15 Minuten je Stück vorgegeben. Der Minutenfaktor beträgt 0,25 € pro Minute.

   a) Ermitteln Sie den Akkordrichtsatz je Stunde.
   b) Errechnen Sie, wie viel der Mitarbeiter pro Stunde verdient, wenn er durchschnittlich sechs Stück je Stunde montiert.
   c) Bestimmen Sie das Stückgeld, wenn der Mitarbeiter im Geldakkord arbeiten würde.

6. Der Akkordrichtsatz für eine Stunde wird von der Sommerfeld Bürosysteme GmbH auf 15,00 € festgelegt. Die Normalleistung eines Arbeiters (= 100 % Leistungsgrad) beträgt zehn Stück je Stunde.

a) Vervollständigen Sie die Tabelle (mithilfe eines Tabellenkalkulationsprogramms):

Leistungsgrad in %	Leistung in Stück je Std.	Stückzeit in Minuten	Lohnstückkosten in €	Stundenlohn in €
75				
80				
90				
100	10	6	1,50	15,00
110				
120				
125				

b) Stellen Sie dar, wie sich die Lohnkosten bei überdurchschnittlichem und unterdurchschnittlichem Leistungsgrad verhalten.
c) Welche Folgen ergeben sich bei einem überdurchschnittlichen Leistungsgrad für die Arbeitgeber, für den Betrieb sowie bezüglich der Qualität der Erzeugnisse?
d) Die Sommerfeld Bürosysteme GmbH bietet den Arbeitern die Möglichkeit, künftig nach dem Zeitlohnverfahren bezahlt zu werden. Stellen Sie die Vor- und Nachteile für Arbeiter und Betrieb dar.

7. Schauen Sie sich die beiden Stellenanzeigen genau an.

SCHMITZ GmbH & Co KG
Bauunternehmung

Unsere junge Mannschaft benötigt dringend Verstärkung.

Sind Sie: **Maurerpolier (m/w/d)?**
Maurermeister (m/w/d)?
Maurer (m/w/d)?

Wir würden Sie gerne als Neuzugang begrüßen.
Rufen Sie uns an, Tel. 0221 171717, oder
schauen Sie doch einfach mal rein.

> **Spaß am Umgang mit Zahlen**
>
> Damit können Sie in unserem unkomplizierten Team „ohne Ärmelschoner" nach Herzenslust schalten und walten. Mit ihren fundierten buchhalterischen Allround-Kenntnissen und einem gut entwickelten Ordnungssinn werden Sie sich bei uns wohlfühlen als
>
> # Buchhalter (m/w/d)
>
> Es erwarten Sie vielseitige Aufgaben bis hin zur Mitwirkung bei der EDV-gestützten Erstellung von Monats- und Jahresabschlüssen.
> Zusätzliche Abwechslung bringt Ihnen unser bauorientiertes Lohnbüro ein.
> Das Gehalt stimmt, über sonstige Sozialleistungen reden wir gerne mit Ihnen. Rufen Sie uns an: Tel. 069 753720.

    a) Geben Sie an, welche Entgeltformen sich für die oben angegebenen Mitarbeiter eignen.
    b) Geben Sie Gründe an, weshalb gewerbliche Mitarbeiter häufiger im Leistungslohn und kaufmännische Mitarbeiter meist im Zeitlohn entlohnt werden.

8. a) Erstellen Sie einen Fragebogen, den Sie als Klasse an Industriebetriebe in Ihrer näheren Umgebung schicken. Mithilfe dieses Fragebogens sollen Sie herausfinden,
   - welche Lohnformen es in diesen Betrieben gibt,
   - warum gerade diese Formen ausgewählt wurden,
   - welche Vor- und Nachteile der Betrieb mit diesen Lohnformen verbindet.

   Die Fragen stimmen Sie in Ihrer Klasse ab.

   b) Erstellen Sie einen weiteren Fragebogen, den Sie an die örtliche Gewerkschaftsvertretung schicken. Versuchen Sie mit diesem Fragebogen herauszufinden, wie die Gewerkschaften sich zu den einzelnen Lohnformen stellen, welche sie vorziehen und welche sie ablehnen.

   c) Werten Sie die Fragebögen in Gruppenarbeit aus. Erstellen Sie eine Liste mit den Argumenten der Arbeitgeber- und Arbeitnehmerseite. Tragen Sie die Ergebnisse Ihrer Gruppe vor und diskutieren Sie diese Ergebnisse. Welche Lohnformen werden in den Betrieben Ihrer Umgebung bevorzugt eingesetzt?

9. Die Sommerfeld Bürosysteme GmbH erhält einen Brief von einem Kunden, in dem es unter anderem heißt: „... bin ich über den von Ihnen berechneten Stundensatz für die Monteurstunden in Höhe von 62,50 € geradezu entsetzt. Dies vor allem, weil Ihr Monteur mir erzählte, dass er 19,00 € pro Stunde verdiene. Bitte erklären Sie mir diesen erheblichen Unterschied!" Führen Sie Gründe an, die den hohen Stundensatz für die Monteurstunden erklären.

10. Neben Anforderungsgerechtigkeit und Leistungsgerechtigkeit fließen häufig auch soziale Komponenten in die Lohn- bzw. Gehaltsstruktur von Tarifverträgen oder Unternehmensvereinbarungen ein. Nennen Sie Beispiele und überprüfen Sie, inwieweit soziale Komponenten auch in Ihrem Ausbildungsbetrieb die Lohn- und Gehaltshöhe beeinflussen.

11. In der Abbildung „Arbeitskosten im Standortwettbewerb" auf S. 299 werden die Kosten je Arbeitsstunde in der Industrie in einer Vielzahl von Ländern gegenübergestellt.

a) Stellen Sie fest, wie es um die Wettbewerbsfähigkeit der deutschen Wirtschaft bestellt ist.
b) Stellen Sie dar, welche Kostenbestandteile eine Arbeitsstunde enthält. Ziehen Sie dazu die Abbildung „Arbeitskosten in der Industrie" auf S. 298 heran.
c) Um international wettbewerbsfähig zu bleiben, könnten die Lohnnebenkosten in Deutschland weiter gesenkt werden. Machen Sie Vorschläge, welche Kostenbestandteile der Lohnnebenkosten gesenkt werden können.
d) Diskutieren Sie die mit einer Senkung der genannten Lohnnebenkosten verbundenen Folgen.

12. Bei der Sommerfeld Bürosysteme GmbH wird u. a. der Vorderfuß „25 ⋅ 15/1,5 954 LG" produziert. Für die Fertigung liegt der folgende Arbeitsplan vor:

Arbeitsplan Nr.: 5-20.01.02-08			Datum: 16.08.2007		Blatt 1 von 1
Benennung: Vorderfuß 25 ⋅ 15/1,5 954 LG			Zeichnungs-Nr. 20.01.20(0) 02-08-3		Stück: 200
Kosten-stelle	Arb.-folge	Arbeitsvorgang	Zeitvorgabe in Minuten		Bemerkung
			Rüstzeit tr	Zeit in Einheit te	Sicherheitshinweise beachten
302	1	Sägen auf Länge	15,00	12,00	
305	2	Biegen	12,00	4,00	
307	3	Abkanten	10,00	5,00	
322	4	Bohren 2 ⋅ 7 mm	25,00	14,00	
323	5	Bohren für Stapelstoff	25,00	18,00	
323	6	Bohren Rücken	22,00	12,00	
321	7	Bohren, Versenken N. Z.	6,00	10,00	
321	8	Aufbohren 8,5 F-Sitz	5,00	15,00	
506	9	Prüfen			

a) Berechnen Sie die Auftragszeit in Stunden für die Fertigung von 200 Einheiten.
b) Bestimmen Sie, nach welcher Form die Mitarbeiter der Arbeitsfolgen 1 bis 8 entlohnt werden und suchen Sie hierfür nach einer Begründung.
c) Machen Sie einen begründeten Vorschlag für die Entlohnung von Arbeitsgang 9.

LS 21

4.3 Entgeltabrechnungen und -buchungen

4.3.1 Grundlagen der Lohn- und Gehaltsabrechnung

Rudolf Heller und Daniela Schaub, die beide mittlerweile im 2. Ausbildungsjahr sind, unterhalten sich über eine mögliche Übernahme nach dem Ende der Ausbildung.

Rudolf: „Rein ‚geldtechnisch' bin ich jedenfalls froh, wenn die Ausbildung vorbei ist. Jana Bauer, die letztes Jahr fertig geworden ist und nun für den Betrieb Europa zuständig ist, bekommt immerhin 2 860,00 € – hat sie mir erzählt."

Daniela: „Na ja, die muss aber auch eine echte ‚Powerfrau' sein. Ich weiß zufällig, dass sie eine Stelle bekommen hat, die für eine Anstellung nach der Ausbildung nicht gerade üblich ist, weil sie eine super Ausbildung mit entsprechender Note hingelegt hat. Außerdem hat sie offensichtlich im Bewerbungsgespräch ganz gut verhandelt."

Rudolf: „Wie auch immer – wir werden nach der Ausbildung auf jeden Fall deutlich mehr verdienen als jetzt."

In diesem Moment kommt Jana Bauer an den beiden vorbei.

Daniela: „Hallo Jana, du Großverdienerin."

Jana: „Von wegen Großverdienerin. Nicht einmal 1 900,00 € kamen bei der ersten Gehaltszahlung für mich raus."

Rudolf: „Was? Warum das denn? Du hast doch gesagt, Du würdest fast 2 900,00 € verdienen ..."

Arbeitsaufträge

- Erläutern Sie, mit welchen Abzügen vom Bruttogehalt nicht nur Jana Becker leben muss und wofür diese Gehaltsabzüge verwendet werden.

- Diskutieren Sie die Angemessenheit der Abzüge und nach welchen Kriterien der Staat die Höhe der Abzüge festlegen sollte.

- Halten Sie die sich aus der Diskussion ergebenden offenen Fragen in einem Themenspeicher auf einem Plakat für den weiteren Unterricht fest.

Struktur der Entgeltabrechnung

Der Grundlohn bzw. das Grundgehalt sind keinesfalls identisch mit dem Betrag, den ein Mitarbeiter am Ende des Monats tatsächlich ausgezahlt bekommt. Die folgende Übersicht zeigt vereinfacht den „Weg" vom Grundgehalt zum Auszahlungsbetrag. In den nachfolgenden Kapiteln werden die einzelnen Begriffe dann präziser erläutert.

> **Grundlohn oder -gehalt**
> + sonstige Bezüge und geldwerte Vorteile
> + Zuschläge
> + Zuschuss des Arbeitgebers für vermögenswirksame Leistungen
> = **sozialversicherungspflichtiger/-pflichtiges Bruttolohn/-gehalt**
> − Lohnsteuerfreibeträge
> = **steuerpflichtiger/-pflichtiges Bruttolohn/-gehalt**
> − Arbeitnehmeranteil zur Sozialversicherung
> − steuerliche Abzüge
> = **Nettolohn/-gehalt**
> − sonstige Abzüge (z. B. Sparrate VL-Vertrag, Personalkauf)
> = **Auszahlungsbetrag**

Vom Grund- zum Bruttolohn oder -gehalt

Mit dem Bezug von Lohn bzw. Gehalt wird der Arbeitnehmer grundsätzlich verpflichtet, Beiträge zu den **Sozialversicherungen** (siehe Kap. 4.3.3, S. 316 ff.) sowie **Steuern** (siehe Kap. 4.3.2, S. 307 ff.) zu zahlen. Die Abzüge beziehen sich grundsätzlich auf sämtliche Einkünfte, die dem Arbeitnehmer aus seinem Dienstverhältnis zufließen.

Es ist dabei gleichgültig,
- ob es sich um einmalige oder regelmäßige Einnahmen oder
- ob es sich um Geld-, Sachbezüge oder geldwerte Vorteile handelt.

Laufende und einmalige Geldzahlungen	<ul><li>Löhne und Gehälter zuzüglich etwaiger Zulagen und Zuschläge</li><li>Provisionen</li><li>13. Monatsgehalt</li><li>einmalige Abfindungen und Entschädigungen</li><li>Urlaubsgeld</li><li>Erfindervergütung</li></ul>
Sachbezüge und andere geldwerte Vorteile	<ul><li>verbilligte oder freie Wohnung</li><li>verbilligte oder freie Verpflegung</li><li>kostenlose oder verbilligte Überlassung von Waren</li><li>kostenlose oder verbilligte Überlassung von Kraftfahrzeugen für Privatzwecke</li><li>Fahrtkostenzuschüsse</li></ul>

Steuerfreie Einkünfte
Für einige Einkünfte hat der Gesetzgeber bis zu bestimmten Höchstgrenzen Steuerfreiheit vorgesehen.

Beispiele: Leistungen nach dem Mutterschutzgesetz; Leistungen des Arbeitgebers zur Unterbringung und Betreuung von nicht schulpflichtigen Kindern der Arbeitnehmer in Kindergärten oder vergleichbaren Einrichtungen; bestimmte nebenberufliche Einkünfte als Übungsleiter oder Betreuer, die einem gemeinnützigen Zweck dienen.

PRAXISTIPP!

Der Staat unterstützt Arbeit, die dem Gemeinwohl dient, mit Steuerfreiheit. Dies soll für Sie ein zusätzlicher Anreiz zum sozialen Engagement sein.

Steuerfreibeträge

Die Höhe des steuerpflichtigen Einkommens kann durch die Anrechnung von **Steuerfreibeträgen** reduziert werden. Dadurch wird die Bemessungsgrundlage für die Festsetzung der Steuerlast und damit die Höhe der zu leistenden Steuern reduziert.

Zusammenfassung

Grundlagen der Lohn- und Gehaltsberechnung

- Zum **Bruttoentgelt** gehören sämtliche laufenden und einmaligen **Geldzahlungen** sowie **Sachbezüge** und geldwerte Vorteile.
- Das Bruttoentgelt ist **Grundlage** für die **steuerlichen Abzüge** und die Abzüge für die **Sozialversicherungen**.
- Für bestimmte Einkünfte gibt es eine **Steuerfreiheit**.
- Das steuerpflichtige Bruttoentgelt ist gegenüber dem sozialversicherungspflichtigen Bruttoentgelt vermindert um **Steuerfreibeträge**.

Aufgaben

1. Recherchieren Sie im Internet nach Bestimmungen zu den steuerfreien Einkünften nach dem Einkommensteuergesetz (EStG).

   a) Informieren Sie sich über steuerfreie Einkünfte und ordnen Sie diese in zwei Kategorien ein: „Finde ich angemessen"/„Finde ich eher unangemessen"
   b) Diskutieren Sie Ihre Zuordnung in der Klasse.

2. Sammeln Sie in der Klasse mithilfe eines Brainstormings Ihr Wissen zum Thema „Steuerabzüge vom Lohn und Gehalt" und halten Sie dieses zur Vorbereitung auf den weiteren Unterricht auf einem Plakat fest.

3. Erkundigen Sie sich in Ihrem Ausbildungsbetrieb, welche Sachbezüge und andere geldwerte Vorteile von Ihrem Ausbildungsbetrieb gewährt werden. Analysieren Sie nach Möglichkeit die Gehaltsabrechnungen von Familienmitgliedern unter dem Aspekt „Gewährung von geldwerten Vorteilen".

4.3.2 Ermittlung der steuerlichen Abzüge

Beim Blick auf ihre Gehaltsabrechnung seufzt Jana Bauer tief. „Nur 1 710,79 €, das ist wirklich nicht besonders viel. Ich möchte wirklich mal wissen, wodurch eigentlich die Höhe der steuerlichen Abzüge festgelegt wird."

Arbeitsaufträge

- Erläutern Sie, welche Steuern Jana Bauer von ihrem Einkommen zu zahlen hat und durch welche Faktoren die Höhe der einzelnen Steuern bestimmt wird.

- Erarbeiten Sie ein Ablaufschema zur Ermittlung der Lohnsteuer, des Solidaritätszuschlages und der Kirchensteuer mithilfe der Lohnsteuerabzugstabelle.

Lohnsteuer

Der Arbeitgeber ist durch das Gesetz (vgl. § 38 Abs. 3 EStG) verpflichtet, folgende Abzüge vom **steuerpflichtigen Bruttogehalt** einzubehalten und an das **Finanzamt** abzuführen.

- Lohnsteuer
- Solidaritätszuschlag
- ggf. Kirchensteuer

→ Finanzamt

Der Arbeitnehmer ist Schuldner der Lohnsteuer. Der Arbeitgeber haftet für deren Einbehaltung und Abführung.

Höhe der Lohnsteuer

Die einbehaltene Lohnsteuer richtet sich nach

- der Höhe des Arbeitslohnes
- der Steuerklasse
- der Anzahl der Kinderfreibeträge

Lohnsteuerklassen

Die Lohnsteuerklassen, denen die Arbeitnehmer zugeordnet werden, spiegeln gesellschaftspolitische Zielsetzungen wider (Förderung von Ehe und Familie). So können verheiratete (oder in einer eingetragenen Lebensgemeinschaft lebende) Arbeitnehmer gemeinsam veranlagt werden und zwischen den Lohnsteuerklassen III, IV und V wählen, während Ledige der Steuerklasse I oder II (Alleinerziehende) zugeordnet werden. Die Steuerklasse VI ist für Arbeitnehmer vorgesehen, die noch ein zweites Arbeitsverhältnis oder weitere Arbeitsverhältnisse eingegangen sind. Die Anzahl der Kinder hat – außer bei Alleinerziehenden – keine Auswirkung auf die Steuerklasse, steuerliche Vorteile werden durch Kinderfreibeträge berücksichtigt.

Klasse	Zuordnungskriterien
I	Arbeitnehmer, die ledig sind, oder Verheiratete, die verwitwet oder geschieden sind.
II	Die in der Steuerklasse I genannten Personen, wenn ihnen der Entlastungsfreibetrag für Alleinerziehende zusteht.
III	Verheiratete Arbeitnehmer, wenn der Ehegatte keinen Arbeitslohn bezieht oder wenn der Ehegatte in die Steuerklasse V eingereiht wird.
IV	Verheiratete Arbeitnehmer, wenn beide Ehegatten Arbeitslohn beziehen.
V	Verheiratete Arbeitnehmer, wenn der Ehegatte ebenfalls Arbeitslohn bezieht und die Einreihung des einen Ehegatten in die Steuerklasse III auf Antrag beider Ehegatten erfolgt.
VI	Arbeitnehmer, die gleichzeitig Arbeitslohn von mehreren Arbeitgebern beziehen; Eintragung auf der zweiten oder jeder weiteren Steuerkarte.

Einkommensteuertarif

In Deutschland wird das Einkommen progressiv besteuert, d. h. mit steigendem Einkommen steigt auch der Steuersatz für jeden zusätzlich verdienten Euro. Das Drei-Tarifzonen-Konzept des Einkommensteuertarifs veranschaulicht die Steuerbelastung der Einkommen:

Einkommen-steuertarif 2021		Zu versteuerndes Einkommen in EUR	
		Grundtarif (Alleinstehende)	Splittingtarif (Verheiratete)
1. Tarifzone	**Grundfreibetrag (Nullzone)** keine Lohnsteuer, steuerunbelastetes **Existenzminimum**	bis 9.744,00	bis 19.488,00
2. Tarifzone	**erste Progressionszone: leicht ansteigend** von 14 % bis zum Knickpunkt bei 13 469,00 € auf 24 %	von 9.744,00 bis 14.754,00	von 19.488,00 bis 29.508,00
	zweite Progressionszone: weniger starker Anstieg von 25 % auf 42 %	von 14.754,00 bis 57.918,00	von 29.508,00 bis 115.836,00
3. Tarifzone	**obere Proportionalzone:** zu versteuernde Einkommen unterliegen dem gleichbleibenden **Spitzensteuersatz** von 42 % zusätzlich 3 % Reichensteuer	ab 57.918,00 ab 274.613,00	ab 115.836,00 ab 549.216,00

Tabellenfreibeträge

Diese Freibeträge sind bereits in die Werte der Lohnsteuerabzugstabelle (vgl. S. 314) eingearbeitet:

- **Grundfreibetrag** von 9 744,00 € in den Steuerklassen I, II und IV, in der Steuerklasse III 17 304,00 € (Splittingverfahren)
- **Arbeitnehmerpauschbetrag** (pauschale Berücksichtigung von Werbungskosten) in Höhe von 1 000,00 € in allen Steuerklassen außer Steuerklasse VI

- **Sonderausgabenpauschbetrag** in Höhe von 36,00 € in den Steuerklassen I, II und IV (in Steuerklasse III 72,00 €) für Sonderausgaben, die nicht Vorsorgeaufwendungen sind, wie z.B. Spenden, Kirchensteuer

- **Vorsorgepauschale**

- **Entlastungsfreibetrag in Höhe** von 1 908,00 € für das erste Kind (jedes weitere Kind + 240,00 €) für Alleinerziehende in der Steuerklasse II

- **Kinderfreibeträge** führen im Regelfall nur zu einer Verminderung von Solidaritätszuschlag und Kirchensteuer. Sie vermindern die zu zahlende Lohnsteuer erst dann, wenn das Finanzamt im Rahmen der Günstigkeitsprüfung feststellt, dass die steuerliche Entlastung höher wäre als das auszuzahlende Kindergeld

Unter dem folgenden Link bietet das Bundesministerium der Finanzen die Möglichkeit, die Höhe der zu zahlenden Einkommensteuer zu berechnen und die aktuell gültigen Sätze abzurufen: www.bmf-steuerrechner.de

Persönliche Lohnsteuerfreibeträge lt. ELStAM (Elektronische Lohnsteuerabzugsmerkmale)

Mögliche Freibeträge (z.B. erhöhte Sonderausgaben, Werbungskosten und außergewöhnliche Belastungen) werden auf Antrag des Arbeitnehmers **vom Finanzamt** in den Elektronischen LohnSteuerAbzugsMerkmalen (ELStAM) als **persönlicher Freibetrag ausgewiesen**.

Beispiel: Herr Witges, Mitarbeiter im Rechnungswesen der Sommerfeld Bürosysteme GmbH, der ein Bruttogehalt von 2 147,00 € erhält, hat sich auf Antrag einen Jahressteuerfreibetrag wegen erhöhter Werbungskosten von 2 400,00 € eintragen lassen. In diesem Fall wird die Lohnsteuer von 1 947,00 € ermittelt.

PRAXISTIPP!

Im Rahmen Ihres persönlichen Lohnsteuerjahresausgleiches können Sie Werbungskosten, Sonderausgaben und außergewöhnliche Belastungen nachträglich geltend machen. Diese verringern Ihr zu versteuerndes Einkommen, sodass Ihnen das Finanzamt bereits abgeführte Steuern zurückerstattet.

```
   Persönliche Einkommensteuererklärung:
      Einkünfte aus den sieben Einkunftsarten[1]
    − Werbungskosten
    = Summe der Einkünfte
    − Altersentlastungsbetrag
    = Gesamtbetrag der Einkünfte
    − Sonderausgaben
    − außergewöhnliche Belastungen
    = Einkommen
    − Kinderfreibetrag
    − Sonderfreibeträge
    = zu versteuerndes Einkommen
```

---

[1] vgl. § 2 EStG: Einkünfte aus Land- und Forstwirtschaft, aus Gewerbebetrieb, aus selbstständiger Arbeit, aus Kapitalvermögen, aus Vermietung und Verpachtung sowie sonstige Einkünfte

Werbungskosten	Aufwendungen des Arbeitnehmers zur Erwerbung, Sicherung und Erhaltung des Arbeitslohnes	• verkehrsmittelunabhängige Entfernungspauschale zwischen Wohnung und Arbeitsstätte pro Entfernungskilometer • Berufskleidung • Kosten für Arbeitszimmer, sofern der überwiegende Teil der Tätigkeit dort ausgeübt wird • Fachbücher, Fachzeitschriften • Beiträge zu Berufsverbänden und Gewerkschaften • Fortbildungskosten im ausgeübten Beruf • beruflich veranlasste Umzugskosten • Kosten der erstmaligen Berufsausbildung im Rahmen eines Ausbildungsverhältnisses
Sonderausgaben	Bestimmte im Gesetz aufgeführte Aufwendungen	**Vorsorgeaufwendungen** • Beiträge zur Kranken-, Renten-, Arbeitslosen- und Pflegeversicherung • Unfall- und • Lebensversicherung • Bausparbeiträge **Übrige Sonderausgaben** • Unterhaltsleistungen an den geschiedenen oder dauernd getrennt lebenden Ehegatten • Kosten beim Erwerb von Kenntnissen, die zur Aufnahme eines Berufs führen • Kirchensteuer • Spenden
Außergewöhnliche Belastungen	Vergleichsweise erhöhte Belastungen, denen sich der Steuerpflichtige aus rechtlichen und sittlichen Gründen nicht entziehen kann	• Beerdigungskosten • außergewöhnliche Krankheitskosten • Kuren • Sonderbedarf bei Berufsausbildung • Aufwendungen für eine Haushaltshilfe • Aufwendungen für Heim- und Pflegeunterbringung • Pauschalbeträge für behinderte Menschen • Kinderbetreuungskosten

Die elektronische Lohnsteuerkarte (ELStAM)
Der Arbeitgeber benötigt vom Arbeitnehmer bestimmte Informationen, um die Lohnsteuer zu berechnen und an das Finanzamt abführen zu können:

> **Steuerklasse, Kinder, Freibeträge, Religionszugehörigkeit**

Bisher diente die Lohnsteuerkarte dabei als Träger dieser Informationen, die letztmalig für 2010 (mit Gültigkeit für 2011 und 2012) von der Wohngemeinde zur Weiterleitung an den Arbeitgeber ausgestellt wurde.

Seit dem Jahr 2013 werden diese Informationen (Elektronische LohnSteuerAbzugsMerkmale – **ELStAM**) in einer Datenbank der Finanzverwaltung hinterlegt und den Arbeitgebern elektronisch bereitgestellt werden.

Die Zuständigkeit für die Pflege der Lohnsteuerabzugsmerkmale, die bisher auf der Vorderseite der Lohnsteuerkarte eingetragen waren (z. B. Kinder, Steuerklassenwechsel, andere Freibeträge), wechselt von den Meldebehörden zu den Finanzämtern. Für melderechtliche Änderungen, wie z. B. Heirat, Geburt eines Kindes, Kirchenein- oder -austritt, sind die Meldebehörden weiterhin zuständig.

Das neue Verfahren ab dem Jahr 2012 wird vereinfacht mit folgender Skizze des Bundesministeriums der Finanzen dargestellt:

Legende
1. Für den Lohnsteuerabzug wichtige melderechtliche Änderungen erhält das Finanzamt von der Meldebehörde auf elektronischem Wege.
2. Die Arbeitnehmer beantragen antragsgebundene Einträge und Freibeträge beim Finanzamt und schicken diesem ihre Steuererklärung auf elektronischem Wege.
3. Auf elektronischem Wege rufen die Arbeitgeber alle für den Lohnsteuerabzug wichtigen Besteuerungsmerkmale vom Finanzamt ab, und zwar mithilfe der dazu nötigen Identifikationsdaten:

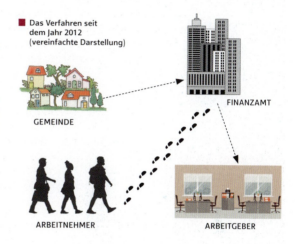

- **Steuernummer** der lohnsteuerlichen **Betriebsstätte** des Arbeitgebers
- **Identifikationsnummer (IdNr)** des **Arbeitnehmers**
- **Geburtsdatum** des **Arbeitnehmers**

Bei Beginn einer neuen Beschäftigung müssen Arbeitnehmer/-innen seit dem Jahr 2012 ihrem Arbeitgeber einmalig ihr Geburtsdatum, ihre Identifikationsnummer und die Auskunft erteilen, ob es sich um das Haupt- oder Nebenbeschäftigungsverhältnis handelt.

Die elektronische Lohnsteuerbescheinigung
Bei Beendigung des Dienstverhältnisses oder am Ende des Kalenderjahres hat der Arbeitgeber die Lohnkonten abzuschließen und dem Arbeitnehmer gemäß Steuerkarten-Übermittlungsverordnung spätestens bis zum 28. Februar des Folgejahres eine elektronische Lohnsteuerbescheinigung zu übermitteln bzw. der Finanzverwaltung bereitzuhalten.

Ausdruck der elektronischen Lohnsteuerbescheinigung für 20..

Nachstehende Daten wurden maschinell an die Finanzverwaltung übertragen.

80-1 III 1

45478

Frau Jana Bauer
Lohstraße 10
45359 Essen

Datum:

eTIN:

Identifikationsnummer:

Personalnummer: 80-1 III 1

Geburtsdatum: 15.05.19..

Transferticket:

Dem Lohnsteuerabzug wurden zugrunde gelegt:

Steuerklasse/Faktor	gültig ab
I	01.01.-31.12.

Zahl der Kinderfreibeträge	gültig ab
00,00	01.01.-31.12.

Steuerfreier Jahresbetrag	gültig ab

Jahreshinzurechnungsbetrag	gültig ab

Kirchensteuermerkmale	gültig ab
rk	01.01.-31.12.

Anschrift und Steuernummer des Arbeitgebers:

Sommerfeld Bürosysteme GmbH
Gladbecker Str. 85-91
45141 Essen

Essen, Jan. 20..

Sachbearbeiter Telefon
Herr Krämer   0201 163456-14

		€	Ct
1. Dauer des Dienstverhältnisses		vom - bis	
2. Zeiträume ohne Anspruch auf Arbeitslohn		Anzahl „U"	
Großbuchstaben (S, F)			
3. Bruttoarbeitslohn einschl. Sachbezüge ohne 9. und 10.		34 320	00
4. Einbehaltene Lohnsteuer von 3.		5 128	40
5. Einbehaltener Solidaritätszuschlag von 3.		0	00
6. Einbehaltene Kirchensteuer des Arbeitnehmers von 3.		461	56
7. Einbehaltene Kirchensteuer des Ehegatten von 3. (nur bei konfessionsverschiedener Ehe)			
8. In 3. enthaltene Versorgungsbezüge			
9. Ermäßigt besteuerte Versorgungsbezüge für mehrere Kalenderjahre			
10. Ermäßigt besteuerter Arbeitslohn für mehrere Kalenderjahre (ohne 9.) und ermäßigt besteuerte Entschädigungen			
11. Einbehaltene Lohnsteuer von 9. und 10.			
12. Einbehaltener Solidaritätszuschlag von 9. und 10.			
13. Einbehaltene Kirchensteuer des Arbeitnehmers von 9. und 10.			
14. Einbehaltene Kirchensteuer des Ehegatten von 9. und 10. (nur bei konfessionsverschiedener Ehe)			
15. Kurzarbeitergeld, Zuschuss zum Mutterschaftsgeld, Verdienstausfallentschädigung (Infektionsschutzgesetz), Aufstockungsbetrag und Altersteilzeitzuschlag			
16. Steuerfreier Arbeitslohn nach	a) Doppelbesteuerungsabkommen		
	b) Auslandstätigkeitserlass		
17. Steuerfreie Arbeitgeberleistungen für Fahrten zwischen Wohnung und Arbeitsstätte			
18. Pauschalbesteuerte Arbeitgeberleistungen für Fahrten zwischen Wohnung und Arbeitsstätte			
19. Steuerpflichtige Entschädigungen und Arbeitslohn für mehrere Kalenderjahre, die nicht ermäßigt besteuert wurden - in 3. enthalten			
20. Steuerfreie Verpflegungszuschüsse bei Auswärtstätigkeit			
21. Steuerfreie Arbeitgeberleistungen bei doppelter Haushaltsführung			
22. Arbeitgeberanteil	a) zur gesetzlichen Rentensicherung	3 191	76
	b) an berufsständische Versorgungseinrichtungen		
23. Arbeitnehmeranteil	a) zur gesetzlichen Rentensicherung	3 191	76
	b) an berufsständische Versorgungseinrichtungen		
24. Steuerfreie Arbeitgeberzuschüsse	a) zur gesetzlichen Krankenversicherung		
	b) zur privaten Krankenversicherung		
	c) zur gesetzlichen Pflegeversicherung		
25. Arbeitnehmerbeiträge zur gesetzlichen Krankenversicherung		2 711	28
26. Arbeitnehmerbeiträge zur sozialen Pflegeversicherung		609	18
27. Arbeitnehmerbeiträge zur Arbeitslosenversicherung		411	84
28. Beiträge zur privaten Kranken- und Pflege-Pflichtversicherung (ggf. Mindestvorsorgepauschale)			
29. Bemessungsgrundlage für den Versorgungsfreibetrag zu 8.			
30. Maßgebendes Kalenderjahr des Versorgungsbeginns in 8. und/oder 9.			
31. Zu 8. bei unterjähriger Zahlung: Erster und letzter Monat, für den Versorgungsbezüge gezahlt wurden			
32. Sterbegeld, Kapitalauszahlungen/Abfindungen und Nachzahlungen von Versorgungsbezügen - in 3. und 8. enthalten			
33. Ausgezahltes Kindergeld		-	
Finanzamt, an das die Lohnsteuer abgeführt wurde (Name und vierstellige Nr.)			

Solidaritätszuschlag

Seit 1995 wird ein Solidaritätszuschlag erhoben. Zum 01.01.2021 ist er für rund 90 % der Steuerzahler abgeschafft worden. Seitdem zahlen Alleinstehende bis zu einem zu versteuernden Jahreseinkommen von 61.717,00 € (Verheiratete 123.434 €) keinen Solidaritätszuschlag mehr, danach wird er schrittweise erhöht, ab einem Einkommen von 96.409,00 € (Verheiratete 192.818,00 €) werden 5,5 % von der Einkommensteuer fällig.

Kirchensteuer

Neben der Lohnsteuer muss der Arbeitgeber bei der Lohn- und Gehaltsabrechnung bei Mitarbeitern, die einer steuererhebenden Religionsgemeinschaft angehören, Kirchensteuer abziehen und an das Finanzamt abführen. Die **Kirchensteuer** ist **nicht** in allen Bundesländern **gleich hoch**. Sie beträgt in Bayern und Baden-Württemberg 8 % und in den übrigen Bundesländern **9 % der Lohnsteuer**. Ein eventueller Kinderfreibetrag ist in die Lohnsteuertabelle eingearbeitet.

Kindergeld

Seit dem 01.07.2021 beträgt das Kindergeld monatlich

- für das erste und zweite Kind je   219,00 €
- für das dritte Kind   225,00 €
- für jedes weitere Kind je   250,00 €

Arbeitnehmer erhalten das Kindergeld monatlich von den Familienkassen der Arbeitsämter als Steuervergütung ausbezahlt. Auf die Höhe der Lohnsteuer hat die in den Lohnsteuerabzugsmerkmalen bescheinigte Zahl der Kinderfreibeträge keinen Einfluss.

Ermittlung der Lohnsteuer, des Solidaritätszuschlags und der Kirchensteuer aus Lohnsteuertabellen

Arbeit mit der Lohnsteuertabelle
1. Ermitteln Sie zuerst das steuerpflichtige Bruttogehalt:
Grundgehalt (lt. Arbeits- oder Tarifvertrag)   + Zuschläge (z. B. Überstunden)   + Sonstige Beträge (z. B. Arbeitgeberanteil zur vermögenswirksamen Leistung, Job-Ticket)
= Sozialversicherungspflichtiges Bruttogehalt: Berechnungsgrundlage für die Sozialversicherungsbeiträge vom AN und AG   − Steuerfreibetrag lt. Lohnsteuerabzugsmerkmalen
= Steuerpflichtiges Bruttogehalt: Berechnungsgrundlage der Lohnsteuer
2. Ermittlung der Lohnsteuer, ggf. des Solidaritätszuschlages und ggf. der Kirchensteuer
Stimmt der Tabellenwert nicht mit dem steuerpflichtigen Bruttogehalt überein, ist die Lohnsteuer vom nächsthöheren Tabellenwert zu wählen. Achten Sie dabei auf   − die Steuerklasse und   − den Kinderfreibetrag.

Abzüge an Lohnsteuer, Solidaritätszuschlag (SolZ) und Kirchensteuer (8%, 9%) in den Steuerklassen

Lohn/Gehalt bis €*	StKl	I–VI ohne Kinderfreibeträge LSt	SolZ	8%	9%	I, II, III, IV LSt	SolZ 0,5	8%	9%	SolZ 1	8%	9%	SolZ 1,5	8%	9%	SolZ 2	8%	9%	SolZ 2,5	8%	9%	SolZ 3	8%	9%
2 462,99	I,IV	267,16	—	21,37	24,04	267,16	—	13,90	15,63	—	6,90	7,76	—	1,18	1,32	—	—	—	—	—	—	—	—	—
	II	223,91	—	17,91	20,15	223,91	—	10,66	11,99	—	4,02	4,52	—	—	—	—	—	—	—	—	—	—	—	—
	III	49,16	—	3,93	4,42	49,16	—	—	—	—	—	—	—	—	—	—	—	—	—	—	—	—	—	—
	V	540,83	—	43,26	48,67	267,16	—	17,57	19,76	—	13,90	15,63	—	10,34	11,63	—	6,90	7,76	—	3,76	4,23	—	1,18	1,32
	VI	573,50	—	45,88	51,61																			
2 465,99	I,IV	267,91	—	21,43	24,11	267,91	—	13,94	15,68	—	6,96	7,83	—	1,21	1,36	—	—	—	—	—	—	—	—	—
	II	224,58	—	17,96	20,21	224,58	—	10,70	12,04	—	4,06	4,56	—	—	—	—	—	—	—	—	—	—	—	—
	III	49,50	—	3,96	4,45	49,50	—	—	—	—	—	—	—	—	—	—	—	—	—	—	—	—	—	—
	V	541,83	—	43,34	48,76	267,91	—	17,62	19,82	—	13,94	15,68	—	10,39	11,69	—	6,96	7,83	—	3,80	4,27	—	1,21	1,36
	VI	574,66	—	45,97	51,71																			
2 468,99	I,IV	268,58	—	21,48	24,17	268,58	—	14,—	15,75	—	7,—	7,88	—	1,24	1,40	—	—	—	—	—	—	—	—	—
	II	225,25	—	18,02	20,27	225,25	—	10,76	12,10	—	4,10	4,61	—	—	—	—	—	—	—	—	—	—	—	—
	III	50,—	—	4,—	4,50	50,—	—	—	—	—	—	—	—	—	—	—	—	—	—	—	—	—	—	—
	V	542,83	—	43,42	48,85	268,58	—	17,68	19,89	—	14,—	15,75	—	10,44	11,74	—	7,—	7,88	—	3,84	4,32	—	1,24	1,40
	VI	575,50	—	46,04	51,79																			
2 471,99	I,IV	269,25	—	21,54	24,23	269,25	—	14,05	15,80	—	7,05	7,93	—	1,28	1,44	—	—	—	—	—	—	—	—	—
	II	225,91	—	18,07	20,33	225,91	—	10,80	12,15	—	4,14	4,65	—	—	—	—	—	—	—	—	—	—	—	—
	III	50,50	—	4,04	4,54	50,50	—	—	—	—	—	—	—	—	—	—	—	—	—	—	—	—	—	—
	V	543,66	—	43,49	48,92	269,25	—	17,73	19,94	—	14,05	15,80	—	10,49	11,80	—	7,05	7,93	—	3,88	4,36	—	1,28	1,44
	VI	576,33	—	46,10	51,86																			
2 474,99	I,IV	269,91	—	21,59	24,29	269,91	—	14,10	15,86	—	7,10	7,98	—	1,31	1,47	—	—	—	—	—	—	—	—	—
	II	226,58	—	18,12	20,39	226,58	—	10,85	12,20	—	4,18	4,70	—	—	—	—	—	—	—	—	—	—	—	—
	III	51,—	—	4,08	4,59	51,—	—	—	—	—	—	—	—	—	—	—	—	—	—	—	—	—	—	—
	V	544,66	—	43,57	49,01	269,91	—	17,78	20,—	—	14,10	15,86	—	10,54	11,85	—	7,10	7,98	—	3,92	4,41	—	1,31	1,47
	VI	577,50	—	46,20	51,97																			
2 477,99	I,IV	270,66	—	21,65	24,35	270,66	—	14,15	15,92	—	7,14	8,03	—	1,34	1,51	—	—	—	—	—	—	—	—	—
	II	227,25	—	18,18	20,45	227,25	—	10,90	12,26	—	4,22	4,75	—	—	—	—	—	—	—	—	—	—	—	—
	III	51,50	—	4,12	4,63	51,50	—	—	—	—	—	—	—	—	—	—	—	—	—	—	—	—	—	—
	V	545,50	—	43,64	49,09	270,66	—	17,84	20,07	—	14,15	15,92	—	10,59	11,91	—	7,14	8,03	—	3,96	4,45	—	1,34	1,51
	VI	578,33	—	46,26	52,04																			
2 480,99	I,IV	271,33	—	21,70	24,41	271,33	—	14,20	15,98	—	7,20	8,10	—	1,38	1,55	—	—	—	—	—	—	—	—	—
	II	227,91	—	18,23	20,51	227,91	—	10,96	12,33	—	4,26	4,79	—	—	—	—	—	—	—	—	—	—	—	—
	III	52,—	—	4,10	4,00	52,—	—	—	—	—	—	—	—	—	—	—	—	—	—	—	—	—	—	—
	V	546,50	—	43,72	49,18	271,33	—	17,89	20,12	—	14,20	15,98	—	10,64	11,97	—	7,20	8,10	—	4,—	4,50	—	1,38	1,55
	VI	579,33	—	46,34	52,13																			
2 483,99	I,IV	272,—	—	21,76	24,48	272,—	—	14,26	16,04	—	7,24	8,15	—	1,41	1,58	—	—	—	—	—	—	—	—	—
	II	228,58	—	18,28	20,57	228,58	—	11,—	12,38	—	4,31	4,85	—	—	—	—	—	—	—	—	—	—	—	—
	III	52,50	—	4,20	4,72	52,50	—	—	—	—	—	—	—	—	—	—	—	—	—	—	—	—	—	—
	V	547,50	—	43,80	49,27	272,—	—	17,94	20,18	—	14,26	16,04	—	10,69	12,02	—	7,24	8,15	—	4,04	4,55	—	1,41	1,58
	VI	580,16	—	46,41	52,21																			
2 486,99	I,IV	272,66	—	21,81	24,53	272,66	—	14,31	16,10	—	7,29	8,20	—	1,44	1,62	—	—	—	—	—	—	—	—	—
	II	229,25	—	18,34	20,63	229,25	—	11,06	12,44	—	4,35	4,89	—	—	—	—	—	—	—	—	—	—	—	—
	III	53,—	—	4,24	4,77	53,—	—	—	—	—	—	—	—	—	—	—	—	—	—	—	—	—	—	—
	V	548,33	—	43,86	49,34	272,66	—	18,—	20,25	—	14,31	16,10	—	10,74	12,08	—	7,29	8,20	—	4,08	4,59	—	1,44	1,62
	VI	581,33	—	46,50	52,31																			
2 489,99	I,IV	273,41	—	21,87	24,60	273,41	—	14,36	16,15	—	7,34	8,25	—	1,48	1,66	—	—	—	—	—	—	—	—	—
	II	229,91	—	18,39	20,69	229,91	—	11,10	12,49	—	4,40	4,95	—	—	—	—	—	—	—	—	—	—	—	—
	III	53,50	—	4,28	4,81	53,50	—	—	—	—	—	—	—	—	—	—	—	—	—	—	—	—	—	—
	V	549,16	—	43,93	49,42	273,41	—	18,05	20,30	—	14,36	16,15	—	10,79	12,14	—	7,34	8,25	—	4,12	4,64	—	1,48	1,66
	VI	582,16	—	46,57	52,39																			
2 636,99	I,IV	307,58	—	24,60	27,68	307,58	—	16,92	19,04	—	9,74	10,95	—	3,26	3,67	—	—	—	—	—	—	—	—	—
	II	263,16	—	21,05	23,68	263,16	—	13,59	15,29	—	6,62	7,45	—	0,99	1,11	—	—	—	—	—	—	—	—	—
	III	79,—	—	6,32	7,11	79,—	—	1,41	1,58	—	—	—	—	—	—	—	—	—	—	—	—	—	—	—
	V	596,—	—	47,68	53,64	307,58	—	20,70	23,29	—	16,92	19,04	—	13,27	14,93	—	9,74	10,95	—	6,32	7,11	—	3,26	3,67
	VI	630,—	—	50,40	56,70																			
2 642,99	I,IV	309,—	—	24,72	27,81	309,—	—	17,03	19,16	—	9,83	11,06	—	3,34	3,76	—	—	—	—	—	—	—	—	—
	II	264,58	—	21,16	23,81	264,58	—	13,70	15,41	—	6,72	7,56	—	1,06	1,19	—	—	—	—	—	—	—	—	—
	III	80,16	—	6,41	7,21	80,16	—	1,48	1,66	—	—	—	—	—	—	—	—	—	—	—	—	—	—	—
	V	598,—	—	47,84	53,82	309,—	—	20,82	23,42	—	17,03	19,16	—	13,37	15,04	—	9,83	11,06	—	6,42	7,22	—	3,34	3,76
	VI	632,—	—	50,56	56,88																			
2 645,99	I,IV	309,75	—	24,78	27,87	309,75	—	17,08	19,22	—	9,88	11,12	—	3,38	3,80	—	—	—	—	—	—	—	—	—
	II	265,25	—	21,22	23,87	265,25	—	13,75	15,47	—	6,77	7,61	—	1,08	1,22	—	—	—	—	—	—	—	—	—
	III	80,66	—	6,45	7,25	80,66	—	1,52	1,71	—	—	—	—	—	—	—	—	—	—	—	—	—	—	—
	V	598,83	—	47,90	53,89	309,75	—	20,87	23,48	—	17,08	19,22	—	13,42	15,10	—	9,88	11,12	—	6,46	7,27	—	3,38	3,80
	VI	633,—	—	50,64	56,97																			
2 861,99	I,IV	361,41	—	28,91	32,52	361,41	—	20,97	23,59	—	13,52	15,21	—	6,55	7,37	—	0,94	1,06	—	—	—	—	—	—
	II	315,50	—	25,24	28,39	315,50	—	17,52	19,71	—	10,29	11,57	—	3,71	4,17	—	—	—	—	—	—	—	—	—
	III	119,50	—	9,56	10,75	119,50	—	4,01	4,51	—	—	—	—	—	—	—	—	—	—	—	—	—	—	—
	V	670,50	—	53,64	60,34	361,41	—	24,88	27,99	—	20,97	23,59	—	17,18	19,33	—	13,52	15,21	—	9,97	11,21	—	6,55	7,37
	VI	706,—	—	56,48	63,54																			
2 864,99	I,IV	362,16	—	28,97	32,59	362,16	—	21,02	23,65	—	13,57	15,26	—	6,60	7,43	—	0,98	1,10	—	—	—	—	—	—
	II	316,25	—	25,30	28,46	316,25	—	17,57	19,76	—	10,34	11,63	—	3,75	4,22	—	—	—	—	—	—	—	—	—
	III	120,—	—	9,60	10,80	120,—	—	4,04	4,54	—	—	—	—	—	—	—	—	—	—	—	—	—	—	—
	V	671,50	—	53,72	60,43	362,16	—	24,94	28,05	—	21,02	23,65	—	17,24	19,39	—	13,57	15,26	—	10,02	11,27	—	6,60	7,43
	VI	707,—	—	56,56	63,63																			

Quelle: Stollfuß Tabellen, Gesamtabzug 2021, Monat, Allgemeine Tabelle, 110. Auflage, Stollfuß Medien, Bonn 2021, S. T 34, T 37, T 42.

Zusammenfassung

Ermittlung der steuerlichen Abzüge

- Die Lohnsteuer wird auf Einkünfte aus **nicht selbstständiger Arbeit** erhoben.

- Die **Höhe** der Lohnsteuer richtet sich nach
    - der Höhe des **Arbeitsentgeltes**
    - der **Steuerklasse** (Familienstand, Anzahl der Kinder, Zahl der Arbeitsverträge)
    - dem **Einkommensteuertarif**
    - den **Tabellenfreibeträgen**
    - möglichen **persönlichen Freibeträgen** laut **Lohnsteuerabzugsmerkmalen**

- Die Kirchensteuer wird von der Lohnsteuer berechnet. Sie beträgt je nach Bundesland 8 % (Baden-Württemberg und Bayern) oder 9 % der Lohnsteuer.

- Der Solidaritätszuschlag wird nur noch für knapp 10 % der Steuerpflichtigen fällig. Nur rund 3,5 % der Steuerpflichtigen zahlen den vollen Satz in Höhe von 5,5 %.

Aufgaben

1. Erläutern Sie, nach welchem Schema das zu versteuernde Einkommen berechnet wird.

2. Welche der folgenden Aufwendungen kann eine Industriekauffrau als Werbungskosten geltend machen?

    a) Fahrkosten mit öffentlichen Verkehrsmitteln zur Arbeit und nach Hause ab dem 21. Kilometer
    b) Fahrkosten zu einer Veranstaltung der Industrie- und Handelskammer zum Thema „Neue Entwicklungen im Bereich der Bürokommunikation"
    c) Gewerkschaftsbeitrag
    d) Berufshaftpflicht
    e) Reinigungskosten für Arbeitskleidung

3. Welche der nachfolgenden Aufwendungen können als Sonderausgaben geltend gemacht werden?

    a) Beiträge der Krankenversicherung
    b) Beiträge zu einer Berufshaftpflichtversicherung
    c) Beiträge der Bausparkasse
    d) Kosten einer Hausratversicherung
    e) Spende für „Brot für die Welt"

4. Erläutern Sie, welche Aufwendungen als außergewöhnliche Belastungen geltend gemacht werden können.

    a) Überlegen Sie, welche Steuern die Sommerfeld Bürosysteme GmbH zahlen muss.
    b) Diskutieren Sie die Folgen, die sich aus der zunehmenden Verschuldung der öffentlichen Haushalte ergeben.

4.3.3 Abzüge für die Sozialversicherung

Die Auszubildenden Rudolf Heller und Daniela Schaub sind erneut in die Diskussion um die Abzüge von ihrer Ausbildungsvergütung bzw. ihrem späteren Gehalt vertieft.

Rudolf: Also, die Abzüge für die ganzen Sozialversicherungen gehen mir mächtig auf die Nerven. Das ist richtig viel Geld, von dem ich doch gar nichts habe. Ich bin jung, kerngesund und habe einen Job.

Daniela: Hmm, schon klar. Aber das wird bzw. kann sich ja alles ändern.

Rudolf: Ja, ja. Aber wer garantiert mir, dass ich noch eine vernünftige Rente bekomme, wenn ich alt bin. Das scheint doch fast ausgeschlossen. Und bis dahin habe ich schon unheimlich viel Geld eingezahlt, welches ich doch im Augenblick gut gebrauchen könnte.

Daniela: Ich finde, so solltest du das nicht sehen. Es geht hier doch um Solidarität in der Gesellschaft.

Rudolf: Pah! Solidarität? Warum sollte ich solidarisch sein mit irgendwelchen Leuten, die zum Beispiel total ungesund leben?

Daniela: Aber dein Opa, um den deine Familie und auch du sich so aufopfernd kümmern, raucht doch auch immer noch …

Rudolf: Jetzt hör aber auf. Was ist das denn für ein schräger Vergleich?

Daniela: Vielleicht hast Du recht, aber Solidarität ist Solidarität. Und ohne Solidarität würde doch alles zusammenbrechen.

Arbeitsaufträge

- Arbeiten Sie in Kleingruppen Gemeinsamkeiten und Unterschiede der „Solidarität" in Familie und Freundeskreis einerseits und in der Gesellschaft andererseits heraus. Präsentieren und diskutieren Sie die Ergebnisse in der Klasse.

- Erläutern Sie nach einer arbeitsteiligen Gruppenarbeit die Probleme der einzelnen Sozialversicherungen und stellen Sie jeweils einen politischen Reformansatz vor.

- Tauschen Sie sich im Unterrichtsgespräch über Ihre bisherigen oder geplanten Bemühungen für eine private Vorsorge aus.

Sozialversicherung

Der Ursprung der Sozialversicherung liegt im 19. Jahrhundert. Als Folge der fortschreitenden Industrialisierung und der damit einhergehenden Verelendung der Arbeiter in den Städten kam es zu Unzufriedenheit und Unruhe. Als Reaktion darauf formulierte **Otto von Bismarck** 1881 den Rechtsanspruch der Arbeiter auf Leistungen bei Krankheit, Invalidität und materieller Not im Alter. Per Gesetz entstanden daraufhin 1883 die Krankenversicherung, 1884 die Unfallversicherung und 1889 die Invaliditäts- und Alterssicherung. 1927 folgte die Arbeitslosenversicherung und 1995 die Pflegeversicherung. Die nachfolgend abgebildete Tabelle zeigt exemplarisch die zu zahlenden Beiträge bei unterschiedlichen Einkommenshöhen.

monatliches Arbeitsentgelt* neue und alte Länder in €		Kranken-versicherung**	Renten-versicherung	Arbeitslosen-versicherung	Pflege-versicherung außer Sachsen	Pflege-versicherung Sachsen
2 460,-	AG	195,57	228,78	29,52	37,52	25,22
	AN ohne Kind	195,57	228,78	29,52	43,67	55,97
	AN mit Kind	195,57	228,78	29,52	37,52	49,82
2 470,-	AG	196,37	229,71	29,64	37,67	25,32
	AN ohne Kind	196,37	229,71	29,64	43,85	56,20
	AN mit Kind	196,37	229,71	29,64	37,67	50,02
2 480,-	AG	197,16	230,64	29,76	37,82	25,42
	AN ohne Kind	197,16	230,64	29,76	44,02	56,42
	AN mit Kind	197,16	230,64	29,76	37,82	50,22
2 490,-	AG	197,96	231,57	29,88	37,97	25,52
	AN ohne Kind	197,96	231,57	29,88	44,20	56,65
	AN mit Kind	197,96	231,57	29,88	37,97	50,42
2 500,-	AG	198,75	232,50	30,—	38,13	25,63
	AN ohne Kind	198,75	232,50	30,—	44,38	56,88
	AN mit Kind	198,75	232,50	30,—	38,13	50,63
2 510,-	AG	199,55	233,43	30,12	38,28	25,73
	AN ohne Kind	199,55	233,43	30,12	44,56	57,11
	AN mit Kind	199,55	233,43	30,12	38,28	50,83
2 520,-	AG	200,34	234,36	30,24	38,43	25,83
	AN ohne Kind	200,34	234,36	30,24	44,73	57,33
	AN mit Kind	200,34	234,36	30,24	38,43	51,03
2 530,-	AG	201,14	235,29	30,36	38,58	25,93
	AN ohne Kind	201,14	235,29	30,36	44,91	57,56
	AN mit Kind	201,14	235,29	30,36	38,58	51,23
2 640,-	AG	209,88	245,52	31,68	40,26	27,06
	AN ohne Kind	209,88	245,52	31,68	46,86	60,06
	AN mit Kind	209,88	245,52	31,68	40,26	53,46
2 650,-	AG	210,68	246,45	31,80	40,41	27,16
	AN ohne Kind	210,68	246,45	31,80	47,04	60,29
	AN mit Kind	210,68	246,45	31,80	40,41	53,66
2 860,-	AG	227,37	265,98	34,32	43,62	29,42
	AN ohne Kind	227,37	265,98	34,32	50,77	65,07
	AN mit Kind	227,37	265,98	34,32	43,62	57,92
2 870,-	AG	228,17	266,91	34,44	43,77	29,42
	AN ohne Kind	228,17	266,91	34,44	50,95	65,30
	AN mit Kind	228,17	266,91	34,44	43,77	58,12
3 750,-	AG	298,13	348,75	45,—	57,19	38,44
	AN ohne Kind	298,13	348,75	45,—	66,57	85,32
	AN mit Kind	298,13	348,75	45,—	57,19	75,94
4 650,-	AG	369,68	432,45	55,80	70,91	47,66
	AN ohne Kind	369,68	432,45	55,80	82,54	105,79
	AN mit Kind	369,68	432,45	55,80	70,91	94,16
4 800,-	AG	381,60	446,40	57,60	73,20	49,20
	AN ohne Kind	381,60	446,40	57,60	85,20	109,20
	AN mit Kind	381,60	446,40	57,60	73,20	97,20
4 810,-	AG	382,40	447,33	57,72	73,35	49,30
	AN ohne Kind	382,40	447,33	57,72	85,38	109,43
	AN mit Kind	382,40	447,33	57,72	73,35	97,40
4 820,-	AG	383,19	448,26	57,84	73,51	49,41
	AN ohne Kind	383,19	448,26	57,84	85,56	109,66
	AN mit Kind	383,19	448,26	57,84	73,51	97,61
5 000,-	AG	384,58	465,—	60,—	73,77	49,58
	AN ohne Kind	384,58	465,—	60,—	85,86	110,05
	AN mit Kind	384,58	465,—	60,—	73,77	97,96
5 010,-	AG	384,58	465,93	60,12	73,77	49,58
	AN ohne Kind	384,58	465,93	60,12	85,86	110,05
	AN mit Kind	384,58	465,93	60,12	73,77	97,96

Quelle: Stollfuß Tabellen, Gesamtabzug 2021, Monat, Anhang zur Sozialversicherung, 110. Auflage, Stollfuß Medien, Bonn 2021, SV 16, SV 17, SV 18, SV 22, SV 26, SV 27

---

[1] *Beitragsbemessungsgrenze der Kranken- und Pflegeversicherung 2021: 4 837,50 € (West und Ost) Beitragsbemessungsgrenze der Renten- und Arbeitslosenversicherung 2021: 7 100,00 € (West) und 6 700,00 € (Ost)*

In der Sozialversicherung sind alle abhängig Beschäftigten (Arbeiter und Angestellte) pflichtversichert.

Aktuell (Stand 2021) gelten folgende Sozialversicherungsbeitragssätze:

KV 14,6 %   PV 3,05 %   RV 18,6 %   AV 2,4 %

Die Beiträge zur Sozialversicherung werden grundsätzlich je zur Hälfte vom Arbeitgeber und Arbeitnehmer getragen. Allerdings können Krankenkassen, die mit dem Beitragssatz nicht auskommen, einkommensabhängige Zusatzbeiträge verlangen. Der Zusatzbeitrag beträgt aktuell durchschnittlich ca. 1,3 %. Auch dieser wird von Arbeitgeber und Arbeitnehmer jeweils zur Hälfte getragen.

PRAXISTIPP!

Die Sozialversicherungsbeitragssätze werden regelmäßig angepasst. Nutzen Sie das Internet, um die aktuellen Beitragssätze zu ermitteln.

In die **Pflegeversicherung** zahlen kinderlose Mitglieder nach Vollendung des 23. Lebensjahres zusätzlich zum halben Beitragssatz 0,25 %. Auch dieser Zusatzbeitrag muss vollständig vom Arbeitnehmer aufgebracht werden.

Für die **geringfügig Beschäftigten** (sog. Mini-Jobber) führen gewerbliche Arbeitgeber maximal 31,45 % (haushaltsnahe Minijobs: 14,99 %) Sozialversicherungsbeiträge ab. Der Arbeitnehmer zahlt zusätzlich 3,6 % in die Rentenversicherung ein.

Zur Berechnung der Beiträge zur Sozialversicherung legt **der Gesetzgeber jährlich Beitragsbemessungsgrenzen (nicht zu verwechseln mit den Versicherungspflichtgrenzen) fest**. Die Beitragsbemessungsgrenzen erhöhen sich entsprechend der Lohn- und Gehaltsentwicklung von Jahr zu Jahr. Oberhalb dieser Grenzen werden Löhne und Gehälter nicht mit Beiträgen belastet.

Beispiel: Nicole Esser erhält als Controllerin der Sommerfeld Bürosysteme GmbH ein Gehalt von 5 412,00 €. Die Beitragsbemessungsgrenze zur Krankenversicherung beträgt 4.837,50 € (2021). Die Beiträge zu ihrer Krankenversicherung werden auf der Basis von 4.837,50 € berechnet, das Einkommen oberhalb der Grenze bleibt beitragsfrei.

Die Versicherungsleistungen der Sozialversicherungen werden grundsätzlich aus den Beitragseinnahmen des jeweiligen Versicherungsjahres im **Umlageverfahren** finanziert. Eine Kapitalbildung wie bei den Individualversicherungen findet hier nicht statt.

Für die Rentenversicherung bedeutet dies, dass die im Beruf stehenden Arbeitnehmer mit ihren Beiträgen die Renten der jeweiligen Rentnergeneration zahlen. Diese Vereinbarung wird auch als **Generationenvertrag** bezeichnet. Probleme bei dieser Art der Finanzierung ergeben sich, wenn die Zahl der Rentner gegenüber den Beitragszahlern überproportional steigt.

Durch jährliche Rentenanpassungsgesetze wird die Rente der allgemeinen Entwicklung der Nettolöhne angepasst. Durch diese **Dynamisierung der Rente** wird sichergestellt, dass die Rentenempfänger an der Erhöhung des Lebensstandards teilnehmen.

Rentenversicherung

Aufgabe	– Zahlung von Renten im Alter (Altersruhegeld) ab 65 Jahren, flexibles Altersruhegeld ab 63 Jahren. Zwischen 2012 und 2035 steigt das gesetzliche Renteneintrittsalter von 65 auf 67 Jahre. – Erhalt, Verbesserung und Wiederherstellung der Erwerbsfähigkeit – Renten für Hinterbliebene
Träger	Alterssicherung Deutsche Rentenversicherung
Versicherungspflicht	– alle gegen Entgelt beschäftigten Arbeiter, Angestellten, Auszubildenden – Wehr- und Ersatzdienstleistende – Selbstständige auf Antrag
Leistungen	– Altersruhegeld, Witwen-, (Halb-) Waisenrente – Berufs- und Erwerbsunfähigkeitsrente – Maßnahmen der Rehabilitation
Beitrag	– 18,6 % (2021) – Arbeitgeber und Arbeitnehmer zahlen je die Hälfte.
Beitragsbemessungsgrenze	7.100,00 (6.700,00)[1] € monatlich (2021)

Krankenversicherung

Aufgabe	Übernahme von Risiken, die aufgrund von Krankheiten entstehen
Träger	AOK, Ersatzkassen, Betriebs- und Innungskrankenkassen
Versicherungspflicht	– Arbeiter und Angestellte, wenn ihr regelmäßiges Arbeitsentgelt die Versicherungspflichtgrenze nicht übersteigt (2021: 64.350,00 € im Jahr, 5.362,50 € im Monat) – Auszubildende, Arbeitslose, wenn sie Leistungen von der Bundesanstalt für Arbeit beziehen, Rentner
Leistungen	– Vorsorgeuntersuchungen – ärztliche und zahnärztliche Beratung, Untersuchung und Behandlung – verordnungsfähige Arznei- und Verbandmittel – Heil- und Hilfsmittel – Krankenhausbehandlung – Krankengeld (ab der 7. Woche 70 % des Bruttoentgelts)
Beitrag	– 14,6 % – Krankenkassen können einen Zusatzbeitrag verlangen, dieser beträgt im Durchschnitt 1,3 % und wird ebenfalls zu gleichen Teilen von Arbeitgeber und Arbeitnehmer beglichen.
Beitragsbemessungsgrenze	4.837,50 € monatlich (2021)

---

[1] Die Werte in Klammern gelten für die neuen Bundesländer einschließlich Ost-Berlin.

Arbeitslosenversicherung

Aufgabe	– Erreichung und Erhalt eines hohen Beschäftigungsgrades – Hilfe bei Arbeitslosigkeit
Träger	Bundesagentur für Arbeit, Nürnberg, und Jobcenter
Versicherungspflicht	alle gegen Entgelt beschäftigten Arbeitnehmer, Auszubildende, Wehr- und Ersatzdienstleistende
Leistungen	– Förderung der beruflichen Bildung durch Ausbildung, Fortbildung, Umschulung – Förderung der Arbeitsaufnahme – berufliche Rehabilitation – Kurzarbeitergeld – Arbeitslosengeld I (60 % ohne Kind, 67 % mit Kind des durchschnittlichen Nettoentgelts) und Arbeitslosengeld II – Berufsberatung und Arbeitsvermittlung
Beitrag	– 2,4 % (2021) – Arbeitgeber und Arbeitnehmer zahlen je die Hälfte.
Beitragsbemessungsgrenze	7.100,00 (6.700,00)[1] € monatlich (2021)

Pflegeversicherung

Aufgabe	soziale Absicherung des Risikos der Pflegebedürftigkeit
Träger	Pflegekassen bei den gesetzlichen Krankenkassen
Versicherungspflicht	– alle pflichtversicherten und freiwillig versicherten Mitglieder der gesetzlichen Krankenkassen – Privat Versicherte müssen eine private Pflegeversicherung abschließen.
Leistungen	nach fünf Pflegegraden je nach Pflegebedürftigkeit gestaffelt
Beitrag	– 3,05 % (2021), kinderlose AN nach dem 23. Lebensjahr zahlen 0,25 % zum paritätisch finanzierten Teil dazu. – Arbeitgeber und Arbeitnehmer zahlen je die Hälfte. (Ausnahme: In Sachsen zahlen die Arbeitgeber 1,025 % und die Arbeitnehmer 2,025 % bzw. 2,275 %)
Beitragsbemessungsgrenze	– 4.837,50 € monatlich (2021)

Unfallversicherung

Aufgabe	– Übernahme von Risiken, die aufgrund von Arbeitsunfällen, Wegeunfällen oder Berufskrankheiten entstehen – Erlass und Überwachung von Unfallverhütungsvorschriften
Träger	Berufsgenossenschaften
Versicherungspflicht	alle Beschäftigten

---

[1] Die Werte in Klammern gelten für die neuen Bundesländer einschließlich Ost-Berlin.

Leistungen	– Heilbehandlung nach einem Unfall – Maßnahmen der Rehabilitation – Übergangsgeld während der Rehabilitation – Verletztenrente und Hinterbliebenenrente – Berufsberatung und Arbeitsvermittlung
Beitrag	– Beitragshöhe ist abhängig von der Gefahrenklasse. – Arbeitgeber zahlt allein.

Probleme der Sozialversicherung und staatliche Lösungsansätze

Probleme der Sozialversicherungen

Das System der Sozialversicherungen in der Bundesrepublik Deutschland basiert auf der Solidarität zwischen den Bevölkerungsgruppen und den Generationen. Die von der Solidargemeinschaft – Arbeitnehmer und Arbeitgeber – eingezahlten Beiträge kommen im Notfall bei Krankheit, bei Pflegebedürftigkeit, Arbeitslosigkeit und im Alter (Rente) dem Einzelnen zugute.

Die Sozialversicherungen sind in den letzten Jahrzehnten immer wieder reformiert worden. Auch in Zukunft wird einer der zentralen Streitpunkte sein, wer die Hauptlast des vermutlich steigenden Finanzbedarfs zu tragen hat. Hauptargumente der Arbeitnehmer und Arbeitgeber gehen aus folgender Gegenüberstellung hervor:

Arbeitnehmer	• Die Beitragssätze werden in der Zukunft vermutlich steigen
	  – weil die medizinische Versorgung aufwendiger wird,
	  – weil die Kosten für Altersvorsorge und Gesundheit im Alter steigen (die durchschnittliche Lebenserwartung steigt),
	  – weil die Zahl älterer Menschen im Verhältnis zur arbeitenden Bevölkerung wächst.
	• Umgekehrt sinken die Nettolöhne mit den steigenden Abzügen.

Arbeitgeber	• Der Arbeitgeber bringt die Hälfte der Beiträge zur gesetzlichen Kranken-, Pflege-, Renten- und Arbeitslosenversicherung auf, die Lohnnebenkosten werden tendenziell als zu hoch empfunden. • Allein bei den gesetzlichen Lohnnebenkosten beträgt der Arbeitgeberanteil knapp unter 20 %. • Die Unfallversicherung trägt der Arbeitgeber allein. • Belastung der bundesdeutschen Betriebe mit wachsenden Kosten • Wettbewerbsnachteile im internationalen Vergleich

Mit der Steigerung der „sozialen Kosten" werden daher von beiden Seiten zunehmend Zweifel an ihrer Finanzierbarkeit geäußert. Aus der Sicht der Arbeitnehmer wird besonders der negative Einfluss dieser Entwicklung auf das Realeinkommen, die Arbeitsmotivation und die Zukunftsplanung betont, aus der Sicht der Arbeitgeber die Kostenexplosion und daraus resultierende Verschlechterung der Wettbewerbsfähigkeit. Hauptursache dieser Entwicklung ist der Altersaufbau unserer Gesellschaft.

Staatliche Maßnahmen im Bereich der Sozialversicherungen

Die beschriebenen Probleme verlangen nach Reformen in den einzelnen Sozialversicherungszweigen. Die nachstehende Tabelle zeigt Reformen, die bereits umgesetzt sind, und weitere geplante oder noch politisch diskutierte Reformansätze:

Sozialversicherung	Reformansatz	Erläuterungen/Beispiele/Wirkung
Rentenversicherung	Verlängerung der Lebensarbeitszeit von 65 auf 67 Jahre	- längere Einzahlung von Beiträgen - Entlastung der Erwerbstätigen - setzt Schaffung neuer Arbeitsplätze für junge Menschen voraus - Verbesserung der Generationsgerechtigkeit
	Niedrigere Renten - Abschläge bei früherem Renteneintrittsalter - Nachhaltigkeitsfaktor seit 2005 (demografischer Faktor)	- Abschlag von 0,3 % für jeden Monat - Renten sind abhängig vom Verhältnis von Beitragszahlern und Leistungsempfängern.
	Verbesserung der Generationsgerechtigkeit Rentenbonus für Ehepaare mit Kindern	- niedrigere Beiträge für Ehepaare mit Kindern - Anrechnung von Erziehungszeiten
Krankenversicherung	Zuzahlung der Patienten	- Rezeptgebühr
	Streichung von Leistungen	Für Zahnersatz und für Krankengeld muss eine Privatversicherung abgeschlossen oder ein Zusatzbeitrag gezahlt werden.
	Maßnahmen zur Verbilligung von Medikamenten Modell in der Reformdiskussion	- Versandhandel von Medikamenten - Aufhebung der Preisbindung für nicht verschreibungspflichtige Medikamente
Gesundheitsfonds Arbeitnehmer, Arbeitgeber und Bund zahlen rund 150 Milliarden € pro Jahr ein. Der Gesundheitsfonds und die über 200 Krankenkassen verwalten die Mittel. Verwaltungskosten: rund 10 Milliarden € Krankenkassen, die gut wirtschaften, können ihren Mitgliedern Beiträge zurückerstatten. Sie können auch zusätzliche Beiträge verlangen. Krankenhäuser, Ärzte und andere Leistungserbringer erhalten Geld für Ihre Leistungen: rund 140 Milliarden € im Jahr.		Neuorganisation der Finanzierung der gesetzlichen Krankenversicherung: Die an die Krankenkasse gezahlten Beiträge werden von diesen an den vom Bundesversicherungsamt verwalteten Gesundheitsfonds weitergeleitet. In den Gesundheitsfonds fließt ferner ein Bundeszuschuss aus Steuermitteln, um die Ausgaben der gesetzlichen Krankenversicherung zu decken. Aus dem Gesundheitsfonds erhalten die Krankenkassen Pauschalbeträge für jeden Versicherten sowie abhängig von der Versichertenstruktur ergänzende Zu- und Abschläge je nach Alter, Geschlecht und Krankenbild der Versicherten.

Sozialversicherung	Reformansatz	Erläuterungen/Beispiele/Wirkung	
	Wiedereinführung der vollständig paritätischen Finanzierung der Krankenkassenbeiträge zum 01.01.2019	Die Beitragssätze zur Krankenversicherung werden durch die Bundesregierung einheitlich für alle Krankenkassen festgesetzt. Die Krankenkassen können Zusatzbeiträge verlangen.	
	Allgemeiner Satz mit Anspruch auf Fortzahlung des Arbeitsentgelts	gesetzlich festgeschrieben 14,6 %	durchschnittlicher Zusatzbeitrag 1,3 %
	Ermäßigter Satz ohne Anspruch auf Krankengeld	14,0 %	1,3 %
Pflegeversicherung	Höhere Beiträge für Rentner Aufbau eines Kapitalstocks Regelmäßige Anpassung des Leistungsniveaus (Dynamisierung) Einfrieren des Arbeitgeberanteils auf heutigem Niveau	– Verbesserung der Generationsgerechtigkeit – Stabilisierung des Beitragssatzes – Zuzahlung kinderloser Arbeitnehmer (zzt. 0,25 %) – Entlastung der Lohnnebenkosten	
Arbeitslosenversicherung	Senkung des Beitragssatzes auf zzt. 2,4 %	Senkung der Lohnnebenkosten	

Private Vorsorge

Formen der privaten Vorsorge

Aus den genannten Gründen ist davon auszugehen, dass das Rentenniveau fällt und dass Zuzahlungen bzw. Eigenbeteiligungen bei den Kosten des Gesundheitswesens notwendig werden.

Zur Erhaltung des Lebensstandards im Alter, Krankheits- und Pflegefall sollte der Einzelne rechtzeitig damit beginnen, die sozialen Sicherungssysteme durch private Vorsorge zu ergänzen. Für eine Reihe von Möglichkeiten bietet der Sozialstaat hierbei Unterstützung an, indem er für die Vorsorgeleistung Prämien oder eine steuerliche Entlastung gewährt.

Vermögenswirksame Leistungen zur Förderung der Vermögensbildung und privaten Vorsorge

Durch vermögenswirksame Leistungen (VL) kann ein Arbeitnehmer sowohl von seinem **Arbeitgeber** auch als vom **Staat** Unterstützung bei der Vermögensbildung und der privaten Vorsorge geltend machen. Ob ein Anspruch auf vermögenswirksame Leistungen besteht, ergibt sich aus dem jeweiligen Tarifvertrag. Viele Unternehmen zahlen diese Leistung auch freiwillig. Dabei kann die Höhe der Zahlung durch den Arbeitgeber bis zu **40,00 € pro Monat** betragen und wird zusätzlich zum Lohn oder Gehalt gezahlt. Die VL werden nicht an den Arbeitnehmer ausgezahlt, sondern fließen direkt in einen begünstigten Vertrag zur Vermögensbildung. Im Vordergrund stehen dabei **Bausparverträge** und **Aktienfonds**, denn diese Sparanlagen werden vom Staat besonders gefördert (Arbeitnehmersparzulage und Wohnungsbauprämie). Die Zahlung durch den Arbeitgeber kann um einen Betrag, den der Arbeitnehmer freiwillig zuzahlt, erhöht werden. Unter bestimmten Bedingungen kommt eine **staatliche Förderung** hinzu.

Beispiel: Vermögenswirksame Leistungen bei Anlage in einem Investmentfonds. Der Staat fördert die Vermögensbildung der Arbeitnehmer durch die sogenannte Arbeitnehmersparzulage. Diese Zulage beträgt jährlich 20 % auf bis zu 400,00 € bei Beteiligungen am Produktivkapital. Die Maximalförderung beträgt mithin 80,00 € pro Jahr. Voraussetzung ist, dass das zu versteuernde Jahreseinkommen maximal 20 000,00 € für Ledige und 40 000,00 € für Verheiratete beträgt. Bei Anlage der vL in einen Bausparvertrag beträgt die Zulag nur 9 % der eingezahlten Summe, maximal 43,00 € jährlich.

PRAXISTIPP!

- *Insbesondere bei noch geringem Einkommen sind vermögenswirksame Leistungen eine interessante Anlagealternative. Prüfen Sie daher Ihre Ansprüche im Ausbildungsbetrieb und vergleichen Sie die entsprechenden Anlageangebote der Kreditinstitute.*
- *Staatliche Förderung können Sie auch erhalten, wenn Ihr Betrieb nichts dazugibt. Dann müssen Sie veranlassen, dass ein Teil Ihrer Ausbildungsvergütung vermögenswirksam angelegt wird.*

Zusammenfassung

Abzüge für die Sozialversicherung

- *Die Sozialversicherungen sind Pflichtversicherungen für alle Arbeiter und Angestellten. Sie dienen der Unterstützung der Menschen im Alter und im Falle von Krankheit, Pflegebedürftigkeit sowie Arbeitslosigkeit und Unfall.*
- *Die Sozialversicherungsbeiträge zur Kranken-, Renten-, Arbeitslosen- und Pflegeversicherung werden je zur Hälfte von Arbeitnehmer und Arbeitgeber getragen.*
- *Bei der Krankenversicherung zahlen Arbeitnehmer einen individuellen Zusatzbetrag des sozialversicherungspflichtigen Bruttoentgeltes.*
- *Nach Abzug weiterer Abzüge vom Nettogehalt (z. B. Vorschüsse, vermögenswirksame Leistungen) erhält man den Auszahlungsbetrag.*
- ***Vermögenswirksame Leistungen***
  - *sind, soweit sie vom Arbeitgeber gewährt werden, steuerpflichtiges Entgelt,*
  - *werden gemäß Sparvertrag vermögenswirksam angelegt, indem der Arbeitgeber den Monatssparbetrag einbehält und an das Sparinstitut abführt.*

  *Die **Sparzulage** wird im Rahmen des Lohnsteuerausgleichs auf Antrag gewährt.*

Aufgaben

1. Die Gehaltsabrechnung für einen Angestellten, Steuerklasse III,0, hat folgende Beträge ausgewiesen:

	€		€ AN	€ AG
Bruttogehalt	2 800,00			
Lohnsteuer	200,83	Krankenversicherung	221,20	221,20
Kirchensteuer	18,07	Rentenversicherung	260,40	260,40
Zu verrechnender Gehaltsvorschuss	250,00	Arbeitslosenversicherung	33,60	33,60
		Pflegeversicherung	49,70	42,70

   Berechnen Sie

   a) das Nettogehalt,
   b) den Überweisungsauftrag durch Bank an den Angestellten,
   c) den an das Finanzamt abzuführenden Betrag,
   d) den an die Krankenkasse abzuführenden Betrag (einschl. Arbeitgeberanteil).

2. Ein Mitarbeiter eines Industrieunternehmens erhält ein Monatsgehalt von 2 488,00 €.
   Steuerliche Merkmale: Steuerklasse III, Kinderfreibeträge 2,0
   Beitragssätze zur Sozialversicherung: vgl. S. 319 und 320
   Benutzen Sie für die Ermittlung der Lohn- und Kirchensteuer und der Beiträge zu den Sozialversicherungen die auf S. 314 f. stehenden Auszüge aus der Gesamtabzugstabelle (der individuelle Zusatzbeitragssatz zur KV beträgt 1,0 %). Ermitteln Sie

   a) die Gesamtabzüge an Lohnsteuer, SolZ und Kirchensteuer
   b) die Gesamtabzüge für Sozialversicherung (Arbeitnehmeranteil)
   c) das Nettoentgelt des Mitarbeiters

3. a) Für die Angestellten (alle älter als 23 Jahre) einer Industrieunternehmung sind Lohnsteuer, Solidaritätszuschlag und Kirchensteuer (alle Angestellten sind in NRW kirchensteuerpflichtig) im Monat März mithilfe der Abzugstabelle S. 314 f. zu ermitteln.
   Die Sozialversicherungsbeiträge sind nach den angegebenen Beitragssätzen für Arbeitgeber und Arbeitnehmer zusammen zu berechnen; Beitragssätze zur Sozialversicherung: vgl. S. 319 und 320

   1. Josef Klein, verheiratet, 2 Kinder, Ehefrau nicht berufstätig, Gehalt 2 635,00 €, individueller KV-Zusatzbeitrag 1,0 %
   2. Karin Reuth, geschieden, 1 Kind, Gehalt 2 440,00 €, vermögenswirksame Leistung Arbeitgeber 20,00 €, die vL-Sparrate beträgt 40,00 €, der individuelle KV-Zusatzbeitrag 0,9 %
   3. Christa Bahr, ledig, Gehalt 2 463,00 €, individueller KV-Zusatzbeitrag 1,1 %
   4. Gerd Last, ledig, Aushilfe, 164 Stunden, Stundenlohn 15,00 €, individueller KV-Zusatzbeitrag 1,2 %

   b) Stellen Sie die Gehaltsabrechnungen der vier Angestellten in einer Gehaltsliste zusammen und ermitteln Sie für den Monat März
      ba) die Nettogehälter,
      bb) den Arbeitgeberanteil zur Sozialversicherung,
      bc) den an das Finanzamt abzuführenden Betrag,
      bd) den an die Krankenkasse abzuführenden Betrag.

4. Durch welche der unten stehenden Tatbestände

A	werden die Personalkosten des Betriebes (1) erhöht, (2) vermindert, (3) nicht verändert?

B	wird das Nettogehalt an die Mitarbeiter (4) erhöht, (5) vermindert, (6) nicht verändert?
	Tatbestände
A	a) Senkung der Lohnsteuer b) Senkung des Krankenkassenbeitragssatzes c) Anhebung des Beitragssatzes zur Rentenversicherung um 0,5 %
B	d) Gehaltserhöhung e) Erhöhung des Beitragssatzes an die Berufsgenossenschaft f) Anhebung der Beitragsbemessungsgrenzen

5. Vom Bruttogehalt über 2 840,00 € werden 438,91 € Lohnsteuer, und 39,50 € Kirchensteuer, 563,64 € Sozialversicherungsbeiträge des Arbeitnehmers, 556,64 € Sozialversicherungsbeiträge des Arbeitgebers, 100,00 € Tilgungsrate eines Arbeitgeberdarlehens und 25,00 € Zinsen für das Arbeitgeberdarlehen einbehalten.
   Berechnen Sie

   a) das Nettogehalt,
   b) den Auszahlungsbetrag,
   c) den an die Krankenkasse abzuführenden Betrag.

6. Die Gehaltsabrechnung einer ledigen Angestellten ist mithilfe der angegebenen Prozentsätze zu ergänzen:

	€	€
Bruttogehalt		2 700,00
Lohnsteuer	401,91	
Kirchensteuer 9 %	?	?
Krankenversicherung 15,9 % einschließlich 1,3 % AN-Zusatzbeitrag ..	?	
Rentenversicherung (Beitragssatz insgesamt 18,6 %)	?	
Arbeitslosenversicherung (Beitragssatz insgesamt 2,4 %)	?	
Pflegeversicherung (Beitragssatz insgesamt 3,05 % + 0,25 % AN-Zusatzbeitrag)	?	?
Nettogehalt		?
Verrechneter Vorschuss		150,00
Auszahlung durch Banküberweisung		?

   a) Welcher Betrag ist
      aa) an die Krankenkasse,
      ab) an das Finanzamt zu überweisen?
   b) Wie viel EUR beträgt der Arbeitgeberanteil zur Sozialversicherung?

7. Die Dezember-Gehaltsliste einer Industrieunternehmung weist folgende Summen aus

Brutto-gehälter	Lohn-steuer, SolZ	Kirchen-steuer	Arbeitnehmer-anteil zur Sozial-versicherung	Gesamt-abzüge	Netto-gehäl-ter	Arbeitgeberan-teil zur Sozial-versicherung
142 000,00	11 960,00	975,00	28 897,00			27 441,50

Ermitteln Sie

a) die Gesamtabzüge,
b) die Summe der Nettogehälter,
c) den Überweisungsbetrag an das Finanzamt,
d) den Überweisungsbetrag an die Krankenkasse,
e) die gesamten Personalkosten der Industrieunternehmung.

8. Die Gehaltsabrechnung der Buchhalterin Christa Bungert, ledig, ein Kind, enthält folgende Daten:

Beträge	€
Bruttogehalt	2 120,00
Lohnsteuer	224,83
Kirchensteuer	6,92
Krankenversicherung, Beitragssatz 14,6 % + 1,2 % AN-Zusatzbeitrag	?
Rentenversicherung, Beitragssatz 18,6 %	?
Arbeitslosenversicherung, Beitragssatz 2,4 %	?
Pflegeversicherung, Beitragssatz 3,05 %	?
Verrechneter Vorschuss	20,00
Arbeitnehmeranteil	?

Ermitteln Sie mithilfe der angegebenen Prozentsätze

a) das Nettogehalt,
b) den ausgezahlten Betrag,
c) den Arbeitgeberanteil zur Sozialversicherung.

9. Eine Mitarbeiterin in einem Textilunternehmen erhält ein Bruttogehalt von 2 460,00 €. Bei der Gehaltsabrechnung sind folgende Daten zu berücksichtigen:

Familienstand	verheiratet, 1 Kind
Konfession	evangelisch
Steuerklasse	IV/0,5
Arbeitgeberzuschuss zur vermögenswirksamen Leistung (steuer- und sozialversicherungspflichtig)	15,00 €
vermögenswirksame Leistung des Arbeitnehmers	40,00 €

Ermitteln Sie

a) anhand des Auszuges aus der Gesamtabzugstabelle von S. 314 die Lohnsteuer, den Solidaritätszuschlag und die Kirchensteuer der Mitarbeiterin,
b) den Arbeitnehmeranteil zur Sozialversicherung,
c) den auszuzahlenden Betrag,
d) den Arbeitgeberanteil zur Sozialversicherung.

10. Frau Milde, verh., Steuerklasse V, bezieht im September ein Bruttogehalt von 2 480,00 €. Mit dem Gehalt sind ein Gehaltsvorschuss aus dem August von 200,00 € und Personalkäufe im September in Höhe von 98,00 € zu verrechnen. Frau Milde ist 21 Jahre alt und nicht kirchensteuerpflichtig. Ihr individueller KV-Zusatzbeitrag beträgt 1,1 %.

a) die Abzüge für das Finanzamt,
b) die Abzüge für die Sozialversicherung,
c) das Nettogehalt im September
d) den Auszahlungsbetrag im September,
e) den Arbeitgeberanteil zur Sozialversicherung.

11. Der Controller Klaus Reindl ist in die Steuerklasse I,0 eingestuft. Nach der Lohnsteuerabzugstabelle werden ihm von seinem Bruttogehalt über 2 450,00 € (zzgl. 20,00 € vermögenswirksame Leistung des Arbeitgebers) einbehalten:
Lohnsteuer 308,16 €, Kirchensteuer 9 %
Arbeitnehmerbeiträge zur Sozialversicherung:
Krankenversicherung 7,3 % + 0,65 % AN-Zusatzbeitrag
Rentenversicherung 9,30 %
Arbeitslosenversicherung 1,20 %
Pflegeversicherung 1,525 % + 0,25 % AN-Zusatzbeitrag
Herr Reindl spart monatlich 40,00 € vL in einen Bausparvertrag.
Erstellen Sie mithilfe der angegebenen Prozentsätze die Gehaltsabrechnung und ermitteln Sie in EUR

a) das steuer- und sozialversicherungspflichtige Bruttogehalt,
b) den Solidaritätszuschlag,
c) die Kirchensteuer,
d) den Arbeitnehmeranteil zur Sozialversicherung,
e) das Nettogehalt,
f) den auszuzahlenden Betrag,
g) den Betrag, der an das Finanzamt abzuführen ist,
h) den Betrag, der an die Krankenkasse abzuführen ist.

12. A. Stellen Sie fest, ob es sich bei folgenden Aufwendungen einer Industriekauffrau um
(1) Werbungskosten, (2) Sonderausgaben, (3) außergewöhnliche Belastungen,
(4) keine steuerlich absetzbaren Aufwendungen
handelt.

Aufwendungen
a) Beitrag für Sportverein
b) Prämie für die Kfz-Haftpflichtversicherung
c) Abonnement für die Tageszeitung
d) Prämie für die Feuerversicherung
e) Wintermantel (einmal jährlich)
f) Kirchensteuer
g) Privathaftpflichtversicherung
h) typische Berufskleidung
i) Kraftfahrsteuer
j) Bezugsgebühr für Fachzeitschrift
k) Sturmschadenversicherung
l) Spende an politische Partei
m) Beitrag an Bausparkasse
n) Beitrag an Krankenversicherung
o) Reinigungskosten für Arbeitskleidung (z. B. chemische Reinigung)
p) Beitrag zur Rentenversicherung
q) Beitrag für Gewerkschaft
r) Fahrtkosten zur Arbeitsstelle
s) Spenden für Entwicklungshilfe
t) Beitrag für Lebensversicherung
u) Umzugskosten

B. Bei welchen Aufwendungen von a) bis u) handelt es sich um Vorsorgeaufwendungen?

4.3.4 Verdienstabrechnung sowie Lohn- und Gehaltsbuchungen

Frau Nolden hat die Gehaltsabrechnung für Jana Bauer überprüft. Sie hat Daniela Schaub, die die Abrechnung durchgeführt hat, ein großes Lob ausgesprochen. „Damit Sie den großen Zusammenhang erkennen, legen Sie jetzt ein Gehaltskonto für Frau Bauer an und nehmen Sie die ersten Eintragungen aufgrund der Gehaltsabrechnung vor. Abschließend wird dann die Buchung im Hauptbuch als Sammelbuchung für alle Arbeitnehmer durchgeführt. Ich habe dafür bereits diese Gehaltsliste erstellt."

SOMMERFELD BÜROSYSTEME GMBH							
Gehaltsliste (Auszug)							**Monat: April**
Name		Albers	Bast	Lage	Braun	...	
Vorname		Jörg	Sabine	Klaus	Sabine	...	
Steuerklasse		I, 0	III, 2	IV, 1	I, 0	...	insgesamt
Bruttoverdienst		2 508,00	3 229,00	2 040,00	3 352,00	...	89 580,00
Lohnsteuer		321,43	221,13	205,67	598,25	...	13 447,00
SolZ		0,00	0,00	0,00	0,00	...	940,00
Kirchensteuer		28,93	0,00	183,60	301,68	...	1 099,00
KV (AN-Anteil)	7,3 % + ind. Zus.beitrag	199,39	253,48	161,16	268,16	...	7 121,61
PV (AN-Anteil)	1.525%	–	49,24	31,11	–	...	1 478,07
	1.775%	44,52	–	–	59,50	...	
RV (AN-Anteil)	9.30%	233,24	300,30	189,72	311,74	...	8 330,94
AV (AN-Anteil)	1.2%	30,10	38,75	24,48	40,22	...	1 074.96
Nettogehalt		1 650,40	2 366,11	1 244,26	1 772,45	...	56 088,42
KV (AG-Anteil)	7.95%	199,39	256,71	162,18	266,48	...	7 121,61
PV (AG-Anteil)	1.525%	38,25	49,24	31,11	51,12	...	1 366,10
RV (AG-Anteil)	9.30%	233,24	300,30	189,72	311,74	...	8 330,94
AV (AG-Anteil)	1.2%	30,10	38,75	24,48	40,22	...	1 074,96
an das Finanzamt abzuführen		350,36	221,13	389,27	899,93	...	15 486,00
Soz.Vers.beiträge (AN-Anteil)		507,24	641,76	406,47	679,62	...	18 005,58
Soz.Vers.beiträge (AG-Anteil)		500,97	644,99	407,49	669,56	...	17 893,61
an die Soz.Vers.träger abzuführen:		1 008,21	1 286,75	813,95	1 349,18	...	35 899,19

Arbeitsaufträge

- Fassen Sie kurz zusammen, welche Abzüge vom Bruttogehalt Sie anhand der Gehaltsliste erkennen können.
- Unterbreiten Sie einen Vorschlag für die Gehaltsbuchungen.

Verdienstabrechnung

Für jeden einzelnen Mitarbeiter wird für jede Auszahlung eine Verdienstabrechnung oder Verdienstbescheinigung erstellt. Aus ihr gehen alle Daten hervor, die der Lohn- und Gehaltsabrechnung zugrunde liegen.

Beispiel: Verdienstabrechnung der Angestellten Jana Bauer in der Sommerfeld Bürosysteme GmbH:

SOMMERFELD BÜROSYSTEME GMBH							
Name: Jana Bauer **Straße:** Lohstraße 10			**PLZ/Ort:** 45359 Essen		**Verdienstabrechnung** **für Monat:** April **Jahr:** 20(0)		
Personal-nummer:	**Abteilung:**		**Kosten-stelle:**	**Geburts-datum:**	**Eintritts-datum:**	**Sozialversicherungs-nummer:**	
III 1 80-1	Verkaufs- und Marketingabteilung		III	12.06.1972	01.09.2004	53 12 06 72 M 28 3	
Lohnsteuer-klasse:	**Kinder-freibetrag:**	**Steuerfreibetrag pro Monat:**		**Konfes-sion:**	**Bankver-bindung:**	**IBAN:**	**BIC:**
I,0				rk	Volksbank Rhein-Ruhr	DE2335060386121665341	GENODED1VRR
Bruttogehalt:						€	3 150,00
Gesetzliche Abzüge							
Lohnsteuer:						€	444,08
Solidaritätszuschlag:						€	0,00
Kirchensteuer:						€	39,97
Krankenversicherung (Arbeitnehmeranteil)			7,3 % + 0,6 %			€	248,85
Rentenversicherung (Arbeitnehmeranteil)			9,3 %			€	292,95
Arbeitslosenversicherung (Arbeitnehmeranteil)			1,2 %			€	37,80
Pflegeversicherung (Arbeitnehmeranteil)			1,575 % + 0,25 %			€	55,91
Summe gesetzliche Abzüge:						€	1 119,56
Nettogehalt:						€	2 030,44
Sonstige Abzüge:							
Sparrate vwL:						€	40,00
Wohnungsmiete Mai:						€	350,00
Personalkauf Mai:						€	49,95
Summe sonstige Abzüge:						€	439,95
Auszahlungsbetrag:						€	1 590,49

Arbeitgeberanteil (Betriebsanteil) zur Sozialversicherung

		€	€
Krankenversicherung	(AG-Anteil) 7,9 %	248,85	
Rentenversicherung	(AG-Anteil) 9,3 %	292,95	
Arbeitslosenversicherung	(AG-Anteil) 1,2 %	37,80	
Pflegeversicherung	(AG-Anteil) 1,575 %	49,61	629,21

Entgeltliste

Die Beträge der einzelnen Lohn- und Gehaltskonten aufgrund der Verdienstabrechnungen werden in einer Entgeltliste zusammengestellt. Als verkürzter Buchungsbeleg dient sie als **Sammelbeleg** für die zusammengefassten Buchungen aller Entgelte (vgl. Gehaltsliste der Ausgangssituation auf S. 329).

Buchung der Löhne und Gehälter und der einbehaltenen Abzüge

Die Arbeitgeber müssen der Krankenkasse (Einzugsstelle) die Gesamtsozialversicherungsbeiträge von Arbeitnehmer und Arbeitgeber für jeden Entgeltabrechnungszeitraum **spätestens** am drittletzten Bankarbeitstag des Entgeltmonats (Fälligkeit) in Form eines **Beitragsnachweises** angezeigt und überwiesen haben. Die Sozialversicherungsbeiträge sind also schon **vor der Entgeltzahlung** an die Mitarbeiter vom Arbeitgeber an die zuständige Krankenkasse abzuführen.

Allerdings ist eine exakte Berechnung der Sozialversicherungsbeiträge zu diesem Zeitpunkt nur möglich, wenn es sich ausschließlich um **fixe Entgelte** (Monatsgehälter) handelt und keine Veränderung in der Belegschaft eingetreten ist.

Enthalten die Entgelte variable Bestandteile (leistungsabhängige Entgelte, Überstunden u. Ä.), kann nur die **voraussichtliche Höhe der Beitragsschuld** angezeigt werden, weil die **tatsächliche Beitragsschuld** erst mit der Entgeltabrechnung ermittelt wird.

Eine Abweichung zwischen der angezeigten und der tatsächlichen Beitragsschuld ist dann in das Beitragssoll des Folgemonats einzurechnen.

Beispiel 1: Darstellung am Zeitstrahl (drittletzter Bankarbeitstag)

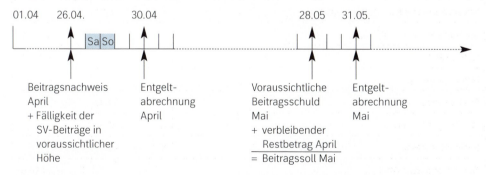

Beispiel 2: (vgl. Gehaltsliste S. 329, voraussichtliche SV-Beitragsschuld = tatsächliche SV-Beitragsschuld)

Buchungen:

1. 26.04.: Beitragsnachweis April und Banküberweisung der Sozialversicherungsbeiträge an die zuständige Krankenkasse:

2640	Beitragsvorauszahlung	35.899,19	an 2800	Bank	35.899,19

2. 30.04.: bei Auszahlung der Gehälter durch die Bank

6300	Gehälter	89 580,00	an 4830	Verbindlichkeiten gegenüber Finanzbehörden	15 486,00
			an 2640	Beitragsvorauszahlung	18.005,58
			an 2800	Bank	56.088,42

3. 30.04.: des Arbeitgeberanteils zur Sozialversicherung

6400	Arbeitgeberanteil zur Sozialversicherung	17.893,61	an 2640	Beitragsvorauszahlung	17.893,61

4. 10.05.: Banküberweisung der LSt, des Solidaritätszuschlags und der KiSt an das Finanzamt

4830	Verbindlichkeiten gegenüber Finanzbehörden	15 486,00	an 2800	Bank	15 486,00

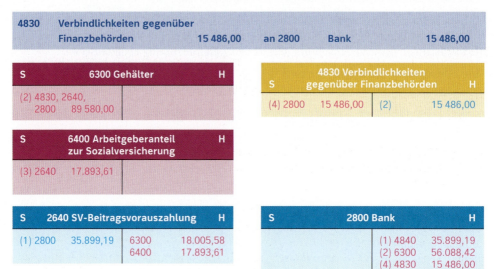

Aus Vereinfachungsgründen wurde in dem vorangegangenen Beispiel (wie in den IHK-Prüfungen auch üblich) unterstellt, dass keinerlei Differenzen zwischen den voraussichtlichen und den tatsächlichen Beiträgen zur Sozialversicherung entstehen.

Sind die voraussichtlichen SV-Beiträge kleiner als die tatsächlichen, so wird die Überweisung der Beitragszahlungen im nächsten Monat um den entsprechenden Betrag gekürzt. An den Buchungssätzen ändert dies nichts, nur die Beträge sind entsprechend anzupassen.

Sind die voraussichtlichen SV-Beiträge größer als die tatsächlichen, so entstehen bei der Gehaltsüberweisung (vgl. 2. Buchungssatz des Beispiels) zusätzlich Verbindlichkeiten gegenüber den Sozialversicherungsträgern (Konto 4840), die dann im nächsten Schritt bei der Buchung des Arbeitgeberanteils zur Sozialversicherung (vgl. 3. Buchungssatz des Beispiels) ausgeglichen werden.

In der Realität tritt eine Gleichheit zwischen voraussichtlichen und tatsächlichen SV-Beitragszahlungen nur in sehr seltenen Fällen auf. Allerdings wird in den Abschlussprüfungen der IHK vorausgesetzt, dass diese beiden Beträge identisch sind, die Buchungen sind dort somit entsprechend dem angeführten Beispiel vorzunehmen. Die weiteren Aufgaben in diesem Buch orientieren sich ebenfalls an den vereinfachten Annahmen der IHK-Prüfung.

Die einbehaltenen Steuern werden regelmäßig bis zum **10. Tag** nach Ablauf eines jeden Anmeldezeitraumes abgeführt. Das Konto 4830 hat (wie auch das Konto 4800 USt) den Charakter eines **Durchgangskontos**. Die hier gebuchten einbehaltenen Abzüge werden auch als **durchlaufende Posten** bezeichnet. Hat der Arbeitnehmer einen VL-Sparvertrag abgeschlossen, so werden die VL (analog zu den Verbindlichkeiten gegenüber den Finanzbehörden) vom Arbeitgeber einbehalten (Konto 4860) und anschließend auf das entsprechende VL-Konto des Arbeitnehmers überwiesen (vgl. Lernsituation 20, Ausgangssituation II im Arbeitsbuch).

> **§ 41a, Abs. 1 EStG** Der Arbeitgeber hat spätestens am zehnten Tag nach Ablauf eines jeden Lohn-Anmeldungszeitraumes
> 1. dem Finanzamt, in dessen Bezirk sich die Betriebsstätte befindet, eine Steuererklärung einzureichen, ...
> 2. die im Lohnsteuer-Anmeldungszeitraum insgesamt einbehaltene ... Lohnsteuer ... abzuführen.

Wurden bis zum Bilanzstichtag noch nicht alle Steuern abgeführt, ist das Konto 4830 über das Schlussbilanzkonto abzuschließen und auf der Passivseite der Bilanz aufzuführen **(Passivierung)**.

Buchung der Lohnnebenkosten

Jeder Arbeitnehmer erhält neben dem Entgelt, das er für die geleistete Arbeit bezieht, einen „zweiten Lohn". Er besteht aus gesetzlichen, tariflichen und freiwilligen Sozialleistungen des Betriebes. Die Personalkosten eines Betriebes setzen sich also aus dem **Direktlohn** für geleistete Arbeit und den **Personalnebenkosten** zusammen (vgl. Seite 298).

Lernfeld 7: Personalwirtschaftliche Aufgaben wahrnehmen

Beispiele für Personalnebenkosten

gesetzliche	<ul><li>Arbeitgeberbeiträge zur gesetzlichen Kranken-, Renten-, Arbeitslosen- und Pflegeversicherung</li><li>gesetzliche Unfallversicherung</li><li>Entgeltfortzahlung während Krankheit, Mutterschutz, Urlaub, Feiertagen</li></ul>
tarifliche	<ul><li>tariflich festgelegter Urlaubsanspruch von z. B. 30 Werktagen</li><li>zusätzliches Urlaubsgeld</li><li>vermögenswirksame Leistungen</li></ul>
freiwillige	<ul><li>Kosten im Rahmen der Personalentwicklung</li><li>Fahrtkostenzuschüsse wie z. B. Job-Ticket</li><li>Einrichtung einer Kantine</li><li>Personalrabatte</li><li>Angebot von Sport- und Erholungseinrichtungen</li></ul>

Bezogen auf Lohn und Gehalt für geleistete Arbeit betragen die Personalnebenkosten in Deutschland **knapp 70 %** der direkten Personalkosten (vgl. S. 298). Sie gehören immer noch zu den höchsten der Welt. und sind ein Grund dafür, dass der Wirtschaftsstandort Deutschland für viele internationale Unternehmen nicht attraktiv erscheint.

Da die Unternehmen die gesamten Personalkosten in die Preise ihrer Produkte einkalkulieren, kann das gegenüber Ländern mit geringeren Lohnkosten und Sozialleistungen zu Wettbewerbsnachteilen führen.

Lohnnebenkosten werden in den **Kontengruppen**

64 Soziale Abgaben und Aufwendungen für Altersversorgung und für Unterstützung,

66 Sonstige Personalaufwendungen

erfasst.

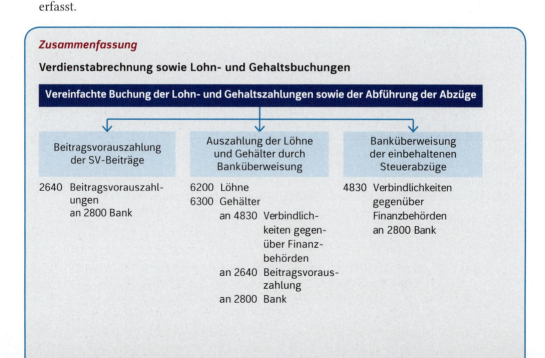

4 Personal entlohnen

- SV-Beitragsvorauszahlungen werden spätestens am drittletzten Bankarbeitstag jeden Monats überwiesen und auf dem aktiven Bestandskonto 2640 SV-Beitragsvorauszahlung gebucht.
- Grundlagen für die Buchungen sind Eintragungen in den Lohn- und Gehaltslisten.
- Eine Differenz wird in die Berechnung des Beitragssolls des Folgemonats einbezogen.
- Vorschüsse sind zinslose Vorleistungen des Arbeitgebers, die mit dem Entgelt verrechnet werden.

Aufgaben

1. Buchen Sie auf den Konten 2800 Bank (Anfangsbestand 82 000,00 €), 4830 Verbindlichkeiten gegenüber FA, 6300 Gehälter, 6400 Soziale Abgaben

    a) die Überweisung der Sozialversicherungsbeiträge,
    b) die Gehaltszahlung durch die Bank sowie die Umbuchung des Arbeitgeberanteils zur Sozialversicherung,
    c) die Überweisung der Lohn- und Kirchensteuer.

    Gehaltsliste für den Monat März:

Name	Brutto-gehälter	Abzüge		Gesamt-abzüge	Netto-gehälter	Arbeitge-ber-anteil
		LSt, KSt	Sozialver-sicherung			
Fremd, Marita	2 700,00	448,26	559,58	1 007,84	1 692,17	559,58
Klein, Erika	2 730,00	457,22	565,79	1 023,01	1 706,99	457,22
Schmitz, Alfred	2 750,00	462,66	569,94	1 032,60	1 717,40	462,66
Stiller, Udo	2 710,00	450,93	561,65	1 012,58	1 697,42	561,65
	10 890,00	1 819,07	2 256,95	4 076,02	6 813,98	2 256,95

2. Lohnliste für den Monat März:

Familien-name	Vorname	individueller KV-Zusatzbeitrag	Steuer-klasse	Konfession Kirchen-steu-ersatz 9 %	Bruttolohn €
Müller	Mark	1,0 %	IV/1,0	evangelisch	2 860,00
Nolden	Karl	1,3 %	I	–	2 475,00
Oder	Olga	1,4 %	V	röm.-kath.	2 460,00
Pade	Paul	1,1 %	III/2,0	evangelisch	2 645,00
Quast	Rudolf	1,2 %	I	röm.-kath.	2 470,00

    a) Erstellen Sie nach dem Beispiel auf S. 329 f. die Lohnliste für den Monat März mithilfe der Abzugstabelle auf S. 314 und der aktuellen SV-Beitragssätze auf S. 318. (Hinweis: Alle Mitarbeiter haben das 23. Lebensjahr vollendet.)
    b) Ermitteln Sie den gesamten Personalaufwand der Industrieunternehmung im März.

3. Buchen Sie die unten stehenden Geschäftsfälle im Monat Dezember auf den Konten 2880 Kasse, 2800 Bank, 2640 SV-Beitragsvorauszahlung, 2650 Forderungen an Mitarbeiter, 4830 Verbindlichkeiten gegenüber FA.
   Anfangsbestände: Kasse 9 200,00 €, Bank 80 400,00 €
   Geschäftsfälle
   1. Zahlung eines Gehaltsvorschusses an P. Pade bar 100,00 €,
   2. Banküberweisung des SV-Beitrags Dezember,
   3. Gehaltszahlung lt. Gehaltsliste Dezember durch Banküberweisung:

Familienname, Vorname	Familienstand	Steuerklasse	Bruttogehalt	LSt	Kirchensteuer	Sozialversicherung	Gesamtabzüge	Nettogehalt	Sonstige Abzüge	Auszahlung	AG-Anteil
Adam, Bernd	ledig	I,0	2 540,00	369,07	31,48	508,64	926,97	1 613,04		1 613,04	508,64
Bube, Willi	verh.	III,1	2 520,00	132,06	1,99	504,63	650,02	1 869,98		1 869,98	504,63
Pade, Peter	ledig	I,0	2 550,00	372,23	31,75	510,64	932,47	1 617,53	100,00	1 517,53	504,27
...	...	...	...	...	...	...	...	...	...	...	...
...	...	...	...	...	...	...	...	...	...	...	...
Zimmer, Rita	verh.	IV, 2	3 200,00	545,43	31,12	640,80	1 231,75	1 968,25		1 968,25	640,80
			42 600,00	6 390,00	470,00	8 669,10	15 529,10	27 070,90	100,00	26 970,90	8 578,63

a) Die Konten 2640 und 4830 sind zum 31.12. (Bilanzstichtag) abzuschließen.
b) Nehmen Sie folgende Buchungen im Monat Januar vor:
   ba) Eröffnung der Konten am 02. 01.,
   bb) Banküberweisung der im Dezember einbehaltenen Lohn- und Kirchensteuer und SolZ an das Finanzamt.

4. Der Lagerarbeiter Adam Kranz ist verheiratet. Er hat zwei Kinder und ist römisch-katholisch. Die Ehefrau bezieht keinen Arbeitslohn. Herr Kranz arbeitete im Monat Juni insgesamt 165 Stunden. Von dieser Gesamtzeit werden ihm 83 Stunden nach dem Zeitlohnverfahren und die restlichen Stunden nach dem Akkordlohnverfahren vergütet. Der Lohnsatz beträgt 15,00 €; für Akkordarbeit wird ein Akkordzuschlag von 20 % gezahlt. Herr Kranz hatte im Akkordsystem Erzeugnisse zu verpacken. Er lieferte folgende Stückzahlen ab:

Auftrag	abgelieferte Menge	Arbeitszeit je Stück	Rüstzeit
A	200 Stück	5 Minuten	20 Minuten
B	180 Stück	7,5 Minuten	50 Minuten
C	278 Stück	8 Minuten	20 Minuten

a) Berechnen Sie den Akkordrichtsatz und den Minutenfaktor.
b) Erstellen Sie unter Benutzung der Lohnsteuer- und Sozialversicherungstabelle (S. 314 und 317) die Lohnabrechnung. Der individuelle KV-Zusatzbeitrag von Herrn Kranz beträgt 1,1 %.

c) Die Lohnzahlung erfolgt per Banküberweisung. Geben Sie die Buchungssätze an
   ca) für die Zahlung der Sozialversicherungsbeiträge an die Krankenkasse; geben Sie den Fälligkeitstermin an,
   cb) für die Auszahlung des Lohnes,
   cc) für den Arbeitgeberanteil,
   cd) für die Zahlung der Lohn- und Kirchensteuer an das Finanzamt, geben Sie den Fälligkeitstermin an.

5. Der Facharbeiter Willi Klein arbeitete im vergangenen Monat im Zeitlohn 90 Arbeitsstunden zu einem Stundenlohn von 16,50 €. Im Akkordlohn bearbeitete er an einer Abkantmaschine 526 Bleche für den Auftrag 42/11. Die Ausführungszeit betrug 8,5 Minuten je Einheit, die Rüstzeit 20 Minuten für diesen Auftrag, Minutenfaktor 22 Cent.

   a) Berechnen Sie den Bruttolohn, und stellen Sie die Lohnabrechnung mithilfe der Abzugstabellen auf S. 314 und 317 unter Berücksichtigung folgender Angaben: Alter 21 Jahre, konfessionslos, Lohnsteuerklasse I, Kinderfreibeträge 0, individueller KV-Zusatzbeitrag 1,1 %.
   b) Kontieren Sie
      ba) die SV-Beitragsvorauszahlung durch Banküberweisung,
      bb) die Lohnzahlung durch Banküberweisung,
      bc) den Arbeitgeberanteil.

6. Der Lagerarbeiter Franz Alt, 25 Jahre, individueller KV-Zusatzbeitrag 1,2 %, Steuerklasse I/0, r.-k., hat im Abrechnungsmonat insgesamt 178 Stunden gearbeitet. Er erhält einen Stundenlohn von 13,80 €. Im Rahmen der 178 Stunden hatte der Lagerarbeiter einen Auftrag durchzuführen, für dessen schnellere Erledigung eine Prämie von 50 % des ersparten Zeitlohns vereinbart wurde. Für diesen Auftrag erhielt der Lagerarbeiter eine Vorgabezeit von 10 Stunden, die er um 2 Stunden unterschritt.

   a) Erstellen Sie die Lohnabrechnung unter Berücksichtigung der Lohnsteuer- und Sozialversicherungstabelle (S. 314 und 317).
   b) Bilden Sie die Buchungssätze bei
      ba) Überweisung der Sozialversicherungsbeiträge an die Krankenkasse,
      bb) Lohnzahlung durch Banküberweisung unter Beachtung des Arbeitgeberanteils,
      bc) Überweisung der Lohn- und Kirchensteuer an das Finanzamt.

4.4 Steuerarten und Steuerverfahren

In der Berufsschule, aber auch im Freundeskreis und in der Familie haben Rudolf Heller und Daniela Schaub in letzter Zeit häufig über die Staatsschuldenkrise in Europa gesprochen und wie man diese eindämmen oder gar bewältigen könnte. „Ist doch ganz klar: Steuern rauf und schon haben die Staaten genügend Geld zur Verfügung", sagt Rudolf. „Nun ja", erwidert Daniela, „guck dir mal das Schaubild hier an, da kannst du sehen, wo zumindest der deutsche Staat schon überall abkassiert."

Lernfeld 7: Personalwirtschaftliche Aufgaben wahrnehmen

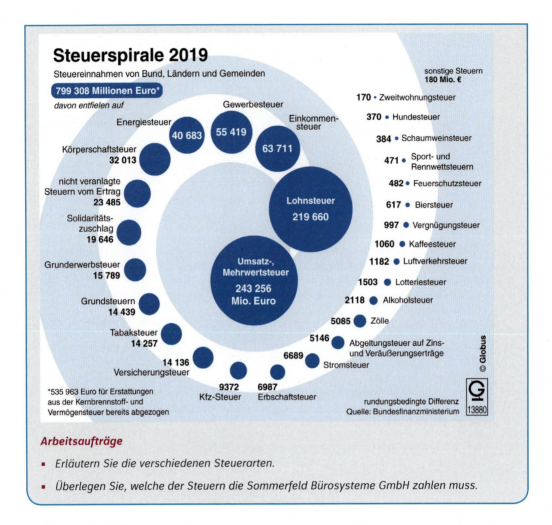

Arbeitsaufträge

- Erläutern Sie die verschiedenen Steuerarten.
- Überlegen Sie, welche der Steuern die Sommerfeld Bürosysteme GmbH zahlen muss.

Steuergrundsätze

> **§ 3 Abs. 1 Abgabenordnung (AO)** Steuern sind Geldleistungen, die nicht eine Gegenleistung für eine besondere Leistung darstellen und von einem öffentlich-rechtlichen Gemeinwesen zur Erzielung von Einnahmen allen auferlegt werden, bei denen der Tatbestand zutrifft, an den das Gesetz die Leistungspflicht knüpft.

Der Staat erhebt von seinen Bürgern Steuern, ohne dass der Einzelne dafür eine direkte Gegenleistung erhält. Er finanziert mit diesen Steuereinnahmen Leistungen, die der Gesamtbevölkerung zugutekommen. Da die Steuern den Hauptbestandteil der Einnahmen des Staates darstellen, kann dieser seine Aufgaben nur erfüllen, wenn die Bürger bereit sind, Steuern im Sinne von **Steuerehrlichkeit** zu zahlen.

Die Bürger werden aufgrund ihrer Leistungsfähigkeit, d. h. ihrer Einkommens- und Vermögensverhältnisse besteuert. Um die **Steuergerechtigkeit** zu gewährleisten, werden bei der Bemessung der Steuerschuld neben der Höhe des Einkommens z. B. der Familienstand und die Zahl der Kinder berücksichtigt.

Beispiel: Ein lediger Arbeitnehmer ohne Kinder zahlt bei einem monatlichen Bruttoeinkommen von 1 610,00 € Einkommensteuer in Höhe von 182,33 €. Sein verheirateter Kollege, der zwei Kinder hat und dessen Frau nicht arbeitet, zahlt bei gleichem Einkommen keine Einkommensteuer.

Steuerarten

In der Bundesrepublik Deutschland gibt es über 30 verschiedene Steuern, die man nach verschiedenen Gesichtspunkten gliedern kann:

Nach dem Empfänger der Steuer unterscheidet man:

- **Bundessteuern,**

    Beispiele: Branntwein-, Kaffee-, Tee-, Mineralöl-, Tabaksteuer

- **Ländersteuern,**

    Beispiele: Kfz-Steuer, Grunderwerbsteuer, Bier-, Erbschaftsteuer

- **Gemeindesteuern,**

    Beispiele: Grund-, Hunde-, Grunderwerbs-, Gewerbesteuer

- **Gemeinschaftssteuern**, die zwischen Bund, Ländern und Gemeinden aufgeteilt werden.

    Beispiele: Umsatz-, Körperschaft-, Lohn-, Einkommensteuer

Nach der Art der Erhebung unterscheidet man:

- **direkte Steuern**, die der Steuerpflichtige selbst und unmittelbar an das Finanzamt zu entrichten hat.

    Beispiele: Einkommensteuer, Gewerbesteuer, Grundsteuer, Kfz-Steuer

- **indirekte Steuern**, bei denen der Steuerschuldner die Steuer auf andere Personen abwälzen kann.

    Beispiele: Umsatzsteuer, Tabaksteuer, Biersteuer

Nach dem **Gegenstand der Besteuerung** unterscheidet man:

- **Besitzsteuern**, hier werden Einkommen, Erträge oder das Vermögen besteuert.

    Beispiele: Einkommen-, Lohn-, Gewerbe-, Hunde-, Erbschaft-, Körperschaft-, Grund-, Zinsabschlagsteuer

- **Verkehrssteuern**, hier werden in erster Linie die Umsätze von Lieferungen und Leistungen besteuert.

    Beispiele: Umsatzsteuer, Kfz-Steuer, Grunderwerb-, Versicherungsteuer

- **Verbrauchsteuern**, die auf den Verbrauch von bestimmten Gütern erhoben werden.

    Beispiele: Mineralöl-, Branntwein-, Tabak-, Tee-, Kaffee-, Strom-, Biersteuer

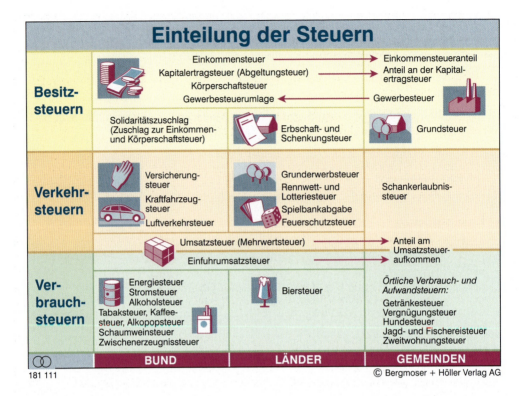

Steuerverfahren

Die Behörden, die mit dem Einzug, der Verwaltung und der Ausgabe öffentlicher Gelder befasst sind, gehören zur **Finanzverwaltung**. Sie besteht aus drei Ebenen: dem Bundesminister der Finanzen, den Oberfinanzdirektionen und den Finanzämtern. Die Steuern werden von den örtlichen Finanzämtern im Veranlagungsverfahren oder im Abzugsverfahren erhoben.

Veranlagungsverfahren

Nach Ablauf eines Kalenderjahres muss der Steuerpflichtige in einer **Steuererklärung** alle Angaben machen, die zur Errechnung seiner Steuerschuld notwendig sind. Aufgrund der Steuererklärung ermittelt das Finanzamt die Steuerschuld und teilt dies dem Steuerpflichtigen in einem **Steuerbescheid** mit. Bereits gezahlte Steuern werden mit der Steuerschuld verrechnet, zu viel gezahlte Steuern werden zurückerstattet.

Abzugsverfahren

Bei Einkünften aus nicht selbstständiger Arbeit wird die Einkommensteuer vom Arbeitgeber errechnet und vom Gehalt abgezogen. Sie muss durch den Arbeitgeber bis zum 10. des nächsten Monats an das Finanzamt abgeführt werden.

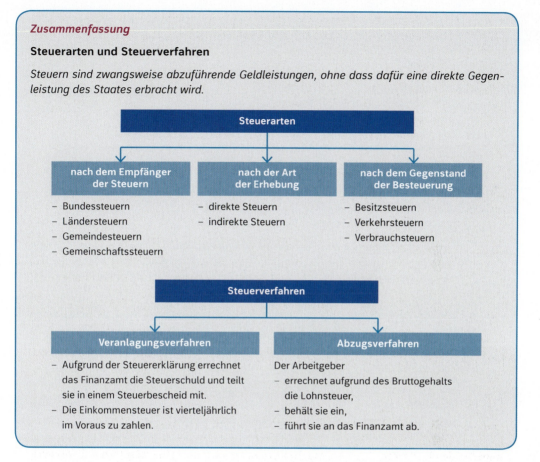

Aufgaben

1. Erläutern Sie
   a) Bundessteuern,
   b) Ländersteuern,
   c) Gemeinschaftssteuern.

2. Aus der Versteigerung von Lizenzen zum Betrieb eines neuen Mobiltelefon-Netzes hat der Bundesfinanzminister im Jahr 2000 rund 50 Mrd. € eingenommen. Über die Verwendung der Milliarden gab es unterschiedliche Ansichten. Investitionen in das Bildungssystem, den Straßenbau, eine Reduzierung der Umsatz- oder Mineralölsteuer wurden gefordert. Der Bundesfinanzminister wollte die Einnahmen ausschließlich zur Schuldentilgung einsetzen.

   a) Diskutieren Sie die Vor- und Nachteile der unterschiedlichen Verwendungsarten.
   b) Die Länder fordern einen Teil der Einnahmen für sich, da die Mobilfunkunternehmen auf absehbare Zeit deutlich niedrigere Gewerbesteuern zahlen würden. Erläutern Sie den Zusammenhang zwischen dem Kauf der Lizenzen und den Gewerbesteuerzahlungen der Unternehmen.
   c) Erörtern Sie, wer die 50 Mrd. € letztendlich zahlen muss.

3. Man unterscheidet Besitz-, Verkehrs- und Verbrauchsteuern. Ordnen Sie die nachfolgenden Steuern diesen Gruppen zu:

   a) Mineralölsteuer
   b) Einkommensteuer
   c) Kfz-Steuer
   d) Umsatzsteuer
   e) Lohnsteuer
   f) Tabaksteuer
   g) Grundsteuer
   h) Branntweinsteuer
   i) Hundesteuer
   j) Stromsteuer
   k) Kaffeesteuer
   l) Grunderwerbsteuer
   m) Erbschaftsteuer

4. Erstellen Sie eine Liste der Steuern, die

   a) Sie als Verbraucher zahlen,
   b) Ihr Ausbildungsbetrieb zahlt.

5. Suchen Sie die **Homepage** des Bundesministeriums der Finanzen (www.bundesfinanzministerium.de) auf. Stellen Sie fest, welche Serviceleistungen für Steuerzahler durch das Ministerium angeboten werden. Erläutern Sie die Serviceleistungen an einem Beispiel Ihrer Wahl.

6. Nennen Sie Aufwendungen, die im Rahmen der Werbungskosten geltend gemacht werden können.

7. Welche der folgenden Aufwendungen kann eine Industriekauffrau als Werbungskosten geltend machen?

   a) Fahrtkosten mit öffentlichen Verkehrsmitteln zur Arbeit und nach Hause
   b) Fahrtkosten zu einer Veranstaltung der Industrie- und Handelskammer zum Thema „Neue Entwicklungen auf dem europäischen Binnenmarkt"
   c) Gewerkschaftsbeitrag
   d) Berufshaftpflicht
   e) Reinigungskosten für Arbeitskleidung

8. Welche der nachfolgenden Aufwendungen können als Sonderausgaben geltend gemacht werden?

   a) Beiträge zur Krankenversicherung
   b) Beiträge zu einer Berufshaftpflichtversicherung
   c) Beiträge zur Bausparkasse
   d) Kosten einer Hausratversicherung
   e) Spende für „Brot für die Welt"

9. Erläutern Sie, welche Aufwendungen als außergewöhnliche Belastungen geltend gemacht werden können.

10. Beschaffen Sie sich beim Finanzamt einen Antrag auf einen Lohnsteuerjahresausgleich und füllen Sie diesen für sich aus.

5 Personal freisetzen

→ LS 22

Herr Krämer, Abteilungsleiter Personalbeschaffung und -einsatz, kommt von einer Besprechung der Abteilungs- und Gruppenleiter. Ein starker Umsatzeinbruch in der Produktgruppe 3 „Konferenz" zwingt zur Senkung der Personalkosten. So soll im Lager und im Rechnungswesen je ein Mitarbeiter gekündigt werden. Nach Rücksprache mit den Gruppenleitern wird entschieden, dass Herr Schneiders und Frau Lapp, die beide seit drei Jahren bei der Sommerfeld Bürosysteme GmbH beschäftigt sind, zum nächstmöglichen Termin entlassen werden sollen.

Arbeitsaufträge

- Stellen Sie fest, zu welchem Termin eine Entlassung möglich ist, wenn diese Überlegungen am 19.03. angestellt wurden.

- Herr Schneiders will Kündigungsschutzklage erheben. Erklären Sie, welche formalen Voraussetzungen er beachten muss.

Ein Arbeitsverhältnis kann durch Erreichen der Altersgrenze, Tod des Arbeitnehmers, Vertragsablauf, Aufhebungsvertrag oder Kündigung beendet werden. Im Falle der Kündigung sind die Vorschriften des **Kündigungsschutzgesetzes** (KSchG) sowie besondere Kündigungsschutzvorschriften für bestimmte Personengruppen zu beachten. Sie können unter www.gesetze-im-internet.de heruntergeladen werden.

Die Beendigung des Arbeitsverhältnisses durch Kündigung oder Aufhebungsvertrag sowie die Befristung eines Arbeitsvertrages müssen **schriftlich** erfolgen.

Bei Beendigung des Arbeitsverhältnisses muss der Arbeitgeber dem Arbeitnehmer die **Arbeitspapiere** herausgeben. Es sind dies in jedem Fall ein **Ausdruck der elektronischen Lohnsteuerbescheinigung** und ein **Versicherungsnachweis über die gemeldeten Daten zur Sozialversicherung**. Auf Wunsch des Arbeitnehmers sind ein **Arbeitszeugnis**, eine **Arbeitsbescheinigung für das Arbeitsamt** und/oder eine **Urlaubsbescheinigung** auszustellen.

Arten der Beendigung von Arbeitsverhältnissen

Vertragsablauf
Ist ein Arbeitsverhältnis auf eine bestimmte Zeit eingegangen, so endet es mit **Vertragsablauf**, d. h. zu dem im Vertrag festgelegten Zeitpunkt.

Beispiel: Für die Dauer der Möbelmesse in Köln stellt die Sommerfeld Bürosysteme GmbH zwei Aushilfskräfte ein.

Aufhebungsvertrag
Durch den **Aufhebungsvertrag** endet ein Arbeitsverhältnis, wenn beide Parteien in gegenseitigem Einvernehmen den Arbeitsvertrag lösen. Diese Form wird in der Praxis häufig angewandt, um eine Kündigung zu vermeiden.

Beispiel: Dem Auslieferungsfahrer Schumacher wird wegen eines schuldhaft verursachten Verkehrsunfalls der Führerschein entzogen. Arbeitnehmer und Geschäftsleitung einigen sich auf eine Aufhebung des Arbeitsvertrages in gegenseitigem Einvernehmen.

Kündigung

Bei der **Kündigung** von Arbeitsverhältnissen besteht grundsätzlich die Möglichkeit der **ordentlichen** und der **außerordentlichen Kündigung**. Bei der ordentlichen Kündigung wird die Kündigung mit gesetzlicher und die Kündigung mit tarifvertraglicher Kündigungsfrist unterschieden.

Wenn Arbeitnehmer und Arbeitgeber keine besondere Kündigungsfrist vereinbart haben und es keine tarifvertraglichen Regelungen gibt, gilt die **gesetzliche Kündigungsfrist**. Sie beträgt für Angestellte und gewerbliche Arbeitnehmer gleichermaßen **vier Wochen**.

Bei einer Betriebszugehörigkeit von bis zu zwei Jahren kann der Mitarbeiter zum 15. eines Monats oder zum Monatsende gekündigt werden. Ab einer Betriebszugehörigkeit von zwei Jahren kann der Mitarbeiter nur noch zum Monatsende gekündigt werden.

Beispiel: Der Arbeiter Alt ist seit 18 Monaten bei der Sommerfeld Bürosysteme GmbH beschäftigt. Ihm wird am 14. Juli mit Wirkung zum 15. August gekündigt.

Die gesetzliche Kündigungsfrist verlängert sich für **langjährig beschäftigte Arbeitnehmer** wie folgt:

Die verlängerten Schutzfristen gelten nur für eine Kündigung durch den Arbeitgeber. Für den Arbeitnehmer gilt in jedem Fall die gesetzliche Kündigungsfrist.

Die **tarifvertraglichen Kündigungsfristen** entsprechen i.d.R. den gesetzlichen Bestimmungen, können aber verkürzt oder verlängert werden.

Beispiel: Laut Manteltarifvertrag für die Holz- und Kunststoffverarbeitung in Baden-Württemberg beträgt die Kündigungsfrist bei einer Betriebszugehörigkeit von fünf Jahren für den Arbeitgeber drei statt der gesetzlich festgelegten zwei Monate.

Die Kündigungsfrist während einer vereinbarten **Probezeit**, von bis zu sechs Monaten beträgt für Arbeitgeber und Arbeitnehmer **zwei Wochen**. Ein bestimmter Kündigungstermin, z.B. das Monatsende, muss nicht eingehalten werden.

Beispiel: Der Arbeiter Jung erhält während der sechsmonatigen Probezeit an einem Dienstag das Kündigungsschreiben. Damit wäre für Jung der Dienstag der übernächsten Woche der letzte Arbeitstag.

Die ordentliche Kündigung eines **befristeten Arbeitsverhältnisses** ist nur unter der Voraussetzung möglich, dass sie zwischen Arbeitgeber und Arbeitnehmer einzelvertraglich oder durch die Anwendung eines Tarifvertrages vereinbart wurde. In der Vereinbarung einer Probezeit ist regelmäßig auch die Vereinbarung einer Kündigungsmöglichkeit zu sehen.

Beispiel: Der Arbeitsvertrag der Arbeiterin Müller ist auf ein Jahr befristet. Damit kann ihr grundsätzlich nicht ordentlich gekündigt werden. Da sie allerdings eine Probezeit von sechs Monaten hat, ist eine Kündigung während der Probezeit möglich.

Die **außerordentliche oder fristlose Kündigung** erfolgt, wenn ein **wichtiger Grund** vorliegt und die Fortsetzung des Arbeitsverhältnisses bis zum Ablauf der ordentlichen Kündigungsfrist nicht mehr zumutbar ist. Der Kündigungsgrund muss dem Vertragspartner auf Verlangen unverzüglich schriftlich mitgeteilt werden. Die Kündigung muss innerhalb von zwei Wochen nach Bekanntwerden des Grundes erfolgen. Wichtige Gründe für außerordentliche Kündigungen sind:

Für den Arbeitgeber	– Diebstahl, Unterschlagung, Betrug – beharrliche Arbeitsverweigerung – grobe Beleidigungen oder Tätlichkeiten
Für den Arbeitnehmer	– keine Gehaltszahlung – Verletzung der Fürsorgepflicht – grobe Beleidigungen oder Tätlichkeiten

Sowohl vor einer außerordentlichen als auch einer ordentlichen Kündigung muss der **Betriebsrat angehört** werden. Dabei hat der Arbeitgeber den Betriebsrat über die wesentlichen Umstände der Kündigung zu unterrichten. Nach dem Betriebsverfassungsgesetz (BetrVG) kann der Betriebsrat bei einer ordentlichen Kündigung innerhalb einer Woche und bei einer außerordentlichen Kündigung innerhalb von drei Tagen schriftlich **Widerspruch** erheben. Äußert sich der Betriebsrat nicht, gilt seine Zustimmung als erteilt.

> § 102 (3)BetrVG
> Der Betriebsrat kann innerhalb der Frist des Absatzes 2 Satz 1 der ordentlichen Kündigung widersprechen, wenn
>
> 1. der Arbeitgeber bei der Auswahl des zu kündigenden Arbeitnehmers soziale Gesichtspunkte nicht oder nicht ausreichend berücksichtigt hat,
> 2. die Kündigung gegen eine Richtlinie nach § 95 verstößt,
> 3. der zu kündigende Arbeitnehmer an einem anderen Arbeitsplatz im selben Betrieb oder in einem anderen Betrieb des Unternehmens weiterbeschäftigt werden kann,
> 4. die Weiterbeschäftigung des Arbeitnehmers nach zumutbaren Umschulungs- oder Fortbildungsmaßnahmen möglich ist oder
> 5. eine Weiterbeschäftigung des Arbeitnehmers unter geänderten Vertragsbedingungen möglich ist und der Arbeitnehmer sein Einverständnis hiermit erklärt hat.

Erhebt der Betriebsrat Widerspruch und reicht der Arbeitnehmer im Falle einer ordentlichen Kündigung Arbeitsschutzklage ein, ist er i. d. R. bis zum rechtskräftigen Abschluss des Verfahrens weiter zu beschäftigen.

Kündigungsschutzgesetz

Das **Kündigungsschutzgesetz** als Arbeitsschutzgesetz (sozialer Arbeitsschutz) bietet dem Arbeitnehmer Schutz vor unberechtigter Kündigung. Es gilt für Arbeitnehmer in Betrieben, die regelmäßig mehr als zehn Arbeitnehmer beschäftigen, wobei der zu kündigende Arbeitnehmer länger als sechs Monate im Betrieb beschäftigt sein muss. Bei älteren, vor dem 01.01.2004 geschlossenen Arbeitsverhältnissen findet das Kündigungsschutz auch Anwendung, wenn der Betrieb am 31.03.2003 mehr als 5 Mitarbeiter hatte, die zum Zeitpunkt der Kündigung noch im Betrieb beschäftigt sind.

> § 1 Abs. 1 KSchG
> Die Kündigung des Arbeitsverhältnisses gegenüber einem Arbeitnehmer, dessen Arbeitsverhältnis in demselben Betrieb oder Unternehmen ohne Unterbrechung länger als sechs Monate bestanden hat, ist rechtsunwirksam, wenn sie sozial ungerechtfertigt ist.

Sozial ungerechtfertigt ist eine Kündigung, wenn nicht bestimmte Gründe vorliegen. So muss der Kündigungsgrund zu suchen sein

- in der Person des Arbeitnehmers (= personenbedingte Kündigung),
- im Verhalten des Arbeitnehmers (= verhaltensbedingte Kündigung)
- oder in dringenden betrieblichen Erfordernissen (= betriebsbedingte Kündigung).

Beispiel:

Kündigungs-gründe	personenbedingt	• fehlende Fahrerlaubnis • fehlende Arbeitserlaubnis • mangelnde Eignung • dauernde krankheitsbedingte Unfähigkeit, die Arbeitsleistung zu erbringen
	verhaltensbedingt	• wiederholte Unpünktlichkeit • Minderleistung • Beleidigung • Verstöße gegen Gehorsams- und Verschwiegenheitspflicht
	betriebsbedingt	• Änderung der Arbeits- oder Produktionsmethoden • Stilllegungen • Absatzprobleme • Rohstoffmangel

Bei **verhaltensbedingten** ordentlichen Kündigungen sind grundsätzlich zuvor eine oder mehrere erfolglose **Abmahnungen** des Mitarbeiters erforderlich, bevor die Kündigung ausgesprochen wird. Es gilt der Grundsatz: Keine verhaltensbedingte Kündigung ohne vorherige Abmahnung.

Im Unterschied zur verhaltensbedingten Kündigung setzt die **personenbedingte Kündigung** kein Verschulden des Arbeitnehmers und damit keine Abmahnung voraus. In diesem Fall liegen Gründe in der Person des Arbeitnehmers vor, die ihn daran hindern, die geschuldete Arbeitsleistung vertragsgemäß zu erbringen.

Im Falle einer **betriebsbedingten Kündigung** hat der Arbeitgeber eine **Sozialauswahl** unter den in Betracht kommenden Mitarbeitern vorzunehmen. Kriterien sind die Dauer der Betriebszugehörigkeit, das Lebensalter, Unterhaltspflichten und eine Schwerbehinderung des Arbeitnehmers. Wie die vier Kriterien im Verhältnis untereinander zu gewichten und zu bewerten sind, kann in einer Auswahlrichtlinie nach § 95 Betriebsverfassungsgesetz (Betriebsvereinbarung) oder durch Tarifvertrag festgelegt werden.

Verzichtet der Arbeitnehmer bei einer betriebsbedingten Kündigung auf eine Kündigungsschutzklage, hat er Anspruch auf eine **Abfindung** in Höhe von 0,5 Monatsverdiensten für jedes Beschäftigungsjahr. Dies setzt allerdings voraus, dass der Arbeitgeber in seiner Kündigung auf diesen Umstand hinweist.

Beispiel: Die Wollux GmbH kündigt Herrn Krüger betriebsbedingt. Sie weißt ihn darauf hin, dass er bei Verzicht auf eine Kündigungsschutzklage eine Abfindung beanspruchen kann. Herr Krüger verzichtet auf eine Klage und erhält für seine sechsjährige Betriebszugehörigkeit eine Abfindung von drei Monatsgehältern.

Stellt das Gericht fest, dass das Arbeitsverhältnis durch die Kündigung nicht aufgelöst wurde, kann es auf Antrag einer Partei das Arbeitsverhältnis auflösen, wenn eine Fortsetzung des Arbeitsverhältnisses dem Arbeitnehmer nicht zuzumuten ist bzw. der Arbeitgeber befürchten muss, dass eine weitere gute Zusammenarbeit nicht möglich sein wird. In diesen Fällen ist das Arbeitsverhältnis erheblich gestört und das Gericht setzt eine angemessene **Abfindung** fest.

Beispiel: Die verhaltensbedingte Kündigung des Mitarbeiters Celik wurde durch das Arbeitsgericht für rechtswidrig erklärt, da sie auf wissentlich unwahren Behauptungen des Arbeitgebers beruhte. Auf Antrag von Herrn Celik, der das Arbeitsverhältnis nicht fortsetzen möchte, setzt das Gericht eine Abfindung fest.

Abfindungen können sich nicht nur aus den Regelungen des Kündigungsschutzgesetzes, sondern auch aus Sozialplänen aufgrund von Betriebsänderungen, einer Vereinbarung (Vergleich) oder einer freiwilligen Leistung ergeben.

Bei allen Kündigungen (personenbedingt, verhaltensbedingt, betriebsbedingt) muss der **Grundsatz der Verhältnismäßigkeit** beachtet werden. Demnach kommt eine Kündigung nur dann in Betracht, wenn der Arbeitnehmer nicht in einem anderen Bereich des Betriebes oder in einem anderen Betrieb des Unternehmens beschäftigt werden kann. Dafür sind auch zumutbare Umschulungs- oder Qualifizierungsmaßnahmen seitens des Arbeitgebers durchzuführen. Auch ist eine Fortsetzung des Arbeitsverhältnisses zu geänderten Bedingungen (Änderungsvertrag), mit denen der Arbeitnehmer einverstanden ist, in Erwägung zu ziehen.

Hält der Arbeitnehmer seine Kündigung für sozial ungerechtfertigt, so kann er binnen einer Woche beim Betriebsrat Einspruch und binnen drei Wochen Klage beim Arbeitsgericht erheben. Er sollte der Klage die Stellungnahme des Betriebsrates zufügen. Ist vom Betriebsrat fristgerecht Widerspruch eingelegt worden und erhebt der Arbeitnehmer Kündigungsschutzklage, muss er i. d. R. weiterbeschäftigt werden, bis über die Klage entschieden ist.

Besonderer Kündigungsschutz

Neben den allgemeinen Kündigungsschutzvorschriften nach dem Kündigungsschutzgesetz existieren für besonders **schutzbedürftige** Personengruppen und Personen in besonderen **Funktionen** ergänzende gesetzliche Regelungen:

Personengruppe	Rechtsgrundlage	
Schwerbehinderte Menschen	§ 168 Sozialgesetzbuch (SGB IX)	Eine Kündigung des Arbeitnehmers ist nur mit vorheriger Zustimmung des Integrationsamtes wirksam.
Arbeitnehmer während der Pflegezeit	§ 5 Pflegezeitgesetz	Der Arbeitgeber darf das Arbeitsverhältnis während der Pflegezeit nicht kündigen.
Auszubildende	§ 22 Berufsbildungsgesetz (BBiG)	Nach der Probezeit ist eine ordentliche Kündigung durch den Arbeitgeber nicht möglich.
Wehrdienstleistende	§ 2 Arbeitsplatzschutzgesetz (ArbPlSchG)	Eine Kündigung ist dem Arbeitgeber von der Zustellung des Einberufungsbescheides bis zur Beendigung des Grundwehrdienstes nicht gestattet.
Schwangere und Mütter	§ 17 Mutterschutzgesetz (MuschG)	Ab dem Zeitpunkt der Schwangerschaft bis zum Ablauf von vier Monaten nach der Entbindung ist eine Kündigung unzulässig.
Arbeitnehmer während der Elternzeit	§ 18 Bundeselterngeld- und Elternzeitgesetz (BEEG)	Während der Elternzeit darf das Arbeitsverhältnis nicht ordentlich gekündigt werden.
Betriebsratsmitglieder und Mitglieder der Jugend- und Auszubildendenvertretung	§ 15 Kündigungsschutzgesetz (KSchG)	Während und bis zu einem Jahr nach der Beendigung ihrer Amtszeit darf den Mitgliedern nicht ordentlich gekündigt werden.

Zusammenfassung

Personal freisetzen

- *Bei Beendigung des Arbeitsverhältnisses muss der Arbeitgeber dem Arbeitnehmer die Arbeitspapiere herausgeben und ein Arbeitzeugnis ausstellen.*
- *Beendigung des Arbeitsverhältnisses u. a. durch*
    - *Vertragsablauf, d. h. zu dem im Vertrag festgelegten Zeitpunkt*
    - *Aufhebungsvertrag, d. h. in gegenseitigem Einvernehmen*
    - *ordentliche Kündigung, d. h. mit einer gesetzlichen oder tarifvertraglichen Frist*
    - *außerordentliche oder fristlose Kündigung, d. h. aus wichtigem Grund, wenn eine Fortsetzung des Dienstverhältnisses bis zum Ablauf der ordentlichen Kündigungsfrist nicht mehr zumutbar ist.*

- Sowohl vor einer außerordentlichen als auch einer ordentlichen Kündigung muss der **Betriebsrat angehört** werden. Der Betriebsrat kann Widerspruch erheben.

- **Kündigungsschutzgesetz**

  - Bietet Schutz vor **unberechtigter Kündigung**.

  - Gilt für Arbeitnehmer in Betrieben mit mehr als **zehn Arbeitnehmern**, wobei die Arbeitnehmer länger als sechs Monate im Betrieb beschäftigt sein müssen.

  - Eine Kündigung ist rechtsunwirksam, wenn sie **sozial ungerechtfertigt** ist.
    Der Kündigungsgrund muss

    - in der Person oder
    - im Verhalten des Arbeitnehmers oder
    - in dringenden betrieblichen Erfordernissen zu suchen sein.

  - Gegen eine sozial ungerechtfertigte Kündigung kann der Arbeitnehmer binnen einer Woche **Einspruch beim Betriebsrat** und binnen drei Wochen **Klage beim Arbeitsgericht** erheben.

- Für besonders schutzbedürftige Personengruppen und Personen in besonderen Funktionen existieren ergänzende Kündigungsschutzvorschriften.

Aufgaben

1. Nennen Sie die Unterlagen, die einem Mitarbeiter bei Beendigung des Arbeitsverhältnisses auszuhändigen sind.

2. Frau Kunstein, Bezirksleiterin eines Filialbetriebes, ist seit zwölf Jahren im Unternehmen beschäftigt. Mit welcher Frist

   a) kann Frau Kunstein kündigen,
   b) kann Frau Kunstein gekündigt werden?

3. Die fristlose Kündigung muss innerhalb von zwei Wochen nach Bekanntwerden des Grundes erfolgen. Welche Gründe könnten den Gesetzgeber zu dieser Regelung veranlasst haben?

4. Der Mitarbeiter Heinen erscheint wiederholt zu spät zur Arbeit. Der Leiter der Personalabteilung, Herr Krämer, bittet Herrn Heinen deshalb zu einem Personalgespräch. Bilden Sie je eine Gruppe „Personalchef" und eine Gruppe „Arbeitnehmer" und bereiten Sie das Gespräch getrennt vor. Führen Sie das Gespräch im Rollenspiel durch und protokollieren Sie den Ablauf. Stellen Sie fest, wo es zu Abweichungen von Ihrer Strategie kommt, und diskutieren Sie die Ursachen.

5. Der Mitarbeiterin der Sommerfeld Bürosysteme GmbH, Irene Grell, wurde am 23.09. mit Wirkung zum 30.11. fristgerecht gekündigt. Bringen Sie die folgenden Tätigkeiten von Irene Grell bis zur Aufnahme einer neuen Beschäftigung in eine logische Reihenfolge, indem Sie die Ziffern 1 bis 7 neben den Tätigkeiten eintragen.
   Irene Grell

   - schickt eine Bewerbung an die Bürodesign GmbH ab.
   - meldet sich bei der Agentur für Arbeit arbeitslos.
   - und die Bürodesign GmbH schließen einen Arbeitsvertrag ab.
   - nimmt am letzten Arbeitstag ihr Arbeitszeugnis in Empfang.
   - fährt zu einem Vorstellungsgespräch zur Bürodesign GmbH.

- beginnt ihre Probezeit bei der Bürodesign GmbH.
- meldet der Agentur für Arbeit, dass sie nicht mehr arbeitsuchend ist.

6. Björn Krause ist seit dem 01.04.20(0) als gewerblicher Arbeitnehmer bei der Sommerfeld Bürosysteme GmbH beschäftigt. Er ist 29 Jahre alt. Am 03.02.20(+7) gibt Björn Krause in der Personalabteilung ein auf denselben Tag datiertes Schreiben ab, indem er sein Arbeitsverhältnis zum nächstmöglichen Termin kündigt. Prüfen Sie, wann Björn Krauses Arbeitsverhältnis endet.

7. Dieter Nentwig ist Auslieferungsfahrer bei der M-Tek GmbH, die zwölf Mitarbeiter beschäftigt. Da Dieter Nentwig seinen Führerschein aufgrund von Alkoholmissbrauch verloren hat, wird ihm fristgerecht gekündigt. Begründen Sie, ob die Kündigung sozial gerechtfertigt ist.

8. Peter Kenning, der Marketingleiter der Latex AG, befindet sich in Elternzeit. Da die Stelle dringend besetzt werden soll, stellt man den Dipl.-Kaufmann Martin Koers ein und kündigt Peter Kenning betriebsbedingt. Nehmen Sie Stellung.

9. Karl-Uwe Brömmelhaus erhält eine betriebsbedingte Kündigung mit dem Hinweis auf eine Abfindungsregelung, falls er auf eine Klage verzichtet. Erklären Sie die Höhe seiner Abfindung, wenn Karl-Uwe Brömmelhaus dem Betrieb seit acht Jahren angehört.

6 Personalcontrolling durchführen

LS 23

Herr Bast (stellvertretender Abteilungsleiter Controlling) hat in Zusammenarbeit mit Frau Esser (Abteilungsleiterin Controlling) und Herrn Krämer (Personal) folgende Feststellungen gemacht:

- Die Krankheitsquote in der Sommerfeld Bürosysteme GmbH hat in den letzten zwei Jahren von 0,5 % auf 7 % zugenommen.

- Die Gesamtlohnstunde der Sommerfeld Bürosysteme GmbH liegt 10 % über dem Branchendurchschnitt.

Arbeitsaufträge

- Erläutern Sie Ursachen für diese Entwicklung.
- Erklären Sie, wie diese Daten ermittelt werden.
- Zeigen Sie Möglichkeiten der kurz- und langfristigen Verbesserung auf.
- Erläutern Sie an dieser Situation die Bedeutung der festgestellten Kennzahlen einerseits für die Personalabteilung, andererseits für den Controller.

Personalbestand und Personalkosten

Aufgabe des Personalcontrollings ist es, den erforderlichen Personalbestand für die betriebliche Leistungserstellung sicherzustellen. Damit ist der richtige zeitliche Einsatz der Menge der Mitarbeiter unter Berücksichtigung ihrer jeweiligen Qualifikation gemeint. Ziel ist es, mit dem verfügbaren Personalbestand den erforderlichen Personalbedarf zu decken. Wie weit das im Betrieb gelungen ist, wird durch die Personaldeckungsquote dargestellt. Mit ihr werden durch Gegenüberstellung von Personalistbestand und Personalsollbestand **Über-** und **Unterbesetzungen** festgestellt:

$$\text{Personaldeckungsquote} = \frac{\text{Personal – Istbestand} \cdot 100}{\text{Personal – Sollbestand}}$$

Der Controller ermittelt Ursachen und entsprechende Maßnahmen zur Gegensteuerung, indem er Vorschläge zur Entlassung, Neueinstellung und Aus- und Weiterbildung macht.

Neben rechtlichen, sozialen und verwaltungstechnischen Aspekten hat das Personalcontrolling den wirtschaftlichen Aspekt zu beachten (Entgelt, Lohnnebenkosten), sind doch die Personalkosten neben den Werkstoff- und Betriebsmittelkosten (Abschreibungen und Instandhaltungen) der wichtigste Kostenfaktor in den Industriebetrieben. Ihr Vergleich zum Branchendurchschnitt oder zu wichtigen Konkurrenten ist daher bedeutsam. Der Controller hat deshalb die Aufgabe, **Kennzahlen** zu entwickeln, die für **Vergleiche mit Wettbewerbern derselben Branche** geeignet sind. Solche sind in der Industrie die Gesamtlohnstunde der Arbeiter (mittleres Lohnniveau) und das Gehalt je Angestelltenstunde:

$$\text{Gesamtlohnstunde (mittleres Lohnniveau)} = \frac{\text{Gesamtlöhne + Lohnnebenkosten}}{\text{Arbeitsstunden}}$$

$$\text{Gehalt je Angestelltenstunde} = \frac{\text{Gehälter + Gehaltsnebenkosten}}{\text{Angestelltenstunden}}$$

Bei Abweichungen von den Branchenwerten müssen die Ursachen gefunden werden. Sie können in Besonderheiten des Produktionsprogramms, der Belegschaftsstruktur, der Leistungsgrade und der angewandten Entlohnungsformen begründet sein.

Beispiel: Beim Zeitlohn besteht kein Leistungsanreiz. Dem Risiko von Minderleistungen könnte durch leistungsbezogene Entgeltformen (z. B. Akkord) vorgebeugt werden. Darum ist beim Betriebsvergleich auch der erreichte Akkordgrad zu vergleichen.

$$\text{Akkordgrad} = \frac{\text{Akkordstunden} \cdot 100}{\text{Gesamtarbeitsstunden}}$$

In diesem Zusammenhang hat der Controller folgende **Aufgabenschwerpunkte**:
- Offenlegung der wichtigsten Einflussfaktoren der Personalkosten,
- Festlegung von Merkmalen zur Bestimmung der Pesonalqualität,

- Mitwirkung bei der Personalplanung, beim Einsatz und bei der Betreuung,
- Personalbeurteilung und Bewertung zwecks Förderung oder Positionierung.

Personalstruktur

Von Bedeutung ist auch die Überwachung der **Personalzusammensetzung**, die sich auf die unterschiedliche Rechtsstellung der Mitarbeiter, auf die Qualifikation, das Alter, das Geschlecht bezieht. Sie kann mithilfe zahlreicher Kennzahlen veranschaulicht werden:

$$\text{Anteil der Angestellten (Angestelltenquote)} = \frac{\text{Angestellte} \cdot 100}{\text{Zahl der Mitarbeiter}}$$

$$\text{Anteil der gewerblichen Mitarbeiter (Gewerbliche-Mitarbeiter-Quote)} = \frac{\text{gewerbliche Mitarbeiter} \cdot 100}{\text{Zahl der Mitarbeiter}}$$

$$\text{Anteil der höher qualifizierten Mitarbeiter (Qualifikationsquote)} = \frac{\text{Mitarbeiter mit höherer Qualifikation} \cdot 100}{\text{Zahl der Mitarbeiter}}$$

$$\text{Anteil der Beschäftigten einer Altersgruppe} = \frac{\text{Beschäftige der Altersgruppe} \cdot 100}{\text{Zahl der Mitarbeiter}}$$

$$\text{Ausbildungsquote} = \frac{\text{Auszubildende} \cdot 100}{\text{Zahl der Mitarbeiter}}$$

$$\text{Frauenquote} = \frac{\text{weibliche Beschäftigte} \cdot 100}{\text{Zahl der Mitarbeiter}}$$

Durch laufende Überprüfung der Verwaltungs- und Betriebsorganisation können Umschulungen, Weiterbildungen, Umbesetzungen und Rationalisierungsmaßnahmen ausgelöst werden.

Unternehmen sollten auf **gleichmäßige Anteile aller Altersgruppen** achten – möglichst in allen Abteilungen. So werden regelmäßig Neueinstellungen vorgenommen, die zu Innovationsvorteilen führen sollten. Mit einer gleichmäßigen Altersverteilung können nachteilige Vorruhestandsregelungen oder Einstellungsstopps weitgehend umgangen werden.

Außerdem wirkt sich eine schlechte Altersstruktur in mehrerer Hinsicht negativ aus. So kann eine **Überalterung** zu einem hohen Krankenstand, einem Rückgang des Beschäftigungsgrades bei gleich bleibenden fixen Kosten, einer Qualitätsminderung (z. B. Wechsel in der Kundenbetreuung), Nichteinhaltung von Terminen und Überstunden der jungen Mitarbeiter führen.

Die **Beschäftigungsstruktur** kann ermittelt werden, indem der Anteil der Beschäftigten einzelner Jahrgänge oder Altersgruppen (z. B. 20–25 Jahre) am Personalbestand gemessen wird.

Bedeutende Aussagen zur Personalstruktur können auch mithilfe der Ausbildungs- und Frauenquote gemacht werden.

Personalbestandsänderungen/Fluktuation

Personalbestandsveränderungen und insbesondere Fluktuationen sind sehr teuer (Abgangsabwicklung, Ausschreibungs-, Auswahl- und Einstellungsverfahren, Einarbeitungszeit u. a.). Das Personalcontrolling muss daher alle Einflüsse, die zu Personalbestandsveränderungen führen, erfassen und bewerten.

Personalbestandsveränderungen werden bspw. beeinflusst durch:
- die Arbeitszeit,
- die Einführung neuer Technologien,
- Änderungen des Produktionsprogramms,
- die Entlohnung,
- das Betriebsklima,
- das Führungsverhalten der Vorgesetzten.

Beispiele:
- Die Sommerfeld Bürosysteme GmbH nimmt neue Produkte ins Produktionsprogramm, die mit neuen Technologien produziert werden. Mitarbeiter/-innen sind entsprechend zu schulen. Eventuell sind entsprechend qualifizierte Mitarbeiter einzustellen.
- Zu hohe Belastung der Mitarbeiter und schlechtes Betriebsklima können die Ursachen für Fehlzeiten und starke Fluktuationen (Kündigungen) sein.

Aussagekräftig sind daher folgende Kennzahlen:

$$\text{Fluktuationsquote} = \frac{\text{Abgänge je Rechnungsperiode} \cdot 100}{\text{Mitarbeiter}}$$

$$\text{Krankheitsquote} = \frac{\text{Krankheitstage} \cdot 100}{\text{Arbeitstage}} \quad \text{oder} \quad \frac{\text{krankheitsbedingte Fehlstunden} \cdot 100}{\text{Gesamtstunden}}$$

Es ist sinnvoll, neben der Fluktuationsquote auch die **Eigenkündigungsquote** zu ermitteln, da die Fluktuationsquote sämtliche Abgänge (eigene Kündigungen, arbeitgeberseitige Kündigungen, Personalabgänge in den Ruhestand) enthält. Die Eigenkündigungsquote hingegen setzt nur die Kündigungen durch Mitarbeiter in Bezug zur Mitarbeiterzahl und erlaubt so genauere Aussagen über die Mitarbeiterzufriedenheit.

Eine hohe Krankenquote führt neben erhöhten Kosten dazu, dass Überstunden geleistet werden müssen, um zugesagte Termine einzuhalten. Überstunden führen wegen der erhöhten Belastung nicht selten zu Qualitätsminderungen und in der Folge zur Imageschädigung.

6 Personalcontrolling durchführen

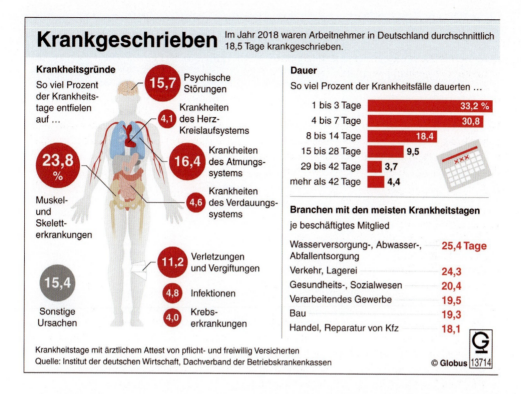

Zusammenfassung

Personalcontrolling durchführen

- *Personalbestand und Personalkosten*

Messung	Ursachen negativer Entwicklung	Maßnahmen zur Verbesserung
Personaldeckungsgrad	– kein Fachkräfteangebot am Arbeitsmarkt – Personalbestand wurde der Umsatzentwicklung nicht angepasst	– Ausbildung – Weiterbildung – Umbesetzung – Kündigung
Gesamtlohnstunden	Personalüberdeckung	– Rationalisierung – Vorruhestand – Kurzarbeit

- *Personalstruktur*

Messung	Ursachen negativer Entwicklung	Maßnahmen zur Verbesserung
Angestelltenquote gewerbliche Mitarbeiterquote Qualifikationsquote Altersgruppen Ausbildungsquote Frauenquote	– Aufblähung der Verwaltung – Aufblähung der Leistungsfunktion – Überalterung – Ausbildungsstopp – schlechtes Betriebsklima – Änderungen in der Betriebs- und Verwaltungsstruktur	– Ausbildung – Weiterbildung – Änderung der Organisationsstruktur – gezielte Maßnahmen bei Einstellungen und Entlassungen

- *Personalbestandsänderungen/Fluktuationen*

Messung	Ursachen negativer Entwicklung	Maßnahmen zur Verbesserung
Fluktuationsquote Eigenkündigungsquote	– Führungsstil – Betriebsklima – Arbeitsentgelt – fehlende Aufstiegschancen	– Änderung der Organisationsstrukturen – Verantwortungsdelegation – Teamarbeit – Anpassung der Entgelte – Maßnahmen zur Betriebsklimaverbesserung – leistungsgerechte Entlohnung – Motivation der Mitarbeiter – Einführung eines kooperativen Führungsstils
Krankheitsquote	– fehlende Qualifikation – Überforderung – Betriebsklima – fehlende Teamfähigkeit	– Weiterbildung – Maßnahmen zur Betriebsklimaverbesserung – Umbesetzung – Änderung der Arbeitszeitregelung – Motivation der Mitarbeiter – Einführung eines kooperativen Führungsstils – Maßnahmen zur Förderung der Gesundheit

Aufgaben

1. Werten Sie folgende Grafiken zur Altersstruktur von vier Industrieunternehmen vergleichend aus:

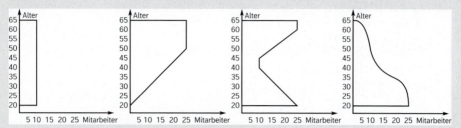

   a) Erläutern Sie die jeweilige Belegschaftsstruktur.
   b) Zeigen Sie jeweils wirtschaftliche Vor- und Nachteile der einzelnen Strukturen auf.
   c) Zeigen Sie Möglichkeiten der Verbesserung auf.

2. Der Controller der Sommerfeld Bürosysteme GmbH hat festgestellt, dass 70 % der Mitarbeiter bereits über 45 Jahre alt sind. Er ist der Meinung, dass das geändert werden muss.

   a) Nehmen Sie kritisch Stellung zu dieser Belegschaftsstruktur.
   b) Zeigen Sie Möglichkeiten der kurz- und langfristigen Veränderung auf.

3. Frauen klagen häufig über Doppelbelastung im Berufs- und Privatleben. Zeigen Sie Verbesserungsmöglichkeiten aus betrieblicher Sicht auf und führen Sie dazu eine Podiumsdiskussion durch.

4. Die Gesamtlohnstunde und das Gehalt je Angestelltenstunde liegen nach Feststellung des Controllers 8 % über dem Branchendurchschnitt. Erarbeiten Sie einen Vorschlagskatalog für die Abteilungen „Produktion und Beschaffung", „Vertrieb und Marketing" und „Allgemeine Verwaltung".

5. Die Arbeitsausfallquote ist in den letzten zwei Jahren von 0,5 % auf 7 % gestiegen.

   a) Zeigen Sie hierfür Ursachen auf.
   b) Erläutern Sie Möglichkeiten der Verbesserung.

6. Werten Sie folgende Daten aus:
   Mitarbeiterzahl im Jahresdurchschnitt 200
   Arbeitszeit .... 162 Tage à 8 Stunden
   krankheitsbedingte Fehlzeiten .... 19 440 Stunden
   Abgänge .... 12 Personen

   a) Errechnen Sie
      aa) die Krankheitsquote,
      ab) die Fluktuationsquote.
   b) Leiten Sie aus den Ergebnissen Konsequenzen ab.

7. Der Controller einer Industrieunternehmung stellte folgende Daten zur Auswertung zusammen:

	Vorjahr	Abrechnungsjahr
Anzahl der Mitarbeiter	80	84
Anzahl der Arbeitsstunden	128 800	120 960
Umsatz in EUR	8 372 000,00	8 588 160,00

a) Ermitteln Sie
   aa) die Arbeitsstunden je Mitarbeiter in den Vergleichsjahren,
   ab) den Umsatz je Mitarbeiter in den Vergleichsjahren,
   ac) den Umsatz je Arbeitsstunde in den Vergleichsjahren.
b) Beurteilen Sie die Umsatzentwicklung im Vergleich zur geleisteten Arbeitszeit.

Wiederholungs- und Prüfungsaufgaben zu Lernfeld 7

1. Die Büromöbelfabrik Wolf & Sohn OHG sucht einen Außendienstmitarbeiter für den Verkauf.
   a) Erläutern Sie die grundsätzlichen Möglichkeiten der Personalbeschaffung.
   b) Der Personalchef macht sich Gedanken über die Anforderungen, die an einen guten Außendienstmitarbeiter zu stellen sind.
      ba) Erläutern Sie die Anforderungen an einen Außendienstmitarbeiter aus der Sicht der Büromöbelfabrik.
      bb) Erläutern Sie die Anforderungen aus der Sicht der Kunden.
      bc) Formulieren Sie die Stellenbeschreibung für die Funktion des Außendienstmitarbeiters.
   c) Die Personalabteilung entschließt sich, eine Stellenanzeige zu veröffentlichen.
      ca) Welche Inhalte sollten bei der Gestaltung berücksichtigt werden?
      cb) Formulieren Sie den Text der Stellenanzeige.
      cc) Wählen Sie einen geeigneten Anzeigenträger aus und erläutern Sie, welche Überlegungen bei der Wahl des Anzeigentermins zu beachten sind.
   d) Welche Grundsätze sollte ein Bewerber bei der Abfassung eines Bewerbungsschreibens beachten?
   e) Nennen Sie Anlagen, die einer Bewerbung beiliegen sollten.
   f) Schreiben Sie eine Bewerbung auf die Stellenanzeige.
   g) Aufgrund starker Umsatzrückgänge soll der Außendienst verkleinert werden. Die Personalabteilung plant, einen 40-jährigen Außendienstmitarbeiter zu entlassen, der seit 5 Jahren im Unternehmen beschäftigt ist. Die entscheidende Konferenz findet am 15.02.20(0) statt. Zu welchem Termin kann der Mitarbeiter im Rahmen der gesetzlichen Kündigung entlassen werden?
   h) Schreiben Sie die Kündigung der Büromöbelfabrik Wolf & Sohn OHG.
   i) Welche „Papiere" sollte die Personalabteilung am letzten Arbeitstag des Mitarbeiters bereitlegen?
   j) Der Außendienstmitarbeiter wird arbeitslos. Unter welchen Voraussetzungen kann er Arbeitslosengeld beantragen?

2. Auf die Stellenanzeige der Büromöbelfabrik Wolf KG für einen Außendienstmitarbeiter im Verkauf bewerben sich u. a. Caroline Prangenberg und Christian Gebauer. Die Bewerber legen folgende Zeugnisse vor:

Zeugnis

Herr Christian Gebauer, geb. 19. März 1972 in Essen, war vom 1. Oktober 20(0) bis zum 31. März 20(0) als Sachbearbeiter in unserer Exportabteilung tätig. Herr Gebauer verlässt uns auf eigenen Wunsch.

Essen, den 31. März 20(0)

> **Zeugnis**
>
> Frau Caroline Prangenberg, geb. 24. November 1982, war vom 1. Dezember 2002 bis zum 31. Dezember 2012 in unserem Unternehmen als Verkaufssachbearbeiterin tätig. Während dieser Zeit hatte Frau Prangenberg Gelegenheit, alle Tätigkeiten dieses Bereichs kennenzulernen. Frau Prangenberg hat sich stets bemüht, die ihr übertragenen Aufgaben zu unserer Zufriedenheit zu erledigen. Die organisatorischen Aufgaben hat sie immer mit großem Fleiß und Interesse erledigt.
> Frau Prangenberg trug durch ihre umgängliche Art und ihre Geselligkeit zur Verbesserung des Betriebsklimas bei.
> Frau Prangenberg scheidet am 31.12.2012 aus unserem Unternehmen aus. Wir wünschen ihr für ihre weitere berufliche Laufbahn viel Erfolg.
>
> Essen, den 31.12.2012

a) Erläutern Sie, um welche Arten von Arbeitszeugnissen es sich handelt.
b) Führen Sie eine Analyse des Zeugnisses von Frau Prangenberg durch.
c) Erarbeiten Sie einen Gesprächsleitfaden für das Gespräch mit Frau Prangenberg. Begründen Sie den Gesprächsleitfaden vor dem Hintergrund der Zeugnisformulierungen.
d) Erarbeiten Sie einen Fragebogen, den Sie Christian Gebauer zuschicken, um seine Eignung für die ausgeschriebene Stelle feststellen zu können.
e) Erläutern Sie Maßnahmen der Eignungsfeststellung, die die Büromöbelfabrik Wolf durchführen könnte.

3. Industrieunternehmen führen zunehmend Incentives (Leistungsanreizsysteme) ein. Nennen Sie sechs Sachverhalte, aufgrund derer zusätzliche Vergütungen gewährt werden.

4. Leistungsanreizsysteme für Mitarbeiterinnen und Mitarbeiter gewinnen in Industrieunternehmen zunehmend an Bedeutung.

    a) Nennen Sie fünf Möglichkeiten, um Leistungen zu honorieren.
    b) Erläutern Sie drei Vorteile eines solchen Systems aus der Sicht der Arbeitnehmer und des Arbeitgebers.

5. Industrieunternehmen haben zunehmend Probleme, qualifizierte Mitarbeiterinnen und Mitarbeiter zu gewinnen. Nennen Sie sechs Maßnahmen, um neue Mitarbeiterinnen und Mitarbeiter zu gewinnen.

6. Die Sommerfeld Bürosysteme GmbH sucht zur Betreuung des Vertriebs in Asien und Ozeanien einen Sachbearbeiter. Nennen Sie sechs Anforderungen an eine Stellenanzeige für diese Funktion.

7. Auf eine Stellenanzeige der Sommerfeld Bürosysteme GmbH gehen eine Vielzahl von Bewerbungen ein. Sie werden durch die Geschäftsleitung beauftragt, eine Vorauswahl der Bewerber vorzunehmen.

    a) Nennen Sie drei Bewerbungsunterlagen.
    b) Erläutern Sie für die von Ihnen genannten Unterlagen je zwei Gesichtspunkte, auf die bei der Vorauswahl zu achten ist.
    c) Erläutern Sie drei Verfahren zur Auswahl von Bewerbern.

8. Die Sommerfeld Bürosysteme GmbH plant die Umstellung der Fertigung von Zeitlohn auf Leistungslohn.

a) Nennen Sie vier Voraussetzungen für die Einführung des Leistungslohns in Form des Akkordlohns.
b) Bei einer monatlichen Normalleistung von 2 500 Stück und einem Tariflohn von 8,95 € erhält ein Facharbeiter 1 610,50 € brutto. Ermitteln Sie die Vorgabezeit je Stück in Dezimalminuten bei einem Akkordzuschlag von 20 %.

9. Die Sommerfeld Bürosysteme GmbH plant die Einführung der gleitenden Arbeitszeit.

a) Nennen Sie vier Gründe für die Einführung der Gleitzeit.
b) Erläutern Sie anhand von zwei Beispielen, welche Probleme im Zusammenhang mit der Einführung der Gleitzeit auftreten können.

10. Nach der Einführung der 35-Stunden-Woche vereinbart die Sommerfeld Bürosysteme GmbH mit dem Betriebsrat, dass die Außendienstmitarbeiter ihre Überstunden auch durch Freizeit ausgleichen können.

a) Nennen Sie drei Probleme, die sich aus dieser Regelung ergeben können.
b) Erläutern Sie drei Maßnahmen, wie man den von Ihnen unter a) genannten Problemen begegnen kann.
c) Erläutern Sie Schwierigkeiten, die bei den von Ihnen unter b) genannten Maßnahmen auftreten können.

11. Die Personalabteilung der Sommerfeld Bürosysteme GmbH möchte einen neuen Personalbeurteilungsbogen für Angestellte entwerfen.

a) Nennen Sie vier Beurteilungskriterien.
b) Nennen Sie vier Beurteilungsanlässe.

12. Die Sommerfeld Bürosysteme GmbH beschafft sich kurzfristig zur Deckung eines vorübergehenden Personalbedarfs Mitarbeiter bei einem Personalleasing-Unternehmen. Erläutern Sie je drei Vor- und Nachteile dieser Maßnahme aus der Sicht der Sommerfeld Bürosysteme GmbH.

13. Für die Exportabteilung einer Industrieunternehmung soll ein neuer Mitarbeiter eingestellt werden. Die Stelle soll durch eine betriebsinterne Stellenausschreibung besetzt werden. Zusätzlich wird ein privater Arbeitsvermittler beauftragt. Erläutern Sie je zwei Vorteile

a) der betriebsinternen Stellenausschreibung,
b) der Einschaltung eines privaten Arbeitsvermittlers.

14. Ein Industrieunternehmen gliedert sein Personalwesen in die Abteilungen Personalplanung, Personalbeschaffung, Personalverwaltung und Personalcontrolling. Erläutern Sie je drei Aufgaben dieser Abteilungen.

15. Das Personalcontrolling beschäftigt sich unter anderem mit der Fluktuation der Mitarbeiter.

a) Nennen Sie fünf Gründe für eine hohe Fluktuation der Mitarbeiter.
b) Nennen Sie zwei betriebsinterne Quellen, aus denen Sie Informationen über die Gründe der Fluktuation gewinnen können.

16. In den letzten Jahren werden zunehmend Möglichkeiten der Flexibilisierung der Arbeitszeit geschaffen.

a) Erläutern Sie eine Möglichkeit der Flexibilisierung der Arbeitszeit.
b) Beschreiben Sie je zwei Vorteile der von Ihnen vorgeschlagenen Maßnahme aus der Sicht
  ba) des Arbeitgebers,
  bb) des Mitarbeiters,
  bc) der Gesamtwirtschaft.

17. Die kaufmännischen Mitarbeiter der Sommerfeld Bürosysteme GmbH werden jährlich anhand des folgenden Bewertungsbogens beurteilt:

Sommerfeld Bürosysteme GmbH
Ein ökologisch orientiertes Unternehmen mit Zukunft

BEURTEILUNG

Name: _____

Datum der Beurteilung: ☐☐☐☐☐☐ von: ☐☐☐☐☐☐ Beurteilungszeitraum: bis: ☐☐☐☐☐☐

Beurteilungsmerkmale	1	2	3	4	5	6
1 Weiterbildungsbereitschaft	○	○	○	○	○	○
2 Zuverlässigkeit, Sorgfalt, Genauigkeit	○	○	○	○	○	○
3 Aufrichtigkeit, Offenheit	○	○	○	○	○	○
4 Fleiß, Ausdauer	○	○	○	○	○	○
5 Fachliche Kenntnisse	○	○	○	○	○	○
6	○	○	○	○	○	○

a) Entwickeln Sie weitere Beurteilungsmerkmale für die Mitarbeiter der Sommerfeld Bürosysteme GmbH und diskutieren Sie diese.
b) Nennen Sie Gründe, die für eine regelmäßige Beurteilung anhand eines solchen Fragebogens sprechen.

18. Eine Industrieunternehmung beschäftigt in der Finanzbuchhaltung folgende Angestellten:

Name	individueller KV-Zusatzbeitrag	Steuerklasse/Alter	Konfession KiSt-S. 9 %	Bruttogehalt €
Klein, Franz	1,0 %	IV/1,0/35 Jahre	evang.	2 862,00
Laut, Karl	1,1 %	I/0,0/28 Jahre	röm.-kath.	2 480,00
Oster, Heidi	1,3 %	V/0,0/29 Jahre	röm.-kath.	2 470,00
Ohm, Peter	1,4 %	III/2,0/47 Jahre	evang.	2 640,00
Schmitz, Marc	1,2 %	I/0,0/22 Jahre	–	2 460,00

a) Erstellen Sie mithilfe der Lohnabzugstabelle auf S. 314 eine Gehaltsliste für den Monat Mai.
b) Geben Sie den gesamten Personalaufwand an, der für die Abteilung Finanzbuchhaltung anfällt.
c) Bilden Sie die Buchungssätze
   ca) bei Gehaltszahlung durch Banküberweisung,
   cb) bei Banküberweisung der einbehaltenen Lohn- und Kirchensteuer an das Finanzamt,
   cc) bei Banküberweisung der Sozialversicherungsbeiträge an die Krankenkasse.
d) Wann sind die Zahlungen an das Finanzamt und die Krankenkasse spätestens durchzuführen?

19. Die Betriebsvereinbarung der Sommerfeld Bürosysteme GmbH soll ergänzt werden. Die damit beauftragte Kommission aus Vertretern des Betriebsrates und der Geschäftsleitung legt folgenden Entwurf vor:

> **Neue Arbeitsformen, flexible Arbeitszeiten, Prämienentlohnung**
>
> Die Veränderung von gesellschaftlichen Haltungen und Werten erfordert ebenso wie die rasanten Marktveränderungen eine neue Unternehmensstruktur, in der die Mitarbeiter ihre Fähigkeiten und Talente zur Gestaltung der Arbeitsprozesse direkt einbringen können. Ein signifikanter Indikator dafür war der sprunghafte Anstieg des betrieblichen Vorschlagswesens nach der Einbindung der Mitarbeiter in die Maßnahmen der Restrukturierung. Das Idealbild einer ‚atmenden Fabrik', in der die Mitarbeiter wie ‚Unternehmer im Unternehmen' agieren, erfordert eine moderne Arbeitsorganisation.
>
> Die Organisationsstruktur soll mit nur zwei Hierarchieebenen sehr flach sein. Die Entscheidungskompetenzen sollen dicht an den Arbeitsplätzen liegen, um Flexibilität und Schnelligkeit, Kostenbewusstsein und Qualitätssicherung zu steigern. Das erwartete Ertragswachstum der kommenden fünf Jahre soll weitgehend bei konstanten Beschäftigtenzahlen realisiert werden.
>
> Fast das gesamte Unternehmen ist in Gruppen- und Projektarbeit zu organisieren. Der Betrieb wird von 6:00 Uhr morgens bis 22:00 Uhr abends geöffnet. Zeitkonten, die einen Spielraum von minus 50 Stunden bis plus 100 Stunden erlauben, geben der auftragsbezogenen Fertigung die nötige Flexibilität. Die Gruppen organisieren sich selbst, planen Zeit-, Kosten- und Personalkapazitäten. Die Fertigung ist in ‚Cost-Center' segmentiert und in der Produktion wird ein Prämienlohnsystem eingeführt. Auf Basis des Tariflohns kann leistungsbezogen dazuverdient werden, sowohl bezogen auf das Gruppenergebnis als auch auf den individuellen Leistungsbeitrag.

    a) Fassen Sie das Konzept „Neue Arbeitsformen, flexible Arbeitszeiten, Prämienentlohnung" in seinen wesentlichen Punkten zusammen.

    b) Nehmen Sie zu dem Konzept Stellung. Stellen Sie dabei Argumente pro und kontra gegenüber.

    c) Formulieren Sie vor dem Hintergrund Ihrer Argumente pro und kontra eine Betriebsvereinbarung für die Sommerfeld Bürosysteme GmbH.

20. Die Sommerfeld Bürosysteme GmbH plant zur Deckung eines kurzfristigen Personalmehrbedarfs Mitarbeiter bei einem Personalleasing-Unternehmen zu beschaffen. Stellen Sie für die entscheidende Sitzung jeweils drei Vor- und Nachteile aus der Sicht der Sommerfeld Bürosysteme GmbH zusammen.

21. Für die Marketingabteilung der Sommerfeld Bürosysteme GmbH soll ein neuer Mitarbeiter eingestellt werden. Der Leiter der Abteilung Personalbeschaffung und -einsatz, Herr Krämer, plant die Stelle betriebsintern auszuschreiben und zusätzlich eine private Arbeitsvermittlung zu beauftragen. Der Betriebsrat spricht sich gegen die Einschaltung der privaten Arbeitsvermittlung aus.

    a) Stellen Sie je zwei Argumente für und gegen die Inanspruchnahme der privaten Arbeitsvermittlung zusammen.

    b) Erläutern Sie, ob der Betriebsrat aufgrund seiner Rechte gem. BetrVerfG Einfluss auf die Entscheidung nehmen kann.

22. Nicole Esser, die Leiterin der Abteilung Controlling der Sommerfeld Bürosysteme GmbH, stellt ein leichtes Ansteigen der Personalfluktuation im Unternehmen fest.

    a) Erläuten Sie zwei innerbetriebliche Quellen, aus denen Sie Informationen über die Gründe der Fluktuation gewinnen können.

    b) Stellen Sie in einer Liste mögliche Gründe für die Personalfluktuation zusammen.

23. In der Sommerfeld Bürosysteme GmbH sind am 01. Mai 2016 u. a. folgende Mitarbeiter beschäftigt:
Hermann Wittges, geb. 19. März 1970, seit dem 01. April 2010
Daniel Berger, geb. 12. September 1961, seit dem 01. September 2013
Beiden Mitarbeitern muss aufgrund von Umstrukturierungen aus betrieblichen Gründen gekündigt werden.

   a) Bestimmen Sie anhand der Regelungen in § 622 BGB, zu welchem frühesten Zeitpunkt Herr Wittges und Herr Berger gekündigt werden können. Abweichende einzelvertragliche Regelungen bestehen nicht.
   b) Stellen Sie fest, welche Kündigungsfristen Berger und Wittges einhalten müssen, wenn sie ihrerseits kündigen wollen.
   c) Die Geschäftsleitung diskutiert, die Umstrukturierung ohne Kündigungen vorzunehmen. Erläutern Sie mögliche Maßnahmen, mit denen dieses Ziel erreicht werden kann.

24. Die Bürotec GmbH schließt mit Arbeitnehmern gelegentlich befristete Arbeitsverträge.

   a) Erläutern Sie vier mögliche Fälle, in denen befristete Arbeitsverträge geschlossen werden können.
   b) Erläutern Sie aus Arbeitgebersicht, warum die Aneinanderreihung mehrerer befristeter Arbeitsverträge zu einem „Kettenvertrag" nachteilig sein kann.

25. Im Rahmen der Flexibilisierung der Arbeitszeiten werden auch bei der Sommerfeld Bürosysteme GmbH Arbeitszeitkonten für die Mitarbeiter geführt.

   a) Erläutern Sie, was man unter einem Arbeitszeitkonto versteht.
   b) Erläutern Sie je zwei Vorteile und Nachteile, die die Flexibilisierung der Arbeitszeit für die Sommerfeld Bürosysteme GmbH mit sich bringen kann.

26. Bei der Sommerfeld Bürosysteme GmbH stellt die Beurteilung von Mitarbeitern eine der Aufgaben der Personalwirtschaft dar.

   a) Hierbei wird zwischen regelmäßiger und anlassbedingter Beurteilung unterschieden. Nennen Sie je zwei Gründe für eine regelmäßige und anlassbedingte Beurteilung.
   b) Im Zusammenhang mit der Personalbeurteilung können verschiedene Fehler gemacht werden. Nennen Sie drei mögliche Fehler.
   c) Nennen Sie zwei Rechte, die einem Mitarbeiter der Sommerfeld Bürosysteme GmbH im Zusammenhang mit dieser Beurteilung zustehen.

27. Dem Mitarbeiter Peter Born wurde am 23. September 20(0) zum 30. November 20(0) ordentlich gekündigt. Der 30. November 20(0) ist auch der letzte Arbeitstag von Herrn Born bei der Sommerfeld Bürosysteme GmbH. Bringen Sie die folgenden Tätigkeiten von Peter Born bis zur Aufnahme einer neuen Beschäftigung in die richtige logische Reihenfolge, indem Sie die Ziffern 1 bis 7 neben den Tätigkeiten eintragen.

   Peter Born schickt am 2. November 20(0) eine Bewerbung an die Bürotec GmbH ab.
   Peter Born meldet sich am 24. September 20(0) bei der Agentur für Arbeit arbeitslos.
   Peter Born und die Bürotec GmbH schließen einen Arbeitsvertrag zum 1. Februar 20(1) ab.
   Peter Born nimmt am letzten Arbeitstag ein Arbeitszeugnis von der Sommerfeld Bürosysteme GmbH in Empfang.
   Peter Born fährt wegen eines Vorstellungsgesprächs zur Bürotec GmbH und legt dort das Arbeitszeugnis der Sommerfeld Bürosysteme GmbH vor.
   Peter Born beginnt seine Probezeit bei der Bürotec GmbH.
   Peter Born meldet der Agentur für Arbeit, dass er ab 1. Februar 20(1) nicht mehr arbeitslos sein wird.

Jahresabschluss analysieren und bewerten

Lernfeld 8

1 Vorarbeiten für den Jahresabschluss durchführen

LS 24.I

1.1 Posten der Rechnungsabgrenzung bestimmen und in der Buchhaltung erfassen

Daniela Schaub hat nachstehenden Beleg mit folgendem Buchungssatz erfasst:

6900 Versicherungsbeiträge   3 600,00 an 2800 Bank   3 600,00

Kontoauszug	IBAN	Auszug	Blatt
DEUTSCHE BANK ESSEN	DE96 2607 0050 0025 2034 88	241	1

Buch.-Tag	Wert	PN	Erläuterung/Verwendungszweck	Umsätze
28.08.	28.08.		ESSENER VERSICHERUNGS-AG, ESSEN, FEUERVERSICHERUNGSPRÄMIE GESCHÄFTSGEBÄUDE U. INVENTAR VOM 01.09. d. J. BIS 31.08. d. n. J.	3 600,00 –
			Dispositionslinie €	200 000,00
44 BS	27.08.20(0) Letzter Auszug	29.08.20(0) Auszugsdatum	€ 398 056,25 + Alter Kontostand	€ 394 456,25 + Neuer Kontostand

SOMMERFELD BÜROSYSTEME GMBH, GLADBECKER STRASSE 85–91, 45141 ESSEN
IBAN: DE96 2607 0050 0025 2034 88   BIC: DEUTDEDEXXX

Beim Jahresabschluss wurde dieser Aufwand in Höhe von 3 600,00 € in das GuV-Konto übernommen. Bei einer Betriebsprüfung durch die Finanzverwaltung wird diese Buchung beanstandet.

Arbeitsaufträge

- Suchen Sie nach Gründen, warum diese Buchung beanstandet wurde.
- Erläutern Sie, wie die Buchung korrigiert werden könnte bzw. wie der Beleg korrekt hätte gebucht werden müssen.

Während des Geschäftsjahres fallen gelegentlich **Zahlungen für Aufwendungen** oder **Erträge** an, die **ganz** oder **teilweise** dem **folgenden Geschäftsjahr** zuzurechnen sind. In diesen Fällen sind die Aufwendungen und Erträge anteilig auf die entsprechenden Jahre zu verteilen **(periodengerechte Erfolgsermittlung)**.

Ausgaben bzw. **Einnahmen im laufenden Geschäftsjahr**, die für **Aufwendungen** oder **Erträge nach dem Bilanzstichtag** getätigt werden, sind als Posten der Rechnungsabgrenzung zu erfassen. Zu unterscheiden sind **aktive und passive Rechnungsabgrenzungsposten**, die von allen Kaufleuten gesondert in der Bilanz auszuweisen sind.

> **§ 250 Abs. 1 HGB**
> Als Rechnungsabgrenzungsposten sind auf der Aktivseite Ausgaben vor dem Abschlussstichtag auszuweisen, soweit sie Aufwand für eine bestimmte Zeit nach diesem Tag darstellen.
> Auf der Passivseite sind als Rechnungsabgrenzungsposten Einnahmen vor dem Abschlussstichtag auszuweisen, soweit sie Ertrag für eine bestimmte Zeit nach diesem Tag darstellen. [...]

Aktive Rechnungsabgrenzung (ARA)

Wird im laufenden Geschäftsjahr eine **Ausgabe für einen Aufwand des folgenden Geschäftsjahres** getätigt, dann darf sich diese Ausgabe nicht auf den Erfolg des laufenden Geschäftsjahres auswirken. Sie ist als Aufwand erst im folgenden Jahr zu erfassen. Bis zu diesem Zeitpunkt wird sie daher in der Bilanz auf dem aktiven Bestandskonto „**2900 Aktive Rechnungsabgrenzung**" (ARA) gespeichert. Diese zeitliche Abgrenzung des Aufwandes wird als **vorbereitende Abschlussbuchung** durchgeführt.

Beispiel: Am 28.08. wird die Gebäudeversicherungsprämie in Höhe von 3 600,00 € für den Zeitraum vom 01.09. bis zum 31.08. des nächsten Jahres durch Banküberweisung gezahlt.

Die Feuerversicherungsprämie für das Geschäftsgebäude betrifft den **Aufwand zweier Geschäftsjahre**. Zum Zwecke einer periodengerechten Erfolgsermittlung ist der Geschäftsfall so zu buchen, dass im alten Jahr nur 1 200,00 € (Versicherungsprämie für vier Monate) **erfolgswirksam** werden. Die Versicherungsprämie für die acht Monate des neuen Geschäftsjahres, also **2 400,00 €**, darf erst im folgenden Geschäftsjahr erfolgswirksam werden.

Das Konto „2900 Aktive Rechnungsabgrenzung" führt den Betrag von 2 400,00 € **ins neue Geschäftsjahr hinüber** und **grenzt** somit den **Aufwand des alten Geschäftsjahres** vom Aufwand des neuen Geschäftsjahres ab.

Buchungen im alten Geschäftsjahr	Buchungen im neuen Geschäftsjahr

28.08.: Zahlung durch Banküberweisung
6900 Versicherungsbeiträge
    an 2800 Bank   3 600,00
	02.01.: Eröffnung
	2900 ARA
	    an 8000 EBK 2 400,00

31.12.: zeitliche Abgrenzung
2900 ARA
    an 6900 Versicherungsbeitr.   2 400,00
	**02.01.: Auflösung der aktiven Rechnungs-
	       abgrenzung**
	6900 Versicherungsbeiträge
	    an 2900 ARA 2 400,00

31.12.: Abschlussbuchung
8020 GuV
    an 6900 Versicherungsbeiträge   1 200,00
 	
8010 Schlussbilanzkonto
    an 2900 ARA 2 400,00	

Kontenmäßige Darstellung der Buchungen im alten Geschäftsjahr:

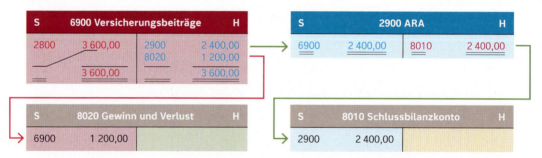

Kontenmäßige Darstellung der Buchungen im neuen Geschäftsjahr

Passive Rechnungsabgrenzung (PRA)

Wenn die Unternehmung im Laufe des Geschäftsjahres eine **Einnahme für einen Ertrag des folgenden Geschäftsjahres** erzielt, darf diese Einnahme den Erfolg des laufenden Geschäftsjahres nicht beeinflussen. Bis zu ihrer Erfassung als Ertrag wird sie daher auf dem passiven Bestandskonto „**4900 Passive Rechnungsabgrenzung**" (PRA) gespeichert.

Beispiel: Am 02.06. des laufenden Geschäftsjahres hat ein Mieter eines Lagerraumes seine laut Vertrag im Voraus zu zahlende Miete für die Zeit vom 01.06. bis zum 30.05. d. f. J. in Höhe von 30 000,00 € durch Banküberweisung bezahlt.

Das Konto „**4900 Passive Rechnungsabgrenzung**" führt den Betrag von 12 500,00 € ins neue Geschäftsjahr hinüber und **grenzt** somit den **Ertrag** des alten Geschäftsjahres vom Ertrag des neuen Geschäftsjahres **ab**.

1 Vorarbeiten für den Jahresabschluss durchführen

Buchungen im alten Geschäftsjahr		Buchungen im neuen Geschäftsjahr	
02.06.: Zahlung per Bank		**02.01.: Eröffnung**	
2800 Bank		8000 EBK	
an 5400 Mieterträge	30 000,00	an 4900 PRA	12 500,00
31.12.: zeitliche Abgrenzung		**02.01.: Auflösung der Abgrenzung**	
5400 Mieterträge		4900 PRA	
an 4900 PRA	12 500,00	an 5400 Mieterträge	12 500,00
31.12.: Abschlussbuchung			
5400 Mieterträge			
an 8020 GuV	17 500,00		
4900 PRA			
an 8010 SBK	12 500,00		

Kontenmäßige Darstellung der Buchungen im alten Geschäftsjahr:

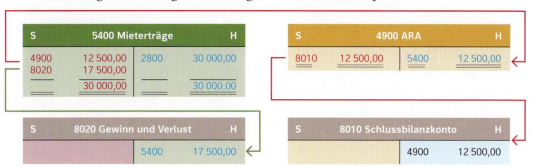

Kontenmäßige Darstellung der Buchungen im alten Geschäftsjahr:

S	5400 Mieterträge		H		S	4900 PRA		H
		4900	12 500,00		5400	12 500,00	8000	12 500,00

Es ist auch möglich, die **Rechnungsabgrenzung direkt** bei der Erfassung der Ausgabe oder Einnahme vorzunehmen.

Buchung zum Beispiel S. 365 f.

6900	Versicherungsbeiträge	1 200,00			
2900	ARA	2 400,00	an	Bank	3 600,00

Buchung zum Beispiel S. 366

2800	Bank	30 000,00	an 5400	Mieterträge	17 500,00
			an 4900	PRA	12 500,00

Wenn die **abzugrenzenden Erfolge mit Umsatzsteuer belastet** waren, sind die gesetzlichen Bestimmungen über die Fälligkeit der Umsatzsteuer und die Abzugsfähigkeit der Vorsteuer für die zeitraumgerechte Zuordnung entscheidend. Wird also im alten Jahr in einer Rechnung die Vorsteuer für eine Lieferung oder Leistung des neuen Geschäftsjahres ausgewiesen, ist der Abzug dieser Vorsteuer erst im neuen Geschäftsjahr zulässig, wenn die Lieferung oder Leistung ausgeführt wird. Folglich ist für diese Fälle die am Bilanzstichtag noch nicht verrechenbare Vorsteuer getrennt als sonstige Forderung zu erfassen. Wurde die Rechnung jedoch bereits im alten Geschäftsjahr beglichen, ist der Vorsteuerabzug im alten Jahr zulässig (z. B. Zeitschriftenabonnement).

Zusammenfassung

Posten der Rechnungsabgrenzung bestimmen und in der Buchhaltung erfassen

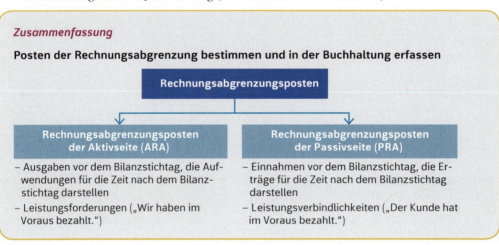

Aufgaben

1. Die Kraftfahrzeugsteuer für fünf Geschäftswagen in Höhe von insgesamt 2 610,00 € wurde am 01.09. für die Zeit vom 01.09. bis zum 31.08. per Banküberweisung an das Finanzamt bezahlt. Ein Geschäftsjahr dauert vom 01.01. bis zum 31.12. eines Jahres.

   a) Buchung bei Zahlung am 01.09.
   b) Buchung der zeitlichen Abgrenzung zum 31.12.
   c) Buchung nach der Eröffnung der Bestandskonten im neuen Geschäftsjahr.
   d) Veranschaulichen Sie Ihre Ergebnisse mit einem geeigneten Medium und präsentieren Sie diese.

2. Am 24.10. wird die Miete von insgesamt 5 400,00 € für einen gemieteten Ausstellungsraum für die Zeit vom 01.11. bis 31.01. des folgenden Jahres im Voraus per Banküberweisung bezahlt.

   a) Buchung der Überweisung am 24.10.
   b) Buchung der zeitlichen Abgrenzung zum 31.12.
   c) Buchung nach der Eröffnung der Bestandskonten im neuen Geschäftsjahr.
   d) Begründen Sie die Notwendigkeit der Buchung zum Ende des Geschäftsjahres.
   e) Geben Sie den Buchungssatz für den Fall an, dass die zeitliche Abgrenzung bereits bei Buchung der Zahlung vorgenommen worden wäre.

3. Ein Kunde erhielt am 01.04. ein Darlehen in Höhe von 80 000,00 € zu dem Zinssatz von 6 % p.a. Die Zinsen sind jedoch halbjährlich im Voraus zahlbar am 01.10. und am 01.04. eines jeden Jahres. Die letzte Zinszahlung für die Zeit vom 30.09. bis zum 31.03. des folgenden Geschäftsjahres erfolgte per Banküberweisung in Höhe von 2 400,00 € am 01.10. des Geschäftsjahres.

   a) Buchung der Zinszahlung am 01.10. des Geschäftsjahres.
   b) Buchung der zeitlichen Abgrenzung zum 31.12.
   c) Buchung nach der Eröffnung der Bestandskonten im neuen Geschäftsjahr.
   d) Stellen Sie fest, ob die Buchung der zeitlichen Abgrenzung einen vorliegenden positiven Unternehmungsgewinn mindert, mehrt oder unverändert lässt.
   e) Veranschaulichen Sie Ihre Ergebnisse mit einem geeigneten Medium und präsentieren Sie diese.

4. Am 01.12. geht die Garagenmiete über insgesamt 240,00 € für die Monate Dezember, Januar und Februar per Banküberweisung ein.

   a) Bilden Sie die Buchungssätze und stellen Sie die Buchungen auf Konten dar:
      aa) bei Erfassung der Einnahme,
      ab) beim Jahresabschluss,
      ac) bei Wiedereröffnung im neuen Jahr.
   b) Wie lautet der Buchungssatz, wenn die Abgrenzung sofort am 01.12. vorgenommen wird?

5. Prüfen Sie die Richtigkeit folgender Aussagen, indem Sie Ihre Entscheidung begründen. Es wird unterstellt, dass vor Buchung der zeitlichen Abgrenzung ein Unternehmungsgewinn vorlag.

   a) Aktive Rechnungsabgrenzungsposten speichern Aufwendungen des folgenden Geschäftsjahres.
   b) Die Buchung der aktiven Rechnungsabgrenzungsposten führt zur Vermögensmehrung und zur Mehrung des Unternehmungsgewinns.
   c) Würde eine notwendige passive Rechnungsabgrenzung nicht vorgenommen, dann ergäbe sich ein zu hoher Unternehmungsgewinn.
   d) Im Voraus erhaltene Miete führt zur Notwendigkeit einer aktiven Rechnungsabgrenzung.
   e) Mit der Buchung „ARA an Aufwandskonten" sind die für das kommende Geschäftsjahr im Voraus gezahlten Aufwendungen abzugrenzen.

6. **Kontenplan:** 2600, 2800, 2880, 2900, 4900, 5400, 6700, 6810, 6900, 7030, 8010, 8020

   Anfangsbestände:
   2800 Bank............. 16 000,00 €   2880 Kasse........................... 1 640,00 €

   Geschäftsfälle €
   1. **BA vom 25.07.:** Banküberweisung der Jahresprämie für Gebäudefeuerversicherung und Gebäudehaftpflicht für den Versicherungszeitraum 01.08. bis 31.07. 480,00
   2. **BA vom 29.07.:** Banküberweisung der Halbjahresmiete für vermietete Geschäftsräume für die Zeit vom 01.08. bis 31.01. .... 2 400,00
   3. **BA vom 26.10.:** Banküberweisung der Kraftfahrzeugsteuer für den Geschäftswagen für die Zeit vom 01.11. bis 30.04. 240,00
   4. **KB vom 01.12.:** Barzahlung der Miete für eine gemietete Garage für die Monate Dezember bis einschließlich Februar 210,00

5. **BA vom 27.12.:** Banküberweisung der Bezugskosten für eine Fachzeitschrift für das 1. Quartal des folgenden Geschäftsjahres einschließlich 7 % Umsatzsteuer 64,20
Bilden Sie die Buchungssätze

   a) bei Zahlung   b) beim Jahresabschluss zum 31.12.
   c) nach Konteneröffnung im neuen Jahr.

7. Bilden Sie die Buchungssätze
   a) bei Zahlung,
   b) beim Jahresabschluss zum 31.12.,
   c) nach Konteneröffnung im neuen Jahr:
   1. Banküberweisung der Kfz-Versicherungsprämie am 31.08. für die Zeit vom 01.09. bis zum 31.08.: 1 650,00 €.
   2. Für eine vermietete Garage geht die Januarmiete bereits am 28.12. auf Bankkonto ein: 80,00 €.
   3. Für eine am 01.11. gemietete Anlage wurde die Leasingrate für das erste Vierteljahr beim Vertragsabschluss per Banküberweisung gezahlt: 4 800,00 €.
   4. Am 28.04. wird die Kfz-Steuer für einen Lkw für die Zeit vom 01.05. bis zum 30.04. durch Banküberweisung gezahlt: 4 500,00 €.
   5. Die im Voraus zu zahlende Jahresmiete für vermietete Büroräume geht am 30.04. auf Bankkonto ein: 21 600,00 €.

1.2 Sonstige Verbindlichkeiten und sonstige Forderungen erfassen

Am 31.12. stellt Daniela Schaub fest, dass die Sommerfeld Bürosysteme GmbH am 01.09. ein Darlehen aufgenommen hat, für das am 31.08. des folgenden Geschäftsjahres 600,00 € Zinsen zu zahlen sind. Daniela Schaub ist sich nicht sicher, ob sie mit der Erfassung dieser Aufwendungen bis zur Vorlage eines Zahlungsbeleges im neuen Geschäftsjahr warten kann.

Arbeitsaufträge

- Begründen Sie die Notwendigkeit der Erfassung zum 31.12.
- Stellen Sie den Unterschied dieses Falles zu den Posten der Rechnungsabgrenzung heraus.

Am Bilanzstichtag sind noch nicht geleistete Zahlungen (Ausgaben) für Aufwendungen der Abrechnungsperiode als **sonstige Verbindlichkeiten** und noch nicht erhaltene Zahlungen (Einnahmen) für Erträge der Abrechnungsperiode als **sonstige Forderungen** auszuweisen.

Sonstige Verbindlichkeiten

Vielfach liegen am Bilanzstichtag **Aufwendungen** vor, **für die noch keine Zahlungen vorgenommen wurden**. Um eine periodengerechte Erfolgsermittlung sicherzustellen, **muss der Aufwand am Bilanzstichtag für das alte Geschäftsjahr erfasst werden**. Dies geschieht im Rahmen der vorbereitenden Abschlussbuchungen.

Beispiel: Am 01.09. wurde ein Darlehen aufgenommen, für das am 31.08. des folgenden Geschäftsjahres 600,00 € Zinsen zu zahlen sind.
Bis zum 31.12. (Bilanzstichtag) sind 200,00 € Zinsaufwendungen entstanden, die in der Gewinn- und Verlust-Rechnung des alten Geschäftsjahres zu berücksichtigen sind. Bis zum Tag der Zahlung sind die noch offenstehenden Ausgaben als **sonstige Verbindlichkeiten** auszuweisen.

Buchungen im alten Geschäftsjahr		Buchungen im neuen Geschäftsjahr	
31.12.: vorbereitende Abschlussbuchung		**02.01.: Eröffnung**	
7510 Zinsaufwendungen	200,00	8000 EBK	200,00
an 4890 Übrige sonstige		an 4890 Übrige sonstige	
Verbindlichkeiten	200,00	Verbindlichkeiten	200,00
31.12.: Abschlussbuchungen		**31.08.: Zahlung durch Banküberweisung**	
8020 Gewinn und Verlust	200,00	4890 Übrige sonstige	
an 7510 Zinsaufwend.	200,00	Verbindlichkeiten	200,00
4890 Übrige sonstige		7510 Zinsaufwendungen	400,00
Verbindlichkeiten	200,00	an 2800 Bank	600,00
an 8010 SBK	200,00		

Sonstige Forderungen

Erträge des abzuschließenden Geschäftsjahres, die noch nicht vereinnahmt wurden, müssen wegen der periodengerechten Erfolgsermittlung als Ertrag des abgelaufenen Geschäftsjahres **erfasst werden**. Dies geschieht durch eine vorbereitende Abschlussbuchung.

Beispiel: Für ein Darlehen über 40 000,00 €, das die Sommerfeld Bürosysteme GmbH einem Kunden am 31.07. gewährt hat, sind die Zinsen (9 %) jeweils jährlich nachträglich zu zahlen. Die Zahlung der Zinsen erfolgt also am 01.08. des folgenden Jahres durch Banküberweisung.

Buchungen im alten Geschäftsjahr	Buchungen im neuen Geschäftsjahr

31.12.: vorbereitende Abschlussbuchung
2690 Übrige sonstige
Forderungen 1 500,00
  an 5710 Zinserträge 1 500,00
	02.01.: Eröffnung
	2690 Übrige sonstige
	Forderungen 1 500,00
	  an 8000 EBK 1 500,00

31.12.: Abschlussbuchung
5710 Zinserträge 1 500,00
  an 8020 Gewinn und
    Verlust 1 500,00
8010 SBK 1 500,00
  an 2690 Übrige sonstige
    Forderungen 1 500,00
	01.08.: Banküberweisung der Zinsen
	2800 Bank 3 600,00
	  an 2690 Übrige sonstige
	    Forderungen 1 500,00
	  an 5710 Zinserträge 2 100,00

Der wesentliche **Unterschied** der **sonstigen Forderungen** und **sonstigen Verbindlichkeiten** zu den **Posten der Rechnungsabgrenzung** besteht in der Auswirkung auf die **Liquidität der Zukunft**. In den Fällen der Posten der Rechnungsabgrenzung trat die Liquiditätsänderung durch Einnahmen oder Ausgaben im alten Jahr ein. In den Fällen der sonstigen Forderungen und sonstigen Verbindlichkeiten tritt diese Liquiditätsänderung erst im folgenden Jahr ein:

Altes Jahr	31.12.	Neues Jahr	Ausweis in der Bilanz
Ausgabe		Aufwand	Aktive Rechnungsabgrenzung (ARA)
Einnahme		Ertrag	Passive Rechnungsabgrenzung (PRA)
Aufwand		Ausgabe	Sonstige Verbindlichkeiten
Ertrag		Einnahme	Sonstige Forderungen

Beide dienen der **zeitlichen Rechnungsabgrenzung** der Aufwendungen und Erträge und der **periodengerechten Erfolgsermittlung**. Aufwendungen und Erträge werden den Zeiträumen zugeordnet, die sie wirtschaftlich verursacht haben (vgl. auch Übersicht im Arbeitsbuch auf S. 117).

Zusammenfassung

Sonstige Verbindlichkeiten und sonstige Forderungen erfassen

Sonstige Verbindlichkeiten	Sonstige Forderungen
- am Bilanzstichtag noch nicht erfolgte Ausgaben für einen genau feststehenden Aufwand des abgelaufenen Geschäftsjahres - Geldverbindlichkeiten, die nach dem Bilanzstichtag zu Ausgaben führen („Wir zahlen später.")	- am Bilanzstichtag noch nicht erfolgte Einnahmen für einen Ertrag aus dem abgelaufenen Geschäftsjahr - Geldforderungen, die nach dem Bilanzstichtag zu Einnahmen führen („Der Kunde zahlt später.")

Aufgaben

1. Für ein Darlehen über 12 000,00 €, das einem Kunden gewährt wurde, sind 8 % Zinsen vertragsgemäß halbjährlich nachträglich zu zahlen, und zwar am 30.04. und 31.10.

   Bilden Sie aus Sicht des Darlehensgebers die Buchungssätze:

   a) am 31.12. (Bilanzstichtag)
   b) zum 01.01. bei Eröffnung der Konten
   c) am 30.04. bei Banküberweisung der Zinsen

2. Beim Jahresabschluss wurde festgestellt, dass die Dezembermiete in Höhe von 850,00 € für einen gemieteten Lagerraum versehentlich noch nicht bezahlt worden ist.

   a) Welche Buchung ist am 31.12. vorzunehmen?
   b) Wie ist zu buchen, wenn am 02.01. die rückständige Dezembermiete zusammen mit der Januarmiete durch die Bank überwiesen wird?

3. Am 31.12. steht die Rechnung der Stadtwerke für Stromverbrauch im Monat Dezember noch aus. Aufgrund der Zählerablesung hat der Industriebetrieb einen Verbrauch von 680,00 € ermittelt.

   a) Wie lautet die Buchung am 31.12.?
   b) Wie ist bei Abbuchung des Rechnungsbetrages über 1 309,00 € einschließlich 19 % Umsatzsteuer am 20.01. vom Bankkonto zu buchen?

4. a) Die Sommerfeld Bürosysteme GmbH hat einem Kunden ein kurzfristiges Darlehen von 36 000,00 € zu 9 % p. a. gewährt. Die Zinsen sind vertragsgemäß halbjährlich nachträglich zu zahlen, und zwar jeweils am 01.04. für den Darlehenszeitraum vom 30.09. bis 31.03. und am 01.10. für den Zeitraum vom 31.03. bis 30.09.
   aa) Wie ist am 31.12. zu buchen?
   ab) Wie lautet die Buchung am 31.03. bei Eingang der Zinszahlung durch Banküberweisung?

   b) Die Miete für einen von der Sommerfeld Bürosysteme GmbH gemieteten Lagerraum beträgt monatlich 2 500,00 €. Beim Jahresabschluss der Sommerfeld Bürosysteme GmbH wird festgestellt, dass die Dezembermiete versehentlich noch nicht bezahlt worden ist.
   ba) Welche Buchung muss noch mit Datum vom 31.12. vorgenommen werden?
   bb) Wie ist zu buchen, wenn am 05.01. die rückständige Dezembermiete zusammen mit der Januarmiete durch die Bank überwiesen wird?

   c) Die Rechnung der Stadtwerke für den Stromverbrauch für den Dezember steht noch aus. Aufgrund der Ablesung an den Zählern vom 31.12. hat die Sommerfeld Bürosysteme GmbH einen Betrag von 7 800,00 € ermittelt.
   ca) Wie lautet die Buchung am 31.12.?
   cb) Wie ist zu buchen, wenn die Rechnung der Stadtwerke in Höhe von 13 200,00 € zuzüglich 2 508,00 € Umsatzsteuer am 23.01. eingeht und sofort mit Banküberweisung bezahlt wird?

   d) Die am 15.11. fällige Gewerbesteuerschuld der Sommerfeld Bürosysteme GmbH in Höhe von 5 000,00 € wurde vom Stadtsteueramt auf Antrag bis zum 15.02. gestundet.
   da) Wie ist folglich noch am 31.12. zu buchen?
   db) Wie lautet die Buchung, wenn die rückständige Steuerschuld am 13.02. durch Banküberweisung beglichen wird?

e) Für ein vermitteltes Geschäft stehen der Sommerfeld Bürosysteme GmbH 1 500,00 € Provision zu. Hierfür wurde folgende Lastschriftanzeige erteilt:

Nettoprovision .... 1 500,00 €
+ 19 % USt .... 285,00 €
.... 1 785,00 €

ea) Wie ist am 31.12. zu buchen?
eb) Welche Buchung ist vorzunehmen, wenn am 16.01. der in Rechnung gestellte Betrag durch Banküberweisung bezahlt wird?

f) Dem Handelsvertreter stehen laut erfolgter Abrechnung für im Monat Dezember vermittelte Verkäufe 1 800,00 € Provision zu. Die hierauf entfallende Umsatzsteuer beträgt 342,00 €.
fa) Wie ist am 31.12. zu buchen?
fb) Wie lautet die Buchung, wenn der Handelsvertreter am 08.01. über den Gesamtbetrag von der Sommerfeld Bürosysteme GmbH einen Verrechnungsscheck erhält?

5. Einige Sachkonten eines Unternehmens weisen zum Jahresabschluss folgende Werte auf:

	€ Soll	€ Haben
2690 Übrige sonstige Forderungen	18 200,00	15 400,00
2900 Aktive Rechnungsabgrenzung	4 900,00	4 900,00
4890 Übrige sonstige Verbindlichkeiten	17 400,00	19 500,00
4900 Passive Rechnungsabgrenzung	3 700,00	3 700,00
5710 Zinserträge		900,00
6700 Mieten	22 000,00	
7000 Gewerbesteuer	76 000,00	
7030 Kfz-Steuer	600,00	
7510 Zinsaufwendungen	11 200,00	

Abschlussangaben:
1. Ein Darlehensschuldner hat die nachträglich zu zahlenden Halbjahreszinsen von 300,00 €, die am 31.12. fällig waren, noch nicht bezahlt.
2. Die am 15.11. fällige Gewerbesteuerschuld von 14 000,00 € ist bis Anfang Februar gestundet worden.
3. Die Jahreszinsen in Höhe von 1 200,00 € für eine aufgenommene Hypothek sind am 30.04. fällig. Der Anteil des Abrechnungsjahres ist noch nicht berücksichtigt.
4. Für einen gemieteten Lagerraum wurde am 01.12. die Miete für die Monate Dezember bis einschließlich Februar in Höhe von insgesamt 6 000,00 € bezahlt.
5. Am 01.11. wurde die Kfz-Steuer für einen Geschäfts-Pkw in Höhe von 444,00 € für die Zeit vom 01.11. bis 30.10. im Voraus bezahlt.

a) Richten Sie die Konten mit den angegebenen Werten ein und buchen Sie die Geschäftsfälle zur zeitlichen Abgrenzung der Erfolge.
b) Die Salden der Konten sind zu ermitteln.
c) Um die Buchungen im neuen Geschäftsjahr durchführen zu können, sind die Bestandskonten zu eröffnen und die Erfolgskonten 6700, 7030 und 7510 einzurichten. Außerdem ist das Konto 2800 Bank mit einem Anfangsbestand von 18 000,00 € zu eröffnen.

d) Es sind folgende Geschäftsfälle in der Finanzbuchhaltung zu buchen: €
Eigenbeleg 1: Die Posten der Rechnungsabgrenzung
(vgl. Fälle 4 und 5) sind aufzulösen. ....
BA vom 04.01.: Banküberweisung der Darlehenszinsen vom
Darlehensnehmer (siehe oben Fall 1.) in Höhe von 300,00
BA vom 04.02.: Banküberweisung der Gewerbesteuer (Fall 2.)
an die Stadtkasse 14 000,00
BA vom 30.04.: Abbuchung der fälligen Hypothekenzinsen (Fall 3.)
durch die Bank als Darlehensgeber 1 200,00

6. Ordnen Sie die unten stehenden Sachverhalte den folgenden Sachkonten ordnungsgemäß zu:

   Konten:
   1. Aktive Rechnungsabgrenzung
   2. Passive Rechnungsabgrenzung
   3. Übrige sonstige Forderungen
   4. Übrige sonstige Verbindlichkeiten
   5. Kein Vorgang der zeitlichen Abgrenzung

   Sachverhalte:
   a) Zum Geschäftsjahresende noch nicht erhaltene Einnahmen für Erträge des kommenden Geschäftsjahres.
   b) Ausgaben vor dem Geschäftsjahresende für Aufwendungen des kommenden Geschäftsjahres.
   c) Zum Geschäftsjahresende noch nicht erhaltene Einnahmen für Erträge des Geschäftsjahres.
   d) Aufwendungen des Geschäftsjahres, die erst im kommenden Geschäftsjahr zu einer Ausgabe führen.
   e) Ausgaben im Geschäftsjahr für Aufwendungen des Geschäftsjahres.
   f) Zum Geschäftsjahresende bereits vorliegende Einnahmen für Erträge des folgenden Geschäftsjahres.

7. Prüfen Sie, ob die folgenden noch zu buchenden Geschäftsfälle des Geschäftsjahres ein vorläufiges positives Unternehmungsergebnis erhöhen, vermindern oder unbeeinflusst lassen:

   a) **BA vom 10.12.:** Die einbehaltenen Lohn- und Kirchensteuern für den Monat November des Geschäftsjahres werden überwiesen.
   b) **BA vom 14.12.:** Der Vorsteuerüberhang des Monats November wird durch das Finanzamt überwiesen.
   c) **BA vom 23.12.:** Banküberweisung der Sozialversicherungsbeiträge für den Monat Dezember des Geschäftsjahres.
   d) **31.12.:** Zinsen für ein Darlehen zum Bau einer Lagerhalle wurden am 01.11. des Geschäftsjahres für die Zeit vom 30.10. des Geschäftsjahres bis zum 30.04. des folgenden Geschäftsjahres im Voraus bezahlt.
   e) **31.12.:** Laut Zählerstand sind für den Monat Dezember des Geschäftsjahres 14 000,00 € an Energieaufwendungen durch Stromverbrauch entstanden, die im Januar mit dem Energiewerk abgerechnet werden.
   f) **31.12.:** Am 01.11. wurden die jährlich im Voraus zahlbaren Gebäudefeuerversicherungsprämien für die Verwaltungsgebäude von uns bezahlt.
   g) **31.12.:** Am 01.12. hatte ein Mieter die Miete für eine bei uns gemietete Garage für drei Monate im Voraus bezahlt.

1.3 Rückstellungen bilden

Aufgrund der Betriebsprüfung durch das Finanzamt muss die Sommerfeld Bürosysteme GmbH mit einer Gewerbeertragsteuernachzahlung rechnen. Herr Feld weist Daniela Schaub darauf hin, dass diese Tatsache bei der Erstellung des Jahresabschlusses zu berücksichtigen sei. Daniela Schaub ist sich nicht sicher, wie sie die mögliche Nachzahlung erfassen soll, zumal ihr auch ein entsprechender Beleg fehlt.

Arbeitsaufträge

- Erläutern Sie die Auswirkungen auf den Jahresabschluss, wenn sie die Nachzahlung nicht berücksichtigt.
- Erläutern Sie, wie die buchhalterische Erfassung der Gewerbeertragssteuernachzahlung vorgenommen werden könnte.

Bei **Rückstellungen** handelt es sich um Verbindlichkeiten für Aufwendungen, deren Entstehungsgrund zwar feststeht und dem abgelaufenen Geschäftsjahr zugerechnet werden muss, deren Höhe und/oder Zeitpunkt der Fälligkeit jedoch noch nicht bekannt ist und nur geschätzt werden kann. Zum Zwecke einer **periodengerechten** und **vorsichtigen Erfolgsermittlung müssen** für solche Aufwendungen Beträge geschätzt und unter Berücksichtigung zukünftiger Preis- und Kostensteigerungen als **Verbindlichkeiten in Form von Rückstellungen** auf der Passivseite der Bilanz ausgewiesen werden. Für die unten aufgeführten Fälle müssen gem. § 249 HGB Rückstellungen gebildet werden. Für andere als die genannten Zwecke ist die Bildung von Rückstellungen nicht zulässig, es gilt somit ein Passivierungsverbot, wenn keine echte Außenverpflichtung vorliegt, lediglich eine Korrektur der Ertragslage erfolgt oder eine periodengerechte Zuordnung unwahrscheinlich ist.

Für die folgenden Zwecke gilt eine **Passivierungspflicht** gem. § 249 HGB:

- Ungewisse Verbindlichkeiten und drohende Verluste aus schwebenden Geschäften, wie mögliche Garantieverpflichtungen, zu erwartende Steuernachveranlagungen, zu erwartende Prozesskosten, Pensionsverpflichtungen (Vorsorgeaufwendungen für leitende Angestellte) sowie zu erwartende Kursverluste aus Außenhandelsgeschäften
- Unterlassene Aufwendungen für Instandsetzungen, die in den ersten drei Monaten des folgenden Geschäftsjahres nachgeholt werden, wie Gebäudesanierungen, Kfz-Reparaturen oder für Abraumbeseitigung
- Sachmängelhaftungen, die ohne rechtliche Verpflichtung erbracht werden (Kulanzleistungen)

Bildung von Rückstellungen

Rückstellungen sind zum **notwendigen Erfüllungsbetrag** zu bewerten (§ 253 Abs. 1 HGB), der sich nach den Verhältnissen zum Zeitpunkt der Erfüllung bemisst. Aus dieser Formulierung lässt sich ableiten, dass künftige Preis- und Kostensteigerungen bei der Bewertung von Rückstellungen zu berücksichtigen sind, mögliche Preis- und Kostensenkungen dürfen jedoch nicht berücksichtigt werden (**Vorsichtsprinzip, Realisationsprinzip**). Da die Höhe einer Rückstellung nur geschätzt werden kann, besteht sowohl die Gefahr einer Unterbewertung (zu niedriger Ansatz der Rückstellung) als auch die Gefahr einer Überbewertung (zu hoher Ansatz der Rückstellung –> Bildung einer stillen Reserve).

Bei der Bildung der Rückstellung wird der geschätzte Betrag als Aufwand erfasst und dem entsprechenden Rückstellungskonto im Haben gutgeschrieben. Rückstellungen sind immer zum **Nettobetrag** zu bilden, die möglicherweise zu entrichtende Vorsteuer wird erst dann erfasst, wenn die tatsächliche Aufwandshöhe feststeht, also eine Rechnung vorliegt. Nach § 266 HGB sind für den Ausweis der Rückstellungen drei Konten vorgesehen:

> 3700 Pensionsrückstellungen
> 3800 Steuerrückstellungen
> 3900 Sonstige Rückstellungen

Bei der Bildung von Rückstellungen gilt zudem ein **Abzinsungsgebot**. Das bedeutet, Rückstellungen mit einer Laufzeit von mehr als einem Jahr sind mit ihrer Restlaufzeit abzuzinsen. Die Abzinsung erfolgt mithilfe der von der Deutschen Bundesbank dargestellten Durchschnittssätze der jeweils letzten 7 Jahre, bei Rückstellungen für Pensionen mithilfe der Durchschnittszinssätze der jeweils letzten 15 Jahre.

Auswirkung von Rückstellungen

Rückstellungen werden für zu erwartende Aufwendungen gebildet. Dadurch wird der Gewinn der Rechnungsperiode um diesen Betrag gemindert. Entsprechend vermindern sich die **Steuern**, die vom Gewinn berechnet werden (z. B. Körperschaftsteuer bei GmbH und AG), und die **Ausschüttungen** an die Gesellschafter.

Beispiel: Daniela Schaub hat aufgrund ihrer Schätzungen folgenden Beleg über erwartete Gewerbesteuernachzahlung erstellt:

Buchungsbeleg-Nr. 37653

				Sommerfeld Bürosysteme GmbH		
				Soll		Haben	
Datum	Buchungstext			Konto	€	Konto	€
31.12.20(0)	Die Gewerbesteuerabschlusszahlung für das Geschäftsjahr 20(0) wird auf 8 000,00 € geschätzt.			7000	8 000,00	3800	8 000,00
Ausgestellt:	22.12.20(0) Schaub	Genehmigt:	31.12.20(0) Feld		Gebucht:	15.01.20(0) S. 736/3 K	

Buchung zum Bilanzstichtag:

7000	Gewerbesteuer	8 000,00	an	3800	Steuerrückstellungen	8 000,00
8020	GuV	8 000,00	an	7000	Gewerbesteuer	8 000,00
3800	Steuerrückstellungen	8 000,00	an	8010	SBK	8 000,00

S	3800 Steuerrückstellungen		H
8010	8 000,00	7000	8 000,00

S	7000 Gewerbesteuer		H
3800	8 000,00	8020	8 000,00

S	8010 SBK		H
		3800	8 000,00

S	8020 GuV		H
7000	8 000,00		

Auflösung von Rückstellungen

Eine Rückstellung ist aufzulösen, wenn **der Grund für ihre Bildung weggefallen ist** und damit der angenommene Aufwand und die geschätzte Schuld nicht entstehen (§ 249 Abs. 3 HGB).

Die Auflösung der Rückstellung macht in den folgenden Fällen **erfolgswirksame Korrekturbuchungen** notwendig.

Zahlungsverpflichtung > Rückstellung	Buchung des bisher nicht erfassten Aufwandes
Zahlungsverpflichtung < Rückstellung	Buchung eines Ertrages aus der Auflösung von Rückstellungen

Beispiel: Am 10.02. des folgenden Geschäftsjahres geht ein Steuerbescheid über 7 500,00 € vom Steueramt der Stadt Essen ein (Fortsetzung des obigen Beispiels).

Der Betrag wird sofort an die Stadtkasse durch Bank überwiesen.

Buchung:

3800	Steuerrückstellungen	8 000,00	an	2800	Bank	7 500,00
			an	5480	Erträge aus der Herabsetzung von Rückstellungen	500,00

Ist die **Zahlung höher** (z. B. 9 000,00 €) als die gebildete Rückstellung (8 000,00 €), ergibt sich folgende Buchung:

3800	Steuerrückstellungen	8 000,00				
7000	Gewerbesteuer	1 000,00	an	2800	Bank	9 000,00

Denkbar wäre die Verwendung eines Unterkontos von 7000 Gewerbesteuer, aus dem hervorgeht, dass die Zahlung das vergangene Geschäftsjahr betrifft. Nicht mehr üblich (zulässig) ist die Verwendung des Kontos 6990 Periodenfremde Aufwendungen.

1 Vorarbeiten für den Jahresabschluss durchführen

Zusammenfassung

Rückstellungen bilden

*Rückstellungen sind Verbindlichkeiten, die im Gegensatz zu den anderen ausgewiesenen Verbindlichkeiten der **Höhe** und/oder **Fälligkeit** nach am Bilanzstichtag noch **nicht feststehen**; sie werden daher geschätzt.*

Rückstellungen dürfen gebildet werden für:

- Ungewisse Verbindlichkeiten
- Unterlassene Aufwendungen für Instandsetzung
- Sachmängelhaftungen, die ohne rechtliche Verpflichtungen erbracht werden

*Rückstellungen sind zum **notwendigen Erfüllungsbetrag** zu bewerten, der sich nach den Verhältnissen zum Zeitpunkt der Erfüllung bemisst.*

***Künftige Preis- und Kostensteigerungen** sind bei der Bewertung von Rückstellungen zu berücksichtigen.*

***Rückstellungen mit einer Laufzeit von mehr als einem** Jahr sind bezogen auf ihre Restlaufzeit mit ihrem Barwert anzusetzen und daher abzuzinsen.*

Eine Rückstellung ist aufzulösen, wenn der Grund für ihre Bildung entfallen ist.

Bei der Bildung der Rückstellung wird der geschätzte Nettobetrag als Aufwand erfasst und dem entsprechenden Rückstellungskonto im Haben gutgeschrieben.

Aufgaben

1. Bilden Sie die Buchungssätze zu den folgenden Geschäftsfällen der Sommerfeld Bürosysteme GmbH:

   1. Ein Kunde der Sommerfeld Bürosysteme GmbH hat am 15.12. des Geschäftsjahres einen erheblichen Mangel an gelieferten Möbeln gemeldet. Die Sommerfeld Bürosysteme GmbH schätzt die im folgenden Geschäftsjahr zu übernehmenden Instandsetzungsaufwendungen für diese Schäden auf ca. 17 000,00 €. Am 17.03. des folgenden Geschäftsjahres trat der Garantiefall ein. Die Rechnung eines beauftragten Unternehmens zur Durchführung der Reparatur belief sich auf 16 200,00 € zuzüglich 19 % Umsatzsteuer. Sie wurde sofort per Banküberweisung bezahlt.

   2. Die Dachreparatur einer Lagerhalle musste bis in den Januar verschoben werden. Beim Jahresabschluss wird aufgrund eines Kostenvoranschlages mit einem Aufwand von 56 000,00 € zuzüglich 19 % Umsatzsteuer gerechnet.
      a) Welche Buchung muss am 31.12. vorgenommen werden?
      b) Wie ist zu buchen, wenn nach Reparatur am 02.02. eine Rechnung über 52 000,00 € zuzüglich 9 880,00 € Umsatzsteuer eingeht, die sofort mit Banküberweisung beglichen wird?

   3. Die Rechnung des Steuerberaters steht für die Beratungskosten am 31.12. noch aus. Es wird mit einem Betrag von 17 800,00 € zuzüglich 19 % Umsatzsteuer gerechnet.

a) Wie lautet die Buchung am 31.12.?
b) Wie lautet die Buchung, wenn am 25.02. die Rechnung des Steuerberaters in Höhe von 18 500,00 € zuzüglich 3 515,00 € Umsatzsteuer eingeht und sofort mit Banküberweisung bezahlt wird?

4. Zum 31.12. wurde festgestellt, dass dringende Reparaturarbeiten am Lagergebäude nicht durchgeführt worden sind. Nach den vorliegenden Kostenvoranschlägen werden die Aufwendungen wahrscheinlich ca. 34 000,00 € betragen. Die Instandsetzungsarbeiten sollen im Monat Februar des folgenden Geschäftsjahres durchgeführt werden. Nach Erledigung der Reparaturarbeiten im Februar wurde die Rechnung über 32 000,00 € zuzüglich 19 % Umsatzsteuer sofort per Banküberweisung beglichen.

a) Wie lautet die Buchung am 31.12.?
b) Wie lautet die Buchung bei Zahlung der Rechnung im Februar des folgenden Geschäftsjahres?

5. Wegen einer strittigen Vertragsabwicklung mit einem Lieferer befindet sich die Sommerfeld Bürosysteme GmbH zum Ende des Geschäftsjahres in einem Rechtsstreit mit diesem Lieferer. Da der Ausgang des Prozesses ungewiss ist, können eventuell Rechtskosten in Höhe von 15 000,00 € entstehen. Im Juni des folgenden Geschäftsjahres liegt die Abrechnung für den Prozess vor:

Gerichtskosten		4 000,00 €
Rechtsanwaltskosten	10 000,00 €	
+ 19 % Umsatzsteuer	1 900,00 €	11 900,00 €

Die Zahlung der Rechnung erfolgte per Banküberweisung.

a) Wie lautet die Buchung am 31.12.?
b) Wie lautet die Buchung bei Bezahlung der Rechnungen im Juni des folgenden Jahres?

6. Die Gewerbeertragsteuerabschlusszahlung für das laufende Jahr wird von der Sommerfeld Bürosysteme GmbH zum 31.12. auf 80 000,00 € geschätzt. Laut Gewerbesteuerbescheid vom 18.03. des folgenden Geschäftsjahres beträgt die restliche Gewerbeertragsteuer 82 000,00 €. Die Zahlung der restlichen Gewerbesteuer für das vergangene Geschäftsjahr erfolgt per Banküberweisung.

a) Wie lautet die Buchung zum 31.12. des Geschäftsjahres?
b) Wie lautet die Buchung bei Bezahlung per Banküberweisung am 18.03. des folgenden Jahres?

2. Ein Maschinenhersteller bildet am 31.12. für eine einem Kunden gegenüber eingegangene Garantieverpflichtung aufgrund einer verkauften Maschine eine Rückstellung von 2 500,00 €. Der Kunde musste im neuen Geschäftsjahr einen Mangel an der Maschine durch Reparatur beseitigen lassen. Die quittierte Rechnung über die durchgeführte Maschinenreparatur überreicht er dem Maschinenhersteller am 04.02. mit der Bitte um Erstattung:

Maschinenreparatur, netto	2 800,00 €	
+ 19 % Umsatzsteuer	532,00 €	3 332,00 €

a) Wie lautet die Buchung zur Bildung der Rückstellung?
b) Wie lautet die Buchung zum Abschluss des Kontos Rückstellungen?
c) Wie lautet die Buchung, wenn dem Kunden am 04.02. wegen der Maschinenreparatur eine Gutschrift zugeschickt wird?

3. Bilden Sie die Buchungssätze zu folgenden Geschäftsfällen.

4. Geschäftsfälle:

	3 €	4 €

1. a) Aufgrund einer Buch- und Betriebsprüfung durch das Finanzamt ist für das abzuschließende Geschäftsjahr mit einer Gewerbeertragsteuernachzahlung zu rechnen .... 6 000,00 | 10 000,00

   b) Wie ist am 24.03. zu buchen, wenn der Nachveranlagungsbescheid über .... 7 500,00 | 9 000,00 lautet und durch Banküberweisung bezahlt wird?

2. a) Für die noch zu erwartende Jahresabschlusszahlung an die Berufsgenossenschaft wegen der Unfallversicherung wird am 31.12. eine Rückstellung gebildet über .... 5 000,00 | 3 500,00

   b) Aufgrund der Jahresabschlussrechnung der Berufsgenossenschaft vom 29.01. werden für das vergangene Geschäftsjahr als Beitrag zur Berufsgenossenschaft durch die Bank überwiesen .... 4 500,00 | 4 500,00

3. a) Für einen schwebenden Rechtsstreit, der sich zu unseren Ungunsten entwickelt hat, wird am 31.12. eine Rückstellung gebildet von .... 15 000,00 | 12 000,00

   b) Wie ist zu buchen, wenn wir am 27.04. des folgenden Geschäftsjahres an die Gerichtskasse und an den Prozessgegner durch Banküberweisung zahlen .... 13 000,00 | 13 000,00

4. a) Für eine verkaufte Maschine, für die wir eine einjährige Garantieverpflichtung eingegangen sind, wird eine Rückstellung gebildet von .... 3 000,00 | 5 000,00

   b) **zu Aufgabe 3:** Der Käufer hat innerhalb der Garantiefrist keine Ansprüche an uns gestellt. Wie ist am Ende des folgenden Geschäftsjahres zu buchen?
   zu Aufgabe 4: Der Käufer hat uns aufgrund der Garantieverpflichtung in Anspruch genommen und für durchgeführte Nachbesserungsarbeiten Rechnung erteilt, netto ..... | | 3 200,00
   + 19 % Umsatzsteuer .... | | 608,00
   | | 3 808,00

   Den Rechnungsbetrag haben wir per Banküberweisung beglichen.

5. Beantworten Sie folgende Fragen:

   a) Worin sehen Sie die wichtigsten Gründe zur Bildung von Rückstellungen?
   b) Warum werden Rückstellungen nicht auf dem Konto „4890 Übrige sonstige Verbindlichkeiten" gebucht?
   c) Grenzen Sie die Bilanzposition „Rückstellungen" gegenüber den „passiven Rechnungsabgrenzungsposten" und den „Verbindlichkeiten" ab.
   d) Bei den Betriebsprüfungen durch die Finanzbehörde wird die Position „Rückstellungen" besonders sorgfältig geprüft. Geben Sie Gründe dafür an.

6. Geben Sie die Buchungssätze zum Geschäftsjahresende an für eine

   a) sonstige Forderung,
   b) sonstige Verbindlichkeit,
   c) aktive Rechnungsabgrenzung,
   d) passive Rechnungsabgrenzung.

   Benutzen Sie zur Formulierung des Buchungssatzes folgende Konten:

2690 Sonstige Forderungen	4890 Sonstige Verbindlichkeiten
2900 Aktive Rechnungsabgrenzung	5400 Mieterträge
2900 Passive Rechnungsabgrenzung	6700 Mieten

7. Für einen laufenden Prozess werden die Gerichtskosten auf 5 800,00 € geschätzt.

   a) Buchen Sie am 31.12. (Bilanzstichtag).
   b) Wie lauten die Buchungen, wenn die Prozesskosten
      ba) 5 800,00 €
      bb) 6 300,00 €
      bc) 5 100,00 €
      + 19 % Umsatzsteuer betragen und sofort mit Banküberweisung beglichen werden?

8. Zum 31.12. (Bilanzstichtag) wird mit 5 400,00 € Steuerberatungskosten gerechnet. Am 18.02. des folgenden Geschäftsjahrs geht die Rechnung des Steuerberaters ein. Sie lautet über 5 200,00 € + 19 % USt.

   Bilden Sie die Buchungssätze

   a) zum 31.12.,
   b) zum 01.01. zur Eröffnung,
   c) zum 18.02.

9. a) Stellen Sie die Unterschiede
      aa) der aktiven und passiven Posten der Rechnungsabgrenzung,
      ab) der sonstigen Forderungen und sonstigen Verbindlichkeiten und
      ac) der Rückstellungen in einer Übersicht dar.
   b) Bilden Sie zu allen fünf Inhalten einen Geschäftsfall und stellen Sie jeweils die Behandlung in der Finanzbuchhaltung dar.

10. Bilden Sie die Buchungssätze zu folgenden Geschäftsfällen: €

    1. **BA:** Banküberweisung der Prozesskosten an die Gerichtskasse 3 500,00
       Hierfür war eine Rückstellung gebildet worden. 3 000,00

    2. **Gutschrift an Kunden:** Aufgrund einer Garantieverpflichtung wird Kunden eine Gutschrift für folgende von ihm vorgestreckte Reparaturkosten erteilt:
       Fremdreparatur, netto 3 400,00
       + 19 % Umsatzsteuer 646,00
       Hierfür war eine Rückstellung gebildet worden: 4 500,00

2 Die Ziele und die Bestandteile des Jahresabschlusses darstellen

→ LS 25

Kurz nach der Frühstückspause ruft Herr Feld Daniela Schaub und Rudolf Heller in sein Büro. „Ich habe eine Überraschung für Sie: Einer unserer Hauptlieferanten, die Andreas Schneider Holzwerke KG, lädt uns zu ihrem traditionellen Neujahrsempfang ein – und weil deren Jahresabschluss diesmal so positiv ausgefallen ist, wird die Feier etwas größer. Nun, weil Sie beide in Ihrem ersten Ausbildungsjahr so gute Leistungen erbracht haben, wollte ich fragen, ob Sie nicht mitkommen möchten." Daniela und Rudolf sind begeistert und sagen natürlich sofort zu. Als sie auf dem Weg zurück in ihre Abteilungen sind, unterhalten sie sich noch kurz. Rudolf fragt: „Sag' mal, Daniela, so ein Jahresabschluss, woraus besteht der eigentlich und für wen und warum muss man den überhaupt erstellen?" „So genau weiß ich das auch nicht, Rudolf. Aber für die Andreas Schneider Holzwerke KG sind die Vorschriften auf jeden Fall weniger streng als für uns als GmbH. Vielleicht sollten wir uns das mal etwas genauer anschauen, bevor wir mit der Geschäftsleitung an dem Neujahrsempfang eines unserer wichtigsten Lieferanten teilnehmen."

Arbeitsaufträge

- Erläutern Sie die Unterschiede im Jahresabschluss bei den Einzelunternehmen und den Personengesellschaften einerseits und den Kapitalgesellschaften andererseits.

- Erstellen Sie eine Mindmap, welche die Bestandteile eines Jahresabschlusses für Kapitalgesellschaften abbildet und aus der die zentralen Funktionen der einzelnen Bestandteile zu erkennen sind.

Jahresabschluss

Die handelsrechtlichen Grundlagen für die Aufstellung des Jahresabschlusses sind im Wesentlichen im deutschen **Handelsgesetzbuch** (HGB) geregelt. Sie gelten für die überwiegende Zahl der in Deutschland tätigen Unternehmen und bilden somit auch die Rechtsgrundlage für dieses Lernfeld.

Börsennotierte Unternehmen der EU sind verpflichtet, ihren Konzernabschluss nach den Vorschriften der **International Financial Reporting Standards (IFRS)** und des HGB zu erstellen.[1]

Nähere Informationen zu den (nicht prüfungsrelevanten) Rechnungslegungsvorschriften des IFRS finden Sie auf S. 399 und hier: www.ifrs-portal.com

Das **Handelsgesetzbuch** (HGB) stellt in Art und Umfang unterschiedliche Anforderungen an den Jahresabschluss. Eine dafür zentrale Bezugsnorm ist die Größe des Unternehmens.

---

[1] Im Rahmen der IHK-Abschlussprüfung sind ausschließlich die Vorschriften des HGB relevant.

Unterschieden wird dabei nach kleinen, mittelgroßen und großen Kapitalgesellschaften, für die die folgenden Schwellenwerte (§ 267 HGB) gelten[1]:

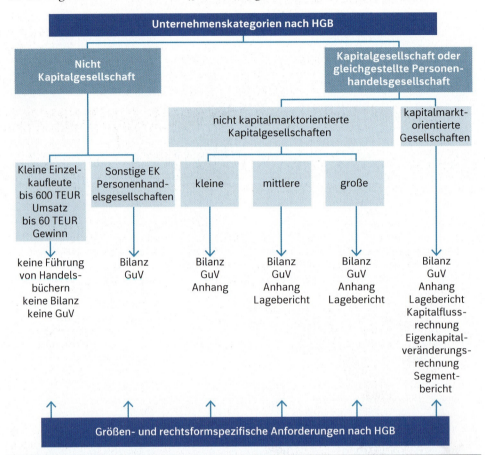

	Bilanzsumme	Umsatzerlöse	Mitarbeiteranzahl
Kleinstkapitalgesellschaften	≤ 0,35 Mio. €	≤ 0,7 Mio. €	≤ 10
Kleine Kapitalgesellschaften	≤ 6,0 Mio. €	≤ 12,0 Mio. €	≤ 50
Mittelgroße Kapitalgesellschaften	≤ 20,0 Mio. €	≤ 40,0 Mio. €	≤ 250
Große Kapitalgesellschaften	> 20,0 Mio. €	> 40,0 Mio. €	> 250
Kapitalmarktorientierte Gesellschaften gelten immer als „groß".			
Großunternehmen	> 65,0 Mio. €	> 130,0 Mio. €	> 5 000

Werden zwei der drei Merkmale an den Abschlussstichtagen von zwei aufeinanderfolgenden Geschäftsjahren überschritten, wird die Kapitalgesellschaft der entsprechenden Größenklasse zugeordnet. Für Großunternehmen gelten besondere Publizitätsvorschriften nach §§ 1 und 3 PublG.

---

[1] *Große Personenhandelsgesellschaften werden bezüglich der Anforderungen an die Rechnungslegung den großen Kapitalgesellschaften gleichgestellt (vgl. PublG § 1).*

Ziele des Jahresabschlusses

Informationen für unterschiedliche Adressaten

Grundsätzlich ist es das **Ziel des Jahresabschlusses**, dem Kaufmann selbst, seinen Vertragspartnern, dem Staat und weiteren interessierten Gruppen **Informationen** über die Lage und die Entwicklung der Unternehmung zu gewähren (§ 238 HGB). Der **Stakeholder**-Gedanke geht davon aus, dass eine Vielzahl an Interessentengruppen die Zielsetzung der Unternehmung bestimmt bzw. beeinflusst. Entsprechend unterschiedlich ist auch der jeweilige Informationsbedarf.

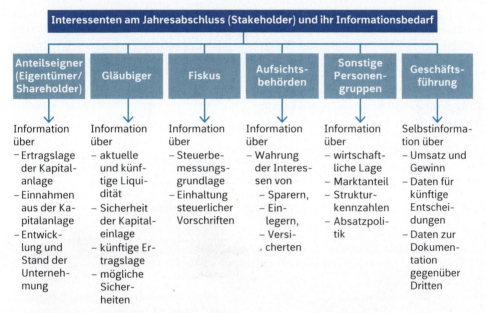

Besonders interessiert an der Dokumentation der **Vermögens-**, **Finanz-** und **Ertragslage** sowie deren **Entwicklung** sind die **Unternehmensleitung**, die **Anteilseigner** (Shareholder), Investoren und die Gläubiger. Diese Gruppen machen ihre zukünftigen Entscheidungen von den ausgewiesenen Ergebnissen abhängig, sodass dem Jahresabschluss eine **große Bedeutung** zukommt.

Der Jahresabschluss nach HGB bildet die Grundlage für die steuerlich relevante Gewinnermittlung, sodass dieser für den Staat (die Finanzbehörden) maßgebend für die Ermittlung der Steuerschuld ist. Während kapitalmarktorientierte Unternehmen neben einer **Handelsbilanz** auch eine **Steuerbilanz** aufstellen müssen, dürfen mittelständische Unternehmen eine sogenannte **Einheitsbilanz** für Handels- und Steuerzwecke aufstellen.[1]

Schwerpunkte in der Rechnungslegung

In Deutschland ist der Jahresabschluss durch den **Gläubigerschutz** geprägt. Das bedeutet, dass **Gläubiger** eines Unternehmens vor dem Ausfall ihrer Forderungen bewahrt werden sollen. Die Vorschriften des **HGB** führen dazu, dass die Unternehmen sich in Bewertungsfragen „vorsichtig" und daher ihr **Vermögen** eher zu „niedrig" als zu hoch darstellen, damit ein gewisses Mindesthaftungsvermögen unzweifelhaft zur Erfüllung der Forderungen von Gläubigern vorhanden ist.

---

[1] Im Rahmen der IHK-Abschlussprüfung sind ausschließlich die handelsrechtlichen Vorschriften relevant.

Schwerpunkte bei der Rechnungslegung	
Zentrale Ausrichtung	Gläubigerschutz
Wichtige Prinzipien (Auswahl)	• Vorsichtsprinzip • Niederstwertprinzip

Gliederungsvorschriften für den Jahresabschluss

Einzelunternehmen und Personengesellschaften

Das HGB enthält für Einzelunternehmen und Personengesellschaften nur grobe Hinweise zur Gliederung der Bilanz und der Gewinn-und-Verlust-Rechnung. So müssen gemäß § 247 HGB in der Bilanz das Anlage- und das Umlaufvermögen, das Eigenkapital, die Schulden sowie die Rechnungsabgrenzungsposten gesondert ausgewiesen und hinreichend gegliedert werden. Da jedoch für solche Unternehmen auch der **Grundsatz der Klarheit und Übersichtlichkeit** gilt, sollten sich auch Einzelunternehmen und Personengesellschaften an den Gliederungsvorschriften der Kapitalgesellschaften orientieren.

Kapitalgesellschaften

Im Unterschied zu Einzelunternehmen und Personengesellschaften haben große und mittelgroße Kapitalgesellschaften die Positionen in der Bilanz und in der Gewinn-und- Verlust-Rechnung nach den Vorschriften des Handelsgesetzbuches (§ 266, 275 HGB) zu bezeichnen und anzuordnen. Diese Kapitalgesellschaften haben das Bilanzgliederungsschema gem. § 266 Abs. 2 und 3 HGB anzuwenden (vgl. S. 387):

Kleine Kapitalgesellschaften müssen nur eine verkürzte Bilanz, die die mit Großbuchstaben und römischen Ziffern bezeichneten Posten des Gliederungsschemas gemäß § 266 HGB enthält, aufstellen und veröffentlichen:

A	Bilanzgliederung der kleinen Kapitalgesellschaft und Zuordnung der Bestandskonten		P

A. Anlagevermögen
  I. Immaterielle
     Vermögensgegenstände 0300
  II. Sachgegenstände 0500 – 0890
  III. Finanzanlagen 1300 – 1600
B. Umlaufvermögen
  I. Vorräte 2000 – 2300
  II. Forderungen und
     sonstige Vermögens-
     gegenstände 2400 – 2690
  III Wertpapiere 2700
  IV. Schecks, Kassenbestand,
     Bankguthaben 2800 – 2880
C. Rechnungsabgrenzungsposten 2900
D. Aktive latente Steuern
E. Aktiver Unterschiedsbetrag aus der
   Vermögensverrechnung
		A. Eigenkapital
		  I. Gezeichnetes Kapital 3000
		  II. Kapitalrücklage 3100
		  III. Gewinnrücklagen 3200
		  IV. Gewinnvortrag/Verlustvortrag 3300
		  V. Jahresüberschuss/
		     Jahresfehlbetrag 3400
		B. Rückstellungen 3700 – 3900
		C. Verbindlichkeiten 4100 – 4890
		D. Rechnungsabgrenzungs-
		   posten 4900
		E. Passive latente Steuern	

A	Gliederung der Jahresbilanz der großen Kapitalgesellschaften nach § 266 HGB	P

A. Anlagevermögen
  I. Immaterielle Vermögensgegenstände
     1. Selbst geschaffene gewerbliche Schutzrechte und ähnliche Rechte und Werte
     2. entgeltlich erworbene Konzessionen, Schutzrechte und ähnliche Rechte und Werte sowie Lizenzen an solchen Rechten und Werten
     3. Geschäfts- oder Firmenwert
     4. geleistete Anzahlungen
  II. Sachanlagen
     1. Grundstücke, grundstücksgleiche Rechte und Bauten einschließlich der Bauten auf fremden Grundstücken
     2. technische Anlagen und Maschinen
     3. andere Anlagen, Betriebs- und Geschäftsausstattung
     4. geleistete Anzahlungen und Anlagen im Bau
  III. Finanzanlagen
     1. Anteile an verbundenen Unternehmen
     2. Ausleihungen an verbundene Unternehmen
     3. Beteiligungen
     4. Ausleihungen an Unternehmen, mit denen ein Beteiligungsverhältnis besteht
     5. Wertpapiere des Anlagevermögens
     6. sonstige Ausleihungen

B. Umlaufvermögen
  I. Vorräte
     1. Roh-, Hilfs- und Betriebsstoffe
     2. unfertige Erzeugnisse, unfertige Leistungen
     3. fertige Erzeugnisse und Waren
     4. geleistete Anzahlungen
  II. Forderungen und sonstige Vermögensgegenstände
     1. Forderungen aus Lieferungen und Leistungen
     2. Forderungen gegen verbundene Unternehmen
     3. Forderungen gegen Unternehmen, mit denen ein Beteiligungsverhältnis besteht
     4. sonstige Vermögensgegenstände
  III. Wertpapiere
     1. Anteile an verbundenen Unternehmen
     2. eigene Anteile
     3. sonstige Wertpapiere
  IV. Schecks, Kassenbestand, Bundesbankguthaben, Guthaben bei Kreditinstituten

C. Rechnungsabgrenzungsposten

D. Aktive latente Steuern

E. Aktiver Unterschiedsbetrag aus der Vermögensverrechnung

A. Eigenkapital
  I. Gezeichnetes Kapital
  II. Kapitalrücklage
  III. Gewinnrücklagen
     1. gesetzliche Rücklage
     2. Rücklagen für Anteile an einem herrschenden oder mehrheitlich beteiligten Unternehmen
     3. satzungsmäßige Rücklagen
     4. andere Gewinnrücklagen
  IV. Gewinnvortrag/Verlustvortrag
  V. Jahresüberschuss/Jahresfehlbetrag

B. Rückstellungen
  1. Rückstellungen für Pensionen und ähnliche Verpflichtungen
  2. Steuerrückstellungen
  3. sonstige Rückstellungen

C. Verbindlichkeiten
  1. Anleihen
     davon konvertibel
  2. Verbindlichkeiten gegenüber Kreditinstituten
  3. erhaltene Anzahlungen auf Bestellungen
  4. Verbindlichkeiten aus Lieferungen und Leistungen
  5. Verbindlichkeiten aus der Annahme gezogener Wechsel und der Ausstellung eigener Wechsel
  6. Verbindlichkeiten gegenüber verbundenen Unternehmen
  7. Verbindlichkeiten gegenüber Unternehmen, mit denen ein Beteiligungsverhältnis besteht
  8. sonstige Verbindlichkeiten
     davon aus Steuern
     davon im Rahmen der sozialen Sicherheit

D. Rechnungsabgrenzungsposten

E. Passive latente Steuern

Besondere handelsrechtliche Gliederungs- und Ausweisvorschriften zur Bilanz für Kapitalgesellschaften

Anlagenspiegel

Kapitalgesellschaften müssen die **Entwicklung des Anlagevermögens** während des Geschäftsjahres in einem Anlagenspiegel (Anlagengitter) auf der Aktivseite der Bilanz oder im Anhang **darstellen**. Aus dieser Darstellung müssen Anschaffungskosten, Zugänge, Abgänge und die gesamten Abschreibungen (kumulierte Abschreibungen) hervorgehen (§ 268 HGB).

Beispiel: Die Anlagenbuchführung der Sommerfeld Bürosysteme GmbH weist folgende Werte zur Bilanzposition Maschinen aus: €

	€
Anschaffungskosten der vorhandenen Maschinen zu Beginn des Geschäftsjahres	500 000,00
Maschinenkauf während des Geschäftsjahres (netto)	40 000,00
Kumulierte Abschreibungen bis zu Beginn des Geschäftsjahres	208 000,00
Abschreibungen des Geschäftsjahres	108 000,00
Buchwert des Vorjahres	292 000,00

Darstellung im Hauptbuch

A	0700 Maschinen		P
8000 EBK	292 000,00	6500 Abschreibungen	108 000,00
2800 Bank	40 000,00	8010 SBK	224 000,00
	332 000,00		**332 000,00**

Darstellung im Anlagengitter

0	1	2	3	4	5	6	7	8	9
Position des AV	Anschaffungs- oder Herstellungskosten	Zugänge	Abgänge	Umbuchungen	Zuschreibungen	Abschreibungen insgesamt	Abschreibungen des Abschlussjahres	Buchwert zum 31.12.	Buchwert des Vorjahres
Maschinen	500 000,00	40 000,00	–	–	–	316 000,00	108 000,00	224 000,00	292 000,00

Spalten/Datenfelder im Anlagengitter	Inhalt
1. Anschaffungs-/Herstellungskosten (AK/HK)	**AK/HK** aller zu Beginn des Geschäftsjahres vorhandenen Anlagegüter
2. Zugänge	Mengenmäßige Erhöhung durch Anschaffung oder Selbsterstellung (**Bruttoinvestition**)
3. Abgänge	Mengenmäßige Minderung durch Verkäufe, Verschrottung u. ä. Ausscheidungsvorgänge
4. Umbuchungen	Umgliederungen innerhalb des Anlagevermögens, wie z. B. die Fertigstellung an Anlagen im Bau

Spalten/Datenfelder im Anlagengitter	Inhalt
5. Zuschreibungen	Werterhöhende Korrekturen von Bilanzansätzen aufgrund von gesetzlichen Vorschriften oder durchgeführten Außenprüfungen der Finanzverwaltung
6. Kumulierte Abschreibungen	Abgelaufene Abschreibungen lt. Vorjahresbilanz − Zuschreibungen des Geschäftsjahres + Abschreibungen im Geschäftsjahr − auf die Abgänge des Geschäftsjahres entfallende kumulierte Abschreibungen
7. Abschreibungen	Erfassung der auf das Geschäftsjahr entfallenden Wertminderungen
8. Buchwert des Geschäftsjahres	Anschaffungs- oder Herstellungskosten (Spalte 1) + Zugänge (Spalte 2) − Abgänge (Spalte 3) + Umbuchungen (Spalte 4) − kumulierte Abschreibungen (Spalte 6)
9. Buchwert des Vorjahres	Vergleichbarer Buchwert des Vorjahres (Spalte 8 aus dem Anlagengitter des Vorjahres)

Es ist zu beachten, dass in den **kumulierten Abschreibungen** (Abschreibungen insgesamt) der Spalte 6 die Abschreibungen des Abschlussjahres (Spalte 7) ebenfalls enthalten sind.

Bei Fortführung des Anlagengitters im folgenden Geschäftsjahr erscheinen die im Vorjahr ausgewiesenen Zugänge unter den Anschaffungskosten aller zu Beginn des Geschäftsjahres vorhandenen Anlagegüter.

Der Anlagenspiegel ermöglicht Rückschlüsse auf die **Investitionspolitik** (Bruttoinvestition, Ersatzinvestition, Nettoinvestition), die **Abschreibungspolitik** (Abschreibungen, Zuschreibungen) und den **technischen Stand der Anlagen** (Verhältnis von Buchwert zu AK oder HK).

Forderungen
Nach § 268 Abs. 4 HGB müssen Kapitalgesellschaften zu jedem Forderungsposten in der Bilanz oder im Anhang die Beträge mit einer **Restlaufzeit von mehr als einem Jahr** gesondert angeben. Mit dieser Angabe werden die Forderungen hinsichtlich ihrer Liquidität differenziert.

Eigenkapital der Kapitalgesellschaften
Nach § 266 Abs. 3 HGB ist das Eigenkapital der Kapitalgesellschaften folgendermaßen zu gliedern:

A. Eigenkapital
   I. Gezeichnetes Kapital
   II. Kapitalrücklage
   III. Gewinnrücklagen
      1. gesetzliche Rücklage
      2. Rücklage für eigene Anteile
      3. satzungsmäßige Rücklagen
      4. andere Gewinnrücklagen
   IV. Gewinnvortrag/Verlustvortrag
   V. Jahresüberschuss/Jahresfehlbetrag

→ LF 1 **Gezeichnetes Kapital**

Mit dem gezeichneten Kapital ist das Grundkapital der AG bzw. das Stammkapital der GmbH gemeint. Das im Handelsregister eingetragene gezeichnete Kapital repräsentiert die Summe der Nennbeträge aller durch die Gesellschaft ausgegebenen Anteile (Aktien, GmbH-Anteile), zu deren Einzahlung die Gesellschafter gegenüber der Kapitalgesellschaft verpflichtet sind. Es repräsentiert das **Haftungskapital** der Gesellschaft gegenüber den Gläubigern. Die nicht eingeforderten ausstehenden Einlagen auf das gezeichnete Kapital sind gesondert auszuweisen und zu bezeichnen. (§ 272 Abs. 1 HGB)

A	Bilanzauszug in Mio. EUR	P
	A. Eigenkapital	
	I. Gezeichnetes Kapital	100
	– nicht eingeforderte Einlagen	12
	= eingeforderte Einlagen	88

Rücklagen

Rücklagen werden gebildet, um

- die Haftungsbasis zu verbessern,
- die Betriebsbereitschaft auch in strukturellen Krisen zu erhalten,
- Verluste ausgleichen zu können, ohne dass das feste Nominalkapital (Gezeichnetes Kapital) angegriffen wird,
- zukünftige außergewöhnliche Belastungen, die durch notwendige Erneuerung oder Umstellung hervorgerufen werden, finanzieren zu können.

Rücklagen sind **Eigenkapital, das im Unternehmen gebunden werden soll**. Zu unterscheiden sind offene und stille Rücklagen.

Rücklagen	
Offene Rücklagen	**Stille Rücklagen**
Diese werden in der Bilanz neben dem „gezeichneten Kapital" als zusätzliches Eigenkapital auf der Passivseite ausgewiesen. Das HGB unterscheidet **Kapitalrücklagen** (z. B. Agio bei Ausgabe von Aktien über deren Nennwert) und **Gewinnrücklagen** aus dem Ergebnis des Geschäftsjahres.	Stille Rücklagen (stille Reserven) werden nicht in der Bilanz ausgewiesen. Sie entstehen durch **Unterbewertung der Aktiva** oder durch die **Überbewertung von Schulden**. Bilanzpolitisch kommt ihnen eine hohe Bedeutung zu, weil mit ihrer Bildung oder Auflösung das Jahresergebnis beeinflusst und sogar reguliert werden kann.

Die **Gewinnrücklagen** werden aus dem Ergebnis des Geschäftsjahres oder früherer Jahre gebildet. Es liegt ein klassischer Fall der **Selbstfinanzierung** vor. Als Gewinnrücklagen lassen sich unterscheiden:

Gewinnrücklagen		
Gesetzliche Rücklagen	**Satzungsgemäße Rücklagen**	**Andere Gewinnrücklagen**
Gelten nur für Aktiengesellschaften und Kommanditgesellschaften auf Aktien. Gemäß § 150 AktG ist der zwanzigste Teil des um einen Verlustvortrag aus dem Vorjahr geminderten Jahresabschlusses in die gesetzliche Rücklage einzustellen, bis diese zusammen mit den Kapitalrücklagen den zehnten oder den in der Satzung bestimmten höheren Teil des Grundkapitals erreicht haben.	Gesellschaftsvertrag oder Satzung der Gesellschaft können die verantwortlichen Organe der Gesellschaft verpflichten, • **zweckgebundene** Rücklagen für langfristig anstehende Aufgaben zu bilden, wie betriebliche Rationalisierung, Modernisierung und Erweiterung oder • **zweckfreie** Rücklagen aus dem Jahresüberschuss zu bilden.	Von den Organen der Aktiengesellschaft können gemäß § 58 AktG aus dem verbleibenden Jahresüberschuss bis zu 50 % des Jahresüberschusses in andere Gewinnrücklagen eingestellt werden. Diese können für freie Zwecke verwendet werden.

Gewinnvortrag/Verlustvortrag, Jahresüberschuss/-fehlbetrag, Bilanzgewinn

Der Gewinnvortrag ist der „Rest" des Bilanzgewinns des vergangenen Jahres; der Jahresüberschuss ist der Gewinn des aktuellen Geschäftsjahres. Grundsätzlich geht das Bilanzgliederungsschema davon aus, dass die Bilanz vor der Entscheidung über die Gewinnverwendung aufgestellt wird. Wird die Bilanz aber nach teilweiser Gewinnverwendung aufgestellt, tritt an die Stelle der Positionen Gewinnvortrag/Verlustvortrag und Jahresüberschuss/-fehlbetrag die Position Bilanzgewinn/Bilanzverlust. Der Bilanzgewinn ist eine „Restgröße" des Jahresüberschusses, die an die Aktionäre ausgeschüttet werden kann.

Beispiel: Die Latex-AG mit einem Grundkapital von 5 000 000,00 €, einer bestehenden gesetzlichen Rücklage von 120 000,00 € und einer „anderen Gewinnrücklage" von 200 000,00 € hat im abgelaufenen Geschäftsjahr Erträge von 9 560 000,00 € und Aufwendungen von 9 120 000,00 € erzielt.

Vom **Vorstand** werden 5 % des Jahresüberschusses den gesetzlichen Rücklagen und 20 % des verbleibenden Jahresüberschusses den „anderen Gewinnrücklagen" zugewiesen. Der restliche Gewinn wird als Bilanzgewinn ausgewiesen. Vom Jahresüberschuss in Höhe von 440 000,00 € werden also 22 000,00 € in die gesetzlichen Gewinnrücklagen und 83 600,00 € in die anderen Gewinnrücklagen eingestellt.

Aktiva	Bilanz der Latex-Aktiengesellschaft	Passiva
	A. Eigenkapital:	
	I. Gezeichnetes Kapital	5 000 000,00
	II. Kapitalrücklagen	
	III. Gewinnrücklagen	
	1. gesetzliche	142 000,00
	2. andere	283 600,00
	IV. Bilanzgewinn	334 400,00

Verbindlichkeiten

Bei jedem gesondert ausgewiesenen Posten ist der Betrag der Verbindlichkeiten mit einer **Restlaufzeit bis zu einem Jahr** sowie der Verbindlichkeiten mit einer Restlaufzeit von mehr als 5 Jahren gesondert in der Bilanz oder im Anhang zu vermerken (§§ 268 Abs. 5 Satz 1, 285 Nr. 1 HGB). Außerdem ist dort zu jedem Posten der Gesamtbetrag der

Verbindlichkeiten anzugeben, der durch Pfandrechte oder ähnliche Rechte gesichert ist, und zwar unter Angabe der Art und Form der Sicherheiten (§ 285 Nr. 1b HGB).

Für die Gliederung der Verbindlichkeiten nach Restlaufzeiten und für die Zuordnung gegebener Sicherheiten wird meistens die Form des **Verbindlichkeitenspiegels** im Anhang gewählt.

Kleine Kapitalgesellschaften dürfen ihre Verbindlichkeiten in einem Betrag und die Angaben zu den Sicherheiten zusammengefasst ausweisen.

Mit diesen Angaben wird ein Einblick in die Fälligkeitsstruktur der Verbindlichkeiten und das als Sicherheit in Anspruch genommene Vermögen, somit in die Liquidität und Finanzlage gewährt.

Beispiel: Verbindlichkeitenspiegel der Sommerfeld Bürosysteme GmbH

Art der Verbindlichkeit	Gesamt-betrag	davon mit einer Restlaufzeit von			gesicherte Beträge	Art der Sicherheit
		bis 1 Jahr	1–5 Jahre	über 5 Jahre		
	€	€	€	€	€	
1. Verb. gegenüber Kreditinstituten	2 950 000,00	450 000,00		2 500 000,00	2 500 000,00	Grundpfandrechte
2. Verbindlichkeiten a. LL	650 000,00	650 000,00			150 000,00	Forderungsabtretung
3. Sonst. Verbindlichkeiten	720 000,00	720 000,00				

Gliederung der Bilanz nach § 266 HGB in Vergleich zum Schlussbilanzkonto (SBK)

→ LF 3   Die Bilanz wird aus den Zahlen der Buchführung abgeleitet. Da die Zahl der Konten in der Regel weit über die Zahl der Bilanzpositionen hinausgeht, müssen vielfach mehrere Konteninhalte zu einer Bilanzposition zusammengefasst werden. Vom Detail weg wird die Blickrichtung auf die **Kapitalstruktur** und die **Vermögensstruktur** gelenkt.

Beispiel: Die Finanzbuchhaltung der Sommerfeld Bürosysteme GmbH erstellte zum Ende des Geschäftsjahres folgendes Schlussbilanzkonto (in TEUR):

S	8010 Schlussbilanzkonto			H
0510	Bebaute Grundstücke	3 700	3000 Gezeichnetes Kapital	4 000
0700	Maschinen	4 560	3200 Gewinnrücklagen	350
0820	Werkzeuge	19	3400 Jahresüberschuss	1 650
0840	Fuhrpark	350	3700 Pensionsrückstellungen	1 500
0860	Geschäftsausstattung	271	3800 Steuerrückstellungen	325
2000	Rohstoffe	270	3900 Sonstige Rückstellungen	185
2020	Hilfsstoffe	100	4200 Kurzfristige Verbindlichkeiten gegenüber Kreditinstituten	450
2030	Betriebsstoffe	70		
2100	Unfertige Erzeugnisse	330	4250 Langfristige Verbindlichkeiten gegenüber Kreditinstituten	2 500
2200	Fertige Erzeugnisse	250		
2280	Handelswaren	50	4300 Erhaltene Anzahlungen	150
2400	Forderungen a. LL	1 250	4400 Verbindlichkeiten a. LL	650
2690	Übrige sonstige Forderungen	570	4800 Umsatzsteuer	58
2800	Bankguthaben	675	4890 Übrige sonstige Verbindlichkeiten	662
2880	Kasse	5		
2900	Aktive Rechnungsabgrenzung	30	4900 Passive Rechnungsabgrenzung	20
		12 500		12 500

Aktiva	Bilanz der Sommerfeld Bürosysteme GmbH zum 31.12… in TEUR			Passiva	
	Berichtsjahr	Vorjahr		Berichtsjahr	Vorjahr
A. Anlagevermögen			A. Eigenkapital		
I. Sachanlagen	8 900	8 400	I. Gezeichnetes Kapital	4 000	4 000
B. Umlaufvermögen			II. Gewinnrücklagen	350	230
I. Vorräte	1 070	820	III. Jahresüberschuss	1 650	2 270
II. Forderungen und sonst. Vermögensgegenstände	1 820	2 120	B. Rückstellungen	2 010	1 820
III. Kassenbestand, Bankguthaben	680	640	C. Verbindlichkeiten	4 470	3 665
IV. Rechnungsabgrenzungsposten	30	20	D. Rechnungsabgrenzungsposten	20	15
	12 500	12 000		12 500	12 000

Gewinn-und-Verlust-Rechnung der Kapitalgesellschaften

Während die Bilanz der Darstellung der Vermögens- und Finanzlage dient, ist es Aufgabe der **GuV-Rechnung**, die **Ertragslage** darzustellen. Kleine und mittelgroße Kapitalgesellschaften **dürfen** in der zu veröffentlichenden GuV-Rechnung die Posten gem. § 275 Abs. 2 Nr. 1 bis 5 zu einem Posten unter der Bezeichnis „**Rohergebnis**" zusammenfassen (§ 276 HGB). Kleine Kapitalgesellschaften müssen die GuV-Rechnung nicht veröffentlichen.

Das **Gliederungsschema gemäß § 275 Abs. 2 HGB**[1] verdeutlicht die untereinander angeordneten unterschiedlichen **Erfolgsquellen** und die Zuordnung der Aufwandsarten und Ertragsarten zu den Positionen der Gewinn-und-Verlust-Rechnung.

---

[1] geänderte Ausweisvorschriften gem. BilRUG vom 22.07.2015

Positionen der Gewinn-und-Verlust-Rechnung		Kontenarten des Kontenrahmens
1. Umsatzerlöse	+	5000, 5050, 5100
2. Erhöhung oder Verminderung des Bestandes an fertigen und unfertigen Erzeugnissen	+/−	5200
3. andere aktivierte Eigenleistungen	+	5300
4. sonstige betriebliche Erträge	+	5400, 5410, 5460, 5490
= als Zwischensumme kann zur Erleichterung der Erfolgsanalyse die „Gesamtleistung" ausgewiesen werden.		
5. Materialaufwand a) Aufwendungen für Roh-, Hilfs- und Betriebsstoffe, Energie b) Aufwendungen für bezogene Leistungen	− −	 6000, 6020, 6030, 6040, 6050, 6060
= als Zwischenergebnis kann der Saldo aus der Gesamtleistung und dem Materialaufwand vermerkt werden, der als „Rohergebnis" bezeichnet wird.		
6. Personalaufwand a) Löhne und Gehälter b) soziale Angaben 7. Abschreibungen auf a) immaterielle Vermögensgegenstände und Sachanlagen b) Umlaufvermögen 8. sonstige betriebliche Aufwendungen	 − − − − −	 6200, 6300 6400, 6420, 6440, 6490 6520 6570, 7460 6600 bis 6990
= als Zwischensumme kann der Saldo aus den Erträgen und den Aufwendungen als „Betriebsergebnis" ausgewiesen werden.		
9. Erträge aus Beteiligungen	+	5500
10. Erträge aus anderen Wertpapieren und Ausleihungen des Finanzanlagevermögens	+	5500
11. sonstige Zinsen und ähnliche Erträge	+	5710
12. Abschreibungen auf Finanzanlagen und auf Wertpapiere des Umlaufvermögens	−	7400
13. Zinsen und ähnliche Aufwendungen	−	7510
= als Zwischensumme kann der Saldo aus den Finanzierungserträgen und -aufwendungen, das sogenannte „Finanzergebnis", ausgewiesen werden.		
14. Steuern vom Einkommen und vom Ertrag	−	7710, 7720
15. **Ergebnis nach Steuern**		
16. sonstige Steuern		
17. **Jahresüberschuss/Jahresfehlbetrag**	−	700, 7010, 7020, 7030

Aufbau und Struktur der Gewinn-und-Verlust-Rechnung nach § 275 Abs. 2 HGB
Nach § 275 Abs. 2 HGB müssen Kapitalgesellschaften die GuV-Rechnung in **Staffelform** aufstellen.

Die Aufwendungen und Erträge sind dabei nach den wesentlichen Erfolgsquellen der Unternehmung gegliedert.

Das Betriebsergebnis
Unter den Positionen 1–3 und 5–7 werden die bedeutendsten Erträge und Aufwendungen ausgewiesen. Die Position 4 – sonstige betriebliche Erträge – und die Position 8 – sonstige betriebliche Aufwendungen – sind, abgesehen von den Finanzerträgen und Finanzaufwendungen, Sammelpositionen für die restlichen betriebsgewöhnlichen Erträge und Aufwendungen (siehe Schaubild unten).
Kleine und mittelgroße Kapitalgesellschaften dürfen für Zwecke der Veröffentlichung die Posten gem. § 275 Abs. 2 Nr. 1 bis 5 zu einem Posten unter der Bezeichnung „**Rohergebnis**" zusammenfassen (§ 276 HGB; vgl. auch Schema S. 394 f.).

Das Finanzergebnis
Die Positionen 9–11 nehmen die Erträge und die Positionen 12–13 die Aufwendungen aus Finanzanlagen und Kreditgeschäften auf.

Aufstellung der GuV-Rechnung
Wie bei der Aufstellung der Bilanz, so müssen auch bei der Entwicklung der GuV-Rechnung häufig mehrere Konteninhalte der Finanzbuchführung zu einer GuV-Position zusammengefasst werden:

Beispiel: Gewinn-und-Verlust-Konto der Sommerfeld Bürosysteme GmbH in TEUR im Berichtsjahr und im Vorjahr:

S		8020 Gewinn und Verlust					H
		Abrechnungsjahr	Vorjahr			Abrechnungsjahr	Vorjahr
5200	Bestandsveränderungen	120	85	5000	Umsatzerlöse für eigene Erzeugnisse	45 000	42 000
6000	Aufwendungen für Rohstoffe	12 250	11 607	5100	Umsatzerlöse für Handelswaren	1 390	1 460
6020	Aufwendungen für Hilfsstoffe	3 956	3 840	5400	Mieterträge	96	36
6050	Aufwendungen für Energie	1 195	1 068	5660	Erträge aus Vermögensabgängen	62	15
6160	Fremdinstandsetzung	716	100	5710	Zinserträge	22	22
6200	Löhne	12 143	10 995				
6300	Gehälter	6 982	6 347				
6500	Abschreibungen	672	640				
6700	Mieten/Leasing	1 410	1 304				
6800	Aufwendungen für Kommunikation (Büromaterial, Werbung)	2 038	1 970				
6900	Versicherungsbeiträge	74	73				
6960	Verluste aus Vermögensabgängen	649	45				
7000	Betriebliche Steuern	1 225	1 190				
7510	Zinsaufwendungen	145	125				
7710	Köperschaftsteuer	1 350	1 856				
3400	Jahresüberschuss	1 650	2 270				
		46 575	43 533			46 575	43 533

Berechnung des Rohergebnisses:	Berichtsjahr TEUR	Vorjahr TEUR
1. Umsatzerlöse	46 390	43 460
− 2. Verminderung des Bestandes an unfertigen und fertigen Erzeugnissen	120	85
+ 3. sonstige betriebliche Erträge: 5400 + 5460	158	51
− 4. Materialverbrauch: 6000 + 6020 + 6050 + 6160	18 117	16 633
= **Rohergebnis**	**28 311**	**26 793**

Gewinn-und-Verlust-Rechnung für die Zeit vom 01.01. bis zum 31.12.:

	Berichtsjahr TEUR	Vorjahr TEUR
1. Rohergebnis	28 311	26 793
2. Personalaufwand	19 125	17 342
3. Abschreibungen	672	640
4. sonstige betriebliche Aufwendungen	5 396	4 582
Betriebsergebnis	**3 118**	**4 229**

Gewinn-und-Verlust-Rechnung für die Zeit vom 01.01. bis zum 31.12.:

	Berichtsjahr TEUR	Vorjahr TEUR
5. Zinsen und ähnliche Erträge	27	22
6. Zinsen und ähnliche Aufwendungen	145	125
Finanzergebnis	**− 118**	**− 103**
7. Steuern vom Einkommen und vom Ertrag	1 350	− 1856
Jahresüberschuss	**1 650**	**2 270**

Anhang

Gleichrangiger Bestandteil des Jahresabschlusses der Kapitalgesellschaften ist neben Bilanz und Gewinn-und-Verlust-Rechnung der Anhang. Seine Hauptaufgabe ist es, Angaben in der Bilanz und GuV-Rechnung insgesamt und zu Einzelpositionen zu erläutern. Die Inhalte des Anhangs sind in den §§ 284–288 HGB festgelegt:

Allgemeine Angaben zur Darstellung, Bilanzierung und Bewertung

Beispiele:
- Abweichungen vom Gliederungsschema
- Änderung und Begründung von Bewertungsmethoden
- nicht mit dem Vorjahr vergleichbare Beträge

Angaben und Erläuterungen zu Einzelpositionen der Bilanz

Beispiele:
- Entwicklung der einzelnen Positionen des Anlagevermögens im Anlagenspiegel (vgl. S. 388 f.)
- Abschreibungen des Geschäftsjahres, insbesondere außerplanmäßige
- Einstellungen in freie Rücklagen
- Verbindlichkeitenspiegel (vgl. S. 392 f.)

Angaben und Erläuterungen zur Gewinn-und-Verlust-Rechnung

Beispiele:
- Aufgliederung der Umsätze nach Märkten und Tätigkeitsbereichen
- Erläuterung der außerordentlichen Aufwendungen und Erträge

Sonstige Pflichtangaben

Beispiele:
- Angaben zu Haftungsverhältnissen (Pfandrechte und sonstige Sicherheiten – Eventualverbindlichkeiten)
- durchschnittliche Beschäftigtenzahl
- Namen des Geschäftsführungsorgans und der Mitglieder des Aufsichtsrates
- die dem Geschäftsführungorgan und dem Aufsichtsrat im Geschäftsjahr gewährten Gesamtbezüge (Gehälter, Gewinnbeteiligungen, Bezugsrechte, Aufwandsentschädigungen, Versicherungsentgelte, Provisionen und Nebenleistungen aller Art) (vgl. § 289, Zi. 9 HGB)

Mit diesen Angaben soll der Einblick in die tatsächliche Vermögens-, Finanz- und Ertragslage verbessert werden.

Bestandteile des Jahresabschlusses nach IFRS für kapitalmarktorientierte Unternehmen[1]

Das folgende Schaubild zeigt die Bestandteile des Jahresabschlusses nach IFRS:

Pflichtbestandteile des Jahresabschlusses nach IFRS
- **Bilanz** (balance sheet) - **Gewinn-und-Verlust-Rechnung** (Income statement) - **Kapitalflussrechnung** (cash flow statement) - **Eigenkapitalveränderungsrechnung** (statement of changes in stock holders's equity) - **Anhang** (notes)
Pflichtergänzungen für börsennotierte Unternehmen
- **Ergebnis je Aktie** (earnings per share) - **Segmentberichterstattung**
Ergänzungsempfehlung
Lagebericht (management's discussion and analysis)

Kapitalflussrechnung (statement of cashflows)
Nach IFRS soll die Kapitalflussrechnung den Adressaten wie Investoren und Kapitaleignern Informationen über Zahlungsströme des Unternehmens während des Geschäftsjahres vermitteln.

---

[1] *Für die IHK-Abschlussprüfung nicht relevant.*

Sie sollen daraus Schlüsse ziehen können,

- ob Zahlungsverpflichtungen erfüllt worden sind,
- ob in Zukunft mit Zahlungsüberschüssen zu rechnen ist,
- ob und in welcher Höhe Fremdkapitalbedarf besteht,
- ob eine Dividende gezahlt werden kann,
- wie sich die Finanzierungs- und Investitionsvorgänge auf die Finanzlage ausgewirkt haben,
- wie weit das Jahresergebnis aus der laufenden Geschäftätigkeit (operatives Ergebnis) resultiert.

Zur Verbesserung der Einsicht in die Mittelherkunft und -verwendung sind die Kapitalströme

- der laufenden Geschäftätigkeit,
- der Investitionstätigkeit und
- der Finanzierungstätigkeit

zuzuordnen.

Eigenkapitalveränderungsrechnung (statement of owners' equity)
In ihr wird die Entwicklung der Eigenkapitalpositionen über mehrere Jahre hinweg dargestellt.
Damit soll Eigenkapitalgebern verdeutlicht werden, ob und wie weit sich der Wert der Eigentümeransprüche verändert hat.
Nachfolgende Übersicht vermittelt einen Überblick über die Eigenkapitalpositionen und deren Veränderungsmöglichkeiten:

Eigenkapitalposition	Veränderungsmöglichkeiten
Gezeichnetes Kapital (captial stock)	Neuemission bzw. Einziehung von Aktien Umwandlung von Wandelschuldverschreibungen in Aktien
Kapitalrücklage (paid-in capital, other contribued capital)	Agio bei Über-Pari-Emission Verlustverrechnung
Gewinnrücklage (earned capital)	Jahresüberschuss Dividendenauszahlungen
Eigene Aktien (treasury stock)	Kauf eigener Aktien Verkauf eigener Aktien
Neubewertungsrücklagen (Erfolgsneutrale Eigenkapitalposition)	gestiegene Zeitwerte von Sach- und Finanzanlagen

Außerdem ist die Auswirkung von Änderungen der Bewertungs- und Bilanzierungsmethoden in der Eigenkapitalveränderungsrechnung darzustellen.

Prüfung, Offenlegung und Unterzeichnung des Jahresabschlusses

Die Vermögens- und Ertragslage von Kapitalgesellschaften ist insbesondere für die **Kapitalgeber** und die **Gläubiger**, denen als Haftungskapital das Gesellschaftsvermögen zur Verfügung steht, von großem Interesse. Beide Zielgruppen wollen informiert werden über

- die wirtschaftliche Lage und Entwicklung,
- die Leistung der Geschäftsführung,
- wichtige Planungsvorhaben, wie Produktionsprogramm und Erschließung neuer Märkte.

Zur Information und zum Schutz dieser Personenkreise verpflichtet der Gesetzgeber die Kapitalgesellschaften zur **Veröffentlichung (Publizierung)** des **Jahresabschlusses** und **Lageberichtes** im **Bundesanzeiger** sowie zur Einreichung beim zuständigen **Handelsregister**. Vorher müssen Jahresabschluss und Lagebericht durch unabhängige Abschlussprüfer geprüft werden. Dabei werden mittelgroßen und kleinen Kapitalgesellschaften erhebliche Erleichterungen eingeräumt (vgl. §§ 326–327a HGB).

Der Vorstand der AG bzw. die Geschäftsführer der GmbH haben den Jahresabschluss unter Angabe des Datums zu unterzeichnen. Der Jahresabschluss und der Lagebericht sind 10 Jahre aufzubewahren.

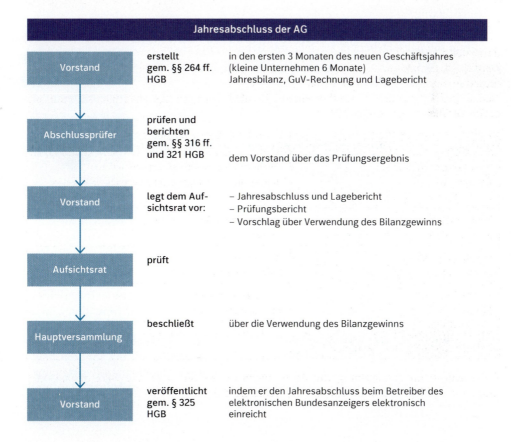

Lagebericht

Im Lagebericht sind der Geschäftsverlauf, das Geschäftsergebnis sowie die Lage der Kapitalgesellschaft so darzustellen, dass „**ein den tatsächlichen Verhältnissen entsprechendes Bild**" vermittelt wird. Deshalb hat der Lagebericht eine dem Umfang und der Komplexität der Geschäftstätigkeit entsprechende Analyse des Geschäftsverlaufes und der Lage der Gesellschaft zu enthalten. Je größer ein Unternehmen ist und je umfangreicher seine Geschäftstätigkeit ist, desto komplexer muss folglich der Lagebericht sein. Durch diese Regelungen werden vergleichbare Vorschriften aus der internationalen Rechnungslegung (IFRS) für das deutsche Recht übernommen, wonach sich die Analyse des Geschäftsverlaufes am **True and Fair View Principle** zu orientieren hat.

In die Analyse des Geschäftsverlaufes sind die für die Geschäftstätigkeit bedeutsamen **finanziellen Leistungsindikatoren** wie Umsatz, Ertragslage und Vermögenslage einzubeziehen und im Hinblick auf die im Jahresabschluss ausgewiesenen Beträge und Angaben zu erläutern. Weiterhin ist im Lagebericht auf die **Risiken** der künftigen Entwicklung einzugehen. So soll der Bericht die **Risikomanagementziele und -methoden** der Gesellschaft darstellen. Eine systematische Risikoanalyse muss die folgenden Risiken umfassen:

- Preisänderungsrisiko
- Liquiditätsrisiken
- Forderungsausfallriskio
- Risiken aus Zahlungsstromschwankungen

Weiterhin soll der Lagebericht auf folgende Bereiche eingehen:

- Vorgänge von besonderer Bedeutung, die nach dem Schluss des Geschäftsjahrs eingetreten sind;
- voraussichtliche Entwicklung der Kapitalgesellschaft;
- Forschung und Entwicklung;
- bestehende Zweigniederlassungen der Gesellschaft.

Geschäftsbericht

Im **Geschäftsbericht** fassen viele große und börsennotierte Industrieunternehmen den **Jahresabschluss** und **Lagebericht** sowie **weitere freiwillige Angaben** zusammen:

- Bericht des Aufsichtsrates,
- Gewinnverwendungsvorschlag,
- unternehmensbezogene Nachrichten.

Dabei gibt es **keine gesetzliche Verpflichtung** zur Erstellung des Geschäftsberichtes, sodass große und börsennotierte Industrieunternehmen diesen auf freiwilliger Basis erstellen. Die Praxis zeigt, dass der Geschäftsbericht zur Erfüllung der handels- und aktienrechtlichen Publizitätspflicht genutzt wird. Der Geschäftsbericht dient somit in erster Linie der **Informationsvermittlung**. Darüber hinaus soll mit ihm ein möglichst positives Bild des Unternehmens und seiner Informationspolitik gezeichnet werden. Denn der Geschäftsbericht stellt das **zentrale Medium zur Information und Vertrauensbildung** dar – sowohl für Anteilseigner, Kreditgeber, Lieferanten, Kunden als auch für die Mitarbeiter.

Ziele und Funktionen des Geschäftsberichtes

- Erfüllung der gesetzlichen Informationspflicht nach HGB und AktG.
- Information verschiedener Adressaten mit dem Ziel, diese positiv zu beeinflussen.
- Steigerung des Vertrauens, das dem Unternehmen entgegengebracht wird, um den Aktienkurs positiv zu beeinflussen.
- Instrument der Public Relations, mit dem zielgerichteten Bemühen, Verständnis für die eigenen Anliegen in der Öffentlichkeit aufzubauen.

PRAXISTIPP!

Wenn Sie einen Geschäftsbericht lesen, dann sollten Sie stets im Kopf haben, dass das Unternehmen sich bemüht, ein möglichst positives Bild von sich zu zeichnen. Lesen Sie deshalb „zwischen den Zeilen" und verlassen Sie sich bei Ihren Entscheidungen niemals nur auf die Quelle eines Geschäftsberichtes.

Zusammenfassung

Die Ziele und die Bestandteile des Jahresabschlusses darstellen

- **Rechtliche Grundlagen**
  - Handelsgesetzbuch
  - internationale Rechnungslegungsstandards (IFRS)

- **Ziele des Jahresabschlusses**
  - spezifische Informationen für die Shareholdergruppe
  - Dokumentation der Vermögens-, Finanz- und Ertragslage sowie deren Entwicklung
  - Informationen für Investoren

- **Zentrale Schwerpunkte in nationalen und internationalen Rechnungslegungsvorschriften**
  - HGB: Gläubigerschutz, daher Vorsichtsprinzip, Niederstwertprinzip
  - internationale Rechnungslegungsvorschriften: Investorinteresseprinzip, daher „fair presentation"

- **Bestandteile des Jahresabschlusses**
  - Einzelunternehmen: Bilanz, Gewinn-und-Verlust-Rechnung
  - Kapitalgesellschaft: Bilanz, Gewinn-und-Verlust-Rechnung, Anhang, Lagebericht
  - Kapitalmarktorientierte Unternehmen: zusätzlich Kapitalflussrechnung, Eigenkapitalveränderungsrechnung

Bilanz

- in **Kontenform**
- nach dem **Gliederungsschema** gemäß § 266 Abs. 2 und 3 HGB
- **Kleine Kapitalgesellschaften** müssen nur eine verkürzte Bilanz aufstellen, in die nur die mit Großbuchstaben und römischen Ziffern bezeichneten Posten aufgenommen werden.

- **Kapitalgesellschaften** müssen folgende besondere Anforderungen an die Dokumentation des Vermögens und des Kapitals erfüllen:
  - Darstellung der Entwicklung des Anlagevermögens im Anlagenspiegel
  - Angabe der Forderungen mit einer Restlaufzeit von mehr als einem Jahr
  - vertiefte Gliederung des Eigenkapitals: gezeichnetes Kapital, Rücklagen, Gewinn- oder Verlustvortrag, Jahresüberschuss/-fehlbetrag (oder Bilanzgewinn/-verlust)
  - Angaben von Restlaufzeiten und gegebenen Sicherheiten für Verbindlichkeiten im Verbindlichkeitenspiegel

- **Gliederung der Rücklagen**

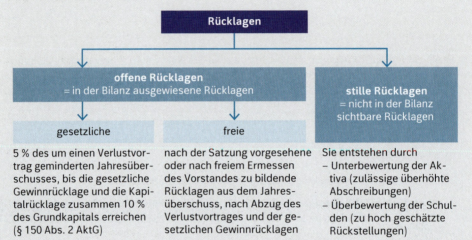

1. Gewinnrücklagen werden aus dem Jahresüberschuss gebildet.
2. Gesetzliche und freie Rücklagen sind getrennt in der Bilanz ausgewiesen.

Gewinn-und-Verlust-Rechnung

- in **Staffelform**
- nach dem **Gliederungsschema** gemäß § 275 HGB
- Zusammenfassung der Aufwands- und Ertragsarten nach **Erfolgsquellen**
- **Kleine Kapitalgesellschaften** dürfen die Posten Umsatzerlöse, sonstige betriebliche Erträge und Materialaufwand zum **Rohergebnis** zusammenfassen
- Ausweis des Gewinnes in der Bilanz als **Jahresüberschuss**, des Verlustes als **Jahresfehlbetrag**, getrennt vom **gezeichneten Kapital**, dem Haftungskapital

Anhang

- gleichrangiger Bestandteil des Jahresabschlusses neben Bilanz und Gewinn-und-Verlust-Rechnung
- Erläuterungen zur Bilanz und GuV-Rechnung insgesamt und zu Einzelpositionen
- Vorstand (AG) oder Geschäftsführer (GmbH) haben den Jahresabschluss (Bilanz, GuV-Rechnung, Anhang) unter Angabe des Datums der Fertigstellung zu unterzeichnen.
- Jahresabschluss und Lagebericht sind zu prüfen und offenzulegen und 10 Jahre aufzubewahren.

Lagebericht

Im **Lagebericht** sind der Geschäftsverlauf, das Geschäftsergebnis und die Lage der Kapitalgesellschaft darzustellen.

- Analyse der besonderen Leistungsindikatoren, wie Umsatz, Ertragslage, Vermögenslage, Finanzanlage
- Risiken der künftigen Entwicklung
- Forschung und Entwicklung
- Vorgänge von besonderer Bedeutung, die nach dem Schluss des Geschäftsjahres eingetreten sind

Geschäftsbericht

Im **Geschäftsbericht** fassen große und börsennotierte Unternehmen den Jahresabschluss, den Lagebericht sowie weitere freiwillige Angaben zu einer komplexen positiven Information zusammen.

Aufgaben

1. Erstellen Sie im Team aufgrund der folgenden Kontensalden die Bilanz einer kleinen Kapitalgesellschaft gemäß den Gliederungsvorschriften des § 266 HGB (vgl. S. 387) und präsentieren Sie Ihr Ergebnis mit einem dafür geeigneten Medium.

Konto	Kontenbezeichnung	Soll	Haben
0510	Bebaute Grundstücke	432 000,00	
0530	Betriebsgebäude	890 000,00	
0700	Technische Anlagen und Maschinen	675 000,00	
0810	Werkstätteneinrichtung	152 500,00	
0830	Lager- und Transporteinrichtungen	181 000,00	
0840	Fuhrpark	253 000,00	
0860	Büromaschinen	86 500,00	
2000	Rohstoffe	93 500,00	
2020	Hilfsstoffe	12 500,00	
2030	Betriebsstoffe	37 500,00	
2400	Forderungen a. LL	87 500,00	
2800	Bankguthaben	229 550,00	
2880	Kasse	3 250,00	
3000	Gezeichnetes Kapital		1 880 000,00
3400	Jahresüberschuss/Jahresfehlbetrag		165 000,00
4100	Anleihen/Hypothekendarlehen		800 000,00
4200	Verbindlichkeiten gegenüber Kreditinstituten		107 000,00
4400	Verbindlichkeiten a. LL		150 200,00
4800	Umsatzsteuer		31 600,00
		3 133 800,00	3 133 800,00

2. Erstellen Sie im Team für eine kleine Kapitalgesellschaft (GmbH) die Gewinn-und-Verlust-Rechnung in Staffelform gemäß dem Gliederungsschema S. 393 f. und präsentieren Sie Ihr Ergebnis mit einem dafür geeigneten Medium.

Konto	Kontenbezeichnung	Soll	Haben
5000	Umsatzerlöse für eigene Erzeugnisse		3 450 000,00
5400	Mieterträge		60 000,00
5710	Zinserträge		16 100,00
6000	Aufwendungen für Rohstoffe	862 000,00	
6020	Aufwendungen für Hilfsstoffe	146 000,00	
6050	Aufwendungen für Energie	47 200,00	
6200	Löhne	872 000,00	
6300	Gehälter	580 000,00	
6710	Leasing	248 000,00	
6770	Rechts- und Beratungskosten	54 000,00	
6800	Büromaterial	64 000,00	
6900	Versicherungsbeiträge	38 000,00	
7000	Gewerbeertragsteuer	92 000,00	
7510	Zinsaufwendungen	19 800,00	
7710	Körperschaftsteuer	188 000,00	
		3 211 000,00	3 526 100,00

3. Der Vorstand einer AG will den Jahresabschluss unter teilweiser Verwendung des Jahresüberschusses aufstellen. Daher sollen 5 % des Jahresüberschusses den gesetzlichen Rücklagen und 30 % des verbleibenden Jahresüberschusses den „anderen Gewinnrücklagen" zugewiesen werden. Der restliche Gewinn ist als Bilanzgewinn auszuweisen.

	Soll/€	Haben/€
gezeichnetes Kapital (Grundkapital)		1 200 000,00
gesetzliche Gewinnrücklage		45 000,00
andere Gewinnrücklage		30 000,00
Gewinn-und-Verlust-Konto	1 550 000,00	1 790 000,00

a) Berechnen Sie den Jahresüberschuss.
b) Berechnen Sie die Einstellung
  ba) in die gesetzliche Gewinnrücklage,
  bb) in die anderen Gewinnrücklagen.
c) Stellen Sie gem. § 266 HGB in einem Auszug der AG-Bilanz das Eigenkapital der Aktiengesellschaft dar.
d) Grenzen Sie den Begriff Rücklagen gegenüber dem Begriff Rückstellungen ab.

4. Welche der folgenden Aussagen ist nicht korrekt?

a) Stille Rücklagen entstehen durch Unterbewertung von Aktiva und Überbewertung von Passiva.
b) Offene Rücklagen sind aus der Bilanz ersichtlich.
c) Für Verbindlichkeiten, deren Höhe und Fälligkeit am Bilanzstichtag noch nicht feststehen, müssen Rücklagen gebildet werden.
d) Stille Rücklagen sind in der Bilanz nicht sichtbare Rücklagen.
e) Gewinnrücklagen werden aus dem Jahresüberschuss gebildet.

5. Die Wolf Elektronikwerke GmbH, ein mittelständischer Hersteller von Haushaltsgeräten mit Sitz in Osnabrück, legte vor der Verteilung des Jahresergebnisses der Gesellschafterversammlung die nachfolgend auszugsweise abgebildete Bilanz vor:

Aktiva	Bilanz der GmbH zum 31.12.		Passiva
	A. Eigenkapital:		
	I. Gezeichnetes Kapital		850 000,00
	II. Kapitalrücklagen		30 000,00
	III. Gewinnrücklagen		270 000,00
	IV. Gewinnvortrag		5 000,00
	V. Jahresüberschuss		165 000,00

Die Gesellschafterversammlung hat folgenden Beschluss gefasst:

1. Satzungsgemäß sind 20 % des Jahresüberschusses in die Gewinnrücklage einzustellen.
2. An die GmbH-Gesellschafter sind 16 % auf das Stammkapital (gezeichnetes Kapital) als Gewinnanteile auszuschütten.
3. Ein verbleibender Gewinnrest ist als Gewinnvortrag zu erfassen.

   a) Berechnen Sie die Gewinnrücklage, die auszuschüttenden Gewinnanteile und den neuen Gewinnvortrag.
   b) Stellen Sie das Eigenkapital nach der Gewinnverteilung in einem Bilanzauszug dar.

6. Die Heidotting Textilwerke AG, ein mittelständischer Hersteller von Damenoberbekleidung mit Sitz in Emsdetten/Westfalen, legt vor Verteilung des Jahresergebnisses der Hauptversammlung die nachfolgend auszugsweise abgebildete Bilanz vor:

Aktiva	Bilanz der GmbH zum 31.12.		Passiva
	A. Eigenkapital:		
	I. Gezeichnetes Kapital		6 200 000,00
	II. Kapitalrücklagen		180 000,00
	III. gesetzl. Gewinn- rücklagen		120 000,00
	IV. Gewinnvortrag		15 000,00
	V. Jahresüberschuss		1 550 000,00

Die Hauptversammlung hat folgenden Beschluss zur Gewinnverwendung getroffen:

1. Einstellung in die gesetzliche Gewinnrücklage: 5 % gem. § 150 Abs. 2 AktG.
2. Einstellung in „andere Gewinnrücklagen": 20 % des verbleibenden Jahresüberschusses.
3. An die Aktionäre sind 18,5 % Dividende auszuschütten.
4. Der Rest des Jahresüberschusses ist als Gewinnvortrag zu übernehmen.

   a) Berechnen Sie die Einstellungen in die Gewinnrücklagen, die auszuschüttende Dividende und den verbleibenden neuen Gewinnvortrag.
   b) Stellen Sie das Eigenkapital nach der Gewinnverteilung in einem Bilanzauszug dar.

7. Erstellen Sie für eine kleine Kapitalgesellschaft (GmbH – Industrieunternehmen) die Bilanz unter Beachtung des Gliederungsschemas auf S. 386 f.:

Nr.	Bestandskonten	Soll	Haben
0500	Unbebaute Grundstücke	120 000,00	
0510	Bebaute Grundstücke	360 000,00	
0700	Technische Anlagen und Maschinen	288 000,00	
0840	Fuhrpark	336 000,00	
0860	Geschäftsausstattung	192 000,00	
1300	Beteiligungen	96 000,00	
2000–2030	Werkstoffe	484 800,00	
2400	Forderungen a. LL	288 000,00	
2690	Übrige sonstige Forderungen	33 600,00	
2800	Guthaben bei Kreditinstituten	177 600,00	
2880	Kasse	9 600,00	
2900	Aktive Jahresabgrenzung	14 400,00	
3000	Gezeichnetes Kapital		900 000,00
3100	Kapitalrücklage		70 000,00
3200	Gewinnrücklagen		130 000,00
3400	Jahresüberschuss/Jahresfehlbetrag		225 000,00
3800	Steuerrückstellungen		45 000,00
3900	Sonstige Rückstellungen		18 000,00
4200	Kurzfristige Verbindlichkeiten gegenüber Kreditinstituten		15 000,00
4250	Langfristige Verbindlichkeiten gegenüber Kreditinstituten		730 000,00
4400	Verbindlichkeiten a. LL		130 000,00
4800	Umsatzsteuer		72 000,00
4840	Verbindlichkeiten geg. Sozialversicherung		47 300,00
4850	Verbindlichkeiten gegenüber Mitarbeitern		2 000,00
4890	Übrige sonstige Verbindlichkeiten		8 500,00
4900	Passive Rechnungsabgrenzung		7 200,00
		2 400 000,00	2 400 000,00

8. Erläutern Sie die Bestandteile des Jahresabschlusses in Einzelunternehmen und in Kapitalgesellschaften.

3 Nationale Bewertungsgrundsätze und -vorschriften umsetzen

3.1 Bewertungsprobleme und Bewertungsgrundsätze

Zur Vorbereitung des Jahresabschlusses wird in der Sommerfeld Bürosysteme GmbH Inventur gemacht. Daniela Schaub und Frau Peters haben bereits alle Aufnahmelisten eingesammelt und mit der Bewertung der Vermögensteile und der Schulden begonnen. Bei manchen Wertansätzen überlegen sie: Einerseits möchte Frau Peters den erwarteten großen Gewinn verstecken und das Vermögen möglichst niedrig bewerten, andererseits möchte die Sommerfeld Bürosysteme GmbH sich durch die Bilanz auch als kerngesundes Unternehmen präsentieren und Vermögensgegenstände, die als Sicherheit für beantragte Kredite infrage kommen, möglichst hoch bewerten.

Arbeitsaufträge

- *Versuchen Sie, Argumente für beide Auffassungen zu finden.*
- *Stellen Sie die Auswirkungen beider Bewertungsauffassungen an folgendem Beispiel gegenüber: Ein Grundstück, das vor zwei Jahren für 80 000,00 € gekauft wurde, hat am Bilanzstichtag einen geschätzten Verkehrswert von 120 000,00 €.*

Bewertungsprobleme

Im Rahmen der Inventur muss der Kaufmann zur Aufstellung des Inventars und der Bilanz Vermögen und Schulden bewerten. **Bewerten** heißt entscheiden, mit welchen Geldwerten die einzelnen Vermögensteile und Schulden zu inventarisieren bzw. zu bilanzieren sind. **Schwierigkeiten** bereitet die Bewertung vor allem bei solchen Wirtschaftsgütern,

- die **Preisschwankungen** unterliegen (Rohstoffe),
- die **Wertminderungen** (Sachanlagevermögen wird abgenutzt) erleiden,
- die aufgrund gesetzlich eingeräumter **Wahlrechte** unterschiedlich hoch angesetzt (Rückstellungen) werden können.

Die festgelegten Werte gehen in den Jahresabschluss ein, der den unterschiedlichen Interessenten (Stakeholdern) Informationen über

- die Vermögenslage
- die Ertragslage
- die Finanzlage

liefern soll.

Eine zu hohe Bewertung des Vermögens bzw. eine zu niedrige Bewertung der Schulden würde die Lage des Unternehmens zu positiv zeichnen und könnte Gläubiger sowie Kapitalgeber zu Fehlentscheidungen veranlassen. Eine zu niedrige Bewertung des Vermögens bzw. eine zu hohe Bewertung der Schulden würden aber ein zu negatives Bild des Unternehmens zeichnen und gegen die Interessen der Finanzbehörden verstoßen. Im Rahmen von handels- und steuerrechtlichen Vorschriften ist daher ein den tatsächlichen Verhältnissen entsprechendes Bild zu vermitteln, wobei der **Gläubigerschutz** (Vorsichtsprinzip) Grundlage jeder Bewertungsentscheidung zu sein hat.

Bewertungsvorschriften

Handelsrechtlich	Steuerrechtlich
Die grundlegenden Vorschriften sind im 3. Buch des HGB (Handelsbücher) enthalten.	Grundlegende Vorschriften finden sich im **Einkommensteuergesetz**.
Sie gelten für alle Kaufleute, die Vermögen und Erfolg ermitteln müssen (vgl. LF 3, Kap. 2).	Sie gelten für alle, die nach steuerrechtlichen Vorschriften Bücher führen oder **Aufzeichnungen machen** müssen.
Sie dienen dem **Gläubigerschutz**, weil Vermögen und Schulden möglichst vorsichtig (wichtiger Grundsatz) bewertet werden müssen.	Sie sollen bewirken, dass der Gewinn als **Steuerbemessungsgrundlage** nach einheitlichen Grundsätzen ermittelt wird. Damit dienen sie der gerechten Besteuerung.
Bilanz nach Handelsrecht = Handelsbilanz	**Bilanz nach Steuerrecht = Steuerbilanz**

Die Wertansätze in der Handelsbilanz sind grundsätzlich auch für die Steuerbilanz maßgeblich.

Maßgeblichkeitsgrundsatz

Nur zwingende Vorschriften des Steuerrechts führen zu Abweichungen von Handels- und Steuerbilanz.

Bewertungsgrundsätze

Allgemeine Bewertungsgrundsätze
Im § 252 HGB ist ein Katalog von allgemeinen **Bewertungsgrundsätzen** ausgewiesen.

Allgemeine Bewertungsgrundsätze nach § 252 Abs. 1 HGB					
Bilanzidentität	Fortführung der Unternehmenstätigkeit (Going concern)	Einzelbewertungsprinzip	– Vorsichtsprinzip – Realisationsprinzip – Imparitätsprinzip	Periodenabgrenzung	Bewertungsstetigkeit
Abweichungen sind nur in begründeten Ausnahmefällen zulässig (§ 252 Abs. 2).					

Bilanzidentität (Bilanzgleichheit)
Die Eröffnungsbilanz eines Geschäftsjahres muss als **Ganzes** und in den **einzelnen Positionen** und Werten mit der Schlussbilanz des vorangegangenen Geschäftsjahres übereinstimmen.

Fortführung der Unternehmenstätigkeit (Going concern)
Bei der Bewertung ist von der **Fortführung** der Unternehmenstätigkeit auszugehen, nicht von der Veräußerung des Wirtschaftsgutes oder von der Auflösung des Unternehmens.

Einzelbewertung
Jedes Wirtschaftsgut und jede Schuld sind grundsätzlich einzeln zu bewerten. Aus diesem Grundsatz leitet sich ein **Saldierungsverbot** ab.

Beispiel: Forderungen und Verbindlichkeiten dürfen nicht miteinander verrechnet werden. Dadurch würden Vermögens- und Finanzlage verfälscht.

Der Gesetzgeber hat unter bestimmten Bedingungen von der Einzelbewertung abweichende Bewertungsvereinfachungsverfahren bei den Materialien des UV zugelassen (vgl. § 240 Abs. 3 und 4 HGB S. 418 ff.).

Vorsichtsprinzip, Gläubigerschutzprinzip
Es sind alle vorhersehbaren Risiken und Verluste im Jahresabschluss zu berücksichtigen, um einen zu hohen Vermögens- und einen zu niedrigen Schuldenausweis zu vermeiden. Demnach dürfen Gewinne infolge von Wertsteigerungen nur berücksichtigt werden, wenn sie am Abschlusstag realisiert sind **(Realisationsprinzip)**.

Beispiel: Das Grundstück mit dem Anschaffungswert von 80 000,00 € und einem Verkehrswert von 120 000,00 € darf nicht mit 120 000,00 € angesetzt werden, weil 40 000,00 € Wertsteigerung nicht realisiert sind. Die Realisierung würde erst durch den Verkauf des Grundstücks erfolgen.

Drohende Wertverluste müssen dagegen berücksichtigt werden, obwohl sie noch nicht eingetreten sind. Wegen der unterschiedlichen Behandlung nicht realisierter Gewinne und Verluste spricht man auch vom **Imparitätsprinzip** (Imparität = Ungleichheit).

Die Beachtung des Vorsichtsprinzips verhindert, dass Vermögen und Gewinn zu hoch ausgewiesen werden. Unangemessene Besteuerung und Gewinnausschüttung werden verhindert. Die Haftungssubstanz gegenüber den Gläubigern bleibt somit erhalten.

Periodenabgrenzung
Aufwendungen und Erträge des Geschäftsjahres sind unabhängig von den Zeitpunkten der entsprechenden Zahlungen im Jahresabschluss zu berücksichtigen.

Bewertungsstetigkeit (Kontinuität)
Die auf den vorhergehenden Jahresabschluss angewandten Bewertungsmethoden müssen beibehalten werden. Mit diesem Grundsatz soll der Übergang zu anderen Bewertungsmethoden aus bilanztaktischen Erwägungen verhindert und die Vergleichbarkeit der Jahresabschlüsse gesichert werden.

Beispiel: Die einmal gewählte Abschreibungsmethode für ein Anlagegut muss beibehalten werden.

Von diesen Grundsätzen darf nur in begründeten Ausnahmefällen abgewichen werden (§ 252 Abs. 2 HGB).

Besondere Bewertungsgrundsätze für Vermögen und Schulden
Neben diesen allgemeinen Bewertungsgrundsätzen, die für die Bewertung aller Wirtschaftsgüter gelten, werden im § 253 HGB besondere Bewertungsgrundsätze für das Vermögen und die Schulden herausgestellt.

Niederstwertprinzip

Liegt der Wert bei Posten des Umlaufvermögens zum Bilanzstichtag unter dem Anschaffungswert oder dem vorherigen Wertansatz in der Bilanz, liegen auszuweisende **nicht realisierte Verluste** vor.

Das **Umlaufvermögen** muss dann zum niedrigeren Wert ausgewiesen werden (**strenges Niederstwertprinzip**; vgl. § 253 Abs. 2 und 3 HGB).

Beispiel:

Anschaffungskosten eines 10-kg-Eimers Lack:	58,00 €
Niedrigerer Wert zum Bilanzstichtag:	55,00 € je 10 kg
Wertansatz in der Bilanz gem. § 253 Abs. 3 HGB	55,00 € je 10 kg

Beim **Anlagevermögen** gilt ein **gemildertes Niederstwertprinzip**, da der niedrigere Wert nur dann angesetzt werden muss, wenn eine voraussichtlich dauernde Wertminderung vorliegt. Bei vorübergehender Wertminderung kann **nur bei Finanzanlagen** der niedrigere Wert (**Bewertungswahlrecht**) angesetzt werden. Entfällt der Grund für die Wertminderung, so gilt ein generelles **Zuschreibungsgebot** (§ 253 Abs. 5 HGB). Bei einer Zuschreibung ist aber das **Anschaffungskostenprinzip** in jedem Fall zu beachten. Bei abnutzbaren Anlagegütern bilden die fortgeführten Anschaffungskosten/HStK die Wertobergrenze (vgl. S. 414) für die Zuschreibung.

Bewertung des Anlagevermögens nach § 253 Abs. 1, 3 und 5 HGB			
	Abnutzbare Güter des Anlagevermögens mit zeitlich begrenzter Nutzungsdauer		**Nicht abnutzbare Güter des Anlagevermögens mit zeitlich unbegrenzter Nutzungsdauer**
Ausgangswert	Anschaffungskosten bzw. Herstellungskosten		Anschaffungskosten
– planmäßige Abschreibung	Gebot (§ 253 Abs. 1 HGB)		Verbot (§ 253 Abs. 1 HGB)
– außerplanmäßige Abschreibung	Gebot (§ 253 Abs. 3 HGB)	Voraussichtlich dauernde Wertminderung	Gebot (§ 253 Abs. 2 HGB)
	Wahlrecht (§ 253 Abs. 3 HGB Satz 4 bei Finanzanlagen)	Voraussichtlich vorübergehende Wertminderung	Wahlrecht (§ 253 Abs. 3 HGB)
+ Zuschreibung (maximal bis zu den fortgeführten AK/HStK)	Gebot (§ 253 Abs. 5 HGB)		Gebot (§ 253 Abs. 5 HGB)
= Buchwert			

Beispiel 1: Außerplanmäßige AfA

	€
Anschaffungswert einer Maschine bei zehnjähriger ND und linearer AfA	500 000,00
Fortgeführte Anschaffungskosten (vorläufiger Buchwert) zum Bilanzstichtag 3	350 000,00
Niedrigerer Wert zum Bilanzstichtag 3 wegen eines dauerhaften Maschinenschadens, der dazu führt, dass die Maximalkapazität der Maschine sinkt	250 000,00

Außerplanmäßige AfA nach dem 3. Nutzungsjahr 100 000,00
Bilanzansatz bei erwarteter dauerhafter Werteinbuße 250 000,00

Beispiel 2: Wertaufholung/Zuschreibungsgebot €
Anschaffungswert einer Aktie 200,00
Wertansatz in der Bilanz des Vorjahres 185,00
Kurs zum Bilanzstichtag 205,00
Wertansatz in der Bilanz 200,00

Hier gilt ein Zuschreibungsgebot (für das AV und das UV). Die Anschaffungskosten bilden dabei die Wertobergrenze, sodass in der Bilanz nun wieder ein Wertansatz von 200,00 € pro Aktie anzusetzen ist.

Höchstwertprinzip

Das Höchstwertprinzip gilt bei der Bewertung von Verbindlichkeiten. Wie beim Niederstwertprinzip gilt auch hier das Imparitätsprinzip. Drohende Verluste und ungewisse Verbindlichkeiten müssen ausgewiesen werden.

- *Realisations-, Niederstwert- und Höchstwertprinzip sind Ausdruck kaufmännischer Vorsicht.*
- *Zwecke sind Gläubigerschutz, Vermeidung zu hohen Gewinnausweises (Scheingewinn) und zu hoher Gewinnausschüttung und -versteuerung und Erhaltung der Haftungssubstanz.*

Zusammenfassung

Bewertungsprobleme und Bewertungsgrundsätze

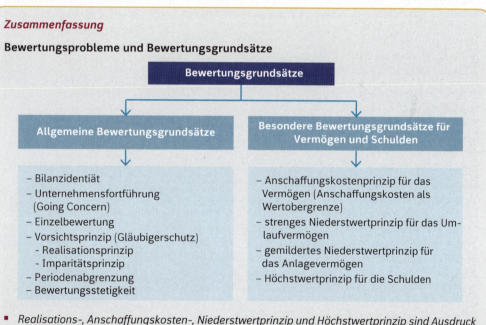

- *Realisations-, Anschaffungskosten-, Niederstwertprinzip und Höchstwertprinzip sind Ausdruck kaufmännischer Vorsicht.*
- *Zielsetzungen der Bewertung sind Gläubigerschutz, Vermeidung zu hoher Gewinnausschüttung und -versteuerung und Erhaltung der Haftungssubstanz.*
- *Bei selbst erstellten Gütern (unfertige und fertige Erzeugnisse, Anlagen und Werkzeuge) bilden die Herstellungskosten die entsprechende Wertobergrenze (vgl. S. 414 f.).*
- *Beim Sachanlagevermögen werden die fortgeführten Anschaffungskosten angesetzt. Ein niedrigerer Wert muss angesetzt werden, wenn eine voraussichtliche dauernde Wertminderung vorliegt.*

- Für Finanzanlagen gilt: Bei vorübergehender Wertminderung kann der niedrigere Wert angesetzt werden (Bewertungswahlrecht).
- Entfällt der Grund für eine außerplanmäßige Abschreibung, so gilt ein generelles Zuschreibungsgebot. Dabei bilden die fortgeführten Anschaffungs-/Herstellungskosten die Wertobergrenze.

Aufgaben

1. Erläutern Sie „strenges Niederstwertprinzip", „gemildertes Niederstwertprinzip" und „Höchstwertprinzip".

2. „Vorsichtige Bewertung entspricht dem Gläubigerschutzprinzip." Erläutern Sie diese Aussage an einem selbst gewählten Beispiel.

3. Erläutern Sie die Bewertungsprinzipien
   a) Realisationsprinzip,
   b) Imparitätsprinzip,
   c) Anschaffungskostenprinzip.

4. Erklären Sie am Beispiel das „Prinzip der Bewertungsstetigkeit" und geben Sie Gründe für seine Befolgung an.

5. Erläutern Sie die Auswirkung unterschiedlicher Bewertungen
   a) auf die Darstellung der Vermögenslage,
   b) auf die Darstellung der Ertragslage
   am Beispiel des Anlagevermögens und der Rückstellungen.

6. Stellen Sie Ziele der Rechnungslegung nach HGB und IAS/IFRS gegenüber.

3.2 Bewertung des Vermögens

LS 26

Daniela Schaub wurde bei der Inventur in die Bewertungsfragen einbezogen. „Das ist aber komisch", sagt sie an Herrn Lage gerichtet, „das Grundstück, auf dem unsere Betriebsgebäude stehen und unser Parkplatz liegt, steht mit 12 000,00 € in den Büchern." „Na und?", fragt Herr Lage. „Aber das sind doch, wie der Auszug des Grundbuchamtes bestätigt, 20 000 m²", meint Daniela. „Das ist richtig, aber das Grundstück wurde schon 1949, kurz nach der Währungsreform, gekauft und damals konnte man solche Grundstücke für 1,00 DM pro m² haben", antwortet Herr Lage. „Aber heute kostet hier das Bauland 120,00 € doch pro m²", erwidert Daniela.

Arbeitsaufträge

- Erläutern Sie die Bewertungsproblematik, die sich aus diesem Gespräch ergibt.
- Erläutern Sie, mit welchem Wert das Grundstück nach HGB in der Bilanz ausgewiesen werden muss.
- Nehmen Sie Stellung zum Informationswert der Bilanz, bezogen auf die Position „Bebaute Grundstücke".

Materielle Vermögensgegenstände des Anlagevermögens

Anschaffungskosten

Für die Bewertung von Vermögensgegenständen des Anlagevermögens ist folgende Unterteilung bedeutsam:

Abnutzbare Anlagegüter mit zeitlich begrenzter Nutzungsdauer	**Beispiele:** Gebäude, Maschinen, Fahrzeuge, Betriebs- und Geschäftsausstattung (Büromöbel, Computer)
Nicht abnutzbare Güter des Anlagevermögens mit zeitlich nicht begrenzter Nutzungsdauer	**Beispiele:** Grundstücke, Beteiligungen, Wertpapiere des Anlagevermögens

Wirtschaftsgüter des Anlagevermögens sind grundsätzlich **höchstens zu Anschaffungs- oder Herstellungskosten** zu bewerten (Wertobergrenze), wobei **Anschaffungsnebenkosten** und **Anschaffungskostenminderungen** zu berücksichtigen sind.

Typische Anschaffungsnebenkosten einzelner Anlagegüter sind:

- bei **Grundstücken und Gebäuden:** Beurkundungsgebühren, Maklergebühren, Grunderwerbsteuer
- bei **Maschinen:** Frachten, Rollgelder, Transportversicherung, Montage- und Fundamentierungskosten
- bei **Wertpapieren:** Maklergebühr (Courtage), Bankprovision

Typische Anschaffungskostenminderungen sind Rabatte und Skonti.

Bei Anlagegütern mit zeitlich begrenzter Nutzungsdauer sind die **fortgeführten Anschaffungs- oder Herstellungskosten** anzusetzen.

> Fortgeführte Anschaffungs- oder Herstellungskosten =
> Anschaffungs- oder Herstellungskosten − planmäßige Abschreibungen

→ **LF 3**

Bei **kurzfristiger Unterschreitung** der Anschaffungskosten der Anlagegüter mit nicht begrenzter Nutzungsdauer bzw. der fortgeführten Anschaffungskosten der Anlagegüter mit zeitlich begrenzter Nutzungsdauer **kann** eine außerplanmäßige Abschreibung auf den niedrigeren Wert (**gemildertes Niederstwertprinzip**) vorgenommen werden (Sonderregelungen für Kapitalgesellschaften wurden unter den Bewertungsgrundsätzen behandelt).

Bei voraussichtlich anhaltender Wertminderung **muss** der niedrigere Wert angesetzt werden. Fällt der Grund für die außerplanmäßige Abschreibung weg, besteht sowohl für Personengesellschaften als auch für Kapitalgesellschaften ein Wertaufholungsgebot bis zu den fortgeführten Anschaffungskosten.

Herstellungskosten

Bei selbst erstellten Gütern (unfertige und fertige Erzeugnisse, Anlagen und Werkzeuge) bilden die **Herstellungskosten** (gem. § 255 Abs. 2 HGB) die entsprechende **Wertobergrenze**.

Für die Berechnung der Herstellungskosten besteht eine **Aktivierungspflicht** für die Materialkosten, die Fertigungskosten und die Sonderkosten der Fertigung sowie für die Teile der Material- und Fertigungsgemeinkosten, die in unmittelbarem Zusammenhang mit der Fertigung stehen (z. B. anteilige Abschreibungen).

Wahlweise dürfen zusätzlich angemessene Teile der allgemeinen Verwaltungskosten sowie die Aufwendungen für soziale Einrichtungen, für freiwillige soziale Leistungen und für die betriebliche Altersvorsorge aktiviert werden, sofern sie auf den Herstellungszeitraum entfallen und diesem zuzurechnen sind.

Ein **weiteres Aktivierungswahlrecht** besteht zudem für Fremdkapitalzinsen, wenn das Fremdkapital zur Finanzierung der Herstellung eines Vermögensgegenstandes verwendet wird und die dafür zu zahlenden Zinsen auf den Produktionszeitraum entfallen (§ 255 Abs. 3 HGB).

Ein **Aktivierungsverbot** besteht für Forschungs- und Vertriebskosten. Diese dürfen nicht in die Herstellungskosten einbezogen werden

Schema zur Berechnung der Herstellungskosten (HStK) nach § 255 HGB		
Pflichtbestandteile produktbezogener HStK	Materialeinzelkosten + Fertigungseinzelkosten + Sondereinzelkosten der Fertigung + notwendige Materialgemeinkosten + notwendige Fertigungsgemeinkosten + Werteverzehr (Abschreibungen) des AV	**Aktivierungspflicht**
= **Wertuntergrenze der HStK**		
Wahlbestandteile angemessener zeitraumbezogener HStK	+ Kosten der allgemeinen Verwaltung + Aufwendungen für soziale Einrichtungen des Betriebes, freiwillige soziale Leistungen + Aufwendungen der betrieblichen Altersvorsorge + Zinsen zur Finanzierung der Herstellung eines Vermögensgegenstandes	**Aktivierungswahlrecht**
= **Wertobergrenze**		
Keine Bestandteile der HStK	− Vertriebskosten − Forschungskosten − Zinsen für Fremdkapital	**Aktivierungsverbot**

PRAXISTIPP!

Es empfiehlt sich für schnelle Zuordnung der Herstellungskosten in Anlehnung an das Berechnungsschema in jedem Betrieb einen entsprechenden Kontenplan anzulegen.

Beispiel:

Bestandteile / Rechtsgrundlage	HGB nach § 255	Beispiele
Einzelkosten Materialeinzelkosten	Pflicht	– Roh-, Hilfs- und Betriebsstoffverbrauch zu Anschaffungskosten
+ Fertigungseinzelkosten	Pflicht	– Fertigungslöhne
+ Sondereinzelkosten der Fertigung	Pflicht	– Entwurf, Modelle, Spezialwerkzeuge, Lizenzgebühren, Entwicklungs-, Versuchs-, Konstruktionskosten im Rahmen des Auftrags
notwendige Gemeinkosten + notwendige (angemessene) Teile der Materialgemeinkosten	Pflicht	– Werkstofflagerhaltung, -transport und -prüfung – Fertigungsvorbereitung und -kontrolle – Werkzeuglagerung und -verwaltung – Betriebsleitung, Raumkosten, Sachversicherung
+ notwendige (angemessene) Teile der Fertigungsgemeinkosten	Pflicht	
+ **Werteverzehr des Anlagevermögens** (Abschreibungen – Fertigungsbereich)	Pflicht	– Unfallverhütungseinrichtungen in der Fertigung – Lohnabrechnung für den Fertigungsbereich – lineare planmäßige Abschreibung (nicht Sonderabschreibungen, erhöhte Abschreibung)
= Wertuntergrenze		
+ Kosten der allgemeinen Verwaltung	Wahlrecht	– Aufwendungen für die Geschäftsleitung – Einkauf und Materialeingang – Personalbüro – Ausbildung – Rechnungswesen – Betriebsrat – Feuerwehr, Werkschutz – Gewerbesteuer
+ Aufwendungen für soziale Einrichtungen	Wahlrecht	– Sport- und Freizeiteinrichtungen – Aufwendungen für Kantine, Essen – Jubiläumsgeschenke – freiwillige Weihnachtszuwendungen – freiwillige Beteiligungen am Betriebsergebnis – Zuführungen zu Pensionsrückstellungen – Beiträge zu Direktversicherungen – Zuwendungen an Pensions- und Unterstützungskassen
+ Freiwillige soziale Leistungen		
+ Freiwillige betriebliche Altersversorgung		
+ Zinsen für Fremdkapital, das zur Finanzierung der Herstellung des Vermögensgegenstandes verwendet wird	Wahlrecht	– Das Kapital muss zur Finanzierung der Herstellung des Vermögensgegenstandes verwendet werden. – Die Zinsen dürfen nur auf den Zeitraum der Herstellung entfallen.

= Wertobergrenze		
Einkommenssteuer, Körperschaftsteuer, Umsatzsteuer, kalkulatorische Kosten	Verbot Verbot	– keine Betriebsausgabe – durchlaufende Posten, keine Aufwendungen, keine Betriebsausgaben
Vertriebskosten	Verbot	– Werbekosten – Vertrieb – Verkaufsbüro – Erzeugnislager

Die Herstellung einer Kleinserie Conrack Regalsystem 204/2 verursachte bisher folgende Kosten:

€

Fertigungsmaterial 40 000,00
Fertigungslöhne 30 000,00
Materialgemeinkosten 55 000,00
Sondereinzelkosten der Fertigung (Entwicklung, Lizenzentgelte) 3 000,00
Fertigungsgemeinkosten 32 000,00
Kosten der allgemeinen Verwaltung 15 000,00

Wertuntergrenze	Herstellungskosten gem. § 252 Abs. 2 HGB	Wertobergrenze
40 000,00 30 000,00 3 000,00 55 000,00 32 000,00	Fertigungsmaterial Fertigungslöhne Sondereinzelkosten d. F. Materialgemeinkosten Fertigungsgemeinkosten	40 000,00 30 000,00 3 000,00 55 000,00 32 000,00
0,00	Verwaltungsgemeinkosten	15 000,00
160 000,00	← Wahlrecht →	175 000,00

Immaterielle Vermögensgegenstände des Anlagevermögens

Selbst geschaffene immaterielle Vermögensgegenstände des Anlagevermögens wie Software, Patente, Lizenzen und Know-how können den Wert von Unternehmen, die besonders innovativ sind, erheblich steigern. Für die dafür angefallenen Entwicklungskosten wird den betroffenen Unternehmen ein handelsrechtliches **Aktivierungswahlrecht** (§ 248 Abs. 2 HGB) eingeräumt. Selbst geschaffene Marken, Drucktitel, Verlagsrechte, Kundenlisten oder vergleichbare immaterielle Vermögensgegenstände des Anlagevermögens dürfen nicht angesetzt werden (vgl. § 248 Abs. 2 HGB).

Die so geschaffenen immateriellen Vermögensgegenstände des Anlagevermögens sind mit den Herstellungskosten (§ 255 Abs. 2a HGB) zu bewerten. Grundvoraussetzung dafür ist eine „Produktreife", die die Einzelverwertung (Veräußerung, Anwendung oder Nutzungsüberlassung) des Vermögensgegenstandes ermöglicht (z.B. durch Bau eines Prototyps, der erfolgreiche Tests bestanden hat). Die Kosten für die Forschung dürfen hingegen nicht aktiviert werden. Sie können einem bestimmten Vermögensgegenstand nicht einzeln zugerechnet werden und sind somit nicht getrennt verwertbar. Es sind Aufwendungen für die allgemeine Unternehmungsführung.

Für die Kostenrechnung des Industrieunternehmens bedeutet dies, dass bei einer Inanspruchnahme des Aktivierungswahlrechts die **Forschungs- und Entwicklungskosten**

zwingend voneinander getrennt werden können müssen. Gelingt dies nicht, so ist eine Aktivierung selbst geschaffener immaterieller Vermögensgegenstände nicht erlaubt.

Prüfschritte für den Ansatz selbst geschaffener immaterieller Vermögensgegenstände (VG) des Anlagevermögens:

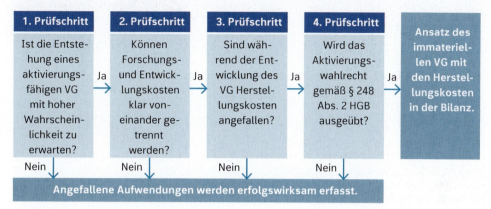

Einmal aktivierte selbst geschaffene immaterielle Vermögensgegenstände des Anlagevermögens sind nach der Fertigstellung der Entwicklung planmäßig und – bei voraussichtlich dauerhafter Wertminderung – auch außerplanmäßig abzuschreiben.

Im Ergebnis führt die Aktivierung immaterieller Vermögensgegenstände zu einer Eigenkapitalerhöhung und zu einer Umwandlung bislang stiller Wertreserven in ausgewiesene Vermögenswerte. Zudem wird das GuV-Konto weniger belastet und der bilanzielle Gewinn fällt höher aus.

Beispiel 1: Die Sommerfeld Bürosysteme GmbH hat ein Verfahren für eine kratzfeste Lackbeschichtung von Möbeloberflächen bis zur Marktreife entwickelt und patentieren lassen. Bis zur Patenterteilung sind die folgenden Kosten angefallen.

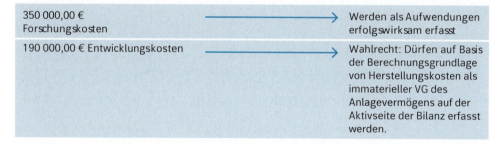

Beispiel 2: Ein Start-up-Unternehmen, das sich mit der Entwicklung von Software befasst, hatte im zurückliegenden Geschäftsjahr für die Entwicklung einer neuen Steuerungssoftware bis zur Patentanmeldung 860 000,00 € Forschungs- und Entwicklungskosten. Davon konnte die Kostenrechnung 400 000,00 € eindeutig den Entwicklungskosten zurechnen. Nach der Patentanmeldung erhielt das Unternehmen eine Kaufangebot eines großen Konkurrenten über 2,5 Mio. € für die neue Steuerungssoftware.

460 000,00 € Forschungskosten	→	Werden als Aufwendungen erfolgswirksam erfasst
400 000,00 € Entwicklungskosten	→	Wahlrecht: Dürfen auf Basis der Berechnungsgrundlage von Herstellungskosten als immaterieller VG des Anlagevermögens auf der Aktivseite der Bilanz erfasst werden.
Kaufangebot eines Konkurrenten über 2,5 Mio. € für die neu entwickelte Software	→	Die 2,5 Mio. € dürfen in der Bilanz nicht ausgewiesen werden, da dies ein Verstoß gegen das Realisationsprinzip wäre.

Vermögensgegenstände des Umlaufvermögens

Für die Bewertung des Umlaufvermögens gilt das **strenge Niederstwertprinzip**. Es dürfen höchstens die Anschaffungs- oder Herstellungskosten angesetzt werden. Liegt der Wert am Bilanzstichtag darunter, ist der niedrigere Wert anzusetzen. Wenn der Wert wieder steigt, ist die Rückkehr bis zu den Anschaffungs-/Herstellungskosten zwingend vorgeschrieben.

Bewertung des Umlaufvermögens nach HGB		
Ausgangswert	Anschaffungskosten/Herstellungskosten § 253 Abs. 1 Satz 1 HGB	Vermögensgegenstände, die dazu bestimmt sind, dem Betrieb nicht dauernd zu dienen.
– außerplanmäßige Abschreibung	Gebot: § 253 Abs. 4 Satz 1 HGB	von einem Börsen- oder Marktpreis abgeleiteter niedriger Wert
	Gebot: § 253 Abs. 4 Satz 2 HGB	niedrigerer beizulegender Wert
+ Zuschreibung	Gebot: § 253 Abs. 5 HGB	Maximal bis zu den AK/HStK, wenn der Grund für die außerplanmäßige Abschreibung entfallen ist.
= Buchwert		

Bewertung der Vorräte

Die Vorräte sind, was ihre Wertmaßstäbe betrifft, in fremdbezogene und vom eigenen Betrieb hergestellte Vorräte zu unterteilen.

> Ausgangswert für die Bewertung sind grundsätzlich
> - die Anschaffungskosten bei fremdbezogenen Vorräten,
> - die Herstellungskosten bei selbst hergestellten Vorräten.

Die **Anschaffungs- oder Herstellungskosten** bilden aus Gründen der Vorsicht die **Wertobergrenze** für die Bilanzierung der Vorräte (§ 253 HGB).

Einzelbewertung
Grundsätzlich gilt auch für die Bewertung der Vorräte der Grundsatz der **Einzelbewertung** (§ 252 HGB, § 6 Abs. 1 EStG).

Bewertungsvereinfachungsverfahren
Besonders bei der Bewertung der Vorräte am Bilanzstichtag lassen sich aber die Anschaffungskosten oft nur schwer individuell feststellen.

Gründe dafür sind

- Einkauf von verschiedenen Rohstoff-, Hilfsstoff-, Betriebsstoff- und Warenposten **zu verschiedenen Zeitpunkten und zu verschiedenen Anschaffungskosten,**
- gemischte Lagerung der verschiedenen Sendungen gleichartiger Vorräte.

Eine Einzelbewertung würde in diesem Falle oft zu einem Missverhältnis zwischen Arbeitsaufwand und Erfolg an Bewertungsgenauigkeit führen. Der Gesetzgeber gestattet daher **bei gleichartigen Gütern** die Durchbrechung des Grundsatzes der Einzelbewertung, indem er verschiedene Schätzverfahren zulässt, aus denen zwei exemplarisch dargestellt werden:

1. Durchschnittsmethode

Gewogener Durchschnitt:
*Hiernach wird in der einfachsten Form aus dem Anfangsbestand und den Zugängen während des Geschäftsjahres ein **gewogener Durchschnittswert** ermittelt.*

Beispiel:

Eingänge			Ausgänge	
01.01.	800 kg zu je 7,50 € =	6 000,00 €	15.03.	400 kg
15.06.	500 kg zu je 6,30 € =	3 150,00 €	02.10.	600 kg
15.11.	900 kg zu je 6,40 € =	5 760,00 €	12.12	500 kg
	2 200 kg	14 910,00 €		1 500 kg

Bestand am 31.12. = 700 kg

$$\text{Durchschnittspreis} = \frac{\text{Wert des Anfangsbestandes und der Zugänge}}{\text{Menge aus Anfangsbestand + Zugängen}}$$

$$\text{Durchschnittspreis} = \frac{14\,910\,€}{2\,200\,\text{kg}} = \underline{6{,}78\,€ \text{ je kg}}$$

Wertansatz des Vorratspostens: 700 kg (2 200 kg − 1 500 kg) · 6,78 €/kg = <u>4 746,00 €</u>, wenn dieser Wert kleiner als der Tageswert ist. Ansonsten ist der Tageswert anzusetzen.

> **Gleitender gewogener Durchschnitt:**
> Genauer als diese globale Berechnung des Durchschnittswertes ist die der Errechnung des gewogenen Durchschnittes nach jedem Zugang, zu dem dann jeder Abgang bis zum nächsten Zugang bewertet wird **(gleitender Durchschnitt)**. Die Durchschnittsbewertung ist bei gleichartigen Gütern zulässig (§ 240 Abs. 4 HGB), bei denen die Anschaffungskosten wegen schwankender Einstandspreise im Laufe des Geschäftsjahres im Einzelnen nicht mehr einwandfrei feststellbar sind.

Beispiel: (Zahlen vgl. Beispiel oben)

01.01.	Anfangsbestand	800 kg zu je 7,50 € = 6 000,00 €	
15.03.	Ausgang	400 kg zu je 7,50 € = 3 000,00 €	
	Bestand	400 kg zu je 7,50 € = 3 000,00 €	
15.06.	Zugang	500 kg zu je 6,30 € = 3 150,00 €	
	Bestand	900 kg zu je 6,833 € = 6 150,00 € (6 150,00 €/900 kg = 6,833 €/kg)	
02.10.	Ausgang	600 kg zu je 6,833 € = 4 100,00 €	(Aufrundung)
	Bestand	300 kg zu je 6,833 € = 2 050,00 €	
15.11.	Zugang	900 kg zu je 6,40 € = 5 760,00 €	
	Bestand	1 200 kg zu je 6,508 € = 7 810,00 € (7 810,00 €/1 200 kg = 6,508 €/kg)	
12.12.	Ausgang	500 kg zu je 6,508 € = 3 254,00 €	
31.12.	Bestand	700 kg zu je 6,508 € = 4 556,00 €	

Beim Vergleich der beiden Formen der Durchschnittsbewertung wird deutlich sichtbar, dass bei der letzten Form die Anschaffungskosten der zuletzt bezogenen Waren den Durchschnittswert wesentlich beeinflussen. Somit ist der gewogene Durchschnittswert aktueller. Der Inventurwert kann auf diese Weise unmittelbar aus der Lagerdatei ermittelt werden. **Der Durchschnittswert kommt wegen des strengen Niederstwertprinzips nur zum Ansatz, wenn der Tageswert darüberliegt.** Sonst ist der Tageswert für die Bilanzierung entscheidend. Die Differenz ist dann abzuschreiben. Gegen die Durchschnittsmethode bestehen handels- und steuerrechtlich keine Bedenken.

2. Bewertung mit fiktiven Verbrauchsfolgen

Nach § 256 HGB kann für den **Wertansatz gleichartiger Gegenstände des Vorratsvermögens** – soweit es den GoB entspricht – unterstellt werden, dass die zuerst oder dass die zuletzt angeschafften oder hergestellten Gegenstände zuerst verbraucht oder veräußert werden.

Mit dieser Bestimmung sind zwei Verfahren zur Ermittlung der Anschaffungs- oder Herstellungskosten gesetzlich verankert worden, bei denen

- gleichartige Güter gruppenweise zusammengefasst werden können,
- eine bestimmte Folge des Verbrauchs oder der Veräußerung unterstellt werden kann, wobei die fiktive Verbrauchsfolge nicht mit der tatsächlichen Folge übereinzustimmen braucht.

> **Gleichartigkeit liegt vor, wenn es sich**
> 1. um die gleiche Vorratsgattung und annähernde Preisgleichheit der Güter,
> 2. um funktionsgleiche Güter mit annähernder Preisgleichheit handelt.

Nach der unterstellten Verbrauchsfolge sind die Lifo- und die Fifo-Methode zu unterscheiden.

> **Lifo-Methode (last in – first out):**
> *Dieses Verfahren unterstellt, dass die zuletzt angeschafften oder hergestellten Gegenstände zuerst verbraucht oder veräußert worden sind. Mit dieser Fiktion wird gleichzeitig angenommen, dass die am Bilanzstichtag vorhandenen Vorräte aus den ersten Einkäufen stammen.*

Beispiel: Perioden-Lifo (praxisüblich, vgl. Zahlen oben)
Die 700 kg, welche sich noch auf Lager befinden, stammen aus dem Anfangsbestand, da vereinfachend angenommen wird, dass die zuletzt beschafften Materialien bereits wieder verbraucht wurden: 700 kg zu je 7,50 € = 5 250,00 €

Beispiel: Permanentes Lifo (Zahlen dazu siehe Beispiel zur Durchschnittsmethode S. 420)

Datum	Vorgang	Menge/Preis	Bestand
01.01.	Anfangsbestand	800 kg zu je 7,50 €	
15.03.	Ausgang	400 kg zu je 7,50 €	Bestand 400 kg zu je 7,50 €
15.06.	Zugang	500 kg zu je 6,30 €	
02.10.	Ausgang	500 kg zu je 6,30 €	
		100 kg zu je 7,50 €	Bestand 300 kg zu je 7,50 €
15.11.	Zugang	900 kg zu je 6,40 €	
12.12.	Ausgang	500 kg zu je 6,40 €	Bestand 700 kg

Dieser Bestand wäre wie folgt zu bewerten:
   300 kg zu je 7,50 € = 2 250,00 €
+ 400 kg zu je 6,40 € = 2 560,00 €
= 700 kg zu je 6,87 € = <u>4 810,00 €</u>

Hier wird deutlich, dass **bei fallenden Preisen** die Bestände am Bilanzstichtag mit höheren Werten angesetzt würden, als die Wiederbeschaffungskosten an diesem Tage sind. Wegen des strengen Niederstwertprinzips ist der Wertansatz mit dem aktuellen Tageswert am Bilanzstichtag zu vergleichen und der niedrigere Wert in der Bilanz auszuweisen.

Bei steigenden Preisen dagegen werden die alten Bestände mit Werten ausgewiesen, die unter dem Börsen- oder Marktpreis (Wiederbeschaffungspreis) des Bilanzstichtages liegen. Das führt zu einer niedrigeren Bewertung des Bestandes und zu einer höheren Bewertung des Materialverbrauchs. Es entstehen stille Reserven.

> **Fifo-Verfahren (first in – first out):**
> *Dieses Verfahren legt die Annahme zugrunde, dass die zuerst angeschafften oder hergestellten Vorräte auch zuerst verbraucht oder veräußert worden sind und dass die Endbestände am Bilanzstichtag jeweils aus den letzten Zugängen stammen.*

Beispiel: Fifo (Zahlen dazu siehe Beispiel zur Durchschnittsmethode S. 420)

01.01.	Anfangsbestand	800 kg zu je 7,50 €	
15.03.	Ausgang	400 kg zu je 7,50 €	Bestand 400 kg zu je 7,50 €
15.06.	Zugang	500 kg zu je 6,30 €	
02.10.	Ausgang	400 kg zu je 7,50 €	
		200 kg zu je 6,30 €	Bestand 300 kg zu je 6,30 €
15.11.	Zugang	900 kg zu je 6,40 €	
12.12.	Ausgang	300 kg zu je 6,30 €	
		200 kg zu je 6,40 €	Bestand 700 kg zu je 6,40 €
		700 kg zu je 6,40 €	= 4 480,00 €

Bei sinkenden Preisen ist dieses Verfahren sehr zweckmäßig, weil die vorhandenen Bestände mit Anschaffungswerten ausgewiesen werden, die den Wiederbeschaffungskosten des Bilanzstichtages in der Regel entsprechen. Zudem ist, da Abgänge und Verbrauch mit den effektiven Werten belastet werden, die Substanzerhaltung gesicherter.

Steigende Preise würden dagegen den Ausweis des Bestandes mit Werten, die über den Durchschnittswerten des Abrechnungszeitraumes liegen, bewirken. Wegen des strengen Niederstwertprinzips ist auch hier der Wertansatz mit dem Tageswert am Bilanzstichtag zu vergleichen und der niedrigere Wert in der Bilanz anzusetzen.

Bewertung des übrigen Umlaufvermögens

Zu dem übrigen Umlaufvermögen gehören u. a. Forderungen a. LL, Wechselforderungen, Wertpapiere des Umlaufvermögens.

Ihre Bewertung, die grundsätzlich auch für die Vorräte gilt, geht aus folgender Übersicht hervor:

Bewertung des Umlaufvermögens in der Bilanz nach Handelsrecht (§ 253 HGB)
Anschaffungs- oder Herstellungskosten
AK oder HK > Tageswert   Ansatz des niedrigeren Wertes (strenges Niederstwertprinzip)
Tageswert > vorheriger Bilanzansatz   Ist der Wert wieder gestiegen, ist eine Zuschreibung bis Tageswert, maximal jedoch bis zu den AK oder HK, verpflichtend.

Bewertung von Wertpapieren

Auch bei der Bewertung der Wertpapiere des Umlaufvermögens ist das **strenge Niederstwertprinzip** zu beachten. Die Anschaffungskosten bilden hier ebenfalls die Wertobergrenze. Liegt der Kurs am Bilanzstichtag über dem Anschaffungskurs, ist zum Anschaffungskurs zu bewerten. Ist der Kurs jedoch zum Bilanzstichtag unter den Anschaffungskurs gefallen, ist der niedrigere Wert anzusetzen.

Beispiel:
Anschaffungskosten einer Aktie .... 120,00 €
Kurs am Bilanzstichtag .... 114,00 €
Wertansatz in der Bilanz .... 114,00 €

Liegt der Kurswert am Bilanzstichtag des folgenden Geschäftsjahres bei 125,00 €, können Einzelunternehmen und Personengesellschaften den niedrigeren Wert beibehalten oder einen höheren Wert, höchstens jedoch die Anschaffungskosten, ansetzen. Kapitalgesellschaften unterliegen nach Handelsrecht dem Wertaufholungsgebot und müssen den Wert von 120,00 € ansetzen.

Bewertung der Forderungen a. LL
Forderungen sind Ansprüche auf Geldleistungen, die der Unternehmer als Gläubiger aus Vertragsverhältnissen (z. B. Kaufvertrag, Werkvertrag, Werklieferungsvertrag) gegenüber seinen Kunden (Schuldnern) besitzt.

Einzelbewertung
Kann der Unternehmer aufgrund ihm vorliegender Informationen (Mahnverfahren, Eröffnung von Insolvenzverfahren) annehmen, dass eine bestimmte Forderung nicht mehr in vollem Umfang beglichen wird, ist diese Forderung mit dem niedrigeren wahrscheinlichen Wert anzusetzen (**strenges Niederstwertprinzip**) und der erwartete Ausfall entsprechend abzuschreiben.

Zur besseren Übersicht sollte eine solche **zweifelhafte Forderung** von den übrigen wahrscheinlich einwandfreien Forderungen getrennt werden.

Beispiel: Der Kunde Klaus Klein e. K. hat trotz mehrfacher Zahlungsaufforderungen eine Forderung in Höhe von 23 800,00 € (inkl. 19 % Umsatzsteuer) noch immer nicht beglichen. Frau Nolden hat berechtigte Zweifel, dass die Sommerfeld Bürosysteme GmbH die Forderung noch in voller Höhe wird eintreiben können.

Notwendige Umbuchung:			
2470 Zweifelhafte Forderungen 23 800,00	an	2400 Forderungen a. LL	23 800,00

Direkte Abschreibung zweifelhafter Forderungen
Ist damit zu rechnen, dass eine zweifelhafte Forderung **ganz ausfällt** (z. B. bei Einstellung des Insolvenzverfahrens mangels Masse), dann ist diese **uneinbringliche Forderung** abzuschreiben (§ 252 f. HGB) und damit auszubuchen.

Beispiel:
Ein Insolvenzverfahren gegen Klaus Klein e. K. wird mangels Masse nicht eröffnet. Die Forderung ist somit uneinbringlich.

Buchung:

6951 Abschreibungen auf Forderungen	20 000,00			
4800 Umsatzsteuer	3 800,00	an	2470 Zweifelhafte Forderungen	23 800,00

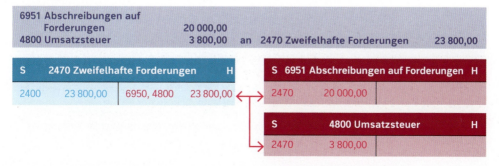

Die **Abschreibung der uneinbringlichen Forderungen** bedeutet umsatzsteuerrechtlich, dass auch das Entgelt uneinbringlich geworden ist. Weil die Entgeltminderung in diesem Falle feststeht, muss nach § 17 Abs. 2 UStG die Umsatzsteuer entsprechend berichtigt werden (Umsatzsteuerberichtigung). Eine Forderung gilt bereits als uneinbringlich, wenn das Insolvenzverfahren gegen den Kunden eröffnet wird; die Umsatzsteuer kann dann korrigiert werden. Die Umsatzsteuer wird daher für den Unternehmer nie Verlust verursachen und darf somit nicht zum Bestandteil des Abschreibungsaufwandes werden.

Einzelwertberichtigungen (indirekte Abschreibung) zweifelhafter Forderungen

Bei den übrigen zweifelhaften Forderungen muss der Unternehmer zum Bilanzstichtag den in der Bilanz anzusetzenden niedrigeren Wert schätzen. Der damit geschätzte Ausfall (spezielles Kreditrisiko) ist abzuschreiben. Es ist eine Einzelbewertung dieser Forderungen erforderlich[1], durch die sich der zum Bilanzstichtag auszuweisende **niedrigere Wert** ergibt. Weil der **Forderungsausfall nicht exakt feststeht**, ist es für die Praxis wichtig, den Anspruch auf die **ursprüngliche Forderung** und den **vermutlichen Nettoforderungsverlust** aus den Buchführungsunterlagen erkennen zu können.

Darum wird der geschätzte Forderungsausfall nicht direkt von dem Forderungskonto abgeschrieben, sondern dem passiven Bestandskonto „**3670 Einzelwertberichtigung zu Forderungen**" gutgeschrieben. Dieses Konto wird wie das Konto „**2470 Zweifelhafte Forderungen**" über das Schlussbilanzkonto abgeschlossen. Dadurch werden im Schlussbilanzkonto den ursprünglichen zweifelhaften Forderungen auf dem Konto „**2470 Zweifelhafte Forderungen**" die vermutlichen Forderungsverluste bzw. Abschreibungen auf dem Konto „**3670 Einzelwertberichtigung zu Forderungen**" als Wertkorrektur gegenübergestellt.

Beispiel: Über das Vermögen des Kunden Peter Allefelder e. K. wurde am 28.11. das Insolvenzverfahren eröffnet. Unsere Forderung beträgt 59 500,00 € einschließlich 19 % Umsatzsteuer. Zum Jahresabschluss wird die Insolvenzquote nach Angaben des Insolvenzverwalters auf 10 % geschätzt.

Umbuchung der Forderung am 28.11.:

2470 Zweifelhafte Forderungen	59 500,00	an	2400 Forderungen a. LL	59 500,00

Korrektur der Umsatzsteuer wegen Eröffnung des Insolvenzverfahrens:

4800 Umsatzsteuer	9 500,00	an	2470 Zweifelhafte Forderungen	9 500,00

Buchung des geschätzten Forderungsausfalls am 31.12.:

6952 Einstellung in EWB	45 000,00	an	3670 EWB	45 000,00

Abschlussbuchungen:

8020 Gewinn und Verlust	45 000,00	an	6952 Einstellung in EWB	45 000,00
8010 Schlussbilanzkonto	50 000,00	an	2470 Zweifelhafte Forderungen	50 000,00
3670 Einzelwertberichtigung zu Forderungen	45 000,00	an	8010 Schlussbilanzkonto	45 000,00

---

[1] Bei kleineren Forderungen ist es durchaus üblich, wegen gemeinsamer spezieller Risiken pauschal ermittelte Abschläge vorzunehmen (z. B. eingetretene Abwertungsverluste bei mehreren kleinen Auslandsforderungen) und abzuschreiben.

S	8010 Schlussbilanzkonto			H
2470 Zweifelhafte Forderungen	50 000,00	3670	Einzelwertberichtigung zu Forderungen	45 000,00

Pauschalwertberichtigung zu Forderungen wegen des allgemeinen Kreditrisikos

Obwohl Hinweise für eine niedrigere Bewertung anderer Forderungen nicht vorliegen, muss erfahrungsgemäß auch dort wegen des allgemeinen Kreditrisikos (Ausfallrisiko wegen Konjunkturschwankung, Abwertung, Enteignung) mit Forderungsausfällen gerechnet werden. In diesen Fällen gestattet der Gesetzgeber, die Risiken von Forderungsausfällen pauschal nach einem langfristigen betrieblichen Erfahrungssatz zu ermitteln.

Beispiel: Der Forderungsbestand der Sommerfeld Bürosysteme GmbH beträgt zum 31.12. des Geschäftsjahres 276 100,00 €. Darin ist die einzelwertberichtigte Forderung an den Kunden Peter Allefelder e.K. in Höhe von 50 000,00 € enthalten. Bei den übrigen Forderungen wird aufgrund der betrieblichen Erfahrungswerte mit einem Ausfallrisiko von 4 % gerechnet.

Bilanzansatz der Forderungen	€
Forderungen zum 31.12.	276 100,00
– einzelwertberichtigte Forderungen	50 000,00
Pauschal zu berichtigende Forderungen	226 100,00
– 4 % Ausfallrisiko von 190 000,00 (Nettowert der Forderungen)	7 600,00
pauschalwertberichtigte Forderungen	218 500,00

Darstellung der Forderungen in der Bilanz

In **Einzelunternehmen** und **Personengesellschaften** können in der Bilanz zur Erzielung einer größeren Bilanzklarheit auf der **Aktivseite** die Positionen „**Forderungen a. LL**" und „**Zweifelhafte Forderungen**" mit ihren Nennwerten (Anschaffungskosten) ausgewiesen werden. Auf der Passivseite werden bei niedrigerer Bewertung der Forderungen die Positionen „**Einzelwertberichtigung zu Forderungen**" und „**Pauschalwertberichtigung zu Forderungen**" als **Korrekturposten** gegenübergestellt.

Ausweismöglichkeit der Forderungen a. LL in Einzelunternehmen und Personengesellschaften:

Aktiva	Bilanz der Einzelunternehmung und Personengesellschaft		Passiva
Forderungen a. LL	226 100,00	Pauschalwertberichtigung zu Forderungen	7 600,00
Zweifelhafte Forderungen	50 000,00	Einzelwertberichtigung zu Forderungen	45 000,00

Die **Gliederungsvorschriften zur Bilanz** der **Kapitalgesellschaften** sehen gemäß § 266 HGB die Positionen „Einzelwertberichtigung" und „Pauschalwertberichtigung" nicht vor. Zur Bilanzerstellung müssen daher die Wertberichtigungen mit den entsprechenden Forderungspositionen verrechnet werden. Die Forderungen sind außerdem in einer Position zusammenzufassen.

Wegen des Verbots des Ausweis von Wertberichtigungen zu Forderungen in der Bilanz der Kapitalgesellschaft sind diese aktivisch mit den Forderungen aus Lieferungen und Leistungen zu verrechnen.

Der Kontenplan sieht für diesen Zweck folgende **Unterkonten der Forderungskonten zur Erfassung der Wertberichtigungen** zu Forderungen vor:

2491 Einzelwertberichtigung zu Forderungen
2492 Pauschalwertberichtigung zu Forderungen

Zusammenfassung

Bewertung des Vermögens

- *Bewertung des Anlagevermögens (AV)*
  - *Bewertungsansatz zu Anschaffungs- oder Herstellungskosten*
  - *außerplanmäßige Abschreibung bzw. fortgeführte AK/HStK bei voraussichtlich dauernder Unterschreitung zwingend.*
  - *wenn der Wert wieder steigt, ist die Rückkehr bis zu den fortgeführten Anschaffungskosten zwingend.*
- *Für selbst geschaffene immaterielle Vermögensgegenstände des Anlagevermögens wie Software, Patente, Lizenzen und Know-how besteht ein Aktivierungswahlrecht.*
- *Bewertung des Umlaufvermögens (UV)*
  - *Anschaffungs- oder Herstellungskosten*
  - *niedrigerer Wert, wenn der Tageswert niedriger ist* **(strenges Niederstwertprinzip)**
  - *Liegt der Tageswert am Bilanzstichtag über dem bisherigen Bilanzansatz, ist eine Zuschreibung bis zum Tageswert (höchstens bis zu den AK) zwingend.*
  Für selbst geschaffene immaterielle Vermögensgegenstände des Anlagevermögens wie Software, Patente, Lizenzen und Know-how besteht ein Aktivierungswahlrecht.

  - *Bewertung von Forderungen*
    - *Abschreibung vom Nettowert des geschätzten Ausfalls*
    - *Umsatzsteuerkorrektur, wenn der Ausfall feststeht bzw. bei Eröffnung des Insolvenzverfahrens.*

Aufgaben

1. Kauf eines bebauten Grundstücks für 400 000,00 € einschließlich 100 000,00 € für Grund und Boden gegen Zahlung per Banküberweisung. Die Grunderwerbsteuer von 6,5 %, die Maklergebühren in Höhe von 3 000,00 €, die Auflassungsgebühren in Höhe von 600,00 € sowie die einmalig anfallenden Anschlussgebühren für das Grundstück in Höhe von 2 400,00 € wurden per Banküberweisung bezahlt. Zum Zwecke des Kaufs wurde mit einer Laufzeit von 10 Jahren ein Darlehen über 250 000,00 € bei der Bank aufgenommen. Die Bank belastete uns mit 2 000,00 € einmaligen Bearbeitungsentgelten.

    a) Ermitteln Sie die Anschaffungskosten
       aa) des Grundstücks,
       ab) des Gebäudes.
    b) Bilden Sie die Buchungssätze zur Aktivierung des bebauten Grundstücks, des Gebäudes und zur Passivierung des Darlehens.

2. Kauf einer Spezialmaschine ab Werk, Listenpreis 200 000,00 € abzüglich 5 % Sonderrabatt; Transportkosten 2 800,00 €, Fundamentierungskosten eines Schraubsockels 2 200,00 €, Montage 2 000,00 €. Zur Skontoausnutzung von 4 % auf den Bruttorechnungsbetrag (einschließlich 19 % USt) überzieht der Betrieb das Bankkonto. Dabei entstehen Finanzierungskosten (Zinsen, Überziehungsprovision) in Höhe von 700,00 €.

    a) Berechnen Sie
       aa) die Anschaffungskosten,
       ab) die Gesamtbelastung der Bank unter Berücksichtigung der Überweisung an den Lieferer sowie der Finanzierungskosten.
    b) Nennen Sie die Buchungssätze.

3. Nach der Anlagendatei besitzt das Stahlwerk Westfalia AG folgende Maschinen:

Maschine	Anschaffungsjahr		Anschaffungspreis in €	betriebsgewöhnliche Nutzungsdauer
1 Dampfhammer	Mai	2006	120 000,00	12 Jahre
1 Werkzeugmaschine	Dez.	2010	40 000,00	10 Jahre
1 Drehbank	August	2015	48 000,00	8 Jahre
1 Fräsmaschine	Jan.	2015	50 000,00	10 Jahre

    a) Mit welchen Werten erscheinen diese Maschinen am 31.12.2017 bei einer gleichmäßigen Abschreibung vom Anschaffungswert in der Bilanz?
    b) Begründen Sie Ihre Ergebnisse mit entsprechenden Gesetzestexten.

4. Die Möbelfabrik Karl Eich e. K. kaufte zu Beginn des Geschäftsjahres eine automatische Langlochbohrmaschine zum Preis von 24 000,00 € zuzüglich 19 % Umsatzsteuer. Die betriebsgewöhnliche Nutzungsdauer für eine solche Maschine beträgt 6 Jahre. Die Möbelfabrik kann begründet nachweisen, dass zum Ende des Jahres der Teilwert dieser Maschine nur 15 000,00 € beträgt, weil dieser Maschinentyp sehr unwirtschaftlich arbeitet.

    Geben Sie an, mit welchem Wert oder mit welchen Werten diese Langlochbohrmaschine zum Ende des Geschäftsjahres ausgewiesen werden könnte.

5. Ein Unternehmen hat im letzten Geschäftsjahr folgende Einkäufe getätigt:

    Rohstoffgruppe A
    12.10. 500 kg zu je 4,50 €
    08.11. 900 kg zu je 4,00 €
    07.12. 600 kg zu je 3,00 €

    Hilfsstoffgruppe B
    19.10. 800 kg zu je 2,20 €
    07.11. 300 kg zu je 2,50 €
    09.12. 400 kg zu je 3,00 €

Folgende Abgänge sind ermittelt worden:

Rohstoffgruppe A
15.10. 300 kg
15.11. 700 kg

Hilfsstoffgruppe B
20.10. 600 kg
25.11. 400 kg

a) Ermitteln Sie die Werte für den Bestand der Rohstoffgruppe A nach dem gleitenden gewogenen Durchschnitt, dem permanenten Lifo sowie dem Perioden-Lifo und nehmen Sie dazu Stellung.
b) Ermitteln Sie die Werte für den Bestand der Hilfsstoffgruppe B nach dem gleitenden gewogenen Durchschnitt und dem Fifo-Verfahren und nehmen Sie dazu Stellung.

6. Eine Maschinenfabrik hatte bei der Materialart „Sechskantschrauben" folgende Bestandsbewegungen:

Anfangsbestand	40 000 Stück zu 13,00 € je 100 Stück
Lagerzugang	25 000 Stück zu 13,20 € je 100 Stück
Lagerabgang	12 000 Stück
Lagerzugang	20 000 Stück zu 13,50 € je 100 Stück
Lagerabgang	30 000 Stück
Endbestand 31.12.	?

a) Berechnen Sie den Wert des Endbestandes
   aa) bei Anwendung des permanenten Lifo-Verfahrens,
   ab) bei Anwendung des Fifo-Verfahrens,
   ac) bei Anwendung des gleitenden gewogenen Durchschnittsverfahrens
   ad) bei Anwendung des gewogenen Durchschnittsverfahrens
b) Welches Verfahren ist steuerrechtlich zulässig?
c) Welche Wertansätze wären handelsrechtlich „zulässig"?
d) Bei welchem Wertansatz würde der Erfolg am geringsten ausgewiesen?

7. Kontenplan: 2400, 2470, 6950, 8010, 8020

	a)	b)
Forderungsbestand am 01.09.	238 000,00	285 600,00

Geschäftsfälle:
1. Am 15.09. wurde über das Vermögen eines Kunden das Insolvenzverfahren eröffnet. Unsere Forderung beträgt einschl. 19 % USt   28 560,00   29 750,00
2. Zum 31.12. ist die Forderung wegen Uneinbringlichkeit komplett abzuschreiben.
Führen Sie die Buchungen zum 15.09. und 31.12. durch.

8. In der Finanzbuchhaltung einer Industrieunternehmung sind folgende Geschäftsfälle zu erfassen:
Konten: 2400, 2470, 4800, 5490, 6950, 8000, 8010, 8020.
Geschäftsfälle: €
1. **Im Oktober des Geschäftsjahres** (01.01. bis 31.12.) wird das Insolvenzverfahren gegen den Kunden Gerber e. K. eröffnet. Die Forderung gegenüber dem Kunden beträgt einschl. 19 % Umsatzsteuer 29 155,00
2. **Im November des Geschäftsjahres** beantragt der Kunde Dinkel e. K. die Eröffnung des Insolvenzverfahrens. Die Forderung gegenüber dem Kunden beträgt einschl. 19 % Umsatzsteuer 42 840,00

3. **Zum 31.12. des Geschäftsjahres** sind beide Forderungen zu bewerten. Beim Kunden Gerber e. K. ist mit einer Insolvenzquote von 15 %, beim Kunden Dinkel e. K. von 48 % zu rechnen.
   a) Buchen Sie die Geschäftsfälle.
   b) Führen Sie die Bewertung der beiden Forderungen zum 31.12. des Geschäftsjahres durch. Geben Sie die dazu erforderlichen Buchungen an und berechnen Sie die Buchwerte der beiden Forderungen. Geben Sie außerdem die Buchungssätze zum Abschluss der Konten 2470 und 6950 an.

9. Finanzbuchhaltung des Farbenherstellers Gold-Lack GmbH
   Kontenplan: 2400, 2470, 2800, 4800, 6950
   1. **Am 01.11. des Geschäftsjahres** stellte der Kunde Plus GmbH den Antrag auf Eröffnung des Insolvenzverfahrens.
      Unsere Forderung an den Kunden beträgt 18 326,00 € einschließlich 19 % USt.
   2. **Zum Abschluss des Geschäftsjahres** erhalten wir die Information, dass das Insolvenzverfahren mangels Masse eingestellt wird.
      a) Geben Sie die Buchung an, die sich aufgrund der Information vom 01.11. des Geschäftsjahres ergibt.
      b) Bewerten Sie die Forderung zum 31.12. des Geschäftsjahres. Geben Sie den dazu notwendigen Buchungssatz an und erläutern Sie die Zusammensetzung des Buchwertes bzw. niedrigeren Wertes der Forderung.

3.3 Bewertung der Schulden

Die Sommerfeld Bürosysteme GmbH hat am 21.11. eine Rechnung (Zahlungsziel 90 Tage) für eine aus den USA gelieferte Spritzanlage über 750 000 $ erhalten.

Briefkurs am 21.11.:   1,00 € = 1,20 USD
Briefkurs am 31.12. (Bilanzstichtag):   1,00 € = 1,15 USD

Daniela Schaub soll diese Fremdwährungsverbindlichkeit nun zum Bilanzstichtag bewerten.

Arbeitsaufträge

- Berechnen Sie den Wert in €, mit dem die Verbindlichkeit zum 21.11. passiviert wurde.
- Bewerten Sie die Verbindlichkeit zum 31.12. (Bilanzstichtag).
- Erklären Sie das Höchstwertprinzip.

Bewertung

Nach § 253 Abs. 1 HGB sind Verbindlichkeiten zum **Erfüllungsbetrag** anzusetzen.

Der Erfüllungsbetrag ist der Betrag, der zum Ausgleich einer Verbindlichkeit benötigt wird (ohne Verminderung durch etwaige Skonti). Mögliche Säumniszuschläge oder Verzugszinsen erhöhen den Erfüllungsbetrag nicht.

Fremdwährungsverbindlichkeiten mit einer Restlaufzeit ≥ 1 Jahr sind nach dem Höchstwertprinzip zu bewerten. Beträgt die Restlaufzeit der Verbindlichkeit weniger als 1 Jahr, ist der **Devisenkassamittelkurs** des Bilanzstichtages anzusetzen.

Beispiel: Die Sommerfeld Bürosysteme GmbH kaufte am 13.11. Holz im Wert von 20 000 USD, Ziel 60 Tage; Kurs für den EUR am 13.11. 1,00 € = 1,10 USD. Der Gegenwert beträgt 18 181,82 €.

Kurs für den EUR am 31.12.: 1,00 € = 1,05 USD
Da Verbindlichkeiten gemäß § 253 Abs. 1 Satz 2 HGB mit ihrem Rückzahlungsbetrag anzusetzen sind, muss aus Vorsichtsgründen am 31.12. (vgl. § 252 Abs. 1 Nr. 4 HGB) zum höheren Kurs von 1,00 € = 1,05 USD bewertet werden. In der Bilanz wird die Verbindlichkeit daher mit 19 047,62 € ausgewiesen. Die Anwendung des Höchstwertprinzips und die Tatsache, dass die Restlaufzeit < 1 Jahr ist, führen in diesem Fall zu einem identischen Ergebnis.

Kurs für den EUR am 31.12.: 1,00 € = 1,15 USD
Der niedrigere Kurs zum Bilanzstichtag würde einen Rückzahlungsbetrag, der kleiner ist als der Nennwert der ursprünglichen Verbindlichkeit (17 391,30 € zu 18 181,82 €), bewirken. Wegen der geringen Restlaufzeit ist die Verbindlichkeit in diesem Fall jedoch mit 17 391,30 € zu bewerten. Nur wenn die Restlaufzeit der Verbindlichkeit mindestens 1 Jahr betragen würde, käme das **Höchstwertprinzip** zum Tragen und die Forderung wäre mit 18 181,82 € zu bewerten.

Eine Besonderheit ergibt sich bei der Bewertung von Rentenverpflichtungen nach § 253 Abs. 2 Satz 3 HGB) zum **Barwert**, der mithilfe des von der Deutschen Bundesbank veröffentlichen, der Fristigkeit der Rentenzahlungen am jeweiligen Abschlussstichtag entsprechenden Marktzins berechnet wird.

Bewertung der Verbindlichkeiten nach § 253 HGB		
Bewertung \ Arten	Rentenverpflichtungen	Sonstige Verbindlichkeiten
Zugangsbewertung	Barwert § 253 Abs. 2 HGB	Erfüllungsbetrag § 253 Abs. 1 Satz 2 HGB
Folgebewertung Höherer Stichtagswert	Zuschreibungsgebot § 252 Abs. 1 Nr. 4 HGB	Zuschreibungsgebot § 252 Abs. 1 Nr. 4 HGB
Niedrigerer Stichtagswert	Abschreibungswahlrecht bis zu den AK	Abschreibungswahlrecht bis zu den AK

Zusammenfassung

Bilanzierung und Bewertung von Verbindlichkeiten

- *Schulden sind mit ihrem Erfüllungsbetrag zu bewerten.*
- *Liegt der Erfüllungsbetrag am Bilanzstichtag über den AK, ist der höhere Wert anzusetzen (Höchstwertprinzip).*
- *Fremdwährungsverbindlichkeiten mit einer Restlaufzeit von weniger als einem Jahr sind zum Devisenkassamittelkurs des Bilanzstichtages zu bewerten.*

Aufgaben

1. Die Vereinigten Walzwerke WeGa GmbH aus Köln erhielten am 25.11. eine Lieferung hochwertigen Stahls aus Kanada zum Rechnungsbetrag von 270 000,00 CAD. Der Lieferant aus Kanada gewährt ein Zahlungsziel von 120 Tagen ab Rechnungsdatum.

Kurs am 25.11.: 1,00 EUR = 1,77 CAD; Kurs am 31.12.: 1,00 EUR = 1,74 CAD
a) Erläutern Sie, mit welchem Wert die Verbindlichkeit gegenüber dem kanadischen Lieferanten in der Bilanz ausgewiesen werden muss.
b) Begründen Sie die Wahl des Bilanzansatzes unter Berücksichtigung der dafür wesentlichen Bewertungsgrundsätze und -vorschriften.

2. Die Maschinenfabrik Mahler AG aus Mannheim kaufte am 10.12. gegen Zielgewährung von 60 Tagen in den USA Fremdbauteile im Wert von 150 000 USD. Zum Zeitpunkt der Rechnungsstellung betrug der Wechselkurs 1,00 EUR = 1,15 USD

Erläutern Sie, mit welchem Wert die Verbindlichkeit gegenüber dem US-amerikanischen Lieferanten in der Bilanz ausgewiesen werden muss, wenn der Kurs zum 31.12.
a) 1,00 EUR = 1,11 USD,
b) 1,00 EUR = 1,17 USD beträgt.
Begründen Sie Ihre Entscheidung unter Berücksichtigung der dafür wesentlichen Bewertungsgrundsätze und -vorschriften.

3. Im Rahmen der Jahresabschlussarbeiten muss die Sommerfeld Bürosysteme GmbH noch eine Rechnung eines schwedischen Lieferanten über 125 000,00 SEK (schwedische Kronen) berücksichtigen. Der Vertragsabschluss erfolgte am 26.11., die Rechnung datiert vom 05.12., das Zahlungsziel beträgt 90 Tage.

Datum	Wechselkurs
26.11.	1,00 EUR = 9,71 SEK
05.12.	1,00 EUR = 9,78 SEK
31.12.	1,00 EUR = 9,85 SEK
05.03.	1,00 EUR = 9,38 SEK

a) Ermitteln Sie anhand der vorliegenden Wechselkurstabelle die Höhe der Fremdwährungsverbindlichkeit
   aa) zum Zeitpunkt des Vertragsabschlusses am 26.11.
   ab) zum Zeitpunkt der Rechnungserstellung am 05.12.
   ac) zum Bilanzstichtag am 31.12.
b) Erläutern Sie, mit welchem Kurs die Fremdwährungsverbindlichkeiten in der Bilanz auszuweisen sind.
c) Erläutern Sie, unter welchen Voraussetzungen am Bilanzstichtag ein anderer Wertansatz hätte gewählt werden müssen.
d) Ermitteln Sie den Verlust, den die Sommerfeld Bürosysteme GmbH durch die Entwicklung des Wechselkurses erlitten hat, wenn sie die Rechnung statt zum Zeitpunkt der Rechnungserstellung am letzten Tag des Zahlungsziels (05.03.) begleicht.
e) Erläutern Sie zwei Maßnahmen, mit denen die Sommerfeld Bürosysteme GmbH das Wechselkursrisiko zukünftig minimieren könnte.

4 Den Jahresabschluss aus Sicht verschiedener Adressaten mithilfe von Kennziffern analysieren

4.1 Bilanzanalyse und -interpretation

LS 27

Die Sommerfeld Bürosysteme GmbH hat einen Kredit über 800 000,00 € zur Finanzierung eines Erweiterungsbaus bei der Deutschen Bank AG, Essen, beantragt. Auf Verlangen des Kreditsachbearbeiters hat Herr Feld dem Antrag die nachstehenden Bilanzen beigefügt:

Aktiva	Bilanz der Sommerfeld Bürosysteme GmbH in TEUR			Passiva	
	Berichtsjahr	Vorjahr		Berichtsjahr	Vorjahr
A. Anlagevermögen			**A. Eigenkapital**		
1. Grundstücke und Bauten	3 700	3 800	I. Gezeichnetes Kapital	4 000	4 000
2. Techn. Anlagen und Maschinen	4 560	4 000	II. Gewinnrücklagen	350	230
			III. Jahresüberschuss	1 650[3]	2 270[2]
3. Andere Anlagen, Betriebs- und Geschäftsausstattung	640	600	**B. Rückstellungen[4]**		
			1. Pensionsrückstellungen	1 500	1 350
B. Umlaufvermögen			2. Steuerrückstellungen	325	270
I. Vorräte			3. Sonstige Rückstellungen	185	200
1. Roh-, Hilfs- und Betriebsstoffe	440	340	**C. Verbindlichkeiten**		
2. Unfertige Erzeugnisse	330	280	1. Verbindlichkeiten gegenüber Kreditinstituten[5]	2 950	2 500
3. Fert. Erzeugnisse u. Handelswaren	300	200	2. Erhaltene Anzahlungen auf Bestellungen	150	100
II. Forderungen und sonst. Vermögensgegenstände			3. Verbindlichkeiten a. LL	650	560
1. Forderungen a. LL	1 250	1 700	4. Sonstige Verbindlichkeiten a. LL	720	505
2. Sonstige Forderungen	570	420	**D. Rechnungsabgrenzungsposten[4]**	20	15
III. Schecks, Kassenbestand, Bundesbankguthaben, Guthaben bei Kreditinstituten	680	640			
C. Rechnungsabgrenzungsposten[1]	30	20			
	12 500	12 000		12 500	12 000

[1] Werden den kurzfristigen Forderungen zugerechnet.
[2] 120 TEUR werden den Gewinnrücklagen zugeführt, der Rest ist den kurzfristigen Verbindlichkeiten zuzurechnen.
[3] Im Berichtsjahr soll der Jahresüberschuss ganz im Unternehmen bleiben und in die Gewinnrücklagen eingestellt werden.
[4] Pensionsrückstellungen sind den langfristigen, Steuerrückstellungen, sonstige Rückstellungen und passive Rechnungsabgrenzungsposten den kurzfristigen Verbindlichkeiten zuzurechnen.
[5] Davon mit einer Laufzeit über 5 Jahre: 2 500 TEUR (im Vorjahr 2 000 TEUR), ansonsten handelt es sich bei den Verbindlichkeiten a. LL und sonstigen Verbindlichkeiten um kurzfristige Verbindlichkeiten.

Arbeitsaufträge

- Stellen Sie Gründe zusammen, weshalb der Kreditsachbearbeiter die Vorlage der beiden letzten Bilanzen verlangt hat.
- Erläutern Sie einzelne Bilanzpositionen und überprüfen Sie, ob Sie nach Auswertung dieser Bilanzen den beantragten Kredit bewilligen würden.

Notwendigkeit der Auswertung von internen und externen Informationen

Bei der **Bilanzanalyse** handelt es sich um eine **verdichtete Informationsvermittlung**, bei welcher Unternehmensinformationen aufbereitet und mittels Kennzahlen und sonstiger Methoden ausgewertet werden. Ziel dieser Auswertungen im Rahmen der Bilanzanalyse ist immer die Bereitstellung von Maßstäben zur **Beurteilung der gegenwärtigen** sowie für **Prognosen der zukünftigen wirtschaftlichen Lage eines Unternehmens**.

Um in der Analyse zu vollständigen und aussagekräftigen Erkenntnissen zu gelangen, reicht es nicht aus, sich ausschließlich auf die Auswertung der Bilanz zu beschränken, vielmehr sind auch die Daten der GuV-Rechnung, die Informationen des Anhangs und des Lageberichts sowie weitere interne und externe Informationen zu berücksichtigen.

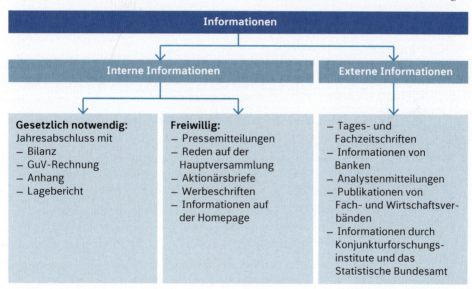

Dabei kommt dem **Anhang** eine besondere Bedeutung zu. Seine Hauptaufgabe ist es, Angaben der Bilanz und GuV-Rechnung näher zu erläutern (vgl. §§ 284–288 HGB). Nach § 264 HGB ist der Anhang **gleichrangiger Bestandteil des Jahresabschlusses** gegenüber der Bilanz und der GuV-Rechnung. So gibt es Informationen, die entweder in den Rechenwerken Bilanz **oder** GuV **oder** im Anhang vermittelt werden können.

Von diesem Wahlrecht machen zunehmend mehr Unternehmen Gebrauch.
Dies erleichtert zwar die Lesbarkeit der Rechenwerke, bedingt jedoch auch, dass der **Anhang** verstärkt in die **Auswertung** der Bilanzanalyse einbezogen werden muss.

Interessenten der Auswertung

Aus einem vorliegenden Jahresabschluss können von den verschiedenen Interessenten zahlreiche Informationen erschlossen werden.

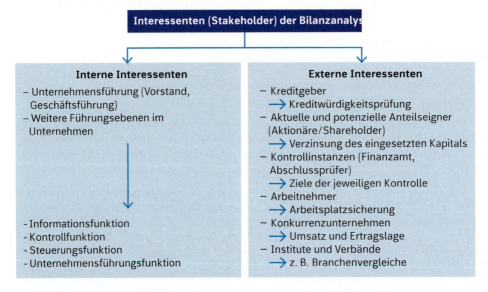

Bilanzanalyse interner Interessenten

Vor allem für die Unternehmensleitung und die verschiedenen Führungsebenen eines Unternehmens ergeben sich durch die Auswertung des eigenen Jahresabschlusses wichtige unternehmerische Erkenntnisse, die in Entscheidungen münden.

Information	Informationen und Zusammenhänge zur Geschäftsentwicklung werden transparent.
Kontrolle	Verdichtete Informationen werden zu vorgegebenen Vergleichsmaßstäben (Zeitvergleich, Branchenvergleich, Soll-Ist-Vergleich) in Beziehung gesetzt.
Steuerung	Aus der Analyse des Jahresabschlusses werden Schlussfolgerungen gezogen. Dabei sind unzureichende Ergebnisse durch entsprechende Maßnahmen zu beheben.
Unternehmensführung	Durch den Einsatz von Kennzahlen und weiterer Analyseerkenntnisse werden die Entscheidungsträger in die Lage versetzt, betriebliche Entscheidungen zu treffen (z. B. Investitionen und Marketingkonzepte).

Bei der Auswertung des Jahresabschlusses übernimmt die Controllingabteilung eines Unternehmens eine wichtige Funktion. Das Controlling erarbeitet **Daten**, **Methoden** und **Modelle zur Kontrolle**, analysiert die Ergebnisse und unterbreitet **Veränderungsvorschläge** und **Planungsvorhaben** für künftige Entscheidungen der Unternehmensleitung. Der Controller übernimmt somit eine **Assistenz- und Beraterfunktion** der Unternehmensleitung bei der Steuerung des Unternehmens. Dabei greift er auf **unternehmensinterne Daten** (Finanzbuchhaltung, Kosten- und Leistungsrechnung) zu, die externen Interessenten nicht zur Verfügung stehen.

Bilanzanalyse externer Interessenten

Die Erkenntnisse, die sich aus der Bilanzanalyse ergeben, sind auch für Außenstehende von außerordentlicher Bedeutung. So versuchen **Gläubiger, Anteilseigner, Kontrollinstanzen, Arbeitnehmer** sowie **Konkurrenzunternehmen** aus den veröffentlichten bzw. vorgelegten Bilanzen Einblick in ein Unternehmen zu gewinnen.

In solchen Zusammenhängen wird geprüft, ob
- der Betrieb über ausreichend **Haftungskapital** verfügt,
- die **flüssigen Mittel** reichen, kurzfristige Schulden zu tilgen,
- die **Ertragslage** eine Beteiligung sinnvoll erscheinen lässt,
- der richtige steuerliche **Gewinn** dokumentiert wird.

Dabei sind die externen Interessenten auf die Daten des Jahresabschlusses beschränkt, die für genauere Analysen im Vergleich zu unternehmensinternen Daten oftmals zu grob sind. So fehlen beispielsweise Fristen zu Forderungen oder genauere Fälligkeiten der Verbindlichkeiten.

Die nachfolgende Übersicht zeigt beispielhaft, dass die externen Interessensgruppen unterschiedliche Ziele verfolgen und dementsprechend unterschiedliche Schwerpunkte in der Beobachtung setzen.

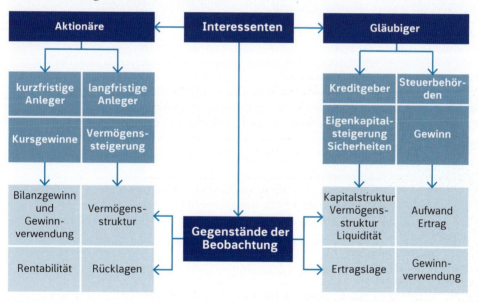

PRAXISTIPP!

Die externe Analyse eines anderen Unternehmens kann dazu dienen, eine eigene Standortbestimmung vorzunehmen und ggf. Anlass für eine Kurskorrektur im eigenen unternehmerischen Handeln sein.

> **Zusammenfassend kann festgestellt werden:**
>
> So unterschiedlich die Informationswünsche der einzelnen Interessenten auch sind, so konzentrieren sie sich **im Kern** jedoch auf **wesentliche Problemstellungen**:
>
> 1. Analyse und Beurteilung der gegenwärtigen **Ertragslage** des Unternehmens, um darauf aufbauend eine Prognose der zukünftigen Ertragskraft abzugeben.
> 2. Analyse und Beurteilung der **finanziellen Stabilität** zur Einschätzung, ob das Unternehmen seinen gegenwärtigen und zukünftigen Zahlungsverpflichtungen nachkommen kann.
> 3. Analyse der **Vermögenssubstanz und -entwicklung** als Quelle künftiger Erträge

Methoden der Auswertung

Die Auswertung des Jahresabschlusses kann nach unterschiedlichen methodischen Ansätzen erfolgen:

Einzelanalyse	Zeitvergleich	Betriebs- oder Branchenvergleich	Soll-Ist-Vergleich

Einzelanalyse
Es wird der Jahresabschluss **einer** Rechnungsperiode untersucht. Die Ergebnisse werden nicht mit früheren Rechnungsperioden oder anderen Betrieben verglichen. Die Analyse lässt keine Aussagen über Entwicklung und Marktstellung der Unternehmung zu.

Zeitvergleich
Die Ergebnisse einzelner Rechnungsabschnitte (Monat, Quartal, Jahr) werden miteinander verglichen. Dadurch können Entwicklungstendenzen erkannt werden.

Beispiel: Entwicklung des Umsatzes und des Gewinns sowie Veränderungen in der Vermögens- und der Kapitalstruktur in den vergangenen fünf Jahren.

Betriebs- oder Branchenvergleich
Die Ergebnisse des ausgewerteten Betriebes werden mit Durchschnittswerten der Branche oder Kennzahlen gleichartiger Betriebe verglichen. Hierbei ist zu beachten, dass Größe, Organisation und Tätigkeitsbereiche der Vergleichsbetriebe möglichst übereinstimmen. Mithilfe von Betriebs- und Branchenvergleichen kann die Marktstellung sichtbar gemacht werden.

Beispiele: Umsatzanteil am Gesamtmarkt, Kostenstruktur, Liquiditätslage, Eigenkapitalanteil im Vergleich zu konkurrierenden Unternehmungen

Soll-Ist-Vergleich
Geplante Werte werden mit realisierten Werten verglichen, um Art und Höhe der **Abweichungen** festzustellen. Es soll kontrolliert werden, ob getroffene Entscheidungen sinnvoll waren und zielgerecht ausgeführt wurden. Diese Ergebnisse bilden die Ansätze für die **Ursachenforschung** solcher Abweichungen, um korrigierte Plangrößen vorgeben zu können. Daher sollen Soll-Ist-Vergleiche in möglichst kurzen Abständen vorgenommen werden, um Chancen und Risiken rechtzeitig zu erkennen.

Beispiele:
– Vergleich des Absatzplanes mit dem erreichten Absatz, um auf die negative Entwicklung einzelner Produkte reagieren zu können (Förderung, Produkteliminierung).

– Vergleich der Kostenvorgaben für die Kostenstellen mit den Istkosten lt. Kostenstellenrechnung, um rechtzeitig Kostenexplosionen zu erkennen und Maßnahmen der Gegensteuerung einzuleiten (Verfahrensänderungen, Einsparungen bei Beschaffungen, Umbesetzungen).

Bilanzauswertung und -kritik

Strukturierung der Bilanz

Für Zwecke der Auswertung muss die veröffentlichte Bilanz aufbereitet und strukturiert werden. Dabei werden gleichartige Positionen zusammengefasst, um die Aussagekraft der Bilanz zu erhöhen:

Kapital-bindung	Vermögensstruktur	Bilanzstruktur Kapitalstruktur	Kapitalüber-lassung
langfristig	I. Anlagevermögen (AV) 1. Immaterielle Anlagen (Firmenwerte, Patente, Lizenzen, Software) 2. Sachanlagen (Grundstücke, Gebäude, Maschinen, Betriebs- und Geschäftsausstattung, Fuhrpark) 3. Finanzanlagen (Beteiligungen, Wertpapiere des AV, langfristige Forderungen)	I. Eigenkapital 1. Gezeichnetes Kapital (Grundkapital der AG, Stammkapital der GmbH) 2. Rücklagen (Kapitalrücklagen, gesetzliche und freie Gewinnrücklagen) 3. Gewinnvortrag (eventueller Verlustvortrag wird subtrahiert) 4. Jahresüberschuss[1] (Jahresfehlbetrag wird subtrahiert)	langfristig
mittel- bis kurzfristig	II. Umlaufvermögen (UV) 1. Vorräte (Stoffbestände, Fremdbauteile, unfertige und fertige Erzeugnisse, Handelswaren, Anzahlungen auf Vorräte) 2. Kurzfristige Forderungen (Forderungen a. LL, Wertpapiere des UV, Wechselforderungen, sonstige kurzfristige Forderungen, Aktive Posten der Rechnungsabgrenzung)	II. Schulden/Fremdkapital 1. Langfristige Schulden (Pensionsrückstellungen, Verbindlichkeiten mit einer Restlaufzeit von mehr als 5 Jahren) 2. Mittelfristige Schulden (Verbindlichkeiten mit einer Restlaufzeit von mehr als einem bis 5 Jahren) 3. Kurzfristige Schulden (Verbindlichkeiten mit einer Restlaufzeit bis zu einem Jahr, wie Steuerrückstellungen, sonstige Rückstellungen, Verbindlichkeiten a. LL, Wechselverbindlichkeiten, Verbindlichkeiten aus Steuern, abzuführende Sozialversicherungsbeiträge, sonstige Verbindlichkeiten, passive Posten der Rechnungsabgrenzung)	langfristig mittelfristig kurzfristig
kurzfristig	3. Liquide Mittel (Kasse, Bank, Postbank)		

---

[1] Häufig tritt in Bilanzen anstelle der Positionen Gewinn-/Verlustvortrag und Jahresüberschuss/-fehlbetrag die Position Bilanzgewinn/-verlust auf. Diese Position tritt dann auf, wenn der Jahresabschluss nach teilweiser Verwendung des Jahresüberschusses (Einstellung in die Rücklagen) aufgestellt wurde. Es muss aus Vorsichtsgründen davon ausgegangen werden, dass dieser Bilanzgewinn ausgeschüttet wird und somit dem Fremdkapital zuzurechnen ist.

Statistische Aufbereitung des Jahresabschlusses

Die absoluten Zahlen sind in Verhältniszahlen (Prozentsätze) zur Bilanzsumme (= 100 %) umzurechnen, um die Vergleichbarkeit der Werte im Jahresabschluss zu verbessern.

Beispiel: Aufbereitung der Bilanzen der Sommerfeld Bürosysteme GmbH

Vermögensstruktur	Berichtsjahr		Vorjahr		Veränderungen	
	TEUR	%	TEUR	%	TEUR	%
I. Anlagevermögen	8 900	71,2	8 400	70,0	+500	+6,0
II. Umlaufvermögen						
1. Vorräte	1 070	8,6	820	6,8	+250	+30,5
2. Kurzfrist. Forderungen	1 850	14,8	2 140	17,8	−290	−13,6
3. Liquide Mittel	680	5,4	640	5,3	+40	+6,3
Summe Umlaufvermögen	3 600	28,8	3 600	30,0	−	−
Summe Vermögen	12 500	100,0	12 000	100,0	+500	+4,2

Kapitalstruktur	Berichtsjahr		Vorjahr		Veränderungen	
	TEUR	%	TEUR	%	TEUR	%
I. Eigenkapital	6 000	48,0	4 350	36,3	+1 650	+37,9
II. Langfristige Schulden	4 000	32,0	3 350	27,9[1]	+650	+19,4
Summe langfristiges Kapital	10 000	80,0	7 700	64,2	+2 300	+29,9
III. Kurzfristige Schulden	2 500	20,0	4 300	35,8[1]	−1 800	−41,9
Summe > II + III	6 500	52,0	7 650	63,8	−1 150	−15,0
Summe Kapital	12 500	100,0	12 000	100,0	+500	+4,2

Durch die Aufbereitung der Werte lassen sich die Bedeutung einzelner Kapitalquellen und Veränderungen (Trends) vom Berichtsjahr gegenüber dem Vorjahr schneller erkennen. Ein ausgewiesener Jahresüberschuss lässt allerdings nicht erkennen, ob er im Unternehmen einbehalten und somit Eigenkapital ist oder ausgeschüttet wird und dem kurzfristigen Fremdkapital zuzurechnen ist. Informationen hierzu gehen aus dem Gewinnverwendungsvorschlag hervor, der dem veröffentlichten Abschluss beizufügen ist.

Auswertung der aufbereiteten Bilanz mithilfe von Bilanzkennzahlen

Vermögensaufbau (Konstitution – Aktivseite)
Der Vermögensaufbau geht bereits weitgehend aus den aufbereiteten Bilanzen hervor. Die hier angegebenen Prozentsätze stellen Intensitätskennziffern oder Quoten dar, die den jeweiligen Anteil des Postens am Gesamtvermögen ausdrücken.

Beispiel:

Bilanzkennzahlen	Berichtsjahr	Vorjahr
Anlagevermögenintensität = $\dfrac{\text{Anlagevermögen} \cdot 100}{\text{Gesamtvermögen}}$	$\dfrac{8\,900 \cdot 100}{12\,500} = 71{,}2\,\%$	$\dfrac{8\,400 \cdot 100}{12\,000} = 70{,}0\,\%$
Umlaufvermögenintensität = $\dfrac{\text{Umlaufvermögen} \cdot 100}{\text{Gesamtvermögen}}$	$\dfrac{3\,600 \cdot 100}{12\,500} = 28{,}8\,\%$	$\dfrac{3\,600 \cdot 100}{12\,000} = 30{,}0\,\%$

Der Anteil des Anlagevermögens am Gesamtvermögen ist um 1,2 Prozentpunkte geringfügig gestiegen. Das Umlaufvermögen hat entsprechend um 1,2 Prozentpunkte abgenommen. Aus der Funktion des Umlaufvermögens (Gewinnträger) heraus ist das grundsätzlich negativ zu beurteilen. Bei näherer Betrachtung der absoluten Zahlen liegt die Hauptursache in einer Investition ins Anlagevermögen. Die gesamte Vermögensmehrung schlägt sich hier nieder.

Allgemeine Aussagen zur Vermögensstruktur
Die **Vermögensstruktur** ist in erster Linie abhängig von der Art und Zielsetzung des Betriebes. So haben Unternehmen des Großhandels in der Regel ein großes Umlaufvermögen, während Betriebe der Grundstoffindustrie sehr anlageintensiv sind. Daneben schlagen sich Fertigungsverfahren, Mechanisierungs- und Automatisierungsgrad, Absatzorganisation u. a. im Verhältnis von Anlage- zu Umlaufvermögen nieder.

Das **Anlagevermögen** bildet zwar die Grundlage der Betriebsbereitschaft, verursacht aber immer gleich bleibende hohe fixe Kosten. Dies wirkt sich bei rückläufiger Beschäftigung in Krisenzeiten des Betriebes oder bei unerwarteter technischer oder wirtschaftlicher Überholung der Anlagen wegen geringer Anpassungsfähigkeit anlageintensiver Betriebe besonders negativ aus. Daher ist mit dem Anlagevermögen ein großes Risiko verbunden. Die Angaben zum Anlagevermögen in der Bilanz werden durch den Anlagenspiegel präzisiert.

Aus einer Veränderung **des Anlagevermögens** können folgende betriebswirtschaftliche Aussagen abgeleitet werden:

Zunahme des Anlagevermögens	– verstärkte langfristige Kapitalbindung – Zunahme fixer Kosten, wie Abschreibung, Wartung und kalkulatorischer Zinsen – Verbesserung des technischen Standards – Kapazitätserweiterung, die jedoch aufgrund der langfristigen Kapitalbindung auch ein Risiko dargestellt
Abnahme des Anlagevermögens	– pessimistische Zukunftserwartung wegen rückläufiger Aufträge – unterlassene Ersatz- und Neuinvestitionen wegen fehlender liquider Mittel oder schlechter Kreditwürdigkeit – Anpassung der Betriebsmittel an eine sinkende Nachfrage durch Stilllegung von Anlagen

Das **Umlaufvermögen** ist der eigentliche Gewinnträger. Durch Verkauf der produzierten Güter fließen in die Unternehmung Geldwerte zurück, die zum Zwecke der Wiederbeschaffung, Rationalisierung und Erweiterung eingesetzt werden können.

Unter den Ausführungen zum Umlaufvermögen sollte ein beispielhafter Verweis zum Anhang dargestellt werden.

Beispiel: Damit sich im Rahmen der Bilanzanalyse für den Leser die Bewertung der Vorräte besser erschließt, hat die Sommerfeld Bürosysteme GmbH dazu folgende Angaben im Anhang verfasst:

> Die Bewertung der Vorräte erfolgte zu Anschaffungs- bzw. Herstellungskosten. Finanzierungskosten wurden nicht aktiviert.
>
> Die Ermittlung der Anschaffungs- bzw. Herstellungskosten erfolgt auf der Basis des Verfahrens des gewogenen Durchschnitts.
>
> Von den ausgewiesenen Vorräten sind 35 000 000 € für die Besicherung von Bankverbindlichkeiten sicherungsübereignet.

Kapitalaufbau (Finanzierung – Passivseite)

Die Passivseite erteilt wichtige Informationen über die Finanzierung eines Unternehmens. Sie gibt Auskunft über die Herkunft des Kapitals durch den getrennten Ausweis von **Eigenkapital** und **Fremdkapital** (Schulden).

Durch die Unterteilung des Eigenkapitals erfährt der Bilanzleser, ob die Eigenmittel von außen (Außenfinanzierung als Beteiligungsfinanzierung) oder aus dem Unternehmen (Eigenfinanzierung als Innenfinanzierung durch Gewinne) erwirtschaftet wurden.

Die Hinweise zu den Restlaufzeiten der Verbindlichkeiten in der Bilanz oder im Anhang informieren über die Überlassungsfristen des Fremdkapitals.

Beispiel: Im Anhang ihres Jahresabschlusses macht die Sommerfeld Bürosysteme GmbH die folgenden Angaben:

Die Fristigkeit der Finanzverbindlichkeiten ergibt sich wie folgt:

Restlaufzeit	Bis 1 Jahr	1 bis 5 Jahre	Über 5 Jahre	Summe
Verb. gegenüber Kreditinstituten	450 000,00 €		2 500 000,00 €	2 950 000,00 €
Im Vorjahr	500 000,00 €		2 000 000,00 €	2 500 000,00 €

Die Verbindlichkeiten aus Lieferungen und Leistungen von 650 000,00 € (Vorjahr 560 000,00 €) sowie die sonstigen Verbindlichkeiten von 720 000,00 € (Vorjahr 505 000,00 €) haben eine Restlaufzeit von weniger als einem Jahr.

Dadurch lassen sich die Verbindlichkeiten in aufbereiteten Bilanzen in langfristige, mittelfristige und kurzfristige gliedern. Entsprechend dieser Gliederung der Kapitalien nach Überlassungsfristen können auch für die Passivseite der Bilanz Intensitätskennziffern berechnet werden.

Beispiel:

Bilanzkennzahlen	Berichtsjahr	Vorjahr
Eigenkapitalintensität = $\frac{\text{Eigenkapital} \cdot 100}{\text{Gesamtkapital}}$ (Eigenkapitalquote)	$\frac{6\,000 \cdot 100}{12\,500} = 48{,}0\,\%$	$\frac{4\,350 \cdot 100}{12\,000} = 36{,}3\,\%$
Fremdkapitalintensität = $\frac{\text{Fremdkapital} \cdot 100}{\text{Gesamtkapital}}$	$\frac{6\,500 \cdot 100}{12\,500} = 52{,}0\,\%$	$\frac{7\,650 \cdot 100}{12\,000} = 63{,}8\,\%$

Die **Eigenkapitalquote** hat sich um 11,7 Prozentpunkte verbessert. Für diese Entwicklung ist sicher die Einbehaltung des Jahresüberschusses im Berichtsjahr verantwortlich.

Die **Fremdkapitalintensität** ist um 11,8 Prozentpunkte zurückgegangen. Sie ist im Verhältnis zu den deutschen Industriebetrieben (ca. 80 %) als günstig zu bezeichnen.

> *Eigenkapitalintensität oder -quote:*
> *Die Eigenkapitalintensität oder -quote besagt,*
> - *in welchem Umfang sich der Unternehmer selbst bzw. die Gesellschafter an der Finanzierung des Unternehmens und dem damit verbundenen Risiko beteiligen,*
> - *wie hoch der Anteil des Haftungs- oder Garantiekapitals ist.*

Je höher der Eigenkapitalanteil ist, desto größer ist die **finanzielle Stabilität** wegen der unbegrenzten Überlassungsfristen. Entsprechend wird die Abhängigkeit der Unternehmung von Gläubigern mit zunehmendem Eigenkapital verringert. Andererseits ist jedoch zu beachten, dass mit der Aufnahme neuer Gesellschafter zum Zwecke der Eigenfinanzierung die Rechte und damit die Aktionsfähigkeit der bisherigen Geschäftsführer eingeschränkt werden können. Darüber hinaus sagt die Eigenkapitalquote etwas über die Kreditwürdigkeit des Unternehmens aus, weil sie den Anteil des Haftungskapitals angibt.

> *Fremdkapitalintensität oder Anspannungskoeffizienten:*
> *Die Fremdkapitalintensität oder der Anspannungskoeffizient gibt Auskunft über die Kapitalanspannung, die durch das Fremdkapital hervorgerufen wird. Besondere Nachteile des Fremdkapitals sind die regelmäßigen Liquiditätsbelastungen durch Zins- und Rückzahlungen ohne Bezug zur Ertragslage.*

Je höher diese Quote ist, desto stärker wird die **Dispositionsfähigkeit** über Vermögensteile eingeschränkt, weil Vermögensteile an die Gläubiger als Sicherheiten verpfändet oder übereignet werden mussten. Mit der Abnahme der anzubietenden Sicherheiten verschlechtert sich folglich die Kreditwürdigkeit.

Vielfach werden statt der beiden Intensitätskennzahlen andere Kennzahlen gewählt, die Ähnliches aussagen:

Beispiele:

Bilanzkennzahlen	Berichtsjahr	Vorjahr
Intensität der kurzfristigen Schulden (finanzielle Beweglichkeit) $= \dfrac{\text{kurzfristige Verbindlichkeiten} \cdot 100}{\text{Gesamtkapital}}$	$\dfrac{2\,500 \cdot 100}{12\,500} = 20{,}0\,\%$	$\dfrac{4\,300 \cdot 100}{12\,000} = 35{,}8\,\%$
Finanzierung (Fremdkapitaldeckung) $= \dfrac{\text{Eigenkapital} \cdot 100}{\text{Fremdkapital}}$	$\dfrac{6\,000 \cdot 100}{6\,500} = 92{,}3\,\%$	$\dfrac{4\,350 \cdot 100}{7\,650} = 56{,}9\,\%$
Verschuldungskoeffizient $= \dfrac{\text{Fremdkapital} \cdot 100}{\text{Eigenkapital}}$	$\dfrac{6\,500 \cdot 100}{6\,000} = 108{,}3\,\%$	$\dfrac{7\,650 \cdot 100}{4\,350} = 175{,}9\,\%$

Wegen der zunehmenden langfristigen Finanzierung wurde die Intensität der kurzfristigen Schulden stark abgebaut (im Beispiel 15,8 Prozentpunkte). Die **Finanzierung** oder **Fremdkapitaldeckung** hat sich wesentlich verbessert, was auf die stark zugenommene Eigenfinanzierung durch Einbehaltung des Gewinns zurückzuführen ist.

Der Verschuldungskoeffizient hat folglich deutlich abgenommen.

> *Intensität der kurzfristigen Schulden:*
> *Der Anteil kurzfristiger Schulden am Gesamtkapital sagt etwas über die Anspannung der Liquidität der Unternehmung durch laufende Kapitalrückzahlungen und über das Finanzierungsrisiko wegen der kurzfristigen Überlassungsfristen aus.*

Die **Gegenüberstellung von Eigenkapital und Fremdkapital** vermittelt einen Einblick in die Art der Finanzierung eines Unternehmens. Sie kann als Fremdkapitaldeckung oder als Verschuldungskoeffizient dargestellt werden.

> *Finanzierung oder Fremdkapitaldeckung:*
> *Sie sagt etwas über die Deckung und damit Sicherheit des Fremdkapitals aus.*

Der **Verschuldungskoeffizient** bestätigt die Aussagen der Fremdkapitaldeckung. Daraus kann ein verstärkter Schuldendienst (Tilgungen und Zinszahlungen) abgeleitet werden, was ebenfalls mit einer zunehmenden Belastung der Liquidität gleichzusetzen ist. Dies ist jedoch nicht zwingend, weil der Verschuldungskoeffizient die Fristigkeit des Fremdkapitals nicht in die Analyse einbezieht.

Die Kapitalanlage (Investierung)
Bei Investitionen hat der Unternehmer darauf zu achten, dass **Kapitalüberlassungsfristen** mit **Kapitalbindungsfristen** übereinstimmen (**goldene Finanzierungsregel**). Dieser Grundsatz der Fristengleichheit wird vor allem für die Finanzierung des Anlagevermögens gefordert (**goldene Bilanzregel** oder **goldene Bankregel**).

Beispiel:

Bilanzkennzahlen	Berichtsjahr	Vorjahr
Anlagendeckung I = $\dfrac{\text{Eigenkapital} \cdot 100}{\text{Anlagevermögen}}$	$\dfrac{6\,000 \cdot 100}{8\,900}$ = 67,4 %	$\dfrac{4\,350 \cdot 100}{8\,400}$ = 51,8 %
Anlagendeckung II = $\dfrac{(\text{Eigenkap.} + \text{langfrist. Fremdkap.}) \cdot 100}{\text{Anlagevermögen}}$	$\dfrac{10\,000 \cdot 100}{8\,900}$ = 112,4 %	$\dfrac{7\,700 \cdot 100}{8\,400}$ = 91,7 %

Die Verbesserung der **Anlagendeckung I** um 15,6 Prozentpunkte weist eindeutig darauf hin, dass die Investition in das Anlagevermögen eigenfinanziert wurde.

Im Durchschnitt liegt die **Anlagendeckung II** in den deutschen Industriebetrieben erheblich darüber (150 %). Dies ist deshalb sinnvoll, weil zur Erhaltung der Betriebsbereitschaft neben dem Anlagevermögen Teile des Umlaufvermögens (eiserne Bestände) langfristig finanziert werden müssen. Im Beispiel hat sie sich um 20,7 Prozentpunkte verbessert.

> *Anlagendeckung I:*
> *Die Kennziffer **Anlagendeckung** I zeigt, ob das Anlagevermögen, das dem Unternehmen auf lange Sicht dienen soll, auch mit Mitteln finanziert wurde, die dem Unternehmen dauernd zur Verfügung stehen.*

Das **Anlagevermögen bildet die Grundlage der Betriebsbereitschaft**. Da der Verzehr des Anlagevermögens und damit der Rückfluss dieser Wertminderungen über die Erlöse sich über mehrere Jahre erstreckt, ist eine **langfristige Finanzierung** existenznotwendig für das Unternehmen. Dies gilt verstärkt für Krisenzeiten, in denen die Belastungen durch Fremdkapital (Tilgung und Zinsen) wegen verringerter Gewinne erhebliche Schwierigkeiten bereiten. Durch die langfristige Finanzierung wird sichergestellt, dass in Krisenzeiten keine Anlagen verkauft werden müssen, um fälligen Zahlungsverpflichtungen nachzukommen.

> **Anlagendeckung II:**
> Es ist weder notwendig noch zweckmäßig, Anlagevermögen ausschließlich mit Eigenkapital zu finanzieren. Auch **langfristiges Fremdkapital** kann zu seiner Finanzierung wegen der langfristigen Tilgung (kleine Raten) herangezogen werden.

Liquidität (Zahlungsbereitschaft)

> **Liquidität**
> ist die Fähigkeit der Unternehmung, ihren Verbindlichkeiten fristgemäß nachzukommen. Ist die Unternehmung dazu in der Lage, befindet sie sich im **finanziellen Gleichgewicht**. Sie wird als liquide bezeichnet. Ist die Zahlungsbereitschaft größer als der Zahlungsmittelbedarf, liegt **Überliquidität** vor.

Da das im Anlagevermögen investierte Kapital grundsätzlich langfristig gebunden bleibt, müssen fällige Schulden aus dem Umlaufvermögen getilgt werden. Eine unpünktliche Erfüllung der Zahlungsverpflichtungen kann zum Verlust der Kreditwürdigkeit führen. Anhaltende **Zahlungsunfähigkeit** führt sogar zur Insolvenz. Daher sollte ein Unternehmen immer in der Lage sein, seinen finanziellen Verpflichtungen nachzukommen. Das ist langfristig nur möglich, wenn liquide Mittel einer bestimmten Fristigkeit mit entsprechenden Fälligkeiten der Verbindlichkeiten übereinstimmen.

Wie die mangelhafte Liquidität bringt auch eine Überliquidität wirtschaftliche Nachteile mit sich, nämlich Zinsverlust und damit Minderung der Rentabilität. Zur Beurteilung der Liquidität sind den Verbindlichkeiten (Zahlungsverpflichtungen) die liquiden Mittel gegenüberzustellen. Nach den Kriterien „Flüssigkeit und Fälligkeit" werden liquide Mittel und Verbindlichkeiten 1., 2. und 3. Ordnung unterschieden und in einzelnen Liquiditätskennziffern berücksichtigt.

Beispiel:

Bilanzkennzahlen	Berichtsjahr	Vorjahr
Liquidität 1. Grades (Barliquidität) $= \dfrac{\text{liq. Mittel} \cdot 100}{\text{kurzfr. Schulden}}$	$\dfrac{680 \cdot 100}{2\,500} = 27{,}2\,\%$	$\dfrac{640 \cdot 100}{4\,300} = 14{,}9\,\%$
Liquidität 2. Grades (einzugsbedingte Liquidität) $= \dfrac{(\text{liq. Mittel} + \text{kurzfr. Ford.}) \cdot 100}{\text{kurzfristige Schulden}}$	$\dfrac{(680 + 1\,850) \cdot 100}{2\,500} = 101{,}2\,\%$	$\dfrac{(640 + 2\,140) \cdot 100}{4\,300} = 64{,}7\,\%$
Liquidität 3. Grades (absatzbedingte Liquidität) $= \dfrac{\text{Umlaufvermögen} \cdot 100}{\text{kurzfristige Schulden}}$	$\dfrac{3\,600 \cdot 100}{2\,500} = 144{,}0\,\%$	$\dfrac{3\,600 \cdot 100}{4\,300} = 83{,}7\,\%$

Alle **Liquiditätskennzahlen** haben sich verbessert. Die Barliquidität von 27,2 % besagt, dass von 100,00 € kurzfristigen Schulden bei sofortiger Fälligkeit nur 27,20 € getilgt werden können. Das deutet zwar gegenüber dem Vorjahr auf eine starke Verbesserung, aber immer noch auf eine Gefährdung der Liquidität hin. Die Liquidität 2. Grades, die ca. 100 % betragen sollte, bestätigt eine kurzfristige Absicherung und eine erhebliche Verbesserung gegenüber dem Vorjahr.

> **PRAXISTIPP!**
>
> *Die Liquiditätskennziffern sollten mit Vorsicht beurteilt werden. Sie gelten nur für den Bilanzstichtag und geben somit einen Status an, der sich schnell ändern kann.*

Aussagen für die Zukunft können deshalb nur bei Kenntnis der Fälligkeitsdaten der Verbindlichkeiten, der Einkaufsdisposition, der Liquidierbarkeit der Posten des Umlaufvermögens, der Marktlage und der Zahlungsgewohnheiten der Kunden gemacht werden.

Eine im Zeitvergleich rückläufige Tendenz der Liquidität kann auf Fehldispositionen oder aber auch auf die Verwendung aller liquiden Reserven zur Finanzierung von Anlagen und Vorräten, beispielsweise zum Zwecke der Betriebserweiterung und Umsatzsteigerung, zurückzuführen sein. Parallel zur Liquidität sind also die Entwicklung anderer Bilanzposten und der Kapitalfluss zu betrachten.

Liquiditätsstatus in Staffelform
Hierbei handelt es sich um eine Gegenüberstellung von Vermögens- und Schuldenteilen, aufgegliedert nach Fristen, in denen sie voraussichtlich zu Einnahmen bzw. zu Ausgaben führen. Diese auf die künftige Zahlungsbereitschaft gerichtete Rechnung soll kurz-, mittel- und langfristige Unter- oder Überdeckung der Schulden durch vorhandene Mittel erkennen lassen.

Beispiel:

	Berichtsjahr	Vorjahr
liquide Mittel	680 000,00	640 000,00
− kurzfristige Verbindlichkeiten	2 500 000,00	4 300 000,00
Unterdeckung/Überdeckung	− 1 820 000,00	− 3 660 000,00
+ kurzfristige Forderungen	1 850 000,00	2 140 000,00
Unterdeckung/Überdeckung	+ 30 000,00	− 1 520 000,00
+ Vorräte	1 070 000,00	820 000,00
Unterdeckung/Überdeckung	+ 1 100 000,00	− 700 000,00

Der Liquiditätsstatus des Beispiels zeigt, dass durch die Heranziehung der kurzfristigen Forderungen eine Tilgung der kurzfristigen Verbindlichkeiten zu erreichen ist. Das deutet auf eine Stabilisierung der Liquidität über eine längere Dauer hin.

Zusammenfassung

Bilanzanalyse und -interpretation

- **Notwendigkeit**
  - Kontrolle und Beurteilung der Vermögens- und Finanzlage
  - Kontrolle und Beurteilung der Geschäftsgebarung
  - Beurteilung der Kreditwürdigkeit durch Fremdkapitalgeber
  - Beurteilung von Chancen und Risiken durch Investoren

- **Methoden der Auswertung**
  - Einzelanalyse
  - Zeitvergleich
  - Betriebs- und Branchenvergleich
  - Soll-Ist-Vergleich

- **Strukturierung der Bilanz**
  - Kapitalstruktur nach Überlassungsfristen
  - Vermögensstruktur nach Kapitalbindungsfristen

- **Bilanzkennziffern**

  - Anlagevermögensintensität $= \dfrac{AV \cdot 100}{Gesamtvermögen}$

  - Umlaufvermögensintensität $= \dfrac{UV \cdot 100}{Gesamtvermögen}$

  - Eigenkapitalquote $= \dfrac{Eigenkapital \cdot 100}{Gesamtkapital}$

  - Fremdkapitalintensität $= \dfrac{Fremdkapital \cdot 100}{Gesamtkapital}$

  - Intensität der kurzfristigen Schulden (finanzielle Beweglichkeit) $= \dfrac{Kurzfr.\ Verbindlichkeiten \cdot 100}{Gesamtkapital}$

  - Finanzierung (Fremdkapitaldeckung) $= \dfrac{Eigenkapital \cdot 100}{Fremdkapital}$

  - Verschuldungskoeffizient $= \dfrac{Fremdkapital \cdot 100}{Eigenkapital}$

  - Anlagendeckung I $= \dfrac{Eigenkapital \cdot 100}{Anlagevermögen}$

  - Anlagendeckung II $= \dfrac{(Eigenkapital + langfr.\ Fremdkapital) \cdot 100}{Anlagevermögen}$

  - Liquidität 1. Grades (Barliquidität) $= \dfrac{Liquide\ Mittel \cdot 100}{kurzfristige\ Verbindlichkeiten}$

  - Liquidität 2. Grades (einzugsbedingte Liquidität) $= \dfrac{(Liquide\ Mittel + kurzfr.\ Forderungen) \cdot 100}{kurzfristige\ Verbindlichkeiten}$

  - Liquidität 3. Grades (Umsatzbedingte Liquidität) $= \dfrac{Umlaufvermögen \cdot 100}{kurzfristige\ Verbindlichkeiten}$

Aufgaben

1. Zwei Möbelfabriken, deren Kapazitäten weitgehend übereinstimmen, erzielen auf ihren Absatzmärkten gleich hohe Umsätze bei fast gleichartigem Produktionsprogramm. Sie sollen die Bilanzen (in Mio. EUR) dieser beiden Betriebe aufbereiten und auswerten.

Aktiva	A-AG	B-AG	Passiva	A-AG	B-AG
A. Anlagevermögen			A. Eigenkapital		
1. Grundstücke, Gebäude	350	320	I. Gezeichnetes Kapital	600	600
2. Maschinen	420	750	II. Gewinnrücklagen	30	270
3. Geschäftsausstattung	140	130	III. Jahresüberschuss	60	150
B. Umlaufvermögen			B. Rückstellungen		
I. Vorräte			1. Steuerrückstellungen	20	25
1. Roh-, Hilfs-, Betriebsstoffe	215	108	2. Sonstige Rückstellungen	15	5
2. Unfertige Erzeugnisse	85	20	C. Verbindlichkeiten		
3. Fertige Erzeugnisse	90	10	1. Bankverbindlichkeiten		
II. Forderungen			a) mit einer Restlaufzeit von über 5 Jahren	400	228
1. Forderungen a. LL	80	42	b) mit einer Restlaufzeit von mehr als 1 bis 5 Jahren	130	50
2. Sonstige Forderungen	12	8	c) mit einer Restlaufzeit von bis zu 1 Jahr	70	30
IV. Kasse, Bankguthaben	5	10	2. Verbindlichkeiten a. LL	57	28
C. Rechnungsabgrenzung	3	2	3. Sonstige Verbindlichkeiten	13	10
				5	4
			D. Rechnungsabgrenzungsposten		
	1 400	1 400		1 400	1 400

a) Stellen Sie nach dem Beispiel auf S. 438 die aufbereiteten Bilanzen zusammen. Es ist davon auszugehen, dass jeweils die Hälfte des Jahresüberschusses an die Aktionäre ausgeschüttet werden soll.
b) Bestimmen Sie die Anlagevermögensintensität und die Umlaufvermögensintensität beider Unternehmen und vergleichen Sie die beiden Unternehmen miteinander.
c) Bestimmen Sie im Rahmen der Analyse des Kapitalaufbaus beider Unternehmen
  – die Eigenkapitalquote,
  – die Fremdkapitalintensität,
  – die Intensität der kurzfristigen Schulden,
  – die Finanzierung,
  – den Verschuldungskoeffizienten.
Beurteilen Sie den Kapitalaufbau beider Unternehmen.

d) Berechnen Sie für beide Unternehmen die Anlagendeckung I und Anlagendeckung II zur Beurteilung der Investierung.
e) Berechnen Sie für beide Unternehmen
  – Barliquidität,
  – Liquidität 2. Grades,
  – Liquidität 3. Grades.
Stellen Sie den Liquiditätsstatus auf. Beurteilen Sie aufgrund der Kennziffern und des Liquiditätsstatus die Liquidität der Kapitalgesellschaften.

2. Sie werden beauftragt, die unten stehenden Bilanzen eines Industriebetriebes auszuwerten (in EUR):

Aktiva	1	2	Passiva	1	2
I. **Anlagevermögen**			I. **Eigenkapital**	370 000,00	350 000,00
1. Grundstücke	20 000,00	20 000,00	II. **Fremdkapital**		
2. Gebäude	25 000,00	24 000,00	1. Hypothekenschulden	40 000,00	40 000,00
3. Maschinen	60 000,00	55 000,00	2. Darlehensschulden	120 000,00	120 000,00
4. Fuhrpark	15 000,00	120 000,00	3. Verbindlichkeiten a. LL	170 000,00	190 000,00
5. Geschäftsausstattung	30 000,00	26 000,00			
II. **Umlaufvermögen**					
1. Vorräte	209 700,00	280 300,00			
2. Forderungen a. LL	115 000,00	80 400,00			
3. Kasse	9 300,00	6 200,00			
4. Bank	216 000,00	88 100			
	700 000,00	700 000,00		700 000,00	700 000,00

Ermitteln Sie dabei für beide Jahre die Kennzahlen

a) **zum Vermögensaufbau**
   aa) Anlagevermögensintensität
   ab) Umlaufvermögensintensität
b) **zur Finanzierung**
   ba) Eigenkapitalintensität
   bb) Fremdkapitalintensität
   bc) Intensität der kurzfristigen Schulden
   bd) Finanzierung
   be) Verschuldungskoeffizient

c) **zur Anlagendeckung**
   ca) Anlagendeckung I
   cb) Anlagendeckung II
d) **zur Liquidität**
   da) Liquidität 1. Grades
   db) Liquidität 2. Grades
   dc) Liquidität 3. Grades
   dd) Liquiditätsstatus

Beurteilen Sie die Entwicklung des Unternehmens anhand der Kennzahlen in einem Bericht zur Bilanz.

3. a) Stellen Sie nach folgenden Angaben (Werte in TEUR) eine Bilanz nach den Gliederungsvorschriften des § 266 HGB auf:

Roh-, Hilfs- und Betriebsstoffe	220	Fuhrpark	375
Beteiligungen	300	Maschinen	675
Betriebs- und Geschäftsausstattung	200	Unfertige und fertige Erzeugnisse	80
Forderungen a. LL	25	Verbindlichkeiten a. LL	140
Erhaltene Kundenanzahlungen	10	Grundstücke und Gebäude	1 100
Wertpapiere des Anlagevermögens	20	Bankguthaben	180
Sonstige Vermögensgegenstände	25	Sonstige kurzfristige Verbindlichkeiten	30
Pensionsrückstellungen	110	Darlehensschulden mit einer Restlaufzeit über 5 Jahre	150
Anzahlungen an Rohstofflieferer	30	Andere Rückstellungen	80
Passive Rechnungsabgrenzungsposten	8	Anleihen über 5 Jahre	435
Aktive Rechnungsabgrenzungsposten	3	Eigenkapital	2 270

b) Die Bilanz ist unter Beachtung folgender Angabe zu bereinigen und nach dem Schema S. 439 f. zu gliedern:
- Die „andere(n) Rückstellungen" sind im Gegensatz zu den Pensionsrückstellungen dem kurzfristigen Fremdkapital zuzurechnen.

c) Ermitteln Sie folgende Bilanzkennzahlen:
- Anlagevermögensintensität
- Umlaufvermögensintensität
- Eigenkapitalintensität
- Fremdkapitalintensität
- Intensität der kurzfristigen Schulden
- Verschuldungskoeffizient
- Anlagendeckung I
- Anlagendeckung II
- Liquidität 1. Grades
- Liquidität 2. Grades

d) Stellen Sie den Liquiditätsstatus auf.
e) Beurteilen Sie die einzelnen Kennzahlen.

4. Gegeben ist die Bilanz eines Industriebetriebes in TEUR:

Aktiva		Bilanz	Passiva
I. Anlagevermögen		**I. Eigenkapital**	2 200,00
Bebaute Grundstücke	400	**II. Schulden über 5 Jahre**	
Gebäude	600	Hypothekenschulden	500
Maschinen	450	Darlehensschulden	100
Fuhrpark	350	**III. Andere Verbindlichkeiten**	
Betriebs- und Geschäftsausstattung	200	Verbindlichkeiten a. LL	800
II. Umlaufvermögen		Sonstige Verbindlichkeiten	395
Roh-, Hilfs- und Betriebsstoffe	700	**IV. Rechnungsabgrenzungsposten**	5
Unfertige und fertige Erzeugnisse	230		
Forderungen a. LL	943		
Kasse	7		
Bank	118		
III. Rechnungsabgrenzungsposten	2		
	4 000		4 000

a) Die Bilanz ist unter Beachtung folgender Angaben zu bereinigen:
Die aktiven Rechnungsabgrenzungsposten sind mit den kurzfristigen Forderungen, die passiven Rechnungsabgrenzungsposten mit den kurzfristigen Verbindlichkeiten zusammenzufassen.

b) Bereiten Sie die bereinigte Bilanz durch Umrechnung der absoluten Zahlen in Verhältniszahlen auf.

c) Ermitteln Sie
- die Konstitution,
- die Anlagen- und Umlaufvermögensintensität,
- die Eigen- und Fremdkapitalintensität und die Finanzierung,
- die Anlagendeckung I und II,
- die Liquidität 1., 2. und 3. Grades.

4 Den Jahresabschluss aus Sicht verschiedener Adressaten mithilfe von Kennziffern analysieren

5. a) In Industriebetrieben bilden Rohstoffe oft den größten Posten innerhalb des Umlaufvermögens. Wie erklären Sie sich diesen Sachverhalt?
   b) Was sagt Ihnen die Bilanz über die Art des Betriebes?
   c) Welche Probleme bringt die Umstellung des Produktionsprogrammes für den anlagenintensiven Betrieb mit sich?
   d) Welche besonderen Vorteile hat diesbezüglich der arbeitsintensivere Betrieb?

6. a) Warum kann die Finanzierung in unserem Beispiel auf S. 440 f. als gut bezeichnet werden?
   b) Wie kann das Verhältnis Eigenkapital : Fremdkapital noch verbessert werden?
   c) Wodurch kann eine Verschlechterung eintreten?
   d) Wie beurteilen Sie das Verhältnis von Eigenkapital : Fremdkapital = 3 : 4?
   e) Die Kennziffer über den Vermögensaufbau änderte sich gegenüber dem Vorjahr von 35 % auf 48 % bei etwa gleichbleibendem Umlaufvermögen. Begründen Sie diese Entwicklung.

7. a) Die Dreherei erhielt eine neue Drehbank im Werte von 360 000,00 €. Ihre Anschaffung wurde mit einem 3-Monats-Kredit finanziert. Beurteilen Sie diese Entscheidung.
   b) Der Deckungsgrad des Anlagevermögens durch langfristiges Kapital entwickelt sich auf 110 % gegenüber 75 % des Vorjahres. Die Unternehmung war aus einer Einzelunternehmung in eine KG umgewandelt worden. Prüfen Sie, ob die Veränderung der Kennziffer durch diesen Vorgang beeinflusst worden sein kann.

8. a) Warum ist die aus der Bilanz errechnete Zahlungsbereitschaft mit Vorsicht zu behandeln?
   b) Welche Angaben müssten Sie haben, um ein genaueres Bild über die Liquidität zu erhalten?
   c) Durch welche Maßnahmen kann die Liquidität verbessert werden?

9. Erklären Sie folgende Bilanzpositionen einer Kapitalgesellschaft:

   a) Eigenkapital
   b) Rücklagen
   c) Rückstellungen
   d) Verbindlichkeiten
   e) Sachanlagen
   f) Vorräte
   g) Finanzanlagen

10. Folgende vereinfachte Bilanzen in Mio. EUR eines Industriebetriebes sind auszuwerten:

	Vorjahr	Berichtsjahr		Vorjahr	Berichtsjahr
Sachanlagen	600	700	Eigenkapital	600	700
Finanzanlagen	120	70	Langfristiges Fremdkapital	375	520
Anlagevermögen	720	770	Kurzfristiges Fremdkapital	225	280
Vorräte	220	315			
Forderungen	140	210			
Liquide Mittel	120	105			
Umlaufvermögen	480	630			
Vermögen	1 200	1 400	Kapital	1 200	1 400

a) Nennen Sie Bilanzposten, die in den einzelnen Vermögens- und Kapitalgruppen enthalten sind.
b) Ermitteln Sie die Intensitätskennziffern der einzelnen Vermögens- und Kapitalgruppen.
c) Ermitteln Sie die prozentualen Veränderungen der Einzelgruppen und geben Sie die Ursachen und Folgen an.
d) Ermitteln Sie den Verschuldungskoeffizienten, die Anlagendeckung I und II und die Liquidität 1., 2. und 3. Grades.
e) Stellen Sie den Liquiditätsstatus in Staffelform auf.

11. Beurteilen und vergleichen Sie die Betriebe I und II aufgrund ihrer Bilanzen:

a) Stellen Sie die Bilanzen nach der bekannten Ordnung und Gliederung auf.
b) Bereiten Sie die Bilanzen auf.
c) Beurteilen Sie die Finanzierung, die Kapitalinvestierung, den Vermögensaufbau und die Liquidität.
d) Stellen Sie Ihre Ergebnisse zur Präsentation mithilfe eines geeigneten Mediums dar und präsentieren Sie diese.

	Betrieb I €	Betrieb II €
Kasse	7 200,00	8 500,00
Bankguthaben	43 300,00	52 200,00
Vorräte	185 000,00	215 100,00
Forderungen a. LL	64 500,00	60 200,00
Gebäude	60 000,00	15 000,00
Maschinen	25 000,00	3 000,00
Fuhrpark	85 000,00	25 000,00
Geschäftsausstattung	30 000,00	41 000,00
Verbindlichkeiten a. LL	75 000,00	84 800,00
Darlehensschulden	50 000,00	31 200,00
Hypothekenschulden	25 000,00	10 000,00
Eigenkapital	350 000,00	294 000,00

12. Prüfen Sie die nachfolgenden Aussagen und geben Sie an, was ein Anlagendeckungsgrad II ≥ 100 % aussagt.

a) Das Anlagevermögen wird vollständig durch kurzfristiges Fremdkapital finanziert.
b) Das Anlagevermögen des Unternehmens entspricht dem Branchendurchschnitt.
c) Das Anlagevermögen des Unternehmens ist zu hoch, was zu Liquiditätsproblemen führen kann.
d) Das Anlagevermögen wird vollständig durch Eigenkapital und langfristiges Fremdkapital finanziert.
e) Das Umlaufvermögen wird vollständig durch Eigenkapital und langfristiges Fremdkapital finanziert.

4.2 Die Gewinn-und-Verlust-Rechnung einer Kapitalgesellschaft in Verbindung mit dem Anhang analysieren

Der Kreditbearbeiter der Deutschen Bank AG hat Herrn Feld gebeten, zusätzlich zu den Bilanzen die Gewinn-und-Verlust-Rechnungen der beiden Jahre zur Einsicht nachzureichen.

Gewinn-und-Verlust-Rechnungen der Sommerfeld Bürosysteme GmbH in TEUR

		Berichtsjahr	Vorjahr			Berichtsjahr	Vorjahr
5200	Bestandsveränderungen	120	85	5000	Umsatzerlöse für eigene Erzeugnisse	45 000	42 000
6000	Aufwendungen für Rohstoffe	12 250	11 607	5100	Umsatzerlöse für Handelswaren	1 390	1 460
6020	Aufwendungen für Hilfsstoffe	3 956	3 840	5400	Mieterträge	96	36
6050	Aufwendungen für Energie	1 195	1 086	5460	Erträge aus Vermögensabgängen	62	15
6160	Fremdinstandsetzung	716	100	5710	Zinserträge	27	22
6200	Löhne	12 143	10 995				
6300	Gehälter	6 982	6 347				
6500	Abschreibungen	672	640				
6700	Mieten/Leasing	1 410	1 304				
6800	Aufwendungen für Kommunikation (Büromaterial, Werbung)	2 038	1 970				
6900	Versicherungsbeiträge	74	73				
6960	Verluste aus Vermögensabgängen	649	45				
7000	Betriebliche Steuern	1 225	1 190				
7510	Zinsaufwendungen	145	125				
7710	Körperschaftsteuer	1 350	1 856				
3400	Jahresüberschuss	1 650	2 270				
		46 575	43 533			46 575	43 533

Arbeitsaufträge

- Erläutern Sie, warum der Kreditsachbearbeiter auch die Gewinn-und-Verlust-Rechnungen der letzten beiden Jahre benötigt.
- Erläutern Sie, welche ergänzenden Informationen zur GuV dem Anhang entnommen werden können.

Aufbereitung der Gewinn-und-Verlust-Rechnung

Die Einbeziehung der Gewinn-und Verlustrechnung in die Auswertung des Jahresabschlusses ermöglicht Analysen zur **Aufwands- und Ertragsstruktur** des Unternehmens. Im Vergleich mit früheren GuV-Rechnungen und in Verbindung mit den Bilanzdaten und Daten des Anhangs können weitere Kennziffern zur Entwicklung des Unternehmens gewonnen werden. Wie bei der Bilanzanalyse muss der Ermittlung von Kennzahlen eine entsprechende Aufbereitung vorausgehen.

Im folgenden Beispiel werden in den aufbereiteten GuV-Rechnungen die Anteile (Intensitätskennziffern) der Erfolgsquellen am Gesamtertrag (= 100 %) und deren Entwicklung gegenüber dem Vorjahr dargestellt:

Beispiel (vgl. Seite 396 ff.): **Aufbereitete Gewinn-und-Verlust-Rechnungen der Sommerfeld Bürosysteme GmbH:**

	Berichtsjahr		Vorjahr		Veränderungen	
	TEUR	%	TEUR	%	TEUR	%
Umsatzlöse	46 390	99,9	43 460	100,1	+2 930	+6,7
Bestandsveränderungen (Bestandsminderungen)	−120	−0,2	−85	−0,2	+35	+41,2
Sonstige betriebliche Erträge	158	0,3	51	0,1	+107	+209,8
Betriebliche Erträge	**46 428**	**100,0**	**43 426**	**100,0**	**+3 002**	**+6,9**
Materialaufwand	16 205	34,9	15 447	35,6	+758	+4,9
Personalaufwand	19 125	41,2	17 342	39,9	+1 783	+10,3
Abschreibungen	672	1,4	640	1,5	+32	+5,0
Sonstige betriebl. Aufwend.	7 308	15,7	5768	13,3	+1 540	+26,7
Betriebliche Aufwendungen	**43 310**	**93,3**	**39 197**	**90,3**	**+4 113**	**+10,5**
Betriebsergebnis	**3 118**	**6,7**	**4 229**	**9,7**	**−1 111**	**−26,3**
Zinsen u. ähnliche Aufwend.	145	0,3	125	0,3	+20	+16,0
Zinserträge	27	0,1	22	0,1	+5	+22,7
Finanzergebnis	**−118**	**−0,2**	**−103**	**−0,2**	**−15**	**+14,6**
Steuern	1 350	2,9	1 856	4,3	−506	−27,3
Jahresüberschuss/-fehlbetrag	**1 650**	**3,6**	**2 270**	**5,2**	**−620**	**−27,3**

Diese Kennzahlen zeigen, dass sich die Struktur der Aufwendungen und Erträge wesentlich verändert hat, insbesondere die sonstigen betrieblichen Aufwendungen und die Personalaufwendungen. Alle übrigen betrieblichen Aufwendungen haben sich in einem ähnlichen Verhältnis wie die Umsatzerlöse verändert. Es ist insgesamt ein wesentlich schlechteres Ergebnis als im Vorjahr erzielt worden.

4 Den Jahresabschluss aus Sicht verschiedener Adressaten mithilfe von Kennziffern analysieren

Beispiel: Unterstellt man im obigen Beispiel einen landesüblichen Zinssatz für langfristig gebundenes Kapital von 6 %, verbleibt beispielsweise im Berichtsjahr eine Risikoprämie von 25,9 % (31,9 – 6).

Eine geringe Eigenkapitalrentabilität und damit niedrige Risikoprämie, die auch auf eine niedrige Ausschüttung schließen lassen, können dazu führen, dass Gesellschafter ihre Anteile veräußern. Dadurch könnten sich negative Auswirkungen auf den Börsenkurs von Aktiengesellschaften und damit auf Möglichkeiten künftiger Kapitalbeschaffung ergeben. Unter Berücksichtigung der Risikoprämie sollte die Eigenkapitalrentabilität somit über dem landesüblichen Zinssatz für langfristiges Kapital liegen.

Rentabilität des Gesamtkapitals

Hierbei wird der mit dem Gesamtkapital erzielte Reinertrag (Jahresüberschuss + gezahlte Fremdkapitalzinsen) dem durchschnittlichen Gesamtkapital gegenübergestellt:

$$\text{Gesamtkapitalrentabilität} = \frac{(\text{Jahresüberschuss} + \text{Fremdkapitalzinsen}) \cdot 100}{\text{durchschnittliches Gesamtkapital}}$$

Beispiel:

	Berichtsjahr	Vorjahr
Jahresüberschuss/-fehlbetrag	1 650	2 270
Fremdkapitalzinsen	145	125
Gesamtkapital – Anfangsbestand	12 000	11 000[1]
– Endbestand	12 500	12 000
– Durchschnitt	24 500 : 2 = 12 250	23 000 : 2 = 11 500
Gesamtkapitalrentabilität	$\frac{(1\,650 + 145) \cdot 100}{12\,250} = 14{,}7\,\%$	$\frac{(2\,270 + 125) \cdot 100}{4\,290} = 20{,}8\,\%$

Mit der Gesamtkapitalrentabilität kann nachgewiesen werden, ob der Einsatz des Fremdkapitals sich gelohnt hat. Liegt sie über dem landesüblichen Zinssatz, kann die Eigenkapitalrentabilität durch fremdfinanzierte Investitionen verbessert werden (**Leverage-Effekt**). Umgekehrt tritt eine Minderung der Eigenkapitalrentabilität ein, wenn der Zinssatz für Fremdkapital die Gesamtkapitalrentabilität übersteigt.

Leverage-Effekt

	Beispiel 1	Beispiel 2
Bedingungen	Steigender Fremdkapitaleinsatz vermindert die EK-Rentabilität. 1. Konstantes Verhältnis von Eigenkapital : Fremdkapital 2. Gleichbleibende Gesamtkapitalrentabilität 3. Steigender Fremdkapitalzinssatz	Steigender Fremdkapitaleinsatz verbessert die EK-Rentabilität. 1. Zunahme des Fremdkapitals 2. Konstanter Fremdkapitalzinssatz 3. Konstante Gesamtkapitalrentabilität

---

[1] *Information aus der Vorjahresbilanz*

	Beispiel 1				Beispiel 2			
Folgen	1. Steigende Fremdkapitalzinsen mindern die EK-Rentabilität. 2. Übersteigt der Zinssatz für Fremdkapital die Gesamtkapitalrentabilität, fällt die EK-Rentabilität darunter.				Jede weitere Fremdfinanzierung erhöht die EK-Rentabilität.			
Eigenkapital	500	500	500	500	500	500	500	500
Fremdkapital	200	200	200	200	200	300	400	500
Gesamtkapitalertrag	70	70	70	70	70	80	90	100
Gesamtkapitalrentabilität	10 %	10 %	10 %	10 %	10 %	10 %	10 %	10 %
Fremdkapitalzinssatz	6 %	8 %	10 %	12 %	8 %	8 %	8 %	8 %
Fremdkapitalzinsen	12	16	20	24	16	24	32	40
Ertragsanteil des Eigenkapitals (Gewinn)	58	54	50	46	54	56	58	60
Eigenkapitalrentabilität	11,6 %	10,8 %	10 %	9,2 %	10,8 %	11,2 %	11,6 %	12 %

Umsatzrentabilität

Die Umsatzrentabilität gibt den prozentualen Anteil des Betriebsgewinns (bereinigter Jahresüberschuss) am Umsatzerlös an. Das Betriebsergebnis kann jedoch bei externen Analysen nur annähernd berechnet werden. Externe Betrachter stellen daher Jahresabschluss und Umsatzerlöse gegenüber.

Beispiel:

	Berichtsjahr	Vorjahr
Jahresüberschuss	1 650	2 270
Umsatzerlöse	46 390	43 460
Umsatzrentabilität = $\frac{\text{Jahresüberschuss} \cdot 100}{\text{Umsatzerlöse}}$	$\frac{1\,650 \cdot 100}{46\,390}$ = 3,6 %	$\frac{2\,270 \cdot 100}{43\,460}$ = 5,2 %

Die Umsatzrentabilität drückt den **Gewinnanteil je 100,00 € Umsatzerlöse** aus, der für Ausschüttungen oder Investitionen im Unternehmen verwendet werden kann. Das Ergebnis im Beispiel liegt im Berichtsjahr geringfügig über dem Durchschnitt der deutschen Industriebetriebe (etwa 3 %). Für die stark gefallenen Rentabilitätskennziffern können externe Betrachter nur die Haupteinflussgrößen des Gewinns, nämlich gestiegene **Kosten** einerseits oder gesunkene **Umsatzerlöse** andererseits, verantwortlich machen. In der Abgrenzungsrechnung der Sommerfeld Bürosysteme GmbH zur KLR wurde jedoch festgestellt, dass die negative Ergebnisentwicklung in erster Linie auf betrieblich außerordentliche Vorgänge zurückzuführen ist. Für das Berichtsjahr wurde dort ein Betriebsgewinn von 3 303 TEUR ermittelt, was einer Umsatzrentabilität von 7,3 % entspricht.

→ LF 4

Finanzanalyse mithilfe des Cashflows

Der **Cashflow** ist ein **Kassenüberschuss** bzw. **finanzwirtschaftlicher Überschuss**, der über die reine Deckung der Aufwände hinausreicht und zunächst im Unternehmen verbleibt.

Er steht dem Unternehmen zur
- Finanzierung von Investitionen,
- Rückzahlung von Verbindlichkeiten und
- Gewinnausschüttung

zur Verfügung.

Neben der Ertragslage wird mit dieser Kennzahl in erster Linie die **Selbstfinanzierungskraft** eines Unternehmens aufgezeigt.

Berechnung des Cashflows vom Jahresüberschuss	Berichtsjahr	Vorjahr
Jahresüberschuss	1 650	2 270
+ Abschreibungen auf Anlagen	672	640
+ Erhöhung der Pensionsrückstellungen	150	120
Cashflow	2 472	3 030

Ausgangsgröße zur Berechnung ist der **Jahresüberschuss**. Dieser ist dazu da, um **alle nicht auszahlungswirksamen Aufwendungen** des Berichtsjahres zu erhöhen, die dem Unternehmen somit für spätere Finanzierungszwecke zur Verfügung stehen. Dazu zählen die Abschreibungen auf Anlagen, Einstellungen in die langfristigen Rücklagen und vor allem Pensionsrückstellungen.

> **PRAXISTIPP!**
>
> *Aus der Entwicklung und der Höhe des Cashflows können Rückschlüsse auf die Selbstfinanzierungskraft, Ertragskraft, Kreditwürdigkeit und Expansionsfähigkeit eines Unternehmens gezogen werden. Er ist für die Analyse des Jahresabschlusses daher eine besonders aussagekräftige Kennzahl.*

Die **Cashflow-Umsatzrate** ist das prozentuale Verhältnis vom Cashflow zum Umsatz. Aus dieser Zahl lässt sich ableiten, wie viel Prozent der Umsatzerlöse für Investitionen, Rückzahlung von Verbindlichkeiten und Gewinnausschüttung verwendet werden können.

	Berichtsjahr	Vorjahr
Cashflow-Umsatzrate = $\dfrac{\text{Cashflow} \cdot 100}{\text{Umsatzerlöse}}$	$\dfrac{2\,472 \cdot 100}{46\,390} = 5{,}3\,\%$	$\dfrac{3\,030 \cdot 100}{43\,460} = 7{,}0\,\%$

Das Ergebnis sagt aus, dass von 100,00 € Umsatzerlösen etwa 5,30 € (Vorjahr 7,00 €) für Finanzierungszwecke zur Verfügung stehen.

Zur Errechnung weiterer Kennzahlen auf Basis des Cashflows kann dieser als **Prozentsatz** zu den **Investitionen**, den **Schulden** und dem **Nominalkapital** (gezeichneten Kapital) gesetzt werden. Mithilfe dieser Kennzahlen können wertvolle Aussagen zur

Innenfinanzierung, zum Kreditspielraum und zur Ausschüttungsfähigkeit eines Unternehmens gemacht werden.

> *Zusammenfassung*
>
> **Die Gewinn-und-Verlust-Rechnung einer Kapitalgesellschaft in Verbindung mit dem Anhang analysieren**
>
> - *Intensitätskennziffern* zu einzelnen Aufwands- und Ertragsarten: Materialaufwandsintensität, Personalaufwandsintensität, Abschreibungsintensität, Umsatzintensität
> - *Rentabilitäten:* Eigenkapitalrentabilität, Gesamtkapitalrentabilität, Umsatzrentabilität
> - *Cashflow:* Gewinn + kurzfristig nicht ausgabenwirksame Aufwendungen, wie Abschreibungen und Zuführungen zu Pensionsrückstellungen

Aufgaben

1. Folgende Aufgaben sind im Team zu lösen und die Lösungen mit geeigneten Medien zu präsentieren:

    a) Erstellen Sie für die Betriebe I und II (Eisengießereien) aufgrund der Angaben der Finanzbuchhaltung die Gewinn-und-Verlust-Rechnung in Kontenform und in Staffelform gem. § 275 HGB.
    b) Berechnen Sie für die Betriebe I und II den Anteil der Materialaufwendungen, Personalaufwendungen, Abschreibungen und des Gewinnes am Umsatz.
    c) Welche Schlussfolgerung ergibt sich aufgrund der Intensitätsziffern der beiden Betriebe hinsichtlich der Wirtschaftlichkeit und Modernität der Anlagen?

Aufwendungen und Erträge		Betrieb I €	Betrieb II €
5000	Umsatzerlöse	12 825 000,00	11 192 500,00
5700	Sonstige Zinsen und ähnliche Erträge	111 000,00	20 000,00
6000	Fertigungsmaterial	3 528 000,00	2 661 000,00
6020	Aufwand für Hilfsstoffe	411 600,00	359 500,00
6050	Aufwand für Energie	646 800,00	635 500,00
6100	Aufwendungen für bezogene Leistungen	352 800,00	300 000,00
6200	Löhne	2 822 400,00	1 845 000,00
6300	Gehälter	1 176 000,00	723 125,00
6400	Soziale Abgaben	1 411 200,00	844 375,00
6500	Abschreibungen	588 000,00	975 000,00
6800	Aufwendungen für Kommunikation	470 400,00	927 000,00
6900	Aufwendungen für Beiträge und Sonstiges	235 200,00	279 500,00
7000	Betriebliche Steuern	90 600,00	80 000,00
7510	Zinsen und ähnliche Aufwendungen	12 000,00	115 000,00
7700	Steuern vom Einkommen und Ertrag	15 000,00	5 000,00

2. Ein Betrieb der chemischen Industrie hatte in den beiden letzten Jahren folgende Aufwendungen und Erträge in Mio. EUR:

Aufwands- bzw. Ertragsarten	Vorjahr	Berichtsjahr
Umsatzerlöse	1 200	1 500
Aufwendungen für Roh-, Hilfs- und Betriebsstoffe	400	500
Personalaufwendungen	100	120
Abschreibungen	320	400
Steuern	20	25
Aufwendungen für Rechte und Dienste	10	15
Aufwendungen für Kommunikation	150	140

a) Ermitteln Sie die Intensitätskennziffern der einzelnen Aufwandsarten
  aa) am Gesamtaufwand
  ab) und des Gewinns am Umsatz.
b) Erläutern Sie die Aufwandsstruktur der beiden Jahre und ihre Veränderung.
c) Nennen Sie die Gründe für die Aufwandsstrukturveränderung.
d) Welchen Einfluss hätte eine Steigerung der Material- und Personalaufwendungen von jeweils 10 % im kommenden Jahr, wenn alle anderen Aufwandsarten gleich bleiben, und um wie viel EUR und Prozent würden sich die Gesamtaufwendungen gegenüber dem Berichtsjahr erhöhen?
e) Um wie viel Prozent müsste sich der Umsatz bei der angenommenen Aufwandserhöhung (Aufgabe d) im kommenden Jahr gegenüber dem Berichtsjahr steigern, wenn der Gewinn des Berichtsjahres erreicht werden soll?

3. a) Das Eigenkapital eines Industriebetriebes (Einzelunternehmen) beträgt 650 000,00 €, der Unternehmergewinn 26 000,00 €.
  aa) Berechnen und beurteilen Sie die Unternehmerrentabilität.
  ab) Wie kann die Rentabilität verbessert werden?
b) Welche Überlegungen sind vor der Aufnahme eines Darlehens anzustellen?
c) Die Umsatzrentabilität eines Betriebes ist in den letzten Jahren von 4 % auf 3 % und 2 % gefallen.
  ca) Wie erklären Sie sich das?
  cb) Welche Maßnahmen empfehlen Sie?

4. Die Buchhaltung eines Industriebetriebes (Einzelunternehmen) liefert für die letzten drei Jahre folgende Zahlen in EUR:

	1. Jahr	2. Jahr	3. Jahr
Eigenkapital	150 000,00	175 000,00	200 000,00
Fremdkapital (Schulden)	100 000,00	125 000,00	115 000,00
Zinsen für Fremdkapital	4 800,00	7 500,00	6 000,00
Reingewinn	25 000,00	35 000,00	50 000,00
Unternehmerlohn	9 600,00	12 000,00	14 400,00
Umsatzerlöse, netto	580 000,00	750 000,00	960 000,00

a) Ermitteln Sie die Unternehmer-, Unternehmungs- und Umsatzrentabilität.
b) Beurteilen Sie die Entwicklung des Unternehmens.

5. Zur Feststellung der Rentabilitätsentwicklung legt ein Industriebetrieb folgende Werte der letzten vier Jahre vor:

	1	2	3	4
Eigenkapital in TEUR (Anfangsbestand)	4 000	4 100	4 400	4 500
Fremdkapital (Schulden) in TEUR – AB	2 000	2 000	3 000	4 000
Gewinn in TEUR	400	500	550	360
Durchschnittl. Fremdkapitalzinssatz	6 %	6 %	7 %	7 %
Umsatzerlöse in TEUR	10 000	16 400	20 000	22 500
Bildung von Pens.rückstellungen in TEUR	50	70	80	170
Abschreibungen in TEUR	900	1 100	1 700	1 300

a) Ermitteln Sie für die vier Jahre
   aa) den Zinsaufwand für das Fremdkapital, ad) die Gesamtkapitalrentabilität,
   ab) den Ertrag des Gesamtkapitals,   ae) die Umsatzrentabilität,
   ac) die Eigenkapitalrentabilität,   af) den Cashflow.
b) Erläutern Sie die Entwicklung der Kennzahlen ac) – af).

6. a) Ermitteln Sie aus folgenden Angaben (in Mio. EUR) für die letzten beiden Jahre eines Industriebetriebes
   1. die Eigenkapitalrentabilität,   4. die Cashflow-Eigenkapitalrentabilität,
   2. die Gesamtkapitalrentabilität,   5. die Cashflow-Umsatzrate.
   3. die Umsatzrentabilität,

	1	2
Gewinn	18	12
Abschreibungen	20	18
Einstellung in die langfristigen Rückstellungen	6	6
Fremdkapitalzinsen	12	15
Eigenkapital	180	180
Fremdkapital	120	180
Umsatz	500	600

b) Geben Sie Gründe für die wesentlichen Veränderungen an.

7. Welche der folgenden Aussagen ist richtig?

   a) Die Umsatzintensität gibt das prozentuale Verhältnis zwischen Umsatzerlösen und durchschnittlichem Eigenkapital an.
   b) Die Rentabilität des Eigenkapitals sollte über dem landesüblichen Zinssatz für langfristige Kapitaleinlagen liegen, um eine angemessen Risikoprämie zu erzielen.
   c) Liegt die Gesamtkapitalrentabilität unter dem Fremdkapitalzinssatz, so kann die Eigenkapitalrentabilität durch Fremdkapitalaufnahmen verbessert werden.
   d) Die Umsatzrentabilität gibt das prozentuale Verhältnis zwischen Umsatzerlösen und durchschnittlichem Gesamtkapital an.
   e) Die Cashflow-Umsatzrate gibt das prozentuale Verhältnis zwischen Cashflow und durchschnittlichem Eigenkapital an.

4.3 Den Lagebericht auswerten und präsentieren

Die Unternehmensleitung der Sommerfeld Bürosysteme GmbH plant mit ihren Abteilungsleitern einen Workshop zum Thema: „Mittelfristige strategische Grundausrichtung unseres Unternehmens". Bei den Planungen wird deutlich, dass dazu auch die wichtigsten Mitbewerber im Blick behalten werden müssen. Zur Vorbereitung des Workshops übergibt Herr Feld deshalb den aktuellen Geschäftsbericht des Branchenführers „Bümo AG" an Herrn Nelles und beauftragt ihn, die zentralen Erkenntnisse daraus zusammenzufassen und in einer Einstiegsphase des Workshops den Abteilungsleitern vorzutragen.

Feld: „... und achten Sie bei Ihren Ausführungen besonders auch darauf, wie die Bümo AG ihre zukünftige Lage einschätzt ..."

Auszüge aus dem Lagebericht der Bümo AG:

Geschäftsentwicklung

... Die Bümo AG ist nach zwei verlustreichen Jahren wieder in Profitabilität zurückgekehrt. Dabei gelang es, den Umsatz in einem schwierigen Marktumfeld um 8,7 % zu steigern. ... Die Gesamtkosten lagen nahezu auf Planniveau (0,8 % über Plan). ... Das Ergebnis stellt das beste seit sechs Jahren dar und ist Resultat des Strategieprogramms FUTURA. ... Hauptergebnistreiber ist das Segment der Büromöbel mit einer Umsatzsteigerung von 17,3 %, dabei verzeichnet das Inlandsgeschäft einen Wachstumsschub von 21,3 %. ... Die Kostenreduzierungsmaßnahmen haben insgesamt zu einer Senkung der variablen und fixen Stückkosten um je 30 % in den vergangenen drei Jahren geführt. ...

Ertrags-, Finanz- und Vermögenslage

Mit einem Ertrag von 120 Mio. € liegt die Bümo AG deutlich über der Planung. ... Die größten ergebnisverbessernden Impulse konnten durch Maßnahmen zur Struktur- und Kapazitätsverschlankung sowie zur Materialkostensenkung erzielt werden.

Das erzielte Wachstum bei erhöhter Effizienz sowie der im Unternehmen gebundenen Mittel hat zu einer erheblichen Steigerung des Cashflows aus laufender Geschäftstätigkeit um € 5,8 Mio. auf € 44 Mio. geführt. ... Die Investitionen lagen auf Vorjahresniveau. ... Die Liquidität hat sich planmäßig entwickelt und war stets mit dispositiven Reserven ausgestattet.

Die Bilanzsumme hat sich im Berichtsjahr um 2,2 Mio. € verringert. ... Die Entwicklung der Passiva ist geprägt durch eine Erhöhung des Eigenkapitals um 41,5 % auf € 8,12 Mio. in den vergangenen drei Jahren. Ursächlich hierfür ist die Einstellung des Jahresüberschusses aus dem Berichtsjahr sowie die Ausgabe zusätzlicher Aktien, verbunden mit einer Kapitalerhöhung. ... Durch die positive Geschäftsentwicklung konnten die Verbindlichkeiten um 15,4 % reduziert werden. ... Das Unternehmen beschäftigte im Berichtsjahr 8,9 % weniger Beschäftigte als im Vorjahr.

Ausblick und Risiken der künftigen Geschäftsentwicklung

Für den Erfolg des Unternehmens kommt dem Schlüsselfaktor Wachstum eine zentrale Bedeutung zu. Sowohl im Inland als auch im Ausland wurden Wachstumspotenziale erkannt. ... die Marktbearbeitung wird unterstützt durch Produktinnovationen. ...

> ... Eine erhebliche wirtschaftliche Belastung erwächst durch die zum Teil drastisch gestiegenen Material- und Rohstoffpreise. ... Der preisaggressive Verdrängungswettbewerb bei Industrie und Handel erscheint, angesichts bestehender Überkapazitäten, noch nicht überwunden. ...

Arbeitsaufträge

- Begründen Sie mit eigenen Worten die besondere Bedeutung des Lageberichtes.
- Präsentieren Sie die Kernaussagen des Lageberichtes vor Ihrer Klasse.

Pflicht zur Verfassung eines Lageberichtes

Die **Kritik** am Jahresabschluss mit seinen Bestandteilen – Bilanz, GuV-Rechnung und Anhang – ist, wenn man ihm Informationen für zukünftige Entscheidungen entnehmen will, leicht erkennbar. Er ist eine **vergangenheitsorientierte Rechenschaftslegung**. Dies mag einzelnen Adressaten wie z. B. dem Fiskus genügen, anderen jedoch nicht, wie z. B. Kreditgebern oder Kapitalanlegern. Sie sind an **zukunftsorientierten Aussagen interessiert**, die erste Aufschlüsse zur **erwarteten** Vermögens-, Finanz- und Ertragslage des Unternehmens liefern.

Um diesen Ansprüchen gerecht zu werden, haben die gesetzlichen Vertreter die großen und mittelgroßen Kapitalgesellschaften verpflichtet, einen Lagebericht zu erstellen (§ 264 HGB). Der Lagebericht ergänzt somit den Jahresabschluss um eine Gesamtbeurteilung des Unternehmens. Er enthält zusätzliche Informationen über **Geschäftsverlauf**, den **Stand** und die **erwartete Entwicklung** des Unternehmens.

Der Lagebericht hat damit sowohl **Rechenschafts- als auch Informationsfunktion** und ist so zu gestalten, dass ein den tatsächlichen Verhältnissen entsprechendes Bild der Vermögens-, Finanz- und Ertragslage vermittelt wird. Dazu sind die Grundsätze der **Wahrheit**, **Klarheit** und **Vollständigkeit** zu beachten.

Inhalte des Lageberichtes

Maßgeblich für die Inhalte des Lageberichtes ist der § 289 HGB.

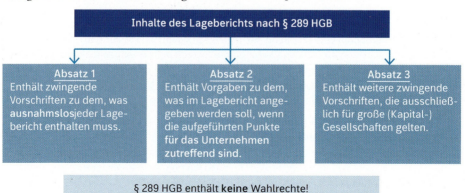

PRAXISTIPP!

Der Leser des Jahresabschlusses erwartet vollständige Informationen zu allen berichtenswerten Aspekten – und er erwartet ausdrücklich keine Information, wenn berichtenswerte Aspekte nicht vorliegen.

Pflichtangaben im Lagebericht nach § 289 Abs. 1 HGB
In jedem Lagebericht ist ausnahmslos zu berichten über

- Geschäftsverlauf und Geschäftergebnis
- Lage der Gesellschaft
- voraussichtliche Entwicklung der Gesellschaft
- Risiken der künftigen Entwicklung der Gesellschaft

Wirtschaftsbericht		Prognosebericht	Risikobericht
Geschäftsverlauf und Geschäftsergebnis	**Lage der Gesellschaft**	**Voraussichtliche Entwicklung der Gesellschaft**	**Risiken der künftigen Entwicklung der Gesellschaft**
Es ist ein Überblick über die Entwicklung des Unternehmens bei Nennung der ursächlichen Gründe zu geben. Dabei ist eine Wertung, ob die Entwicklung als günstig bzw. ungünstig beurteilt wird, erforderlich. – Entwicklung der Branche – Umsatz und Auftragsentwicklung – Mengen wichtiger Produktgruppen – Änderung im Sortiment	Über die wirtschaftliche Lage des Unternehmens ist wahrheitsgemäß und angemessen zu berichten. Dabei sind besondere Einflüsse im Berichtsjahr zu berücksichtigen. Zur Darstellung der Vermögens-, Ertrags- und Finanzlage sind Kennzahlen zweckmäßig.	Der Prognosezeitraum soll mindestens zwei Jahre umfassen. Dabei sollen Umsatz und Ergebniserwartungen umschrieben werden. Die Art der Schätzung, deren Zeithorizont sowie die zugrunde liegenden Annahmen sind darzustellen. Dabei liegt die Prognose im Ermessen der Unternehmensleitung und muss plausibel und realistisch sein.	Zur Vollständigkeit und Klarheit gehört auch die Darstellung von Risiken. Dazu sind die wesentlichen Risiken, welche entweder bestandsgefährdend sind oder einen wesentlichen Einfluss auf die Vermögens-, Ertrags- oder Finanzlage des Unternehmens haben können, darzustellen.
Informationen für Kapitalgeber/Investoren			

Weitere Angaben im Lagebericht nach § 289 Abs. 2 HGB
Der Lagebericht soll auch auf die folgenden Aspekte eingehen:

Art der Angabe	Anmerkung
Wichtige Vorgänge nach dem Ende des Geschäftsjahres	Diese werden in einem **Nachbericht** verfasst und betreffen den Zeitraum zwischen dem Bilanzstichtag und der Aufstellung des Jahresabschlusses.
– Ziele und Methoden eines Risikomanagements – Methoden der Absicherung von Sicherungsgeschäften	Gilt nur für Finanzinstrumente, Methoden sind besondere Hedge-Geschäfte.
Forschung und Entwicklung	Dies bezieht sich nur auf den sich dadurch ergebenden Aufwand. Forschungsziele oder gar Ergebnisse sollten eher zurückhaltend publiziert werden.
Grundzüge des Vergütungssystems von Vorstand und Aufsichtsrat	Gilt nur für börsennotierte Unternehmen.

Aus der Summe dieser aufgeführten Inhalte wird deutlich, dass der Lagebericht neben Elementen der Rechenschaftslegung auch Aspekte benennt, von denen auf die **zukünftige Entwicklung** des Unternehmens geschlossen werden kann.

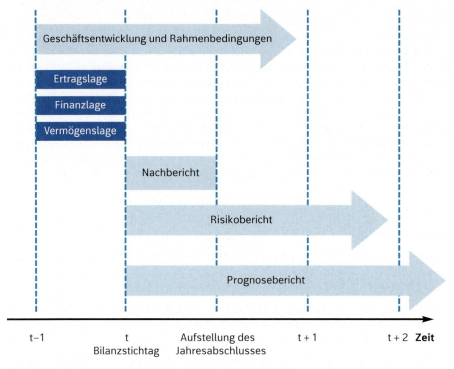

Auswertung der Informationen eines Lageberichtes

Die Auswertung eines Lageberichtes kann niemals nur isoliert erfolgen. Bei jeder Auswertung müssen Bezüge und somit Vergleichsnormen festgelegt werden. Erst dadurch lassen sich aussagekräftige Erkenntnisse ableiten.

Aus der Perspektive eines Konkurrenzunternehmens müssen deshalb alle Bereiche des zu untersuchenden Unternehmens in die Auswertung mit einbezogen werden. Der Lagebericht ist dabei ein wichtiger Baustein.

> **PRAXISTIPP!**
>
> *Eine einzelne Kennziffer ist von geringer Aussagekraft oder entstellt sogar eine realistische Bewertung. Es gilt, möglichst viele Informationen zu einer treffenden Analyse zu vernetzen.*

Damit der Lagebericht angemessen interpretiert werden kann, muss er in **Bezug** zur **Bilanz**, **GuV-Rechnung**, dem **Anhang** sowie den sich daraus ergebenden Kennziffern des zu untersuchenden Unternehmens gesetzt werden. Die daraus abgeleiteten Ergebnisse müssen schließlich mit der **Lage** des eigenen Unternehmens und den **allgemeinen wirtschaftlichen Rahmen- und Branchenbedingungen** abgeglichen werden. Nur so kann die Stellung des eigenen Unternehmens und die des **Mitbewerbers** eingeschätzt werden. Letztendlich müssen auch die Ziele des zu analysierenden Unternehmens betrachtet werden. So wird sich ein Unternehmen, welches sich um neues Kapital bemüht, anders darstellen, als ein Unternehmen, das eine Steigerung seines Börsenkurses anstrebt.

> *Zusammenfassung*
>
> **Den Lagebericht auswerten und präsentieren**
>
> - *Der Lagebericht ergänzt den Jahresabschluss um eine Gesamtbeurteilung des Unternehmens. Er enthält zusätzliche Informationen über Geschäftsverlauf, den Stand und die erwartete Entwicklung des Unternehmens.*
>
> - *Der Lagebericht erfüllt eine **Rechenschafts- und Informationsfunktion** und ist so zu gestalten, dass ein den tatsächlichen Verhältnissen entsprechendes Bild der Vermögens-, Finanz- und Ertragslage vermittelt wird.*
>
> - *Zu den **Pflichtangaben** im Jahresbericht gehören Geschäftsverlauf und Geschäftsergebnis, Lage der Gesellschaft, voraussichtliche Entwicklung sowie Risiken der künftigen Entwicklung.*
>
> - *Die Auswertung eines Lageberichtes kann niemals isoliert erfolgen. Bei jeder Auswertung müssen Bezüge und Vergleichsnormen zugrunde gelegt werden.*

Aufgaben

1. In einem Gespräch mit ihrem Azubi-Kollegen Rudolf Heller vertritt Daniela Schaub die Meinung, dass es ausreicht, den Lagebericht eines Unternehmens zu lesen, wenn man etwas über die Vermögens-, Finanz- und Ertragslage eines Unternehmens erfahren möchte. Nehmen Sie kritisch Stellung zu dieser Meinung.

2. Geben Sie auf Basis der in der Einstiegssituation dargestellten Auszüge aus dem Lagebericht der Bümo AG eine zusammenfassende mündliche oder schriftliche Einschätzung der Bümo AG ab.

3. Nennen Sie Informationen, die Ihnen fehlen, um eine sichere und vollständige Einschätzung abzugeben.

4.4 Umweltbeanspruchungen und ihre Darstellung im Jahresabschluss

In der Feier zur Verleihung des Deutschen Umweltpreises der Deutschen Bundesstiftung Umwelt an die Sommerfeld Bürosysteme GmbH für das vorbildliche Umweltkonzept sagte Herr Feld: „Wir versuchen uns so zu verhalten, dass wir der Erde möglichst nicht mehr entnehmen, als nachwächst. Wir wollen das Erbe, das wir übernehmen, so pfleglich behandeln, dass wir vor unseren Kindern bestehen können. Das ist nichts weiter als eine selbstverständliche Vorsorge für die Zukunft."

Arbeitsaufträge

- Erläutern Sie dieses Zitat.
- Beschreiben Sie, welche Maßnahmen Ihr Ausbildungsbetrieb unternimmt, um die Umwelt zu schonen.
- Leiten Sie daraus einen Grundsatzkatalog für ökologisches Handeln ab.
- Zeigen Sie Möglichkeiten der praktischen Umsetzung des Grundsatzkatalogs in der Sommerfeld Bürosysteme GmbH auf.

Notwendigkeit eines Umweltschutzcontrollings (Ökocontrolling)

Der Umweltschutz gehört zu den wichtigsten Anliegen unserer Gesellschaft. Zunehmend bevorzugen Verbraucher und Wiederverwender Produkte, die umweltverträglich sind oder die nach umweltschonenden Verfahren hergestellt wurden. Durch Verwicklung in Umweltskandale können Unternehmen einen verheerenden Imageverlust erleiden. Durch **Gesetze** und **Verordnungen** werden Eingriffe und Auflagen des Staates wie Umweltabgaben für schädliche Produkte oder Herstellungsverfahren, Umweltsteuern, Produktions- und Abfallauflagen, Verbote bestimmter Inhaltsstoffe und

Produktionstechniken, Verbot oder Besteuerung von bestimmten Verpackungsstoffen geregelt, sodass dem Umweltschutz im Jahresabschluss ein immer breiterer Raum eingeräumt wird:

Gesetze	– Abwasserabgabegesetz – Bundes-Immissionsschutzgesetz – Bundesnaturschutzgesetz – Bundeswaldgesetz – Gesetz zur Bekämpfung der Umweltkriminalität – Kreislaufwirtschaftsgesetz – Straßengesetze der Länder – Waschmittelgesetz
Verordnungen	– Abfallbestimmungsverordnung – Abfallnachweisverordnung – Abfallbeförderungsverordnung – Verordnung über Betriebsbeauftragten für Abfall – Verpackungsverordnung

Aufgaben des Umweltschutzcontrollings

Um das gute Firmenimage und den Marktanteil nicht zu gefährden, müssen die Unternehmen versuchen, ökonomische Zielsetzungen mit ökologischen zu verbinden:

Ökonomische Ziele	Ökologische Ziele
– Gewinn – Wirtschaftlichkeit – Rentabilität – Produktivität	– Materialeinsparung, Recycling – Umweltverträglichkeit des Materials und der Produkte – Energieeinsparung – Sicherung der Luft-, Wasser- und Bodenqualität – kontrollierte Entsorgung – umweltfreundliche Verpackung – umweltfreundlicher Transport – umweltorientierte Mitarbeiterschulung

In diesem Zusammenhang werden die Forderungen nach einem Rechnungswesen immer lauter, das Informationen über Umweltbelastungen und -entlastungen liefert und insbesondere folgende Aufgaben erfüllt:

Verhinderungen von Umweltbelastungen durch Beachtung des Umweltrechts
Es ist darauf zu achten, dass die Rechtsvorschriften des Umweltrechts eingehalten werden, damit dem Unternehmen keine Finanz- und Imageschäden entstehen.

Erkennen von Umweltrisiken
Umweltrisiken, die sich aus der Verwendung bestimmter Roh-, Hilfs- und Betriebsstoffe oder durch die Anwendung bestimmter Fertigungsverfahren ergeben, müssen möglichst früh erkannt werden (Frühwarnsystem), damit Gegenmaßnahmen eingeleitet werden können.

Entwickeln von Maßnahmen zur Bewältigung von Umweltrisiken
Maßnahmen zur Senkung des Schadstoffausstoßes und zur Verringerung des Schadstoffanteils bei den eigenen Produkten sind rechtzeitig einzuleiten, auch um Haftungsprobleme auszuschließen.

Vornahme von Umweltverträglichkeitsprüfungen
Solche sind empfehlenswert bei Anschaffungen von Anlagen, bei Änderungen der Produktionsverfahren, bei Substitution von Werkstoffen.

Aufgaben des Umwelt-Controllings:

- *Aufstellung von **Ökozielen** und Grundsätzen für alle Betriebsbereiche von der Produktentwicklung bis einschließlich Transport zum Kunden*
- *Formulierung von **Öko-Richtlinien** für die Umsetzung der **Ökogrundsätze** in allen Betriebsbereichen*
- *Erfassung aller Stoff- und Energieströme mithilfe von Betriebs-, Prozess-, Produkt- und Substanzbilanzen*
- *Ableitung von Kennzahlen aus den Betriebs-, Prozess-, Produkt- und Substanzbilanzen sowie deren Auswertung*
- *Darstellung aller **Öko-Risiken** durch Energie- und Materialverbrauch in der Fertigung, beim Transport, bei der Lagerung und bei der Entsorgung*
- *Ermittlung, Darstellung und Analyse der **Umweltschutzkosten***
- *Unterstützung der Öffentlichkeitsarbeit durch **Umweltberichte**, eventuell auch zur **Öko-Auditierung** nach ISO 14001 ff. und nach EU-Verordnung*

Dabei muss betont werden, dass Umwelt-Controlling über die Sammlung und Aufbereitung von Daten mit dem Ziel der Mengeneinsparung und Emissionsreduzierung hinausgehen muss.

Umwelt-Controlling muss der wechselseitigen Kommunikation von Unternehmen und Mitarbeitern und der Gesellschaft dienen. Es **wird zum strategischen Erfolgsinstrument**, wenn es über die quantitativen Zahlen hinaus qualitative Zielsetzungen vermittelt. Konkret bedeutet dies, dass es neben der Datenanalyse der Umsetzung der oben formulierten Öko-Grundsätze innerhalb und außerhalb des Unternehmens dient.

Grundsatzkatalog für ökologisches Handeln

Wie stark ein Produkt die Umwelt belastet und welcher Nutzen durch das Produkt entsteht, wird bereits in der Entwicklungsphase festgelegt.

Beispiel: Die Sommerfeld Bürosysteme GmbH hat für die Design- und Entwicklungsphase ein System von Grundsätzen umweltgerechten Wirtschaftens festgelegt.

Neben der **Langlebigkeit** des zu entwickelnden Produkts wird
- ein **ökologisch verträglicher Materialeinsatz**,
- ein **sparsamer Umgang mit Rohstoffen** und **Energie**,
- die **Vermeidung von Produktionsemission** und
- die **Rückführung der Materialien** in den Stoffkreislauf

angestrebt.

Beispiel: Die Sommerfeld Bürosysteme GmbH hat dazu für alle Phasen, die die Produkte durchlaufen, folgende Grundsätze vorbedacht:

Phasen der Produkte	Ökologische Grundsätze
Auswahl der Materialien	wiederverwendbar, weiterverwertbar, sortenrein und gekennzeichnet, geringe Anzahl, nachwachsend, schwermetallfrei, energie- und ressourcensparend, emissionsarm
Konstruktion	lösbare Verbindungen, Langlebigkeit, Aufwandsminimierung, Aktualisierungs-/Reparaturfähigkeit
Produktion	emissionsarm, geringe Arbeitsteilung, regional
Auswahl der Verpackung	platzsparend beim Transport, wenig Verpackung, Mehrwegverpackung, nachwachsend
Gebrauch und Werbung	unschädlich, emissionsfrei, selbsterklärend/selbstverständlich, wirtschaftlich, wartungs- und reparaturfreundlich
Entsorgung	Rückführung, Wiederverwendung, Weiterverwertung, sachgerechte Entsorgung

Öko-Richtlinien zur Umsetzung der Öko-Grundsätze

Im Sinne eines ökologischen Unternehmensmanagements müssen Öko-Richtlinien für alle Unternehmensbereiche erarbeitet werden, die sich idealerweise auch auf die Zulieferer und Handelspartner übertragen lassen.

Beispiel: Die Sommerfeld Bürosysteme GmbH hat Öko-Richtlinien für die Bereiche Produktentwicklung, Produktion und Produktverantwortung entwickelt:

Produktentwicklung	<ul><li>Vorgaben für<ul><li>Design</li><li>Konstruktion</li><li>Engineering</li></ul></li><li>Einbeziehung der Produktion vor- und nachgelagerter Bereiche</li></ul>
Produktion	<ul><li>Abfallwirtschaftskonzept</li><li>Substitution von Gefahrstoffen</li><li>Reduktion von Lösemitteln</li><li>Energieeffizienz</li></ul>
Produktverantwortung	<ul><li>Service und Wartung</li><li>Rücknahme</li><li>Recycling</li><li>Verwertung</li><li>Entsorgung</li></ul>

Öko-Management

Damit das Umwelt-Controlling diese Aufgaben erfüllen kann, muss es auf einem Informationssystem aufbauen, das alle Unternehmensbereiche umfasst.

Beispiel: In der Sommerfeld Bürosysteme GmbH wurden vier Arbeitskreise gebildet, in denen Mitarbeiter aus nahezu allen Unternehmensbereichen an der Erstellung eines Problem- und Lösungskatalogs mitarbeiteten. Dadurch wurde die Ökologisierung als gemeinsame Aufgabe akzeptiert und ein breiter Konsens sichergestellt:

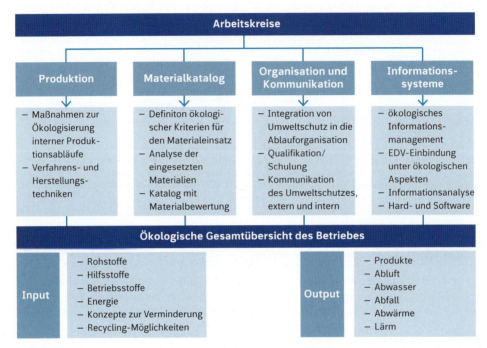

Die Koordination der Aufgaben des Öko-Controllings in den verschiedenen Unternehmensbereichen kann einer besonderen **Umweltschutzabteilung**, dem **Betriebs-Controlling** oder einem speziellen **Öko-Controller** zugewiesen werden. Neben solchen zentralen Funktionsbereichen empfiehlt sich auch die Übertragung der Umweltverantwortung auf einzelne Mitarbeiter in sämtlichen Prozessabschnitten von der Produktentwicklung bis zur Entsorgung.

Darüber hinaus verlangen verschiedene Umweltschutzgesetze und -verordnungen die Bestellung von **Umweltschutzbeauftragten**, deren Einbettung in die Aufbau- und Ablauforganisation und deren Aufgabenbeschreibung.

Beispiel: In der Sommerfeld Bürosysteme GmbH wurde Petra Lauer zur Umweltbeauftragten ernannt. Sie führt regelmäßig Schulungen zur Förderung des Umweltbewusstseins der Mitarbeiter durch.

Öko-Bilanz
Darunter versteht man ein betriebliches Informationssystem zur Abbildung und Bewertung der ökologischen Wirkungen der Unternehmungsaktivitäten.

interne Aufgabe	Sie dient der ökologischen Entwicklung umweltverträglicher Produkte und Produktionsverfahren sowie der Steuerung und Kontrolle.
externe Aufgabe	Sie dient der Imagepflege bei Kunden, Lieferern, Kreditgebern und in der Öffentlichkeit.

Bestandteile der Öko-Bilanz sind Stoff- und Energiebilanzen, Produkt-, Prozess- und Substanzbilanzen.

Stoff- und Energiebilanz des Betriebs (Betriebsbilanz)

In ihr wird die gesamte Abnahme der Bestände in Form der Roh-, Hilfs- und Betriebsstoffe und bezogenen Fertigteile bzw. ihr Einsatz und der Energieverbrauch in der Fertigung (= Input) dem Output in Form der Produkte, des Abfalls, der Abwässer, der Abluft und des Lärms gegenübergestellt.

Für die systematische Erfassung aller Inputs und Outputs wird von Wirtschaftsforschungsinstituten – insbesondere dem Institut für ökologische Wirtschaftsforschung (IÖW) in Berlin – in Zusammenarbeit mit Verbänden, nationalen Einrichtungen für Umweltschutz und Betrieben in Anlehnung an die Finanzbuchhaltung ein sogenannter **Öko-Kontenrahmen** entwickelt.

Er ist wie die Öko-Bilanz aufgebaut und enthält auf der linken Seite (Input) eine Gliederung der betrieblichen Umwelteinwirkungen nach Anlagegütern, Stoffen und Energien und auf der rechten Seite eine Gliederung des Outputs nach Produkten, Abfällen und Emissionen.

Beispiel: Öko-Kontenrahmen

Input		Output	
3	**Liegenschaften**	**3**	**Produkte**
3.1	Boden	3.1	Halberzeugnisse
3.2	Gebäude	3.2	Fertigprodukte
4	**Anlagegüter**	**4**	**Abgänge**
4.1	technische Anlagen	4.1	Liegenschaften
4.2	elektronische Kommunikation	4.2	Anlagen
4.3	Einrichtungen		
4.4	Fuhrpark		
5	**Umlaufgüter**	**5**	**Abfälle**
5.1	Rohstoffe	5.1	Wertstoffe
5.2	Halb- und Fertigwaren	5.2	Reststoffe
5.3	Hilfsstoffe	5.3	Sonderabfälle
5.4	Betriebsstoffe		
6	**Wasser**	**6**	**Abwasser**
6.1	Trinkwasser	6.1	Menge
6.2	Brauchwasser	6.2	Belastung
6.3	Regenwasser		
7	**Luft**	**7**	**Abluft**
7.1	Menge	7.1	Menge
7.2	Belastung	7.2	Belastung
8	**Energie**	**8**	**Energieabgabe**
8.1	Strom	8.1	Strom
8.2	Heizöl	8.2	Heizenergie
8.3	Erdgas	8.3	Restenergie (Wärme/Licht/Lärm)
8.4	Ferndampf		
8.5	Treibstoffe		

Je nach betriebsindividuellem Informationsbedarf können diese Positionen dieses Öko-Kontenrahmens weiter untergliedert werden.

Beispiele: von Inputs aus der Öko-Bilanz der Sommerfeld Bürosysteme GmbH:

Nr.	Bezeichnung	Menge	Gewicht
5405	Betriebsstoffe, diverse		1 562,24 kg
540501	Schmierstoffe, Öle	150 St.	185,60 kg
5405010000	LANGZEITFETT BAMUT 100	13 St.	172,50 kg
5405010001	NÄHMASCHINENÖL ADLER	0 kg	13,10 kg
5405010002	Bohröl BS EP 50		
540502	Betriebsstoffe, diverse	308 St.	1 376,64 kg
540502000	SILICON-DICHTUNGSMASSE	25 St.	160,16 kg
5405020001	SILICON-DICHTUNGSMASSE	773 St.	9,44 kg
5405020002	TESAKREPP NR. T 1304	1 488 St.	77,34 kg
5405020003	TESAKREPP	1 488 St.	312,50 kg
5405020004	PAPIERBECHER	3 531 St.	40,11 kg
5405020005	PAPIERBECHER	6,1 kg	35,31 kg
5405020006	SCHWEISSDRAHT	38 St.	6,10 kg
5405020007	SCHWEISSDRAHT	740 St.	595,08 kg
5405020008	Flachkrepp-Papierkleber	0 kg	140,60 kg
5405020009	Darus L 482	0 kg	
5405020010	Trennmittel		

Alle Inputs und Outputs sollen möglichst in Kilogramm angegeben werden, was teilweise aufwendige Umrechnungen notwendig macht.

Beispiel: Auszug aus der Ökobilanz der Sommerfeld Bürosysteme GmbH: Output

Art	Jahresmenge (kg)	Entsorgung
Siedlungsabfälle	219 700	Müllverbrennungsanlage Essen
Bauschutt	12 600	Bauschuttdeponie
Sondermüll	18 229	
Eisenbehältnisse mit Reststoffen	1 650	Sondermülldeponie
Lackschlämme	6 520	Sondermülldeponie
Asche, Stäube	6 569	Sondermülldeponie
Leuchtstoffröhren	177	Sondermülldeponie
Lösemittelgemische	440	Sondermülldeponie
Altlacke	200	Sondermülldeponie
Feinchemikalien	140	Sondermülldeponie
Leim und Kleber	83	Sondermülldeponie
Bohr- und Schleifmittelemissionen	800	Sondermülldeponie
Altöl	1 530	Sondermülldeponie
Ölfilter	120	Sondermülldeponie
Thermische Verwertung	58 660	
Holzreste	43 660	Heizkraftwerk → Wärmeerzeugung
Holzspäne	15 000	Heizkraftwerk → Wärmeerzeugung

Art	Jahresmenge (kg)	Entsorgung
Recycling	**124 065**	
Eisenschrott	45 000	Altmetallhandel → Metallhütte
Aluminiumschrott	870	Altmetallhandel → Aluminiumhütte
„Grüner-Punkt"-Abfälle	60	Duales System → Downcycling
Glas	750	Sammelcontainer → Glashütte
Stoffreste und Polstervliese	8 170	Externe Sortierung nach Qualitäten: Schurwolle und Kammgarn → neue Garne Mischqualitäten und Synthetik → Dämmplatten, Hartfilze
Lederreste	4 300	Verarbeitungsbetriebe → Kleinlederwaren
PVC-Teile und -Reste	1 344	Externes Recycling → Regranulat für neue Produkte
PE-Folie	11 470	Externes Recycling → neue Folien
PUR-Schaumteile	1 176	Externe Verwertung durch Zerhäckseln → Dämmplatten, Kissenfüllungen usw.
Polypropylen (Sitzschalen Picto)	–	Externes Recycling → Regranulat für neue Produkte
Polypropylen (Sitzschalen FS)	–	Rücknahme durch Hersteller → Wiedereinbringung in dessen Produktion
Kartonagen und Papier	50 870	Altpapierhandel → Kartonagen- und Papierfabriken
Büromaterialabfälle Tonerkartuschen, Farbbänder	25	„Grüne Box" → Sortierung und externes Recycling
Tintenstrahldruckerpatronen	–	Rücknahme durch Lieferer → Wiederbefüllung
Reißverschlussspulen	30	Rücknahme durch Lieferer → Wiederverwendung
Organische Abfälle	–	Kompostierung und gärtnerische Nutzung bei der Sommerfeld Bürosysteme GmbH

Öko-Prozessbilanzen

Zwecks Analyse der Stoff- und Energiebilanz werden In- und Outputs den betriebsspezifischen Teilprozessen oder Produktionsschritten des Produktionsverfahrens zugeordnet, wie der Sägerei, Fräserei, Lackiererei, Polsterei, Montage u. a.

Beispiel: Inputs und Outputs in der Sägerei in der Sommerfeld Bürosysteme GmbH

Inputs	Sägerei	Outputs
Massivholzteile Sperrholzteile Spanplatten Tischlerplatten Energie Schmieröl		Massivholzbeine für Tische, Stühle usw. Tischplatten Stuhlsitze Holzreste Späne Staub Lärm Altöl

Produktbilanzen

Sie erfassen die gesamten Stoff- und Energieinputs eines Produktes, bezogen auf seinen gesamten Lebenszyklus, also von der Produktentwicklung und Rohstoffgewinnung über die Produktion, den Transport und den Gebrauch bis zur Entsorgung. Mit Produktbilanzen lässt sich die **Umweltverträglichkeit von Produkten vergleichen**, die mit alternativen Roh- und Hilfsstoffen hergestellt werden, dadurch einen unterschiedlichen Lebenszyklus nehmen, sich in der Reparaturanfälligkeit unterscheiden, aber auch in der Entsorgung.

Beispiel: Die Sommerfeld Bürosysteme GmbH hat für die Produktion des neuen Konferenztischsystems Contas Leichtbauplatten mit Plattenkernen aus Sandwich-Pappwaben vorgesehen, die aus Recycling-Papier gefertigt werden. Sie können also problemlos entsorgt werden. Zudem werden mit der erheblichen Massen- und Gewichtsreduktion Vorteile beim Transport erreicht.

Produktbilanzen sollten in Zukunft wichtige Erkenntnisse erschließen, Alternativen zur Befriedigung von Konsumentenbedürfnissen mit ihren ökologischen und wirtschaftlichen Folgen zu entwickeln.

Substanzbilanz

In ihr werden einerseits dauerhafte betriebliche Umweltnutzungen durch Liegenschaften (Boden und Gebäude) und Anlagen (betriebstechnische, elektronische, Fuhrpark u. a.), andererseits die daraus resultierenden Risiken und Eingriffe des Standortes in die Umwelt wie z. B. Risiken und die dauerhafte Beeinträchtigung des Bodens und des Grundwassers, Flächennutzung (Parkplätze, Lagerflächen, Transportwege), Bebauung und Landschaftseinschnitte dargestellt.

Umweltaspekte im Jahresabschluss

Der handelsrechtliche Jahresabschluss sieht keine Hinweise auf die Umwelteinwirkungen der Unternehmung vor: Allerdings sind Hinweise in der Bilanz und in der GuV-Rechnung denkbar.

Beispiele:
- Der gesonderte Ausweis von Anlagen, die dem Umweltschutz dienen,
- Rückstellungen für ungewisse Verbindlichkeiten aus Maßnahmen zur Bewältigung von Umweltrisiken,
- Erlöse aus dem Verkauf von Abfällen,
- außerordentliche Aufwendungen aufgrund von Entsorgungsmaßnahmen wegen gesetzlicher Vorschriften.

Gem. § 289 HGB bietet sich der Lagebericht an, Hinweise auf Belastungen und Entlastungen durch Umweltschutzmaßnahmen aufzuzeigen.

Beispiele:
- Umfang und Art von Investitionen zum Umweltschutz (Filter, Kläranlagen, Verbrennungsanlagen)
- Stilllegung von Produktionsstätten wegen behördlicher Auflagen
- Verlagerung von Produktionsstätten wegen verschärfter Umweltbedingungen ins Ausland

Diese Hinweise werden zunehmend zu **Sozialbilanzen** erweitert, in denen Arbeitnehmer und interessierte Öffentlichkeit über die gesellschaftsbezogenen Leistungen der Unternehmung und deren Kosten informiert werden.

Zusammenfassung

Umweltbeanspruchungen und ihre Darstellung im Jahresabschluss

- **Notwendigkeit eines Umweltschutzcontrollings wegen**
    - verstärkter Nachfrage nach umweltverträglichen Produkten
    - zahlreicher Gesetze und Verordnungen
    - Verantwortung gegenüber der Umwelt und den nachfolgenden Generationen

- **Aufgaben des Umweltschutzcontrollings**
    - Verbindung ökologischer mit ökonomischen Zielsetzungen
    - Verhinderung von Umweltbelastungen durch Beachtung des Umweltrechts
    - Erkennen von Umweltrisiken
    - Entwickeln von Maßnahmen zur Bewältigung von Umweltrisiken
    - Vornahme von Umweltverträglichkeitsprüfungen
    - Entwickeln eines Grundsatzkatalogs für ökologisches Handeln
    - Entwickeln von Öko-Richtlinien zur Umsetzung der Öko-Grundsätze für alle Unternehmungsbereiche

- **Öko-Management**
    - Umweltschutzabteilung
    - Öko-Controller
    - Öko-Mitarbeiter in allen Betriebsbereichen und Prozessabschnitten
    - Umweltschutzbeauftragte

- **Ökobilanz**
    - Abbildung aller ökologisch relevanten Inputs (Stoffe, Energie, Anlagen) und Outputs (Produkte, Abfälle, Emissionen) in Anlehnung an einen Öko-Kontenrahmen
    - Bestandteile sind Stoff- und Energiebilanz, Prozessbilanzen, Produktbilanzen und Substanzbilanz
    - Struktur der Ökobilanz:

Input	Produktion	Output
Anlagen	Sägerei	Produkte
Roh-, Hilfs- und Betriebsstoffe	↓ Fräserei	Abfälle
	↓ Schweißerei	Abwasser
Energie	↓ Lackiererei	Abluft
Wasser	↓ Polsterei	Abgase
Luft	↓ Montage	Lärm

- **Umweltaspekte im Jahresabschluss**
    - Hinweise im Anhang auf umweltrelevante Investitionen, Stilllegungen, Aufwendungen und Erträge
    - Hinweise im Lagebericht

Aufgaben

1. Begründen Sie, warum sich alle Industrieunternehmen verstärkt mit ökologischen Fragen auseinandersetzen müssen.

2. Formulieren Sie für Ihr Ausbildungsunternehmen

   a) Grundsätze für ökologisches Handeln in einzelnen Funktionsbereichen und Prozessabschnitten,
   b) Öko-Richtlinien zur Umsetzung der formulierten Grundsätze.

3. Erläutern Sie die Aufgaben des Öko-Controllers.

4. In der Sommerfeld Bürosysteme GmbH wird bei einigen Sitzmöbelprogrammen das Polstermöbelmaterial Polyurethan (PUR) durch Gummikokos ersetzt, ein Material, das auf Fasern basiert, die bei der Kokosnussernte anfallen und mit der Latexmilch des Gummibaums verklebt werden. Zudem werden Polsterauflagen aus Schafwoll-Vlies statt aus Schaumgummi eingesetzt.

   a) Begründen Sie diese Maßnahmen aus ökologischer Sicht.
   b) Formulieren Sie Argumente für den Vertrieb, diese Maßnahmen zu Kunden hin überzeugend zu vertreten.

5. In der Sommerfeld Bürosysteme GmbH fallen u. a. folgende Abfälle an:

   a) Restteile von Stahlrohr und -profilen
   b) Reste von Aluminiumrohr und -profilen
   c) Polypropylen (PP)/Kunststoffverschnitt
   d) Polsterstoffreste aus Schurwolle und Kammgarnen
   e) Polyurethanschaum (PUR)
   f) von Kunden zurückgegebene Altmodelle mit einwandfreien Bauteilen

   Zeigen Sie für die einzelnen Abfälle sinnvolle Wege einer ökologischen Entsorgung auf.

6. Erläutern Sie den Aufbau und den Inhalt der Ökobilanz am Beispiel der Stoff- und Energie-Teilbilanz.

7. Bisher sind Ökobilanzen im Rahmen des Jahresabschlusses nicht vorgeschrieben.

   a) Begründen Sie, warum diese bisher nicht in den Vorschriften zur Rechnungslegung vorgeschrieben sind.
   b) Erläutern Sie, weshalb Unternehmen dennoch zunehmend Hinweise zur Sozial- und Ökobilanz in den Jahresabschluss (Anhang und Lagebericht) aufnehmen.

Wiederholungs- und Prüfungsaufgaben zu Lernfeld 8

1. Buchen Sie die folgenden Geschäftsfälle und grenzen Sie die Aufwendungen bzw. Erträge zeitlich korrekt ab.

   a) Die Dezembermiete für die von uns gemietete Lagerhalle in Höhe von 2 100,00 € wird erst am 03.01. des folgenden Jahres überwiesen.
   b) Wir mieten am 01.11. eine weitere Lagerhalle für 1 400,00 € monatlich. Die Mietzahlung für ein halbes Jahr erfolgt nachträglich erst am 15.04. des folgenden Jahres.
   c) Wir haben Geschäftsräume vermietet. Die komplette Miete für die Monate Oktober, November und Dezember in Höhe von insgesamt 6 000,00 € ist erst am 10.01. des folgenden Jahres durch Banküberweisung eingegangen.

d) Wir vermieten Geschäftsräume ab dem 01.09. Die Mietsumme für ein halbes Jahr (insgesamt 9 600,00 €) geht erst nachträglich am 08.02. des folgenden Jahres auf unserem Bankkonto ein.

e) Wir zahlen die Haftpflichtversicherung in Höhe von 360,00 € für das nächste Geschäftsjahr bereits am 20.12. per Überweisung.

f) Die Prämie für die Kraftfahrzeugversicherung vom 01.11. bis 31.01. in Höhe von 300,00 € wird von uns am 01.11. überwiesen.

g) Wir haben Geschäftsräume für 450,00 € monatlich vermietet. Die Miete für Januar wurde bereits am 27.12. des vorherigen Jahres überwiesen.

h) Für eine von uns vermietete Lagerhalle werden die fälligen Beträge (750,00 € monatlich) halbjährlich im Voraus am 01.11. durch Banküberweisung an uns beglichen.

2. Bei welchem der nachstehenden Sachverhalte muss ein Industrieunternehmen am Geschäftsjahresende

 1. eine Rückstellung,
 2. eine Sonstige Verbindlichkeit,
 3. eine Passive Rechnungsabgrenzung,
 4. weder eine Rückstellung, noch eine Sonstige Verbindlichkeit, noch eine Passive Rechnungsabgrenzung bilden?

a) Ausgelieferte Fahrzeuge weisen Mängel an der Lichtmaschine auf. Eine Rückrufaktion ist erforderlich.

b) Für eine erbrachte Leistung hat der Lieferer die Rechnung über den vereinbarten Preis noch nicht ausgestellt.

c) Der Pächter der Werkskantine hat die Miete für das erste Quartal des Folgejahres bereits im November bezahlt.

d) Bei der Erstellung des Jahresabschlusses wird mit einer Gewerbesteuernachzahlung gerechnet.

e) Ein Mitarbeiter erhält bar einen Lohnvorschuss im Monat Januar.

3. Die Almaron AG hat bei der Aufstellung des Jahresabschlusses folgende Sachverhalte zu klären:

a) Ein unbebautes Grundstück, welches vor zehn Jahren zum Preis von 425 000,00 € gekauft worden ist und auf dem ursprünglich eine Lagerhalle errichtet werden sollte, ist durch den Bau einer neuen Bundesstraße nunmehr verkehrstechnisch wesentlich günstiger gelegen. Es gibt zwei Interessenten, die notariell beglaubigte Angebote in Höhe von 750 000,00 € bzw. 790 000,00 € abgegeben haben. Erläutern Sie kurz, mit welchem Wert das Grundstück in der Bilanz anzusetzen ist.

b) Eine Maschine (Nutzungsdauer: 8 Jahre) ist am 01.08. zum Preis von 80 000,00 € netto angeschafft worden. Die Transportkosten betrugen 2 000,00 € netto. Für die Montage der Maschine wurden 4 500,00 € netto in Rechnung gestellt. Zur Finanzierung des Kaufs war es notwendig, kurzfristig den Dispositionskredit in Anspruch zu nehmen, was Zinsaufwendungen in Höhe von 500,00 € verursachte. Mit welchem Wert ist die Maschine am 31.12. desselben Jahres anzusetzen, wenn der Lieferant im neuen Jahr eine Preiserhöhung für die Maschine von 5 % bei unveränderten Transport- und Montagekosten ansetzt (Rechenweg angeben)?

c) Am 14.04. wurden 2 000 Aktien der Kunert AG zum Tageskurs von 64,90 € erworben. Durch diesen Kauf sollten kurzfristig überschüssige Finanzmittel gewinnbringend angelegt werden. Leider notierten die Aktien am Bilanzstichtag nur noch mit einem Kurs von 53,50 €. Dennoch ist der Vorstand der Almaron AG zuversichtlich, dass sich der Kurs schon bald wieder erholen wird. Erläutern Sie kurz, mit welchem Wert das Aktienpaket in der Bilanz anzusetzen ist.

d) Die Almaron AG ist seit fünf Jahren an der Stein AG beteiligt. Gekauft worden waren die Aktien der Stein AG ursprünglich zu einem Paketpreis von 150 000,00 €. Aufgrund der überaus positiven Entwicklung der Stein AG hat das Paket mittlerweile einen Wert von 175 000,00 €. Der Vorstand der Almaron AG möchte aufgrund dieser Entwicklung langfristig an der Stein AG beteiligt bleiben. Erläutern Sie kurz, mit welchem Wert das Aktienpaket in der Bilanz anzusetzen ist.

4. Bewerten Sie die Vorräte mithilfe der folgenden Verfahren:

   a) gewogener Durchschnitt
   b) gleitender gewogener Durchschnitt
   c) FiFo-Verfahren
   d) Perioden- LiFo-Verfahren

	Stück	Anschaffungskosten je Stück
AB 01.01.	1 500	10,00 €
+ Zugang 15.02.	800	8,00 €
– Abgang 04.06.	900	
+ Zugang 12.07.	700	9,00 €
– Abgang 09.09.	800	
+ Zugang 12.10.	1 000	11,00 €
– Abgang 17.11.	1 600	
+ Zugang 21.12.	500	7,00 €
= SB		

Markt- oder Börsenpreis (= Tageswert): 9,00 €

5. Ordnen Sie die folgenden Aussagen den aufgeführten allgemeinen und besonderen Bewertungsgrundsätzen zu.

   1. strenges Niederstwertprinzip
   2. Höchstwertprinzip
   3. Anschaffungskostenprinzip
   4. Grundsatz der Bilanzidentität
   5. gemildertes Niederstwertprinzip

   a) Die Höchstgrenze für die Bewertung von Vermögensgegenständen sind die fortgeführten Anschaffungs- bzw. Herstellungskosten.
   b) Der niedrigere von zwei möglichen Werten darf nur bei vorübergehender Wertminderung angesetzt werden.
   c) Von zwei möglichen Wertansätzen muss stets der niedrigere Wert angesetzt werden.
   d) Von zwei möglichen Wertansätzen muss stets der höhere Wert angesetzt werden.
   e) Die Werte der Schlussbilanz müssen mit den Werten der Eröffnungsbilanz des folgenden Jahres übereinstimmen.

6. Bei der Bewertung der Gegenstände des Vorratsvermögens am Jahresende wenden Sie das FiFo-Verfahren an. Welche Aussage ist in diesem Zusammenhang richtig?

   a) Bei der Bewertung der Gegenstände geht man von den zuerst beschafften Gütern aus.
   b) Bei steigenden Preisen ist der Wertansatz in der Bilanz niedriger als beim LiFo-Verfahren.
   c) Bei steigenden Preisen ist der Wertansatz in der Bilanz höher als beim LiFo-Verfahren.

d) Der Wertansatz in der Bilanz ist in jedem Fall höher als beim LoFo-Verfahren.
e) Der Wertansatz in der Bilanz ist in jedem Fall niedriger als beim HiFo-Verfahren.

7. Welche der folgenden Kosten darf ein Unternehmen keinesfalls bei der Bewertung der fertigen Erzeugnisse berücksichtigen?

a) Materialgemeinkosten
b) Sondereinzelkosten der Fertigung
c) Fertigungsgemeinkosten
d) Verwaltungsgemeinkosten
e) Vertriebsgemeinkosten

8. Die Almaron AG aus Köln stellt seit mehreren Generationen Zweiräder her und hat im vergangenen Jahr folgenden Jahresabschluss veröffentlicht (Angaben in TEUR):

AKTIVA		PASSIVA	
A. Anlagevermögen		A. Eigenkapital	
I. Immaterielle Vermögenswerte	335	I. Gezeichnetes Kapital	280
II. Sachanlagen		II. Kapitalrücklage	55
1. Grundstücke/Gebäude	220	III. Gewinnrücklagen	27
2. Technische Anlagen	143	IV. Gewinnvortrag	9
3. BGA	95	V. Jahresüberschuss	8
III. Finanzanlagen			
1. Beteiligungen	185	B. Rückstellungen	
2. Wertpapiere des AV	112	1. Pensionsrückstellungen	17
		2. Steuerrückstellungen	4
B. Umlaufvermögen		3. Sonstige Rückstellungen	2
I. Vorräte			
1. Roh-, Hilfs- u. Betriebsstoffe	98	C. Verbindlichkeiten	
2. Unfertige Erzeugnisse	36	1. Langfristig (gegenüber KI)	615
3. Fertige Erzeugnisse	45	2. Kurzfristig (gegenüber KI)	225
II. Forderungen a. LL	24	3. Verbindlichkeiten a. LL	65
III. Kassenbestand, Bankguthaben	12		
C. Rechnungsabgrenzungsposten	7	D. Rechnungsabgrenzungsposten	5
	1 312		1 312

Ermitteln Sie geeignete Kennziffern zur Beurteilung

a) des Vermögensaufbaus
b) des Kapitalaufbaus
c) des Anlagendeckungsgrades
d) der Zahlungsfähigkeit

und werten Sie diese aus.

Lernfeld 9

Das Unternehmen im gesamt- und weltwirtschaftlichen Zusammenhang einordnen

1 Die Beziehungen und Abhängigkeiten der Wirtschaftssubjekte erklären

1.1 Grundlagen des Wirtschaftens

LS 28

1.1.1 Bedürfnis, Bedarf, Nachfrage

Daniela Schaub ist unzufrieden. Sie ist zwar erst im zweiten Ausbildungsjahr bei der Sommerfeld Bürosysteme GmbH, aber eines weiß sie genau: Das Produktionsprogramm sollte ganz anders aussehen. Sie würde ausschließlich ökologisch vertretbare Produkte anbieten, keine Kunststoffe, Textilstoffe ausschließlich aus chlorfrei gebleichten Primärfasern und bei allen Sitzmöbeln ausschließlich mit Naturfarben gefärbte textile Bezugsstoffe. Dass das Bedürfnis nach umweltverträglichen Produkten ständig
zunehme, könne man ja jeden Tag im Fernsehen verfolgen und die Kunden seien auch bereit dafür tiefer in die Tasche zu greifen. Als sie Frau Mehmet, Leiterin der Marketing-Abteilung, darauf anspricht, entgegnet ihr diese, das Bedürfnis nach ökologisch einwandfreien Produkten sei bei Teilen der Zielgruppe vielleicht vorhanden. Mit einer entsprechenden Nachfrage sei bei den sehr stark preis- und modeorientierten Kunden aber nicht zu rechnen.

Arbeitsaufträge

- Stellen Sie fest, welcher Zusammenhang zwischen den Begriffen Bedürfnis, Bedarf und Nachfrage besteht.
- Diskutieren Sie, wie die Sommerfeld Bürosysteme GmbH den von Daniela Schaub festgestellten Wandel der Bedürfnisse berücksichtigen könnte.

Bedürfnis

Ausgangspunkt allen Wirtschaftens sind die **Wünsche** der Menschen. Diese Wünsche sind i. d. R. unbegrenzt. Jeder hat das Gefühl, dass ihm noch etwas fehlt. Eine eigene Wohnung, Anerkennung im Beruf oder Ferien in der Sonne. Dieses Gefühl eines Mangels, verbunden mit dem Bestreben ihn zu beseitigen, bezeichnet man als **Bedürfnis**.

- Nach der **Dringlichkeit der Bedürfnisbefriedigung** kann man in Existenz-, Kultur- und Luxusbedürfnisse unterscheiden.

Existenzbedürfnisse sind lebensnotwendige Bedürfnisse. Sie müssen i. d. R. kurzfristig befriedigt werden, um das Leben der Menschen nicht zu gefährden.

Beispiele: Wunsch nach Grundnahrungsmitteln, Kleidung, Wohnung

Kulturbedürfnisse werden durch die Umwelt oder Kultur geprägt. Sie müssen weitgehend befriedigt werden, wenn der Mensch in seiner sozialen Umwelt anerkannt werden will.

Beispiele: Wunsch nach Bildung, modischer Kleidung, Hobbys

Luxusbedürfnisse sind übersteigerte Ansprüche. Sie können vom Großteil der Bevölkerung nicht befriedigt werden.

Beispiele: Wunsch nach Modellkleidern, Champagner, einer eigenen Yacht

Eine genaue Abgrenzung zwischen den Bedürfnissen ist nicht immer möglich. Sie ist von der persönlichen Situation des Einzelnen abhängig und **verändert sich im Laufe der Zeit**. So ist eine abwechslungsreiche und qualitativ hochwertige Ernährung, z. B. mit Bio-Lebensmitteln, für uns ein Kulturbedürfnis, für weite Teile der Dritten Welt hingegen ist Ernährung ein Existenzbedürfnis, da lediglich die Versorgung mit Grundnahrungsmitteln im Vordergrund steht. Und der Wunsch nach Erholung in der Sonne, der für unsere Eltern noch ein Luxusbedürfnis war, ist heute für viele zum Kulturbedürfnis geworden.

- Nach der **Möglichkeit der Bedürfnisbefriedigung** kann unterschieden werden in Individualbedürfnisse und Kollektivbedürfnisse.

Individualbedürfnisse gehen von einem einzelnen Menschen, dem Individuum aus und können von ihm allein befriedigt werden.

Beispiel: Wunsch nach einem Auto

Kollektivbedürfnisse entstehen aus dem Zusammenleben der Menschen und können nur in der Gemeinschaft befriedigt werden.

Beispiel: ein gut ausgebautes Straßennetz

- Nach dem **Gegenstand der Bedürfnisse** kann man in materielle und immaterielle Bedürfnisse gliedern.

Materielle Bedürfnisse richten sich auf sachliche Güter.

Beispiele: modische Kleidung, Auto, Möbel

Immaterielle Bedürfnisse, d. h. nicht greifbare Bedürfnisse, richten sich auf Dienstleistungen oder geistige Belange.

Beispiele: Haarschnitt, Kinobesuch, Freundschaft, Anerkennung, Geborgenheit

- Nach dem **Grad der Bewusstheit** unterscheidet man akute und latente Bedürfnisse.

Akute (offene) Bedürfnisse sind den Menschen bewusst und verlangen nach Befriedigung.

Beispiel: Wunsch nach einer Reise in den Süden

Latente (schlummernde) Bedürfnisse sind den Menschen nicht bewusst. Sie können durch die Werbung geweckt werden.

Beispiel: Die Marketingabteilung der Sommerfeld Bürosysteme GmbH stellt im Rahmen der Marktforschung fest, dass das Bedürfnis nach Sicherheit eine immer größere Rolle spielt. Die Geschäftsleitung diskutiert, ob der Bereich der Sicherheitstechnik im Büro in das Produktionsprogramm aufgenommen werden soll.

Bedarf

Der Teil der Bedürfnisse, der sich auf bestimmte (konkrete) Güter bezieht und mit entsprechender **Kaufkraft** ausgestattet ist, wird **Bedarf** genannt.

Beispiel: Daniela Schaub hat von ihrer Ausbildungsvergütung 300,00 € gespart, um sich ein neues Smartphone zu kaufen.

Nachfrage

Wird der Bedarf am Markt wirksam, d. h., wird für ein bestimmtes Gut tatsächlich Geld ausgegeben, so wird er zur **Nachfrage**.

Beispiel: Hera Dubowski geht in ein Fachgeschäft und kauft den ausgesuchten Blu-Ray-Player.

Ziel jedes Unternehmers ist es, aus den allgemeinen Bedürfnissen seiner möglichen **(potenziellen) Kunden** eine konkrete Nachfrage nach den Leistungen seines Unternehmens zu machen. Um dies zu erreichen, versucht er im Rahmen der Marktforschung die Bedürfnisse seiner Kunden zu ermitteln, sein Absatzprogramm darauf abzustellen und den Bedarf der Kunden durch die Kommunikationspolitik zu wecken.

Beispiel: Die Marketingabteilung der Sommerfeld Bürosysteme GmbH hat im Rahmen der Marktforschung festgestellt, dass das Bedürfnis nach Anerkennung und Sicherheit bei den potenziellen Kunden zunimmt. Aus diesem Grund wird die Warengruppe „Am Schreibtisch" um ein repräsentatives Modell erweitert und es werden Wandtresore in das Sortiment aufgenommen. Eine groß angelegte Werbekampagne macht die Kunden mit den neuen Produkten vertraut.

Die genaue Kenntnis der Bedürfnisse seiner Kunden gibt dem Unternehmer die Möglichkeit, unbewusst vorhandene **(latente) Bedürfnisse in offene Bedürfnisse umzuwandeln**. Mithilfe der Werbung wird der Kunde angeregt, Produkte zu kaufen, die ihm bisher nicht notwendig erschienen oder die er nicht kannte.

> **Zusammenfassung**
>
> **Bedürfnis, Bedarf, Nachfrage**
>
>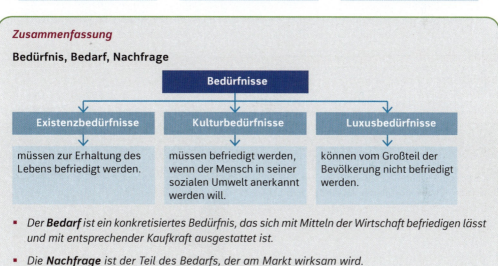
>
> - Der **Bedarf** ist ein konkretisiertes Bedürfnis, das sich mit Mitteln der Wirtschaft befriedigen lässt und mit entsprechender Kaufkraft ausgestattet ist.
> - Die **Nachfrage** ist der Teil des Bedarfs, der am Markt wirksam wird.

Aufgaben

1. a) Nennen Sie je drei Beispiele für
    - *Existenzbedürfnisse,*
    - *Kulturbedürfnisse,*
    - *Luxusbedürfnisse.*

   b) Stellen Sie den Bedürfnissen den entsprechenden Bedarf gegenüber.

2. Erläutern Sie, wie es zu erklären ist, dass ein Luxusbedürfnis zu einem Existenzbedürfnis wird.

3. Mithilfe der Werbung werden latente Bedürfnisse der potenziellen Kunden in Nachfrage nach Leistungen eines Unternehmens umgewandelt.

   a) Diskutieren Sie die Rolle der Werbung in unserer Gesellschaft.
   b) Werten Sie Anzeigen in Illustrierten aus und stellen Sie fest, wo in erster Linie latente Bedürfnisse angesprochen werden.

4. Erläutern Sie, wie die Sommerfeld Bürosysteme GmbH das zunehmende Bedürfnis nach einer sauberen Umwelt und Gesundheit nutzen könnte.

5. Erläutern Sie den Zusammenhang der Begriffe Bedürfnis, Bedarf, Nachfrage anhand eines Beispiels.

6. Mithilfe der Werbung werden latente Bedürfnisse in offene Bedürfnisse umgewandelt. Bilden Sie zwei Gruppen, eine Gruppe „Pro" und eine Gruppe „Contra" Werbung. Diskutieren Sie, inwieweit Werbung Bedürfnisse „weckt" und ob die Marktwirtschaft ohne Werbung möglich ist.

7. In Afrika verhungern täglich Tausende von Menschen. Ein großer Teil des Kontinents ist unterentwickelt. Die Bevölkerung ist arm. Entscheiden Sie, ob unter diesen Bedingungen eine andere Einteilung der Bedürfnisse möglich bzw. erforderlich ist.

8. „Die Bedürfnisse sind unbegrenzt." Begründen Sie, ob diese Aussage richtig oder falsch ist.

9. Unterhalten Sie sich mit Ihren Eltern, um folgende Aufgabe lösen zu können:
Nennen Sie mindestens fünf Beispiele für Bedürfnisse, die vor 20 oder 30 Jahren Luxusbedürfnisse waren und heute zur Normalausstattung eines Haushaltes gehören.

LS 29

1.1.2 Güterarten und das ökonomische Prinzip

Daniela Schaub ist empört. „Stellen Sie sich vor", berichtet sie der Abteilungsleiterin Frau Esser nach einem Besuch im Außenlager, „bei uns wird jede Lieferung in eine Folie eingeschweißt, die Metallteile werden mit Wellpappe umwickelt und empfindliche Kleinteile werden in Styropor verpackt! Wenn ich an die Müllberge denke, die da entstehen, wird mir ganz schlecht!"
„Und mir wird schlecht, wenn ich an die vielen Reklamationen wegen zerkratzter und beschädigter Produkte denke, wenn wir die Waren nicht transportsicher verpacken", entgegnet Frau Esser. Daniela hält ihr entgegen, dass es höchste Zeit sei, mit den Schätzen der Erde sparsamer umzugehen, da sie nur noch für begrenzte Zeit reichen. Und nicht nur das. Viele Güter, die früher im Überfluss vorhanden waren, müssen heute mit viel Mühe und Kosten wiederaufbereitet werden. Frau Esser wird nachdenklich. Sie bittet Daniela doch einmal zu überlegen, wie man bei der Verpackung den Verbrauch von Rohstoffen einschränken könne. „Und wenn Sie eine gute Idee haben, geben wir diese an unsere Umweltbeauftragte Frau Lauer weiter. Vielleicht gibt es da sogar eine Prämie!"

Arbeitsaufträge

- Erläutern Sie, nach welchen Gesichtspunkten wirtschaftliche Güter unterteilt werden können, und geben Sie jeweils Beispiele an.

- Unterstützen Sie Daniela Schaub bei ihrer Aufgabe und überlegen Sie, wie die Sommerfeld Bürosysteme GmbH bei der Verpackung den Verbrauch von Rohstoffen einschränken kann.

Güterarten

Die Mittel, mit denen die menschlichen Bedürfnisse befriedigt werden können, nennt man **Güter**. Das **Angebot** an Gütern wird von Unternehmen bereitgestellt, die die Nachfrage am Markt befriedigen.

Güter stiften dem Menschen einen Nutzen. Der vernünftig (rational) handelnde Mensch wird sich für das Gut entscheiden, das ihm den höchsten Nutzen stiftet.

Nach der Art ihrer Verfügbarkeit können Güter in **freie oder knappe (wirtschaftliche) Güter** unterschieden werden.

> *Freie Güter sind im Überfluss vorhanden und ihre Bereitstellung verursacht keine Kosten.*
>
> Beispiele: Luft, Meerwasser, Sonne, Wind

> *Knappe (wirtschaftliche) Güter sind nur begrenzt vorhanden. Ihre Bereitstellung verursacht Kosten, deshalb haben sie am Markt einen Preis.*
>
> Beispiele: Fuhrpark der Sommerfeld Bürosysteme GmbH, Leitungswasser, Arbeitskleidung, Lebensmittel

Im Laufe der Zeit sind immer **mehr freie Güter zu knappen Gütern** geworden. So sind z. B. sauberes Wasser und klare Luft in vielen Gegenden nur noch unter großem Kostenaufwand zu erhalten.

Bei vielen knappen Gütern wird deutlich, dass die für die Herstellung erforderlichen Rohstoffe nur noch für wenige Jahre reichen. Die Konsequenz muss der sparsamere Umgang mit diesen Stoffen und ihre Wiederverwertung **(Recycling)** sein. → LF 10

Jeder kann Hilfe bei der Wiederverwertung von Rohstoffen und bei ihrem sparsameren Einsatz leisten. **Haushalte** können Glas, Altpapier und Wertstoffe **getrennt sammeln** und entsorgen. **Unternehmen** können Verpackungen **einschränken oder vermeiden** und wiederverwertbare Rohstoffe in der Produktion einsetzen.

Die knappen (wirtschaftlichen) Güter können in verschiedene **Güterarten** unterschieden werden:

- Nach dem **Gegenstand** können Güter in materielle und immaterielle Güter unterteilt werden.

> ***Materielle (fassbare) Güter** sind Sachgüter.*
>
> Beispiele: Smartphonew, Smartphonet, Damenbluse, Drehhocker „Allegro" der Sommerfeld Bürosysteme GmbH

Immaterielle (nicht fassbare) Güter sind Dienstleistungen, Rechte und Informationen.

- **Dienstleistungen** sind Arbeitsleistungen, durch die ein Wert oder Nutzen entsteht.

  Beispiele: Beratung eines Rechtsanwaltes, die Planung einer Büroeinrichtung für eine Versicherung durch den Außendienst der Sommerfeld Bürosysteme GmbH, Diagnose eines Arztes

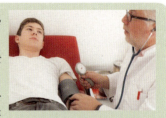

- **Rechte** sind Ansprüche oder Befugnisse.

  Beispiele: Das Recht, einen bestimmten Markennamen zu führen oder ein Grundstück zu nutzen. Die Sommerfeld Bürosysteme GmbH stellt Stuhlrollen nach dem Patent eines Erfinders her. Sie hat mit ihm einen Vertrag geschlossen und das Recht erworben, die von ihm entwickelte Rolle zu produzieren.

- **Informationen** sind Voraussetzung jeder Art von Entscheidungsfindung.

  Beispiele: Zugriff auf das Wissen in Datenbanken, Abonnement einer Fachzeitschrift

- Nach der **Art der Verwendung** können Güter in Konsum- und Produktions- oder Investitionsgüter eingeteilt werden.

Konsumgüter dienen der unmittelbaren Bedürfnisbefriedigung. Sie werden in den Haushalten, also vom Endverbraucher, verwendet.

Produktions- oder Investitionsgüter dienen der Herstellung anderer Güter. Sie werden in Unternehmen verwendet.

Da bei der Einteilung in Konsum- und Produktionsgüter nicht die Art des Gutes, sondern die **Art der Verwendung** den Ausschlag für die Zuordnung gibt, kann ein und dasselbe Gut sowohl Konsum- als auch Produktionsgut sein.

Beispiele:

Konsumgüter	– ein Hammer im Hobbykeller – Danielas privater Kugelschreiber
Produktions- oder Investitionsgüter	– ein Hammer in der Holzwerkstatt der Sommerfeld Bürosysteme GmbH – ein Kugelschreiber in der Verkaufsabteilung der Sommerfeld Bürosysteme GmbH

- Nach der **Nutzungsdauer** kann man Gebrauchs- und Verbrauchsgüter unterteilen.

Gebrauchsgüter können mehrmals verwendet werden und nutzen sich erst allmählich ab.

Beispiele: Büromöbel, Kleidung, Maschinen

Verbrauchsgüter können nur einmal zum Zwecke der Bedürfnisbefriedigung bzw. Produktion eingesetzt werden.

Beispiele: Nahrungsmittel, Kopierpapier, Briefumschläge, Benzin für Geschäftswagen

- Nach der **Beziehung der Güter zueinander** kann man in Komplementärgüter und Substitutionsgüter unterscheiden.

Komplementärgüter ergänzen sich gegenseitig. Sie können nur in Kombination miteinander ein Bedürfnis befriedigen.

Beispiele: Kfz und Treibstoff, DVD-Player und DVD

Substitutionsgüter ersetzen sich, sie sind gegeneinander austauschbar.

Beispiele: Lkw oder der Transport mit der Deutschen Bahn AG, Butter oder Margarine

Das ökonomische Prinzip

Die **Bedürfnisse** der Menschen sind i. d. R. **unbegrenzt. Wirtschaftsgüter** hingegen sind **knapp**. Sie sind nur begrenzt vorhanden und ihre Bereitstellung verursacht Kosten.

Private Haushalte und Unternehmen lösen dieses Problem, indem sie ihre Mittel möglichst effizient mit dem Ziel der bestmöglichen Bedürfnisbefriedigung einsetzen, das heißt, sie **wirtschaften**. Dieses planvolle Handeln erfolgt nach dem **ökonomischen (wirtschaftlichen) Prinzip**. Es zeigt sich in zwei Erscheinungsformen:

Minimalprinzip
Beim Minimalprinzip wird versucht, ein gegebenes Ziel mit möglichst wenig (minimalen) Mitteln zu erreichen.

Beispiel: Herr Lanzetti, Abteilungsleiter Logistik und Beschaffung der Sommerfeld Bürosysteme GmbH, versucht, Lacke für die Produktion (= gegebenes Ziel) so preiswert wie möglich einzukaufen (= minimale Mittel).

Maximalprinzip
Beim Maximalprinzip wird versucht, mit gegebenen Mitteln einen größtmöglichen (maximalen) Erfolg zu erreichen.

Beispiel: Daniela versucht, sich mit ihrer Ausbildungsvergütung (= gegebene Mittel) so viele Wünsche wie möglich zu erfüllen (= maximaler Erfolg).

Das ökologische Prinzip

Lange Zeit stand die **Umwelt für jedermann kostenlos** zur Verfügung. Luft und Wasser waren als freie Güter im Überfluss vorhanden, die Vorräte an **Rohstoffen (Ressourcen) schienen unendlich**.

Die zunehmende Industrialisierung und das ungebremste Bevölkerungswachstum belasten das ökologische System inzwischen so stark, dass die **Selbstreinigungskräfte der Natur nicht mehr ausreichen**, um das ökologische Gleichgewicht zu erhalten. Darüber hinaus weiß man, dass die natürlichen **Ressourcen der Erde nur noch für begrenzte Zeit ausreichen**.

Mit den Beziehungen der Menschen zu ihrer Umwelt befasst sich die **Ökologie**, deren Ziel es ist, die Belastungen der Umwelt zu mindern oder gänzlich zu vermeiden.

Wenn private Haushalte wie Unternehmen bei allen wirtschaftlichen Tätigkeiten so handeln, dass die Umwelt so wenig wie möglich belastet wird, handeln sie nach dem **ökologischen Prinzip**.

Beim Handeln nach dem ökologischen Prinzip sind **folgende Möglichkeiten** denkbar:

- **Sparsamer Verbrauch von Rohstoffen und Energie**
- **Aufarbeitung gebrauchter Rohstoffe (Recycling)**
- **Herstellung umweltfreundlicher Produkte**
- **Anwendung umweltfreundlicher Produktionstechniken**

> **PRAXISTIPP!**
>
> *Weiterführende Informationen finden Sie auf der Seite des Bundesministeriums für Umwelt, Naturschutz und nukleare Sicherheit unter www.bmu.de.*

Das Spannungsverhältnis zwischen Ökonomie und Ökologie

Zwischen Ökonomie und **Ökologie** kann es zu Zielkonflikten kommen. Dies ist immer dann der Fall, wenn ökologisch sinnvolle Entscheidungen mit **höheren Kosten** für das einzelne Unternehmen oder den privaten Haushalt verbunden sind.

Beispiel: Die Sommerfeld Bürosysteme GmbH verwendet überwiegend recycelbare Materialien, obwohl diese in der Anschaffung teurer sind.

Da Unternehmen und Haushalte sich oft am kurzfristigen Erfolg wirtschaftlichen Handelns orientieren, greift hier der **Staat** regelnd ein. Dabei sind folgende staatliche Maßnahmen im Sinne der **Umweltpolitik** denkbar:

- Beeinflussung der öffentlichen Meinung durch **Aufklärung und Erziehung**

    Beispiel: Der Bundesumweltminister gibt eine Broschüre zum Thema „Windenergie" heraus.

- Gewährung von **Subventionen** für ökologisch sinnvolle Maßnahmen

    Beispiel: Das Land Nordrhein-Westfalen zahlt beim Einbau isolierverglaster Fenster einen Zuschuss.

- Erhebung von **Steuern und Abgaben** für die Verursacher von Umweltbelastungen

    Beispiel: Die Kfz-Steuer für Pkw bemisst sich nach dem Hubraum und der Schadstoffemission des Fahrzeugs.

- **Gesetze und Verordnungen** zum Schutz der Umwelt

  Beispiel:

  > § 1 Bundes-Immissionsschutzgesetz
  > (1) Zweck dieses Gesetzes ist es, Menschen, Tiere und Pflanzen, den Boden, das Wasser, die Atmosphäre sowie Kultur- und sonstige Sachgüter vor schädlichen Umwelteinwirkungen zu schützen und dem Entstehen schädlicher Umwelteinwirkungen vorzubeugen.
  > (2) Soweit es sich um genehmigungsbedürftige Anlagen handelt, dient dieses Gesetz auch
  > – der integrierten Vermeidung und Verminderung schädlicher Umwelteinwirkungen durch Emissionen in Luft, Wasser und Boden unter Einbeziehung der Abfallwirtschaft, um ein hohes Schutzniveau für die Umwelt insgesamt zu erreichen, sowie
  > – dem Schutz und der Vorsorge gegen Gefahren, erhebliche Nachteile und erhebliche Belästigungen, die auf andere Weise herbeigeführt werden.

> **PRAXISTIPP!**
>
> *Den vollständigen Gesetzestext finden Sie unter www.gesetze-im-internet.de/bimschg/index.html.*

Zusammenfassung

Güterarten und das ökonomische Prinzip

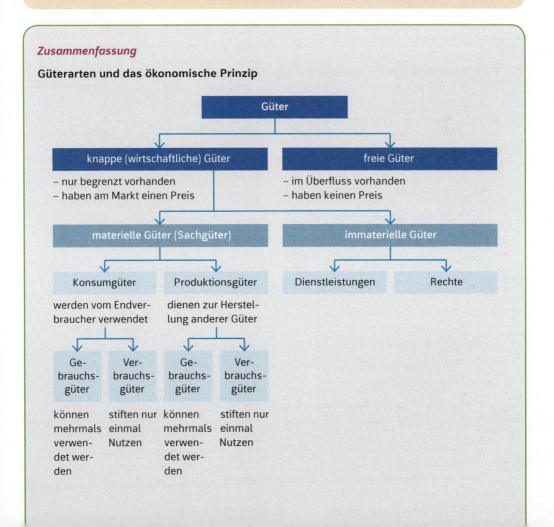

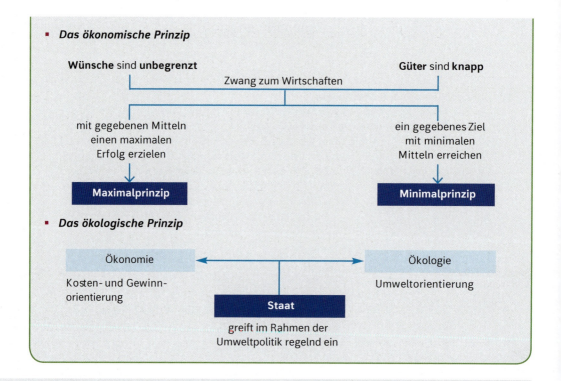

Aufgaben

1. Haushalte und Unternehmen können gemeinsam dazu beitragen, dass nicht noch mehr freie Güter zu wirtschaftlichen Gütern werden.

   a) Erläutern Sie diese Bemühungen anhand von fünf Beispielen aus ihrem Haushalt.
   b) Stellen Sie fünf Beispiele aus Ihrem Ausbildungsbetrieb dar.

2. Welche der nachfolgenden Verwendungsarten treffen auf unten stehende Sachverhalte zu? Verwendungsarten wirtschaftlicher Güter:

   a) Produktionsgut als Gebrauchsgut
   b) Produktionsgut als Verbrauchsgut
   c) Dienstleistung als Produktionsgut
   d) Dienstleistung als Konsument
   e) Recht als Produktionsgut
   f) Recht als Konsumgut
   g) Konsumgut als Gebrauchsgut

   1. Ein Kaufmann lässt sich bei einem Geschäft durch einen Rechtsanwalt vertreten.
   2. Überlassung von Geschäftsräumen gegen Entgelt.
   3. Verwendung eines Taschenrechners in der Buchhaltung des Kaufmanns.
   4. Verwendung eines Taschenrechners durch den Auszubildenden in der Schule.
   5. Verwendung von Heizöl zur Beheizung eines Bürohauses.

3. Stellen Sie fest, nach welchen Grundsätzen in den folgenden Fällen gehandelt wird:

   a) Die wirtschaftlichen Entscheidungen im Haushalt werden so getroffen, dass der größtmögliche Nutzen für die Familie erreicht wird.
   b) Ein festgelegtes Produktionsziel soll mit möglichst geringem Materialeinsatz erreicht werden.
   c) Ein Schüler versucht, eine bestimmte CD so günstig wie möglich zu kaufen.
   d) Eine Hausfrau versucht, durch Preisvergleich den Lebensmittelbedarf der Familie so preiswert wie möglich zu decken.

e) Ein Unternehmer versucht, das festgelegte Umsatzziel mit minimalen Gesamtkosten zu verwirklichen.
f) Ein Schüler versucht, mit möglichst geringem Einsatz die Versetzung zu erreichen.
g) Ein Unternehmer möchte mit dem vorhandenen Personal den größtmöglichen Umsatz erzielen.

4. Erläutern Sie am Beispiel Ihrer Schulnoten, warum die Kombination aus Minimal- und Maximalprinzip, also mit einem möglichst geringen Mitteleinsatz einen möglichst großen Erfolg zu erzielen, nicht realisierbar ist.

5. Auszug aus der Unternehmensphilosophie der Sommerfeld Bürosysteme GmbH:

> Wie stark ein Produkt die Umwelt belastet und welcher Nutzen durch das Produkt entsteht, wird bereits in der Designphase festgelegt. Neben der auch ökologisch vorteilhaften Langlebigkeit spielen dabei der Materialeinsatz, die Energie- und Rohstoffaufwendungen, die Produktionsemissionen und die Rückführung der Materialien in den Stoffkreislauf eine entscheidende Rolle.

Diskutieren Sie den Auszug aus der Unternehmensphilosophie der Sommerfeld Bürosysteme GmbH unter dem Gesichtspunkt des Spannungsverhältnisses von Ökonomie und Ökologie sowie des Wertewandels bei den Verbrauchern.

1.1.3 Produktionsfaktoren im Wirtschaftsprozess

→ LS 30

Große Aufregung in der Geschäftsleitung der Sommerfeld Bürosysteme GmbH: Zwei Herren der Unternehmensberatung Kienapfel sind im Haus. Als die Auszubildende Daniela Schaub im Büro von Herrn Feld Kaffee serviert, hört sie folgenden Dialog:
Unternehmensberater: „Sie können rechnen, wie Sie wollen, Herr Feld, die Personalkosten Ihres Betriebes sind einfach zu hoch!"
Herr Feld: „Im Augenblick trifft das sicher zu, aber denken Sie an die Überstunden nach der Messe!"
Unternehmensberater: „Das gebe ich ja zu, trotzdem müssen wir die Personalproduktivität steigern. Und das geht nur, wenn wir den Produktionsfaktor Arbeit gegen Kapital substituieren ..."
Als Daniela das Büro verlassen hat, ist sie nachdenklich. „Arbeit gegen Kapital substituieren." Daniela versteht nicht, was das bedeutet, aber sie hat das Gefühl, dass das etwas mit ihr zu tun haben könnte.

Arbeitsaufträge

- Erläutern Sie, was sich hinter der Formulierung „Arbeit gegen Kapital substituieren" verbirgt.
- Stellen Sie Argumente zusammen, die für und gegen die Substitution des Faktors Kapital durch Arbeit sprechen.
- Erläutern Sie die Substitution anhand möglicher Beispiele aus Ihrem Ausbildungsbetrieb.

Die volkswirtschaftlichen Produktionsfaktoren

Nur ein kleiner Teil der Güter wird den Menschen von der Natur konsumreif zur Verfügung gestellt. In der Regel müssen Güter produziert werden. Zur **Produktion** zählt dabei nicht nur die Herstellung von Gütern, sondern auch die Bereitstellung von Dienstleistungen.

Alle an der Produktion beteiligten Menschen und die eingesetzten Güter kann man auf drei grundlegende Faktoren zurückführen, die man als **volkswirtschaftliche Produktionsfaktoren** bezeichnet:

Arbeit	Boden (Natur)	Kapital

Die Volkswirtschaftslehre wählt damit eine andere Einteilung der Produktionsfaktoren als die Betriebswirtschaftslehre, die die Produktionsfaktoren in Betriebsmittel, Arbeit und Werkstoffe unterteilt (vgl. S. 215).

Produktionsfaktor Arbeit

Zum **Produktionsfaktor Arbeit** zählt jede geistige und körperliche Tätigkeit, die auf die Erzielung eines Einkommens gerichtet ist.

Beispiel: Wischt eine Putzhilfe in einem Büro der Sommerfeld Bürosysteme GmbH die Böden, handelt es sich um Arbeit im volkswirtschaftlichen Sinne. Erledigt sie die gleiche Arbeit in ihrer Wohnung, zählt diese Tätigkeit nicht zum Produktionsfaktor Arbeit, da kein Einkommen erzielt wird.

Der Produktionsfaktor Arbeit kann nach verschiedenen Gesichtspunkten unterteilt werden.

- Nach der **Weisungsgebundenheit**:
  - leitende **(dispositive) Arbeit**

    Beispiel: die Geschäftsführer der Sommerfeld Bürosysteme GmbH, Frau Farthmann, Herr Sommer und Herr Feld

  - **ausführende Arbeit**

    Beispiel: der Kundendienstmitarbeiter der Sommerfeld Bürosysteme GmbH, Herr Evers

- Nach der **Ausbildung**:
  - **gelernte Arbeit** (Voraussetzung ist eine abgeschlossene Berufsausbildung)

    Beispiel: Industriekaufmann/-kauffrau

  - **angelernte Arbeit** (Voraussetzung ist eine kurze Anlernzeit)

    Beispiel: Aushilfe auf der Möbelmesse

  - **ungelernte Arbeit**

    Beispiel: Reinigungskraft

- Nach den **Anforderungen**:
  - **geistige Arbeit**

    Beispiel: der Gruppenleiter des Rechnungswesens der Sommerfeld Bürosysteme GmbH, Herr Effer

  - **körperliche Arbeit**

    Beispiel: die Facharbeiter in der Produktion der Sommerfeld Bürosysteme GmbH

- Nach der **Selbstständigkeit**:
  - **selbstständige Arbeit**

    Beispiel: der Steuerberater der Sommerfeld Bürosysteme GmbH, Herr Degen

  - **nicht selbstständige Arbeit**

    Beispiel: alle Arbeitnehmer der Sommerfeld Bürosysteme GmbH

Produktionsfaktor Boden (Natur)

Der Produktionsfaktor Boden umfasst die zu wirtschaftlichen Zwecken genutzte Natur. Er ist nicht vermehrbar und nicht transportierbar. Der Produktionsfaktor Boden wird in dreifacher Weise genutzt:

- **Anbauboden** ist der land- und forstwirtschaftlich genutzte Boden. Da der Produktionsfaktor Boden nicht vermehrbar ist, ist eine Steigerung der Erträge in der Landwirtschaft nur durch intensivere Nutzung, z. B. durch Einsatz von Pflanzenschutz- und Düngemitteln, möglich. Die damit verbundenen Probleme führen jedoch zu einer Störung des ökologischen Gleichgewichts und damit zu einem Zielkonflikt zwischen Ökonomie und Ökologie.

- **Abbauboden** ist der bergbaulich genutzte Boden, aus dem die Bodenschätze gewonnen werden. Hauptproblem ist hier die Knappheit der Rohstoffe, die oft nur noch für wenige Jahre reichen. Da Rohstoffe und Energieträger nicht erneuerbar sind, kommt dem Recycling immer größere Bedeutung zu.

- **Standortboden** ist der baulich genutzte Boden, auf dem z. B. ein Unternehmer seinen Betrieb errichtet. Dabei sucht der Unternehmer anhand bestimmter Standortfaktoren den Ort, der ihm die größten Ertrags- und Kostenvorteile bringt (vgl. S. 568 ff.).

Betriebe der Urproduktion, z. B. ein Kohlebergwerk, wählen ihren Standort anhand der Rohstoffvorkommen. Industriebetriebe wählen ihren Standort aufgrund günstiger Verkehrsverbindungen, z. B. in der Nähe von Autobahnen, Eisenbahnanschlüssen oder Wasserwegen. Bestimmte Fertigungsbetriebe, die hoch spezialisierte Arbeiter benötigen, siedeln sich in Gegenden an, in denen diese Arbeitskräfte zur Verfügung stehen. Die Standortwahl eines Einzelhändlers orientiert sich am Absatzgebiet, d. h. an der Nähe zum Kunden.

Beispiel: Für die Standortwahl der Sommerfeld Bürosysteme GmbH waren mehrere Faktoren ausschlaggebend. So spielten die Kosten des Grundstücks, die günstigen Verkehrsverbindungen und die ausreichende Zahl von Facharbeitern in der Region eine Rolle.

Arbeit und Boden bezeichnet man als **ursprüngliche (originäre) Produktionsfaktoren**. Sie sind seit Beginn der Menschheit vorhanden.

Beispiel: Schon Steinzeitmenschen bauten mithilfe der Produktionsfaktoren Arbeit (d. h. der eigenen Arbeitskraft) und Boden (d. h. eines Grundstücks) Gemüse und Getreide an.

Produktionsfaktor Kapital

Unter dem Produktionsfaktor Kapital versteht die Volkswirtschaftslehre alle an der Herstellung beteiligten **Produktionsmittel**. Es handelt sich also um Sachkapital (Realkapital) und unterscheidet sich vom Geldkapital. Im volkswirtschaftlichen Sinne dient das Geldkapital lediglich zur Finanzierung von Sachkapital. Zum Sachkapital (Realkapital) gehören:

Sachkapital (Realkapital)	dauerhafte Produktionsmittel	– Gebäude – Fuhrpark – Geschäftsausstattung – Maschinen – ...
	nicht dauerhafte Produktionsmittel	– Rohstoffe – Hilfsstoffe – Betriebsstoffe – bezogene Dienstleistungen – ...

Da der Produktionsfaktor Kapital nicht von Anfang an vorhanden ist, sondern erst durch den Einsatz der ursprünglichen Produktionsfaktoren Arbeit und Boden entsteht, bezeichnet man ihn als **abgeleiteten (derivativen) Produktionsfaktor**. Der Produktionsfaktor Kapital entsteht durch Konsumverzicht, d. h. durch Sparen.

Beispiel: Um sich die Arbeit bei der Ernte zu erleichtern und die Erträge zu steigern, haben die Menschen irgendwann einen Pflug und andere Ackergeräte (= Produktionsmittel) gebaut. So ist der Produktionsfaktor Kapital entstanden. Da sie während der Bauzeit nicht ernten konnten, legten sie einen Teil der Ernte beiseite. Sie übten also Konsumverzicht (= sparen) und konsumierten diesen Teil während der Bauzeit.

In einer Volkswirtschaft wird ständig neues Kapital gebildet, indem laufend Geldkapital in Sachkapital umgewandelt wird. Es wird also investiert. Man unterscheidet folgende Investitionsarten.

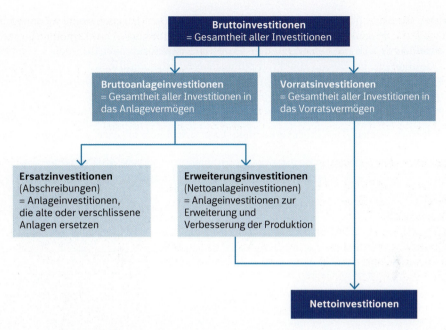

Als **Kapitalstock** bezeichnet man den Bestand an Bruttoanlagevermögen in einer Volkswirtschaft. Zu einer Erweiterung des Kapitalstocks kann es nur kommen, wenn Erweiterungsinvestitionen vorgenommen werden.

Die Kombination der Produktionsfaktoren

Für die Produktion von Gütern und Dienstleistungen müssen die Produktionsfaktoren Arbeit, Boden und Kapital sinnvoll miteinander **kombiniert** werden. Das Ergebnis des Produktionsprozesses bezeichnet man als **Produktionsertrag**.

Beispiel: Der Umsatz der Sommerfeld Bürosysteme GmbH betrug im vergangenen Jahr 43,6 Mio. €.

Die Menge der eingesetzten Produktionsfaktoren, multipliziert mit dem Preis je Einheit, sind die **Kosten der Produktion**.

Beispiel: Die Personalkosten der Sommerfeld Bürosysteme GmbH betrugen im vergangenen Jahr 17,3 Mio. €.

Ziel jedes Unternehmers ist es, die Produktionsfaktoren so einzusetzen, dass ein bestimmter Produktionsertrag mit den geringstmöglichen Kosten erreicht wird. Diese Faktorkombination bezeichnet man als **Minimalkostenkombination**.

Bei vielen Produktionsprozessen ist das Einsatzverhältnis der Produktionsfaktoren vorgegeben, d. h., sie können nicht gegeneinander ausgetauscht werden. Ist dies der Fall, handelt es sich um **limitationale Produktionsfaktoren** (limitational = begrenzt). Hier stellt sich das Problem der Minimalkostenkombination nicht, da das Einsatzverhältnis der Produktionsfaktoren technisch bedingt ist.

Beispiel: Ein Lkw der Sommerfeld Bürosysteme GmbH kann maximal 24 Stunden täglich eingesetzt werden. Ist dies der Fall, benötigt man bei einer Arbeitszeit von 8 Stunden drei Fahrer. Der zusätzliche Einsatz eines Fahrers erhöht lediglich die Kosten der Produktion. Wird ein Fahrer weniger eingesetzt, verringert sich der Produktionsertrag, da der Lkw nicht ausgelastet ist.

Sind bei einem Produktionsprozess die Produktionsfaktoren gegeneinander austauschbar, kann z. B. der Produktionsfaktor Arbeit gegen den Produktionsfaktor Kapital ersetzt werden, handelt es sich um **substitutionale Produktionsfaktoren** (substituieren = ersetzen). Hier bestimmen die Kosten der Produktionsfaktoren die Wahl der Faktorkombination. Gewählt wird die Faktorkombination mit den niedrigsten Gesamtkosten, die Minimalkostenkombination.

Beispiel: Im Rahmen der Arbeitsvorbereitung sollen in der Sommerfeld Bürosysteme GmbH Hölzer zugeschnitten werden. Der Produktionsertrag lässt sich durch folgende Faktorkombinationen erzielen:

	Arbeitseiheit (AE) Angestellte	Kapitaleinheit (KE) Maschinen
Kombination 1	1	8
Kombination 2	2	4
Kombination 3	4	2
Kombination 4	8	1

Der Preis für den Faktor Arbeit beträgt 1 250,00 € je Einheit. Der Preis für den Faktor Kapital beträgt 2 500,00 € je Einheit. Es entstehen folgende Gesamtkosten:

	AE	Arbeitskosten	KE	Kapitalkosten	Gesamtkosten
Kombination 1	1	1 250,00	8	20 000,00	21 250,00
Kombination 2	2	2 500,00	4	10 000,00	12 500,00
Kombination 3	**4**	**5 000,00**	**2**	**5 000,00**	**10 000,00**
Kombination 4	8	10 000,00	1	2.500,00	12 500,00

Die Kombination 3 hat die geringsten Gesamtkosten. Sie ist die Minimalkostenkombination.

Handelt ein Unternehmer nach dem ökonomischen Prinzip, wird er bei Kostensteigerungen des Produktionsfaktors Arbeit diesen durch den Produktionsfaktor Kapital ersetzen, d. h. substituieren. Der Mensch als Produktionsfaktor wird also durch die Maschine ersetzt, er wird **arbeitslos**.

Zusammenfassung

Produktionsfaktoren im Wirtschaftsprozess

- *Die volkswirtschaftlichen Produktionsfaktoren*

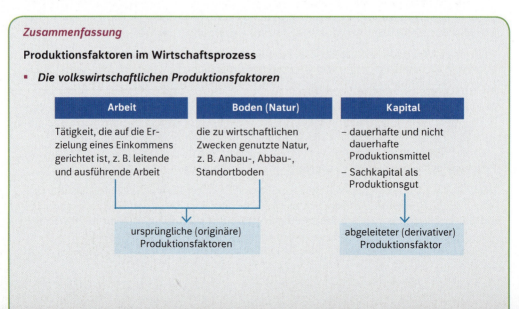

- **Die Kombination der Produktionsfaktoren**
  - Bei den **limitationalen** Produktionsfaktoren ist das Einsatzverhältnis der Faktoren technisch vorgegeben.
  - Bei den **substitutionalen** Produktionsfaktoren bestimmen die Kosten die Wahl der Faktorkombination. Gewählt wird die Kombination mit den niedrigsten Gesamtkosten, die **Minimalkostenkombination**.

Aufgaben

1. Beschreiben Sie den Vorgang der Kapitalbildung am Beispiel des auf einer einsamen Insel gestrandeten Robinson Crusoe.

2. Herr Kunze, der Abteilungsleiter der Produktentwicklung der Sommerfeld Bürosysteme GmbH, denkt über die Fertigung eines neuen Regalsystems nach. Es ist technisch möglich, das Regal mit geringem Kapitaleinsatz und hohem Arbeitseinsatz (arbeitsintensiv) oder mit hohem Kapitaleinsatz und geringem Arbeitseinsatz (kapitalintensiv) zu fertigen. Die geplante Ausbringungsmenge von 1 000 Stück pro Monat kann mit folgenden Faktorkombinationen hergestellt werden:

Arbeitseinheiten (AE)	Kapitaleinheiten (KE)
1	60
3	40
6	20
12	10

Die Arbeitskosten für eine AE betragen 2 500,00 €, die Kapitalkosten für eine KE 4 000,00 €. Der Marktpreis beträgt 250,00 € pro Regaleinheit.

Ermitteln Sie

a) die Minimalkostenkombination,
b) die Kosten pro Stück in der Minimalkostenkombination,
c) den Jahresgewinn in der Minimalkostenkombination.

3. Beschreiben Sie anhand von zehn Gütern Ihrer Wahl, wie die Produktionsfaktoren Arbeit, Boden und Kapital bei ihrer Herstellung zusammenwirken.

4. Ordnen Sie die folgenden Begriffe

a) den volkswirtschaftlichen Produktionsfaktore Arbeit, Boden, Kapital zu;
b) den betriebswirtschaftlichen Produktionsfaktoren Arbeit, Betriebsmittel, Werkstoffe zu.

- Hobelbank
- Produktionshalle (Gebäude)
- Grundstück
- Spanplatte
- Tätigkeit als Verkaufsleiter
- Schmieröl

5. Berechnen Sie die fehlenden Größen.

Kapitalstock Jahresanfang	Bruttoanlage-investitionen	Ersatz-investitionen	Erweiterungs-investitionen	Kapitalstock Jahresende
1 200	200		110	
1 400		60		1 480
1 700		150		1 600

6. Unterscheiden Sie anhand von Beispielen limitationale und substitutionale Produktionsfaktoren.

LS 31

1.1.4 Arbeitsteilung

Daniela Schaub und ihre Freundin Helga, beide Auszubildende zur Industriekauffrau, unterhalten sich vor der Berufsschule über ihre Arbeit. Helga: „Mir macht es Spaß, in einem kleinen Betrieb zu arbeiten. Wir sind im Büro nur zu viert und alle machen alles. Ich hole die Post, schreibe Rechnungen, helfe bei der Personalabrechnung, der Buchführung und bei der Kalkulation von Angeboten."
Daniela: „Für mich wäre das nichts. In der Sommerfeld Bürosysteme GmbH haben wir für jeden Bereich entsprechende Spezialisten. Zurzeit bin ich in der Personalabteilung eingesetzt, da beschäftigen wir uns ausschließlich mit Auswahl und Einsatz von Mitarbeitern und berechnen Löhne und Gehälter."

Arbeitsaufträge

- Erläutern Sie anhand der unterschiedlichen Formen der Arbeitsteilung, worin sich die Tätigkeiten von Helga und Daniela unterscheiden.
- Stellen Sie dar, welche Folgen der Strukturwandel der Wirtschaft für den Beruf der/des Industriekauffrau/-kaufmanns hat.

Berufliche Arbeitsteilung

Der Ursprung der beruflichen Arbeitsteilung geht weit zurück in die Zeit, als die Menschen noch in geschlossenen Hauswirtschaften lebten und es keinen Austausch von Gütern und Leistungen gab. Mit der Zeit entwickelten einzelne Menschen ein besonderes Geschick für bestimmte Tätigkeiten. Da sie in ihrem Spezialgebiet mehr produzieren konnten als ihre Mitmenschen, widmeten sie sich nur noch dieser Tätigkeit und tauschten die Überschüsse. Die **Berufsbildung** hatte stattgefunden. Die Grundberufe wie der des Schmieds, des Landwirts oder des Fischers waren entstanden.

Als Folge der Berufsbildung war man darauf angewiesen, die Güter auszutauschen. Der Schmied musste seine Werkzeuge gegen Getreide und der Bauer sein Getreide gegen Fisch eintauschen. Als Mittler zwischen den Tauschpartnern entstand der Beruf des **Kaufmanns**.

Im Laufe der Zeit spezialisierten sich die in den Berufen Tätigen auf einzelne Teilbereiche. Ein Kaufmann beschaffte z. B. nur noch Waren aus dem Ausland, ein anderer belieferte nur Großabnehmer und ein dritter spezialisierte sich auf die Arbeit im Büro. Diese Aufgliederung von Arbeitsfeldern in kleinere Arbeitsgebiete bezeichnet man als **Berufsspaltung**.

Beispiele: Industriekauffrau/-kaufmann, Kauffrau/Kaufmann im Groß- und Außenhandel

> **PRAXISTIPP!**
>
> *Die Ausbildungsprofile aller Ausbildungsberufe finden Sie auf der Seite des Bundesinstituts für Berufsbildung unter www.bibb.de.*

Vorteil	Nachteil
⊕ Spezielle Begabungen und Geschicklichkeiten können besser gefördert werden.	⊖ Mitarbeiter mit hoher Spezialisierung sind weniger flexibel.

Betriebliche Arbeitsteilung

Die betriebliche Arbeitsteilung findet in der Organisationsstruktur der Unternehmen ihren Niederschlag. Hier werden anhand der unterschiedlichen Aufgaben Abteilungen gebildet (**Abteilungsbildung**) und Arbeitsabläufe in Teilverrichtungen zerlegt (**Arbeitszerlegung**), die jeweils getrennt ausgeführt werden. Die Abteilungsbildung wird im **Organisationsplan** eines Unternehmens dargestellt.

Vorteile	Nachteile
⊕ Die Effektivität der Arbeit wird gesteigert. ⊕ Die Qualität der Güter steigt.	⊖ Einseitige körperliche und geistige Belastung führt zu gesundheitlichen Schäden. ⊖ Die Einsicht in den Sinn der Arbeit und die Arbeitsfreude gehen verloren.

Volkswirtschaftliche Arbeitsteilung

Mit der Entstehung der Berufe entwickelten sich die ersten Unternehmen (Werkstätten, Manufakturen, Fabriken), die sich drei großen Wirtschaftsbereichen oder Produktionsstufen (**Sektoren**) zuordnen lassen. Die Einteilung der Wirtschaft anhand der unterschiedlichen Wirtschaftsstufen bezeichnet man als volkswirtschaftliche Arbeitsteilung.

Die einzelnen Sektoren lassen sich wie folgt unterscheiden:

> **Primärer Sektor:**
> Dem **primären Sektor** werden die Unternehmen der Urerzeugung zugeordnet. Sie beschäftigen sich mit dem landwirtschaftlichen Anbau und dem Abbau der Bodenschätze und sorgen damit für die Voraussetzung der Produktion.
>
> Beispiele: Betriebe der Landwirtschaft, der Forstwirtschaft, der Fischerei, des Bergbaus und der Öl- und Gasgewinnung

Sekundärer Sektor:
Dem **sekundären Sektor** gehören die Unternehmen der Weiterverarbeitung an. Hierbei kann es sich um Handwerksbetriebe oder Industriebetriebe handeln. Der Bereich der Industrie wird in die Grundstoff-, die Investitionsgüter- und die Konsumgüterindustrie gegliedert.

Beispiele: Metallgießerei, Maschinenbaubetrieb, Molkerei, Büromöbelhersteller, Textilindustrie

Tertiärer Sektor:
Dem **tertiären Sektor** lassen sich die Dienstleistungsbetriebe zuordnen.

Beispiele: Großhandel, Einzelhandel, Kreditinstitute, Versicherungen, Verkehrsbetriebe, Transportunternehmen, Unternehmen der Telekommunikation

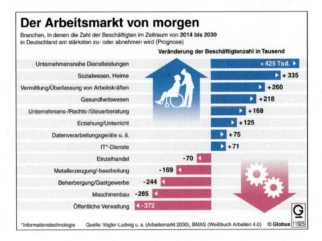

Der Anteil der Beschäftigten in den drei Wirtschaftsstufen kennzeichnet die **Erwerbsstruktur** einer Volkswirtschaft. In der Wirtschaft der Bundesrepublik Deutschland vollzieht sich ein stetiger **Strukturwandel** vom primären zum tertiären Sektor. Immer weniger Menschen arbeiten in den Bereichen Urerzeugung und Weiterverarbeitung und immer mehr Menschen sind im Bereich von Handel und Dienstleistungen beschäftigt. Es findet ein Wandel zur Dienstleistungsgesellschaft statt.

Vorteil	Nachteil
⊕ Die Arbeitsproduktivität wird gesteigert.	⊖ Durch den Strukturwandel der Wirtschaft kann es zu Krisen ganzer Branchen kommen.

Internationale Arbeitsteilung

Bei der Betrachtung der Volkswirtschaft im Modell (vgl. S. 502 ff.) kann man feststellen, dass die Volkswirtschaft der Bundesrepublik Deutschland in ein System vielfältiger internationaler Arbeitsteilung eingebettet ist. Folgende Gründe sind für die Beteiligung am **internationalen Handel** ausschlaggebend:

- Bestimmte **Rohstoffe** müssen importiert werden, da sie im Inland nicht oder nicht in ausreichender Menge vorhanden sind.

    Beispiele: Mineralöl, Erdgas, Erz, Uran

- **Klimatische Unterschiede** ermöglichen den Anbau landwirtschaftlicher Produkte nur in bestimmten Regionen.

    Beispiele: Kaffee in Brasilien, Bananen in Mittelamerika, Baumwolle in den USA

- Jedes Land wird sich auf die Produktion der Güter konzentrieren, deren **Herstellungskosten** vergleichsweise niedriger sind als in anderen Ländern, und die Überschüsse gegen Güter tauschen, deren Herstellung im eigenen Land vergleichsweise höhere Kosten verursacht.

    Beispiele: Die Bundesrepublik Deutschland importiert Textilien aus Singapur und exportiert hochwertige Maschinen.

- Spezielle berufliche **Fachkenntnisse** in einzelnen Volkswirtschaften.

    Beispiele: Maschinenbau in der Bundesrepublik Deutschland, Computerindustrie in Japan und den USA

Vorteile	Nachteile
⊕ Da sich jede Volkswirtschaft auf die Produktion der Güter konzentriert, die sie vergleichsweise am günstigsten herstellen kann, wird die bestmögliche Versorgung der Weltbevölkerung gesichert. ⊕ Die Staaten der Weltgemeinschaft wachsen wirtschaftlich und in der Folge auch politisch und kulturell zusammen.	⊖ Arbeitsplätze im Inland sind gefährdet, wenn die Produktion z. B. aus Kostengründen ins Ausland abwandert. ⊖ Die Beschäftigten der Exportindustrie sind direkt von der Höhe der Auslandsaufträge abhängig.

Zusammenfassung

Arbeitsteilung

- **berufliche Arbeitsteilung:** *Spezialisierung auf bestimmte Berufe und Arbeitsgebiete*
    - *Berufsbildung*
    - *Berufsspaltung*

- **betriebliche Arbeitsteilung:** *Organisationsstruktur eines Unternehmens*
    - *Abteilungsbildung*
    - *Arbeitszerlegung*

- **volkswirtschaftliche Arbeitsteilung:** *Einteilung der Wirtschaft in Wirtschaftsstufen*
    - *primärer Sektor (Urerzeugung)*
    - *sekundärer Sektor (Industrie und Handwerk)*
    - *tertiärer Sektor (Handel und Dienstleistungsbetriebe)*

- **internationale Arbeitsteilung**
    - *Im- und Export von Waren und Dienstleistungen*

Aufgaben

1. Erläutern Sie die Entwicklung der Berufsbildung und der Berufsspaltung anhand eines Beispiels.
2. Beschreiben Sie die Herstellung von je zwei Konsum- und Produktionsgütern durch alle drei Sektoren der Volkswirtschaft.
3. Die Wirtschaftsstruktur der Bundesrepublik Deutschland wandelt sich.

   a) Erörtern Sie, welche Folgen dies für einzelne Berufe hat.
   b) Erläutern Sie die Folgen des Wandels im Bereich der Industrie für den Beruf des Industriekaufmanns/der Industriekauffrau.
4. Erläutern Sie die Abteilungsbildung und Arbeitszerlegung anhand eines Beispiels aus Ihrem Ausbildungsbetrieb und anhand des Organigramms der Sommerfeld Bürosysteme GmbH (vgl. S. 10 f.).
5. Erstellen Sie eine Liste der Unternehmen, die mit Ihrem Ausbildungsbetrieb zusammenarbeiten, und ordnen Sie diese den Sektoren der Volkswirtschaft zu.

1.2 Der Wirtschaftskreislauf

LS 32

Daniela Schaub möchte sich ein Auto kaufen. Bei einem Gebrauchtwagenhändler hat sie schon mehrere interessante Modelle gesichtet. 1 000,00 € hat sie selbst, den Rest des Kaufpreises sollen ihr die Eltern geben. Der Vater ist jedoch nicht zu überzeugen. „Für ein zweites Auto ist kein Geld da. Unsere Einnahmen decken gerade die Ausgaben." Um Daniela zu überzeugen, stellt er mit ihr Einnahmen und Ausgaben in Form eines Haushaltskontos zusammen:

Ausgaben	Haushaltskonto der Familie Schaub		Einnahmen
Lebensmittel	1 000	Einkommen „Vater"	2 000
Wohnung	700	Einkommen „Daniela"	550
Kleidung	500	Pacht für Grundstück	150
Auto, Urlaub, Sonstiges	500		
	2 700		2 700

Daniela Schaub ist enttäuscht. Aber sie sieht ein, dass man nicht mehr ausgeben kann, als man einnimmt. Als sie in der Schule etwas über den Wirtschaftskreislauf erfährt, überlegt sie, ob dieser Grundsatz vielleicht auch auf die ganze Volkswirtschaft zutrifft.

Arbeitsaufträge

- Stellen Sie fest, bei welcher Modellbetrachtung Danielas Überlegungen zutreffen.
- Erläutern Sie, wo die Mängel dieses Modells liegen und um welche Annahmen es ergänzt werden muss, um der Realität nahezukommen.

Um die Volkswirtschaft als Ganzes betrachten zu können, bedient man sich eines **Modells**, d. h. einer Abbildung der Wirklichkeit. So wie ein Globus eine vereinfachte Wiedergabe der Erde und ein Stadtplan eine vereinfachte Abbildung einer Stadt ist, versucht ein volkswirtschaftliches Modell die wesentlichen Zusammenhänge der Volkswirtschaft in vereinfachter Form wiederzugeben. Da die Volkswirtschaft aus einer Vielzahl sehr komplizierter Beziehungen besteht, ist es erforderlich, das Modell auf wenige Grundannahmen (Prämissen) zu beschränken. Die am Wirtschaftsgeschehen Beteiligten werden zu den Gruppen Haushalte, Unternehmen, Staat, Banken und Ausland zusammengefasst und als **Wirtschaftssubjekte** bezeichnet.

Die stationäre Wirtschaft

Dem Modell eines einfachen Wirtschaftskreislaufs werden folgende Annahmen (**Prämissen**) zugrunde gelegt:

- Es gibt nur zwei Gruppen von Beteiligten (**Wirtschaftssubjekte**) am Wirtschaftsgeschehen: die privaten Haushalte und die Unternehmen.
- Alle privaten Haushalte und alle Unternehmen werden zu je einem **Sektor** zusammengefasst.
- Die **Haushalte** stellen den Unternehmen die Produktionsfaktoren Arbeit, Boden und Kapital zur Verfügung (vgl. S. 492 ff.).
- Die **Unternehmen** zahlen den Haushalten für die Nutzung der Produktionsfaktoren Einkommen in Form von Lohn (für Arbeit), Miete und Pacht (für Boden) und Zinsen (für Kapital).
- Die Unternehmen stellen durch die Kombination der Produktionsfaktoren (vgl. S. 495f.) alle in der Volkswirtschaft benötigten Konsumgüter her.
- Alle in den Unternehmen produzierten Konsumgüter werden an die Haushalte abgesetzt.
- Die Haushalte verwenden ihr gesamtes Einkommen (Einkommen = Y) für die Beschaffung der Konsumgüter (Konsumgüter = C).

Das vereinfachte **Modell einer Volkswirtschaft** lässt sich grafisch darstellen:

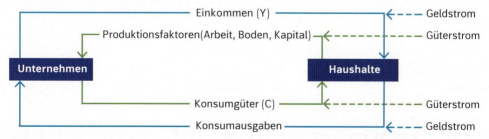

Anhand dieses Modells einer Volkswirtschaft lassen sich jetzt folgende **Aussagen** machen:

- Im Modell lässt sich ein **geschlossener Wirtschaftskreislauf** erkennen, der von einem Geldstrom und einem Güterstrom gebildet wird.
- Der **Geldstrom** besteht aus den Einkommen der Haushalte und ihren Ausgaben für Konsumgüter.

- Der **Güterstrom** besteht aus den von den Haushalten bereitgestellten Produktionsfaktoren und den von den Unternehmen produzierten Konsumgütern.
- Jedem Güterstrom läuft ein Geldstrom von gleichem Wert entgegen, d. h., **Güter und Geldkreislauf sind wertmäßig gleich**.

$$Y = C$$

Das Modell des geschlossenen Wirtschaftskreislaufs zeigt, dass zwischen den Sektoren der Volkswirtschaft, also zwischen Haushalten und Unternehmen, eine ständige Wiederholung von Produktion und Konsum stattfindet. Da sich Geld und Güterstrom wertmäßig entsprechen, kann nur das konsumiert werden, was auch produziert wurde. Es kann ebenfalls nur das ausgegeben werden, was auch an Einkommen erzielt wurde. Das heißt:

$$\text{Summe der Faktoreinkommen} = \text{Gesamtausgaben für Konsumgüter}$$

Da der einfache Wirtschaftskreislauf eine Volkswirtschaft beschreibt, in der es keine Veränderungen gibt, spricht man auch von einer statischen Betrachtung oder von einer **stationären** Wirtschaft.

Die evolutorische Wirtschaft bei Einbeziehung der Kreditinstitute

Das Modell des Kreislaufs einer evolutorischen (wachsenden) Wirtschaft bei Einbeziehung der Kreditinstitute wird um folgende **Prämissen** erweitert:

- Die Haushalte geben nicht ihr gesamtes Einkommen für Konsumgüter aus, sondern sparen (sparen = S) einen Teil. Den Prozentsatz des verfügbaren Einkommens in einer Volkswirtschaft, der durchschnittlich gespart wird, gibt die **Sparquote** an.

$$\text{Sparquote} = \frac{\text{private Ersparnisse}}{\text{verfügbares Einkommen}} \cdot 100$$

> **PRAXISTIPP!**
>
> *Informationen über die aktuelle Höhe der Sparquote finden Sie auf der Seite der Deutschen Bundesbank unter www.bundesbank.de*

- Das Geld wird nicht im „Sparstrumpf" aufbewahrt, also gehortet, sondern die gesparten Beträge werden auf Konten bei **Kreditinstituten** (Banken, Sparkassen) angelegt, die zu einem eigenen Sektor zusammengefasst werden.[1]
- Die Kreditinstitute stellen den Unternehmen das Geldkapital für **Investitionen** (Investieren = I) zur Verfügung.

→ LF 11

---

[1] *Die Bezeichnung dieses Sektors lehnt sich an die Kammerprüfung an. In einer weiteren Fassung wird er auch als „Kapitalsammelstellen" bzw. in der volkswirtschaftlichen Gesamtrechnung als „Vermögensänderungskonto" dargestellt.*

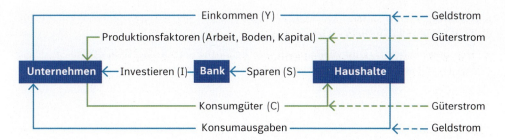

Die **Verwendung der Produktionsfaktoren**: Aus der Sicht der Unternehmen werden die Produktionsfaktoren für die Herstellung von Konsumgütern (C) und Investitionsgütern (I) verwendet.

$$Y = C + I$$

Die **Aufteilung des Einkommens**: Für die Bereitstellung der Produktionsfaktoren erzielen die Haushalte Einkommen. Die Haushalte nutzen das Einkommen für Konsumausgaben (C) und Sparen (S).

$$Y = C + S$$

Daraus folgt: C + I = C + S oder: I = S, d. h., es können nur die Beträge investiert (I) werden, die dem Bankensystem in Form von Sparguthaben (S) zur Verfügung gestellt werden.

$$I = S$$

Dadurch, dass in der beschriebenen Wirtschaft **investiert** wird und damit eine Vergrößerung des Kapitalstocks eintritt, kann die Wirtschaft auf Dauer wachsen. Sie stellt beispielsweise durch maschinelle oder automatisierte Produktion mehr Güter her. Deshalb wird sie als „**evolutorisch**" bezeichnet.

Die evolutorische Wirtschaft bei Einbeziehung der Kreditinstitute und des Staates

Um das Modell des Wirtschaftskreislaufs der Realität weiter anzunähern, werden die Aktivitäten des Staates einbezogen. Zum Sektor Staat gehören dabei alle öffentlichen Haushalte, das sind die Gebietskörperschaften (Bund, Länder, Kommunen), die Einrichtungen der Sozialversicherungen und alle sonstigen gemeinnützigen staatlichen Institutionen. Öffentliche Unternehmen, wie z. B. die Versorgungsbetriebe, gehören nicht zum Sektor Staat, sondern werden den Unternehmen zugerechnet.

Das Modell der evolutorischen Wirtschaft bei Einbeziehung des Staates wird um folgende **Prämissen** erweitert:

- Der Staat erbringt Dienstleistungen zur Erfüllung der **Kollektivbedürfnisse**. Diese können nicht vom einzelnen Haushalt befriedigt werden.

    Beispiele:
    - Bundesaufgaben: Verteidigung, Außenpolitik
    - Länderaufgaben: Schulwesen, Polizei
    - Gemeindeaufgaben: Soziale Angelegenheiten, Kultur

- Eine weitere Aufgabe des Staates ist die **Umverteilung der Einkommen** durch Transferzahlungen und Subventionen.

- Um die vielfältigen Staatsaufgaben durchführen zu können, muss der Staat Einnahmen erzielen. **Staatseinnahmen** sind direkte und indirekte Steuern, Gebühren und Beiträge.

    Beispiele:
    - direkte Steuern: Einkommensteuer
    - indirekte Steuern: Umsatzsteuer
    - Gebühren: Ausstellungsgebühr für den Bundespersonalausweis
    - Beiträge: Beiträge zur Sozialversicherung

    Reichen die Staatseinnahmen zur Finanzierung der Ausgaben nicht aus, müssen Kredite aufgenommen werden. Dies geschieht durch die Ausgabe von Schuldverschreibungen, die durch Vermittlung der Kreditinstitute an Anleger verkauft werden.

    Beispiel: Die Deutsche Bundesbank gibt Bundesobligationen zum Zinssatz von 5 % mit einer Laufzeit von 7 Jahren heraus.

- **Staatsausgaben** fließen an die Haushalte und Unternehmen. Staatsausgaben sind:
    - **Realausgaben**, wenn sie als Gegenleistung für den Kauf von Sachgütern und Dienstleistungen oder für Arbeitsleistungen gezahlt werden

    Beispiel: Die Bundesrepublik Deutschland baut die Autobahn A 31. Sie investiert dafür 5 Mrd. €.

    - **Transferausgaben**, wenn sie an Haushalte (Transferzahlungen) oder Unternehmen (Subventionen) ohne direkte Gegenleistung gewährt werden

    Beispiele:
    - **Transferzahlungen**: Wohngeld, Kindergeld
    - **Subventionen**: Die Werftindustrie erhält staatliche Unterstützung zur Sicherung der Arbeitsplätze (direkte Subvention), für einen befristeten Zeitraum werden die Abschreibungsmöglichkeiten verbessert (indirekte Subventionen).

- Sollten die Ausgaben des Staates kleiner als die Einnahmen sein, erwirtschaftet der Staat Überschüsse. Diese staatliche Ersparnis kann der Staat z. B. bei den Kreditinstituten anlegen.

    Beispiel: Der Staat erwirtschaftet Überschüsse und legt diese als Festgeld bei einer Bank kurzfristig an.

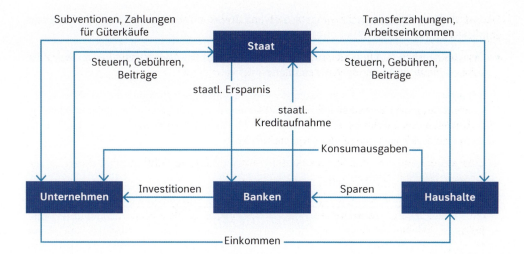

Die evolutorische Wirtschaft bei Einbeziehung der Kreditinstitute, des Staates und des Auslands

Als letzter Sektor werden in das Modell des Wirtschaftskreislaufs die **Transaktionen mit dem Ausland** eingeführt. Der Außenwirtschaftsverkehr umfasst dabei folgende Transaktionsarten:

→ LF 11

- **Warenverkehr**: Im- und Export von Gütern durch Unternehmen

  Beispiele: Die Sommerfeld Bürosysteme GmbH kauft bei der Jansen BV Chemiewerke aus den Niederlanden Kunststoffteile, Silikon, Gasfedern und Öle. Sie verkauft Büromöbel an den Büroeinrichtungsfachhandel Enrico Zamani in Bern in der Schweiz.

- **Dienstleistungsverkehr**: Inanspruchnahme von Dienstleistungen des Auslands durch inländische Unternehmen oder inländischen Dienstleistungen durch ausländische Unternehmen.

  Beispiel: Die Jansen BV Chemiewerke aus den Niederlanden lässt sich von einer deutschen Unternehmensberatung eine Standortanalyse für eine Filiale in Köln anfertigen.

- Die Differenz aus Waren- und Dienstleistungsexporten und Waren- und Dienstleistungsimporten wird Außenbeitrag genannt (EX-IM). Der **Außenbeitrag** ist positiv, wenn die Exporte von Sachgütern und Dienstleistungen (EX) größer als die Importe (IM) sind. Er ist negativ, wenn die Importe größer als die Exporte sind.

  Beispiel: Der Außenbeitrag Deutschlands als Exportnation ist traditionell positiv. Er betrug 2015 knapp 236 Mrd. €.

- **Kapitalverkehr**: Ist der Außenbeitrag positiv, muss sich das Ausland verschulden, um die erhöhten Importe zu finanzieren. Es kann dies z. B. durch eine Kreditaufnahme bei inländischen Kreditinstituten tun. Aus Sicht des Inlands findet ein Kapitalexport statt.

  Beispiel: Deutschland exportiert Waren im Wert von 12 Mrd. € nach Frankreich. Aus Frankreich importiert Deutschland Waren im Wert von 10 Mrd. €. Die Franzosen nehmen Kredite in Höhe von 2 Mrd. € auf, um die Importe durch aufgenommene Kredite und eigene Exporte bezahlen zu können.

Ist der Außenbeitrag negativ, muss das Inland Kredite zur Finanzierung der erhöhten Importe aufnehmen. Es findet ein Kapitalimport statt.

- **Übertragungen**: Zahlungen ohne direkte Gegenleistung durch Inländer an das Ausland oder durch Ausländer an das Inland.

    Beispiele: Der Mitarbeiter des Rechnungswesens der Sommerfeld Bürosysteme GmbH, Herr Jussuf Önder, überweist regelmäßig 25 % seines Nettoeinkommens an seine Familie in Istanbul. Die Auszubildende Tülay Güvec erbt von einem Onkel in Izmir 5 000,00 €. Sie lässt sich das Geld auf ihr Konto bei der Deutschen Bank Essen überweisen.

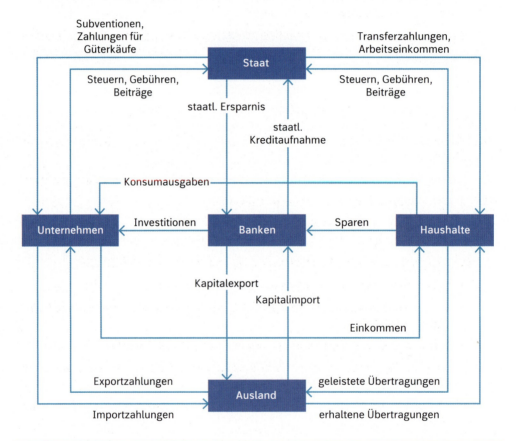

Zusammenfassung

Der Wirtschaftskreislauf

- *Der **Wirtschaftskreislauf** ist ein **ökonomisches Modell**, das die komplexen Zusammenhänge in der Volkswirtschaft in vereinfachter Form mithilfe von **Annahmen (Prämissen)** abbildet.*
- *In der **stationären Wirtschaft** gibt es zwei Sektoren, die Haushalte und die Unternehmen.*
    - *Aufgabe der **Unternehmen** ist die Erzeugung von Sachgütern und Dienstleistungen.*
    - *Die **Haushalte** geben ihr gesamtes Einkommen für die Beschaffung der Güter bei den Unternehmen aus.*

- In der **evolutorischen Wirtschaft** bei Einbeziehung der Kreditinstitute geben die Haushalte nicht ihr gesamtes Einkommen für Konsumgüter aus, sondern sparen einen Teil.
- Die **Sparguthaben** werden bei den Kreditinstituten angelegt, die sie den Unternehmen für **Investitionen** zur Verfügung stellen.
- Das Modell der evolutorischen Wirtschaft kann durch Einbeziehung des **Staates** und des **Auslands** der Wirklichkeit weiter angenähert werden.
  - In der **evolutorischen Wirtschaft mit staatlicher Aktivität** werden zusätzlich die Staatseinnahmen und Staatsausgaben berücksichtigt.
  - Die **evolutorische Wirtschaft mit staatlicher Aktivität und Außenhandelsbeziehungen** berücksichtigt zusätzlich den Im- und Export von Waren und Dienstleistungen, Übertragungen vom oder ans Ausland sowie den Kapitalverkehr mit dem Ausland.

Aufgaben

1. Erläutern Sie, warum man bei der Erklärung der Volkswirtschaft von stark vereinfachten Modellen ausgeht.
2. Erläutern Sie die Prämissen, die dem einfachen Wirtschaftskreislauf zugrunde gelegt werden.
3. In einer Volkswirtschaft gelten folgende Geldströme:
   - Die privaten Haushalte beziehen Bruttoeinkommen von den Unternehmen in Höhe von 84 000,00 €.
   - Die Gehaltszahlungen des Staates an die Haushalte betragen 9 000,00 €.
   - Die Haushalte beziehen Transferzahlungen in Höhe von 13 000,00 €.
   - Die Steuer- und Sozialversicherungszahlungen der Haushalte an den Staat belaufen sich auf 18 000,00 €.
   - Die Konsumausgaben der Haushalte werden mit 65 000,00 € beziffert.
   - Das restliche Einkommen der privaten Haushalte wird gespart und von den Unternehmen für Investitionen in gleicher Höhe verwendet.
   - Die Unternehmen tätigen Verkäufe von Sachgütern und Dienstleistungen an den Staat in Höhe von 16 000,00 €.
   - Die Unternehmen erhalten vom Staat Subventionen. Sie betragen 6 000,00 €.
   - Gleichzeitig führen die Unternehmen Steuern und Sozialversicherungsbeiträge in Höhe von 26 000,00 € an den Staat ab.
   - Die Unternehmen exportieren Waren im Wert von 17 000,00 €.
   - Die Handelsbilanz ist ausgeglichen (Außenbeitrag = 0).
   - Es erfolgt keine Kreditaufnahme oder Kapitalanlage des Staates, das Staatsbudget ist also ebenfalls ausgeglichen.

   Stellen Sie Geldströme in einem Kreislaufmodell dar. Beachten Sie, dass die Geldzu- und -abflüsse eines Sektors ausgeglichen sein müssen.
4. Erläutern Sie den Zusammenhang von Sparen und Investieren in einer geschlossenen Volkswirtschaft ohne staatliche Aktivität.

5. In einer geschlossenen Volkswirtschaft mit den Sektoren Haushalte, Unternehmen, Banken und Staat fließen ausschließlich die nachfolgenden Geldströme in Mio. EUR:

Faktoreinkommen	9 000,00 €
privater Konsum	7 000,00 €
staatlicher Konsum	2 600,00 €
Steuern, Gebühren, Beiträge der Unternehmen	1 600,00 €
Steuern, Gebühren, Beiträge der Haushalte	1 400,00 €
Transferzahlungen	800,00 €
Subventionen	600,00 €

Ermitteln Sie
a) das Gesamteinkommen der Haushalte,
b) das verfügbare Einkommen der Haushalte,
c) die Ersparnisse der Haushalte,
d) Budgetüberschuss oder -defizit des Staates.

1.3 Entstehung, Verwendung und Verteilung des Bruttoinlandsproduktes

LS 33

Nachdem Daniela Schaub in der Berufsschule den „Kreislauf der evolutorischen Wirtschaft" kennengelernt hat, ist sie beeindruckt. Wenn man jetzt noch rechnerisch ermitteln könnte, wie die Wirtschaftsleistung der Volkswirtschaft insgesamt ist, dann könnte der Staat doch eine vernünftige Wirtschaftspolitik betreiben. Als sie Herrn Effer, dem Leiter des Rechnungswesens, von ihrer Idee berichtet, lacht dieser. Das kann der Staat längst. So wie wir unser Unternehmen mit Zahlen aus dem Rechnungswesen steuern, so gibt es auch ein Rechnungswesen der Volkswirtschaft, die volkswirtschaftliche Gesamtrechnung. Mit ihr kann man die Leistung unserer Volkswirtschaft ermitteln.

Arbeitsaufträge

- Stellen Sie fest, wo Gemeinsamkeiten zwischen dem volkswirtschaftlichen und dem betrieblichen Rechnungswesen bestehen.
- Erläutern Sie den Zusammenhang von Bruttonationaleinkommen und Volkseinkommen.

Die Aufgabe der Buchführung für die gesamte Volkswirtschaft erfüllt die **volkswirtschaftliche Gesamtrechnung**. Sie ist die Grundlage für die Berechnung des Bruttoinlandsproduktes und des Bruttonationaleinkommens der Bundesrepublik Deutschland.

> **Bruttoinlandsprodukt (BIP):**
> Gesamtwert aller innerhalb eines Zeitraumes im Inland von In- und Ausländern hergestellten Güter (Waren und Dienstleistungen)
> → Inlandskonzept
> → güterwirtschaftliche Betrachtung

> **Bruttonationaleinkommen (BNE):**
> Summe aller innerhalb eines Zeitraums von Inländern im In- und Ausland erzielten Einkommen (zuzüglich der Abschreibungen)
> → Inländerkonzept
> → Einkommensbetrachtung

Im Rahmen der volkswirtschaftlichen Gesamtrechnung werden Inlandsprodukt und Nationaleinkommen unter drei Gesichtspunkten analysiert:

- In der **Entstehungsrechnung** wird der Beitrag festgelegter Wirtschaftsbereiche zum Bruttoinlandsprodukt ermittelt. Sie betrachtet die Angebotsseite unserer Volkswirtschaft und ermittelt, in welchen Bereichen das Angebot an Gütern entstanden ist.

- In der **Verwendungsrechnung** wird analysiert, von welchen Wirtschaftssubjekten das Bruttoinlandsprodukt beansprucht wurde bzw. für welche Zwecke es eingesetzt wurde. Sie betrachtet damit die Nachfrageseite unserer Volkswirtschaft.

- In der **Verteilungsrechnung** wird ermittelt, wie die Einkommen für die Bereitstellung der Produktionsfaktoren aufgeteilt werden. Insbesondere wird das Volkseinkommen ermittelt, das sich aus den Arbeitnehmereinkommen und den Einkommen aus Unternehmertätigkeit und Vermögen zusammensetzt.

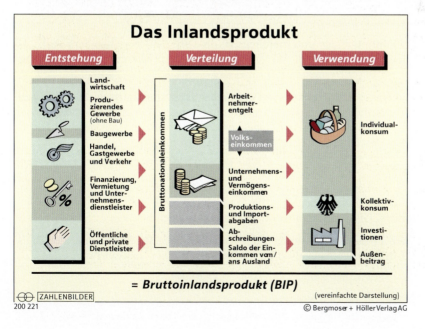

Die Entstehungsrechnung

Um festzustellen, wie groß das Inlandsprodukt ist, werden die Produktionsleistungen am Ort ihrer Entstehung erfasst. Dabei bewertet man die erwirtschafteten Waren und Dienstleistungen mit ihrem Herstellungspreis. Von diesem Wert sind die Vorleistungen abzuziehen, die von anderen Wirtschaftsbereichen erwirtschaftet wurden. Man erhält so die **Bruttowertschöpfung** des einzelnen Unternehmens.

Beispiel: Die Sommerfeld Bürosysteme GmbH bietet in der Produktgruppe 4 aus dem Programm Avera einen Pausenraumtisch zum Preis von 250,00 € an. Dieser wird durch den Bürofachhandel Karl Schneider GmbH zum Preis von 380,00 € an Abnehmer weiterverkauft. Bei der Ermittlung des Bruttoinlandsproduktes wird dieser Pausenraumtisch wie folgt berücksichtigt:

1. Ein Forstbetrieb verkauft Kiefernholz zum Preis von 100,00 € an die Andreas Schneider Holzwerke KG.
2. Die Andreas Schneider Holzwerke KG verarbeitet das Holz zu Brettern und verkauft diese an die Sommerfeld Bürosysteme GmbH zum Preis von 160,00 €.
3. Die Sommerfeld Bürosysteme GmbH verarbeitet die Bretter zu einem Pausenraumtisch und verkauft diesen zum Preis von 250,00 € an den Bürofachhandel Karl Schneider GmbH.
4. Der Bürofachhandel Karl Schneider GmbH verkauft den Pausenraumtisch zum Preis von 380,00 € an einen Abnehmer.

Betrieb	Vorleistung	Bruttowertschöpfung	Produktionswert
1. Forstbetrieb	–	**100,00**	100,00
2. Andreas Schneider Holzwerke AG	100,00	**60,00**	160,00
3. Sommerfeld Bürosysteme GmbH	160,00	**90,00**	250,00
4. Bürofachhandel Karl Schneider GmbH	250,00	**130,00**	380,00
	510,00	**380,00**	890,00

Die Bruttowertschöpfung eines Unternehmens ist die Differenz zwischen dem Verkaufserlös (**Produktionswert**) und dem Wert der von anderen Unternehmen bezogenen Vorleistungen.[1]

Da die Produktionswerte mit Herstellungspreisen bewertet sind, müssen die **Gütersteuern** hinzuaddiert werden, um zu Marktpreisen zu gelangen. Gütersteuern werden pro hergestellter oder verkaufter Einheit erhoben und stellen für die Unternehmen Kosten dar, die neben den Herstellungspreisen kalkuliert werden müssen.

Beispiele: Importabgaben, Verbrauchssteuern wie die Tabaksteuer oder Mineralölsteuer, nicht abzugsfähige Umsatzsteuer

Gleichzeitig werden Unternehmen für die Herstellung von bestimmten Gütern vom Staat subventioniert. Diese **Gütersubventionen** sind abzuziehen.

Die so bewerteten Produktionsleistungen der Unternehmen, des Staates und der Haushalte stellen das **Bruttoinlandsprodukt zu Marktpreisen** einer Volkswirtschaft dar.

---

[1] Zieht man von der Bruttowertschöpfung die Abschreibungen ab, erhält man die Nettowertschöpfung.

```
  Produktionswert
– Vorleistungen
= Bruttowertschöpfung
+ Gütersteuern
– Gütersubventionen
= Bruttoinlandsprodukt zu Marktpreisen
```

Um den Beitrag der einzelnen Wirtschaftseinheiten zur **Entstehung** des Bruttoinlandsproduktes messen zu können, wird die Volkswirtschaft in verschiedene Wirtschaftsbereiche eingeteilt.

Die Entstehung des Bruttoinlandsproduktes wird in Europa nach dem **Europäischen System volkswirtschaftlicher Gesamtrechnungen (ESVG)** einheitlich ermittelt:

```
   Land- und Forstwirtschaft, Fischerei
 + produzierendes Gewerbe (ohne Baugewerbe)
 + Baugewerbe
 + Handel, Gastgewerbe und Verkehr
 + Information und Kommunikation
 + Finanzierung und Versicherung
 + Grundstücks- und Wohnungswesen
 + Unternehmensdienstleister
 + Öffentliche Dienstleistungen, Erziehung, Gesundheit u. a.
 = Bruttoinlandsprodukt zu Marktpreisen
```

Da die Güter mit ihren Marktpreisen bewertet werden, wirken sich Preissteigerungen in Form von Erhöhungen des **nominalen Bruttoinlandsproduktes** aus.

Beispiel: Der Pausenraumtisch aus dem Programm Avera geht mit dem Endverkaufspreis von 380,00 € in die Ermittlung des BIP ein. Erhöhen sich die Preise im Folgejahr um 10 % auf 418,00 €, erhöht sich das BIP um 38,00 €, ohne dass dafür ein entsprechender Gegenwert erbracht wurde.

Um den tatsächlichen Zuwachs des BIP erfassen zu können, bezieht man die Preise auf ein Basisjahr und erhält so das **reale Bruttoinlandsprodukt**. Veränderungen im Zeitablauf sind so nur auf Veränderungen der tatsächlichen Menge zurückzuführen.

→ LF 12

Beispiel: Wird das Vorjahr als Basisjahr festgelegt, beträgt der Beitrag des Pausenraumtisches aus dem Programm Avera zum Bruttoinlandsprodukt unverändert 380,00 €.

Vom Bruttoinlandsprodukt zu Marktpreisen kann man zum **Nettoinlandsprodukt zu Faktorkosten** überleiten. Um diese Überleitung zu verstehen, ist es hilfreich, sich mit dem **gesamtwirtschaftlichen Produktionskonto** auseinanderzusetzen. Fasst man die Beiträge sämtlicher Wirtschaftsbereiche zusammen, lässt sich das Bruttoinlandsprodukt in einem gesamtwirtschaftlichen Produktionskonto darstellen. Das gesamtwirtschaftliche Produktionskonto ähnelt dem GuV-Konto eines Unternehmens. Auf der linken Seite des Kontos werden die gesamtwirtschaftlichen Produktionskosten sowie die erzielten Gewinne ausgewiesen. Die rechte Seite des Kontos gibt Auskunft über das gesamtwirtschaftliche Produktionsergebnis.

Beispiel:

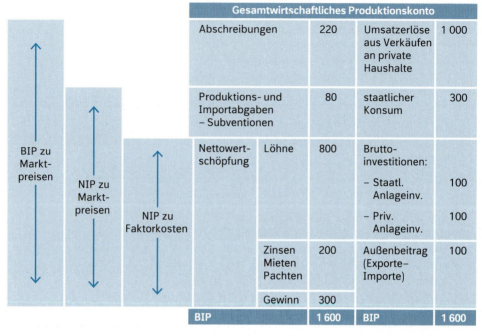

Es soll nun die Kostenseite des gesamtwirtschaftlichen Produktionskontos näher betrachtet werden. Im Rahmen des Produktionsprozesses werden Produktionsmittel eingesetzt, die sich im Zeitablauf abnutzen und erneuert werden müssen. Die buchmäßige Erfassung der Wertminderung des Anlagevermögens wird als **Abschreibung** bezeichnet. Im Rahmen der Kalkulation werden die Abschreibungen entsprechend berücksichtigt und fließen durch die Verkaufserlöse in das Unternehmen zurück. Sie dienen der Finanzierung der Ersatzinvestitionen. Das um die Abschreibungen geminderte Bruttoinlandsprodukt zu Marktpreisen stellt das **Nettoinlandsprodukt zu Marktpreisen** einer Volkswirtschaft dar.

> Bruttoinlandsprodukt zu Marktpreisen
> – Abschreibungen
> = Nettoinlandsprodukt zu Marktpreisen

Der Staat erhebt Produktions- und Importabgaben und zahlt Subventionen. Zu den Produktions- und Importabgaben zählen sämtliche Gütersteuern sowie die Kostensteuern (z. B. Kfz-Steuer oder Gewerbesteuer). Diese Einflüsse erhöhen die Kosten (**Produktions- und Importabgaben**) oder dämpfen die Kosten (**Subventionen**). Wird der Wert des Nettoinlandsproduktes zu Marktpreisen um die Produktions- und Importabgaben verringert und die Subventionen vermehrt, erhält man das **Nettoinlandsprodukt zu Faktorkosten**, also die Nettowertschöpfung der Produktionsfaktoren Arbeit, Boden und Kapital.

> Nettoinlandsprodukt zu Marktpreisen
> – Produktions- und Importabgaben
> + Subventionen
> = Nettoinlandsprodukt zu Faktorkosten

> **PRAXISTIPP!**
>
> Die aktuellen Zahlen zum Inlandsprodukt finden Sie auf der Seite des Statistischen Bundesamtes unter www.destatis.de.

Die Verwendungsrechnung

Die Verwendungsrechnung gibt Auskunft darüber, wofür das Bruttoinlandsprodukt verwendet wurde. Sie berechnet das Bruttoinlandsprodukt von der Nachfrageseite und unterscheidet die folgenden Verwendungsbereiche:

		Beispiele
	Private Konsumausgaben	Käufe von Waren und Dienstleistungen durch private Hausalte
+	Konsumausgaben des Staates	Zahlung von Einkommen an den öffentlichen Dienst
+	Ausrüstungen	Maschinen, Fahrzeuge, Produktionsmittel
+	Bauten	Hochbau, Tiefbau
+	Sonstige Anlagen	IT-Anlage (Computer)
+	Vorratsveränderungen	Saldo zwischen Anfangs- und Endbestand der Vorräte
+	Außenbeitrag	Differenz zwischen Im- und Exporten
		Exportüberschüsse der Automobilindustrie
=	**Bruttoinlandsprodukt**	

Die Verteilungsrechnung

Die Verteilungsrechnung gibt Auskunft darüber, welche **Einkommen von Inländern** innerhalb eines Jahres im In- und Ausland erzielt wurden. Sie betrachtet die Wirtschaftsleistung von der Einkommensseite.

In Deutschland werden keine eigenständigen Daten für die Verteilungsrechnung erhoben. Aus den für die Entstehungs- und Verwendungsrechnung erhobenen Daten wird die Verteilungsrechnung erstellt.

Da das Bruttoinlandsprodukt die Gütererstellung im Inland misst, das **Bruttonationaleinkommen** aber Auskunft über die Einkommen der Inländer geben soll, müssen die Primäreinkommen der Inländer aus dem Ausland zum Bruttoinlandsprodukt addiert und die Primäreinkommen der Ausländer aus dem Inland subtrahiert werden.

Beispiele: Bei der Jansen BV, Chemiewerke, arbeiten 5 % Arbeitnehmer aus Deutschland, die täglich zur Arbeit nach Venlo pendeln. Die Sommerfeld Bürosysteme GmbH nutzt Patente ausländischer Lizenzgeber.

Damit gilt:

> Bruttoinlandsprodukt zu Marktpreisen
> + Primäreinkommen der Inländer aus dem Ausland
> − Primäreinkommen der Ausländer im Inland
> = Bruttonationaleinkommen zu Marktpreisen

Vom Bruttonationaleinkommen kann man nun zum Nettonationaleinkommen zu Faktorkosten (= **Volkseinkommen**) überleiten, das sich in ein Arbeitnehmereinkommen und ein Einkommen aus Unternehmertätigkeit und Vermögen aufteilen lässt.

> Bruttonationaleinkommen zu Marktpreisen
> − Abschreibungen
> = Nettonationaleinkommen zu Marktpreisen
> − Produktions- und Importabgaben
> + Subventionen
> = Nettonationaleinkommen zur Faktorkosten (Volkseinkommen)
>   davon Arbeitnehmereinkommen
>   davon Einkommen aus Unternehmertätigkeit und Vermögen

- **Arbeitnehmereinkommen** (Einkommen aus unselbstständiger Arbeit): Die Arbeitnehmereinkommen umfassen das Bruttoarbeitsentgelt zuzüglich den Lohnnebenkosten (Arbeitgeberanteile zur Sozialversicherung und weitere Sozialaufwendungen der Arbeitgeber). Der Anteil der Arbeitnehmereinkommen am Volkseinkommen wird durch die **Lohnquote** ausgedrückt. Die Veränderung der Lohnquote im Zeitablauf ist eine wichtige Schlüsselgröße im Rahmen von Tarifverhandlungen (vgl. S. 256 ff.).

$$\text{Lohnquote} = \frac{\text{Arbeitnehmereinkommen (= Einkommen aus unselbstständiger Arbeit)}}{\text{Volkseinkommen}} \cdot 100$$

- **Einkommen aus Unternehmertätigkeit und Vermögen**: Hier werden Erträge aus Zinsen, Mieten, Pachten und die ausgeschütteten Gewinne der Unternehmen erfasst. Der Anteil der Einkommen aus Unternehmertätigkeit und Vermögen am Volkseinkommen wird durch die Gewinnquote ausgedrückt.

$$\text{Gewinnquote} = \frac{\text{Einkommen aus Unternehmertätigkeit und Vermögen}}{\text{Volkseinkommen}} \cdot 100$$

Zu beachten ist, dass auch Arbeitnehmer Einkommen aus Zinsen, Vermietung und Verpachtung erzielen. Diese Einkommen fließen aber in die Berechnung der Gewinnquote ein.

Die Arbeitnehmereinkommen sowie die Einkommen der Haushalte aus Unternehmertätigkeit und Vermögen stellen das gesamte Primäreinkommen der Haushalte dar. Berücksichtigt man, dass die Haushalte Übertragungen an den Staat leisten (z. B. Einkommenssteuer, Sozialversicherungsbeiträge) bzw. Übertragungen vom Staat empfangen (z. B. Wohngeld, Kindergeld), lässt sich das **verfügbare Einkommen der Haushalte** wie folgt ermitteln.

> Primäreinkommen der Haushalte
> + empfangene Übertragungen
> − geleistete Übertragungen
> = verfügbares Einkommen der Haushalte (für Konsum und Sparen)

Kritik am Bruttoinlandsprodukt als Wohlstandsindikator

Das Bruttoinlandsprodukt ist ein wichtiger Indikator für die Leistungsfähigkeit einer Volkswirtschaft. Aussagen über den Wohlstand einer Volkswirtschaft sind jedoch nur bedingt möglich. Die **Kritik am Bruttoinlandsprodukt als Wohlstandsindikator** wird wie folgt begründet:

→ LF 12

- **Das Bruttoinlandsprodukt wird zu gering ausgewiesen**, da Vorgänge vernachlässigt werden, die nicht über den Markt abgewickelt werden.

  Beispiel: Der Wert der monatlichen Hausarbeit für eine Familie mit zwei Kindern kann mit 1 698,00 € monatlich veranschlagt werden. Da diese Leistung nicht über den Markt abgewickelt wird, erfasst man sie nicht im Bruttoinlandsprodukt.

- **Das Bruttoinlandsprodukt wird zu hoch ausgewiesen**, da Vorgänge erfasst werden, die keine Wohlstandsmehrung bedeuten.

  Beispiele: Ein Auslieferungsfahrer der Sommerfeld Bürosysteme GmbH verursacht schuldhaft einen Verkehrsunfall. Die Reparaturkosten für den Lkw und die Krankenhauskosten in Höhe von insgesamt 6 650,00 € mehren das Bruttoinlandsprodukt. Um Umweltschäden zu beseitigen, werden jährlich Milliardenbeträge ausgegeben.

Zusammenfassung

Entstehung, Verwendung und Verteilung des Bruttoinlandsproduktes

- Das **Inlandsprodukt** ist der Gesamtwert aller in einer Volkswirtschaft von In- und Ausländern in einem Jahr erwirtschafteten Waren und Dienstleistungen.

Entstehungsrechnung In welchen Bereichen entsteht das BIP?	Verwendungsrechnung Für welche Zwecke wird das BIP verwendet?
Land- und Forstwirtschaft, Fischerei + produzierendes Gewerbe (ohne Baugewerbe) + Baugewerbe + Handel, Gastgewerbe und Verkehr + Information und Kommunikation + Finanzierung und Versicherung + Grundstücks- und Wohnungswesen + Unternehmensdienstleister + Öffentliche Dienstleistungen, Erziehung, Gesundheit u. a. = Bruttowertschöpfung + Gütersteuern − Gütersubventionen	Private Konsumausgaben + Konsumausgaben des Staates + Ausrüstungen + Bauten + Sonstige Anlagen + Vorratsveränderungen + Außenbeitrag

= Bruttoinlandsprodukt (BIP)

+ Primäreinkommen der Inländer aus dem Ausland
− Primäreinkommen der Ausländer im Inland
= Bruttonationaleinkommen zu Marktpreisen
− Abschreibungen
= Nettonationaleinkommen zu Marktpreisen
− Produktions- und Importabgaben
+ Subventionen
= Nettonationaleinkommen zur Faktorkosten (Volkseinkommen)
   davon Arbeitnehmereinkommen
   davon Einkommen aus Unternehmertätigkeit und Vermögen

Verteilungsrechnung
Wie wird das BIP verteilt?

- **Lohnquote** $= \dfrac{\text{Arbeitnehmereinkommen} \cdot 100}{\text{Volkseinkommen}}$

- **Gewinnquote** $= \dfrac{\text{Einkommen aus Unternehmertätigkeit und Vermögen} \cdot 100}{\text{Volkseinkommen}}$

Aufgaben

1. Erläutern Sie anhand von vier Beispielen die Kritik am Bruttoinlandsprodukt als Wohlstandsindikator.

2. Berechnen Sie aus den unten stehenden Salden jeweils in Milliarden EUR

Aufwand	Gesamtwirtschaftliches Produktionskonto		Ertrag
Löhne, Gehälter	550	Verkäufe an	
Zinsen, Pachten, Gewinne	200	Haushalte	650
Produktions- und Importabgaben		Bruttoinvestitionen	240
abzügl. Subventionen	100	Außenbeitrag Export/Import	10
Abschreibungen	50		
	900		900

a) das Bruttoinlandsprodukt zu Marktpreisen,
b) das Nettoinlandsprodukt zu Marktpreisen,
c) das Nettoinlandsprodukt zu Faktorkosten.

3. Erläutern Sie

a) Bruttoinlandsprodukt zu Marktpreisen,
b) Nettoinlandsprodukt zu Marktpreisen,
c) Nettonationaleinkommen zu Marktpreisen,
d) Nettonationaleinkommen zu Faktorkosten,
e) reales Bruttoinlandsprodukt,
f) nominales Bruttoinlandsprodukt.

4. Die Statistik einer Volkswirtschaft weist die folgenden Beträge in Milliarden EUR aus:

Bruttoproduktionswert	1 900
Vorleistungen	850
Gütersteuern – Gütersubventionen	100
Private Konsumausgaben	400
Konsumausgaben des Staates	?
Bruttoinvestitionen	300
Exporte	150
Importe	50
Saldo der Primäreinkommen	+20
Abschreibungen	170
Produktions- und Importabgaben	180
Subventionen vom Staat	70
Arbeitnehmereinkommen	462,30
Einkommen aus Unternehmertätigkeit und Vermögen	?

a) Analysieren Sie die Daten, indem Sie die Entstehungs-, Verwendungs- und Verteilungsrechnung aufstellen. Berechnen Sie fehlende Größen.
b) Ermitteln Sie die Lohn- und Gewinnquote.

2 Den ordnungspolitischen Rahmen der Unternehmen erkunden

2.1 Gesellschaftsordnung, Modelle der Wirtschaftsordnung und soziale Marktwirtschaft als Grundlage der Ordnungspolitik

Seit dem 01.01.1994 sind die Mitarbeiterinnen und Mitarbeiter der Sommerfeld Bürosysteme GmbH mit 50 % am Gewinn nach Steuern vermögensbildend beteiligt und halten heute als stille Gesellschafter 28 % des Kapitals. Im Rahmen einer geplanten Umwandlung des Unternehmens in eine Aktiengesellschaft diskutieren die Gesellschafter Vor- und Nachteile der Mitarbeiterbeteiligung. „Wir haben seit 1994 eine deutlich gestiegene Dauer der Betriebszugehörigkeit, der Krankenstand ist im Betriebsvergleich mit anderen Unternehmen um rund 10 % geringer und das Betriebsklima ist hervorragend", stellt Herr Feld fest. „Die ausgeschütteten Gewinnanteile schwächen unsere Kapitalbasis und bei strategischen Entscheidungen kommt es oft zu endlosen Diskussionen um das Für und Wider", entgegnet Frau Farthmann. „Das ist die alte Diskussion um Gemeinwohl und Eigenwohl", sagt Herr Sommer, „ich dachte, die hätten wir seit 1994 hinter uns!"

Arbeitsaufträge

- Das Argument von Herrn Feld betont das Gemeinwohl, das die individuellen Ziele den betrieblichen unterordnet. Frau Farthmann betont die Individualziele. Diskutieren Sie beide Ansätze.

- Auf der Ebene der Wirtschaftsordnung können Gemeinwohl der Zentralverwaltungswirtschaft und Eigenwohl der Marktwirtschaft zugeordnet werden. Stellen Sie die Modelle der Zentralverwaltungswirtschaft und der freien Marktwirtschaft gegenüber.

- Erarbeiten Sie die Merkmale der sozialen Marktwirtschaft im Gegensatz zur freien Marktwirtschaft.

- Erläutern Sie, was man unter einem „sozialen Netz" versteht.

Da die Menge aller Güter zur Befriedigung der Bedürfnisse der Menschen in einer Volkswirtschaft begrenzt ist, ergibt sich die Notwendigkeit des Wirtschaftens. Weil die Menschen jedoch nicht isoliert wirtschaften, sondern immer mit anderen Wirtschaftssubjekten in Beziehung stehen, ergeben sich bestimmte Regelungen, die als **Wirtschaftsordnung** bezeichnet werden. **Staatliche Ordnungspolitik** ist der Teil der Wirtschaftspolitik, der sich auf die Gestaltung und Erhaltung der Wirtschaftsordnung bezieht. Eine Wirtschaftsordnung ist immer eingebettet in eine **Gesellschaftsordnung**, die historisch gewachsen ist und Kultur, Politik und soziale Aspekte der Gesellschaft beinhaltet. Somit ist jede Wirtschaftsordnung nur vor dem Hintergrund der jeweiligen Gesellschaftsordnung zu verstehen. Da die Gesellschaft im Zeitablauf sozialen, kulturellen und politischen Veränderungen ausgesetzt ist, unterliegt auch die jeweilige Wirtschaftsordnung Veränderungen.

Individualismus und Kollektivismus

Menschliches Handeln in der Gesellschaft kann von zwei grundsätzlichen Werthaltungen oder Prinzipien gesteuert sein.

Individualismus

Hier wird die Freiheit des Einzelnen betont, das Handeln wird bestimmt durch das **Individualprinzip**. Der Mensch wird als selbstständiges, freies und unabhängiges Wesen betrachtet, das seine Interessen verfolgt und sich entsprechend seiner eigenen Werte entfaltet. Kraft der Vernunft des Menschen wird unterstellt, dass er selbstständig erkennt, in welcher Form er einen Beitrag zum Gemeinwohl erbringen und dabei gleichzeitig seine eigenen Interessen verfolgen kann.

Beispiel: Gerhard Schmitz, ein ehemaliger Angestellter der Sommerfeld Bürosysteme GmbH, hat sich selbstständig gemacht, um seine eigenen Interessen wie höheres Einkommen, Selbstbestimmung bei der Arbeit, höheres Prestige usw. zu verfolgen. Er eröffnet ein Geschäft für gebrauchte Büromöbel. Er möchte seine Ware möglichst günstig einkaufen und mit einem möglichst hohen Preis verkaufen. Seine Kunden hingegen verfolgen das Ziel, eine bestimmte Ware zu einem möglichst niedrigen Preis zu kaufen. Verkäufer und Käufer verfolgen somit unterschiedliche Einzelinteressen. Der Ausgleich dieser Interessen erfolgt über den Markt, wo das Angebot von Gerhard Schmitz auf die Nachfrage seiner Kunden trifft. Es ergibt sich im Idealfall ein Marktpreis, der sowohl dem Gewinnstreben von Gerhard Schmitz als auch den Interessen seiner Kunden nach günstiger Ware Rechnung trägt.

Wenn sich jedes Individuum frei entfalten kann, so wird dadurch letztlich ein Maximum an Gemeinnutz erzielt. Eine Wirtschaftsordnung, die das Individualprinzip verfolgt, verfährt nach dem Grundsatz: **Eigennutz erzeugt Gemeinnutz.**

Beispiel: Dadurch, dass Gerhard Schmitz ein eigenes Geschäft für gebrauchte Büromöbel eröffnet, kann sein Eigennutz (höheres Einkommen, selbstständiges Arbeiten usw.) erhöht werden. Durch den Verkauf seiner Ware ermöglicht er bestimmten Nachfragern, Büromöbel zu einem günstigen Preis zu erwerben. Dadurch trägt er zum Gemeinnutz bei.

Kollektivismus

Hier stehen nicht die Interessen des Einzelnen, sondern die des Staates bzw. der Gesellschaft im Vordergrund. Das Handeln des Menschen hat sich dem **Kollektivprinzip**, d.h. den Gruppeninteressen und den Vorgaben des Staates unterzuordnen.

Für das Wirtschaften bedeutet das Kollektivprinzip, dass die Produktion von Gütern und deren Verteilung von einer zentralen Stelle geplant und gesteuert wird. Letztlich liegt das Eigentum an Produktionsmitteln beim Staat. Es gilt der Grundsatz: **Gemeinnutz geht vor Eigennutz.**

Modelle der Wirtschaftsordnung

Es gibt zwei Grundmodelle des Wirtschaftens, die sich auf Individualismus und Kollektivismus beziehen. Sie existieren in der Realität nicht in reiner Form, vielmehr tendieren einige Volkswirtschaften mehr oder weniger zu einem der beiden Grundmodelle und haben sie nach ihrer Gesellschaftsordnung ausgestaltet.

Modell der Zentralverwaltungswirtschaft

Eine Zentralverwaltungswirtschaft versucht, die Gedanken des Kollektivismus in einer Volkswirtschaft umzusetzen. Im Modell der Zentralverwaltungswirtschaft befindet sich das **Eigentum an Produktionsmitteln in der Hand des Staates (Staatseigentum)**. Hierdurch ergibt sich eine **zentrale Lenkung der gesamten Produktion anhand von Planvorgaben durch den Staat**. Dazu werden sowohl der volkswirtschaftliche Bedarf an Waren und Dienstleistungen als auch das Angebot geplant. Zudem setzt der Staat die Preise für die Waren und Dienstleistungen fest. Wettbewerb unter den Unternehmen ist nicht vorgesehen. Häufig gibt es nur einen oder wenige Anbieter für bestimmte Produkte. Die Motivation der Unternehmen für wirtschaftliches Handeln wird in der (Über-)Erfüllung von staatlichen Produktionsplänen gesehen. Ebenso wird der **Arbeitskräfteeinsatz zentral gesteuert**, d.h., die freie Wahl des Arbeitsplatzes ist weitgehend eingeschränkt. Auch die Löhne und Gehälter unterliegen der staatlichen Planung, der Staat legt deren Höhe fest.

Beispiel: Die staatliche Planungsbehörde ermittelt einen Bedarf von 100 000 Büroschränken. Sie legt fest, dass der Bedarf vollständig durch die Sommerfeld Bürosysteme gedeckt werden soll, die sich in staatlicher Eigentümerschaft befindet. Zudem werden auch die Preise für die Schränke sowie die Löhne und Gehälter der Arbeitnehmer festgelegt.

Modell der freien Marktwirtschaft

Eine freie Marktwirtschaft basiert auf dem Gedanken des Individualismus. Die Produktionsmittel sind in privater Hand, es herrscht freie Wahl des Arbeitsplatzes mit frei aushandelbarer Entlohnung, Gewerbefreiheit, freier Wettbewerb und Gewinnstreben.

Beispiel: In der freien Marktwirtschaft kann ein Mitarbeiter seinen Arbeitsplatz selbst auswählen, er richtet sich dabei vorwiegend nach seinen individuellen Bedürfnissen, wie Einkommen, Entfernung zum Arbeitsplatz, Fortbildungsmöglichkeiten, Aufstiegschancen usw. Er kann aber auch jederzeit selbst einen eigenen Betrieb eröffnen, wenn er über entsprechendes Know-how, Kapital und Risikobereitschaft verfügt.

Die einzelnen Wirtschaftssubjekte (Haushalte, Unternehmen) erstellen ihre eigenen **individuellen Pläne (dezentrale Planung)**. Das Angebot und die Nachfrage nach Gütern wird über den Preismechanismus geregelt, d.h., der Preis eines Gutes bildet sich auf dem jeweiligen Markt. Die einzelnen Märkte übernehmen eine Ausgleichsfunktion zwischen Angebot und Nachfrage.

Beispiel: Wenn in einer freien Marktwirtschaft die Nachfrage nach Gütern abnimmt, so passen die Unternehmen ihre Kapazität an und entlassen nicht mehr benötigte Arbeitskräfte und senken so ihre Kosten (Lohnkürzungen).

Ein staatlicher Eingriff in das Wirtschaftsleben unterbleibt. Der Staat hat lediglich die Aufgabe, die Menschen und ihr Eigentum zu schützen und auf die Einhaltung von gesellschaftlichen und gesetzlichen Normen zu achten. Deshalb wird dem Staat in diesem volkswirtschaftlichen Modell lediglich eine **„Nachtwächter-Funktion"** zugeschrieben.

Beispiel: In der freien Marktwirtschaft ist es möglich, dass ein Unternehmen jederzeit Mitarbeiter entlässt, da kein gesetzlicher Kündigungsschutz existiert.

Menschen und Unternehmen in der freien Marktwirtschaft können dank ihrer Entscheidungsfreiheit schnell und flexibel auf Marktveränderungen reagieren. So verändern sich bei Unternehmen marktbedingt Produktionsmengen und -preise, und neue Produkte werden entwickelt, wenn sie marktfähig sind, d.h., wenn mit ihnen Gewinn erwirtschaftet werden kann. Die Nachfrager nach Gütern können frei über Art, Menge und Qualität entscheiden und zwischen verschiedenen Anbietern auswählen.

Beispiel: Eine Familie in einer freien Marktwirtschaft, die einen Kühlschrank kaufen möchte, kann bei verschiedenen Anbietern Geräte mit unterschiedlichen Leistungsdaten und Preisen erwerben.

Merkmale der sozialen Marktwirtschaft

Historische Grundlagen der sozialen Marktwirtschaft

Während die reine Zentralverwaltungswirtschaft und die freie Marktwirtschaft lediglich Modelle für Wirtschaftsordnungen sind, gibt es in der Realität eine Vielzahl von Formen, die die jeweiligen Nachteile beider Modelle vermeiden sollen.

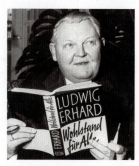

Ludwig Erhard

Als Vater der sozialen Marktwirtschaft gilt **Alfred Müller-Armack** (1901–1978), der diese im Rahmen seiner Tätigkeit als Professor der Volkswirtschaftslehre theoretisch begründet und später als Staatssekretär von Ludwig Erhard (1897–1977) mit durchgesetzt hat. Ludwig Erhard machte sie als Wirtschaftsminister zur Grundlage der Wirtschaftsordnung der Bundesrepublik. Die soziale Marktwirtschaft wird im Grundgesetz nicht explizit erwähnt. Sie stellt lediglich eine mögliche Wirtschaftsordnung dar. Allerdings werden in Artikeln des Grundgesetzes wesentliche Prinzipien der sozialen Marktwirtschaft aufgegriffen.

Beispiele: Freie Entfaltung der Persönlichkeit (Art. 2), Vereinigungsfreiheit (Art. 9), Berufsfreiheit (Art. 12), Garantie und Sozialbindung des Eigentums (Art. 14), Sozialstaatsprinzip (Art. 20)

Die soziale Marktwirtschaft, so wie sie als Wirtschaftsordnung der Bundesrepublik zu verstehen ist, wird von zwei zentralen Prinzipien gekennzeichnet: dem **Individualprinzip** als freiheitlichem Prinzip (Liberalismus) und dem **sozialen Prinzip**, welches das Freiheitsprinzip in gewisser Weise einschränkt.

In der sozialen Marktwirtschaft sind die **Produktionsmittel grundsätzlich Privateigentum**. Arbeitnehmer können sich durch Erwerb von Aktien und sonstigen Anteilen an Unternehmen am Produktivvermögen beteiligen. Daneben verfügt auch der Staat über Produktionsmittel, die **öffentliches Eigentum** sind (staatliche Betriebe, Beteiligungen an privaten Betrieben). Ferner besteht **Gewerbefreiheit**, d. h., jeder Bürger ist berechtigt, selbstständig ein Gewerbe zu betreiben.

Beispiele:
- Die Sommerfeld Bürosysteme GmbH gehört den Kapitalgebern (Gesellschaftern) Frau Farthmann, Herrn Sommer, Herrn Feld und den Arbeitnehmern.
- Ein Schreinermeister der Sommerfeld Bürosysteme GmbH macht sich selbstständig und eröffnet einen Handwerksbetrieb.

Unternehmen planen marktabhängig ihre Produktion und ihre Investitionen, die Haushalte verfügen frei über ihr Einkommen. Durch **Leistungswettbewerb** auf den Märkten werden über eine **freie Preisbildung** Angebot und Nachfrage gesteuert. Allerdings greift der Staat dort ein, wo der Markt zu gesellschaftlich oder politisch unerwünschten Ergebnissen führt.

Beispiel: Wenn sich die Preise für Wohnungen in Ballungsgebieten ausschließlich am Markt bilden, finden einkommensschwache Familien kein ausreichendes Angebot an Wohnungen. Deshalb fördert der Staat den sozialen Wohnungsbau durch Investitionsanreize für Wohnungsbaugesellschaften.

Das Prinzip der **Vertragsfreiheit** findet auch in der sozialen Marktwirtschaft Anwendung. Allerdings wird sie durch gesetzliche Vorschriften in verschiedenen Gesetzen begrenzt.

Beispiele: Bürgerliches Gesetzbuch (BGB), Gesetz gegen Wettbewerbsbeschränkungen (GWG) oder Gesetz gegen unlauteren Wettbewerb (UWG).

Die Konsumenten sind in ihren **Konsumentscheidungen** frei. Vor allem im Bereich des Waffenbesitzes oder beim Konsum von Drogen finden sich Einschränkungen.

Auch die **Berufs- und Arbeitsplatzwahl** ist den Menschen weitestgehend freigestellt. Für manche Berufe gibt es allerdings Reglementierungen, da die Berufsausübung an persönliche oder fachliche Voraussetzungen geknüpft ist.

Beispiele: Steuerberater, Ärzte, Rechtsanwälte

Zudem nimmt der Staat eine Lenkung in bestimmte Berufe vor oder berät bei der Berufswahl.

Beispiel: Die Arbeitsagentur fördert eine Umschulungsmaßnahme eines Bergbauarbeiters zum IT-Fachmann.

Arbeitnehmervertreter (Gewerkschaften) und Arbeitgebervertreter handeln als **autonome Sozialpartner** Löhne und Arbeitsbedingungen aus **(Tarifautonomie)**.

Beispiel: Die Sommerfeld Bürosysteme GmbH ist dem Arbeitgeberverband Holz und Kunststoff verarbeitende Industrie angeschlossen, der ihre Interessen gegenüber den Gewerkschaften vertritt. Vereinbarungen über Löhne, Urlaub, Arbeitsbelastungen usw. werden in Tarifverträgen festgelegt, an die sich beide Parteien halten müssen.

Soziale Aspekte werden z.B. berücksichtigt, indem Freibeträge und eine gestaffelte Steuer durch Steuerklassen und Steuerprogression festgelegt werden.

Der Staat hat ferner ein **soziales Netz** (vgl. S. 316) geschaffen, um Menschen zu unterstützen, die u. a. durch Krankheit, Alter oder Arbeitslosigkeit in wirtschaftliche Not geraten. Er entspricht dadurch dem Anspruch auf soziale Sicherheit und Gerechtigkeit.

Beispiele: Kranken-, Unfall-, Renten-, Arbeitslosen-, Pflegeversicherung, Bundessozialhilfegesetz, Wohnungsgeldgesetz, Bundesausbildungsförderungs-Gesetz (BAföG)

Zusammenfassung

Gesellschaftsordnung, Modelle der Wirtschaftsordnung und soziale Marktwirtschaft als Grundlage der Ordnungspolitik

- *Staatliche Ordnungspolitik bezieht sich auf die Gestaltung und Erhaltung der Wirtschaftsordnung.*
- *Wirtschaftsordnungen sind das Ergebnis der Gesellschaftsordnungen.*
  - *Individualismus: betont die Freiheit des Einzelnen*
  - *Kollektivismus: betont die Interessen des Staates*
- *Modell der freien Marktwirtschaft*
  - *Privateigentum an Produktionsmitteln*
  - *Angebot und Nachfrage werden durch* **Preismechanismus** *abgestimmt.*
  - *Nachtwächterstaat*
  - *Motivation der Unternehmen:* **Gewinnerzielung**

- **Modell der Zentralverwaltungswirtschaft**
  - **Kollektiveigentum** an Produktionsmitteln
  - Angebot und Nachfrage sind Ergebnis von zentralen **Plänen**.
  - **zentrale Steuerung** des Arbeitskräfteeinsatzes
  - Motivation der Unternehmen: **(Über-)Erfüllung der Pläne**
- In der sozialen Marktwirtschaft wird das **Individualprinzip** mit dem **sozialen Prinzip** verbunden.
  - **Produktionsmittel** sind grundsätzlich **Privateigentum**.
  - Auf den Märkten ist **Leistungswettbewerb** vorhanden.
  - Angebot und Nachfrage werden durch freie Preisbildung geregelt.
  - **Arbeitnehmer und Arbeitgeber** handeln als **autonome Sozialpartner (Tarifautonomie)**.
  - Der Staat greift durch **Gesetze** und **sozialpolitische Maßnahmen** korrigierend und gestaltend ein.

Aufgaben

1. Beschreiben Sie die Merkmale von Individualismus und Kollektivismus als Prinzipien menschlichen Handelns in der Gesellschaft.

2. a) Erläutern Sie Gründe, weshalb im Modell der zentralen Planwirtschaft die Produktionspläne häufig korrigiert werden müssen.
   b) Beschreiben Sie, wie im Modell der Marktwirtschaft von den einzelnen Betrieben Produktionspläne aufgestellt werden.

3. Beschreiben Sie die Merkmale der sozialen Marktwirtschaft im Vergleich zur freien Marktwirtschaft.

4. Konstitutive Elemente der sozialen Marktwirtschaft sind das Privateigentum und die Sozialbindung des Eigentums.

   a) „Das Verfügungsrecht am Privateigentum an Produktionsmitteln wird durch das Mitbestimmungs-Gesetz eingeschränkt!" Erläutern Sie diese Behauptung und nehmen Sie dazu Stellung.
   b) Sozialbindung des Eigentums bedeutet, dass der Gebrauch des Eigentums zugleich dem Wohle der Allgemeinheit dienen soll. Erläutern Sie die Sozialbindung des Eigentums anhand eines konkreten Beispiels.

5. Geben Sie an, welches Merkmal die Wirtschaftsordnung Deutschlands kennzeichnet.
   1. Privateigentum an den Produktionsmitteln und Sozialbindung des Eigentums
   2. Zentrale Planung und Vorgabe von Daten für die Leistungserstellung
   3. Kollektives Eigentum an den Produktionsmitteln
   4. Staatliche Lohnfestsetzung, aber Tarifautonomie der Sozialpartner
   5. Freie Preisbildung und Vollbeschäftigungsgarantie

2.2 Markt und Preis

Herr Kraus, der Vertriebsleiter der Sommerfeld Bürosysteme GmbH, nimmt gerade die Absatzplanung für die Bürostühle vor. Dabei stößt er auf folgenden Artikel in der Verbandszeitschrift der Möbelindustrie:

Die Aussichten für das nächste Jahr sind eher trüb. Aufgrund der gestiegenen Rohstoffpreise und des hohen Tarifabschlusses in der Möbelindustrie entsteht von der Kostenseite ein enormer Druck. Wie Verbandssprecher Meier mitteilt, ist davon auszugehen, dass die vielen Unternehmen der mittelständisch geprägten Büromöbel- und Möbelindustrie die Kostensteigerungen nicht komplett auf die Kunden umwälzen können. Die Nachfrage nach Möbeln werde auch in den folgenden Jahren nahezu konstant bleiben.

Sofort macht sich Herr Kraus auf den Weg zu Hartmut Sommer, um mit ihm den Artikel zu besprechen. „Das hört sich ja nicht besonders gut an", meint Herr Sommer. „Wir müssen wohl mit Absatz- und eventuell auch Umsatzeinbußen rechnen. Sie müssen das unbedingt mit Frau Mehmet besprechen. Denn durch Kundenbindungsmaßnahmen können wir die Absatzeinbußen in Grenzen halten. Bedenken Sie, Herr Kraus, schließlich bewegen wir uns nicht auf einem vollkommenen Markt. Der Markt für Büromöbel ist unvollkommen."

Arbeitsaufträge

- *Beschreiben Sie Art, Typ und Form des Büromöbelmarktes.*
- *Stellen Sie die Auswirkungen von Kostensteigerungen in der Büromöbelindustrie anhand des Modells eines vollkommenen Marktes dar.*
- *Herr Sommer fordert verstärkte Kundenbindungsmaßnahmen. Versuchen Sie seine Argumentation anhand des Modells eines unvollkommenen Marktes nachzuvollziehen.*

Der **Markt** ist der Ort, an dem Angebot und Nachfrage aufeinandertreffen und ein Marktpreis festgesetzt wird.

Das Verhalten der Anbieter und Nachfrager sowie die Preisbildung auf den Märkten hängen von der Marktart, dem Markttyp und der Marktform ab.

Marktarten, Markttypen und Marktformen

Marktarten
Jedes Gut und jeder Produktionsfaktor hat seinen eigenen Markt. Demzufolge kann man verschiedene **Marktarten** unterscheiden.

Marktarten in Abhängigkeit der Güter
- (Produktions-)Faktormärkte: Arbeitsmarkt, Immobilienmarkt, Kapitalmarkt
- Gütermärkte: Konsumgütermarkt, Investitionsgütermarkt

Faktormärkte
1. Auf dem **Arbeitsmarkt** wird der Produktionsfaktor **Arbeit** (Arbeitsleistungen) gegen Entgelt (Lohn/Gehalt) gehandelt.

   Beispiel: Die Sommerfeld Bürosysteme GmbH sucht in einer Stellenanzeige einen Mitarbeiter, der eine Spezialmaschine bedienen kann.

2. Auf dem **Immobilienmarkt** wird der Produktionsfaktor **Boden** (Betriebsstandort, Grundstück, Gebäude) gegen Entgelt (Grundrente) gehandelt.

   Beispiel: Die Sommerfeld Bürosysteme GmbH mietet eine Lagerhalle an.

3. Auf dem **Kapitalmarkt** wird **Kapital** gegen Entgelt (Zinsen) gehandelt.

   Beispiel: Eine Bank bietet der Sommerfeld Bürosysteme GmbH ein Darlehen zu einem Zinssatz von sechs Prozent an.

Gütermärkte
1. Auf dem **Konsumgütermarkt** bilden private **Haushalte** die Gruppe der Nachfrager, während sich die Unternehmen zur Anbieterseite bündeln.

   Beispiel: Die Sommerfeld Bürosysteme GmbH verkauft im Rahmen des Werksverkaufs an die Familie Mustermann einen Bürostuhl und einen Schreibtisch.

2. Auf dem **Investitionsgütermarkt** sind die **Unternehmen** gleichzeitig Anbieter und Nachfrager (B2B = Business to Business).

   Beispiel: Ein Geschäftsführer der Sommerfeld Bürosysteme GmbH verhandelt mit dem Vertreter eines IT-Unternehmens über den Kauf einer EDV-Anlage.

Markttypen

Viele volkswirtschaftliche Modelle zur Erklärung des Anbieter- und Nachfragerverhaltens sowie der Preisbildung legen einen **vollkommenen Markt** zugrunde. Er ist durch die folgenden Merkmale gekennzeichnet.

Vollkommener Markt	
Merkmal	**Definition und Beispiel**
Rationales Handeln	Die Marktteilnehmer handeln nach dem ökonomischen Prinzip. Beispiel: Die Sommerfeld Bürosysteme GmbH kauft die Spanplatten einer bestimmten Qualität beim günstigsten Anbieter.
Homogene Güter	Güter gleichen sich in Art, Aufmachung und Qualität völlig. (Andernfalls spricht man von heterogenen Gütern.) Beispiel: Sand mit einer bestimmten Körnung
Vollkommene Markttransparenz	Alle Marktteilnehmer haben die vollständige Übersicht über den Markt und reagieren sofort auf Veränderungen. Beispiel: Ein Marktteilnehmer kennt auf dem Wochenmarkt die Mengen, die Qualität und die Preise aller angebotenen Güter.

Fehlende Präferenzen	Käufer und Verkäufer orientieren sich bei Angebot und Nachfrage ausschließlich am Preis der Ware. Sie haben keine:
	 – persönliche Präferenz
	   Beispiel: Die Verkäuferin in einem Geschäft ist freundlicher.
	 – sachliche Präferenz
	   Beispiel: Der Kundendienst bei einem Markenartikel ist besser.
	 – zeitliche Präferenz
	   Beispiel: Ein Geschäft hat länger geöffnet.
	 – räumliche Präferenz
	   Beispiel: Der Kiosk liegt gleich um die Ecke.

Unendlich schnelle Reaktionsgeschwindigkeit	Die Marktteilnehmer reagieren sofort auf geänderte Marktbedingungen. Beispiel: Erhöht ein Marktteilnehmer die Preise, reagieren die Nachfrager sofort und kaufen woanders ein.

Ein vollkommener Markt liegt nur dann vor, wenn der Markt sämtliche beschriebenen Kriterien erfüllt. Erfüllt er nur ein Kriterium nicht, handelt es sich um einen **unvollkommenen Markt**. In der Realität gibt es keine vollkommenen Märkte. Den Bedingungen des vollkommenen Marktes kommen Wertpapierbörsen am nächsten.

Marktformen

Nach der Anzahl der Marktteilnehmer lassen sich Märkte in folgende Marktformen einteilen.

Nachfrager Anbieter	viele Nachfrager	wenige Nachfrager	ein Nachfrager
viele Anbieter	Polypol (vollständige Konkurrenz) Beispiel: Markt für Süßwaren, Autos, „Fast Moving Consumer Goods"[1]	Nachfrageoligopol Beispiel: Winzer einer Spezialregion	Nachfragemonopol Beispiel: Der Staat lässt eine Schule bauen.
wenige Anbieter	Angebotsoligopol Beispiel: Markt für Mineralöl	Zweiseitiges Oligopol Beispiel: Schiffsbau, Flugzeugmarkt	Beschränktes Nachfragemonopol Beispiel: Militärbekleidung für den Bund
ein Anbieter	Angebotsmonopol Beispiel: Briefmarkenverkauf durch die Post	Beschränktes Angebotsmonopol Beispiel: Zimmervermietung auf Berghütten	Zweiseitiges Monopol Beispiel: Markt für Sonderanfertigungen

Je nachdem, ob ein Anbieter auf einem Absatzmarkt alleine agiert oder ob er auf Wettbewerber trifft bzw. je nachdem, an wie viele Nachfrager ein Anbieter sein Angebot richten kann, nimmt dies Einfluss auf die Gestaltung der Absatzpreise.

Beispiel: Die Sommerfeld Bürosysteme GmbH verkauft neben vielen anderen Anbietern Büroeinrichtungen an Privat- sowie Geschäftskunden. Sind die Bürostühle bei der Sommerfeld Bürosysteme GmbH zu teuer, wendet sich der Kunde an den Konkurrenten.

Die Nachfrage

Die Nachfrage nach einem Gut lässt sich ermitteln, indem man die Nachfrage sämtlicher einzelner Nachfrager, die dieses Gut auf dem Markt erwerben möchten, zusammenfasst. Die Nachfrage zeigt im Hinblick auf Preis und Menge folgende typische Merkmale:

> **Je niedriger der Preis für ein Gut ist, desto höher ist die nachgefragte Menge.**

> **Je höher der Preis für ein Gut ist, desto niedriger ist die nachgefragte Menge.**

Die **Nachfrager** sind also bestrebt, ein Gut so preswert wie möglich einzukaufen. Dieses Verhalten nennt man **Nutzenmaximierung**.

---

[1] *Fast Moving Consumer Goods (FMCG)*, auch als „Renner" oder „Schnell drehende Konsumgüter" bezeichnet; Produkte, die sich schnell verkaufen, bspw. Artikel im Einzelhandel wie Lebensmittel und Drogeriewaren.

Beispiel: In der Stadt Essen zeigen knapp 600 000 Einwohner sowie zahlreiche Unternehmen über das Jahr verteilt ein monatlich einheitliches Nachfrageverhalten nach Bürostühlen. Im Jahresdurchschnitt wurden die folgenden Preis-Mengen-Verhältnisse ermittelt:

Preis je Bürostuhl in €	Nachfrage in Stück
500,00	30 000
400,00	40 000
300,00	50 000
200,00	60 000
100,00	70 000

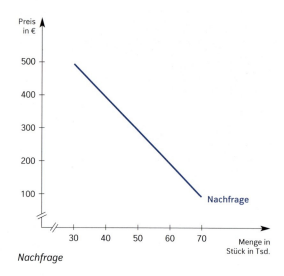

Neben dem Preis hängt die Nachfrage von folgenden **weiteren Bestimmungsfaktoren** ab:

- Einkommen
- Preise von Komplementär- und Substitutionsgütern
- Bedürfnisse und Trends
- Zahl der Nachfrager
- Zukunftserwartungen

Das Angebot

Das Angebot an Gütern lässt sich ermitteln, indem man das Angebot der einzelnen Anbieter, die dieses Gut auf dem Markt absetzen möchten, zusammenfasst. Es zeigt im Hinblick auf Preis und Menge folgende typische Merkmale:

> **Je niedriger der Preis eines Gutes ist, desto geringer ist die angebotene Menge.**

> **Je höher der Preis eines Gutes ist, desto höher ist die angebotene Menge.**

Die **Anbieter** verfolgen das Ziel der **Gewinnmaximierung**. Bei hohen Marktpreisen bieten sie große Mengen an Gütern an, um entsprechend hohe (maximale) Gewinne zu erwirtschaften. Sinken die Preise, weichen sie auf andere Märkte aus oder geben ihre unternehmerische Tätigkeit auf, wenn die Preise langfristig nicht mehr kostendeckend sind.

Beispiel: Im Stadtgebiet Essen gibt es neben dem Werksverkauf der Sommerfeld Bürosysteme GmbH drei große Möbelhäuser, zahlreiche Fachhändler für Büroeinrichtung und einige Möbelmarktdiscounter. In Abhängigkeit vom Preis ergeben sich für die Anbieter traditioneller Bürostühle folgende Preis-Mengen-Verhältnisse:

Preis je Bürostuhl in €	Angebot in Stück
500,00	70 000
400,00	60 000
300,00	50 000
200,00	40 000
100,00	30 000

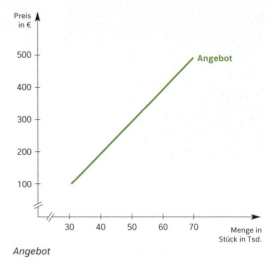

Angebot

Neben dem Preis hängt das Angebot von folgenden **weiteren Bestimmungsfaktoren** ab:

- Kostensituation für die eingesetzten Produktionsfaktoren
- Stand des technischen Fortschritts
- Konjunkturelle Einflüsse, Gewinnerwartungen und Zukunftsaussichten
- Zahl der Anbieter

Preisbildung im Polypol auf dem vollkommenen Markt (vollständige Konkurrenz)

Beim **Polypol** stehen viele kleine Anbieter vielen kleinen Nachfragern gegenüber. Dies bedeutet, dass einzelne Anbieter aufgrund ihrer Marktmacht und unter den Bedingungen des vollkommenen Marktes keine Möglichkeit haben, die Marktpreise zu beeinflussen. Sie können lediglich entscheiden, welche Mengen sie zu dem vom Markt vorgegebenen Preis zur Verfügung stellen möchten. Sie sind damit **Preisnehmer** (des Marktpreises) und **Mengenanpasser**.

Gleichgewichtspreis

Wie sich nun der Gleichgewichtspreis bildet, soll anhand des obigen Beispiels nachvollzogen werden. Es wird unterstellt, dass sich alle Anbieter und Nachfrager nach völlig gleichartigen Bürostühlen (homogenes Gut) umsehen und sich an einem Ort treffen (**Punktmarkt**). Es gibt keine Präferenzen und jeder Marktteilnehmer kennt das Nachfrage- und Angebotsverhalten der jeweils anderen Marktteilnehmer. Es stellt sich damit folgende Situation dar:

Preis je Bürostuhl in €	Nachfrage in Stück	Angebot in Stück	möglicher Absatz in Stück	Angebots- überhang in Stück	Nachfrage- überhang in Stück
500,00	30 000	70 000	30 000	40 000	–
400,00	40 000	60 000	40 000	20 000	–
300,00	50 000	50 000	50 000	–	–
200,00	60 000	40 000	40 000	–	20 000
100,00	70 000	30 000	30 000	–	40 000

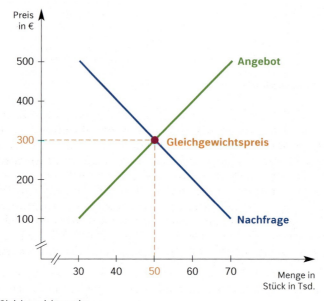

Gleichgewichtspreis

Angebot und Nachfrage schneiden sich beim Preis von 300,00 €. Zu diesem Preis werden 50 000 Stühle angeboten und 50 000 Stühle nachgefragt. Alle Anbieter, die bereit sind, zu diesem Preis zu verkaufen, können ihre gesamte Produktion absetzen. Alle Nachfrager, die bereit sind, diesen Preis zu zahlen, können die gewünschte Menge an Bürostühlen erwerben. Der Markt wird also zum Preis von 300,00 € geräumt. Da der Preis für die angebotene und nachgefragte Menge in dieser Situation genau gleich ist, wird er als **Gleichgewichtspreis** bezeichnet.

Warum sich unter den gegebenen Bedingungen ein Gleichgewichtspreis von 300,00 € einstellen muss, wird deutlich, wenn man Angebots- und Nachfragesituationen oberhalb oder unterhalb des Marktpreises betrachtet.

Liegt der Marktpreis über dem Gleichgewichtspreis, ist das Angebot größer als die Nachfrage. Es entsteht ein **Angebotsüberhang**. Diese Situation wird auch als **Käufermarkt** bezeichnet.

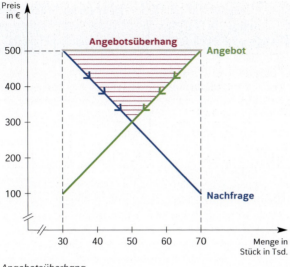

Angebotsüberhang

Beim Preis von 500,00 € sind die Anbieter bereit, 70 000 Bürostühle zu liefern. Diesem Angebot steht aber lediglich eine Nachfrage von 30 000 Bürostühlen gegenüber. Es besteht ein **Angebotsüberhang** von 40 000 Bürostühlen. Da die Anbieter nur einen Teil ihrer Ware absetzen können, werden sie die Preise senken. Viele Anbieter sind bereit, ihre Ware auch für weniger als 500,00 € anzubieten. Bei einer Preissenkung auf 400,00 € werden noch 60 000 Bürostühle angeboten, da einige Anbieter aus dem Markt ausscheiden. Die Nachfrage zu diesem geringeren Preis steigt dafür auf 40 000 Stück, d. h., einige neue Nachfrager kommen hinzu. Der Angebotsüberhang beträgt nur noch 20 000 Stück. Senken die Anbieter ihre Preise ein weiteres Mal auf 300,00 €, sind angebotene und nachgefragte Menge genau gleich groß, der Gleichgewichtspreis ist erreicht.

Liegt der Marktpreis unter dem Gleichgewichtspreis, ist die Nachfrage größer als das Angebot. Es entsteht ein **Nachfrageüberhang**. Diese Situation wird auch als **Verkäufermarkt** bezeichnet.

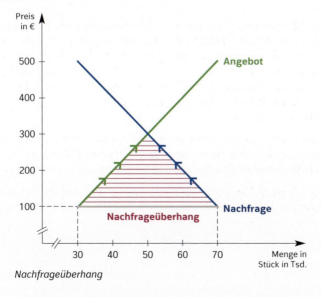

Nachfrageüberhang

Beim Preis von 100,00 € beträgt die Nachfrage nach Bürostühlen 70 000 Stück. Dieser Nachfrage steht aber lediglich ein Angebot von 30 000 Bürostühlen gegenüber. Es besteht ein **Nachfrageüberhang** von 40 000 Stühlen. Da die Nachfrage größer als das Angebot ist, werden die Anbieter ihre Preise erhöhen. Offensichtlich gibt es Nachfrager, die auch einen höheren Preis bezahlen würden. Beim Preis von 200,00 € erhöht sich das Angebot auf 40 000 Bürostühle, denn neue Anbieter kommen aufgrund des gestiegenen Preises hinzu. Die Nachfrage sinkt jedoch auf 60 000 Stühle, da einige Nachfrager nicht bereit sind, den höheren Preis zu bezahlen. Der Nachfrageüberhang verringert sich auf 20 000 Stück. Erhöhen die Anbieter die Preise ein weiteres Mal auf 300,00 €, ist der Gleichgewichtspreis erreicht.

Aus den getätigten Überlegungen wird also deutlich, dass sich ein Gleichgewichtspreis von 300,00 € einstellen muss. Weder auf Anbieter- noch auf Nachfragerseite gibt es eine Tendenz zu Preiserhöhungen oder -senkungen. Alle Anbieter und Nachfrager kommen zum Gleichgewichtspreis zum Zug und der Markt wird geräumt.

Produzenten- und Konsumentenrente
Am Markt stellt sich ein **Gleichgewichtspreis** ein, zu dem sämtliche Anbieter ihre Bürostühle verkaufen und sämtliche Nachfrager ihre Bürostühle kaufen.

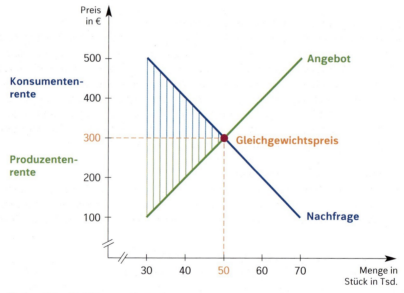

Produzenten- und Konsumentenrente

Es gibt jedoch auch Anbieter, die ihre Bürostühle unterhalb des Marktpreises von 300,00 € verkaufen würden. Diese erzielen eine **Produzentenrente**. Sie ist die Differenz zwischen dem individuellen Preis, zu dem ein Anbieter seine Produkte verkaufen würde, und dem Gleichgewichtspreis multipliziert mit der angebotenen Menge.

> **Produzentenrente** = (Gleichgewichtspreis − individueller Preis des Anbieters) · angebotene Menge

Beispiel: Die Sommerfeld Bürosysteme GmbH wäre bereit, ihr Angebot von 2 000 Bürostühlen auch zu einem Preis von 200,00 € zu verkaufen. Da sie die Stühle zum Marktpreis von 300,00 € verkauft, erzielt sie damit eine Produzentenrente von
(300,00 − 200,00) €/Stück • 2 000 Stück = 200 000,00 €.

Ebenso gibt es auch Nachfrager, die ihre Bürostühle zu Preisen oberhalb eines Marktpreises von 300,00 € kaufen würden. Diese erzielen eine **Konsumentenrente**. Sie ist die Differenz zwischen dem individuellen Preis, zu dem ein Nachfrager bereit wäre, seine Bürostühle zu kaufen, und dem Gleichgewichtspreis multipliziert mit der nachgefragten Menge.

> **Konsumentenrente** = (individueller Preis des Nachfragers − Gleichgewichtspreis) • nachgefragte Menge

Beispiel: Herr Stefer wäre auch bereit, für sich und seinen Sohn zwei Bürostühle zum Preis von 400,00 € zu erwerben. Da er die Stühle zum Marktpreis von 300,00 € kauft, erzielt er damit eine Konsumentenrente von
(400,00 − 300,00) €/Stück • 2 = 200,00 €.

Änderung der Angebots- und Nachfragesituation

Bisher wurde der Zusammenhang zwischen der angebotenen bzw. nachgefragten Menge sowie dem Preis betrachtet. Weitere Bestimmungsfaktoren der Nachfrage (z. B. das Einkommen) bzw. des Angebotes (z. B. die Kosten für die Produktionsfaktoren) wurden aus der Betrachtung ausgeklammert und als konstant angenommen. **Ändern** sich allerdings diese **Bestimmungsfaktoren** – was in der Realität ständig vorkommt –, ergibt sich eine andere Angebots- oder Nachfragesituation. Anbieter und Nachfrager sind bereit, zu den gegebenen Preisen mehr oder weniger anzubieten bzw. nachzufragen. Die Angebots- und Nachfragekurven[1] verschieben sich nach rechts oder links.

Rechtsverschiebung der Angebotskurve

Erhöht sich das **Angebot** zum jeweiligen Preis, verschiebt sich die Angebotskurve nach rechts. Zum bisherigen Marktpreis besteht jetzt ein Angebotsüberhang, der durch Preissenkungen abgebaut wird. Der **Gleichgewichtspreis sinkt** und die **Gleichgewichtsmenge erhöht** sich.

Beispiel: Da ein weiteres Möbelhaus in Essen in den Markt eintritt, erhöht sich die angebotene Menge. Die Angebotskurve verschiebt sich nach rechts von A_0 nach A_1. Zum bisherigen Gleichgewichtspreis von 300,00 € werden jetzt 70 000 Bürostühle angeboten. Es entsteht ein Angebotsüberhang (AÜ) von 20 000 Bürostühlen. Dieser wird durch Preissenkungen der Anbieter (Pfeil entlang der neuen Angebotskurve A_1) abgebaut. Gleichzeitig steigt die Nachfrage (Pfeil entlang der Nachfragekurve), sodass sich ein neues Gleichgewicht bei einem Preis 200,00 € und einer Menge von 60 000 Bürostühlen einstellt.

---

[1] *Die Angebots- und Nachfragekurven werden hier und im Folgenden aus didaktischen Gründen als Geraden dargestellt.*

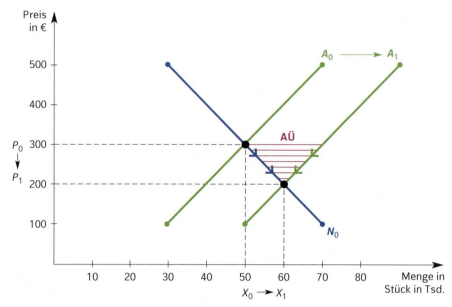

Rechtsverschiebung der Angebotskurve

Ursachen für eine Vergrößerung des Angebots	
Ursache	Beispiel
Zahl der Anbieter steigt	Ein weiteres Möbelhaus tritt in den Markt ein.
Senkung der Kosten für die eingesetzten Produktionsfaktoren	Preissenkungen für Kunststoffe und Metalle sorgen dafür, dass zu jedem Preis mehr Bürostühle angeboten werden.
Verbesserung der konjunkturellen Situation, der Gewinnerwartungen und der Zukunftsaussichten	Hervorragende Aussichten veranlassen die Unternehmen zu einer Ausweitung ihrer Kapazitäten durch Investitionen. Sie können dadurch ihr Angebot an Bürostühlen erweitern.
Technischer Fortschritt	Aufgrund der Verbesserung der Produktionsverfahren können Bürostühle günstiger produziert werden.

Linksverschiebung der Angebotskurve

Sinkt das **Angebot** zum jeweiligen Preis, verschiebt sich die Angebotskurve nach links. Zum bisherigen Marktpreis besteht jetzt ein Nachfrageüberhang, der durch Preiserhöhungen abgebaut wird. Der **Gleichgewichtspreis steigt** und die **Gleichgewichtsmenge sinkt**.

Beispiel: Ein Möbelhaus in Essen muss Insolvenz anmelden und tritt aus dem Markt aus. Dadurch sinkt die angebotene Menge. Die Angebotskurve verschiebt sich nach links von A_0 nach A_1. Zum bisherigen Gleichgewichtspreis von 300,00 € werden jetzt nur noch 30 000 Bürostühle angeboten. Es entsteht ein Nachfrageüberhang (NÜ) von 20 000 Bürostühlen. Dieser wird durch Preiserhöhungen seitens der Anbieter (Pfeil entlang der neuen Angebotskurve A_1) abgebaut. Gleichzeitig sinkt die Nachfrage (Pfeil entlang der Nachfragekurve), sodass sich ein neues Gleichgewicht bei einem Preis 400,00 € und einer Menge von 40 000 Bürostühlen einstellt.

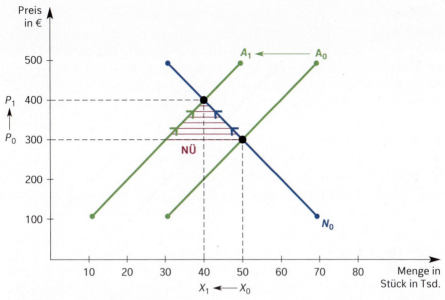

Linksverschiebung der Angebotskurve

Ursachen für eine Verringerung des Angebots	
Ursache	Beispiel
Zahl der Anbieter sinkt	Ein Möbelhaus muss Insolvenz anmelden und tritt aus dem Markt aus.
Erhöhung der Kosten für die eingesetzten Produktionsfaktoren	Preiserhöhungen für Kunststoffe und Metalle sorgen dafür, dass zu jedem Preis weniger Bürostühle angeboten werden.
Verschlechterung der konjunkturellen Situation, der Gewinnerwartungen und der Zukunftsaussichten	Schlechte Aussichten sorgen für eine Einschränkung der Kapazitäten, zudem bleiben Investitionen aus. Die Unternehmen schränken ihr Angebot an Bürostühlen ein.

Rechtsverschiebung der Nachfragekurve

Steigt die **Nachfrage** zum jeweiligen Preis, verschiebt sich die Nachfragekurve nach rechts. Zum bisherigen Marktpreis besteht jetzt ein Nachfrageüberhang, der durch Preiserhöhungen abgebaut wird. Sowohl der **Gleichgewichtspreis** als auch die **Gleichgewichtsmenge steigen**.

Beispiel: Aufgrund des gestiegenen Gesundheitsbewusstseins legen immer mehr Menschen Wert auf Bürostühle mit einer ergonomisch geformten Rückenlehne. Die Nachfragekurve verschiebt sich nach rechts von N_0 nach N_1. Zum bisherigen Marktpreis von 300,00 € werden jetzt 70 000 Stühle nachgefragt. Es entsteht ein Nachfrageüberhang (NÜ) von 20 000 Stühlen. Dieser wird durch Preiserhöhungen seitens der Anbieter (Pfeil entlang der Angebotskurve) abgebaut. Gleichzeitig sinkt die Nachfrage (Pfeil entlang der neuen Nachfragekurve N1), sodass sich ein neues Gleichgewicht bei einem Preis von 400,00 € und einer Menge von 60 000 Bürostühlen einstellt.

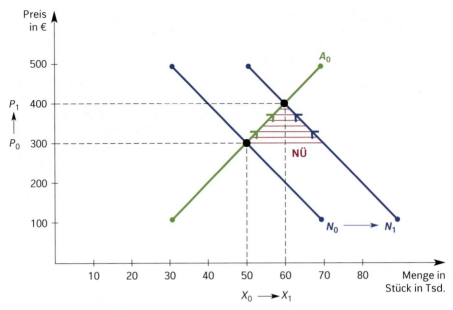

Rechtsverschiebung der Nachfragekurve

Ursachen für eine Vergrößerung der Nachfrage	
Ursache	**Beispiel**
Gestiegene Nutzeneinschätzung aufgrund von geänderten Bedürfnissen und Trends	Das Gesundheitsbewusstsein steigt, sodass immer mehr Menschen Wert auf Bürostühle mit einer ergonomisch geformten Rückenlehne legen.
Gestiegene Einkommen	Da die Einkommen der Bevölkerung steigen, schaffen sich immer mehr Menschen einen Bürostuhl für ihr Arbeitszimmer an.
Preise von Substitutionsgütern steigen	Die Preise für „normale" Stühle steigen. Immer mehr Menschen erwerben einen nur unwesentlich teureren Bürostuhl für ihr Arbeitszimmer.
Preise von Komplementärgütern sinken	Schreibtische werden billiger. Dies veranlasst die Menschen, sich ein häusliches Arbeitszimmer einzurichten.
Zahl der Nachfrager steigt	Die Bevölkerung in Ballungsgebieten wächst. Dadurch erhöht sich in diesen Gebieten auch die Nachfrage nach Bürostühlen.
Zukunftserwartungen verbessern sich	Aufgrund positiver Stimmungen in der Wirtschaft bessert sich das Klima in der Wirtschaft. Dies führt zu einer Nachfragesteigerung nach Bürostühlen.

Linksverschiebung der Nachfragekurve

Sinkt die **Nachfrage** zum jeweiligen Preis, verschiebt sich die Nachfragekurve nach links. Zum bisherigen Marktpreis besteht jetzt ein Angebotsüberhang, der durch Preissenkungen abgebaut wird. Sowohl der **Gleichgewichtspreis** als auch die **Gleichgewichtsmenge sinken**.

Beispiel: Aufgrund von Einkommenseinbußen sinkt die Nachfrage nach Bürostühlen. Die Nachfragekurve verschiebt sich nach links von N_0 nach N_1. Zum bisherigen Marktpreis von 300,00 € werden jetzt nur noch 30 000 Stühle nachgefragt. Es entsteht ein Angebotsüberhang (AÜ) von 20 000 Stühlen. Dieser wird durch Preissenkungen seitens der Anbieter abgebaut (Pfeil entlang der Angebotskurve). Gleichzeitig steigt die Nachfrage (Pfeil entlang der neuen Nachfragekurve N_1), sodass sich ein neues Gleichgewicht bei einem Preis von 200,00 € und einer Menge von 40 000 Bürostühlen einstellt.

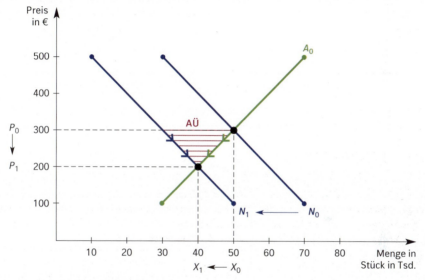

Linksverschiebung der Nachfragekurve

Ursachen für eine Verringerung der Nachfrage	
Ursache	Beispiel
Gesunkene Nutzeneinschätzung aufgrund von geänderten Bedürfnissen und Trends	Viele Privatleute und Unternehmen nutzen ihre Bürostühle länger und verwenden ihre finanziellen Mittel für andere Zwecke.
Gesunkene Einkommen	Wenn die Einkommen sinken, verzichten die Menschen auf den Kauf von Bürostühlen, da sie ihr Geld für lebensnotwendigere Dinge ausgeben.
Preise von Substitutionsgütern sinken	Die Preise für „normale" Stühle sinken. Nur wenige Menschen erwerben für ihr Arbeitszimmer einen teuren Bürostuhl.
Preise von Komplementärgütern steigen	Schreibtische werden teurer. Dies veranlasst die Menschen, auf die Einrichtung eines häuslichen Arbeitszimmers zu verzichten.

Ursachen für eine Verringerung der Nachfrage	
Ursache	Beispiel
Zahl der Nachfrager sinkt	Die Bevölkerung in ländlichen Gebieten sinkt. Dadurch werden weniger Bürostühle gekauft.
Zukunftserwartungen verschlechtern sich	Aufgrund sich verschlechternder Zukunftserwartungen werden weniger Bürostühle nachgefragt.

Die Preiselastizität der Nachfrage

Die Preiselastizität der Nachfrage gibt an, wie stark die Nachfrage auf eine Preisänderung reagiert. Sie ist definiert als das Verhältnis der prozentualen Mengenänderung eines Gutes (**Wirkung**) zur prozentualen Preisänderung des Gutes (**Ursache**).

Preiselastizität der Nachfrage (E_N)

$$= -\frac{\text{prozentuale \textbf{Mengenänderung} eines Gutes A}}{\text{prozentuale \textbf{Preisänderung} des Gutes A}} = \frac{\text{Wirkung}}{\text{Ursache}}$$

Die Nachfrage nach Gütern ist **elastisch**, wenn sie stark auf Preisänderungen reagiert. In diesem Fall ist die prozentuale Mengenänderung größer als die prozentuale Preisänderung und die Preiselastizität der Nachfrage ist größer als 1.

Beispiel: Beim Einführungspreis von 252,80 € für den neuen Bürostuhl „Ergo-Design-Natur" können im ersten Jahr voraussichtlich 5 000 Stück abgesetzt werden. Nach einer Preiserhöhung auf 316,00 € werden im Folgejahr vermutlich nur noch 3 500 Stück abgesetzt.

Prozentuale Mengenänderung:

$$\frac{-1500 \cdot 100}{5000} = -30\,\%$$

Prozentuale Preisänderung:

$$\frac{63{,}20 \cdot 100}{252{,}80} = 25\,\%$$

Preiselastizität der Nachfrage:

$$-\frac{-30\,\%}{25\,\%} = 1{,}2$$

Preiselastizität der Nachfrage

Unelastisch ist die Nachfrage nach Gütern, wenn sie wenig auf Preisänderungen reagiert. Die Preiselastizität der Nachfrage ist in diesem Fall kleiner als 1, da die prozentuale Mengenänderung kleiner als die prozentuale Preisänderung ist.

PRAXISTIPP!

Beachten Sie, dass die Preiselastizität der Nachfrage in jedem Punkt einer Kurve unterschiedlich ist.

Preiselastizität der Nachfrage

E_N	Bezeichnung	Beschreibung	Grafik	Beispiele
Welche Güter sind besonders vom Preis abhängig?				
$E_N > 1$	elastisch	eine kleine Preisänderung führt zu einer großen Mengenänderung	Preis/Menge: flache Kurve	• Luxusgüter • Trendartikel • Unikate
Welche Güter kauft man gleich viel mehr bzw. weniger, wenn der Preis sinkt bzw. steigt?				
$E_N = 1$	proportional elastisch	eine Preisänderung bewirkt eine gleich große Mengenänderung	Preis/Menge: Kurve verläuft degressiv	• Ortsgespräche • SMS • Briefmarken
Welche Güter kauft man in beliebiger Menge zu einem festen Preis?				
$E_N = \infty$	vollkommen elastisch	zu einem Preis wird jede Menge gekauft	Preis/Menge: Kurve verläuft waagerecht	• Flatrate • „All you can eat"
Welche Güter kauft man nur unwesentlich weniger, wenn der Preis stark steigt?				
$E_N < 1$	unelastisch	eine große Preisänderung führt kaum zu Mengenänderungen	Preis/Menge: steile Kurve	• Toilettenpapier • Brot • Wasser
Welche Güter werden immer gekauft, egal zu welchem Preis?				
$E_N = 0$	vollkommen unelastisch (starr)	es gibt keine Reaktion auf Preisänderungen, es wird jeder Preis gezahlt	Preis/Menge: Kurve verläuft senkrecht	• lebensrettendes Medikament • Beerdigung

Die Preiselastizität der Nachfrage hat einen Einfluss darauf, welche **Preis- und Mengeneffekte** sich bei einer Veränderung von Angebot und Nachfrage im neuen Gleichgewicht ergeben.

Beispiel: Die Nachfrage nach einem lebensrettenden Medikament ist vollkommen unelastisch. Kommt es nun auf Anbieterseite zu Kostensteigerungen, verschiebt sich die Angebotskurve nach links. Es stellt sich ein höherer Marktpreis ein, ohne dass die nachgefragte Menge sinkt. Die Anbieter können die gestiegenen Kosten vollständig auf die Nachfrager überwälzen.

→ LF 10 Des Weiteren ist die Kenntnis der Preiselastizität der Nachfrage wichtig, um **preispolitische Entscheidungen** treffen zu können, wie sie bei einigen Marktformen möglich sind.

Die Preisbildung im Polypol auf dem unvollkommenen Markt

In der Praxis sind die Bedingungen des vollkommenen Marktes in der Regel nicht gegeben.

- Es besteht **keine vollständige Markttransparenz**.

Beispiel: Die Kunden der Sommerfeld Bürosysteme GmbH kennen nicht sämtliche Preise der Konkurrenz.

- Güter sind **nicht homogen**.

Beispiel: Die Bürostühle der Sommerfeld Bürosysteme GmbH sind qualitativ hochwertiger.

- Käufer haben **Präferenzen**

Beispiel: Seit die Sommerfeld Bürosysteme GmbH einen 24-Stunden-Bestellservice eingerichtet hat, steigt die Nachfrage bei gleichen Preisen deutlich an. Die Kunden haben offensichtlich zeitliche Präferenzen.

Auf unvollkommenen Märkten haben die Anbieter einen Preissetzungsspielraum (**monopolistischer Bereich**). Sie können die Preise innerhalb einer bestimmten Bandbreite ändern, ohne dass die Kunden darauf nennenswert reagieren. Dies liegt vor allem daran, dass die Nachfrager Präferenzen für die Produkte bestimmter Anbieter entwickelt haben. Es gibt also auf unvollkommenen Märkten nicht mehr nur einen Marktpreis für ein Gut, sondern viele. Auf einem vollkommenen Markt wäre dies nicht möglich. Ein Anbieter, der hier einen Preis oberhalb des Marktpreises aufruft, verliert sofort seine gesamte Nachfrage.

Beispiel: Aufgrund der guten Qualität ihrer Bürostühle sowie zahlreicher langjähriger Kunden hat auch die Sommerfeld Bürosysteme GmbH einen Preissetzungsspielraum. Die Preis-Absatz-Funktion der Sommerfeld Bürosysteme GmbH sieht wie folgt aus:

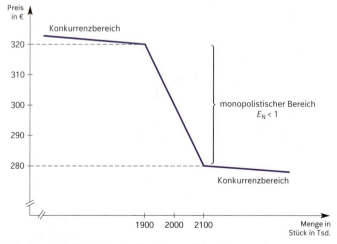

Preis-Absatz-Funktion im unvollkommenen Polypol

Die Sommerfeld Bürosysteme GmbH kann innerhalb des **monopolistischen Bereiches** von 280,00 € bis 320,00 € einen Preis wählen. In diesem Bereich ist die Nachfrage unelastisch ($E_N < 1$). Erhöht die Sommerfeld Bürosysteme GmbH in diesem Bereich ihre Preise, verliert sie nur wenig Nachfrage. Die Kunden bleiben dem Unternehmen treu. Die Sommerfeld Bürosysteme GmbH wird deshalb innerhalb dieses Bereiches den gewinnmaximalen Preis wählen.

Verlässt die Sommerfeld Bürosysteme GmbH den monopolistischen Bereich bei einem Preis von über 320,00 €, verliert sie sofort sehr viel Nachfrage. Dies ist der **obere** elastische **Konkurrenzbereich** mit einer Preiselastizität der Nachfrage (E_N) von über 1. Die Kunden sind nicht mehr bereit, diese Preise zu akzeptieren und wandern zur Konkurrenz ab. Preise oberhalb von 320,00 € sind also nicht ratsam.

Wählt die Sommerfeld Bürosysteme GmbH einen Preis unterhalb von 280,00 €, gewinnt sie sehr schnell Nachfrage hinzu. Dies ist der **untere** elastische **Konkurrenzbereich** mit einer Preiselastizität der Nachfrage (E_N) von über 1. Allerdings ist auch dieser Bereich häufig nicht (gewinn-)optimal, da zum einen die nötigen Kapazitäten zur Bewältigung der Nachfrage fehlen und zum anderen die Preise in diesem Bereich eventuell nicht mehr kostendeckend sind.

> **PRAXISTIPP!**
>
> Im unvollkommenen Polypol muss es Ziel eines Anbieters sein, den monopolistischen Bereich zu vergrößern. Dies kann er durch Kundenbindungsmaßnahmen unter Einsatz des absatzpolitischen Instrumentariums erreichen.

Die Preisbildung im Angebotsoligopol

Im Angebotsoligopol gibt es nur wenige Anbieter mit relativ großen Marktanteilen und großer Marktmacht, denen viele Nachfrager gegenüberstehen. Oligopolistische Märkte haben eine Tendenz zur **Preisstarrheit**, die mithilfe einer geknickten Preis-Absatz-Funktion erklärt werden kann.

Beispiel: Auf dem Markt für Bürostühle in Essen gibt es nur noch vier Anbieter, die etwa gleich große Marktanteile haben. Aufgrund der größeren Marktmacht und der geringen Konkurrenz waren die Anbieter in der Lage, die Preise zu erhöhen. Die Sommerfeld Bürosysteme GmbH verkauft ihre Bürostühle zu nunmehr 400,00 € (Punkt C). Herr Sommer geht von folgender geknickten Preis-Absatz-Funktion für seine Bürostühle aus:

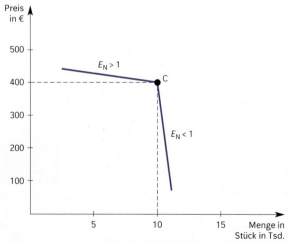

Geknickte Preis-Absatz-Funktion beim Angebotsoligopol

Herr Sommer befürchtet, dass er bei Preiserhöhungen über einen Preis von 400,00 € sehr viel Nachfrage verliert. Die Preiselastizität der Nachfrage (E_N) ist größer als 1 und Kunden wandern zur Konkurrenz ab. Andererseits geht er davon aus, dass er bei Preissenkungen unter 400,00 € nur sehr wenig Nachfrage gewinnt. Andere Anbieter werden ebenfalls ihre Preise senken. Die Preiselastizität der Nachfrage (E_N) ist kleiner als 1. Er gewinnt also durch Preissenkungen nur wenig Nachfrage hinzu und muss ebenfalls Gewinneinbußen befürchten. Dies wird durch den unteren Bereich der geknickten Kurve beschrieben. Aus der Sicht von Herrn Sommer ist es also sinnvoll, den Preis weder zu erhöhen noch zu senken und den Preis bei 400,00 € zu belassen.

Auf oligopolistischen Märken sind die folgenden grundsätzlichen **preispolitischen Strategien** zu unterscheiden.

Marktverdrängungspolitik	• Es wird versucht, die Konkurrenz durch Preisunterbietung auszuschalten. • Ziel ist die Erlangung einer Monopolstellung. • Die Marktverdrängungspolitik geht häufig mit hohen Gewinneinbußen oder Verlusten einher und es besteht die Gefahr, dass der Angreifer selbst aus dem Markt verdrängt wird.
Parallelverhalten	• Bei Preiserhöhungen verhalten sich alle Anbieter parallel. Erhöht ein Anbieter seine Preise, ziehen die anderen nach. • Manchmal übernimmt ein Anbieter die Preisführerschaft. Dies ist häufig der Marktführer. • Da es nur wenige Anbieter gibt, besteht die Gefahr von verbotenen Preisabsprachen (Kartellbildung). • Der Wettbewerb wird häufig nicht über den Preis, sondern durch den Einsatz des absatzpolitischen Instrumentariums betrieben (Werbung, Serviceleistung und Qualität).

Die Preisbildung im Angebotsmonopol

Der Angebotsmonopolist ist der einzige Anbieter und steht vielen Nachfragern gegenüber. Da er keine Konkurrenten hat, ist er in der Preisfestsetzung frei (**Preissetzer**). Er wird deshalb den **gewinnmaximalen Preis** wählen. Dieser ist dann gegeben, wenn die Differenz zwischen Umsatzerlösen und Gesamtkosten am größten ist.

Beispiel: Es sei unterstellt, dass die Sommerfeld Bürosysteme GmbH einziger Anbieter für Bürostühle in Essen ist und es keine Ausweichmöglichkeiten für die Nachfrager nach Bürostühlen gibt. Die Sommerfeld Bürosysteme GmbH bedient also den gesamten Markt. Sie hat Fixkosten in Höhe von 4 000 000,00 € und variable Stückkosten in Höhe von 200,00 € pro Stuhl. Es gilt die vom Polypol bekannte Nachfragesituation. Für die Sommerfeld Bürosysteme GmbH ergibt sich damit folgende Gewinnsituation:

Wasserwerk

Preis	Nach-frage	Umsatzerlöse	Fixkosten	Variable Kosten	Gesamtkosten	Gewinn
800	0	0,00	4 000 000,00	0,00	4 000 000,00	– 4 000 000,00
700	10 000	7 000 000,00	4 000 000,00	2 000 000,00	6 000 000,00	1 000 000,00
600	20 000	12 000 000,00	4 000 000,00	4 000 000,00	8 000 000,00	4 000 000,00
500	30 000	15 000 000,00	4 000 000,00	6 000 000,00	10 000 000,00	**5 000 000,00**
400	40 000	16 000 000,00	4 000 000,00	8 000 000,00	12 000 000,00	4 000 000,00
300	50 000	15 000 000,00	4 000 000,00	10 000 000,00	14 000 000,00	1 000 000,00
200	60 000	12 000 000,00	4 000 000,00	12 000 000,00	16 000 000,00	–4 000 000,00
100	70 000	7 000 000,00	4 000 000,00	14 000 000,00	18 000 000,00	–11 000 000,00
0	80 000	0,00	4 000 000,00	16 000 000,00	20 000 000,00	–20 000 000,00

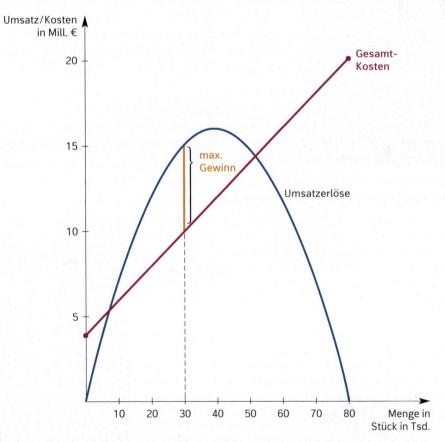

Gewinnmaximum beim Angebotsmonopol

Die Sommerfeld Bürosysteme GmbH wird den Preis für Bürostühle auf 500,00 € festsetzen und 30 000 Bürostühle verkaufen. Bei diesem Preis erreicht sie ein Gewinnmaximum. Im Vergleich zum Polypol auf einem vollkommenen Markt werden also 20 000 Stühle weniger, dafür aber zu einem um 200,00 € höheren Preis auf dem Markt in Essen abgesetzt.

Da der Monopolist den Preis bestimmen kann und nicht wie ein Marktteilnehmer im Polypol Preisnehmer und Mengenanpasser ist, ergibt sich aufgrund des fehlenden Wettbewerbes die Gefahr eines zu hohen Preises. Daraus resultiert aufgrund der Nachfragesituation automatisch, dass die am Markt umgesetzte Menge geringer bleibt und es zu einer **Unterversorgung mit Gütern** kommen kann. Ebenso besteht für den Monopolisten wenig Anlass, Qualitätsverbesserungen umzusetzen oder den technischen Fortschritt zu fördern. Des Weiteren gibt es für Monopolisten die Möglichkeit, durch **Preisdifferenzierung** seinen Gewinn weiterhin zu maximieren. Er verlangt für das gleiche Gut von unterschiedlichen Nachfragern unterschiedliche Preise mit dem Ziel, die Produzentenrente abzuschöpfen.

→ **LF 10**

Beispiel: Die Sommerfeld Bürosysteme GmbH bietet ihre Bürostühle für Studenten zum Vorzugspreis von 450,00 €. Diese Gruppe würde sich sonst keine Bürostühle kaufen. Alle anderen Nachfrager zahlen weiterhin 500,00 €.

Für die **staatliche Wettbewerbspolitik** gilt es aus den genannten Gründen, monopolistische Märkte zu vermeiden. Allerdings gibt es auch für den Monopolisten **Grenzen** hinsichtlich seines **Preissetzungsspielraums**. Märkte mit hohen Gewinnen sind auch für andere Unternehmen attraktiv, gerade wenn die **Markteintrittsbarrieren** gering sind. Wählt der Monopolist zu hohe Preise, muss er damit rechnen, dass auch andere Unternehmen auf den Markt drängen und er seine Monopolstellung verliert.

Zusammenfassung

Markt und Preis

- Der **Markt** ist der Ort des Zusammentreffens von Angebot und Nachfrage.
- Es sind folgende **Marktarten** zu unterscheiden:

Faktormärkte
- Arbeitsmarkt
- Immobilienmarkt
- Kapitalmarkt

Gütermärkte
- Konsumgütermarkt
- Investitionsgütermarkt

- Nach der **Zahl der Marktteilnehmer** unterscheidet man vor allem:

Polypol	- viele Anbieter - viele Nachfrager
Angebotsoligopol	- wenige Anbieter - viele Nachfrager
Angebotsmonopol	- ein Anbieter - viele Nachfrager

- Im **Polypol auf dem vollkommenen Markt** bildet sich der **Gleichgewichtspreis** dort, wo die angebotene und die nachgefragte Menge gleich groß sind.
- Das **Angebot und die Nachfrage** sind ständigen **Änderungen** unterworfen. Die jeweiligen Kurven verschieben sich.
- Die **Preiselastizität der Nachfrage** gibt das Verhältnis der prozentualen Mengenänderung eines Gutes zur prozentualen Preisänderung eines Gutes an.
- Im **Polypol auf dem unvollkommenen Markt** kann der Anbieter die Preise innerhalb eines **Preisspielraumes** ändern, ohne dass die Kunden nennenswert reagieren.
- Im **Angebotsoligopol** besteht die Tendenz zur **Preisstarrheit**. Als preispolitische Strategien kommen die **Marktverdrängungspolitik** oder das **Parallelverhalten** infrage.
- Im **Angebotsmonopol** kann der Monopolist den Preis und damit auch die Menge festsetzen. Er wird den **gewinnmaximalen Preis** wählen.

Aufgaben

1. Benennen Sie die jeweilige Marktform.

   a) wenige Nachfrager – wenige Anbieter
   b) viele Nachfrager – wenige Anbieter
   c) viele Nachfrager – viele Anbieter
   d) wenige Nachfrager – viele Anbieter
   e) viele Nachfrager – ein Anbieter

2. Erläutern Sie die Voraussetzungen eines vollkommenen Marktes.

3. Auf dem Wochenmarkt in Essen-Kray wird Kopfsalat der Handelsklasse A gehandelt. Je nachdem, wie hoch der Stückpreis ist, werden folgende Mengen Kopfsalat angeboten, nachgefragt und umgesetzt:

Preis pro Stück in EUR	Angebotsmenge in Stück (A)	Nachfragemenge in Stück (N)	möglicher Absatz in Stück	Angebotsüberschuss (Stück)	Nachfrageüberschuss (Stück)
0,40	1 000	2 800			
0,50	1 500	2 400			
0,60	2 000	2 000			
0,70	2 500	1 600			
0,80	3 000	1 200			

   a) Übertragen Sie die Tabelle, ergänzen Sie die entsprechenden Zeilen und kennzeichnen Sie den Gleichgewichtspreis.
   b) Stellen Sie Angebot und Nachfrage grafisch dar und kennzeichnen Sie den Gleichgewichtspreis und die Gleichgewichtsmenge.

c) Begründen Sie, wie sich der Preis bei
  ca) einem Angebotsüberschuss und
  cb) einem Nachfrageüberschuss
  verhält.
d) Berechne die Produzentenrente für einen Anbieter, der bereit wäre, 100 Kopfsalate zu einem Preis von 0,50 € zu verkaufen.
e) Berechne die Konsumentenrente für einen Nachfrager, der bereit wäre, 50 Kopfsalate zu einem Preis von 0,70 € zu kaufen.

4. Die Sommerfeld Bürosysteme GmbH verkauft 4 000 Cubis Tische zu einem Preis von 465,00 €. Würde sie den Preis auf 495,00 € erhöhen, rechnet sie noch mit einem Absatz von 3 680 Tischen. Berechnen Sie die Preiselastizität der Nachfrage.

5. Sie sind Vertriebsleiter bei einem Anbieter von Mobiltelefonen und sollen den Markt untersuchen. Erläutern Sie, wie sich die folgenden Sachverhalte auf den Markt auswirken.

  a) Das verfügbare Einkommen der Bürger steigt aufgrund von Steuersenkungen.
  b) Mobiltelefone sind „out".
  c) Das Telefonieren im Festnetz wird teurer.
  d) Die Branche hat hohe Tarifabschlüsse getätigt.
  e) Das Produktionsverfahren zur Herstellung wird stark verbessert.

6. Erläutern Sie, warum der Polypolist auf einem unvollkommenen Markt einen Preisspielraum hat.

7. Begründen Sie, warum es im Oligopol eine Tendenz zur Preisstarrheit gibt.

8. Die Farbenwerke Wilhelm Weil AG haben einen Speziallack für die Möbelindustrie entwickelt. Sie sind einziger Anbieter für diese Lacke und haben auf diesem Teilmarkt eine Monopolstellung erreicht. Die Fixkosten betragen 2 000 000,00 € und es fallen variable Stückkosten in Höhe von 200,00 € pro Verkaufseinheit (VE) an. Es gilt folgende Preis-Absatz-Funktion:

Preis in € pro VE	600	500	400	300	200	100	0
Nachfrage in VE	0	10 000	20 000	30 000	40 000	50 000	60 000

  a) Berechnen Sie mithilfe einer geeigneten Tabelle die Erlöse, die Kosten sowie die Gewinne für die jeweiligen Preis-Mengen-Kombinationen. Kennzeichnen Sie die gewinnmaximale Kombination.
  b) Stellen Sie Ihre Ergebnisse in einem Koordinatensystem dar.

9. Hartmut Sommer und Peter Kraus überlegen, wie sich die folgenden Sachverhalte auf den Markt für Bürostühle auswirken werden.

  a) Die Bundesregierung senkt die Mehrwertsteuer.
  b) Aufgrund des Waldsterbens werden Hölzer teurer.
  c) Immer mehr Menschen richten sich ein häusliches Arbeitszimmer ein.
  d) Aufgrund der nachlassenden Konjunktur schätzt die Büromöbelbranche die Lage pessimistisch ein.
  e) Die Preise für Bürotische wurden stark erhöht.

2 Den ordnungspolitischen Rahmen der Unternehmen erkunden | 549

2.3 Staatliche Eingriffe in den Markt

LS 35

Die Geschäftsführer Hartmut Sommer, Lambert Feld und Claudia Farthmann treffen sich wie jeden Freitag zu einer Besprechung. Zu Beginn werden in der Regel kurz wichtige Themen aus Wirtschaft und Politik diskutiert. Claudia Farthmann meint: „Die Einführung des Mindestlohns macht mir schon ein wenig Sorgen. Da wird ein Stundenlohn gezahlt, der nicht marktgerecht ist. Das kann auf Dauer nicht gut für unsere Wirtschaft sein und führt zu mehr Arbeitslosigkeit." „Ich sehe dem gelassen entgegen", antwortet Hartmut Sommer, „schließlich haben die Arbeitgeber die Einführung des Mindestlohns selbst verursacht. Wenn ich sehe, was in manchen Branchen für ein Lohn gezahlt wurde, da konnte doch keiner von Leben." „Das sehe ich auch so", fügt Lambert Feld hinzu, „außerdem betrifft die Diskussion nicht die Sommerfeld Bürosysteme GmbH, sondern den Niedriglohnsektor. Unsere Löhne liegen doch erheblich über dem eingeführten Mindestlohn."

Arbeitsaufträge

- Erläutern Sie die Zielsetzung, die mit einem gesetzlichen Mindestlohn verfolgt wird.
- Stellen Sie einen gesetzlichen Mindestlohn skizzenhaft grafisch dar und erläutern Sie mögliche Probleme, die mit einem Mindestlohns verbunden sind.
- Schlagen Sie alternative Maßnahmen vor.

Der Marktpreis ist das Ergebnis aus dem (freien) Zusammenwirken von Angebot und Nachfrage. Es kann sich aber ergeben, dass der erzielte Marktpreis aus politischen Gründen unerwünscht ist. Entweder erzielen Anbieter für bestimmte Güter einen zu geringen Marktpreis und sind so beispielsweise in ihrer Existenz bedroht oder Nachfrager müssen zu viel für bestimmte Güter aufwenden und werden schlimmstenfalls gar ganz vom Konsum ausgeschlossen. Im Rahmen der **sozialen Marktwirtschaft** kann der Staat hier korrigierend eingreifen.

Staatliche Eingriffe in den Markt kommen in vielfältigen **Bereichen** der Wirtschaftspolitik vor. Beispielhaft seien genannt:

Außenhandelspolitik	**Beispiel:** Durch Zahlung von Exportsubventionen oder Erhebung von Importzöllen wird die einheimische Wirtschaft gefördert.	LF 12
Prozesspolitik	**Beispiel:** Die Bundesregierung hat im Jahre 2009 auf die Weltwirtschaftskrise reagiert. Zur Stützung der Konjunktur hat sie eine Abwrackprämie für alte Autos eingeführt und so den Kauf von Neuwagen gefördert.	
Strukturpolitik (vgl. LF 9, Kap. 3)	**Beispiel:** Um die heimische Kohleindustrie zu schützen, wird sie durch staatliche Hilfen gefördert.	

Besondere Bedeutung haben staatliche Eingriffe in der **sozialen Marktwirtschaft** im Rahmen der **Sozialpolitik**. Nach Artikel 20 des Grundgesetzes (Sozialstaatsprinzip) hat der Staat dafür Sorge zu tragen, dass ein **Ausgleich sozialer Gegensätze und eine gerechte Verteilung der Lasten** angestrebt werden. Deshalb verfolgt die Sozialpolitik das Ziel, einer durch den Marktmechanismus entstehenden ungleichmäßigen Einkommens- und Vermögensverteilung entgegenzuwirken. Zudem sollen sozial schwächer gestellte oder in Not geratene Menschen unterstützt und abgesichert werden. Der Staat entspricht dadurch dem Anspruch auf soziale Sicherheit und Gerechtigkeit. Als wichtige staatliche Instrumente der **Sozialpolitik** sind unter anderem die Steuerpolitik und Transferpolitik zu nennen.

Steuerpolitik:
Mit den Steuereinnahmen finanziert der Staat im Wesentlichen seine Ausgaben. Durch Steuererhöhungen oder -senkungen kann der Staat regulierend in das Wirtschaftsgeschehen eingreifen. **Soziale Aspekte** *werden berücksichtigt, indem Freibeträge und ansteigende Steuersätze (Steuerprogression) festgelegt werden.*

Beispiele: Einkommensteuergesetz, Körperschaftsteuergesetz, Umsatzsteuergesetz, Gewerbesteuergesetz

Transferpolitik:
Durch staatliche Transfers erfolgen Zahlungen des Staates an private Haushalte ohne direkte Gegenleistung.

Beispiele: Sozialhilfe, Kindergeld, Elterngeld, Wohngeld, Ausbildungsförderung

Direkte staatliche Eingriffe in den Markt

Direkte staatliche Eingriffe in den Markt schränken den Preis-Mengen-Mechanismus ein und stören die freie Preisbildung am Markt. Diese Eingriffe sind deshalb **marktinkonform**. Sie setzen entweder bestimmte Preisunter- oder -obergrenzen fest bzw. schränken die Verbrauchs- oder Produktionsmengen ein.

Höchstpreis

Durch die Einführung eines Höchstpreises will der Staat die Versorgung mit Gütern zu günstigen Preisen sicherstellen. Der Höchstpreis dient dem Schutz der Nachfrager. Ein staatlich verordneter Höchstpreis muss deshalb unterhalb des Marktpreises liegen.

Beispiel: Die Lebensmittelpreise sind in letzter Zeit sehr stark gestiegen und die Verbraucher müssen einen beträchtlichen Teil ihres Einkommens für Lebensmittel ausgeben. Um die Versorgung der Bevölkerung mit kostengünstigen Lebensmitteln sicherzustellen, plant der Staat deshalb die Einführung eines Höchstpreises für Brot. Die Marktsituation stellt sich nach Einführung des Höchstpreises wie folgt dar:

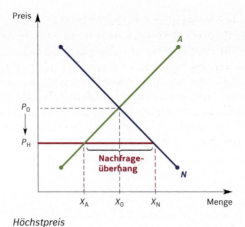

Höchstpreis

Im Vergleich zum Gleichgewichtspreis (Marktpreis) bieten die Anbieter zum Mindestpreis eine zu geringe Menge (X_A) an. Gleichzeitig steigt die Nachfrage (X_N) mit der Folge, dass am Markt nun ein Nachfrageüberhang entsteht.

Da die Einführung von Höchstpreisen regelmäßig mit einem zu geringen Angebot an Gütern einhergeht, muss der Staat zusätzliche **mengenregulierende Maßnahmen** ergreifen. Dies können z. B. Subventionen an Anbieter oder das Aufstellen von Zuteilungsregeln für das zu geringe Angebot sein. Höchstpreise bergen zudem die Gefahr in sich, dass sich die Mangellage weiter verschärft. Für die Anbieter bestehen aufgrund des zu geringen Preises keine Anreize, ihr Angebot auszuweiten. Durch die Einführung von Höchstpreisen entstehen häufig **Schwarzmärkte**. Da es viele Nachfrager gibt, die auch einen höheren Marktpreis zahlen würden, verkaufen Anbieter ihre Ware illegal „unter dem Ladentisch" zu diesem höheren Preis.

Mindestpreis
Die Einführung eines Mindestpreises dient dem Schutz der Anbieter. Der Staat verfolgt das Ziel, die Einkommen der Anbieter zu sichern. Ein staatlich verordneter Mindestpreis muss deshalb über dem Marktpreis liegen.

Beispiel: Um die Einkommen der deutschen Milchwirtschaft zu sichern und die heimische Agrarwirtschaft zu stärken, erwägt der Staat, einen Mindestpreis für Butter einzuführen. Die Marktsituation stellt sich nach Einführung des Mindestpreises wie folgt dar:

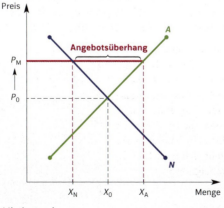

Mindestpreis

Im Vergleich zum Gleichgewichtspreis bieten die Anbieter zum Mindestpreis eine erheblich größere Menge (X_A) an. Gleichzeitig sinkt die Nachfrage (X_N) mit der Folge, dass am Markt nun ein Angebotsüberhang (z. B. „Butterberg") entsteht.

Mit der Einführung eines Mindestpreises steht der Staat vor dem Problem, wie er mit den entstehenden Angebotsüberhängen umgehen soll. Es sind weitere **mengenregulierende Maßnahmen** notwendig. So könnte der Staat beispielsweise den Angebotsüberhang aufkaufen und bevorraten, die Nachfrage durch Transferzahlungen erhöhen oder eine Verringerung des Angebots durch Mengenbeschränkungen („Stilllegungsprämien") fördern. Die Einführung eines Mindestpreises zieht also weitere staatliche Eingriffe nach sich, die in der Regel mit **hohen volkswirtschaftlichen Kosten** verbunden sind.

Indirekte staatliche Eingriffe in den Markt

Durch indirekte staatliche Eingriffe in den Markt wird der Preis-Mengen-Mechanismus nicht außer Kraft gesetzt. Der Staat versucht, unerwünschte Auswirkungen zu hoher oder niedriger Marktpreise durch Veränderungen der Angebots- oder Nachfragebedingungen zu mildern. Da die freie Preisbildung erhalten bleibt, sind solche Eingriffe **marktkonform**.

Förderung der Nachfrage

Beispiel: Zur Unterstützung einkommensschwacher Haushalte zahlt der Staat Wohngeld. Diese Transferzahlungen führen für die begünstigten Haushalte effektiv zu einer Senkung der Mietlast. Auch einkommensschwache Haushalte können nun Wohnungen in bestimmten höherwertigen Marktsegmenten (z. B. Vierzimmerwohnungen) nachfragen, zu denen sie vorher keinen Zugang hatte. Die Nachfrage- und Angebotssituation nach Zahlung der Transferzahlung stellt sich damit in diesen Marktsegmenten wie folgt dar:

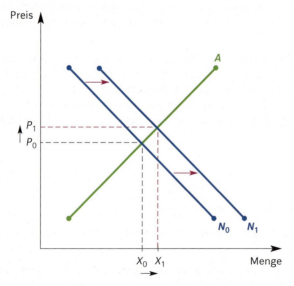

Förderung der Nachfrage

Durch die **Förderung der Nachfrage** steigt die auf dem Markt abgesetzte Menge von x_0 auf x_1. Es können also mehr einkommensschwache Haushalte Vierzimmerwohnungen beziehen.

Förderung des Angebots

Beispiel: Um Arbeitsplätze in bestimmten Branchen zu erhalten, zahlt der Staat Zuschüsse und gewährt zinsgünstige Kredite. Diese Subventionen führen für die betroffenen Unternehmen dazu, dass sich ihre Kostensituation effektiv verbessert und sie ihr Angebot ausweiten. Die Nachfrage- und Angebotssituation nach Zahlung der Subvention stellt sich damit wie folgt dar:

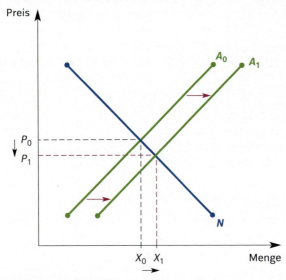

Förderung des Angebotes

Durch die **Förderung des Angebotes** steigt die auf dem Markt abgesetzte Menge von X_0 auf X_1. Es werden damit mehr Güter in den geförderten Branchen hergestellt, was zu einem Erhalt von Arbeitsplätzen führt.

Indirekte (marktkonforme) Eingriffe des Staates sind den direkten (marktinkonformen) Eingriffen es Staates vorzuziehen. Sie sind mit **geringeren volkswirtschaftlichen Kosten** verbunden, da keine Maßnahmen zur Mengenregulierung notwendig sind. Außerdem wird der Wettbewerb auf dem Markt in geringerem Maßnahme beeinflusst, da sich der Preis weiterhin aus dem Zusammenwirken von Angebot und Nachfrage der Marktteilnehmer ergibt.

Zusammenfassung

Staatliche Eingriffe in das Markt

- Zur **Korrektur ungewollter Marktergebnisse** greift der Staat in der sozialen Marktwirtschaft korrigierend ein.
- Staatliche Eingriffe haben **prozess-, außenhandels-, struktur- oder sozialpolitische Gründe**.

Marktkonforme Eingriffe	▪ schränken den Markt-Preis-Mechanismus nicht ein
	▪ Staat beeinflusst nur die Marktbedingungen und damit **indirekt** auch den Preis für Güter
	▪ indirekte Eingriffe, z. B.:
	  – Transferzahlungen an Haushalte
	  – Subventionen an Unternehmen
	  – Importzölle
	  – Exportsubventionen
	▪ Verschiebung von Angebot und Nachfrage bei freier Preisbildung

Marktinkonforme Eingriffe	▪ schränken den Markt-Preis-Mechanismus ein
	▪ staatliches Handeln wirkt **direkt** auf die Preise und/oder Mengen
	▪ direkte Eingriffe:
	  – Höchst- und Mindestpreise machen Maßnahmen zur Mengenregulierung notwendig
	  – Festsetzung von Verbrauchs- und Produktionsmengen

- **Indirekte staatliche Eingriffe** schränken die Preisbildung und den Wettbewerb weniger ein und sind mit geringeren volkswirtschaftlichen Kosten verbunden.

Aufgaben

1. Unter bestimmten Voraussetzungen greift der Staat im Rahmen der sozialen Marktwirtschaft in das Wirtschaftsgeschehen ein.

   a) Erläutern Sie, was man unter marktkonformen und unter marktinkonformen Eingriffen versteht.
   b) Begründen Sie, ob der Staat sich tendenziell eher für marktkonforme oder marktinkonforme Eingriffe entscheiden sollte.

2. Der Staat setzt sehr selten Mindest- oder Höchstpreise fest.

   a) Erläutern Sie, zu welchem Zweck und zu wessen Schutz die jeweiligen Preise dienen.
   b) Begründen Sie, ob es bei der jeweiligen Preissetzung zu Angebots- oder Nachfrageüberschüssen kommt.
   c) Nennen Sie zwei Nachteile, die mit der Mindest- und Höchstpreisfestschreibung verbunden sind.

3. Direkte staatliche Eingriffe in den Markt können durch die Festlegung von Mindest- oder Höchstpreisen erfolgen. Welche der folgenden Aussagen von (1) bis (6) treffen

   a) nur auf den Mindestpreis
   b) nur auf den Höchstpreis
   c) weder auf den Höchstpreis noch auf den Mindestpreis
   d) sowohl auf den Höchstpreis als auch auf den Mindestpreis

   zu?
   (1) Die staatlichen Maßnahmen sind marktinkonform.
   (2) Auf den Märkten kommt es zu einem Angebotsüberhang.
   (3) Der staatlich festgesetzte Preis liegt unterhalb des Marktpreises.
   (4) Die staatliche Maßnahme erfolgt zum Schutz der Anbieter.
   (5) Die Entstehung von Schwarzmärkten wird begünstigt.
   (6) Durch diese staatliche Maßnahme wird der Markt geräumt.

2.4 Wettbewerbspolitik als zentrale Aufgabe der Ordnungspolitik in der sozialen Marktwirtschaft

LS 36

Daniela Schaub liest in der Zeitung von einem geplanten Zusammenschluss von zwei deutschen Großunternehmen der Elektroindustrie. Das Bundeskartellamt in Bonn will die Fusion nur unter bestimmten Auflagen genehmigen. In diesem Fall soll ein Unternehmen den Bereich der überschneidenden Produktgruppen vor der Fusion verkaufen, damit der Wettbewerb erhalten bleibt.

Arbeitsaufträge

- Entwerfen Sie in Gruppen ein Lernplakat zu den unterschiedlichen Arten von Unternehmenszusammenschlüssen und den Zielen, die mit dem jeweiligen Zusammenschluss verfolgt werden. Die Plakate werden in der Klasse vorgestellt und nach Stärken und Schwächen beurteilt.

- Begründen Sie, warum der Staat regulierend in das Wettbewerbsgeschehen eingreift, und erläutern Sie, welche ordnungspolitischen Maßnahmen ihm dafür zur Verfügung stehen.

- Stellen Sie die wesentlichen Regelungen des Gesetzes gegen Wettbewerbsbeschränkungen (GWB) in einer Übersicht dar.

Ordnungspolitik

Unter Ordnungspolitik werden die **Maßnahmen des Staates** verstanden, welche die Wirtschaftsordnung – im Falle Deutschlands also die **soziale Marktwirtschaft – gestalten, erhalten und ausbauen**. Damit werden langfristig die rechtlichen, sozialen und wirtschaftlichen Rahmenbedingungen festgelegt, innerhalb derer sich der Wirtschaftsprozess vollzieht. Trotz ihres grundlegenden Charakters ist die Ordnungspolitik keineswegs starr, sondern sie entwickelt sich entsprechend veränderter Bedingungen und Einschätzungen weiter.

Beispiel: Bis zum Jahr 2000 gab es das Ministerium für Landwirtschaft. Nun heißt es Bundesministerium für Ernährung und Landwirtschaft. Durch veränderte Lebensgewohnheiten hat die Ernährung eine stärkere Bedeutung erlangt, um die Gesundheit der Menschen zu fördern.

Ziele der Ordnungspolitik

- **Sicherung der Wirtschaftsordnung**: Der Staat muss dafür Sorge tragen, dass die individuellen Freiheitsrechte im Hinblick auf Berufswahl und Gewerbefreiheit, Bildung von Privateigentum, Vertragsfreiheit, freie Wahl von Wohnort und Arbeitsplatz gewahrt bleiben, sofern kein anderer dadurch in diesen Rechten beeinträchtigt wird. Darüber hinaus muss er dem sozialen Aspekt der Marktwirtschaft insofern Rechnung tragen, als er auch sozial und wirtschaftlich Schwächere in das Gesellschaftsleben integriert.

Beispiel: Die Sommerfeld Bürosysteme GmbH hat ihre Vertragsbedingungen in den Allgemeinen Geschäftsbedingungen festgelegt. Trotz der Vertragsfreiheit wurden begrenzende rechtliche Regelungen im BGB (§ 305 ff. BGB) geschaffen, um die rechtliche Position des Käufers gegenüber dem Verkäufer zu stärken. Diese Regelungen waren bei der Formulierung der Allgemeinen Geschäftsbedingungen zu beachten.

- **Sicherung der Funktionsfähigkeit des Marktes und damit Erhaltung des Wettbewerbs (Wettbewerbspolitik)**

  Beispiel: Für die Sommerfeld Bürosysteme GmbH existieren keine staatlichen Vorgaben hinsichtlich der Art und Menge der zu produzierenden Güter. Diese Koordinierungsaufgabe erfüllt der Wettbewerb unter den Anbietern. Der Preismechanismus stellt sicher, dass sich Unternehmen an den Wünschen der Nachfrager orientieren müssen, wenn sie gegenüber anderen Konkurrenten bestehen wollen.

Ziele staatlicher Wettbewerbspolitik

Die Wettbewerbspolitik stellt den **wichtigsten Bereich der Ordnungspolitik** dar. Wettbewerb und freie Preisbildung auf dem Markt sind das Fundament einer marktwirtschaftlichen Ordnung und Voraussetzung für ihr Funktionieren. Der Wettbewerb soll Anbietern und Nachfragern die Freiheit in ihren Entscheidungen garantieren und erfüllt damit eine **gesellschaftliche Aufgabe**.

Beispiele:
- Die Sommerfeld Bürosysteme GmbH hat entschieden, ihre Produktion auf ökologisch orientierte Produkte auszurichten und damit ihre Produkte einer wachsenden Zielgruppe anzubieten.
- Die Verbraucher entscheiden entsprechend ihren Bedürfnissen und Präferenzen, ob sie ihre Büroeinrichtung bei der Sommerfeld Bürosysteme GmbH oder lieber bei einem Konkurrenzunternehmen, z. B. der ABE Aktuell Büro-Einrichtungen KG, beziehen.

Darüber hinaus erfüllt ein leistungsfähiger Wettbewerb auch ökonomische Aufgaben.

Funktionen des Wettbewerbs	
Steuerungsfunktion	Unternehmen können nur am Markt bestehen, wenn sie ihr Güterangebot auf die Präferenzen der Nachfrager ausrichten. Sie werden deshalb Märkte mit hoher Nachfrage bedienen, da diese Märkte hohe Renditen versprechen. Märkte, auf denen nur eine geringe Nachfrage besteht, werden dagegen von den Unternehmen aufgegeben. Die zur Gütererstellung notwendigen Produktionsfaktoren werden somit automatisch in ihre effizienteste Verwendung gelenkt.
Anreiz- und Innovationsfunktion	Anbieter sind bestrebt, sich durch Produktverbesserungen und Kostensenkungen Wettbewerbsvorteile zu verschaffen, was letzendlich zu einer Förderung des technischen Fortschritts und zur Wohlstandssteigerung beiträgt.
Ausschaltungsfunktion	Unternehmen mit überhöhten Produktionskosten oder schlechter Produktqualität verlieren ihre Kunden und scheiden aus dem Wettbewerb aus.
Verteilungsfunktion	Wettbewerb trägt zu einer leistungsgerechten Verteilung der Faktoreinkommen zwischen Haushalten und Unternehmen bei.

Trotz dieser Vorteile zeigen praktische Erfahrungen, dass zueinander in Konkurrenz stehende Anbieter immer wieder bestrebt sind, **den Wettbewerb einzuschränken oder auszuschalten**. So schließen sich Unternehmen mehr oder weniger eng zusammen – das reicht von einfachen Absprachen bis zur Aufgabe der rechtlichen und wirtschaftlichen Selbstständigkeit –, um damit ihre Wettbewerbsposition zu verbessern, oder sie versuchen, Konkurrenten durch „unlautere Praktiken" vom Markt zu verdrängen.

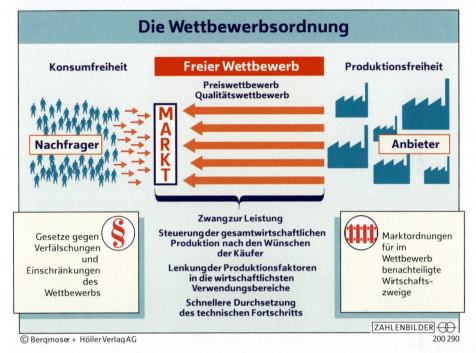

Beide Tendenzen zeigen, dass ein sich selbst überlassener Wettbewerb auf Dauer nicht die ihm zugeschriebenen Aufgaben erfüllen kann. Er muss deshalb durch entsprechende ordnungspolitische Maßnahmen und Institutionen geschützt werden. Ziel staatlicher Wettbewerbspolitik ist damit die Förderung und Sicherung des wirtschaftlichen Wettbewerbs als wesentliches Element der Wirtschaftsordnung in der Bundesrepublik Deutschland. Zu den wesentlichen Maßnahmen staatlicher Wettbewerbspolitik zählen das

- **Gesetz gegen Wettbewerbsbeschränkungen (GWB)**, auch „Kartellgesetz" genannt, das den fairen Wettbewerb der Anbieter untereinander und damit auch den Verbraucher schützt. Die Kartellbehörden sorgen für die Einhaltung der Vorschriften.

- **Gesetz gegen unlauteren Wettbewerb (UWG)**, das die Anbieter und damit letztendlich die Verbraucherinteressen schützt, da es unlautere Wettbewerbspraktiken verbietet.

    → LF 10

    Beispiel: Unlautere Handlungen sind Täuschung und Irreführung des Konsumenten, gezielte Preisunterbietung eines Konkurrenten, Anschwärzen von Konkurrenten oder sogenannte Lockvogelangebote.

- **Markengesetz**, das Unternehmen, die für ihre Produkte ein Waren- oder Markenzeichen erworben haben, vor Nachahmung durch die Konkurrenz schützt.

- **Patentgesetz**, das dem Erfinder ein zeitlich begrenztes Monopol auf seine Erfindung einräumt als Anreiz dafür, überhaupt innovativ tätig zu werden.

- **Verbraucherschutzgesetze**, die den Verbraucher in seiner Marktposition gegenüber dem Produzenten stärken, d. h., sie schützen den Verbraucher durch ordnungspolitische Regelungen direkt und indirekt. Gleichzeitig setzten sie aber auch Mindeststandards, die von den Unternehmen eingehalten werden müssen, wenn sie am Wettbewerb teilnehmen wollen. Verbraucherschutzgesetze normieren damit die Leistungsqualität, die im Wettbewerb zu erbringen ist.

    Beispiele: Preisangabenverordnung, Paragrafen im BGB zu den allgemeinen Geschäftsbedingungen, Gesetz über die Haftung fehlerhafter Produkte, Geräte- und Produktsicherheitsgesetz

> **PRAXISTIPP!**
>
> Unter www.gesetze-im-internet.de finden Sie weitere Informationen zu den obigen Gesetzen.

Kooperation und Konzentration als Formen von Unternehmenszusammenschlüssen

Maßnahmen der Wettbewerbspolitik zielen auf bestimmte Formen von Absprachen und Zusammenschlüssen von Unternehmen.

Kooperation
liegt vor, wenn rechtlich selbstständig bleibende Unternehmen sich zur Zusammenarbeit verpflichten, dabei gegebenenfalls einen Teil ihrer wirtschaftlichen Selbstständigkeit aufgeben. Im Vordergrund steht bei diesen Unternehmenszusammenschlüssen eine Erhöhung der Wirtschaftlichkeit und damit der Leistungs- und Wettbewerbsfähigkeit. Das schließt jedoch nicht aus, dass durch die Bildung von Marktmacht eine Beschränkung des Wettbewerbs die Folge ist. Zu unterscheiden sind folgende Formen:

- **Arbeitsgemeinschaften** sind i. d. R. zeitlich begrenzte Zusammenschlüsse von Unternehmen, die ihre rechtliche und wirtschaftliche Selbstständigkeit behalten.

    Beispiel: Kooperation zur gemeinsamen Forschungs- und Entwicklungsarbeit; Zusammenschluss mehrerer Bauunternehmen für die Durchführung größerer Bauvorhaben

- **Interessengemeinschaften/Verbände** sind Zusammenschlüsse von Unternehmen, die ihre rechtliche und wirtschaftliche Selbstständigkeit behalten, zur Verfolgung eines gemeinsamen wirtschaftlichen Zwecks.

    Beispiel: Die Sommerfeld Bürosysteme GmbH ist im Landesverband Holzindustrie und Kunststoffverarbeitung Nordrhein e. V. organisiert, der die Interessen seiner Mitglieder vertritt.

- **Kartelle** sind vertragliche Zusammenschlüsse von rechtlich selbstständigen, gleichartigen Unternehmen, die einen Teil ihrer wirtschaftlichen Selbstständigkeit verlieren. Sie verfolgen das Ziel, den Wettbewerb durch Absprachen über Preise, Lieferungs- und Zahlungsbedingungen, Produktionsmengen u. a. auszuschalten oder zu begrenzen. Nach § 1 GWB sind Kartelle grundsätzlich verboten.

Konzentration
liegt vor, wenn sich Unternehmen durch Kapitalbeteiligung unter Aufgabe ihrer rechtlichen und/oder wirtschaftlichen Selbstständigkeit unter einer gemeinsamen Leitung

zusammenschließen, verbunden mit dem Ziel, eine größere Marktmacht zu erreichen. Nach den durch den Zusammenschluss beteiligten Produktionsstufen unterscheidet man horizontale, vertikale und anorganische (diagonale, konglomerate) Zusammenschlüsse.

Horizontale Zusammenschlüsse erfolgen zwischen Unternehmen derselben Branche.

Beispiel: Die Sommerfeld Bürosysteme GmbH schließt sich mit Mitbewerbern zusammen.

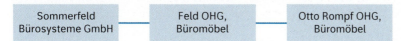

Vertikale Zusammenschlüsse erfolgen zwischen Unternehmen aufeinanderfolgender Produktionsstufen.

Beispiel: Die Sommerfeld Bürosysteme GmbH plant den Zusammenschluss mit einem Sägewerk und einem Möbelhändler.

Anorganische (diagonale, konglomerate) Zusammenschlüsse erfolgen durch Unternehmen verschiedener Branchen mit dem Vorteil eines möglichen Risikoausgleichs.

Beispiel: Zu einer Unternehmensgruppe gehören Lebensmittelunternehmen, Schifffahrtsgesellschaften sowie eine Bank.

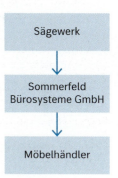

Konzerne

sind ein Zusammenschluss rechtlich selbstständig bleibender Unternehmen unter einer gemeinsamen Leitung. Die wirtschaftliche Selbstständigkeit geht verloren. Nach der **Abhängigkeit**, die zwischen den Unternehmen eines Konzerns besteht, unterscheidet man **Unterordnungs-** und **Gleichordnungskonzerne**.

- In einem **Unterordnungskonzern** erwirbt ein herrschendes Unternehmen z. B. die Aktienmehrheit eines oder mehrerer abhängiger Tochterunternehmen. Die gemeinsame Leitung erfolgt durch die Konzernmutter (herrschendes Unternehmen). Die Muttergesellschaft kann auch durch eine sogenannte Dachgesellschaft (Holding) gebildet werden, die keine operative Tätigkeit ausübt, sondern lediglich Kapitalbeteiligungen an den einzelnen Unternehmen hält und den Konzern lenkt.

  Beispiel: Die Porsche AG und die Audi AG sind Tochtergesellschaften der Konzernmutter, Volkswagen AG.

- In einem **Gleichordnungskonzern** bleiben die Konzernunternehmen insofern unabhängig voneinander, als sie gegenseitig Kapitalbeteiligungen tauschen und die Leitung gemeinsam übernehmen.

  Beispiel: Die Sommerfeld Bürosysteme GmbH beteiligt sich mit 30 % am Kapital der Bürofachhandel Karl Schneider GmbH. In gleicher Höhe erwirbt der Bürofachhandel Karl Schneider

GmbH eine Beteiligung an der Sommerfeld Bürosysteme GmbH. Die beiden Unternehmen sind also in wechselseitiger Kapitalbeteiligung miteinander verflochten.

Trust
ist ein Zusammenschluss von Unternehmen, die sowohl ihre rechtliche als auch ihre wirtschaftliche Selbstständigkeit aufgeben und durch Verschmelzung **(Fusion)** eine neue Unternehmung bilden. Ziele sind Marktbeherrschung und Ausschaltung des Wettbewerbs. Hier übernimmt der Staat eine Kontrollfunktion, indem er derartige Unternehmenszusammenschlüsse prüft und ggf. verbietet. Zu unterscheiden sind Fusionen durch Aufnahme und Fusionen durch Neubildung.

- Bei **Fusionen durch Aufnahme** werden alle Vermögen- und Schuldenpositionen eines abhängigen Unternehmens komplett auf ein aufnehmendes Unternehmen übertragen.

    Beispiel: Übernahme von Mannesmann durch Vodafone

    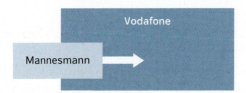

- Bei **Fusionen durch Neubildung** wird aus zwei beteiligten Unternehmen ein neues, drittes gebildet, in das beide ihr Vermögen einbringen.

    Beispiel: Eine Bank und eine Versicherungsgesellschaft schließen sich zu einem neuen Unternehmen zusammen.

Das Gesetz gegen Wettbewerbsbeschränkungen als wichtigstes Instrument staatlicher Wettbewerbspolitik

Das **Gesetz gegen Wettbewerbsbeschränkungen (GWB)** basiert auf dem Gedanken, dass der Staat im Rahmen der Wettbewerbspolitik dafür zu sorgen hat, dass jeder Einzelne die Freiheit hat, sich dem Wettbewerb zu stellen.

Wettbewerbsüberwachende Stellen sind das **Bundeskartellamt in Bonn**, die jeweiligen Landeskartellbehörden und – falls die Wettbewerbsbeschränkungen eine über die nationalen Grenzen hinausgehende Bedeutung für Europa haben – die **Europäische Kommission** in

Brüssel (= europäisches Wettbewerbsrecht). Ihnen obliegt die Aufgabe, wettbewerbsbeschränkende Verhaltensweisen zu unterbinden bzw. wettbewerbsbeschränkende Marktstrukturen zu verhindern. Ziel des **europäischen Wettbewerbsrechts** ist die Schaffung und Erhaltung eines Systems, das den Wettbewerb innerhalb des Binnenmarktes vor Verfälschungen schützt. Damit wird der Wettbewerbsschutz in allen Mitgliedsstaaten der EU rechtlich sowohl auf einzelstaatlicher als auch auf gemeinschaftlicher Ebene organisiert.

Die Hauptinhalte des Gesetzes gegen Wettbewerbsbeschränkung (GWB) sind das Kartellverbot, die Fusionskontrolle und die Missbrauchsaufsicht über marktbeherrschende Unternehmen.

Kartellverbot

> **§ 1 GWB: Verbot wettbewerbsbeschränkender Vereinbarungen**
> Vereinbarungen zwischen Unternehmen, Beschlüsse und Unternehmensvereinigungen und aufeinander abgestimmte Verhaltensweisen, die eine Verhinderung, Einschränkung oder Verfälschung des Wettbewerbs bezwecken oder bewirken, sind verboten.

Insbesondere verboten sind sogenannte Hardcorekartelle:

- **Preiskartelle**: Die beteiligten Unternehmen sprechen die Marktpreise ab. Wenn ein Marktteilnehmer die Preise erhöht, ziehen die anderen nach.

    Beispiel: Unternehmen A erhöht den Preis für Kaffee um 10 Cent. Das Unternehmen B zieht zwei Tage später nach und erhöht seine Preise ebenfalls um 10 Cent.

- **Quotenkartelle**: Die Produktionsmengen der beteiligten Unternehmen werden untereinander festgelegt.

    Beispiel: Unternehmen A produziert 100 000 Tonnen Zement, Unternehmen B produziert 80 000 Tonnen Zement und Unternehmen C produziert 120 000 Tonnen Zement.

- **Gebietskartelle**: Die beteiligten Unternehmen teilen den Markt nach regionalen Gesichtspunkten untereinander auf.

    Beispiel: Unternehmen A beliefert nur Kunden in Norddeutschland. Unternehmen B beliefert nur Kunden in Süddeutschland.

Von diesem grundsätzlichen Verbot des § 1GWB gibt es zwei Ausnahmen: zum einen Vereinbarungen, die dem Verbraucher unmittelbar zugutekommen (§ 2 GWB), zum anderen Vereinbarungen, die die Wettbewerbsfähigkeit der mittelständischen Unternehmen festigen oder steigern (§ 3 GWB).

> **§ 2 Abs. 1: Freigestellte Vereinbarungen**
> Vom Verbot des § 1 freigestellt sind Vereinbarungen zwischen Unternehmen, Beschlüsse von Unternehmensvereinigungen oder aufeinander abgestimmte Verhaltensweisen, die unter angemessener Beteiligung der Verbraucher an dem entstehenden Gewinn zur Verbesserung der Warenerzeugung oder -verteilung oder zur Förderung des technischen oder wirtschaftlichen Fortschritts beitragen, ohne dass den beteiligten Unternehmen
> 1. Beschränkungen auferlegt werden, die für die Verwirklichung dieser Ziele nicht unerlässlich sind, oder

2. Möglichkeiten eröffnet werden, für einen wesentlichen Teil der betreffenden Ware den Wettbewerb auszuschalten.

§ 3 Abs. 1 GWB: Mittelstandskartelle
Vereinbarungen von miteinander im Wettbewerb stehenden Unternehmen und Beschlüsse von Unternehmensvereinigungen, die die Rationalisierung wirtschaftlicher Vorgänge durch zwischenbetriebliche Zusammenarbeit zum Gegenstand haben, erfüllen die Voraussetzungen des § 2 Abs. 1 wenn
1. dadurch der Wettbewerb auf dem Markt nicht wesentlich beeinträchtigt wird und
2. die Vereinbarung oder der Beschluss dazu dient, die Wettbewerbsfähigkeit kleiner oder mittlerer Unternehmen zu verbessern.

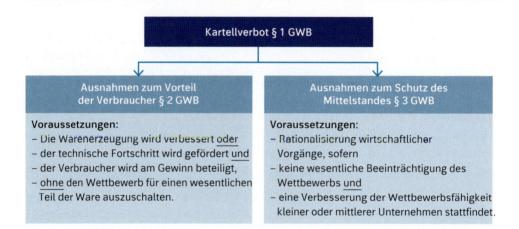

Im derzeit gültigen Kartellrecht gibt es keine anmelde- oder genehmigungspflichtigen Kartelle mehr. Die beteiligten Unternehmen entscheiden selbst, ob ihre Vereinbarungen mit dem Kartellrecht vereinbar sind. Nach § 32c GWB kann das Bundeskartellamt allenfalls unter bestimmten Bedingungen entscheiden, dass es keinen Anlass zum Tätigwerden seitens des Kartellamtes gibt. Ein Anspruch auf eine **Entscheidung des Kartellamtes** besteht für die beteiligten Unternehmen jedoch nicht.

Das Bundesministerium für Wirtschaft und Energie kann im Einzelfall einen durch das Bundeskartellamt untersagten Zusammenschluss durch die sogenannte **Ministererlaubnis** (§ 42 GWB) aufheben. Dies ist immer dann möglich, wenn die durch das Bundeskartellamt festgestellte Wettbewerbsbeschränkung durch die gesamtwirtschaftlichen Vorteile des Zusammenschlusses aufgewogen wird und der Zusammenschluss durch ein überragendes Interesse der Allgemeinheit gerechtfertigt ist.

Unternehmen, die an Kartellen mitwirken, werden vom Kartellamt je nach Schwere des Falles mit hohen **Geldbußen** belegt. Analog zu einer Kronzeugenregelung können Kartellteilnehmer, die ein Kartell aufdecken, mit einer Reduktion oder dem Erlass der Geldbuße rechnen.

Fusionskontrolle
Auch durch Unternehmenszusammenschlüsse kann die Funktionsfähigkeit des Wettbewerbs gefährdet werden. Aus diesem Grund muss das Bundeskartellamt prüfen, ob durch

den Unternehmenszusammenschluss eine **marktbeherrschende Stellung** entsteht oder verstärkt wird. Ist dies zu erwarten, kann das Bundeskartellamt den Zusammenschluss verbieten.

Als **Unternehmenszusammenschlüsse** im Sinne des § 37 GWB gelten im Wesentlichen

- der **Erwerb des Vermögens** eines anderen Unternehmens ganz oder zu wesentlichen Teilen,
- der **Anteilserwerb**, sofern 50 % oder 25 % des Kapitals oder der Stimmrechte erreicht werden, sowie
- der mittel- oder unmittelbare **Kontrollerwerb** über ein anderes Unternehmen.

Damit werden sowohl Fusionen als auch die Bildung von Konzernen von der Fusionskontrolle erfasst.

Die Kontrolle erstreckt sich auf Unternehmenszusammenschlüsse, bei denen der **Weltumsatz** der beteiligten Unternehmen mehr als **500 Mio. €** und der **Umsatz in Deutschland** mindestens eines der beteiligten Unternehmen mehr als **25 Mio. €** beträgt. Die Werte beziehen sich auf das dem Zusammenschluss vorangegangene Geschäftsjahr. Die beteiligten Unternehmen sind verpflichtet, einen derartigen Zusammenschluss vor seinem Vollzug beim Kartellamt anzumelden.

Liegt eine **marktbeherrschende Stellung** vor oder wird eine bestehende verstärkt, verbietet das Kartellamt den Zusammenschluss, es sei denn, die beteiligten Unternehmen weisen nach, dass sich durch den Zusammenschluss die Wettbewerbsbedingungen verbessern und diese Vorteile höher zu bewerten sind als die Nachteile, die durch die marktbeherrschende Stellung entstehen. Erreichen die am Zusammenschluss beteiligten Unternehmen bestimmte Marktanteile, wird eine marktbeherrschende Stellung vermutet (siehe Missbrauchsaufsicht). Wird der Zusammenschluss untersagt, kann eine Ministererlaubnis beantragt werden.

Missbrauchsaufsicht über marktbeherrschende Unternehmen

Unternehmen, die eine marktbeherrschende Stellung haben, stehen unter der Missbrauchsaufsicht des Bundeskartellamtes. Dieses muss sicherstellen, dass die betreffenden Unternehmen ihre Marktmacht nicht missbrauchen.

- Eine **Marktbeherrschung** liegt nach § 18 GWB dann vor, wenn ein Unternehmen keinem oder keinem wesentlichen Wettbewerb ausgesetzt ist oder zwischen zwei oder mehr Unternehmen kein wesentlicher Wettbewerb besteht. Eine Marktbeherrschung wird nach § 18 GWB dann **vermutet**, wenn ein Unternehmen über einen Marktanteil von mindestens 40 % verfügt oder bis zu drei Unternehmen zusammen einen Marktanteil von 50 % erreichen oder bis zu fünf Unternehmen zusammen einen Marktanteil von zwei Dritteln erreichen.

- Eine **missbräuchliche Ausnutzung** einer marktbeherrschenden Stellung liegt nach § 19 GWB u. a. dann vor, wenn das marktbeherrschende Unternehmen

  - die Wettbewerbsmöglichkeiten anderer Unternehmen ohne sachlich gerechtfertigten Grund beeinträchtigt,
  - Entgelte oder Geschäftsbedingungen fordert, die sich bei wirksamem Wettbewerb nicht ergeben würden,
  - ungünstigere Bedingungen auf einem Markt zugrunde legt, als es das Unternehmen auf vergleichbaren Märkten tut.

Beispiele:
- Aufgrund seiner marktbeherrschenden Stellung versucht ein Unternehmen die Konkurrenten durch Kampfpreise aus dem Markt zu verdrängen (**Behinderungsmissbrauch**).
- Aufgrund seiner überragenden Marktstellung und der sich daraus ergebenden Abhängigkeiten verlangt ein Unternehmen von Kunden und Lieferanten unangemessene Preise und Konditionen (**Ausbeutungsmissbrauch**).

Die missbräuchliche Ausnutzung einer marktbeherrschenden Stellung ist verboten, wenn auch in der Praxis oft schwer nachzuweisen. Wesentlich für die Frage der Marktbeherrschung ist die Abgrenzung der Märkte.

Beispiel: Porsche hat bei Sportwagen einen sehr hohen Marktanteil, bezogen auf den Markt der Personenkraftwagen ist er vernachlässigbar gering.

Das Wettbewerbsrecht der EU

Träger der europäischen Wettbewerbspolitik ist die **Europäische Kommission**. Die europäische Wettbewerbspolitik hat das Ziel, **grenzüberschreitende Beschränkungen** des Wettbewerbs zu bekämpfen. Nicht relevant sind also Wettbewerbsbeschränkungen, die sich hauptsächlich auf den Binnenmarkt eines Mitgliedsstaates auswirken. Sie unterliegen weiterhin nur dem jeweiligen nationalen Recht.

Die Tätigkeitsfelder der EU-Wettbewerbspolitik decken sich weitgehend mit den im GWB definierten Tätigkeitsfeldern deutscher Wettbewerbspolitik. Tätigkeitsfelder der EU-Wettbewerbspolitik sind u. a.:

- **Kartellverbot**: Verbot von Kartellen solcher Unternehmen, deren Aktivitäten grenzüberschreitende ökonomische Wirkungen haben
- **Missbrauchsaufsicht**: Verbot missbräuchlicher Ausnutzung von Marktmacht
- **Fusionskontrolle**: Prüfung von Fusionen, wenn der weltweite Umsatz aller beteiligten Unternehmen mehr als 5 Mrd. EUR beträgt; und der gemeinschaftsweite Gesamtumsatz mehr als 250 Mio. € beträgt

Neben den klassischen Tätigkeitsfeldern ist die EU-Kommission für die Unterbindung von mitgliedstaatlicher Wettbewerbsbeschränkungen zuständig.

> **PRAXISTIPP!**
>
> *Weitere vertiefende Informationen zur EU-Wettbewerbspolitik finden Sie auf der Seite der Europäischen Kommission unter*
> *https://europa.eu/european-union/topics/competition_de*

> *Zusammenfassung*
>
> **Wettbewerbspolitik als zentrale Aufgabe der Ordnungspolitik in der sozialen Marktwirtschaft**
>
> - *Wettbewerb* erfüllt *gesellschaftliche* und *ökonomische Aufgaben* (Steuerungs-, Anreiz- und Innovations-, Ausschaltungs- und Verteilungsfunktion) und ist das Fundament einer marktwirtschaftlichen Ordnung.
> - *Ziel staatlicher Wettbewerbspolitik* ist die Förderung und Sicherung des Wettbewerbs.

- Wesentliche **wettbewerbspolitische Maßnahmen** sind das Gesetz gegen Wettbewerbsbeschränkungen, das Gesetz gegen unlauteren Wettbewerb, das Markengesetz, das Patentgesetz und die Verbraucherschutzgesetze.
- **Wettbewerbsüberwachende Stellen** sind das **Bundeskartellamt** in Bonn, die jeweiligen **Landeskartellbehörden** und die **EU-Kommission** in Brüssel.
- **Absprachen zwischen Unternehmen** oder **Unternehmenszusammenschlüsse** dienen dazu, die eigene **Wettbewerbsposition zu verbessern**.
- Auf europäischer Ebene ist die **EU-Kommission** zuständig für kartellrechtliche Prüfungen, die Missbrauchsaufsicht sowie die Fusionskontrolle.

Form des Zusammenschlusses	Beispiel	Erläuterung	Wirtschaftliche Selbstständigkeit	Rechtliche Selbstständigkeit
Kooperation Zusammenarbeit aufgrund von Verträgen	Arbeitsgemeinschaften	i. d. R. zeitlich begrenzte Zusammenarbeit	bleibt	bleibt
	Interessengemeinschaften/ Verbände	gemeinsamer wirtschaftlicher Zweck	bleibt	bleibt
	Kartelle	grundsätzlich verboten	wird eingeschränkt	bleibt
Konzentration Zusammenschluss durch Vermögens-, Anteils- oder Kontrollerwerb; nach beteiligter Produktionsstufe unterscheidet man horizontale, vertikale und anorganische Zusammenschlüsse.	Konzerne	Unterordnungs- und Gleichordnungskonzerne	wird aufgehoben	bleibt
	Trust/Fusionen	Fusion durch Aufnahme und durch Neubildung	wird aufgehoben	wird aufgehoben

- Gesetz gegen **Wettbewerbsbeschränkungen (GWB)**

Hauptinhalte des GWB		
Kartellverbot Kartelle sind nach § 1 GWB grundsätzlich verboten.	Ausnahmen nach § 2 GWB	Vereinbarungen, die dem Verbraucher unmittelbar zugute kommen
	Ausnahmen nach § 3 GWB	Vereinbarungen, die die Wettbewerbsfähigkeit der mittelständischen Unternehmen festigen oder steigern
	Ministererlaubnis	Freistellung vom Verbot des § 1 GWB

Hauptinhalte des GWB		
Fusionskontrolle	Entsteht durch einen geplanten Unternehmenszusammenschluss eine marktbeherrschende Stellung oder wird diese verstärkt, kann das Kartellamt den Zusammenschluss verbieten.	**Ausnahmen:** Entsprechender Nachweis der beteiligten Unternehmen hinsichtlich hoher Bedeutung des Zusammenschlusses für das Gemeinwohl oder Ministererlaubnis
Missbrauchsaufsicht über marktbeherrschende Unternehmen	**Prüfung:** 1. Liegt eine marktbeherrschende Stellung vor? 2. Wird diese Stellung missbräuchlich ausgenutzt?	**Folgen:** Wettbewerbsschädliches Verhalten untersagen und Verträge für unwirksam erklären (in der Praxis häufig schwer nachweisbar)

Aufgaben

1. Erläutern Sie anhand von Beispielen die folgenden Funktionen des Wettbewerbs.

   a) Steuerungsfunktion
   b) Anreizfunktion
   c) Innovationsfunktion
   d) Ausschaltungsfunktion
   e) Verteilungsfunktion

2. Erläutern Sie die Unterschiede zwischen einem Konzern und einem Kartell anhand der folgenden Gesichtspunkte:

   a) Ziele der Zusammenarbeit
   b) rechtliche Selbstständigkeit
   c) wirtschaftliche Selbstständigkeit
   d) rechtliche Einschränkungen

3. In den letzten Jahren sind die Zahlen der Unternehmenszusammenschlüsse stark gestiegen.

   a) Erklären Sie, was man unter einer Fusion versteht.
   b) Geben Sie zwei Beispiele für Unternehmenszusammenschlüsse.
   c) Erläutern Sie mögliche positive und negative Auswirkungen einer Fusion auf den Wettbewerb.
   d) Beschreiben Sie, welche Aufgabe dem Staat im Rahmen der Fusionskontrolle zukommt.

4. Ludwig Erhard, erster Wirtschaftsminister der Bundesrepublik Deutschland, hat das 1957 erlassene Gesetz gegen Wettbewerbsbeschränkungen als „Grundgesetz der Marktwirtschaft" bezeichnet. Nehmen Sie zu dieser Aussage kritisch Stellung.

5. Die zunehmende Globalisierung der Märkte macht Wettbewerbspolitik zu einer internationalen Aufgabe. Neben nationalen Kartellbehörden wird bei Unternehmenszusammenschlüssen, die eine über die nationalen Grenzen hinausgehende Bedeutung haben, auch die EU-Kommission in Brüssel tätig. Informieren Sie sich unter der Internetadresse https://ec.europa.eu/index_de.htm über Aufbau und Aufgaben der Europäischen Kommission in Brüssel.

3 Die Strukturpolitik beschreiben

LS 37

3.1 Wirtschaftsstruktur und Standortfaktoren

Als Daniela Schaub beim Frühstück die Zeitung aufschlägt, fällt ihr die folgende Meldung auf:

Auf dem Weg in die Dienstleistungsgesellschaft

Die Arbeitswelt in der Zukunft wird sich deutlich von der gegenwärtigen unterscheiden. Im primären Sektor wird es dabei zu den größten Veränderungen kommen. So werden in Bergbau und Landwirtschaft gut 50 % aller Arbeitsplätze verloren gehen. Aber auch der sekundäre Sektor muss Einbußen hinnehmen. Deutlicher Gewinner ist der tertiäre Sektor. Hier wird mit einer Zunahme der Erwerbstätigen von rund 40 % gerechnet.

„Bedeuten Einbußen im sekundären Sektor, dass mein Ausbildungs- bzw. späterer Arbeitsplatz gefährdet ist?", fragt Daniela ihren Vater. „Die Entwicklung geht sicherlich dahin, dass die Arbeitsplätze im Dienstleistungsbereich langfristig sicherer sind. Aber Sorgen musst du dir nicht machen. Gerade in der Möbelindustrie überzeugt der Standort Deutschland durch gute Standortfaktoren. Wir sind international durchaus konkurrenzfähig", antwortet ihr Vater.

Arbeitsaufträge

- Erläutern Sie, ob der in dem Zeitungsartikel dargestellte Wandel auch auf Ihre Region zutrifft.
- Diskutieren Sie, welche Folgen der dargestellte Wandel für Ihre Region hat.
- Erläutern Sie, inwiefern Standortfaktoren den Strukturwandel beeinflussen.

Wirtschaftsstruktur und Erwerbsstruktur

Unter der **Wirtschaftsstruktur** versteht man den Aufbau und die Zusammensetzung der Wirtschaft einer Region oder eines Landes. Die Wirtschaftsstruktur kann dabei anhand der Wirtschaftsstufen oder Wirtschaftssektoren beschrieben werden. Die Einteilung der Wirtschaft in unterschiedliche Wirtschaftsstufen oder -sektoren bezeichnet man als **volkswirtschaftliche Arbeitsteilung**. Hierzu zählen der primäre, sekundäre und tertiäre Sektor (vgl. S. 499 f.).

Der Anteil der Beschäftigten in den drei Wirtschaftsstufen kennzeichnet die **Erwerbsstruktur** einer Volkswirtschaft.

In der Wirtschaft der Bundesrepublik Deutschland vollzieht sich ein stetiger **Strukturwandel** vom primären zum tertiären Sektor. Immer weniger Menschen arbeiten in den Bereichen Urerzeugung und Weiterverarbeitung und immer mehr Menschen sind im Bereich von Handel und Dienstleistungen beschäftigt.

Vorteil volkswirtschaftlicher Arbeitsteilung:

⊕ Die Arbeitsproduktivität und damit der Wohlstand werden gesteigert.

Nachteil volkswirtschaftlicher Arbeitsteilung:

⊖ Durch den Strukturwandel der Wirtschaft kann es zu Krisen ganzer Branchen wegen unzureichender Anpassungsgeschwindigkeit kommen.

Standortfaktoren des Standortes Deutschland

Ausschlaggebend für die Wirtschaftsstruktur einer Region oder eines Landes sind die **Standortfaktoren**. Die Qualität des Standortes Deutschland wird beispielhaft an verschiedenen Standortfaktoren untersucht:

- **Infrastruktur**: Zur Infrastruktur gehört die Ausstattung einer Region mit Verkehrs- und Informationssystemen, mit Energieversorgung, Bildungseinrichtungen und Krankenhäusern. In Deutschland bestehen im internationalen Vergleich gute Verkehrs- und Kommunikationsnetze.

- **Verwaltung**: In Deutschland existieren zwar Rechtssicherheit und eine gut organisierte Verwaltung, auf der anderen Seite aber auch hohe Steuern und Abgaben, eine hohe Staatsverschuldung und eine starke Bürokratisierung.

- **Gesellschaft**: Eine breite Mittelschicht sorgt für eine hohe Massenkaufkraft. Die Gesellschaft ist andererseits überaltert. Dies führt in Zukunft zu Problemen bei der Finanzierung der sozialen Sicherungssysteme, aber auch zu Problemen bei der Beschaffung von Arbeitskräften.

- **Lebensqualität**: Es besteht ein breites Bildungs-, Kultur- und Freizeitangebot.

- **Politische und soziale Stabilität**: Grundsätzlich herrschen politische Stabilität, sozialer Friede und eine gute Gesundheitsversorgung.

- **Außenwirtschaft**: Deutschland ist ein sehr exportorientiertes Land, es werden aber auch EU-Schutzmauern gegenüber Einfuhren aus Drittländern aufgebaut.

- **Unternehmen und Sektoren**: Die deutsche Unternehmensstruktur ist stark mittelständisch geprägt. Handwerks- und Industriebetriebe (Sekundärsektor) bestimmen das Bild. Eher negativ zu beurteilen sind der hohe Anteil an traditionellen Industriegütern sowie der unterentwickelte Tertiärsektor.

- **Regionen**: Es gibt viele polystrukturierte Gebiete, aber auch einige strukturschwache, monostrukturierte Gebiete.

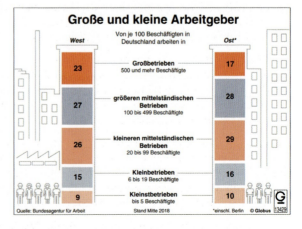

- **Natürliche Ressourcen:** Deutschland besitzt außer teuer zu gewinnender Kohle kaum eigene Rohstoffe. Eine hoch entwickelte Umwelttechnologie entstand aufgrund strenger gesetzlicher Umweltauflagen.

- **Arbeitskräfte:** Die duale Ausbildung trägt dazu bei, dass die Arbeitskräfte in der Regel gut ausgebildet sind. Insgesamt ist der deutsche Arbeitsmarkt jedoch sehr inflexibel, die Lohnkosten sind vergleichsweise hoch und die Ausbildungszeiten sehr lang. Die Mobilität der Arbeitskräfte ist eher gering.

Internationaler Standortwettbewerb

Im Zusammenhang mit der Diskussion um den Standort Deutschland wird häufig der Begriff **Globalisierung der Wirtschaft** genannt. Unter Globalisierung der Wirtschaft versteht man die zunehmende weltweite Verflechtung von Unternehmen und Finanz-, Waren- und Dienstleistungsmärkten. Viele deutsche Unternehmen besitzen Produktionsstätten im Ausland und beliefern von dort aus die Weltmärkte. Damit verlieren die nationale Produktion und der nationale Absatz von Gütern und Dienstleistungen zunehmend an Bedeutung. Diese multinationalen Unternehmen werden als **Global Players** bezeichnet.

→ LF 12

Beispiele: Daimler AG, Vodafone, General Electric

Ursachen für diese in den letzten Jahren immer stärker zunehmende weltweite Verflechtung und damit des weltweiten Wettbewerbs sind:

- **Fortschritte in der Informations- und Kommunikationstechnologie**

    Beispiel: Satellitentechnik, Glasfaserkabel, Mobiltelefon, Internet und E-Mail ermöglichen eine immer schnellere und preiswertere Informationsbeschaffung und Kommunikation. Informationen sind an allen wichtigen Orten der Erde unmittelbar verfügbar. Damit verkürzen sich die Zeiträume für Entscheidungen und Reaktionen auf Marktänderungen.

- **Zunehmende Liberalisierung**
    Die Globalisierung hat seit Gründung des Allgemeinen Zoll- und Handelsabkommens (GATT) und dessen Ablösung durch die Welthandelsorganisation (WTO) im Jahre 1995 stark zugenommen, da durch Liberalisierungsbestrebungen tarifäre (z. B. Zölle, Kontingente) und nicht tarifäre Handelsbeschränkungen (z. B. diskriminierende Zulassungsvorschriften) zwischen einzelnen Ländern immer weiter abgebaut wurden. Zunehmend beziehen sich Liberalisierungsmaßnahmen neben dem Austausch von Gütern und Dienstleistungen auch auf den Kapitalverkehr.

→ LF 12

- **Größere Mobilität des Geldkapitals**
    Der Einsatz moderner Techniken und der Abbau von Kapitalverkehrsbeschränkungen erlauben es, Geldkapital unmittelbar von einem Land in ein anderes zu transferieren. Damit kann Geldkapital effizient dort eingesetzt werden, wo bei gegebenem Risiko die höchste Rendite zu erzielen ist.

Die **Globalisierung** geht damit über die internationale Arbeitsteilung, bei der der Im- und Export von Waren, Dienstleistungen und Rechten und damit der Wettbewerb um Produktqualität, Preis und Service im Vordergrund steht, hinaus. Die mit der Globalisierung der Wirtschaft verbundene zunehmende Verlagerung von Produktionsstätten in andere Länder führt zusätzlich zu einem **Standortwettbewerb**.

Beispiel: Arbeitsintensivere Produktionen wie die Textilindustrie werden zunehmend von West- nach Osteuropa verlagert, da die Lohnkosten hier niedriger sind.

Im **internationalen Standortwettbewerb** konkurrieren Länder und Regionen um den knappen, aber mobilen Produktionsfaktor Kapital und sind bestrebt, möglichst günstige Investitionsbedingungen und damit Anreize für Unternehmen zu schaffen. Je besser ein Standort in diesem Wettbewerb um Investitionen abschneidet, umso günstiger sind in der Regel die Chancen für Beschäftigung und Wirtschaftswachstum an diesem Standort.

Im internationalen Standortwettbewerb sind folgende Standortfaktoren für weltweit operierende Unternehmen von besonderer Bedeutung:

- Infrastruktur

    Beispiel: Deutschland hat aufgrund seiner zentralen Lage in Europa sowie der gut ausgebauten Infrastruktur (Straßen, Wasserwege, Schienen- und Luftverkehr) einen Wettbewerbsvorteil gegenüber den meisten anderen europäischen Staaten.

- Gestaltung des Bildungswesens

    Beispiel: Ein duales Berufsausbildungssystem nach „deutschem Muster" hat sich bisher in nur wenigen Ländern durchgesetzt. Gleichwohl ist die hohe Anzahl an Facharbeitern für die hervorragende Stellung des deutschen Mittelstandes in der Weltwirtschaft mitverantwortlich.

- Rechtsordnung und innere Sicherheit

    Beispiel: In Deutschland ist die Gefahr politischer Unruhen relativ gering. Zudem sorgt ein funktionierendes Rechtssystem dafür, dass die Menschen sich sicher fühlen können.

- **Steuern und Abgaben**: Unternehmen sind bestrebt, die Abgaben an den Staat möglichst gering zu halten. Es kommt zu einem **Steuerwettbewerb**, bei dem nationale Steuersysteme verglichen und deren Unterschiede derart genutzt werden, dass die Steuerlast international optimiert wird. Vor diesem Hintergrund ist es günstig, Aufwendungen dort entstehen zu lassen, wo die Steuern am höchsten sind.

- **Lohnstückkosten**: Im internationalen Vergleich sind die Arbeitskosten je Stunde als Vergleichsmaßstab wenig geeignet, da sie nichts über die Produktivität, also das Produktionsergebnis in Bezug zur Arbeitszeit, aussagen. International werden die **Lohnstückkosten** verglichen. Das sind die Kosten des Produktionsfaktors Arbeit im Verhältnis zum Nutzen (Arbeitsproduktivität) bezogen auf eine Produkteinheit.

Beispiel: Deutschland weist zwar international hohe Arbeitskosten auf, aber auch eine überdurchschnittlich hohe Arbeitsproduktivität.

- Internationale Arbeitszeiten
- Energie- und Transportkosten

Beispiel: Im wachsenden Dienstleistungsbereich (z.B. Finanzberatung) spielen Transportkosten eine geringere Rolle als in der Industrie.

Zusammenfassung

Wirtschaftsstruktur und Standortfaktoren

- **Wirtschaftsstruktur:** Aufbau und Zusammensetzung der Wirtschaft einer Region oder eines Landes

- *Einteilung der Wirtschaft in* **Wirtschaftssektoren:** *volkswirtschaftliche Arbeitsteilung*
  - *Primärer Sektor (Urerzeugung)*
  - *Sekundärer Sektor (Industrie und Handwerk)*
  - *Tertiärer Sektor (Handel und Dienstleistungen)*

- **Standortfaktoren:** *Bestimmen die Wirtschaftsstruktur eines Landes oder einer Region*
  - *Infrastruktur*
  - *Verwaltung*
  - *Gesellschaft*
  - *Außenwirtschaft*
  - *Unternehmen und Sektoren*
  - *Regionen*

- *Lebensqualität*
- *Politische und soziale Stabilität*
- *Natürliche Ressourcen*
- *Arbeitskräfte*

- **Internationaler Standortwettbewerb**

  - **Globalisierung der Wirtschaft:** Zunehmende weltweite Verflechtung von Unternehmen und Märkten.
  - **Global Players:** Multinational tätige Unternehmen
  - **Ursachen** für die Zunahme der Globalisierung: Fortschritte in der Informations- und Kommunikationstechnologie, zunehmende Liberalisierung, Mobilität des Kapitals.
  - **Internationale Standortfaktoren:** Infrastruktur, Gestaltung des Bildungswesens, Rechtsordnung und innere Sicherheit, Steuern und Abgaben, Lohnstückkosten, internationale Arbeitszeiten, Energie- und Transportkosten.

Aufgaben

1. Die Wirtschaftsstruktur der Bundesrepublik Deutschland wandelt sich.

   a) Erörtern Sie, welche Folgen dies für die Nachfrage nach einzelnen Berufen hat.
   b) Erläutern Sie die Folgen des Wandels im Bereich der Industrie für den Beruf der Industriekauffrau/des Industriekaufmanns.

2. Erkundigen Sie sich in Ihrem Ausbildungsbetrieb, welche Gründe für die Standortwahl ausschlaggebend waren, und erläutern Sie diese Ihren Mitschülerinnen und Mitschülern.

3. Entwickeln Sie ein Brain-Map zum Thema „Standort Deutschland – Pro und Kontra" und halten Sie anhand Ihres Maps einen Kurzvortrag zu diesem Thema in der Klasse.

4. Erläutern Sie internationale Standortfaktoren, die eine Wirtschaftsregion für ein investitionsbereites Unternehmen unattraktiv machen, und geben Sie jeweils ein Beispiel.

3.2 Ziele, Zielkonflikte und Bereiche der Strukturpolitik

Wieder sitzen Daniela und ihr Vater beim Frühstück. Herr Schaub hat den Wirtschaftsteil der Tageszeitung aufgeschlagen und liest seiner Tochter vor.

Möbelproduzenten bleiben dem Standort Deutschland treu

Nur wenige Möbelhersteller haben bisher ihre Produktion ins Ausland verlagert. Nach Auskunft des Verbandssprechers der Möbelproduzenten, Lucas Meier, habe dies mit den weiterhin guten Standortbedingungen in Deutschland zu tun. Die Bundesregierung habe ihre Hausaufgaben gemacht. Im Rahmen der Strukturpolitik seien viele strukturpolitische Anstrengungen unternommen worden. Dies sei umso wichtiger, da die Möbelbranche nach wie vor ein wichtiger Motor für die deutsche Wirtschaft sei. In manchen Regionen habe sie gar eine herausragende Bedeutung. Allerdings mahnte Meier weitere strukturpolitische Maßnahmen wie die gezielte Verbesserung der Infrastruktur an. Das Instrumentarium sei längst noch nicht ausgeschöpft.

„Da bin ich aber froh", meint Daniela, „da muss ich mir wenigstens keine Gedanken um meinen Job machen." „Nein, da kannst du ganz ruhig bleiben, schließlich wirst du gut ausgebildet und außerdem wird die Bundesregierung auch weiterhin im Rahmen ihrer Strukturpolitik regelnd eingreifen", meint ihr Vater.

Arbeitsaufträge

- *Diskutieren Sie mögliche Zielkonflikte der Strukturpolitik.*
- *Erläutern Sie die Bereiche der Strukturpolitik.*
- *Stellen Sie mögliche Maßnahmen der Strukturpolitik dar, die Einfluss auf die Sommerfeld Bürosysteme GmbH haben könnten.*

Ziele der Strukturpolitik

Mit jedem wirtschaftlichen **Wachstumsprozess** ändert sich auch die branchenmäßige und regionale Struktur einer Volkswirtschaft. Mögliche Folgen dieses **Strukturwandels** sind veränderte Arbeitsplätze, veränderte Produkte und veränderte Einkommensverteilungen. Wachstumsprozesse werden ausgelöst durch:

- **Veränderungen in der Nachfrage** nach Gütern und Dienstleistungen

  Beispiel: Das gestiegene Umweltbewusstsein der Kunden hat dazu geführt, dass die Sommerfeld Bürosysteme GmbH verstärkt auf Langlebigkeit ihrer Produkte durch Reparaturfreundlichkeit, vollständige Demontierbarkeit und Wiederverwertbarkeit setzt, um den veränderten Kundenwünschen gerecht zu werden.

- **Technischer Fortschritt**

  Beispiel: Die Sommerfeld Bürosysteme GmbH hat eine Entwicklungsgesellschaft gegründet mit dem Ziel, das eigene Know-how für Produktentwicklungen auch für andere Branchen nutzbar zu machen und umgekehrt neue Technologien und Materialien anderer Branchen zu verwerten.

- Änderungen in der **Verfügbarkeit von Produktionsfaktoren**

  Beispiel: Trotz der hohen Arbeitslosigkeit ist es für die Sommerfeld Bürosysteme GmbH schwierig, geeignetes Fachpersonal zu finden. Aus diesem Grund engagiert sich das Unternehmen besonders in der innerbetrieblichen Weiterbildung.

- Ausdehnung von Märkten im Rahmen der **Globalisierung**

  Beispiel: Der Fortschritt im Bereich der Informations- und Kommunikationstechnologien hat wesentlich zur Öffnung der Märkte beigetragen. Das Internet erlaubt es Unternehmen, Mitarbeiter in der ganzen Welt zu beschäftigen, ohne sie räumlich zu konzentrieren. Konsumenten können über nationale Grenzen hinaus Preisvergleiche anstellen und durch E-Commerce weltweit einkaufen.

Wesentliches **Ziel der Strukturpolitik** ist es, die mit jedem Strukturwandel einhergehenden Anpassungsprozesse an wirtschaftliche Entwicklungen zu fördern, zu erleichtern und die damit verbundenen negativen Folgen für die Betroffenen abzumildern. Damit beeinflussen die Ziele Richtung und Tempo des **Strukturwandels**. Im Einzelfall ist dieses allgemeine Ziel der Strukturpolitik noch durch ergänzende Unterziele zu konkretisieren, die sich im Zeitablauf durchaus in ihrer Gewichtung verändern können, da Strukturanpassungsprozesse langfristige Prozesse sind. In Deutschland gibt es viele Beispiele für strukturelle Veränderungen.

Beispiel: Das Ruhrgebiet, ein ursprünglich auf Kohle und Stahl basierender monostrukturierter Wirtschaftsraum, der zu den ersten industriellen Ballungsräumen in Deutschland gehört, hat sich in den vergangenen Jahren immer stärker zu einem Dienstleistungszentrum entwickelt. Ursachen hierfür waren die Kohlekrisen von 1957 und 1981 bzw. die Stahlkrise von 1975. Zur Bewältigung des Strukturanpassungsprozesses, der seit Ende des 2. Weltkrieges bis heute andauert, wurden viele Arbeitsgruppen, z. B. das „Entwicklungsprogramm Ruhr", das „Nordrhein-Westfalen-Programm", das „Aktionsprogramm Ruhr" oder die „Zukunftsinitiative NRW", gegründet. Ziel war und ist es, ein umfassendes Aktionsprogramm für die Lösung der strukturellen Probleme zu entwickeln.

Zielkonflikte der Strukturpolitik

Strukturpolitische Ziele stehen nicht immer im Einklang miteinander, sodass die Erreichung eines Ziels zulasten eines anderen Ziels geht. Ein grundsätzlicher Zielkonflikt in der Strukturpolitik besteht in der Abwägung folgender Ziele:

- Strukturanpassungen möglichst **sozial verträglich** vornehmen: Der Einsatz wettbewerbsverzerrender Maßnahmen wird in Kauf genommen, indem z. B. ineffiziente alte Strukturen gefördert und damit erhalten werden.
- **Wettbewerbsstärkende** Strukturänderungen durch Initiierung von Wachstumsprozessen in neuen zukunftsträchtigeren Branchen anzustreben, die aber kurzfristig für die Betroffenen soziale Härten bedeuten würden.

Beispiel: Die Förderung des Steinkohlebergbaus ist strukturpolitisch zwiespältig. Einzelwirtschaftlich profitieren die Betroffenen zwar von der Unterstützung, da ihre Arbeitsplätze und Einkommen – zumindest kurzfristig – gesichert sind. Gesamtwirtschaftlich betrachtet werden aber die Produktionsfaktoren ineffizient eingesetzt, was zu Wohlstandsverlusten führt. So werden heute noch Berufsanfänger im Bergbau ausgebildet, obwohl die beruflichen Zukunftsaussichten sehr gering sind.

Bereiche der Strukturpolitik

Infrastrukturpolitik

Die Infrastruktur einer Region, d. h. die Gesamtheit aller öffentlichen/halb öffentlichen Investitionen und Institutionen, ist eine wesentliche Standortentscheidung für die Unternehmen. Die Infrastruktur beinhaltet im Einzelnen:

- die **institutionelle Ausstattung**, z. B. die Rechtsordnung, Verwaltung, Berufsordnung,
- die **materielle Ausstattung**, z. B. Verkehrswesen, Energie, Telekommunikation,
- die **personelle Ausstattung**, z. B. die Qualifikation der Arbeitnehmer, die Motivation, die Gesundheit usw.

Beispiel: Das Land Nordrhein-Westfalen richtet EU-Geschäftsstellen bei den Bezirksregierungen ein, die Unternehmen über Fördermöglichkeiten der EU beraten **(institutionelle Ausstattung)**, es schließt eine Lücke in der Autobahn A 31, die die Fahrzeiten für Lkws der Sommerfeld Bürosysteme GmbH nach Norddeutschland um 1 Stunde verkürzt **(materielle Ausstattung)** und es errichtet ein neues Berufsschulzentrum in Essen, für das 80 Lehrer neu eingestellt werden **(personelle Ausstattung)**.

Umweltpolitik

Art. 20a GG „Der Staat schützt in Verantwortung für die künftigen Generationen die natürlichen Lebensgrundlagen im Rahmen der verfassungsmäßigen Ordnung durch die Gesetzgebung und nach Maßgabe von Gesetz und Recht durch die vollziehende Gewalt der Rechtsprechung."

PRAXISTIPP!

Weitere Informationen zur Umweltpolitik finden Sie im Internet auf der Seite des Bundesministeriums für Umwelt, Naturschutz und nukleare Sicherheit unter www.bmu.de.

Unsere Umwelt wird insbesondere durch Luftverschmutzung, Bodenverseuchung und Wasserverunreinigung belastet.

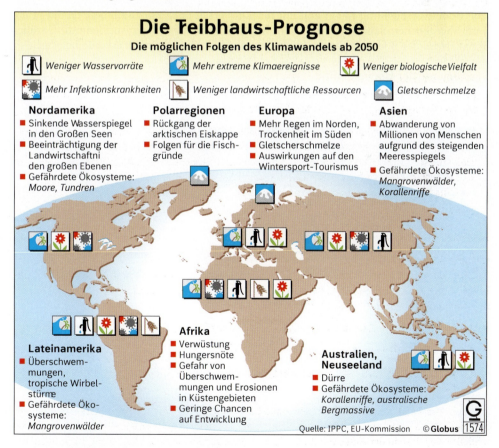

Die **Luftverschmutzung** erfolgt im Wesentlichen durch folgende Stoffe:

- **Kohlendioxid**, das bei der Verbrennung fossiler Stoffe (Kohle, Öl) entsteht und zum sogenannten **Treibhauseffekt** führt,
- **Kohlenmonoxid**, das bei der unvollständigen Verbrennung in Motoren und Feuerungsanlagen entsteht,
- **Stickstoffoxide**, die bei der Verbrennung in Kraftwerken, Flugzeugturbinen und Automotoren entstehen und zum sogenannten **sauren Regen** führen,
- **Schwefeloxid**, das bei der Verbrennung von Braunkohle entsteht.

Die **Wasserverunreinigung** erfolgt durch die Einleitung von Abwässern in die Gewässer, die übermäßige Düngung mit Gülle oder Kunstdünger und den sauren Regen.

Die **Bodenverseuchung** hängt eng mit der Luftverschmutzung zusammen, da die in die Luft abgegebenen Schadstoffe mit dem Regen wieder zur Erde zurückkehren. Darüber hinaus wird der Boden auch unmittelbar durch Überdüngung und Pestizide belastet.

Instrumente der Umweltpolitik

- Erlass von **Gesetzen**, Verordnungen und technischen Vorschriften

    Beispiele: Kreislaufwirtschaftsgesetz (KrWG), Umwelthaftungsgesetz (UmweltHG), Verpackungsverordnung (VerpackV), Bundes-Immissionsschutzgesetz (BImSchG)

- **Verbot** bestimmter Produkte oder Produktionsverfahren

    Beispiel: Regelungen zur Reduzierung des FCKW-Ausstoßes

- Erlass von **Auflagen**

  Beispiel: Die Stadt Essen erhebt ein Zwangspfand für Einweggeschirr bei öffentlichen Veranstaltungen.

- Handel mit **Emissionsrechten**

  Beispiel: Einer Chemie-Fabrik wird ein jährlicher CO_2-Ausstoß von 1 000 Tonnen zugestanden und erhält dafür ein Emissionsrecht. Da ihr jährlicher Ausstoß nur 800 Tonnen CO_2 ausmacht, kann sie das Emissionsrecht für 200 Tonnen CO_2 über eine Börse verkaufen. Überschreitet sie den Ausstoß von 1 000 Tonnen, muss die Chemie-Fabrik entsprechend Emissionsrechte hinzukaufen.

- Wirtschaftliche Belastung oder Entlastung in Form von **Steuern** oder **Subventionen**

Sektorale Strukturpolitik
Im Rahmen der sektoralen Strukturpolitik werden Wirtschaftszweige oder ganze Wirtschaftssektoren unterstützt.

Die Ziele der sektoralen Strukturpolitik sind auf einzelne Wirtschaftssektoren, Branchen oder Unternehmen ausgerichtet. Liegt das Ziel darin, hohe Arbeitslosigkeit zu vermeiden, wird eine **Verzögerung des Strukturwandels** angestrebt.

Beispiel: Förderung des Steinkohlebergbaus durch Subventionen

Liegt das Ziel dagegen darin, die Wettbewerbsfähigkeit zu verbessern, wird eine **Beschleunigung des Strukturwandels** angestrebt, um die Produktionsfaktoren möglichst schnell wieder in effiziente Bereiche zu lenken.

Beispiel: Förderung von Forschung und Entwicklung im Bereich der Informationstechnologien

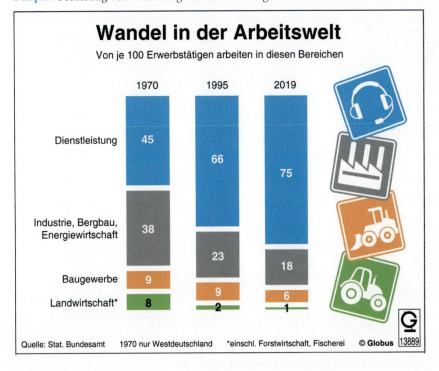

Regionale Strukturpolitik

Nach Art. 72 Absatz 2 GG hat der Bund die Pflicht der Wahrung der Einheitlichkeit der Lebensverhältnisse über das Gebiet eines Bundeslandes hinaus, d. h., er hat die Aufgabe, regionalen Unterschieden, die durch die Wirtschaftsstruktur der Region, natürliche Standortnachteile oder Infrastrukturnachteile entstanden sind, durch Maßnahmen der Strukturpolitik abzuhelfen. Dies kann z. B. durch öffentliche Investitionen oder die Förderung von privatwirtschaftlichen Investitionen geschehen.

Indikatoren für wirtschaftlich unterschiedlich strukturierte Regionen (wie Bundesländer oder einzelne Wirtschaftsgebiete) sind beispielsweise das Wohlstandsniveau, die Wirtschaftskraft, die Verschuldung, die Erwerbstätigkeit und die Exportquote.

Beispiel: Aufgrund des geringen Wirtschaftswachstums in den neuen Bundesländern haben diese einen erheblichen Nachholbedarf, sodass sie insgesamt einer intensiven strukturpolitischen Förderung bedürfen. Auch in den westdeutschen Ländern gibt es strukturschwache Gebiete, beispielsweise den Bayerischen Wald und Mittelgebirgsregionen wie die Eifel.

Zielschwerpunkte regionaler Strukturpolitik sind häufig infrastrukturelle Maßnahmen, um wirtschaftlich schwache Wirtschaftsräume zu fördern und so Ungleichheiten abzubauen.

Beispiel: Zur Förderung des wirtschaftlichen Aufbaus in den neuen Bundesländern wurde der „Verkehrswegeplan deutsche Einheit" entwickelt. Der Bau und Ausbau von Verkehrswegen wie Straßen und Schienenverkehr standen im Vordergrund.

Europäische Strukturpolitik

Die europäische Strukturpolitik ist eine wesentliche Aufgabe der Europäischen Union. Etwa ein Drittel der Haushaltsmittel werden für diesen Bereich zur Verfügung gestellt.

Zielsetzungen der europäischen Strukturpolitik sind vor allem die Entwicklung und Strukturanpassung von Regionen mit Entwicklungsrückstand. Daneben soll es die europäische Strukturpolitik allen Mitgliedsstaaten ermöglichen, wirtschaftlichen und sozialen Umbrüchen zu begegnen sowie die Globalisierung und den Übergang zu einer wissensbasierten Gesellschaft zu meistern. Die Förderung der europäischen territorialen Zusammenarbeit bildet einen weiteren Schwerpunkt.

Wesentliche **Instrumente** der europäischen Strukturpolitik sind:

- **Europäischer Fond für regionale Entwicklung** (EFRE): Unterstützt Regionen mit Entwicklungsrückstand und Strukturproblemen.

- **Europäischer Sozialfond** (ESF): Ein beschäftigungspolitisches Instrument der EU zur Wiedereingliederung von Arbeitslosen in den Arbeitsmarkt. Des Weiteren sollen durch Bildungsmaßnahmen diejenigen gefördert werden, die zwar in Beschäftigung sind, aber ihre beruflichen Qualifikationen verbessern müssen.

- **Europäischer Kohäsionsfond**: Stärkt den wirtschaftlichen und sozialen Zusammenhalt im Sinne einer nachhaltigen Entwicklung. Vor allem Vorhaben in den Bereichen Umwelt und transeuropäische Verkehrsnetze werden unterstützt.

- **Europäischer Landwirtschaftsfond für die Entwicklung des ländlichen Raumes (ELER)**: Trägt zur Verbesserung der nachhaltigen Bewirtschaftung natürlicher Ressourcen und des Klimaschutzes bei und fördert die wirtschaftliche und soziale Entwicklung in ländlichen Gebieten.

- **Europäischer Meeres- und Fischereifonds (EMFF)**: Fördert die Umstellung auf eine nachhaltige Fischerei und unterstützt die Küstengemeinden bei der Erschließung neuer wirtschaftlicher Betätigung, um so Arbeitsplätze in Küstengebieten zu schaffen und die Lebensqualität zu verbessern.

3 Die Strukturpolitik beschreiben

> **PRAXISTIPP!**
>
> Auf der Internetseite des Bundesministeriums für Wirtschaft und Energie unter *www.bmwi.de* erhalten Sie weitergehende Information.

Zusammenfassung

Ziele, Zielkonflikte und Bereiche der Strukturpolitik

- Veränderungen der **Konsumentenwünsche**, **technischer Fortschritt**, Veränderungen in der **Verfügbarkeit** von **Produktionsfaktoren** und zunehmende **Globalisierung** führen zu **Strukturwandel** und **Wirtschaftswachstum**.

- **Ziel der Strukturpolitik** ist es, Richtung und Tempo des **Strukturwandels** zu beeinflussen und damit verbundene **negative Folgen** für die Betroffenen zu **minimieren**.

- **Zielkonflikte** bestehen stets zwischen **wettbewerbsverzerrender**, aber **kurzfristig sozial verträglicher** Strukturerhaltung und **längerfristig wettbewerbsstärkender** Strukturveränderung, die kurzfristig mit **sozialen Härten** verbunden sind.

- **Infrastrukturpolitik:** Förderung der institutionellen, materiellen oder personellen Ausstattung

- **Umweltpolitik**
  - Schutz der Natur vor nachteiligen Einwirkungen
  - Beseitigung bereits eingetretener Umweltschäden

- **Sektorale Strukturpolitik**
  - Förderung ganzer Wirtschaftszweige oder -sektoren
  - Beschleunigung oder auch Verzögerung des Strukturwandels

- **Regionale Strukturpolitik:** Unterstützung ganzer Regionen mit dem Ziel der Einheitlichkeit der Lebensverhältnisse

- **Europäische Strukturpolitik:** Die EU hat zur Unterstützung des Strukturwandels verschiedene Fonds aufgelegt.

Aufgaben

1. Erläutern Sie die Aufgaben des Staates im Rahmen der Strukturpolitik.

2. Stellen Sie die Instrumente der Umweltpolitik dar. Nennen Sie Beispiele, bei denen Maßnahmen der Umweltpolitik in Ihren Betrieben wirksam werden.

3. Bei der Kaufkraft gibt es regionale Unterschiede in Deutschland. Stellen Sie Ursachen für diese Unterschiede dar.

4. Die Bundesregierung hat die Öko-Steuer eingeführt, um den Verbrauch an Energie zu verteuern. Gleichzeitig wurden über eine Senkung der Beiträge zur Rentenversicherung die Lohnnebenkosten verringert und damit der Produktionsfaktor Arbeit verbilligt. Erläutern Sie, welches politische Konzept sich hinter diesen Plänen verbirgt und welche Maßnahmen der Strukturpolitik hier ineinandergreifen.

5. Erläutern Sie die Wirtschaftsstruktur der Region Ihres Ausbildungsbetriebes und leiten Sie die strukturpolitische Bedeutung ab.

6. Die Lebensverhältnisse in Deutschland weichen regional stark voneinander ab.

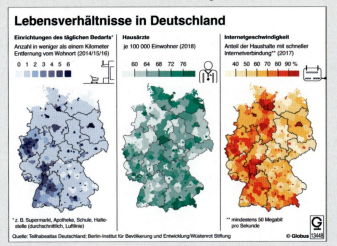

a) Vergleichen Sie anhand der Grafik die Lebensverhältnisse in unterschiedlichen Regionen Deutschlands.
b) Erläutern Sie in diesem Zusammenhang die Hauptziele regionaler Strukturpolitik.
c) Welche Maßnahmen werden angewandt, um die bestehenden Ungleichheiten abzubauen?

7. Begründen Sie, inwiefern ein Zielkonflikt zwischen sozial verträglichen Strukturanpassungen einerseits und wettbewerbsstärkenden Strukturänderungen andererseits besteht.

8. Erläutern Sie im Zusammenhang mit der Strukturkrise in der Kohle- und Stahlindustrie mögliche strukturpolitische Maßnahmen vor dem Hintergrund der angestrebten Ziele.

Wiederholungs- und Prüfungsaufgaben zu Lernfeld 9

1. Beim Individualismus gilt der Grundsatz „Eigennutz erzeugt Gemeinnutz", beim Kollektivismus gilt „Gemeinnutz geht vor Eigennutz". Bilden Sie in der Klasse zwei Diskussionsgruppen und vertreten Sie die beiden Standpunkte im Rahmen einer Podiumsdiskussion.

2. Menschen und Unternehmen in der freien Marktwirtschaft können dank ihrer Entscheidungsfreiheit schnell und flexibel auf Marktveränderungen reagieren. Erläutern Sie, welche Konsequenzen sich daraus ergeben

   a) für den technischen Fortschritt und Innovationen,
   b) für die Eigeninitiative der Bürger,
   c) für die freie Wahl des Arbeitsplatzes der Bürger.

3. Die Zahl der Unternehmenszusammenschlüsse ist in Deutschland und auch weltweit stark gestiegen. Aktionäre hoffen auf Kursgewinne, die beteiligten Unternehmen erwarten steigende Umsätze und Gewinne, nur die Mitarbeiter sind oft skeptisch. Die gewünschten Fusionserfolge sind häufig nicht erreicht worden.

   a) Erläutern Sie Merkmale und Ziele von Konzernen und Fusionen im Vergleich zu Kartellen.
   b) Erläutern Sie Vorteile, die sich aus Unternehmenszusammenschlüssen ergeben können.
   c) Erläutern Sie mögliche Risiken, die mit Unternehmenszusammenschlüssen verbunden sein können.

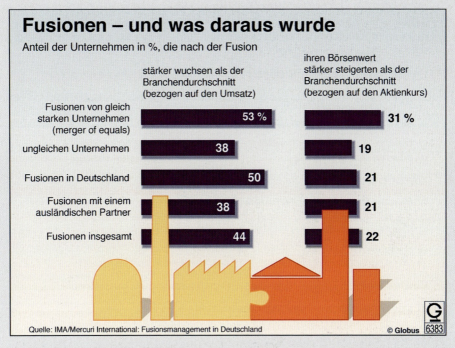

4. Die Anzahl der grenzüberschreitenden Zusammenschlüsse von Unternehmen in der EU hat stark zugenommen. Viele EU-Unternehmen rüsten sich damit für den wachsenden Wettbewerb im Zeichen der Globalisierung.

   a) Geben Sie Beispiele für Unternehmenszusammenschlüsse innerhalb der EU.
   b) Erläutern Sie die Instrumente, die der nationalen und europäischen Wettbewerbspolitik zur Verfügung stehen, um einen funktionsfähigen Wettbewerb zu erhalten.
   c) Erläutern Sie die wichtigsten Antriebskräfte des Globalisierungsprozesses.
   d) Sammeln Sie Argumente aus Sicht von Unternehmen, Arbeitnehmern und Verbrauchern hinsichtlich Chancen bzw. Risiken des zunehmenden Globalisierungsprozesses, und stellen Sie diese in einer Tabelle gegenüber.
   e) Nehmen Sie zu folgender Aussage Stellung: „Je größer ein Unternehmen ist, desto besser sind die Chancen, im weltweiten Konkurrenzkampf zu bestehen."

5. Die Attraktivität des Standortes Deutschland beginnt zu bröckeln. Die ausländische Investitionstätigkeit in Deutschland ist zurückgegangen; inländische Unternehmen wandern zunehmend ins Ausland ab oder lassen im Ausland produzieren.

   a) Stellen Sie die wesentlichen Strukturschwächen und Strukturstärken des Standortes Deutschland einander gegenüber.
   b) Im Zusammenhang mit dem Stichwort „Sicherung des Standortes Deutschland" werden verschiedene Aspekte diskutiert, die sich unter dem Begriff „Flexibilisierung" zusammenfassen lassen. Erläutern Sie, was damit gemeint ist.
   c) Als wichtiger Indikator der internationalen Wettbewerbsfähigkeit gelten die Arbeitskosten. Nehmen Sie Stellung zu der Aussage: „Deutschland weist im internationalen Vergleich zu hohe Arbeitskosten auf."

6. Beschaffen Sie sich die aktuellen Arbeitsmarktzahlen und stellen Sie fest, wie hoch die Zahl der Arbeitslosen, der offenen Stellen, der Kurzarbeiter und der ABM-Stellen (= Arbeitsbeschaffungsmaßnahmen der Bundesanstalt für Arbeit) ist. Diskutieren Sie die mit diesen Zahlen verbundenen Probleme.

7. Ordnen Sie die folgenden Merkmale den einzelnen Wirtschaftsordnungen zu.

   1. freie Marktwirtschaft,   2. zentrale Planwirtschaft,   3. soziale Marktwirtschaft
   a) Tarifautonomie   e) Produktionsmittel sind in staatlichem Besitz
   b) Staat übernimmt „Nachtwächter-Rolle"   f) Produktionsmittel sind nur in Privatbesitz
   c) Schaffung eines sozialen Netzes   g) Gewerbefreiheit
   d) Basis ist der Kollektivismus   h) Orientierung an sozialer Gesetzgebung

8. Welche Aussage trifft auf die freie Marktwirtschaft zu?

   1. Das Angebot ist immer größer als die Nachfrage.
   2. Die Nachfrage ist immer größer als das Angebot.
   3. Zwischen Angebot und Nachfrage besteht ein freies Spiel der Kräfte.
   4. Die Bedürfnisse des Einzelnen haben keinen Einfluss auf Angebot und Nachfrage.
   5. Das Angebot wird durch einen zentralen Plan behördlich festgelegt.

9. Welches Merkmal ist typisch für die Wirtschaftsordnung in Deutschland?

   1. staatliches Eigentum an Produktionsmitteln
   2. staatliche Planungsvorgaben für die Unternehmen
   3. Formfreiheit für alle Verträge
   4. Tarifautonomie
   5. gemeinwirtschaftliches Prinzip für private Unternehmen

10. In welchen der aufgeführten Fallbeispiele für Unternehmenszusammenschlüsse liegt ein

    a) vertikaler Zusammenschluss,   b) horizontaler Zusammenschluss,
    c) anorganischer/diagonaler Zusammenschluss vor?

    1. Volksbank – Spar- und Darlehenskasse   5. Hemdenfabrik – Blusenfabrik
    2. Bergwerk – Hüttenwerk – Walzwerk   6. Getreidemühle – Brotfabrik
    3. Sägewerk – Möbelwerk   7. Spinnerei – Weberei
    4. Versicherungsgesellschaft – Werbeagentur

11. Welches der nachstehenden Gesetze enthält grundsätzliche Regelungen über den Zusammenschluss von Unternehmen?

    1. Bürgerliches Gesetzbuch   4. Handelsgesetzbuch
    2. Gesetz gegen Wettbewerbsbeschränkungen 5. Preisangabenverordnung
    3. Gesetz über unlauteren Wettbewerb

12. Stellen Sie fest, in welchen der dargestellten Sachverhalte

    a) eine Arbeitsgemeinschaft,   d) ein Syndikat,
    b) ein Kartell,   e) ein Trust vorliegt.
    c) ein Konzern,

    1. Das Vermögen der übertragenden Gesellschaft geht als Ganzes auf die übernehmende Gesellschaft über.
    2. Ziel der Vereinbarung sind bracheneinheitliche Lieferungs-, Zahlungs- und Geschäftsbedingungen.

3. Die rechtlich selbstständig bleibenden Unternehmen schließen sich durch gegenseitigen Aktienaustausch unter einer einheitlichen Leitung zusammen.
4. Mehrere Unternehmen schließen einen Vertrag zur gemeinsamen Durchführung eines Projektes.
5. Um Rationalisierungsvorteile bei der Beschaffung zu erreichen, wird der gesamte Wareneinkauf des angeschlossenen Unternehmens von einer gemeinsamen Einkaufsorganisation übernommen.

13. Zu welchen der folgenden Wirtschaftssektoren einer Volkswirtschaft gehören die unten stehenden Branchen?

    a) primärer Sektor   b) sekundärer Sektor   c) tertiärer Sektor

    1. Versicherungsgewerbe
    2. Möbelindustrie
    3. Bergbau
    4. Nachrichtenübermittlung
    5. Energiewirtschaft (Kohlekraftwerke)
    6. Stahlindustrie
    7. Hochseefischerei

14. Die abgebildete Grafik zeigt das vereinfachte Modell eines erweiterten Wirtschaftskreislaufs. Im Hinblick auf die Aufgabenstellung gilt:

    - Die Handelsbilanz ist ausgeglichen.
    - Der Staat gibt alle eingenommenen Steuern aus.
    - Die nicht konsumierten Netto-Gesamteinkommen der privaten Haushalte werden durch Einschaltung der Banken, die ihrerseits keine Kreditschöpfung betreiben, von den Unternehmen für Investitionen verwendet.

    Ermitteln Sie in Geldeinheiten (GE) folgende Größen:
    a) Sparen der privaten Haushalte
    b) Ausgaben des Staates für Güter und Dienstleistungen
    c) Investitionen der Unternehmen
    d) Importe

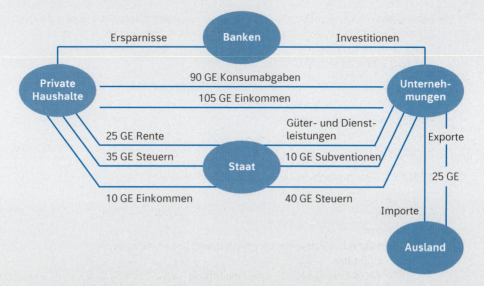

Lernfeld 9: Das Unternehmen im gesamt- und weltwirtschaftlichen Zusammenhang einordnen

15. Welche der unten stehenden Definitionen trifft auf den Begriff „Bruttoinlandsprodukt" zu?

    1. Der Wert aller Waren, die von Inländern in einer Volkswirtschaft produziert werden
    2. Das gesamte Güterangebot einer Volkswirtschaft
    3. Der Wert aller Güter, die in einer Volkswirtschaft in einem Jahr konsumiert werden
    4. Das Handelsvolumen einer Volkswirtschaft
    5. Der Wert aller Waren und Dienstleistungen, die in einem Kalenderjahr in einer Volkswirtschaft produziert werden

16. Die abgebildete Skizze zeigt die Entwicklung der gesamtwirtschaftlichen Produktionsleistung am Beispiel der Herstellung von Möbeln.

    Ermitteln Sie folgende Werte!
    a) Bruttowertschöpfung der Möbelfabrik
    b) Brutto-Produktionswert der Möbelfabrik
    c) Vorleistungen, die die Möbelfabrik bezieht
    d) Nettowertschöpfung der Möbelfabrik

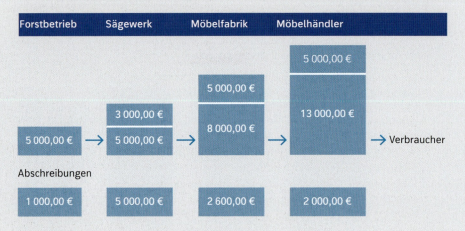

17. Im Rahmen der sozialen Marktwirtschaft greift der Staat durch verschiedene Maßnahmen korrigierend in den Marktprozess ein.

    Welche der folgenden Maßnahmen sind hauptsächlich der
    a) Konjunkturpolitik
    b) Wettbewerbspolitik
    c) Sozialpolitik
    d) Strukturpolitik
    zuzurechnen?

    1. Eine staatliche Behörde überwacht die Fusion von Großunternehmungen und die Bildung von Kartellen.
    2. Zur Förderung des Aufbaus der neuen Bundesländer erfolgen Transferzahlungen zur Verbesserung des dortigen Straßenverkehrsnetzes.
    3. Beim Verlust des Arbeitsplatzes wird nicht selbstständig Beschäftigten unter bestimmten Voraussetzungen Arbeitslosengeld gewährt.
    4. Bei einem Nachlassen der privaten Nachfrage nach Gütern und Dienstleistungen weitet der Staat seine Nachfrage aus.

18. Prüfen Sie, wie sich die zunehmende Globalisierung auf sie auswirkt.

    1. Ich kann frei wählen, in welchem Land ich leben und arbeiten möchte.
    2. Ich habe Anspruch darauf, dass mein Berufsabschluss weltweit anerkannt wird.

3. Von mir werden berufliche Flexibilität, Fremdsprachenkenntnisse, Kenntnisse fremder Kulturen und ein hohes Maß an Mobilität erwartet.
4. Die Geldanlagen in anderen Ländern der EU sind steuerfrei, da das Bankgeheimnis aufgehoben ist.
5. Bei einem Urlaub im Ausland habe ich Anspruch darauf, in Euro zu zahlen.

19. Im folgenden Wirtschaftskreislauf werden die Geldströme zwischen den Wirtschaftssubjekten dargestellt. Ordnen Sie die Kennziffern der bezifferten Geldströme den unten stehenden Handlungen zu.

a) Ein ausländischer Arbeitnehmer der Sommerfeld Bürosysteme GmbH überweist einen Teil seines Einkommens in sein Heimatland Italien.
b) Ein Beamter der Stadt Essen überweist die Kraftfahrzeugsteuer an die Landesfinanzkasse.
c) Die Sommerfeld Bürosysteme GmbH zahlt die Miete für einen Lagerraum an den Eigentümer.
d) Die Stadt Essen bezahlt eine Rechnung für den Bau eines Parkplatzes an den Bauunternehmer.
e) Hera Dubowski legt einen Teil ihrer Ausbildungsvergütung auf einem Festgeldkonto an.
f) Die Sommerfeld Bürosysteme GmbH verkauft Büromöbel an einen Kunden in den Niederlanden.
g) Die Sommerfeld Bürosysteme GmbH schenkt jedem Auszubildenden zum Weihnachtsfest 100 €.
h) Daniela Schaub gibt im Urlaub auf Mallorca ihr gesamtes Sparvermögen aus.
i) Geschäftsführer Feld erhält seinen Einkommensteuerbescheid und überweist seine Steuerschuld an die Finanzkasse.

20. Bei einem von der Sommerfeld Bürosysteme GmbH zugekauften Rohstoff ergibt sich eine Marktsituation, die durch das abgebildete Diagramm dargestellt ist.
Stellen Sie fest, wie viel Tausend Stück weniger nachgefragt würden, wenn der Preis von 1 000,00 € auf 1 500,00 € steigen würde.

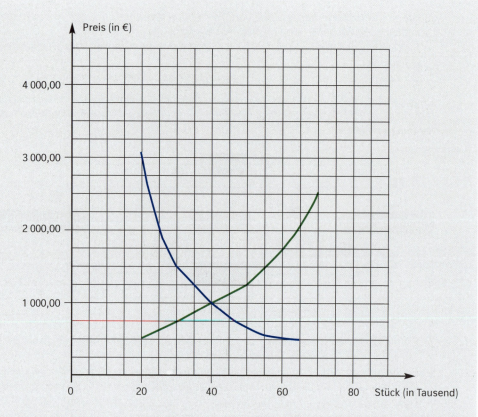

21. Die Büromöbel AG plant die Übernahme der Bürodesign GmbH, eines Büromöbelherstellers in Magdeburg. Wie bezeichnen Sie diesen Vorgang korrekt, wenn die Bürodesign GmbH dabei sowohl ihre wirtschaftliche als auch die rechtliche Selbstständigkeit vollständig verliert?

1. Arbeitsgemeinschaft
2. Fusion
3. Konzern
4. Strategische Allianz
5. Kartell

22. In der Grafik auf S. 587 ist zu ersehen, dass der Staat einen Höchstpreis zum Schutz der Nachfrager festgesetzt hat, der nicht überschritten werden darf. Nennen Sie die folgenden Preise in EUR und Mengen in Tausend Stück.

a) Gleichgewichtspreis
b) Höchstpreis
c) Gleichgewichtsmenge
d) Angebotsmenge zum Höchstpreis
e) Nachfragemenge zum Höchstpreis
f) Nachfrageüberhang

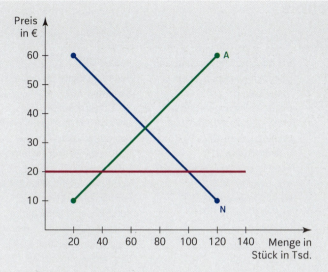

23. Welcher der folgenden Vorgänge (1) bis (6) führt für ein Gut zu einer

   a) Verschiebung der Nachfragekurve nach rechts,
   b) Verschiebung der Nachfragekurve nach links,
   c) Verschiebung der Angebotskurve nach rechts,
   d) Verschiebung der Angebotskurve nach links.

   1. Preiserhöhung bei Komplementärgut
   2. Das Einkommen der Konsumenten steigt.
   3. Preiserhöhung bei einem Substitutionsgut
   4. Es kommt zu technische Verbesserungen bei der Produktion des Gutes.
   5. Es wird festgestellt, dass das Gut gesundheitsschädlich ist.
   6. Es kommt zu starken Lohnsteigerungen.

24. Zum Schutz des Wettbewerbes wurde das Gesetz gegen Wettbewerbsbeschränkungen (GWB) erlassen. Es enthält u. a. Regelungen in den Bereichen

   1 Kartellrecht,
   2 Fusionskontrolle,
   3 Missbrauchsaufsicht.

   Die nachstehenden Sachverhalte betreffen jeweils einen Regelungsbereich. Ordnen Sie den folgenden Sachverhalten die Ziffern 1–3 zu.

   a) Ein Unternehmen mit einem sehr großen Marktanteil versucht, die Konkurrenten durch Kampfpreise vom Markt zu verdrängen.
   b) Zwei Unternehmen schließen sich zu einem Unternehmen zusammen.
   c) Mehrere Unternehmen treffen sich und sprechen die Preise ab. Es wird ein Unternehmen festgelegt, dass als Preisführer agieren soll.
   d) Im Rahmen einer feindlichen Übernahme erwirbt ein Unternehmen 80 % der Aktien an einem anderen Unternehmen.
   e) Mehrere Unternehmen einer Branche legen einheitliche Lieferungs- und Zahlungsbedingungen fest.
   f) Ein Unternehmen mit einer monopolistischen Marktstellung legt deutlich überhöhte Preise fest, die sich bei einem funktionierenden Wettbewerb nicht ergeben würden.

Sachwortverzeichnis

A

ABC-Analyse 32, 205
Abfindung 347
Ablauforganisation 20
Absatzmarkt 48
Absatzplan 31
Abschreibungsintensität 453
Akkordgrad 352
Akkordlohn 293
Akkordrichtsatz 294
Akkordzuschlag 293
Aktive Rechnungsabgrenzung 365
allgemeine Geschäftsbedingungen (AGB) 110
Allgemeinen Gleichbehandlungsgesetz 223
Analytische Arbeitsbewertung 289
Anforderungsgerechtigkeit 287
Anfrage 70, 79
Angebot 71, 530
Angebotsdatei 54
Angebotsmonopol 544
Angebotsoligopol 543
Angebotsüberhang 532
Angebotsvergleich 53, 56
Angestelltenquote 353
Anhang 396, 433
Anlagendeckung I 442
Anlagendeckung II 443
Anlagengitter 388
Anlagenspiegel 388
Anlagevermögen 439
Anlagevermögenintensität 438
Annahme 102
Anorganische (diagonale, konglomerate) Zusammenschlüsse 559
Anschaffungskosten 146, 413
Anschaffungskostenprinzip 410
Anschaffungsnebenkosten 146
Antrag 102
ARA 365
Arbeit 492
Arbeit auf Abruf 280
Arbeitnehmereinkommen 516

Arbeitnehmerüberlassung 238
Arbeitnehmerüberlassungsgesetz 239
Arbeitsbedingungen 276
Arbeitsgemeinschaften 558
Arbeitsgruppen 277
Arbeitsleistung 215
Arbeitslosenversicherung 320
Arbeitsmarkt 527
Arbeitsplatzwechsel 276
Arbeitsproben 227
Arbeitsteilung 498
Arbeitsvertrag 232
Arbeitsverwaltung 222
Arbeitswertstudien 287
Arbeitszeit 278
Arbeitszeitgesetz 278
Arbeitszeugnisse 225
arglistig verschwiegener Mangel 135
Argumentation 264
Arten von Kaufverträgen 103
Arthandlungsvollmacht 242
Assessment-Center 228
Audit 120
Aufbauorganisation 19
Aufgabenbereicherung 276
Aufgabenerweiterung 276
Aufhebungsvertrag 343
Auflagen 577
Auftragsbestätigung 117
auftragsorientierte Bedarfsermittlung 35
auftragsorientierte Beschaffung 44
Ausbildungsquote 353
Ausland 507
Außenbeitrag 507
Außenhandel 97
Außenhandelspolitik 549
äußere Prüfung 124

B

Banküberweisung 141
Barcode 182
Bargeldlose Zahlung 141
Bargeldzahlung 140

Bedarf 482
Bedarfsplanung 30
Bedürfnis 480
Bedürfnispyramide 215
Beförderungsbedingungen 94
Befristung 233
Beitragsbemessungsgrenze 318
Berufliche Arbeitsteilung 498
Berufliche Ausbildung 274
Berufliche und betriebliche Bildung 274
Beschaffungskosten 17, 41
Beschaffungsmarkt 48
Beschaffungsmarktforschung 53
Beschaffungsobjekte 23
Beschaffungsplan 31
Beschaffungsstrategien 44
Beschäftigungsstruktur 354
Besonderer Kündigungsschutz 349
Bestellabwicklung 118
bestellfixe Kosten 41
Bestellmenge 40
Bestellmengen 17
Bestellpunktverfahren 44
Bestellrhythmusverfahren 46
Bestellüberwachung 119
Bestellung 117
Bestellzeitpunkt 43
Bestimmungskauf 105
Beteiligungslohn 297
Betriebliche Arbeitsteilung 499
Betriebsergebnis 394, 395
Betriebs- oder Branchenvergleich 436
Betriebsstoffe 23
Betriebsvereinbarung 257
Betriebsverfassungsgesetz 223
Bewerbung 225
Bewertungsgrundsätze 408
Bewertungsstetigkeit 409
Bewertungsvereinfachungsverfahren 419
Bewertungswahlrecht 410
Bezugskalkulation 48, 65, 66

Sachwortverzeichnis

Bezugskosten 56, 146
Bezugspreis 48, 65
Bezugsquellen 30
Bilanz 433
Bilanzanalyse 433
Bilanzidentität 408
Bildschirmarbeitsplatzverordnung 184
BilMoG 384
Bodenlagerung 188
Boden (Natur) 493
Brandschutz im Lager 184
Bringschulden 93
Bruttoanlageinvestitionen 495
Bruttobedarfsrechnung 35
Bruttogewicht 92
Bruttoinlandsprodukt 511
Bruttoinvestitionen 495
Bruttonationaleinkommen 511
Bruttopersonalbedarf 217
Bruttowertschöpfung 512
Bundesdatenschutzgesetzes 236
Bundeskartellamt 560
Bundessteuern, 339
Bürgerlicher Kauf 103

C
Cashflow 457
Cashflow-Umsatzrate 457
chaotische Lagerhaltung 182
Chemikaliengesetz 24
Controlling 203
Corporate Identity 261

D
Das Vorstellungsgespräch 228
Dauerauftrag 142
dezentrale Beschaffung 19
dezentrale Lagerung 178
Dienstleistungsverkehr 507
DIN EN ISO 9000 ff. 120
direkte Steuern 339
Diskriminierungsverbot 223
Durchschnittlicher Lagerbestand 194
Durchschnittsmethode 419

E
E-Auction 60
E-Business 59
E-Commerce 59
Eigenkapital 389
Eigenkapitalintensität 440
Eigenkapitalquote 440
Eigenkapitalrentabilität 454
Eigenkündigungsquote 354
Eigenlagerung 180
Eigentumsvorbehalt 93, 105, 106, 107, 113
Eignungsfeststellung 227
Einkommen aus unselbstständiger Arbeit 516
Einkommen aus Unternehmertätigkeit und Vermögen 516
Einkommensteuertarif 308
Einquellenbeschaffung 59
Einstandspreis 48
Einstandspreises 65
Einzelanalyse 436
Einzelbeschaffung 44
Einzelbewertung 409
Einzelunternehmen 386
Einzelwertberichtigungen 424
Einzugsermächtigung 142
Eisberg-Modell 263
Electronic Commerce 59
elektronischen Personalakte 251
ELStAM 311
Emissionsrechten 577
Entstehungsrechnung 511, 512
E-Procurement 60
Equal Treatment/Equal Payment 239
E-Recruiting 222
Erfüllungsgeschäft 103
Erfüllungsort 95
Erholungsurlaub 234
Ersatzbedarf 217
Ersatzinvestitionen 495
Erweiterungsinvestitionen 495
Europäische Kommission 560
Europäische Strukturpolitik 578
evolutorische Wirtschaft 504
Externe Quellen 55

F
Fähigkeitstests 227
Faktormärkte 527
Fälligkeit 128
Fehlmengenkosten 17
fertigungssynchrone Beschaffung 44, 47
Festplatzsystem 182
Fifo 421
Fifo-Methode 187
Finanzergebnis 394, 395
Finanzierungsregel 442
Finanzierung von Materialien 60
Fixkauf 91, 131
Flächennutzungsgrad 198
Fluktuationsquote 354
Forderungen 389
Förderung von Mitarbeitern 275
Fort- und Weiterbildung 221, 274
Frauenquote 353
freien Marktwirtschaft 522
Freizeichnungsklauseln 71
Fremdbauteile 23
Fremdkapitaldeckung 441
Fremdkapitalintensität 440
Fremdlagerung 179
Friedenspflicht 252
Führungsbildung durch Aufstiegsschulung 275
Führungsstile 262
Führungstechniken 262
Funktionen der Materiallagerung 172
Funktionen des Wettbewerbs 556
Funktionsprinzip 20
Fusion 560
Fusionen durch Aufnahme 560
Fusionen durch Neubildung 560
Fusionskontrolle 562

G
Garantie 136
Gattungskauf 104
Gebrauchsgüter 486
Gefahrenübergang 95
Gefahrgutbeauftragter 26
Gefahrgutverordnung 25
Gefahrstoffe 24, 25
Gefahrstoffverordnung 2010 24
Gehaltsrahmentarifvertrag 254
Geldakkord 293
Geldstrom 503

Geleistete Anzahlungen 167
Gemeindesteuern, 339
Genfer Schema 289
Gerichtsstand 97
geringfügig Beschäftigte 318
Gesamtkapitalrentabilität 455
Gesamtvollmacht 242
gesamtwirtschaftlichen Produktionskonto 513
Gesellschaftsordnung 520
Gesetzen 576
Gesetz gegen den unlauteren Wettbewerb (UWG) 73
Gesetz gegen unlauteren Wettbewerb 557
Gesetz gegen Wettbewerbsbeschränkung 560
Gesetz gegen Wettbewerbsbeschränkungen 557
Gesundheitsfonds 322
Gewerbliche-Mitarbeiter-Quote 353
Gewichtsspesen 66
Gewinnbeteiligung 297
Gewinnquote 516
Gewinnrücklagen 390
Gewinn-und-Verlust-Rechnung 393
Gewinnvortrag/Verlustvortrag, Jahresüberschuss/-fehlbetrag, Bilanzgewinn 391
Gewogener Durchschnitt 419
Gezeichnetes Kapital 390
GHS-Verordnung 25
Gläubigerschutz 385
Gläubigerschutzprinzip 409
Gleichgewichtspreis 531, 534
Gleichordnungskonzern 559
Gleitende Arbeitszeit 279
Gleitender gewogener Durchschnitt 420
Gliederungsvorschriften 386
Globale Beschaffung 59
Global Sourcing 59
Going concern 409
goldene 442
goldene Bankregel 442
goldene Bilanzregel 442
Gruppenakkord 295
Günstigkeitsprinzip 232
Güte der Ware 90

Güterarten 485
Gütermärkte 527
Gütersteuern 512
Güterstrom 504
Gütersubventionen 512
Gutschriften 154
GuV-Rechnung 433

H
Handelskauf 103
Handelsregister 244
Handelsverbot 235
Handelswaren 23
Handlungsvollmacht 242
Haushalte 503
Haustarifvertrag 252
Headhunter 222
Herstellungskosten 413
Hilfsstoffe 23
Hochregallagerung 188, 189
Höchstbestand 194
Höchstpreis 550
Höchstwertprinzip 411
Holschulden 94
Horizontale Zusammenschlüsse 559
Humanisierung 276
Hundertprozentprüfung 125

I
IFRS 383, 397
Imparitätsprinzip 409
Incoterms® 2020 97
indirekte Steuern 339
Individualismus 521
Infrastrukturpolitik 574
Inhalt des Angebots 89
innere prüfung 125
Intensität der kurzfristigen Schulden 441
Interessengemeinschaften/ Verbände 558
Internationale Arbeitsteilung 500
Interne Quellen 54
Investitionsgütermarkt 527
Investivlohn 297

J
Jahresabschluss 383
JIT 44

Jobenlargement 276
Jobenrichment 276
Jobrotation 276
Jobsharing 279
Just-in-time-Lieferung 47

K
Kapital 494
Kapitalaufbau 440
Kapitalbeteiligung 297
Kapitalgesellschaften 386
Kapitalmarkt 527
Kapitalstock 495
Kapitalverkehr 507
KAPOVAZ 280
Karriereplanung 275
Kartelle 558
Kartellverbot 561
Kauf auf Abruf 92
Kauf auf Probe 104
Käufermarkt 532
Kauf nach Probe 104
Kaufvertrag 102
Kauf zur Probe 105
Kennzahlenmethode 217
Kennziffern aus dem Beschaffungsbereich 206
Kindergeld 313
Kirchensteuer 313
Klebeeffekt 239
Kollektivismus 521
Kombination der Produktionsfaktoren 495
Kommissionskauf 107
Kommunikation 73, 263
Kommunikationsregeln 264
Komplementärgüter 487
Konflikten 266
Konfliktgespräch 266
Konfliktgespräche 265
Konkurrenzbereich 543
Konsumentenrente 535
Konsumgüter 486
Konsumgütermarkt 527
Kontokorrentkredit 60
Konventionalstrafen 131
Konzentration 558
Konzerne 559
Kooperation 121, 558
Krankenversicherung 319
Krankheitsquote 354

Sachwortverzeichnis

Kreditinstitute 504
Kulanz 136
Kündigung 344
Kündigungsfrist 234, 344
Kündigungsschutzgesetz 346
Kündigungsschutzgesetzes 343

L

Lagebericht 400, 462
Lagerarten 173
Lagerausstattung 188, 190
Lagerdauer 196
Lagergröße 187
Lagerhaltungskosten 17
Lagerkennzahlen 193
Lagerkosten 192
Lagerorganisation 177
Lagerplatzanordnung 182
Lagerreichweite 198
Lagerrisiko 193
Lagerzinsen 197
Lagerzinssatz 197
Ländersteuern, 339
Lastschriftverfahren 142
Leistungsdisposition 215
Leistungsfähigkeit 215
Leistungsgerechtigkeit 292
Leistungsgrad 292
Leistungsmotivation 215
Leverage-Effekt 455
Lieferantenauswahl 59
Lieferantenkredit 61
Liefererbewertung 56
Liefererdatei 54
Liefergutschriften 154
Lieferschein 125
Lieferungsverzug 128
Lieferzeit 91
Lifo 421
Lifo-Methode 187
limitationale Produktionsfaktoren 495
Linksverschiebung 536, 539
Liquidität 443
Liquidität 1. Grades 443
Liquidität 2. Grades 443
Liquidität 3. Grades 443
Logistik 203
Lohngruppenverfahren 288
Lohnnebenkosten 333
Lohnsteuer 307

Lohnsteuerfreibeträge 309

M

Mahnung 128
Management by Delegation 263
Management by Exception 262
Management by Objectives 263
Mängelarten 134
Mangel in der Art 134
Mängelrüge 133
Manteltarifvertrag 254
Markt 526
Marktarten 527
Marktbeherrschung 563
Marktformen 529
marktinkonform 550
marktkonform 552
Markttypen 528
Marktverdrängungspolitik 544
Maßgeblichkeitsgrundsatz 408
Materialaufwandsintensität 453
Materialauswahl 24
Materialbedarfsermittlung 35
Materialdatei 55
Materialeingang 123
Materialeingangsschein 126
materialgerechte Lagerung 177
Materialwirtschaft 16, 17, 18
Maximalprinzip 487
Mediator 268
Meldebestand 44
Mengenplanung 30, 40
Minderung des Kaufpreises 136
Mindestbestellmengen 57
Mindestpreis 551
Minimalkostenkombination 495
Minimalprinzip 487
Minutenfaktors 294
Missbrauchsaufsicht 563
Mitarbeitern 215
Modulare Beschaffung 59
Modular Sourcing 59
monopolistischen Bereich 543

N

Nachfrage 482, 529
Nachfrageüberhang 533
Nachfristsetzung 129

Nachhaltigkeit 27
Nachtwächter-Funktion 522
Nachweisgesetzes 233
Nettobedarfsrechnung 36
Nettogewicht 92
Nettoinlandsprodukt 514
Nettoinvestitionen 495
Nettonationaleinkommen 515
Nettopersonalbedarf 217
Neubedarf 217
Nicht-Rechtzeitig-Lieferung 128
Niederstwertprinzip 410
Nutzwertanalyse 57

O

Objektprinzip 20, 177
offener Mangel 135
Offene Rücklagen 390
Öko-Bilanz 470
Ökocontrolling 466
Öko-Grundsätze 469
Öko-Kontenrahmen 471
Ökologie 488
ökologisches Prinzip 487
Öko-Management 469
ökonomisches Prinzip 487
Öko-Richtlinien 469
Onlinebanking 143
Optimale Bestellmenge 41
Ordnungspolitik 520, 555
Organisationsentwicklung 278

P

Parallelverhalten 544
Passive Rechnungsabgrenzung 366
Pauschalwertberichtigung 425
Periodenabgrenzung 409
Personalakte 235
Personalaufwandsintensität 453
Personalbedarfsplanung 216
Personalberater und -vermittler 222
Personalbeschaffung 221
Personalbeschaffungswege 221
Personalbeurteilung 284
Personalcontrolling 351
Personaldeckungsquote 352

Personaleinsatz 247
Personaleinsatzplanung 248
Personalentwicklung 270
Personalführung 261
Personalinformationssystem 250
Personalleasing 222, 238
Personalleasinggesellschaft 239
Personalnebenkosten 334
Personalstammdaten 250
Personalverwaltung 250
Personalwesen 216
Personalwirtschaft 215
Personengesellschaften 386
Pflegeversicherung 320
Pflichten des Arbeitnehmers 234
Polypol 531, 542
PRA 366
Prämienlohn 296
Preiselastizität der Nachfrage 540
Preisnachlässe 56
Preisplanung 30, 48
Primärbedarf 35
Primäreinkommen 515
Primärerhebung 53
Private Vorsorge 323
Probezeit 233, 345
Produktbilanzen 474
Produktionsfaktoren 215, 492
Produktionsmittel 494
Produktions- oder Investitionsgüter 486
Produktions- und Importabgaben 514
Produktionswert 512
Produzentenrente 534
Prokura 243
Prozesspolitik 549
Psychologische Eignungstests 227

Q
Qualifikation 271
Qualifikationsquote 353

R
Rahmenvertrag 92
Ramschkauf 105
Rangfolgeverfahren 287
Rangreihenverfahren 289
Raumnutzungsgrad 198
Realisationsprinzip 409
Rechnungsprüfung 126
Rechte des Arbeitnehmers 234
Rechtsverschiebung 535, 537
REFA 289
Regallagerung 188, 189
Regionale Strukturpolitik 578
Reingewicht 93
Rentenversicherung 319
Rohergebnis 394
Rohgewicht 93
Rohstoffe 23
Rücksendungen 152
Rückstellungen 376
Rücktritt vom Kaufvertrag 136
Rügepflicht 133

S
Sachkapital (Realkapital) 494
Sachmängel 134
Sachmängelhaftung 133
Schadenersatz 136
Schadensberechnung 131
Schadensprotokoll 124
Schichtarbeit 278
Schlichtungsverfahren 256
Schweigen 72
Schweigepflicht 235
Segmentbericht 453
Sektorale Strukturpolitik 577
Sektoren 499
Sekundärbedarf 35
Sekundärerhebung 53
Shareholder 385
Sicherheitsbeauftragter 183
Single Sourcing 59
Situative Verfahren 228
Skonto 162
Skontoabzug 164
Sofortrabatte 146
Solidaritätszuschlag 313
Soll-Ist-Vergleich 436
Sonderausgaben 310
Sonstige Forderungen 371
Sonstige Verbindlichkeiten 371
Sozialbilanzen 474
soziale Marktwirtschaft 523
soziales Netz 524
Sozialpartner 252
Sozialpolitik 550
Sozial ungerechtfertigt 346
Sozialversicherung 316
Spezifikationskauf 105
Staat 505
Staatliche Eingriffe 549
Staatsausgaben 506
Staatseinnahmen 506
Stakeholder 385
Standortfaktoren 568
Stapellagerung 188
stationäre Wirtschaft 503
Stellenanzeige 223
Stellenanzeigen 222
Stellenausschreibung 221
Stellenbeschreibung 218
Stellenbeschreibungen 223
Stellen(plan)methode 218
Steuerarten 339
Steuerehrlichkeit 338
Steuergerechtigkeit 338
Steuergrundsätze 338
Steuern 577
Steuerpolitik: 550
Steuerverfahren 340
Stichprobenkontrolle 125
Stille Rücklagen 390
strenges Niederstwertprinzip 418
Strukturpolitik 573
Strukturwandels 573
Stückakkordsatz 293
Stückkauf 104
Stufenwertzahlverfahren 290
Substanzbilanz 474
substitutionale Produktionsfaktoren 496
Substitutionsgüter 487
Subventionen 506, 577
Summarische Arbeitsbewertung 287

T
Tara 65, 92
Tarifgruppen 255
Tarifverhandlungen 256
Tarifvertrag 252
Tarifvertragsparteien 252
Teilzeitarbeit 279

Teilzeitbefristungsgesetz 233
Teilzeit- und Befristungsgesetz 279
Telearbeit 280
Terminkauf 91, 128
Tertiärbedarf 35
Transferpolitik 550
Transferzahlungen 506
Trust 560

U

Übertragungen 508
Umlaufvermögen 439
Umlaufvermögenintensität 438
Umsatzintensität 453
Umsatzrentabilität 456
Umschlagshäufigkeit 196
Umschulung 275
Umweltpolitik 575
Umweltschutz 27
Umweltverträglichkeit 24
unbestellte Ware 72
Unfallschutz im Lager 183
Unfallversicherung 320
Unternehmen 503
Unternehmenskultur 261
Unternehmenszusammenschlüsse 558
Unterordnungskonzern 559
Unterschrift 243, 244
Untervollmacht 243, 244
unvollkommenen Markt 542
Urabstimmung 256, 257

V

Verbandstarifvertrag 252
Verbindlichkeiten 391
Verbindlichkeitenspiegel 392
Verbindlichkeitenspiegels 392
Verbot 576
Verbraucherschutzgesetze 558
Verbrauchsgüter 487
verbrauchsorientierte Bedarfsermittlung 37
verbrauchsorientierte Beschaffung 44
Verbrauchsteuern 339
Verbundbeschaffung 59
Verdienstabrechnung 330
verfügbares Einkommen 516
Vergütungstarifvertrag 254
Verhandlungsablauf 75
Verhandlungstechniken 73
Verkäufermarkt 533
Verkehrssteuern 339
Vermögensaufbau 438
Vermögenswirksame Leistungen 323
Verpackungskosten 92
Verpflichtungsgeschäft 103
Verrichtungsprinzip 20, 177
Verschuldungskoeffizient 441
versteckter Mangel 135
Verteilungsrechnung 511, 515
Vertikale Zusammenschlüsse 559
Vertragsabschluss 116
Vertragsstrafen 131
Verwendungsrechnung 511, 515
Volkseinkommen 515
Volkswirtschaftliche Arbeitsteilung 499
volkswirtschaftliche Gesamtrechnung 510
vollkommener Markt 528
Vollkontrolle 125
Vollmachten 241
Vorgabezeit 293
Vorleistungen 512
Vorratsbeschaffung 44
Vorratsinvestitionen 495
Vorsichtsprinzip 409

W

Warenverkehr 507
Werbungskosten 310
Wertanalyse 49
Wertspesen 66
Wettbewerbspolitik 556
Wettbewerbsrecht der EU 564
Wettbewerbsverbot 235
Willenserklärungen 102
Win-Win-Prinzip 265
Wirtschaftlichkeit 203
Wirtschaftlichkeit der Lagerhaltung 191
Wirtschaftskreislauf 502
Wirtschaftsordnung 520
Wirtschaftsstruktur 567
Wirtschaftssubjekte 503
Wohlstandsindikator 517

X

XYZ-Analyse 33

Z

Zahlungsbedingungen 93
Zeitakkord 293
Zeitakkordsatz 294
Zeitlohn 296
Zeitplanung 30
Zeitvergleich 436
zentrale Beschaffung 19
zentrale Lagerung 178
Zentralverwaltungswirtschaft 522
Zertifizierung 119
Zeugnisse 225
Zielvereinbarungsgespräch 277
Zulieferteile 23
Zusammenarbeit 121
Zuschreibungsgebot 410
Zweckkauf 128

Bildquellenverzeichnis

akg-images GmbH, Berlin: 104.1.

BC GmbH Verlags- und Medien-, Forschungs- und Beratungsgesellschaft, Ingelheim: 25.1, 25.2, 25.3, 25.4, 25.5, 25.6, 25.7, 25.8, 25.9, 184.1.

Bergmoser + Höller Verlag AG, Aachen: 253.1, 257.1, 340.1, 348.1, 511.1, 557.1, 576.2.

dpa Infografik GmbH, Frankfurt: 142.1, 284.1, 575.1, 581.1.

Foto Stephan – Behrla Nöhrbaß GbR, Köln: 7.1, 14.1, 14.2, 15.1, 22.1, 22.2, 29.1, 40.1, 53.1, 70.1, 78.1, 82.1, 85.2, 89.1, 102.1, 116.1, 123.1, 128.1, 133.1, 140.1, 145.1, 172.1, 176.1, 186.1, 202.1, 214.1, 221.1, 232.2, 238.1, 241.1, 247.1, 247.2, 249.2, 260.1, 270.1, 287.1, 292.1, 304.1, 307.1, 316.1, 329.1, 343.1, 351.1, 370.1, 376.1, 383.1, 407.1, 412.1, 461.1, 466.1, 480.1, 484.1, 484.2, 491.1, 492.1, 492.2, 498.1, 502.1, 510.1, 520.1, 526.1, 549.1, 555.1, 567.1.

fotolia.com, New York: [photoactive] 398.1; Aamon 136.1; Adam Gregor 228.1; Amy Walters 527.3; Bernd Leitner 305.1; BoL 482.1; Carola Vahldiek 129.1; Christophe Baudot 46.2; DragonImages 266.1; Eisenhans 143.1; erdquadrat 224.1; FM2 344.1; gabylya89 58.1; Grinvalds, Kaspars 482.2; hercher 95.1; homaslerchphoto 48.2; Ingo Bartussek 493.1; Kitty 265.1; Kzenon 550.1; Lennartz 266.2; liveostockimages 67.1; Lucky Dragon 248.1; Luftbildfotograf 346.1; m.arc 84.2; markus_marb 129.2; Michael Darcy Brown 82.2; michanolimit 104.2; Mixage 125.1; Peter Galbraith 47.1; Picture-Factory 486.1; prt art 80.1; Rafal Rebacz 544.1; Robert Kneschke 194.1; RRF 493.2; Supertrooper 485.2; th-photo 40.2; Webgalerist 73.1.

Galas, Elisabeth, Schwelm: 7.2.

Getty Images, München: 531.2.

Hild, Claudia, Angelburg: 98.1.

Kleicke, Christine, Hamburg: 311.1, 311.2.

mauritius images GmbH, Mittenwald: imagebroker/Franz Morin 83.1.

Microsoft Deutschland GmbH, München: 191.1.

Orangefluid Gbr, Detmold: 3.1, 64.2.

Overbeck, Dirk, Köln: 68.1.

Picture-Alliance GmbH, Frankfurt/M.: dpa-infografik 271.3, 280.1, 298.1, 338.1, 344.2, 355.1, 500.1, 517.1, 568.2, 570.1, 571.1, 577.1, 580.1; dpa-infografik GmbH 239.1; imageBROKER/Strigl, Egmont 263.1; Schmid, R. / Bildagentur Huber 234.1.

Postbank – eine Niederlassung der Deutsche Bank AG, Bonn: 141.1.

Reinhard Eisele/Project Photos, Walchensee: Reinhard Eisele/Project Photos 576.1.

Shutterstock.com, New York: acikilyas 535.1; Alex, Iryna 311.4.

stock.adobe.com, Dublin: Titel, 84.1; alexandro900 235.1; alphaspirit 266.4; Ana Baraulia 242.1; art_zzz 481.1; blende11.photo 26.2; chones 135.1; Creativa Images 55.1; DavidBautista 26.1; Dierks, Janina 92.1; dusk 91.1; Eisenhans 175.1; elxeneize 527.2; engel.ac 494.1; EvrenKalinbacak 500.2; Feng Yu 236.1; Fiedels 311.3; focus finder 493.3; Frau Lichtbild 505.2; Friedberg 134.1; Gräf, Stefan 173.1; Ivasenko, Alexander 183.1; Kalim 267.1; Mangostar 76.1; markobe 183.2; maroke 267.2; miklyxa 568.1; ML Harris 90.1; moodboard 75.2; New Africa 85.1, 97.1; Paylessimages 75.3,